Schmidt · Brüggemeier | Zivilrechtlicher Grundkurs

ZIVILRECHTLICHER GRUNDKURS

Prof. Dr. iur. Eike Schmidt
Universität Bremen

Prof. Dr. iur. Gert Brüggemeier
Universität Bremen

Sechste,
neu bearbeitete Auflage

Luchterhand

Bibliografische Information Der Deutschen Bibliothek
Die Deutsche Bibliothek verzeichnet diese Publikation in der Deutschen Nationalbibliografie; detaillierte bibliografische Daten sind im Internet über **http://dnb.ddb.de** abrufbar.

www.luchterhand.de

Alle Rechte vorbehalten.
© 2002 by Hermann Luchterhand Verlag GmbH Neuwied und Kriftel.

Das Werk einschließlich aller seiner Teile ist urheberrechtlich geschützt. Jede Verwertung außerhalb der engen Grenzen des Urheberrechtsgesetzes ist ohne Zustimmung des Verlages unzulässig und strafbar. Das gilt insbesondere für Vervielfältigungen, Übersetzungen, Mikroverfilmungen und die Einspeicherung und Verarbeitung in elektronischen Systemen.

Umschlag: Andreas Ruers, Department Drei, Wiesbaden
Satz: Fanslau, Communication und EDV
Druck und Verarbeitung: Wilhelm & Adam, Heusenstamm
Printed in Germany, Oktober 2002

∞ Gedruckt auf säurefreiem, alterungsbeständigem und chlorfreiem Papier.

Vorwort

Mit dieser sechsten Auflage unseres Zivilrechtlichen Grundkurses reagieren wir auf die z. T. erheblichen, von manchen gar als dramatisch empfundenen Veränderungen, die der Gesetzgeber jüngst auf den für unsere Darstellung wichtigen Rechtsgebieten vorgenommen hat. Im Gefolge dessen mussten etliche Passagen völlig neu geschrieben und im Übrigen unzählige Einzelstellen korrigiert werden. Voraussetzung dafür war ein eigener Lernprozess, dessen Früchte wir in der Hoffnung weitergeben, dass sie auch für »Neulinge des Rechts« genießbar sind.

Um dies zu gewährleisten, haben wir weitgehend darauf verzichtet, die Adressaten dieses Lernbuchs mit dem Streit um die Qualität dieser, ohnedies weithin europäisch vordiktierten, legislativen Vorgaben zu konfrontieren. Desgleichen haben wir zu diesem Zwecke auch davon abgesehen, die vorherige Rechtslage zu beschreiben und die neue Situation gar einem »Gütevergleich« mit jener zu unterziehen. Beides würde die am Beginn ihres Jurastudiums Stehenden hoffnungslos überfordern und wäre didaktisch kontraproduktiv.

Unsere diesbezügliche Enthaltsamkeit darf allerdings nicht dahin missverstanden werden, als ginge es uns um die Ausschaltung von Komplexität zugunsten vermeintlicher Gradlinigkeit und Einfachheit (»Jura light«). Das genaue Gegenteil ist der Fall. Angesichts einer in permanentem Wandel befindlichen und nationale Begrenzungen immer weiter hinter sich lassenden Gesellschaft kann das zeitgemäße Recht kein simpler, an sogenannten Einheitslösungen orientierter Gegenstand sein. Vielmehr zeichnet sich dasselbe durch mannigfache Gewissheitsverluste aus, die auch in seiner Darstellung sinnfällig werden müssen.

Von daher verfolgen wir eine andere Linie: Vorrangig ist für uns das Sichtbarmachen von Grundstrukturen des in diesem Kurs zu behandelnden Zivilrechts. Nur deren Beherrschung verspricht den Ausschluss willkürlicher Beliebigkeit und zugleich das Umgehenkönnen mit immer häufiger zu erwartenden Gesetzesänderungen. Dahinter bleiben Detailinformationen mit Notwendigkeit zurück. Diese sind im Zeitalter der Informationstechnologie ohnehin leicht abrufbar und bei mangelndem Strukturwissen überdies kein Garant für eine korrekte Rechtsanwendung. Unsere durchaus anspruchsvolle Empfehlung geht nach alledem dahin, den zugegebenermaßen mühsameren Weg einzuschlagen und sich zunächst einmal jene strukturellen Durchblicke zu verschaffen, die aus sogenanntem positivem Wissen überhaupt erst wahre Kompetenz werden lassen. Die Alternative hieße bloßes Auswendiglernen – ein angesichts des sich stetig vermehrenden Rechtsstoffs von vornherein hoffnungsloses, aber auch ziemlich ödes Unterfangen.

Vor diesem Hintergrund erschließt sich auch die von uns gewählte Reihung der Lerngegenstände. Die Allgemeine Einführung soll in bewusster Distanz zu kurzatmigen Falllösungsfertigkeiten behutsam an das Zivilrecht und dessen Entwicklung bis in die heutige Zeit heranführen. Ein Seitenblick auf den Zivilprozess soll frühzeitig das Gespür dafür wecken, dass der Umgang mit Recht ein »praktisches Ding« ist und sich nicht in blanker Gesetzeskunde erschöpft. Mit den Grundlagen des Vertragsrechts wird dieser Gang fortgesetzt. Es schließt sich der mit gehörigem Anschauungsmaterial versehene Abschnitt über ausgewählte Vertragstypen an. Die nachfolgenden Kapitel über das Bereicherungs- und das Haftungsrecht sowie den Schadensersatz komplettieren das Ganze, dessen konzentrierte Durcharbeitung – ohne die geht es nun einmal nicht – sicherstellen sollte, dass die zivilistischen Eingangs- und Zwischenprüfungen gemeistert werden können.

Wie schon bisher stammen die Abschnitte A, B und F aus der Feder von *Eike Schmidt*, während *Gert Brüggemeier* für die Abschnitte C, D und E verantwortlich zeichnet. Aktueller Stand der Darstellung ist der 1. 9. 2002. Damit sind das neue Schadensrecht und weitere jüngste Gesetzesänderungen im BGB bereits berücksichtigt.

Eike Schmidt
Gert Brüggemeier

Bremen
im September 2002

Inhaltsverzeichnis

A Allgemeine Einführung 1

  I. Zivilrecht 1

   1 Sein sozial-ökonomischer Kontext:
     Die Eigentümer-Markt-Gesellschaft 3
   2 Seine Grundstrukturen und -figuren 7
     2.1 Das Rechtssubjekt 8
       2.1.1 Die natürliche Person 9
       2.1.2 Die juristische Person 12
       2.1.3 Sonstige Personenzusammenzuschlüsse 14
     2.2 Das Eigentum 15
       2.2.1 Die liberale Tradition 16
       2.2.2 Grund-, Produktions- und
             Konsumeigentum 17
       2.2.3 Die zivilrechtliche Konzeption 19
     2.3 Der Vertrag 23
       2.3.1 Die Abschlussfreiheit 26
       2.3.2 Die Gestaltungsfreiheit 28
       2.3.3 Die Vertragsarten 33

  II. Das Bürgerliche Gesetzbuch 36
   1 Vom Römischen Recht zum BGB 37
   2 Sein politisch-sozialökonomischer Hintergrund 39
   3 Die Entwicklung im 20. Jahrhundert 41
     3.1 Die Ausgliederung wichtiger Rechtsmaterien 42
     3.2 Veränderungen innerhalb des BGB 45
     3.3 Reaktionen auf die Verwendung
         Allgemeiner
         Geschäftsbedingungen 49
       3.3.1 Vom Individual- zum Massenvertrag 50
         3.3.1.1 Ökonomische Vorzüge 51
         3.3.1.2 Soziale Risiken 51
         3.3.1.3 Rechtsprobleme 53
       3.3.2 Die gesetzliche Ausgangssituation 53

  III. Der Zivilprozess 54
   1 Seine Zwecke und Funktionen 55
   2 Seine Ausgestaltung 59
     2.1 Grundzüge des Erkenntnisverfahrens 59
     2.2 Wichtige Prozessmodalitäten 62
       2.2.1 Verfahrensprinzipien 62
       2.2.2 Beweislastregeln 64
         2.2.2.1 Grundregel der Beweislastverteilung 66
         2.2.2.2 Sonderregeln der Beweislastverteilung ... 68

B Grundlagen des Vertragsrechts 71

I. Grundbegriffe 73

1 Das Rechtsgeschäft 74
1.1 Die Willenserklärung 75
1.1.1 Erklärungsbewusstsein und Rechtsbindungswille. 75
1.1.2 Verkehrstypisches und sozialtypisches Verhalten 76
1.1.3 Schweigen als Willenserklärung. 77
1.1.4 Formerfordernisse 78
1.1.5 Willensmängel und Anfechtung. 80
1.1.5.1 Erklärungs- und Inhaltsirrtum 80
1.1.5.2 Eigenschaftsirrtum. 81
1.1.5.3 Täuschung und Drohung 83
1.1.5.4 Vornahme und Wirkung der Anfechtung 84
1.2 Fehlende Geschäftsfähigkeit 85
1.2.1 Geschäftsunfähigkeit 86
1.2.2 Beschränkte Geschäftsfähigkeit 87
1.3 Gültigkeitsschranken 88
1.3.1 Gesetzwidrigkeit 89
1.3.2 Sittenwidrigkeit 89

2 Das Schuldverhältnis 91
2.1 Gesetzliche und vertragliche Begründung 93
2.2 Der Inhalt von Schuldverhältnissen 94
2.2.1 Die Leistungsebene 95
2.2.2 Die Schutzebene. 96
2.3 Die Forderung 97
2.3.1 Abtretung 98
2.3.2 Verjährung 99
2.3.3 Gegenrechte 100

II. Der Vertragsschluss 101

1 Das Zustandekommen des Individualvertrags 102
1.1 Angebot und Annahme 103
1.2 Einigungsmängel 105
1.3 Bedingungen 106
1.4 Abschluss durch Stellvertreter 108
1.5 Vertraglicher Drittbezug 112
1.5.1 Zustimmungsbedürftigkeit bei Drittbelastungen 112
1.5.2 Drittbegünstigung 113
1.5.2.1 Leistungsversprechen zugunsten Dritter 114
1.5.2.2 Schutzwirkungen für Dritte 115

2 Das Zustandekommen des AGB-Vertrags 116
2.1 Der Einbeziehungsvorgang 117
2.2 Einbeziehungsgrenzen 118
2.3 Inhaltsschranken. 119
2.3.1 Der generelle Kontrollmaßstab 119
2.3.2 Spezielle Klauselverbote 121
2.3.2.1 Mit Wertungsmöglichkeit 121
2.3.2.2 Ohne Wertungsmöglichkeit 121

    2.4 Die Folgen aus Nichteinbezug und Unwirksamkeit 123
    2.5 Die rechtstechnische Berücksichtigung von AGB 124

III. Vertragsdurchführung und -beendigung 125
  1 Erfüllung 126
    1.1 Bewirken der geschuldeten Leistung 127
    1.2 Einhalten der Leistungsmodalitäten 128
        1.2.1 Leistungszeit 129
        1.2.2 Leistungsort 129
    1.3 Quittieren der Leistung 130
    1.4 Beobachtung der Schutzpflichten 131
  2 Erfüllungssurrogate 131
    2.1 Hinterlegung und Selbsthilfeverkauf 131
    2.2 Aufrechnung 132
    2.3 Leistung an Erfüllungs Statt 133
  3 Gläubigerverzug 134
    3.1 Verzugsvoraussetzungen 134
    3.2 Verzugsfolgen 135
  4 Befreiende Unmöglichkeit 135
    4.1 Die gesetzliche Grundkonzeption 136
        4.1.1 Regelung bei Stückschuld 138
        4.1.2 Regelung bei der Gattungsschuld 139
    4.2 Konsequenzen für den gegenseitigen Vertrag 140
  5 Zweckfortfall und Störung der Geschäftsgrundlage 141
    5.1 Totale Sinnentleerung 142
    5.2 Gravierende Äquivalenzstörungen 142
  6 Rechtsgeschäftliche Vertragsbeendigung 144
    6.1 Einverständliches Parteihandeln 144
    6.2 Rücktritt 145
    6.3 Kündigung 146
    6.4 Widerruf 147

IV. Die Vertragshaftung 148
  1 Leistungsstörungen 151
    1.1 Die zu vertretende Nichtleistung 151
    1.2 Verspätung der Leistung 154
        1.2.1 Verzugsvoraussetzungen 154
        1.2.2 Verzugsfolgen 155
    1.3 Schlechtleistung 156
        1.3.1 Qualitätsmängel 157
        1.3.2 Sicherheitsmängel 158
  2 Schutzpflichtverletzungen 159
    2.1 Integritätsbezogene Schutzpflichten 160
    2.2 Vermögenssorgende Schutzpflichten 161
  3 Haftung für Dritte 162
    3.1 Die Grundregelung des § 278 BGB 163
    3.2 Arbeitsteiligkeit zwischen Produktion und Handel 164

C Ausgewählte Vertragstypen ... 167

I. Kaufvertrag ... 169

1 Die wichtigsten Kaufvertragstypen ... 169
  1.1 Kaufgegenstand ... 169
  1.2 Parteien des Kaufvertrags ... 170
  1.3 Weitere Typisierungen ... 171
2 Vertragsinhalt ... 172
  2.1 Verkäuferpflicht beim Sachkauf: Übereignung ... 172
    2.1.1 Bewegliche Sachen ... 173
    2.1.2 Unbewegliche Sachen ... 175
  2.2 Verkäuferpflicht beim Rechtskauf ... 176
  2.3 Käuferpflicht: Kaufpreiszahlung ... 177
  2.4 Leistungsort und Leistungszeit ... 178
  2.5 Gefahrtragung und Übergang der Preisgefahr ... 178
    2.5.1 Übergabe der Kaufsache (§ 446) ... 179
    2.5.2 Versendungskauf (§ 447) ... 180
    2.5.3 Gläubigerverzug (§ 326 II) ... 182
  2.6 Sonderfall Geldschuld: Zahlungsort ... 182
3 Kaufvertragliche Pflichtverletzungen ... 183
  3.1 Mangel der Kaufsache ... 183
    3.1.1 Sachmangel ... 183
    3.1.2 Rechtsmangel ... 186
  3.2 Rechte des Käufers bei Mängeln ... 187
    3.2.1 Nacherfüllung ... 187
    3.2.2 Rücktritt ... 187
    3.2.3 Minderung ... 188
  3.3 Schadensersatz ... 189
    3.3.1 Mangelfolgeschaden ... 189
    3.3.2 Mangelschaden ... 190
    3.3.3 Aufwendungsersatz ... 192
    3.3.4 Nebenpflichtverletzung ... 192
    3.3.5 Schutzpflichtverletzung ... 193
    3.3.6 Kaufvertrag mit Schutzwirkung für Dritte ... 194
4 Verbrauchsgüterkauf ... 195
  4.1 Anwendungsbereich ... 195
  4.2 Begrenzte Unabdingbarkeit ... 197
  4.3 Letztverkäufer-Rückgriff ... 197
5 Haftungsausschluss und Verjährung ... 199
  5.1 Haftungsausschluss ... 199
  5.2 Verjährung ... 199
6 Konkurrenzen ... 201
  6.1 Garantievertrag ... 201
  6.2 Kaufvertrag und culpa in contrahendo ... 203
  6.3 Kaufvertrag und deliktische Haftung ... 205
7 Beispielsfälle der Pflichtverletzungen beim Kauf und ihr AGB-rechtlicher »Haftungs«ausschluss ... 206
8 Finanzierter Verbraucherkauf ... 211
  8.1 Teilzahlungsgeschäft ... 211
  8.2 Drittfinanzierter Kauf ... 213

9 UN-Kaufrecht	215
9.1 Anwendungsbereich	215
9.2 Vertragsabschluss und -inhalt	216
9.3 Leistungsstörungen	217
9.3.1 Erfüllungsanspruch	217
9.3.2 Vertragsaufhebung	217
9.3.3 Minderung	217
9.3.4 Schadensersatz	218

II. Werkvertrag ... 218

1 Einführung ... 219
2 Vertragsinhalt ... 220
3 Werkvertragliche Pflichtverletzungen ... 221
    3.1 Mangel des Werks ... 222
        3.1.1 Sachmangel ... 222
        3.1.2 Rechtsmangel ... 223
    3.2 Rechte des Bestellers bei Mängeln ... 223
        3.2.1 Nacherfüllung (§§ 634 Nr. 1, 635) ... 223
        3.2.2 Selbstvornahme (§§ 634 Nr. 2, 637) ... 224
        3.2.3 Rücktritt (§§ 634 Nr. 3, 636, 323) ... 225
        3.2.4 Minderung (§§ 634 Nr. 3 2. Alt., 638) ... 226
    3.3 Schadensersatz (§§ 634 Nr. 4, 280 ff.) ... 226
        3.3.1 Mangelfolgeschaden (§ 280 I) ... 226
        3.3.2 Mangelschaden (§§ 634 Nr. 4, 281) ... 227
        3.3.3 Nebenleistungs- und Schutzpflichtverletzungen ... 228
        3.3.4 Beschaffenheitsgarantie (§§ 639 2. Alt., 276 I 1) ... 228
4 Haftungsausschluss und Verjährung ... 228
    4.1 Ausschluss der Rechte wegen Mängeln ... 228
    4.2 Verjährung ... 229
5 Werkvertrag und Deliktsrecht ... 230
6 Fallbeispiel ... 231

III. Exkurs: Mängelhaftung im Mietvertrag ... 232

1 Allgemeine Grundsätze ... 232
2 Rechte des Mieters bei Sach- und Rechtsmängeln ... 233
    2.1 Minderung ... 233
    2.2 Selbstvornahmerecht und Aufwendungsersatz (§ 536 a II) ... 234
    2.3 Schadensersatz (§ 536 a I) ... 234
    2.4 Fristlose Kündigung ... 235
3 Haftungsausschluss und Verjährung ... 235

IV. »Freier« Dienstvertrag – Am Beispiel des medizinischen Behandlungs- und des Anwaltvertrags ... 236

1 Einführung ... 236
2 Medizinischer Behandlungsvertrag ... 238
    2.1 Arztvertrag ... 238
        2.1.1 Vertragsschluss ... 238
        2.1.2 Vertragsinhalt ... 240
        2.1.3 Leistungsstörungen ... 242
    2.2 Krankenhausvertrag ... 245
    2.3 Haftungsausschluss und Verjährung ... 247

XII Inhalt

    3 Anwaltsvertrag... 247
      3.1 Vertragsschluss... 247
      3.2 Vertragsinhalt... 248
      3.3 Leistungsstörungen... 249
      3.4 Verjährung... 249

D Bereicherungsrecht... 251

  I. Einführung... 251

  II. Haupttypen der Kondiktionsansprüche... 253
    1 Leistungskondiktion... 253
    2 Eingriffskondiktion... 255
    3 Sekundäre Bereicherungsansprüche... 258

  III. Inhalt des Bereicherungsanspruchs... 260
    1 Redlicher und unredlicher Bereicherungsschuldner... 261
    2 Gegenständliche und nicht-gegenständliche Bereicherung... 261
    3 Wegfall der Bereicherung (§ 818 III)... 263
    4 Exkurs: Empfangene Geldzahlungen... 263
    5 Sonderfall »aufgedrängte Bereicherung«... 266

  IV. Rückabwicklung gegenseitiger Verträge... 266

  V. Kondiktionen im Drei-Personen-Verhältnis... 268

E Haftungsrecht... 271

  I. Haftungsrecht und Alternativen... 271
    1 Haftungs- und Vertragsrecht... 271
    2 Funktionen des Haftungsrechts: Schadensausgleich und Schadensprävention... 273
    3 Defizite des Haftungsrechts... 274
      3.1 Voraussetzungen der Schadensverlagerung... 274
      3.2 Ausmaß der Schadensverlagerung... 275
      3.3 Haftungsdurchsetzung... 277
    4 Modifizierungen und Alternativen zum Haftungsrecht... 278
      4.1 Privatversicherung... 279
      4.2 Sozialversicherung... 282
      4.3 Private Pflichtversicherung... 284
    5 Negatorischer Rechtsschutz... 286

  II. Deliktsrecht... 287
    1 Allgemeine Lehren... 287
      1.1 Haftungstatbestand: Haftungsgrund und Haftungsausfüllung... 287
      1.2 »Klassischer« Haftungsgrund: Tatbestandsmäßigkeit, Rechtswidrigkeit, Verschulden... 289
      1.3 Kontroversen um die Fahrlässigkeitshaftung nach § 823 I... 293

2 Deliktischer Haupttatbestand: § 823 Abs. 1 BGB 299
2.1 Verletzung von Leben, Körper, Gesundheit und Freiheit 300
2.2 Eigentum und sog. Recht am eingerichteten und ausgeübten Gewerbebetrieb 304
2.3 Persönlichkeit 311
2.4 Sonderfall Arzthaftung: Zwischen Körperverletzung und Persönlichkeitsschutz 315
3 Schutzgesetzverstoß (§ 823 Abs. 2) und sittenwidrige Schädigung (§ 826) 319
4 Geschäftsherrenhaftung und Produzentenhaftung 324
4.1 Grundsätze der Produzentenhaftung nach § 823 Abs. 1..... 325
4.2 Entwicklung der Geschäftsherrenhaftung (§ 831) 327
4.3 Ursprüngliche Instruktions- und Produktbeobachtungspflicht 329
4.4 Arbeitnehmeraußenhaftung 331
4.5 Herstellerhaftung nach dem ProdHaftG 1989 332
5 Haftung mehrerer Personen: Mittäter, Nebentäter, »Beteiligte« 334
6 Haftungsausschluss und Verjährung 337

III. Gefährdungshaftung 338
1 Allgemeine Lehren 338
2 Ausgewählte Haftpflichttatbestände 340
2.1 Haftung des Kfz-Halters nach § 7 StVG 340
2.2 Umwelthaftung 344
2.2.1 Die Haftung für Gewässerverunreinigung nach § 22 II WHG 344
2.2.2 Haftung nach dem UmweltHG 1990 346
2.3 Tierhalterhaftung nach § 833 S. 1 BGB 347

F Schadensersatz 351

I. Schadensarten 353
1 Der Vermögensschaden 354
2 Nichtvermögensschaden 356

II. Der Schadensausgleich 358
1 Der Grundsatz der Naturalrestitution 358
2 Die Kompensation 362
2.1 Vermögenseinbußen 363
2.2 Gewinnentgang 365
2.3 Kompensationsverbot bei Nichtvermögensschaden 366
2.4 Kfz-Schadensposten 367

III. Die Schadensberechnung 371
1 Der Berechnungszeitpunkt 371
2 Konkrete Schadensberechnung 372
3 Abstrakte Schadensberechnung 373

IV. Die Begrenzung der Ersatzpflicht 374
   1 Die Adäquanztheorie 375
   2 Normzweck und Schutzbereich 375
   3 Hypothetische Kausalität. 376
   4 Vorteilsausgleichung 377
   5 Die Mitverursachung 379
     5.1 Vor der Verletzung. 379
     5.2 Nach der Verletzung. 380
     5.3 Abwägungskriterien 381

Abkürzungen

Rechtsvorschriften

AFG	Arbeitsförderungsgesetz
AGB-Gesetz/AGBG	Gesetz zur Regelung des Rechts der Allgemeinen Geschäftsbedingungen
AktG	Aktiengesetz
AMG	Arzneimittelgesetz
ArbGG	Arbeitsgerichtsgesetz
AtomG	Atomgesetz
BeurkG	Beurkundungsgesetz
BGB	Bürgerliches Gesetzbuch
BImSchG	Bundesimmissionsschutzgesetz
BRAGO	Bundesrechtsanwaltsgebührenordnung
BRAO	Bundesrechtsanwaltsordnung
BSHG	Bundessozialhilfegesetz
BVerfGG	Bundesverfassungsgerichtsgesetz
CISG	Convention on Contracts for the International Sale of Goods
DRiG	Deutsches Richtergesetz
EFZG/EntgFortzG	Entgeltfortzahlungsgesetz
FGG	Gesetz über die Angelegenheiten der freiwilligen Gesetzbarkeit
FGO	Finanzgerichtsordnung
GBO	Grundbuchordnung
GenG	Genossenschaftsgesetz
GeschmMG	Geschmacksmustergesetz
GewO	Gewerbeordnung
GG	Grundgesetz
GKG	Gerichtskostengesetz
GmbHG	Gesetz betr. die Gesellschaften mit beschränkter Haftung
GVG	Gerichtsverfassungsgesetz
GWB	Gesetz gegen Wettbewerbsbeschränkungen
HPflG	Haftpflichtgesetz
HGB	Handelsgesetzbuch
HinterlO	Hinterlegungsordnung
InsO	Insolvenzordnung
KSchG	Kündigungsschutzgesetz
KunstUrhG	Kunsturhebergesetz
LohnfortzG/LFG	Lohnfortzahlungsgesetz
LPartG	Lebenspartnerschaftsgesetz
LuftVG/LVG	Luftverkehrsgesetz
MarkenG	Markengesetz
PartGG	Partnerschaftsgesellschaftsgesetz
PatG	Patentgesetz
PflVG	Pflichtversicherungsgesetz
ProdHaftG	Produkthaftungsgesetz

RBerG	Rechtsberatungsgesetz
RsprEinhG	Gesetz zur Wahrung der Einheitlichkeit der Rechtsprechung der obersten Gerichtshöfe des Bundes
RVO	Reichsversicherungsordnung
SGB	Sozialgesetzbuch
SozGG/SGG	Sozialgerichtsgesetz
StGB	Strafgesetzbuch
StPO	Strafprozessordnung
StVG	Straßenverkehrsgesetz
StVO	Straßenverkehrsordnung
StVZO	Straßenverkehrszulassungsordnung
TA-Luft	Technische Anleitung zur Reinhaltung der Luft
TPG	Transplantationsgesetz
UKlaG	Unterlassungsklagengesetz
UmweltHG	Gesetz über die Umwelthaftung
UrhG	Urheberrechtsgesetz
UWG	Gesetz gegen den unlauteren Wettbewerb
VAG	Versicherungsaufsichtsgesetz
VerglO	Vergleichsordnung
VerlG	Verlagsgesetz
VOB	Vergabe- und Vertragsordnung für Bauleistungen
VVG	Versicherungsvertragsgesetz
VwGO	Verwaltungsgerichtsordnung
VwVfG	Verwaltungsverfahrensgesetz
WEG	Wohnungseigentumsgesetz
WHG	Wasserhaushaltsgesetz
WRV	Weimarer Reichsverfassung
ZPO	Zivilprozessordnung
ZSEG	Gesetz über die Entschädigung von Zeugen und Sachverständigen

Gesetzes-/Entscheidungssammlungen und Abkürzungen gängiger Periodika

ABl. EG	Amtsblatt der Europäischen Gemeinschaft
AcP	Archiv für die civilistische Praxis
AfP	Zeitschrift für Medien- und Kommunikationsrecht (früher: Archiv für Presserecht)
BAGE	(amtliche Sammlung der) Entscheidungen des Bundesarbeitsgerichts
BB	Betriebsberater
Betrieb/DB	Der Betrieb
BGBl.	Bundesgesetzblatt
BGHSt	(amtliche Sammlung der) Entscheidungen des Bundesgerichtshofs in Strafsachen
BGHZ	(amtliche Sammlung der) Entscheidungen des Bundesgerichtshofs in Zivilsachen
BR-Drs.	Bundesrats-Drucksachen
BT-Drs.	Drucksachen des Deutschen Bundestags
BVerfGE	(amtliche Sammlung der) Entscheidungen des Bundesverfassungsgerichts

DAR	Deutsches Autorecht
DR	Deutsches Recht
DRiZ	Deutsche Richterzeitung
DuR	Demokratie und Recht
FamRZ	Zeitschrift für das gesamte Familienrecht (Ehe und Familie)
GRUR	Gewerblicher Rechtsschutz und Urheberrecht
JA	Juristische Arbeitsblätter
JbJZivRWiss	Jahrbuch junger Zivilrechtswissenschaftler
JR	Juristische Rundschau
JURA	Juristische Ausbildung
JuS	Juristische Schulung
JW	Juristische Wochenschrift
JZ	Juristenzeitung
KJ	Kritische Justiz
KOM	Europäische Kommission
KritV	Kritische Vierteljahresschrift für Gesetzgebung und Rechtswissenschaft
MDR	Monatsschrift für Deutsches Recht
NJW	Neue Juristische Wochenschrift
NJW-RR	Neue Juristische Wochenschrift-Rechtsprechungsreport
NuR	Natur und Recht
NVwZ	Neue Zeitschrift für Verwaltungsrecht
NZA	Neue Zeitschrift für Arbeitsrecht
RdA	Recht der Arbeit
RGBl.	Reichsgesetzblatt
RGSt	(amtliche Sammlung der) Entscheidungen des Reichsgerichts in Strafsachen
RGZ	(amtliche Sammlung der) Entscheidungen des Reichsgerichts in Zivilsachen
RIW	Recht der Internationalen Wirtschaft
VersR	Versicherungsrecht
VRS	Verkehrsrechtssammlung
VuR	Verbraucher und Recht
WiB	Wirtschaftsrechtliche Beratung
WM	Wertpapier-Mitteilungen
ZEuP	Zeitschrift für Europäisches Privatrecht
ZHR	Zeitschrift für das gesamte Handelsrecht
ZIP	Zeitschrift für Wirtschaftsrecht
ZRP	Zeitschrift für Rechtspolitik
ZVglRWiss	Zeitschrift für vergleichende Rechtswissenschaften
ZZP	Zeitschrift für Zivilprozessrecht

Abkürzungsverzeichnis

Sonstige Rechtstechnische Abkürzungen*

a. A.	anderer Ansicht
a. A.O.	am angegebenen Ort
a. F.	alte Fassung
AG	Aktiengesellschaft bzw. Amtsgericht
AGB	Allgemeine Geschäftsbedingungen
AHB	Allgemeine Haftpflichtversicherungsbedingungen
Alt.	Alternative
a. M.	anderer Meinung
Art.	Artikel
Aufl.	Auflage
AVG	Allgemeine Versicherungs- bzw. Versorgungsbedingungen
BAG	Bundesarbeitsgericht
betr.	betreffend
Bd.	Band
BGH	Bundesgerichtshof
BMJ	Bundesminister/ium der Justiz
BVerfG	Bundesverfassungsgericht
bzw.	beziehungsweise
DJT	Deutscher Juristentag
etc.	et cetera (und weitere)
e. V.	eingetragener Verein
EG	Europäische Gemeinschaft
Fn.	Fußnote
FS	Festschrift
gem.	gemäß
GmbH	Gesellschaft mit beschränkter Haftung
grdl.	grundlegend
GS	Großer Senat (der oberen Bundesgerichte)
GSZ	Großer Senat für Zivilsachen
h.M.	herrschende Meinung
Hrsg.	Herausgeber
i. V. m.	in Verbindung mit
Kap.	Kapitel
Kfz	Kraftfahrzeug
KG	Kammergericht bzw. Kommanditgesellschaft
LAG	Landesarbeitsgericht
LG	Landgericht
LVG	Landesverwaltungsgericht
Mot.	Motive zum Entwurf eines BGB für das Deutsche Reich

---

* Ansonsten sind die allgemein üblichen Abkürzungen verwendet worden.

Nr.	Nummer
OHG	Offene Handelsgesellschaft
OLG	Oberlandesgericht
Prot.	Protokolle der 2. Kommission zum Entwurf des BGB
RG	Reichsgericht
RZ	Randziffer
s.	siehe
S.	Seite bzw. Satz
StGH	Staatsgerichtshof
str.	streitig
st. Rspr.	ständige Rechtsprechung
u. a.	unter anderem
usw.	und so weiter
VG	Verwaltungsgericht
VGH	Verwaltungsgerichtshof
Vgl.	Vergleiche
Vhdlgen	Verhandlungen
Ziff.	Ziffer

Weiterführende Literatur

I Lehrbücher (allgemein)

1. zum Allgemeinen Teil des BGB

Brox, Allgemeiner Teil des BGB, 25. Aufl. 2001
Eisenhardt, Allgemeiner Teil des BGB, 4. Aufl. 1997
Hübner, Allgemeiner Teil des Bürgerlichen Gesetzbuches, 2. Aufl. 1996
Köhler, Allgemeiner Teil des BGB, 26. Aufl. 2002
Larenz/Wolf, Allgemeiner Teil des Bürgerlichen Rechts, 8. Aufl. 1997
Leipold, BGB I: Einführung und Allgemeiner Teil, 1999
Medicus, Allgemeiner Teil des BGB, 8. Aufl. 2002
Pawlowski, Allgemeiner Teil des BGB, 6. Aufl. 2000
Rüthers/Stadler, Allgemeiner Teil des BGB, 12. Aufl. 2002

2. zum BGB-Schuldrecht

Brox, Allgemeines Schuldrecht, 27. Aufl. 2000
Brox/Walker, Besonderes Schuldrecht, 27. Aufl. 2002
Esser/Schmidt, Schuldrecht – Allgemeiner Teil
        Teilband 1, 8. Aufl. 1995
        Teilband 2, 8. Aufl. 2000
Esser/Weyers, Schuldrecht – Besonderer Teil
        Teilband 1, 8. Aufl. 1998
        Teilband 2, 8. Aufl. 2000
Fikentscher, Schuldrecht, 9. Aufl. 1997
Larenz, Lehrbuch des Schuldrechts – Allgemeiner Teil, 14. Aufl. 1987
  ders., Lehrbuch des Schuldrechts – Besonderer Teil
        Halbband 1, 13. Aufl. 1986
        Halbband 2, 13. Aufl. 1994 (besorgt von *Canaris*)
Medicus, Schuldrecht – Allgemeiner Teil, 13. Aufl. 2002
        Besonderer Teil, 10. Aufl. 2000
Schlechtriem, Schuldrecht – Allgemeiner Teil, 4. Aufl. 2000
        Besonderer Teil, 5. Aufl. 1998

3. zum »Neuen Schuldrecht«

Dauner-Lieb u. a. (Hrsg.), Das neue Schuldrecht, 2002
Ehmann/Sutschet, Modernisiertes Schuldrecht, 2002
Huber/Faust, Schuldrechtsmodernisierung, 2002
Lorenz/Riehm, Lehrbuch zum neuen Schuldrecht, 2002
Olzen/Wank, Die Schuldrechtsreform, 2002
Schmidt-Räntsch, Das neue Schuldrecht, 2002
Schwab/Witt, Einführung in das neue Schuldrecht, 2002

II Spezialliteratur

Bar, von, Gemeineuropäisches Deliktsrecht, 2 Bde. 1996/1999
Brüggemeier, Deliktsrecht, 1986
  ders., Prinzipien des Haftungsrechts, 1999
Deutsch, Allgemeines Haftungsrecht, 2. Aufl. 1996
Deutsch/Ahrens, Deliktsrecht: Unerlaubte Handlungen, Schadensersatz und
                          Schmerzensgeld, 4. Aufl. 2002
Gernhuber, Das Schuldverhältnis, 1989
Huber, U., Leistungsstörungen, Bd. I u. II, 1999
Kötz/Wagner, Deliktsrecht, 9. Aufl. 2001
Koppensteiner/Kramer, Ungerechtfertigte Bereicherung, 2. Aufl. 1988
Lange, Schadenersatz, 2. Aufl. 1990
Loewenheim, Bereicherungsrecht, 2. Aufl. 1997
Reinicke/Tiedtke, Kaufrecht, 6. Aufl. 1997
Schlechtriem, Restitution und Bereicherungsausgleich in Europa, 2 Bde. 2000/2001

III Kommentare

1. zum AGB-Gesetz

Ulmer/Brandner/Hensen, AGB-Gesetz, 9. Aufl. 2001
Wolf/Horn/Lindacher, AGB-Gesetz, 4. Aufl. 1999

2. zum Bürgerlichen Gesetzbuch

Alternativkommentar zum BGB, mehrbändig seit 1979
Dörner u. a., BGB-Handkommentar, 2. Aufl. 2002
Erman, Handkommentar zum BGB, 2 Bde., 10. Aufl. 2000
Jauernig u. a., BGB, 9. Aufl. 1999
Münchner Kommentar zum BGB, mehrbändig, 4. Aufl. ab 2000
Palandt, Bürgerliches Gesetzbuch, 61. Aufl. 2002
  ders., Ergänzungsband »Gesetz zur Modernisierung des Schuldrechts«, 2002
Soergel, Bürgerliches Gesetzbuch, mehrbändig, 13. Aufl. ab 1999
Staudinger, Kommentar zum BGB, mehrbändig, 13. Aufl. ab 1993

A Allgemeine Einführung

I. Zivilrecht

Das **Zivilrecht,** in das dieser Kurs einführen möchte, stellt ein Teilgebiet des Rechts insgesamt dar und ist so dessen Gesamtaufgabe mit verpflichtet, eine möglichst gerechte Ordnung menschlichen Zusammenlebens zu bewirken. In Ihrem universitären rechtswissenschaftlichem Studium werden Sie es als **Bürgerliches Recht** vornehmlich neben dem **Öffentlichen Recht** und dem **Strafrecht** als eines der drei maßgeblichen Prüfungsfächer erleben, deren hinlängliche Beherrschung im staatlichen Teil der ersten Prüfung nachzuweisen ist.[1] Durchaus anders hingegen die aus Art. 92 ff. GG ablesbare Aufteilung: Hier wird zunächst die Verfassungsgerichtsbarkeit genannt und dieser sodann die sog. Fachgerichtsbarkeit gegenübergestellt, die sich gemäß Art. 95 I GG in die ordentliche, die Verwaltungs-, die Finanz-, die Arbeits- und die Sozialgerichtsbarkeit gliedert. Vom Zivilrecht ist mithin nicht einmal ausdrücklich die Rede. Darin liegt indes keine Geringschätzung dieses Rechtsgebiets. Vielmehr zählt es mitsamt dem Strafrecht zu den klassischen Rechtsmaterien, für die bereits in vordemokratischer Zeit eine gerichtliche Kontrolle vorgesehen war. Deshalb verbergen sich beide unter der Bezeichnung »ordentlich« und fügen sich die mit ihnen beschäftigten Gerichte zu eben jener ordentlichen Gerichtsbarkeit, die auch heute noch – zumindest quantitativ – unter den Gerichtszweigen dominiert.

Diese Vorrangstellung, die sich ihrerseits hauptsächlich dem Aufkommen zivilistischer Konflikte verdankt, kommt freilich nicht von ungefähr. In einem Gesellschaftssystem, das in erster Linie auf private Initiative setzt und es so ganz überwiegend den Einzelnen überlässt, für ihre Daseinsgestaltung zu sorgen, liegt es nahe, dass das dieser »Selbstversorgung« gewidmete Recht breiten Raum einnimmt.

Wo die Beschaffung und Verteilung materieller Ressourcen zum Zwecke sozialen und individuellen Überlebens von der theoretisch-politischen Konzeption her hauptsächlich zur Angelegenheit der Bürger und nicht des Staates gestempelt wird, ergibt es sich gleichsam von selbst, dass die damit zusammenhängenden Konflikte – gemessen an der Gesamtzahl von Rechtsstreitigkeiten – einen beachtlichen Prozentsatz ausmachen. In der Tat kann jedermann tagtäglich als Verkäufer/Käufer, Vermieter/Mieter, Verkehrsteilnehmer usw. in einen Zivilrechtsstreit verwickelt werden. Als Bauwilliger, Steuerschuldner, Abgabepflichtiger usw. gerät er seltener in die Verlegenheit, vor den zuständigen Gerichten erscheinen zu müssen. Mag auch dieses Argument der großen Zahl nicht stets gleichbedeutend sein mit der sozialen Relevanz des jeweiligen Konfliktstoffs – zumal Arbeits- und Sozialgerichtsprozesse gehen vergleichsweise öfter an den existenziellen Nerv des Einzelnen –, so trägt es doch dazu bei, die fortwirkende Dominanz des Zivilrechts erklärlicher zu machen.

Zivilrecht – heutzutage ohne wesentliche Akzentunterschiede auch Privatrecht oder eben Bürgerliches Recht genannt – ist im Echo auf unsere vorwiegend, wenn-

---

[1] Vgl. §§ 5 I, 5 a II 2, 5 d II DRiG.

Allgemeine Einführung

gleich nicht ausschließlich[2] kapitalistisch orientierte Wirtschaftsordnung schwerpunktmäßig **privates Vermögensrecht**, wiewohl nicht unterschlagen werden soll, dass es sich im Zuge einer Sensibilisierung für personale Integritätsrisiken vor allem im Kontext der Art. 1, 2 GG stärker als ehedem auch gegenüber immateriellen Bedürfnissen öffnet.[3] Dennoch befasst es sich nach wie vor in der Hauptsache mit der Zuordnung vermögenswerter Güter sowie mit den Möglichkeiten und Grenzen einer Veränderung dieser Zuordnung. Aus dem Blickwinkel von Produktion und Handel steuert es auf jenem Sektor im Verein mit dem Arbeitsrecht die Beschaffung von Lebensmitteln i. w. S. und auf diesem eigenständig die Einzelversorgung, soweit der Staat nicht eine gewisse Grundausstattung (z. B. Verkehrsnetz, kommunale Krankenhäuser) zum Zwecke einer sozialen Substanzgarantie bzw. wegen individueller finanzieller Kapazitätsgrenzen in die eigene Hand genommen hat.

Damit ist auch schon der **vermeintliche Gegensatz zum öffentlichen Recht** angesprochen. Das Prädikat »privat« oder »bürgerlich« entspricht der Vorstellung, dass regelmäßig Einzelpersonen bzw. Personenzusammenschlüsse (Vereine, Verbände) Zuordnungs- und Verteilungssubjekte sind, die einander auf der Ebene der Gleichberechtigung gegenübertreten. Demgegenüber soll das aus der scheinbaren Antinomie von Staat und Gesellschaft fließende »öffentliche« Recht auf der Unterordnung des Bürgers unter die staatliche Gewalt aufbauen und immer dann eingreifen, wenn die Selbstregulierung gesellschaftlicher Prozesse wie die Schlichtung sozialer Konflikte angesichts fehlender Macht- und Verteilungsmittel in der Verfügbarkeit des einzelnen auf unüberwindbare Schranken stößt. Kernmaterien des so verstandenen Öffentlichen Rechts sind das Strafrecht, das Staats- und das Verwaltungsrecht, aber auch das Prozessrecht.

In der Wirklichkeit lässt sich der hier angedeutete Dualismus freilich nicht durchhalten. Die ihm verpflichtete Vorstellungsweise fängt den mittlerweile erreichten **Stand des Verhältnisses zwischen Staat und Bürger** kaum noch adäquat ein. So ist etwa das Verständnis des Bürgers als Verwaltungsuntertan schlicht überholt angesichts einer unter komplettem Gesetzesvorbehalt stehenden und lückenloser Gerichtskontrolle unterliegenden Exekutive,[4] die überdies längst nicht mehr nur per Dekret (Erlass, Bescheid, Verwaltungsakt) agiert, sondern Regelungen auch mithilfe von Verträgen treffen kann (vgl. §§ 53 ff. VwVfG). Ferner ist neben die sog. Eingriffsverwaltung die staatliche Daseinsvorsorge getreten, deren kontinuierlicher Ausbau im Wohlfahrtsstaat eine »mixed economy«, also eine Verflechtung von öffentlichem und privatem Wirtschaften, gefördert hat. Demgemäß werden wechselseitige Annäherungen sichtbar, die sich z. B. in der Notwendigkeit dokumentieren, die Wirkungsweise des Zivilrechts stets an den Grundaussagen unserer Verfassung (Grundrechtskatalog, Rechts- und Sozialstaatsprinzip) zu messen, oder auch im Trend zu staatlichen Interventionen in ehemals klassischen privaten Bereichen mit dann oft – zumal im sog. Verbraucherrecht – zwingenden statt dispositiven (nachgiebigen) zivilistischen Gesetzesanordnungen. Deutlich wird diese Verquickung beider Bereiche u. a. im gemeinhin als speziellem öffentlichen Recht verstandenen Sozialrecht mit seinem Nebeneinander von privaten und öffentlichen Existenzabsicherungen (aktuelles Stichwort »Riester-Rente«). Auch im wiederum als vorwiegend noch »bürgerlich« aufgefassten Wirtschafts-

---

2 S. vorläufig Art. 20 I GG (sozialer Bundesstaat) sowie Art. 28 I 1 GG (sozialer Rechtsstaat).
3 Beleg hierfür ist der erst dieser Tage eingefügte § 253 II BGB.
4 Näheres bei *J. Martens*, KritV 1986, 104 ff.

recht lassen sich hoheitliche Verwaltung und zivile Organisation keineswegs strikt auseinanderhalten. Namentlich der »private« Wettbewerb steht heutzutage nicht nur unter gelegentlich gar direkter staatlicher – und zwar sowohl europäischer als auch nationaler – Kontrolle; er wird zunehmend auch mittelbar von hoheitlichen Maßnahmen wie z. B. Steuer- und Subventionsgesetzgebung (sog. Strukturpolitik) gelenkt. Schließlich ist das Tarifvertragsrecht als wesentlicher Bestandteil des flankierend noch dem Zivilrecht zugerechneten Arbeitsrechts nicht mehr eindeutig unter bürgerlich-rechtlichen Aspekten zu erfassen. Arbeitgeberverbände und Gewerkschaften sind gleichsam staatsvertretende Organisationen, deren mit Allgemeinverbindlichkeit versehenen Vereinbarungen praktisch Gesetzesrang zukommt und die im Einzelfall sogar sonst zwingendes Recht abändern können (vgl. nur § 622 IV BGB).

Die gebräuchlichen Unterscheidungskriterien erweisen sich demnach als fragwürdig, zumal eine eher systematisierende Einordnung Gefahr läuft, soziale Zusammenhänge auseinanderzureißen, die komplexer Aufbereitung bedürfen (z. B. das »lebenssystematisch« nicht nach privat oder öffentlich fragende Umweltrecht). Am ehesten lässt sich das öffentliche Recht wohl noch unter dem Gesichtspunkt **notwendiger institutioneller Beteiligung des Staates** vom Zivilrecht unterscheiden. Ist eine »hoheitliche« Mitwirkung unerlässlich wie z. B. bei einer Baugenehmigung, einem Steuerbescheid, aber auch bei Strafverfolgung oder einer Wohngeldbewilligung, so wäre demgemäß ein daraus resultierender Konflikt als »öffentlich« zu qualifizieren. »Privat« zu nennen wäre er hingegen dann, wenn zwar der Staat aktuell mit von der Partie ist (wie etwa eine Gemeinde bei der PC-Ausstattung ihrer Schulen), diese Rolle (hier als Käuferin) prinzipiell aber auch von einer Zivilperson eingenommen werden könnte.[5] Insgesamt mag es vorerst genügen, das Zivilrecht als juristischen Sektor zu begreifen, in dem Konfliktsteuerung und Konfliktlösung vornehmlich dem Einzelnen überlassen bleiben.[6]

1 Sein sozial-ökonomischer Kontext: Die Eigentümer-Markt-Gesellschaft

Zivilrecht in seiner auf uns überkommenen Gestalt hat seine wesentliche Ausprägung im vorigen Jahrhundert erhalten, in dessen Verlauf sich auf deutschem Boden – später als in England und in Frankreich – der Wandel vom feudalen Partikularismus zum zunächst noch absolutistisch und hernach bürgerlich organisierten Nationalstaat vollzog.[7] Der **Weg vom Agrar- zum Industriestaat,** vom einfachen Warentausch zur Bildung anonymer Märkte, die zunehmende Verstädterung und die Trennung der Produzenten von ihren Produktionsmitteln kennzeichnen diese Entwicklung, die von vielfältigen Faktoren bestimmt wurde, die nicht isoliert betrachtet werden dürfen, sondern ineinander verschlungen sind. Allen voran zu nennen ist eine bis dahin ungeahnte Vermehrung der Bevölkerung, deren Überleben nicht mehr in den alten Formen gesichert werden konnte, zumal Grund und Boden als vordem wichtigste Reproduktionsquelle zum einen im wesentlichen (an einige wenige) verteilt waren und zum anderen wegen der über-

---

5 Vgl. dazu den interessanten Fall LG Darmstadt NJW 1998, 763: Anspruch einer Kommune gegen die Deutsche Bahn-AG auf Unterlassung von Castor-Transporten durch ihr Gebiet.
6 Zur Ausgliederung des Arbeitsrechts aus dem Zivilrecht unten A II. 3.1.
7 S. hierzu unter Einschluss der Weimarer Republik die freilich weit über die zivilistische Perspektive hinausreichende Darstellung von *Wesel,* Geschichte des Rechts, 1997, S. 409 ff.

kommenen Bewirtschaftungsweise nicht mehr das hergaben, was zur allgemeinen Versorgung benötigt wurde. Hinzu kam, dass sich im und seit dem Mittelalter die ehedem komplexe Funktion der Grundherrschaft im Feudalsystem, in der Vorzugsrechte des Feudalherrn ursprünglich mit Schutzpflichten zugunsten der Grundsassen verbunden waren, allmählich dank der Übertragung der Sicherungsgarantien auf den übergeordneten Monarchen aufgelöst hatte und so die fortbestehenden grundherrlichen Rechte mangels kompensatorischer Pflichtenstellung immer stärker als ungerechtes Privileg erkannt wurden. So war das Zerbrechen der vormaligen Strukturen gleichsam vorprogrammiert. Die gerade angesichts dieser Umstände forcierte Evolution in Wissenschaft und Technik tat ein übriges, um die alten Bande zu zerschlagen.[8] Der ständig wachsende und mit den geläufigen Mitteln nicht mehr zu deckende Güterbedarf sowie die Loslösung der bislang adliger Herrschaft Unterworfenen aus ihren feudalen Bindungen standen am Beginn einer Entwicklung, die schließlich zur sog. industriellen oder auch bürgerlichen Revolution geführt hat, mittels deren die Eigentümer/Markt-Gesellschaft etabliert worden ist.[9] Die Erfindung des Webstuhls und später der Dampfmaschine signalisierten neue Produktionsformen, die nicht mehr an der Deckung des Eigenbedarfs in überschaubaren sozialen und Wirtschaftseinheiten orientiert waren, sondern ein Gütervolumen ermöglichten, zu dessen Absatz der einfache Tauschmarkt ländlicher Provenienz nicht mehr taugte. Zum flankierenden Faktor der Produktivitätssteigerung wurde das sich allmählich herausbildende Prinzip der Arbeitsteilung,[10] das dem einzelnen (z. B. Handwerker) nur mehr spezielle Handgriffe bzw. Teilleistungen statt der Herstellung des gesamten Gegenstands (etwa Gerätschaften oder Konsumartikel) überließ und überhaupt erst die Basis für die aufkommende industrielle Fertigung abgab.

Tragende Schicht dieser beginnenden Industriegesellschaft wurde ein **Wirtschaftsbürgertum,** das sich anfänglich aus Kauf-, Handels- und Bankleuten rekrutierte und den noch schwerfällig seinem Grundbesitz verhafteten Adel zunächst ökonomisch, hernach auch politisch ablöste. Ihr Selbstverständnis und zugleich auch Selbstbewusstsein bezog die »neue Klasse« nicht aus gemeinsamen ständischen Vorrechten, sondern eben aus ihrem wirtschaftlichen Potential, das ihr die Chance einräumte, zum Vorreiter der kapitalintensiven Industrialisierung zu werden. Hatten auf dem ländlichen Sektor die ursprünglich durchaus progressiv gemeinten, weil aus der Leibeigenschaft herausführenden Bauernbefreiungen es bewirkt, dass zumindest die der Zahl nach überwiegenden Kleinbauern sich mangels fortbestehender Obhutspflicht ihrer »Herrschaft« zumeist eine neue Existenzgrundlage suchen mussten, so sorgte die technische Umstellung der Produktion auch bei den überwiegend in den Städten angesiedelten Handwerkern dafür, dass die Mehrzahl von ihnen wegen schwindender Konkurrenzfähigkeit ihre Betriebe aufgeben musste und auf neuen Broterwerb angewiesen war. Damit vollzog sich die für den Kapitalismus charakteristische strukturelle **Trennung des Produzenten von seinen Produktionsmitteln.** Beide nämlich – ehemalige Bauern wie Handwerker- gingen in der Arbeiterklasse auf, die ihre Arbeitskraft bei den

---

8 Zu diesem Wandel eingehend *Rittstieg,* Eigentum als Verfassungsproblem, 1975, S. 1–59; ferner *Wehler,* Deutsche Gesellschaftsgeschichte, Bd. 1 (1987), S. 35 ff., 59 ff., 124 ff.
9 Die Entwicklungsstufen bis hin zu diesem Gesellschaftsmodell skizziert *Macpherson,* Die politische Theorie des Besitzindividualismus, 1973.
10 Anschaulich *Adam Smith,* Der Wohlstand der Nationen, 5. Aufl. 1789 (deutsch 1974 bei C.H. Beck), S. 9–15.

neuen Herren der Produktion verdingte und dank des Überschusses an Arbeitsfähigen schnell zum Industrieproletariat herabsank.

So hatte die Emanzipation breiter Bevölkerungsschichten aus feudaler und zunftmäßiger Einbindung zwar vordergründig den Vorteil der Selbstständigkeit und Selbstbestimmung für sich; praktisch aber entstanden aufgrund des Ungleichgewichts in den wirtschaftlichen Startpositionen neue Abhängigkeitsverhältnisse, die für die sozial Schwächeren angesichts deren Entfernung aus der gewohnten persönlichen Umwelt vielfach unerträglicher waren als die soeben verlassenen. Die zur Hauptanschauung avancierende Theorie des **politischen Liberalismus** nahm von diesen Mängeln kaum Kenntnis. Ihre Vertreter waren vornehmlich damit beschäftigt, den Abbau der ständischen Gesellschaftsgliederung zu legitimieren, und sie versuchten dies mit einer Konzeption, in deren Mittelpunkt der Mensch als sein Dasein frei und eigenhändig gestaltendes Individuum stand, das dank seiner angeborenen Fähigkeiten für kompetent erachtet wurde, sich seine Existenz im Rahmen eines jedermann als gleich akzeptierenden Gemeinwesens im wesentlichen selbst zu sichern. Sprüche wie »Jeder ist seines eigenen Glückes Schmied« übertünchten die Wirklichkeit sozialer Ungleichheit. Ein umfassender Eigentumsbegriff, der sich in der Innehabung von Grundbesitz und Geldvermögen bis hin zur Berechtigung erstreckte, nach eigener Entscheidung über die persönliche Arbeitskraft zu verfügen, stempelte jeden zum Eigentümer und Warenbesitzer (z. B. Arbeitskraft als Ware), der nur geschickt genug sein musste, um in Wettstreit mit den anderen zu Wohlstand zu gelangen. In Wahrheit förderte diese Anschauung in erster Linie den als »homo oeconomicus« daherkommenden **Marktbürger,** der sein ererbtes oder zumeist auf dem Handels- bzw. Banksektor erworbenes Vermögen in die sich immer breiter öffnenden industriellen Kanäle stecken konnte, um auf diese Weise am wirtschaftlichen Aufschwung teilzuhaben.

Zu diesem in der Tat in den vormaligen Feudalstrukturen nicht denkbaren Aufschwung wäre es freilich allein mit der Konzentration der Produktionsmittel in der Hand relativ weniger Vermögensbesitzer nicht gekommen, wenn nicht zugleich ein deren Zwecken dienendes, von hoheitlicher Reglementierung weitgehend unbelastetes **Markt- und Geldsystem** geschaffen worden wäre. Wir hatten gesehen, dass die alten, engen Tauschmärkte der vehementen Produktionssteigerung nicht mehr standhalten konnten. An deren Stelle traten alsbald anonyme Absatzmechanismen, die wiederum, da nicht jeder Abnehmer dem Anbieter diesen interessierende Waren offerieren konnte, auf ein »neutrales« Umsatz- und Verrechnungsvehikel, nämlich ein spezialisiertes Geldsystem, angewiesen waren. Geld wurde zum neuen, alles beherrschenden Faktor, der die Umorientierung vom in der Hauptsache bäuerlichen und handwerksmäßigen Wirtschaften zur industriellen Produktion forcierte.[11] Alles – ob Grund oder Boden, Fabriken, Maschinen, Konsumgegenstände oder Arbeit – wurde nunmehr **in Geld bewertet,** und die soziale Reputation (später auch die politische Macht) war künftig nicht mehr an verblassende Privilegien oder an den Umfang etwa von Ländereien gebunden, sondern hing primär davon ab, was jemand an geldwertem Vermögen vorzuweisen hatte. Das erst 1918 abgeschaffte preußische Dreiklassenwahlrecht, das die politische Partizipation mittelbar an die unterschiedlichen Einkünfte

---

11 Nicht ohne Berechtigung identifiziert *Luhmann,* Rechtssystem und Rechtsdogmatik, 1974, S. 60 f. die Entwicklung des Geldes »zum universellen Kommunikationssymbol der Wirtschaft« mit der (eigentlichen) bürgerlichen Revolution.

knüpfte, gibt ein spätes Zeugnis von dieser Einschätzung ab. Dieses Geld verwandelte sich, indem es im Produktionsbereich investiert wurde, in **Kapital,** dessen herausragende Bestimmung es war, Erträge einzubringen, die erneut in den so entstehenden Kapitalkreislauf eingeschleust werden konnten. Private Verfügungsmacht über die Produktionsmittel sowie die Anerkennung der Bereitstellung des Produktionskapitals als zumindest gleichberechtigter Ertragsfaktor neben dem unmittelbaren Arbeitseinsatz bildeten schließlich die Grundsteine für eine Wirtschaftsordnung, die – in freilich unterschiedlichen und sich stets verändernden Formen – als »**Kapitalismus**« das ökonomische und soziale Gefüge der westlichen Hemisphäre bis in unsere Tage geprägt hat und weiterhin prägt.[12]

Spekulationen darüber, ob und in welchem Ausmaß sich unsere Gesellschaft bei Akzeptierung abweichender Konditionen (z. B. Gemeineigentum an Produktionsmitteln, generelle Planung von Produktion und Verteilung, Arbeit als primärer Bewertungsmaßstab usw.) anders entwickelt hätte, sind – zumal angesichts des Scheiterns der solchen Bedingungen zumindest theoretisch verpflichtet gewesenen politischen Systeme – müßig; zur Erhellung der **Genesis des Privatrechts,** mit dem wir es heute zu tun haben, könnten sie kaum beitragen. Zudem wären auch differierende oder gar gegensätzliche Gesellschaftsformationen nicht für jede beliebige Gestaltung offen, sofern sie ihre Aufgabe, das (Über-)Leben ihrer Mitglieder zu sichern, ernst nehmen. So benötigen etwa auch andere (z. B. sozialistische) Wirtschaftsordnungen Gewinne (Profite), die nicht sogleich in den Konsum fließen, um über Investititionen auf dem jeweils neuesten Stand der Technik als Grundlage für die allgemeine Versorgung zu bleiben. Nur schien zur damaligen Zeit die Überlassung der Produktionsmittel an private Unternehmer die beste Gewähr dafür zu bieten, dass über die damit honorierte Privatinitiative auch der Wohlstand der Gemeinschaft am ehesten gefördert würde. Das war wenigstens die Vorstellung des **ökonomischen Liberalismus,** der – nicht zuletzt aus den Erfahrungen mit dem Merkantilismus – die Bürokratie als schlechte Wirtschafterin ansah und im individuellen Eigennutz die notwendige Triebfeder für die Vermehrung des allgemeinen Wohls erkannte. Denkbare negative Auswirkungen des so glorifizierten Egoismus sollten am Markt aufgefangen werden, weil man – zumindest theoretisch – annahm, dass die dort herrschende Konkurrenz etwaige Auswüchse gleichsam von selbst ausgleichen würde.[13] Auch dieser Markt hatte folglich als ökonomisches Kommunikationszentrum, auf dem sich die Warenbesitzer i. w. S. trafen, von staatlicher Intervention weitestgehend freizubleiben.[14] Die **Idee der Selbstregulierung** kraft rationalen Verhaltens von Anbietern und Nachfragern gedieh zum Legitimationsmuster für einen privaten Tauschverkehr. Lediglich dessen Grundvoraussetzungen (z. B. Schaffung von Verkehrswegen, Errichtung oder Beseitigung von Zollschranken, marktkonformer Rechtsschutz) galten als Angelegenheit der Allgemeinheit, und auch dies nur, sofern nicht einzelne oder private Organisationen selbst dazu imstande waren, die finanziellen Lasten für derartige Vorkehrungen zu tragen

---

12 Zum »Export« der zugehörigen Rechtsinstitutionen in den osteuropäischen Raum nach dem Zusammenbruch der Sowjet-Union *Knieper*, ZRP 1996, 64 ff. S. *dens.* ferner in ZVglRWiss 101 (2002), 220 ff. mit Blick auf die Volksrepublik China.
13 Gleichsam »mit unsichtbarer Hand«, wie *Adam Smith* a. a. O. S. 371 es ausgedrückt hat.
14 Eindringlich hierzu unter Darstellung unterschiedlicher Kritikansätze *Reich*, Markt und Recht, 1977, S. 21–72.

(etwa private Eisenbahngesellschaften). Ein solcher »**Besitzindividualismus**«,[15] der nur aus dem Verbund von antifeudaler bzw. anti-absolutistischer Freiheitsbewegung und ökonomisch-technischem Prozess zu begreifen ist, blendete die alsbald sich stellenden sozialen Fragen aus. Proletarisierung auf der einen und Monopolisierung auf der anderen Seite wurden eher als »Ausrutscher« denn als absehbare Konsequenzen eines sonst gut funktionierenden Systems betrachtet. Dementsprechend gestalteten sich auch die dieses Eigentümer/Markt-Modell absichernden Rechtsstrukturen, die heute noch – wenngleich nicht mehr in dieser radikal individualistischen und staatsabweisenden Form – die Grundlage unseres Zivilrechts bilden.

2 Seine Grundstrukturen und -figuren

Das so herausgestellte Wirtschaftsindividuum fand seine juristische Entsprechung im **Rechtssubjekt** als zentraler Figur einer formal egalitären Gesellschaft, deren ehemals personenbezogenen Substrukturen (z. B. Familie, Sippe, Stamm, Feudalgemeinschaft) im Zuge der technisch-ökonomischen Revolution und der ihr folgenden Großstaatlichkeit endgültig dem Verfall preisgegeben waren. In seiner programmmäßigen Vereinzelung wurde es zum »geborenen« Träger von Rechten und Pflichten. Analog dazu organisierte sich die es umgebende Vermögenswelt. **Privates Eigentum** als Individualeigentum bildete nunmehr die primäre Grundlage für persönliche Entfaltung und Existenzsicherung. Wir kennen heute weder ein Familieneigentum noch eine sonstige Gemeinschaftsbefugnis, die sich aus natürlicher (sozialer) Verbundenheit und nicht aus juristischer Verknüpfung (etwa in Vereinen oder Verbänden) ergäbe. Als funktionsgerechtes Medium zur individuellen Daseinsgestaltung bot sich schließlich der **Vertrag** an, anhand dessen unter nahezu totaler Ausschaltung hoheitlicher Reglementierung die einzelnen Warenbesitzer ihre Beziehungen zueinander – will heißen: die untereinander stattfindenden Beschaffungs- und Verteilungsprozesse – autonom regeln konnten und mussten.

Dieser rechtliche Strukturwandel wird gern auch als Weg **from status to contract** umschrieben, als Abkehr der Rechtszuweisung nach Standeszugehörigkeit hin zum vertraglichen Rechtserwerb. Aus anderer Sicht kann man dies auch als Verabschiedung einer hierarchisch vorgeordneten Rechtsgemeinschaft zugunsten einer egalitären Selbstregulierung der Gesellschaft verstehen. Dabei darf jedoch nicht vernachlässigt werden, dass formale Rechtsgleichheit[16] nicht ohne weiteres schon effektive Parität der Handlungs- und Gestaltungschancen verheißt. Auch sichert die Eigenregie der singulären Bedürfnisse nicht per se (von sich aus) zugleich das Gemeinwohl. Diese Erkenntnisse haben bei prinzipiellem Durchhalten des Autonomiegedankens zu diversen sozialen Schutzstrategien geführt,[17] anhand deren sowohl typische Ungleichgewichtslagen ausgeglichen werden sollen (markantes Stichwort: Verbraucherschutz) als auch spezifische Allgemeinbelange (z. B. das Eindämmen technologischer und

---

15 Ausdruck von *Macpherson*, dessen in Fn. 9 angeführtes Werk nach wie vor zur Lektüre empfohlen wird.
16 Über »Die formalen Qualitäten des modernen Rechts« *Max Weber*, Wirtschaft und Gesellschaft (Studienausgabe 1964), S. 644–656.
17 Näheres zu dieser Entwicklung bei *E. Schmidt*, JZ 1980, 153 ff. Vgl. ferner *Canaris*, AcP 200 (2000), 273 ff.

ökologischer Risiken) Eingang in den juristischen Argumentationshaushalt finden.[18]

2.1 Das Rechtssubjekt

Die Rechtspersönlichkeit manifestiert sich in unserer Rechtsordnung in der sog. **Rechtsfähigkeit,** d. h. in der Qualifikation, Träger von Rechten und Adressat von Pflichten zu sein. In solcher Abstraktheit wird dies freilich auch von den meisten übrigen Rechtssystemen akzeptiert. So kannten namentlich die sozialistischen Staaten den Begriff der Rechtsfähigkeit; nur besaß derselbe dort normative Qualität, indem er nicht als vorgegebenes und damit nicht disponibles Attribut des Rechtssubjekts verstanden wurde, sondern als Gegenstand einer positivrechtlichen Verleihung, die ggfs. veränderbar oder ganz rücknehmbar war.[19] Das Rechtssubjekt figurierte folglich im sozialistischen Rechtskreis nicht als originärer Inhaber ihm allein zustehender Verfügungsmacht über einen individuell zugeschnittenen Bereich. Vielmehr übte es seine Rechte und Pflichten gleichsam im Namen der Gesellschaft aus, von der alle seine Kompetenzen abgeleitet waren. Demgegenüber genoss und genießt das Individuum in den Demokratien westlicher Prägung absolute Priorität mit der Folge, dass seine Rechtsfähigkeit als »angeboren« gedacht wird (vgl. § 1 BGB). Dem korrespondiert der in unserer Verfassung vorangestellte Grundrechtskatalog, der in erster Linie einen auf den einzelnen Menschen bezogenen Freiheits- und Entfaltungsbereich umschreibt, in den der Staat nur ausnahmsweise unter spezifizierten Bedingungen eingreifen darf und den er überdies gar nach vordringender Ansicht zu schützen verpflichtet ist.[20] **Rechtsträgerschaft** bedeutet hier, dass jedermann Inhaber ihm allein zustehender (sog. subjektiver) Rechte ist bzw. sein oder werden kann.[21] Diese werden gemeinhin in Persönlichkeits- und Vermögensrechte unterteilt. Zu jenen – auch Rechtsgüter genannt – zählen vor allem Leben, Körper und Gesundheit; zu diesen etwa das noch eingehender darzustellende Eigentum (s. u. A I. 2.2) und geldwerte Vermögensansprüche wie z. B. Schadensersatz- oder Lieferforderungen. Eine Mischform bilden die sog. Immaterialgüterrechte (u. a. Urheber- und Patentrecht), die zum einen als geistige Kreationen der Persönlichkeitsphäre entspringen, ihr Schwergewicht indessen in ihrer wirtschaftlichen Verwertbarkeit haben.

Mit alledem einher geht die Freiheit, die zunächst einmal das Recht zur – freilich gemeinverträglichen – Persönlichkeitsentfaltung bezeichnet (vgl. Art. 2 I GG). Als individuelle Bewegungs- und personale Entscheidungsfreiheit wird sie u. a. in §§ 823, 253 II BGB geschützt. Darüber hinaus kommt ihr im Rahmen der beschriebenen Eigentümer/Markt-Gesellschaft nachhaltige Bedeutung für die Gewährleistung des selbstbestimmten Zugangs zum Marktgeschehen zu. Insoweit stellt sie sich als ökonomische Freiheit dar, die – wie wir noch sehen werden – untrennbar mit dem Eigentum als Prototyp individueller Rechtszuordnung verknüpft ist und von daher eher dem Kontext des Art. 14 GG zugerechnet werden muss. Auch diese Freiheit meint folglich nicht Schrankenlosigkeit. Gemeinverträglichkeits-

---

18 Der Aspekt der Ökologie ist erst vor wenigen Jahren durch Einführung eines Art. 20 a in das Grundgesetz auch verfassungsmäßig aufgewertet worden.
19 Einzelheiten bei *Petev,* Sozialistisches Zivilrecht, 1975, S. 32–73.
20 Skeptisch freilich *Hesse,* Der Schutzstaat, 1994.
21 Zur Kritik der Funktionsweise des subjektiven Rechts *U.K. Preuss,* Die Internalisierung des Subjekts, 1979.

vorbehalt heißt »**Sozialbindung**«, womit nochmals verdeutlicht wird, dass beim Pochen auf die eigenen Interessen innerhalb eines Gemeinwesens stets die gegenläufigen Belange anderer zu berücksichtigen sind. Es ist nachgerade das »Geheimnis« des Zivilrechts, dass man dasjenige, was einer für sich beansprucht, mit Notwendigkeit einem anderen nehmen bzw. verwehren muss. Hieran ist stets zu erinnern, wenn es an die Auslegung von Rechtstexten geht: je breiter oder enger das Begriffsverständnis ausfällt, umso eher wird die Position einer Seite mit entsprechender Rückwirkung auf die Gegnerin bevorzugt oder eingeschränkt. Stellt man z. B. hohe Anforderungen an die »im Verkehr erforderliche Sorgfalt« i. S. des § 276 II BGB, so kann eine geschädigte Person eher auf Ersatz hoffen als im umgekehrten Fall, in dem das Interesse des Schädigers, keinen Ausgleich des Schadens leisten zu müssen, besser »abschneidet«.

Damit ist auch schon die **Pflichtträgerschaft** angesprochen, die sich komplementär zur Rechtsträgerschaft verhält. Sie beinhaltet die Fähigkeit, Bezugsperson von Ansprüchen zu sein, die andere gegen einen haben können, und zwar gleich, aus welcher Quelle (Schädigung, Vertrag, Familie usw.) diese herrühren. Der materiellen Rechtsfähigkeit als subjektbezogenes Rechts- und Pflichtenbündel entspricht schließlich die prozessuale Parteifähigkeit (§ 50 I ZPO) als die Kompetenz, im Streitfall Kläger oder Beklagter in dem je durchzuführenden Zivilprozess sein zu können.

2.1.1 Die natürliche Person

Personenqualität kommt zuallererst dem **Menschen** zu. Ihm sind als »natürlicher Person« die ersten Paragraphen des Bürgerlichen Gesetzbuches gewidmet. Er ist in erster Linie der »Wer« oder auch der »Andere«, auf den sich die unterschiedlichsten Gewährungen und Anordnungen in den einzelnen Rechtsnormen beziehen (z. B. §§ 119, 145, 228, 243, 249 I, 677, 812, 823 BGB). Oft tritt er auch – zumal auf dem Vermögenssektor – als Gläubiger bzw. Schuldner auf (z. B. §§ 241 I, 281, 286, 398 BGB) oder in einer spezifischen Rolle als Verkäufer/Käufer, Vermieter/Mieter, Werkunternehmer/Besteller usw. In alle diese Gewänder kann grundsätzlich jedermann schlüpfen, und zwar unabhängig von Schichtzugehörigkeit, Geschlecht, Alter, Konfession oder sonstigen Merkmalen und Eigenschaften. Diese – zunächst formale – Gleichheit strebt schon Art. 3 GG an. Sie ist auch gemeint, wenn § 1 BGB vorbehaltlos bestimmt, die Rechtsfähigkeit des Menschen beginne »mit der Vollendung der Geburt«.

Aus früheren Geschichtsepochen wissen wir, dass diese Gleichbehandlung beileibe keine Selbstverständlichkeit war; und auch in diesem Jahrhundert hat es mannigfache Beispiele für ein Abweichen von diesem uns heute geläufigen Grundprinzip gegeben. Die Rechtsverweigerung gegenüber den Juden im Dritten Reich ist eines davon, die bis in unsere Tage fortwirkende Bevorrechtigung der Männer gegenüber den Frauen ein anderes. Letztere ist erst in den vergangenen drei Jahrzehnten stückweise abgebaut worden, vor allem durch das am 1. 7. 1957 in Kraft getretene sog. Gleichberechtigungsgesetz (BGBl. I 609). In diesen Zusammenhang gehört auch die 1980 erfolgte Einfügung der §§ 611 a u. b, 612 III, 612 a BGB in das Dienst- und Arbeitsvertragsrecht. Die mit ihr beabsichtigte **Gleichstellung der Geschlechter** im Erwerbsleben steht allerdings so lange lediglich auf dem Papier, wie indirekt Diskriminierungen unaufgedeckt bzw. mangels entsprechender Durchsetzungskraft – besonders in Zeiten hoher Arbeitslosigkeit – folgenlos bleiben. Insofern bezeichnet schon der von Anbeginn im GG enthaltene Art. 3 II ungeachtet seiner sprachlichen Fassung (»sind«) weniger eine soziale Realität als ein immer noch auf dem Wege zu seiner Einlösung befindliches Rechtspostulat.[22] Bei näherem Zusehen erweisen sich die Gleichstellungsbestimmungen gar als Musterbeleg dafür, dass die dem Recht üblicherweise beigemessene Steuerungskraft an ihre Grenzen stößt, wenn die entsprechende gesellschaftliche Fundierung (noch) nicht vorhanden ist. Jenseits solcher stets mitzubedenkenden Vollzugsmängel haben Rechtssubjektivität und die noch mit ihr verknüpfte Rechtsfähigkeit ihrer Tendenz nach eine totale Dimension. Sie bedeuten nicht nur, dass jemand überhaupt als Träger von Rechten und Pflichten im Betracht kommt, sondern dass jedermann im privaten Rechtsverkehr grundsätzlich Zugang zu jedem Erwerb und jeder Verpflichtung wie alle anderen auch hat.

Die Anbindung des Beginns der Rechtsfähigkeit an die **Vollendung der Geburt** scheidet das noch im Mutterleib befindliche ungeborene Kind, den sog. nasciturus, aus dem Kreis der eigenständigen Rechtssubjekte aus. Das ist verständlich, wenn man bedenkt, dass die »natürliche« Person aus juristischer Perspektive eine Figur darstellt, die bestimmte Funktionen wahrnehmen soll, wozu der lediglich erst Gezeugte nicht imstande ist. Gleichwohl kann das Recht an biologischen Phänomenen nicht einfach vorbeigehen, sofern deren Berücksichtigung aus sozialen Gründen angebracht ist. So fingiert § 1923 II BGB eine Vorverlegung der Geburt, um dem nasciturus, der als schon Lebender Erbe einer Person geworden wäre, die damit verbundenen Rechte auch für den Fall einzuräumen, dass er den Tod zwar noch nicht »miterlebt«, wohl aber hernach lebendig geboren wird. Auch schützt die Rechtsprechung den bereits Gezeugten dann, wenn er aufgrund unerlaubter Körper- oder Gesundheitsverletzung seiner Mutter pränatale Schäden davongetragen hat, mit späteren Ersatzansprüchen gegen den Täter; und in der jüngeren Diskussion (Stichwort »wrongful life«) geht es sogar darum, ob und inwieweit ein mit schweren Behinderungen zur Welt gekommenes Kind aus eigenem Recht gegen den Arzt vorgehen kann, wenn dieser es dank mangelhafter Diagnose bzw. unzureichender Aufklärung versäumt, den Eltern von der Zeugung abzuraten.[23] Man mag in diesen Absicherungen die Konzession einer Art Teilrechtsfähigkeit an den nasciturus erblicken. Damit würde jedoch allenfalls ein begriffliches Interesse befriedigt. Maßgebend ist letztlich die soziale Schutznotwendigkeit und nicht die konstruktionsmäßige Einordnung (s. auch § 844 II 2 BGB).

Die Rechtsfähigkeit **erlischt mit dem Tod**. Auch dies ergibt sich angesichts der funktionalen Bedeutung der Rechtssubjektivität gleichsam von selbst. Ein Verstorbener kann weder Rechte wahrnehmen noch sinnvoller Adressat von Pflichten sein. Angesichts des medizinisch-technischen Fortschritts ist die konventionelle Fixierung des Todeszeitpunkts (Stillstand der Herztätigkeit) nicht mehr eindeutig.[24] Um dieses nicht nur von Juristen zu bewältigende Problem ranken sich diverse Rechtsfragen. Begeht etwa der Arzt eine ggfs. mit Schadensersatzfolgen verbundene, also nicht allein strafrechtlich relevante Tötung, wenn er nicht sämtliche verfügbaren Mittel ausschöpft, wenigstens gewisse Organaktivitäten des Todgeweihten aufrechtzuerhalten? Ist die Entnahme von Körperteilen zu Transplantationszwecken bei einem »nur« klinisch Toten auch dann eine unerlaubte

---

22 Bestätigt wird dies durch die 1994 vorgenommene Einfügung eines zweiten Satzes, mit dem – in freilich »neutraler« Fassung – der Staat dazu angehalten wird, das Ziel der Gleichberechtigung aktiv zu befördern.
23 Eingehend dazu *Picker*, Schadensersatz für das unerwünschte Leben, 1995.
24 Zum Hirntod als maßgeblichem Kriterium etwa *Heun*, JZ 1996, 213 ff.

Handlung, wenn eine diesbezügliche Gestattung generell vorlag?[25] Auch für das Erbrecht ist eine präzise Feststellung des Todeszeitpunktes von Bedeutung, da nach gegenwärtiger Rechtslage auch derjenige Erbe werden kann, der den Erblasser nur um minimale Zeiteinheiten überlebt (relevant namentlich bei Familienunfällen). Im Hinblick auf die §§ 168, 189 StGB sprechen manche schließlich von einem Fortbestehen des Persönlichkeitsrechts über den Tod hinaus. Auch dabei handelt es sich – wie beim nasciturus – eher um eine begriffliche Legitimation von Rechtsfolgen (z. B. Unterlassung wahrheitswidriger Behauptungen über Verstorbene) als um eine dogmatisch angezeigte Teilerstreckung der Rechtsfähigkeit. In Wahrheit geht es hier zum einen um das kulturelle Selbstverständnis einer dem Andenken von Toten verpflichteten Gesellschaft, zum anderen um eigene Persönlichkeits- und Wirtschaftsinteressen von Angehörigen,[26] die in deren Person begründet werden müssen. Es bleibt also bei dem Grundsatz, dass nur lebendige Menschen rechtsfähig sein können.

Die Rechtsfähigkeit ist allerdings nur ein erstes Tableau, auf dem sich Rechtsausübung und Pflichtenwahrnehmung entfalten können. Es liegt nahe, dass – zumal aus Altersgründen – nicht jeder Mensch imstande ist, sich sinnvoll und verantwortlich auf diesem Podest zu bewegen. So folgt z. B. aus der Innehabung von Eigentum noch nicht, dass etwa ein dreijähriges Kind die daraus fließenden Berechtigungen (Veräußerung, Belastung usw.) nach Belieben ausüben darf. Auch erscheint es unangemessen, den noch nicht Erwachsenen unabhängig von seinem Entwicklungsstand für negative Auswirkungen seiner individuellen Entfaltung zur Rechenschaft zu ziehen. Erneut präsentiert sich hier der »homo oeconomicus« als Ahnvater des Rechtssubjekts. Namentlich am aktuellen Wirtschaftsleben – so lautet die konsequente Devise – kann nur das sich rational verhaltende und hinlänglich an seiner Umwelt orientierte Individuum teilnehmen. Aus solchen Überlegungen resultieren mit der Geschäftsfähigkeit und der Delikts- oder Zurechnungsfähigkeit zwei wichtige Partizipationsvoraussetzungen, die noch im jeweiligen Sachzusammenhang näher darzustellen sind (unten B I. 1.2 u. E II. 1.2).

Vorläufig genügt es zu wissen, dass mit **Geschäftsfähigkeit** die Kompetenz umschrieben wird, im Rechtsverkehr wirksame – zumeist mit Verträgen zusammenhängende, nicht unbedingt schriftliche – Erklärungen abzugeben, aus denen Vorteile (Forderungen, Rechtserwerb) bzw. Nachteile (Verpflichtungen, Rechtsverlust) hergeleitet werden können. Komplett wird diese Geschäftsfähigkeit nur Volljährigen, d. h. Leuten nach Vollendung des achtzehnten Lebensjahres (§ 2 BGB), konzediert, teilweise nach besonderer Maßgabe auch Minderjährigen zwischen sieben und achtzehn Jahren (§§ 106 ff. BGB). Umgekehrt ist volljährigen Geisteskranken oder Geistesschwachen die Teilnahme am rechtsgeschäftlichen Verkehr bis vor kurzem ganz oder partiell verweigert worden. Diese durch eine »Entmündigung« herbeigeführte Einschränkung ist nunmehr durch das Betreuungsgesetz vom 12. 9. 1990 (BGBl I 2002) beseitigt worden. Ihr verfahrensrechtliches Gegenstück findet die Geschäftsfähigkeit in der Prozessfähigkeit als der Kompetenz, im Prozess wirksam zu handeln bzw. andere (z. B. Anwälte) für sich auftreten zu lassen. Sie fehlt einer Person, die sich nicht durch Verträge verpflichten kann (§ 52 I ZPO).

---

25. S. nunmehr das Transplantationsgesetz (TPG) v. 5. 11. 1997 (BGBl I 2631) sowie dessen Kurzkommentierung von *Deutsch*, NJW 1998, 777 ff.
26. Interessant hierzu BGHZ 143, 214 ff. (Marlene Dietrich).

12 Allgemeine Einführung

Einstweilen reicht auch die Vorkenntnis, dass mit **Deliktsfähigkeit** – auch als Zurechnungsfähigkeit geläufig – die Verantwortlichkeit für die Folgen (z. B. Fremdschädigung) einer unerlaubten Handlung bezeichnet wird. Wer einen anderen etwa körperlich verletzt oder fremde Sachen beschädigt, hat dafür im Wege des Schadensersatzes uneingeschränkt nur als Volljähriger einzustehen. Ein Minderjähriger unter sieben Jahren haftet dagegen überhaupt nicht. Das Nämliche gilt bis zur Vollendung des zehnten Lebensjahrs bei Unfällen im Straßen- und Schienenverkehr mit Ausnahme vorsätzlicher Verletzungen. Im Übrigen werden Jugendlichen bis zum Erreichen der Volljährigkeit die schädlichen Auswirkungen ihren Tuns nur dann zugerechnet, wenn sie reif genug waren, dessen Verbotensein zu erkennen (§ 828 BGB). Geistige Defekte führen ebenfalls zu einer haftungsmäßigen Privilegierung (§ 827 BGB). Eine gesetzliche Vertretung im Haftungssinne kennen wir nicht. Aufsichts- und Obhutspflichtige werden nur dann zur Schadensbeseitigung herangezogen, wenn sie gegen eigene Verpflichtungen verstoßen haben (§ 832 BGB). Falsch also etwa das bedingungslose Motto »Eltern haften für ihre Kinder«.

Zuguterletzt ist in diesem Zusammenhang noch die **Verbrauchereigenschaft** zu nennen, die auf dem Tauschsektor jeder natürlichen Person zukommt, sofern sie lediglich »private« Zwecke verfolgt, d. h. weder gewerblich noch im Zuge einer selbstständigen beruflichen Tätigkeit am Geschäftsleben teilnimmt (§ 13 BGB). Mit dieser lange Zeit umstrittenen Kategorie[27] wird in Abkehr von der Idee der Selbstregulierung durch formal gleiche Marktbürger eine besondere Schutzbedürftigkeit von Konsumenten beim Zusammentreffen mit professionell handelnden Personen, den sog. **Unternehmern** (§ 14 BGB), anerkannt. Letztere sollen ihr geschäftliches Know how und zumal ihre Vorsprünge in der Einschätzung ökonomischer wie technischer Risiken nicht einseitig auf dem Rücken der Verbraucherschaft ausnutzen, sondern werden dazu angehalten, die diesbezügliche strukturelle Asymmetrie zumindest abzumildern. Die Qualifikation als Verbraucher ist so das Einfallstor für entsprechende Schutzstrategien, die von der Eindämmung unseriöser Machenschaften (vgl. etwa §§ 241 a, 661 a BGB) über die Auferlegung spezifischer Informationspflichten (z. B. in §§ 286 III 1 a. E., 312 II, 313 c, 492, 651 a III, 675 a BGB) bis hin zu zwingend vorgeschriebenen Vertragsgestaltungen reichen (u. a. §§ 474 ff. BGB).

2.1.2 Die juristische Person

Die individualistische Konzeption der Eigentümer/Markt-Gesellschaft kann nicht darüber hinweggehen, dass es auch unterhalb der staatlichen Ebene diverse übergreifende Bedürfnisse und Notwendigkeiten gibt, denen nur bei **kollektivem Zusammengehen** Rechnung getragen werden kann. Mehrere Personen wollen gemeinsam Sport treiben und benötigen dazu die erforderlichen Anlagen und Geräte. Verschiedene Leute beabsichtigen, zusammen einen Geschäftsbetrieb zu eröffnen, weil keiner von ihnen allein dazu finanziell oder kompetenzmäßig in der Lage ist. In kluger Voraussicht, dass es darüber auch zu Konflikten kommen kann, erkennen sie, dass es nicht damit getan ist, dass jeder der Beteiligten sein Scherflein in das Unternehmen einbringt. Streitregeln müssen her, was bedeuten würde, dass jeder mit jedem einen entsprechenden Vertrag abschließen müsste – bei einer Vielzahl von Personen ein praktisches Unding. Neben dieser internen Problema-

---

27 S. etwa *Dreher*, JZ 1997, 167 ff.

tik wäre auch eine externe sogleich absehbar: Geschäfte mit Dritten (z. B. Einkauf der notwendigen Sportartikel, Verkauf von Waren) würden gleichfalls eine Fülle parallel geschalteter Verträge erfordern. Auch wäre kaum einer der Interessenten dazu bereit, mit seinem gesamten Vermögen dafür zu haften, falls etwas schief geht. Derlei Schwierigkeiten und Hindernisse lassen sich überwinden, indem man der fraglichen Gemeinschaft als solcher gewisse Rechte und Pflichten zuerkennt bzw. auferlegt.

Das technische Medium dazu ist die **juristische Person.** Sie ist eine **personelle oder wirtschaftliche Vereinigung,** die nicht nur als Summierung individueller Berechtigungen und Verpflichtungen, sondern als eigenständige Einheit verstanden wird und selbständig im Rechtsverkehr auftritt. Als Analogon (Entsprechung) zur natürlichen Person ist und bleibt sie zwar gedankliches Konstrukt; gleichwohl kommt ihr eigene und nicht lediglich abgeleitete Rechtsfähigkeit zu, freilich in den ihr vorgegebenen funktionalen Grenzen. So ist sie z. B. nicht uneingeschränkte Grundrechtsträgerin (Art. 19 III GG). Da sie ein vornehmlich aus Wirtschaftsgründen akzeptiertes Zweckbündnis darstellt, stehen ihr in erster Linie die ökonomisch gefärbten Grundrechte wie Eigentum, wirtschaftliche Entfaltungsfreiheit usw. zu. Persönlichkeitsrechte kann sie hingegen nur vereinzelt wahrnehmen. Allen voran zu nennen ist das Namensrecht, das – etwa als Firmenbezeichnung – primär freilich wiederum ökonomisches Gewicht hat.[28]

Nicht jedes Kollektiv ist schon per se eine juristische Person. Dazu bedarf es zunächst gewisser organisatorischer Vorkehrungen in Form einer **Satzung,** die vor allem klar bestimmen muss, welche natürlichen Personen (Organe) im Geschäfts- und Prozessverkehr für es auftreten dürfen. Auch die bestechendste Konstruktion kann ja ein lebloses Wesen nicht handlungsfähig machen. Bei Wirtschaftsvereinigungen müssen ferner aus der Satzung die finanziellen Konditionen (Kapitaldecke, Einlagen usw.) ersichtlich sein. Überdies ist zur Entstehung einer juristischen Person ein hoheitlicher Akt vonnöten wie vor allem die **Eintragung** in ein bei den Amtsgerichten geführtes (Handels- oder Vereins-) Register. Das damit erforderliche Kontrollverfahren soll sicherstellen, dass bei der Gemeinschaftsgründung die rechtlichen Bestimmungen eingehalten worden sind. Dies geschieht nicht zuletzt zum Schutz Dritter, die an der Gründung nicht beteiligt waren, später aber in Geschäftsbeziehung zu der juristischen Person treten. Die Register sind deshalb öffentlich; jeder Interessent kann darin Einsicht nehmen, sofern dem keine Datenschutzbelange entgegenstehen.

Juristische Personen des Privatrechts können als **Stiftungen** (§§ 80 ff. BGB) oder als **Vereine** (§§ 21 ff. BGB) begründet werden. Letztere werden, da sie Personenzusammenschlüsse sind, auch als Körperschaften bezeichnet, die wiederum in nichtwirtschaftliche (Ideal-)Vereine (§ 21 BGB) und wirtschaftliche Vereine (§ 22 BGB) unterteilt werden. Die **wirtschaftlichen Vereine** kommen hauptsächlich als handelsrechtliche Vereinigungen vor. Ihre Haupttypen sind die Aktiengesellschaft, die Gesellschaft mit beschränkter Haftung und die Genossenschaft. Ihnen sind Sondergesetze (AktG, GmbHG, GenG) gewidmet, die sich vornehmlich mit der Kapitalausstattung sowie der Gesellschafts- (Genossenschafts-)Struktur beschäftigen und als Gegenstand des dem Handels- und Wirtschaftsrecht zugehörigen Gesellschaftsrechts in speziellen Lehrwerken und -veranstaltungen behandelt werden (s. noch unten A II. vor 1). Mit den übrigen rechtsfähigen Vereinen teilen

---

[28] Einzelheiten bei *Klippel*, JZ 1988, 625 ff.

sie jedoch einige Gemeinsamkeiten: So werden sie gerichtlich und außergerichtlich allein durch ihre verfassungsmäßig vorgesehenen **Organe** (Vorsitzender, Vorstand, Geschäftsführer) repräsentiert, was freilich nicht hindert, sich – wie jede natürliche Person – in einzelnen Angelegenheiten auch durch eine andere, eigens dazu bestellte Person vertreten zu lassen. Der integralen Stellung der Organe korrespondiert die in der Satzung nicht abdingbare Haftung des Vereins für deren in Ausübung ihres »Amtes« begangenen pflichtwidrigen Handlungen gegenüber Dritten (§ 31 BGB). Haftungsmasse ist allein das Vereinsvermögen. Die Mitglieder (Gesellschafter, Aktionäre, Genossen) ihrerseits unterliegen also nicht dem Zugriff vereinsfremder Gläubiger. Ihr finanzielles Risiko ist auf die satzungsmäßig bestimmten Einlagen bzw. ihre normalen Mitgliedsbeiträge beschränkt.

2.1.3 Sonstige Personenzusammenzuschlüsse

Dort, wo eine Interessengemeinschaft nicht zur juristischen Person erstarkt, entsprach es bis vor Kurzem noch der überwiegenden Auffassung, dass die internen Beziehungen der Interessenten untereinander individualistisch gestaltet sind und Rechtskontakte der Gemeinschaft nach außen als solche jedes einzelnen zu dem Dritten gedacht werden. Paradebeispiel ist die sog. **BGB-Gesellschaft** (§§ 705 ff. BGB). Als vertraglicher Zusammenschluss mehrerer zur Erreichung eines gemeinsamen Zwecks (z. B. Wohn-, Urlaubs-, Lottogemeinschaft usw.) ist sie im Prinzip »höchstpersönlich«, d. h. anders als beim Verein (vgl. § 39 BGB) nicht unabhängig von einem Mitgliederwechsel. Das ist wegen der oft ganz intimen Zwecksetzung, die ein hohes Maß an gegenseitigem Vertrauen bedingt und darum keine beliebige Veränderung im Gesellschafterbestand verträgt, auch verständlich. Austritt oder Tod eines Gesellschafters, aber auch dessen wirtschaftlicher Ruin führen deshalb grundsätzlich zur Auflösung der Gesellschaft (§§ 727 I, 728 II BGB). Die enge Gemeinsamkeit drückt sich auch in der prinzipiellen Gemeinschaftlichkeit der Geschäftsführung aus (§ 709 I BGB). Ungeachtet dessen ist freilich seit langem auch die Ansicht vertreten worden, dass diese Binnenbelange keinen Vorrang vor den Verkehrsinteressen haben dürfen, die dann auf den Plan kommen, wenn die Gesellschaft es nicht bei der Verfolgung »privater« Ziele bewenden lässt, sondern systematisch am Geschäftsleben teilnimmt. Für eine derartige **Außen-Gesellschaft** postuliert die Judikatur nunmehr eine eigene Rechtsfähigkeit und in Konsequenz dessen auch eine entsprechende Parteifähigkeit.[29] Insofern wird die BGB-Gesellschaft nicht mehr als zweckgebundener Zusammenschluss mehrerer Rechtsträger verstanden. Sie gilt vielmehr als eigenständiges Rechtssubjekt i. S. des § 14 II BGB.[30]

Damit ist die bürgerlichrechtliche Außengesellschaft den **handelsrechtlichen Sonderformen,** nämlich der offenen Handelsgesellschaft und der Kommanditgesellschaft, angenähert worden, auf die §§ 705 ff. BGB ohnedies ergänzend anwendbar sind (§§ 105 III, 161 II HGB). Der Zweck dieser ebenfalls (noch) nicht mit juristischer Personenqualität ausgestatteten Gesellschaften ist auf den Betrieb eines Handelgewerbes unter gemeinschaftlicher Firma gerichtet. Der wesentliche Unterschied zwischen OHG und KG besteht darin, dass bei jener sämtliche Gesellschafter unbeschränkt, also auch mit ihrem »Privatvermögen« haften, während bei dieser für einen Teil der Gesellschafter, die sog. Kommanditisten, die Haftung

---

29 Grundlegend BGHZ 146, 341 ff.
30 Einzelheiten bei *K. Schmidt*, NJW 2001, 993 ff.

auf den Betrag einer bestimmten Vermögenseinlage beschränkt ist (§§ 105 I, 161 I HGB). Anders als die BGB-Gesellschaft sind OHG und KG registerpflichtig; zudem konnten sie seit jeher unter ihrer Firma vor Gericht klagen und verklagt werden (§§ 124 I, 161 II HGB).

Eine eigentümliche Regelung hat die mit dem PartGG v. 25. 7. 1994 (BGBl I 1744) in das Leben gerufene Partnerschaftsgesellschaft von Angehörigen freier Berufe erfahren, die namentlich auch für die Anwaltschaft von Belang ist. Einerseits soll sie dem nach dem zuvor Gesagten freilich modifizierten Modell der BGB-Gesellschaft folgen (§ 1 IV PartGG), andrerseits wird ihr mit dem Verweis auf die §§ 124 ff. HGB in § 7 PartGG eine gewisse Selbstständigkeit zuerkannt, die sich auch noch in der Eintragungsbedürftigkeit in ein sog. Partnerschaftsregister dokumentiert.[31]

Insgesamt haben wir es hier mit Zwischenformen zwischen einem lockeren Verbund unter natürlichen Personen und einer juristischen Person zu tun, die auch beim sog. **nichtrechtsfähigen Verein** auftreten. Bei ihm handelt es sich um eine körperschaftliche, d. h. von einem Mitgliederwechsel unberührte, Personenvereinigung mit satzungsmäßiger Grundlage, der zur vollen Rechtspersönlichkeit lediglich die Eintragung in das Vereinsregister fehlt. Besonders Parteien und Gewerkschaften haben sich dieser Verbandsstruktur bedient, um sich so einer durch den Registrierungsvorgang erst ermöglichten staatlichen Kontrolle zu entziehen. Angesichts unserer gegenwärtigen Verfassungslage, der zufolge solche Vereinigungen als legitime Träger der politischen Willensbildung bzw. der Mitgestaltung von Arbeits- und Wirtschaftsbedingungen anerkannt werden (vgl. Art. 21 I, 9 III GG), erscheint deren prohibitive Behandlung in einigen, noch die Aura des Polizeistaats vermittelnden Rechtsnormen als unangemessen. So bestimmt § 54 BGB die Anwendung der §§ 705 ff. BGB auf den nichtrechtsfähigen Verein, wiewohl sich dessen Anonymität nicht mit der gesellschaftlichen Personalisierung verträgt, und deklariert § 50 II ZPO immer noch die passive Parteifähigkeit dieser Formation, wohingegen ihr die Klagebefugnis vorenthalten wird – eine nicht nur technische Schranke (alle Vereinsmitglieder müssten klagen), sondern auch ein finanzielles Hindernis (jeder Einzelprozess hätte den vollen Streitwert). Bezüglich der Parteien sind diese Beschränkungen mittlerweile durch § 3 des Parteiengesetzes vom 24. 7. 1967 (BGBl I 773) aufgehoben. Hinsichtlich der Gewerkschaften hat die Rechtsprechung von sich aus nachgezogen.[32] Im Hinblick auf den dargestellten Auffassungswandel zur BGB-Außengesellschaft dürfte es wohl nur noch eine Frage der Zeit sein, ab wann nichtrechtsfähigen Vereinen generell die Rechtsfähigkeit zuerkannt wird.

2.2 Das Eigentum

Die Rechtsfähigkeit als das juristische Talent des Rechtssubjekts, Träger von Rechten und Pflichten zu sein, benötigt natürlich, soll sie nicht aussageloses Abstraktum bleiben, in ihrem aktiven Teil ein Objekt, dessen Zuordnung es dem Individuum überhaupt erst ermöglicht, in eigener Regie auf die persönliche Daseinsgestaltung Einfluss zu nehmen. Zudem liegt es, da die Daseinsgestaltung in erster Linie unter Heranziehung materieller Ressourcen geschieht, nahe, dass

---

31 Dazu wiederum *K. Schmidt*, NJW 1995, 1 ff.
32 Vgl. die beiden Entscheidungen BGHZ 42, 210 ff. u. 50, 325 ff.

das gemeinte Objekt primär Vermögensqualität hat. In einer Gesellschaft, die im wesentlichen nicht von hoheitlicher oder sonst kollektiver Verteilung lebt, sondern auf der persönlichen Initiative aufbaut – wie chancenreich diese auch immer sein mag –, bedeutet dies, dass dem einzelnen der Zugriff auf bestimmte Güter gestattet wird, die er unter Ausschluss aller anderen nach seinem Belieben nutzen und verwerten darf. Das technisch-juristische Medium hierfür ist das **Eigentum** als juristischer Prototyp des einer Person zustehenden Vermögensrechts.[33]

2.2.1 Die liberale Tradition

Während unser heutiges Zivilrecht nur das **Sacheigentum** kennt (§ 903 S. 1 BGB), also unter Eigentum nur die alleinige Verfügungsmacht über körperliche Gegenstände (§ 90 BGB) versteht, war der Eigentumsbegriff zuzeiten der frühbürgerlichen Bewegungen synonym für das gesamte, sich gegen hoheitliche Bevormundungen und ständische Einbindung richtende individuelle Entfaltungspotential. Neben den vermögensrelevanten Positionen (Recht auf Ausnutzung der eigenen Arbeitskraft, Sachbesitz usw.) erfasste er auch die später getrennt gedachten Rechtsgüter (auf Leben, körperliche Unversehrtheit und Freiheit). Hauptverfechter dieser umfassenden Eigentumskonzeption war John Locke (1632–1704), der in Vernachlässigung der ungleichen Startbedingungen für die persönliche Entfaltung mit dem Privateigentum einen neuen anonymen Souverän inthronisiert hat, dessen Allmacht bis in unsere Tage hineinwirkt.[34]

Nun darf freilich jenes Programm nicht ausschließlich aus moderner Sicht eingeschätzt und damit getadelt werden. Im 17. und 18. Jahrhundert ging es den Verfechtern anti-absolutistischer Freiheitsideen vornehmlich um die Schaffung neuer Organisationsmuster für das Gemeinwesen und um deren bestandskräftige Legitimation. Der im Zuge der Aufklärung verlorengegangene Glaube an gottgewollte Hierarchien und dementsprechende Vorrechte musste nach den Vorstellungen jener Zeit zur Vermeidung chaotischer Zustände durch eine neue Ordnung ersetzt werden, in der dem Eigentum die zentrale Aufgabe zukam, dem Einzelnen die substantielle Basis zu geben, um sich aus den vormaligen Abhängigkeiten zu lösen. So nennt noch die französische Menschenrechtserklärung von 1789 als unbestritten revolutionärer Akt das Eigentum nicht von ungefähr neben der Freiheit und der Sicherheit. Erst die freilich in diesem Konzept schon angelegte Trennung der unmittelbaren Produzenten (Arbeiter) von ihren Produktionsmitteln sowie die Entwicklung eines flankierenden Geldsystems haben die ursprüngliche Einheit des emanzipatorischen Modells aufgebrochen. Das Eigentum wurde mehr und mehr auf seine Vermögensdimension zurückgedrängt. Zwar galt und gilt es in der liberalistischen Tradition nach wie vor als Garant für die persönliche Selbstbestimmung, doch wird kaum jemand leugnen, dass sich diese Autonomie-Vision nach dem Ausmaß der finanziellen Ressourcen relativiert.

Privateigentum kann folglich nicht mehr als freiheitbringender »Selbstläufer« betrachtet werden. Ebenso wie der Markt angesichts stattgehabter Konzentration und Monopolisierung seinen Ruf als idealer Konkurrenzmechanismus eingebüßt hat und dank der Unfähigkeit zur privaten Selbstkontrolle staatlicher Überwachung bedarf (Stichwort »Wettbewerbskontrolle«), benötigt auch das Eigentum

---

33 Ergänzend zum Folgenden *Knieper*, KJ 1977, 147 (148–162).
34 Vgl. dazu *Rittstieg* (wie Fn. 8) S. 72–85, umfassender *Macpherson* (wie Fn. 9) S. 219–250.

eine Beschränkung seiner ehedem ausschließlich und total angelegten individuellen Herrschaftsmacht. Es umschreibt ja nicht, wie etwa eine flüchtige Lektüre des § 903 S. 1 BGB suggerieren könnte, lediglich oder auch nur vorrangig eine unprätentiöse Beziehung von Personen zu sächlichen Objekten,[35] vielmehr steuert und legitimiert es die jeweilige gesellschaftliche Güterverteilung. Seine Innehabung ist tendenziell gegen andere gerichtet (der Eigentümer kann »andere von jeder Einwirkung ausschließen«), so dass je nach der Knappheit und Lebenswichtigkeit seines Bezugsgegenstandes der von ihm Ausgeschlossene in existenzielle Bedrängnis geraten kann.

2.2.2 Grund-, Produktions- und Konsumeigentum

Manifest wird dies zunächst beim **Eigentum an Grund und Boden.** Da dieser praktisch nicht vermehrbar, andererseits hierzulande bereits zur Gänze – wenngleich nicht definitiv – verteilt ist, liefe eine rigide Durchsetzung der liberalen Eigentumskonzeption darauf hinaus, dass die Masse der Nichteigentümer der Willkür der in der Minorität befindlichen beati possidentes (glücklichen Besitzenden) faktisch ausgeliefert wäre. Namentlich der Kampf um das »Dach überm Kopf« würde bei wörtlicher Ausschöpfung des § 903 BGB binnen kurzem einen systemerschütternden Graben zwischen Grundbesitzern und Wohnungssuchenden aufreißen, wenn keine sozialstaatlich inspirierten Kompensationsstrategien zur Überbrückung bereitstünden. Art. 14 II GG gibt hierfür die Richtung an, indem er den Eigentümern eine soziale Verpflichtungshypothek auferlegt.[36] Auf zivilistischem Sektor unternimmt besonders das ursprünglich als Echo auf Kriegszerstörungen entstandene, mittlerweile als »Normalrecht« in das BGB eingefügte Mieterschutzrecht der §§ 549–577 a BGB den Versuch, den allgemeinen Wohnbedarf zu erträglichen Konditionen zu sichern. Flankierend treten öffentliche Subventionierungen (z. B. im sog. sozialen Wohnungsbau oder als »Wohngeld« bezeichneter Mietzuschuss) hinzu. In diesen Zusammenhang fällt auch das Interesse der Bevölkerung am Zugang zu Erholungs- und Freizeitgebieten. Deren privatrechtliche Zuordnung darf nicht dazu führen, dass die jeweiligen Eigentümer die Mehrzahl der weniger Privilegierten von der Teilhabe am Naturgenuss ausschließen können. In einigen Landesverfassungen (z. B. der bayerischen) ist dieser Grundsatz in der Weise verankert, dass Fluss- und Seeufer, aber auch Wälder frei zugänglich sein müssen. Hier ist ggf. der Staat aufgefordert, diese **Sozialpflichtigkeit des Eigentums** in geeigneter Form durchzusetzen, zumal mit einer auf Art. 14 I 2 GG gestützten energischen Abwehr der Bodenspekulation.

Ungleich schwieriger gestaltet sich die soziale Ausbalancierung auf der Ebene des **Eigentums an Produktionsmitteln.** Zwischen der Skylla ungehemmten Manchestertums und der Charybdis blauäugiger Sozialisierungstendenzen kann eine soziale Marktwirtschaft, die einerseits auf unternehmerische Impulse angewiesen ist, zum anderen die allgemeinen Erwerbsmöglichkeiten sichern muss, schnell auf Grund laufen. Ausgemacht ist wohl lediglich, dass das alte Motto, wonach das Produktionseigentum seinem Inhaber umfassende Entscheidungs-

---

35 Siehe auch *Hadding*, JZ 1986, 926 ff.
36 Diese hat das Bundesverfassungsgericht in Bezug auf Wohnungsmieter sogar zu einer Art »Gegeneigentum« hochstilisiert (BVerfGE 89, 1 ff.), was allerdings eher zu dogmatischer Verwirrung als zu einer relevanten Verbesserung der Mietposition beigetragen hat. Zur Kritik *E. Schmidt*, KritV 1995, 424 (431–437).

befugnis gewährleisten müsse und Produktionsgewinne die »natürliche« Kompensation für das Unternehmerrisiko darstellen, seine Überzeugungskraft eingebüßt hat. Den einzelnen Unternehmer, der alles aus eigener Geschicklichkeit schafft, gibt es zumindest heute immer seltener. Er ist auf vielerlei Vorgaben (Infrastruktur, Steuer- und Devisenpolitik usw.) angewiesen; zudem ist das Gespür dafür gewachsen, dass ein Scheitern seiner privaten Eigentümerpolitik nicht allein sein individuelles Los prägt, sondern sich auf das Schicksal Dritter – vor allem der bei ihm Beschäftigten – auswirkt. Totale Eigentumsautonomie, vormals als Instrument zur persönlichen Selbstentfaltung und zur Sicherung der Individualsphäre gegenüber obrigkeitlichem Zugriff gedacht, ist deshalb gerade in diesem Bereich unangemessen. Ebenso fragwürdig wäre jedoch das genaue Gegenteil, nämlich die komplette Abschaffung des Privateigentums an Produktionsmitteln. Könnten sich deren Verfechter formal auch auf Art. 15 GG stützen , so spricht doch keine Erfahrung dafür, dass so die allgemeine Überlebensfrage am besten beantwortet werden könnte. Die bürokratische Einfallsarmut ist gewiss kein Garant für generell steigende Lebensqualität. Auch bietet die Ersetzung der Managerschicht durch eine Funktionärsriege keine Gewähr dafür, dass wirklich die vielfältigen Lebensinteressen der Gesellschaft optimal befriedigt werden. Entscheidend dürfte denn auch weniger das Ob als das Wie von privatem Produktivvermögen sein. Breitere **Eigentumsstreuung** an Betriebsvermögen und **qualifizierte Mitbestimmung** der im Produktionsprozess stehenden Nichteigentümer sind nach wie vor die strategischen Bahnen, auf denen dieser Problemkreis angeschnitten wird.

Zugleich müssen indessen die sog. **sozialen Kosten der Produktion** insgesamt stärker in das allgemeine Blickfeld gerückt werden, also diejenigen Lasten, die gleichsam als Abfallprodukte der Güterherstellung bislang noch überwiegend der Gesamtgesellschaft aufgebürdet werden. Vor allem Luft und Wasser galten bis in unsere Tage als die gegebenen »Reinigungsmittel« für den industriellen Schmutzausstoß bzw. – rechtsförmlicher – als offene Entfaltungszonen für produktives Eigentum. Das »Umkippen« von Flüssen und ähnliche Umweltzerstörungen zwingen uns hingegen zu einer kritischen Überprüfung dieses Dogmas. Das ist allerdings nicht nur eine Frage nach der besseren Allokation materieller Ressourcen, sondern impliziert zuallererst die politische Entscheidung darüber, welchen Grad von Natürlichkeit diese Gesellschaft unter Inkaufnahme etwaiger Einbußen an Produktivität für erstrebenswert hält.[37] Die hier angeführten Beispiele illustrieren nur einen, freilich wichtigen, Ausschnitt aus dem Komplex privater Verfügungsmacht über Produktionsmittel. Zugleich zeigen sie, dass sich hinter der bloßen Rechtsform »Eigentum« Komplikationen verbergen, die allein mit den Mitteln des Zivilrechts nicht aufgefangen werden können. Das gilt nicht zuletzt hinsichtlich gelegentlicher Versuche, den angeführten Umweltgefahren dadurch zu begegnen, dass man gewisse Umweltgüter ihrerseits zum Gegenstand individueller Rechtszuweisung macht und so etwa eigentumsähnliche Rechte auf reine Luft, klares Wasser oder Lärmfreiheit kreiert.[38] Abgesehen davon, dass sich der Teufel selten mit dem Beelzebub vertreiben lässt, würde solche Parzellierung eine der Allgemeinproblematik völlig unangemessene Privatisierung provozieren und die fraglichen Positionen in den für sie kaum erstrebenswerten Rang von Tauschgütern befördern.

---

37 Hier sei nochmals auf das Signal des jüngst in das Grundgesetz aufgenommenen Art. 20 a verwiesen, der den Staat auf den Schutz der »natürlichen Lebensgrundlagen« auch und gerade »in Verantwortung für die künftigen Generationen« verpflichtet.
38 Skeptisch auch *Medicus*, JZ 1986, 778 ff.

Vergleichsweise unproblematisch ist hingegen das **Konsumeigentum.** Seine Zuweisung an Privatpersonen legitimiert sich aus seiner Funktion, unmittelbar dem individuellen Lebensbedarf zu dienen. Es bezieht sich vornehmlich auf Objekte des täglichen Ge- und Verbrauchs (Lebensmittel, Kleidung, Wohnung, Mobiliar usw.), lässt sich allerdings nicht gegenständlich vom Produktionsvermögen trennen. So kann etwa ein Kraftfahrzeug in der Hand des einen lediglich konsumtiv genutzt werden, wohingegen es ein anderer (z. B. Taxiunternehmer) zu gewerblichen Zwecken einsetzt. Ähnlich verhält es sich bei Häusern, was sich z. B. schon sprachlich mit den Ausdrücken »Eigenheim« oder »Mietskaserne« offenbart. Gemeinsamer Nenner von Konsumeigentum ist folglich die nicht auf Gewinnerzielung abstellende Bestimmung von Gütern zum ausschließlich persönlichen (familiären) Bedarf. Da seine beliebige Verwendung nur in Zeiten äußerster Verknappung, in denen dann hoheitliche Rationierungs- und Zuteilungsmaßnahmen angesagt sind, zur Drittbetroffenheit führt, hat sich bei ihm der liberale Eigentumsgedanke noch am vitalsten erhalten. Der Aspekt der Sozialpflichtigkeit kommt hier am wenigsten zum Tragen. Immanente Beschränkungen gibt es kaum, sofern man einmal von nachbarlichen Rücksichtspflichten oder eingengenden Benutzungsregeln (z. B. für Fahrzeuge im Straßenverkehr) absieht. Immerhin sind auch in diesem Bereich Änderungen der Rechtsauffassung denkbar. Hatten wir schon beim Grundeigentum gesehen, dass trotz dessen Nichteinfügung in den Produktionskreislauf ein Gemeinwohl-Vorbehalt in Betracht kommt, so könnte diese Sicht auch an andere Eigentumsobjekte angelegt werden wie etwa bedeutende Kunstwerke, an deren Genuss die Allgemeinheit partizipieren sollte. Vorschriften über den Denkmalschutz u. dgl. sind vorsichtige Schritte dahin.

2.2.3 Die zivilrechtliche Konzeption

Bei der folgenden Skizzierung der zivilistischen Ausgestaltung des Eigentumsrechts muss man die vorstehende Differenzierung nach Eigentumsobjekten bzw. -funktionen im Auge behalten, um dem Fehler zu entgehen, die Regeln des Privatrechts über das Eigentum für erschöpfend zu erachten. Zudem gibt es auch jenseits der verfassungsmäßigen Konturierung des Eigentums in Art. 14 GG öffentlich-rechtliche Bindungen und Belastungen namentlich des Grundeigentums (z. B. Bebauungspläne, Genehmigungspflicht für die Veräußerung von land- oder forstwirtschaftlichen Grundstücken, kommunale Anschlusszwänge zu Versorgungssystemen, Grundsteuer- und Anliegerbeitragspflichten usw.), die hier unerörtert bleiben müssen.

Zentralnorm für das private Eigentum ist § 903 BGB. Diese seit 1990 mit einem »Tierschutzvorbehalt« versehene Vorschrift weist dem Eigentümer einer Sache – sei sie nun beweglich (Fahrnis) oder nicht (Immobilie) – die ausschließliche, d. h. gegen alle übrigen gerichtete, Befugnis zu, nach Gutdünken mit derselben zu verfahren. Positiv gewendet, meint dies, dass der Eigentümer nach Belieben auf die Sache einwirken darf, indem er sie etwa produktiv nutzt, konsumiert, beschädigt, zerstört, veräußert, belastet u. dgl. mehr. Negativ bedeutet dies, dass jeder Dritte als Nichteigentümer diese totale Kompetenz zu respektieren hat und am Sachgenuss nicht ohne Gestattung des Eigentümers partizipieren darf. In solcher umfassenden Zuordnung mit Wirkung gegen jedermann ist das Eigentum das Musterbeispiel für das **absolute subjektive Recht.** »Absolut« wird diese Kategorie einer individuellen Zuordnung von vermögenswerten Positionen gemeinhin deshalb genannt, weil sie gegen jeglichen Eingriff Nichtberechtigter schützen will, wohingegen das sog. **relative subjektive Recht** in Gestalt einer Forderung (auf Leistung von Waren, Geld, aber auch Handlungen bzw. Unterlassungen (vgl. § 241 I BGB) nur eine bestimmte Person, den Schuldner, verpflichtet. Das ist indessen zunächst eine sehr formale Umschreibung. Der entscheidende Unterschied liegt vielmehr darin, dass beim absoluten Recht dessen Gegenstand (Sache, Patent, Urheberschaft an einem literarischen, künstlerischen oder sonstigen Werk usw.) unmittelbarer Vermögensbestandteil des Rechtsinhabers ist, wohingegen das Objekt des relativen Rechts, sofern es überhaupt transferierbar ist, noch einem anderen, zumeist gerade dem Schuldner gehört. Folge davon ist, dass bei jenem Einwirkungen auf den Gegenstand zugleich das Recht selbst tangieren und daher jeder Dritte überhaupt prinzipiell dazu imstande ist, derartige Eingriffe vorzunehmen, während die Forderung grundsätzlich nur von ihrem Schuldner verletzt werden kann. Die Differenzierung hat vielfältige Konsequenzen, von denen hier nur zwei genannt seien: Wird eine verkaufte, jedoch noch nicht übereignete Sache beschädigt, so kann allenfalls der Verkäufer als Eigentümer den Schädiger belangen, nicht aber der Käufer, dessen relatives Vermögensinteresse höchstens mittelbar (gemäß § 285 BGB) honoriert wird. Verfällt der Eigentümer einer Sache, die er bindend einem anderen versprochen hat, in Insolvenz, so gehört die Sache zur Insolvenzmasse (§ 35 InsO). Der andere ist einfacher Insolvenzgläubiger (§ 38 InsO) und wird nach dem Wert seiner Forderung, d. h. zumeist nur mit einer geringen Quote, befriedigt. Wäre er bereits Eigentümer, so könnte er die Sache aus der Insolvenzmasse aussondern (§ 47 InsO), bräuchte also das Insolvenzrisiko nicht gemeinsam mit den übrigen Gläubigern zu tragen.

Auch unter den verschiedenen absoluten Rechten an einer Sache spielt das Eigentum eine Sonderrolle, weil es eben die totale Kompetenz umschreibt, mit der Sache zu verfahren. Aus dieser universalen Befugnis lassen sich einzelne Berechtigungen abspalten, die ihrerseits einer bestimmten Person in der Weise zugeordnet werden können, dass diese nicht nur ein entsprechendes Forderungsrecht gegen den Eigentümer hat, sondern unmittelbar Trägerin dieser Berechtigung mit Wirkung gegen jedermann wird. Vor allem in Bezug auf Grundstücke kennt das BGB diverse solcher **absoluten Teilrechte,** die deren Inhaber dazu befugen, anstelle des Eigentümers in gewisser Beziehung auf die Sache einzuwirken, indem er deren Nutzungen zieht (sog. Nießbrauch; vgl. §§ 1030 ff. BGB i. V. m. § 100 BGB), sie sonstwie benutzen darf (sog. Dienstbarkeit; vgl. §§ 1018 ff., 1090 ff. BGB) oder als finanzielle Einnahmequelle bis hin zur Zwangsvollstreckung verwenden kann (Hypothek, Grund- und Rentenschuld; vgl. §§ 1113 ff., 1191 ff., 1199 ff. BGB). Bei beweglichen Sachen ist das Pfandrecht am geläufigsten, das seinen Inhaber berechtigt, für den Fall der Nichtbegleichung einer Forderung, deren Schuldner nicht unbedingt der Eigentümer der verpfändeten Sache sein muss, diese selbst zu Geld zu machen (vgl. §§ 1204 ff. BGB). Das Eigentum ist jeweils beschränkt (»belastet«). Die ihm verbliebenen Befugnisse (namentlich Veräußerung) kann der Eigentümer allerdings nach wie vor in eigener Regie, also ohne Mitsprache seines »dinglichen Teilhabers«, ausüben. Betrifft eine Einwirkung auf die Sache (ggf. auch durch den Eigentümer selbst) gerade die spezielle Sonderberechtigung, so kann der je Zuständige andererseits die daraus folgenden Abwehr- und Ersatzrechte statt des Eigentümers in eigener Zuständigkeit (also nicht etwa nur vertretungshalber) wahrnehmen. Die isolierte Zuweisung derartiger Spezialrechte führt indessen nicht daran vorbei, dass diese letztlich ihre gemeinsame Quelle im Vollrecht »Eigentum« haben und auch in ihrer Abspaltung das Stammrecht noch repräsentieren. Als originäre Befugnis sind sie nämlich nicht denkbar. Jeweils bedarf es zu ihrer Entstehung des Placets (der Zustimmung) des Eigentümers (s. §§ 873, 1205 BGB), der solchermaßen einen Teil seiner umfassenden Berechtigung aufgibt und in aller Regel daraus finanzielle Vorteile zieht.

Genuine Grenzen des Eigentums, d. h. von vornherein auf ihm ruhende Beschränkungen, kennt das BGB hingegen nur in den Fällen der §§ 904 ff., allen voran beim sog. Angriffsnotstand (§ 904). Hier wird dem Eigentümer eine Art sozialer Bindung auferlegt, indem er es dulden muss, dass seine Sache zur Abwendung einer einem anderen drohenden Gefahr verwendet wird, die bei diesem einen erheblich größeren Schaden anrichten würde als bei dem hernach zu entschädigenden Eigentümer (z. B. Entnahme von Wasser aus einem privaten Weiher, um ein in Brand geratenes Kraftfahrzeug zu löschen; Wegnahme eines Boots, um jemanden vor dem Ertrinken zu retten). Im übrigen handelt es sich im wesentlichen um nachbarrechtliche Regelungen, die ein gedeihliches Miteinander der Eigentümer aneinandergrenzender Grundstücke sicherstellen wollen.[39] Zu nennen ist schließlich das sog. Schikaneverbot des § 226 BGB, das es u. a. auch dem Eigentümer verwehrt, in solcher Weise von seinem Recht Gebrauch zu machen, dass dies lediglich von dem Zweck getragen sein kann, anderen Schaden zuzufügen.

Dieser sozialen Enthaltsamkeit des überkommenen Zivilrechts versucht unsere Verfassung dadurch gegenzusteuern, dass Art. 14 II GG die **Sozialpflichtigkeit** des Eigentums postuliert und Art. 14 III GG die Möglichkeit einer freilich entschädigungspflichtigen Enteignung zum Wohle der Allgemeinheit vorsieht. Der Gemeinnützigkeitsvorbehalt, der sich übrigens nicht nur auf »klassische« Eigentumspositionen bezieht, sondern sich – wie Art. 14 GG insgesamt[40] – auf sämtliche vermögenswerten Rechte erstreckt, deutet eher eine Tendenz an, als dass er klare Konturen markiert. Namentlich die Grenzen zwischen Sozialbindung und Enteignung sind fließend. Die sich darum drehenden Fragen werden üblicherweise dem öffentlichen Recht zugeordnet und folglich hier ausgeklammert. Nochmals angemerkt sei, dass sie seltener den Konsumbereich betreffen. In erster Linie werden sie auf dem Produktionssektor und bei der Bodenbenutzung relevant, sofern dort Interessen der Allgemeinheit tangiert werden; so etwa, wenn Kommunen Zweckentfremdungsverbote für Wohngebäude erlassen, aus Gründen des Denkmals-, Natur- oder Landschaftsschutzes Veränderungssperren angeordnet bzw. Abbauverbote verfügt werden oder ganz allgemein mit dem Ziel übergreifender sozialer Verträglichkeit gewisse Eigentumsnutzungen (z. B. Bebauung, Errichtung von Gewerbebetrieben) eingeschränkt bzw. ganz ausgeschlossen werden. Derlei hoheitliche Eigentumsschranken sind stets mitzubedenken, wenn die – laut § 903 S. 1 BGB scheinbar unbegrenzte – Reichweite des Eigentums korrekt bezeichnet werden soll.

Die Palette der **Nutzungsmöglichkeiten des Eigentümers** lässt sich grob in tatsächliche und rechtsgeschäftliche unterteilen. Zu jenen gehören vor allem der

---

39 Siehe aber immerhin *Baur*, JZ 1987, S. 317 ff., der diesen Normenkomplex als Quelle des modernen Umweltschutzrechts ausmacht.
40 Hierbei ist freilich darauf zu achten, dass die so erweiterte Vermögensgewährleistung zuallererst auf staatliche Eingriffe zielt und nicht ohne weiteres die Grundlage dafür hergibt, die zivilistische Unterscheidung in absolute und relative Rechte einzuebnen. Durchaus fragwürdig deshalb der bereits zuvor (Fn. 36) erwähnte Beschluss BVerfGE 89, 1 ff.

Ge- oder Verbrauch der Sache sowie deren Umgestaltung bis hin zur Vernichtung. Rechtsgeschäftliche Nutzungsformen sind namentlich die nach Fahrnis (§§ 929 ff. BGB) oder Immobilie (§§ 925 ff. BGB) unterschiedlich ausgestaltete Veräußerung (Übereignung), die bereits erwähnte Belastung anhand dinglicher Abspaltung spezieller Eigentümerbefugnisse sowie die unentgeltliche oder entgeltliche Überlassung des Sachbesitzes an Dritte unter Aufrechterhaltung des Eigentums (Leihe – §§ 598 ff. BGB; Miete bzw. Pacht – §§ 535 ff., 581 ff. BGB). Letzteres impliziert zugleich, dass unser Zivilrecht abweichend vom normalen Sprachgebrauch **Eigentum und Besitz** strikt auseinander hält. Unter »Besitz« versteht es die tatsächliche Gewalt über eine Sache (§ 854 BGB), die zwar grundsätzlich nur dem Eigentümer zusteht bzw. lediglich mit seiner Billigung von anderen Personen ausgeübt werden darf, aber eben nur eine der diversen Kompetenzen aus dem Eigentum, nicht jedoch mit ihm als der rechtlichen Umschreibung einer ausschließlichen Sachzuweisung identisch ist. Im weitesten Sinne zählt auch noch die letztwillige Vererbung zum Kreis der rechtsgeschäftlichen Ausübung des Eigentums. Das gleichfalls in Art. 14 I GG geschützte **Erbrecht** ist die konsequente Fortsetzung des privaten Eigentumsgedankens und hindert die in unserer Gesellschaftsordnung verpönte Kollektivierung von Vermögensgütern. Die verbreitete Vorstellung indessen, die private Vererbungsbefugnis fördere Kreativität und individuelle Leistungsbereitschaft, dürfte eher dem Arsenal alltagstheoretischer Behauptungen entstammen als empirisch gesichert sein. Das im internationalen Vergleich immer noch weit gespannte Netz sozialer Sicherheit einerseits, anhand dessen die Versorgungsprobleme Hinterbliebener tendenziell aufgefangen werden, und der soziologische Wandel familiärer Bindung andererseits, die heutzutage tiefgreifenden Auflösungstendenzen ausgesetzt ist, sind zumindest zwei Faktoren, die neue Überlegungen an die überkommene Frage »Erbrecht als unverzichtbare Verlängerung des Privateigentums?« herantragen. Ein ungeschmälertes aktives Vererbungsrecht hat es überdies hierzulande nie gegeben. Die Freiheit, jede beliebige Person zum Erben einzusetzen, ist von jeher durch eine gesetzliche Erbordnung mit daran gekoppelter Pflichtteilsberechtigung (§§ 2302 ff. BGB i. V. m. §§ 1924 ff. BGB) eingeschränkt worden. Ferner partizipiert stets auch der Staat im Wege der Erbschaftsbesteuerung am Nachlass.[41]

Dem Kranz der aus dem Eigentum fließenden Berechtigungen korrespondiert ein **Bündel von Schutzvorkehrungen,** die dem Eigentümer eine möglichst ungestörte Innehabung und Nutzung der ihm allein zugewiesenen Sachen sichern sollen. Allen voran steht der **Herausgabeanspruch** des Eigentümers gegen eine von ihm nicht zum Sachbesitz legitimierte Person (§§ 985, 986 BGB). Dieser Anspruch auf Besitzeinräumung (rei vindicatio) wird in den §§ 987 ff. BGB von einer Reihe ergänzender Ausgleichsbefugnisse flankiert, die das gemeinsame Ziel haben, den Eigentümer wenigstens wirtschaftlich so zu stellen, als wäre ihm der Besitz nicht zeitweilig oder gar endgültig (bei Zerstörung der Sache durch den Besitzer) entzogen worden. Bei willentlicher Überlassung des Besitzes folgt die Rückgabeverpflichtung aus dem jeweiligen, die zeitweilige Innehabung der tatsächlichen Gewalt durch den Nichteigentümer gestattenden Rechtsverhältnis (z. B. §§ 546 ff., 596 ff., 604 BGB). Aus ihm ergeben sich auch etwaige Ersatzpflichten des – rechtmäßigen – Besitzers wegen Beschädigung, Zerstörung oder nicht rechtzeitiger Wiedereinräumung des Besitzes an den Eigentümer. Bei einer Beeinträchtigung

---

41 Das kann hier nicht vertieft werden. Einschlägige Reformfragen erörtern u. a. *Däubler,* ZRP 1975, 136 ff. sowie *Leipold,* AcP 180 (1980), 160 ff.

des Eigentümers, die sich nicht gerade als Entziehung oder Vorenthaltung des Besitzes darstellt, kann der Eigentümer, sofern er nicht zur Duldung derartiger Eingriffe verpflichtet ist,»von dem Störer die **Beseitigung** der Beeinträchtigung verlangen«, bei zu besorgenden weiteren Beeinträchtigungen auch »auf **Unterlassung** klagen« (§ 1004 BGB).[42]

Sind solche Einwirkungen auf ein unsorgfältiges Verhalten Dritter zurückzuführen, so kann der betroffene Eigentümer von diesen sogar Schadensersatz fordern. Grundlage hierfür ist § 823 I BGB, in dessen Schutzkatalog neben anderen Rechtspositionen auch das Eigentum aufgenommen ist. Diese in der Alltagspraxis äußerst wichtige Bestimmung schützt das Eigentum in voller Breite, also in Bezug auf sämtliche aus ihm fließenden Innehabungs-, Gebrauchs- und Verwertungsbefugnisse, gegen schädigende Eingriffe, die aus einer sog. unerlaubten Handlung resultieren. Was es damit im einzelnen auf sich hat, ist unter E II. 2.2 noch eingehend darzustellen. Einen vergleichbaren, auf Schadensersatz gehenden Schutz gewähren ferner gewisse Vorschriften (z. B. § 7 StVG), die den für bestimmte Gefahrenquellen (Autos, Flugzeuge, Eisenbahnen, Energiebetriebe usw.) Zuständigen dazu verpflichten, für Verletzungen fremden Eigentums aufzukommen, auch ohne dass derartige negative Einwirkungen auf menschliches Fehlverhalten rückführbar sein müssten. Diese sog. **Gefährdungshaftung** wird uns gleichfalls noch (unten E III.) beschäftigen. Die alleinige Berechtigung des Eigentümers, den wirtschaftlichen Ertrag aus den ihm vorbehaltenen Sachen zu vereinnahmen, wird schließlich noch in den §§ 812, 816 BGB berücksichtigt. Sie ordnen an, dass derjenige, der finanzielle Vorteile aus fremdem Gut gezogen hat, ohne von dessen Rechtsinhaber dazu legitimiert worden zu sein, diesem die fragliche **Bereicherung** herauszugeben hat. Dabei kommt es weder darauf an, ob jener aktiv in die eigene Tasche gewirtschaftet hat und, wenn ja, ob er dabei »gutgläubig« gewesen ist, noch darauf, ob der Eigentümer seinerseits imstande gewesen wäre, seine Sache lukrativ zu verwerten. Das nackte Eigentum ist der juristische »Titel«, aufgrund dessen dieser Früchte und Nutzungen (vgl. §§ 99, 100 BGB) vereinnahmen darf (zu Einzelheiten noch später unter D).

2.3 Der Vertrag

Die Auflösung einer komplexen Sozialstruktur, innerhalb deren die Beschaffung materieller Ressourcen und die daran anschließenden Verteilungs- wie Versorgungsprozesse doch irgendwie kollektiv, wenngleich nicht auf der Ebene der Gleichberechtigung organisiert waren (Stichworte etwa: Dienstpflichten der Untertan, Fürsorgepflichten der Herrschaft), erzwang natürlich auch neue Kommunikationsformen unter den rechtlich nunmehr formal freigestellten, d. h. aus ständischer Bindung entlassenen Individuen. Der produzierende Teil der Bevölkerung »aß nicht mehr vom Tisch des Prinzipals«, obschon sich bis heute selbst im BGB vereinzelte Normen (z. B. § 618 II; s. auch § 62 II HGB) erhalten haben, welche die vormalige »häusliche Gemeinschaft« anklingen lassen, in deren überschaubarem Rahmen zwar nicht jeder den gleichen Zugriff auf die gemeinsamen Lebensmittel besaß, immerhin aber doch Gewähr dafür geboten war, dass jedermann wenigstens ansatzweise das Notwendigste zur Selbsterhaltung zugeteilt

---

42 Materieller Grund und Reichweite dieser Ansprüche, deren Darstellung in das hier nur gelegentlich gestreifte Sachenrecht gehören, werden seit geraumer Zeit kontrovers diskutiert. Vgl. nur *Herrmann*, JuS 1994, 273 ff. u. *Picker* in FS Gernhuber (1993), S. 315 ff.

bekam. Das Korrelat für die Befreiung aus feudaler Bevormundung wurde nunmehr die Verantwortlichkeit jedes einzelnen für seine persönliche Daseinsgestaltung. Wahrzunehmen war sie mit den Mitteln, die jedem in freilich höchst unterschiedlichem Maße zur Selbstentfaltung verfügbar waren – und das hieß für die überwiegende Mehrzahl, dass sie allein auf die Verwertung ihrer Arbeitskraft angewiesen war. Dieses Potential musste sie demjenigen anbieten, der an dem jeweiligen Arbeitseinsatz interessiert war, und die dadurch erworbenen Mittel musste sie anderwärts offerieren, um sich als Entgelt dafür Nahrung, Kleidung, Wohnung usw. zu beschaffen. Zum durchgängigen Medium für diesen mehrstufigen Versorgungsvorgang wurde der **Vertrag** als die zwischen eigenverantwortlichen Rechtspersonen zustande gekommene **Willenseinigung über den Transfer von Vermögenswerten.**[43] Als juristisches Medium war er zwar längst auch in älteren Rechtsordnungen geläufig, aber eben nur i. S. einer verbindlichen Verständigung unter Freien auf der nämlichen Hierarchie-Ebene. Nunmehr jedoch gedieh er zum alleinigen Kommunikationsinstrument auf den sich etablierenden und zugleich differenzierenden anonymen Märkten (z. B. Arbeitsmarkt, Wohnungsmarkt, Verbrauchermarkt), die nach liberaler Vorstellung das gegebene Forum darstellten, auf dem widerstreitende Interessen im Wege freien Aushandelns letztlich doch auf einen gemeinsamen Nenner gebracht werden konnten.

Der Vertrag erweist sich so gleichsam als **Konnexinstitut zum privaten Eigentum** im weitesten Sinne: Jedermann kann als rational waltender »homo oeconomicus« anhand dieses Vehikels seinen persönlichen Nutzen dadurch mehren, dass er seine vermögensträchtigen Ressourcen gegen diejenigen anderer zu Bedingungen austauscht, die nicht hoheitlich, sondern eben privat von den Beteiligten gesetzt werden. Denn das war die Prämisse für diese »Kontraktgesellschaft« (von lat. contrahere = zusammenziehen, sich vertragen, einen Vertrag schließen), dass keiner dem anderen seinen Willen diktieren könne.[44] Die dergestalt umschriebene **Vertragsfreiheit** (oft auch schlicht mit dem Terminus »Privatautonomie« gleichgesetzt, wiewohl dieser noch andere bürgerliche Freiheiten – z. B. die Testierfreiheit – umfasst) bedingt folglich, dass der formale Abschlussvorgang zwanglos (d. h. grundsätzlich kein Kontrahierungsgebot) geschieht und sich so als Konsens (Übereinkunft) zweier in freier Willensbestimmung aufeinander zugehender Individuen darstellt, dass über den Inhalt der daraus resultierenden Vereinbarungen kein Dritter zu rechten hat und schließlich allein die Erfüllung der jeweiligen Verbindlichkeit »offiziell« sanktioniert wird, indem der Staat seinen Justiz- und Zwangsapparat bereitstellt, um für den Fall der Nichteinlösung des gegebenen Versprechens dem Gläubiger zu seinem privaten Recht zu verhelfen.[45]

Wie bereits angedeutet, ist der Vertrag keine rechtstechnische Erfindung der Neuzeit. Die grundlegende Novität liegt in der Universalität seinen Anwendungsbereichs, und zwar sowohl in personeller wie in sächlicher Hinsicht: Jeder kann mit jedem über jedes einen Vertrag schließen. Das setzt zum einen die schon mehrfach betonte **formale Gleichheit sämtlicher Rechtspersonen** als Folge des Abbaus statusbezogener Vorgaben voraus (daher auch die bereits eingeführte englische Redewendung »from status to contract«) und bedingt zum anderen die totale

---

43 Zum Folgenden wiederum ergänzend *Knieper*, KJ 1977, 147 (162–167).
44 Einen soziologischen Versuch zur Erhellung des Phänomens »Kontraktgesellschaft« unternimmt *Max Weber* (wie Fn. 16) S. 508–563.
45 Zur traditionellen Rechtfertigung der Vertragsfreiheit *J. Schmidt*, Vertragsfreiheit und Schuldrechtsreform, 1985, S. 33–55.

Fungibilität jeglicher vermögenswerter Güter. Beides war vordem nicht geläufig. Die Rechtsbeziehungen zwischen den Angehörigen verschiedener Schichten in der sozialen Hierarchie wurden nicht durch ad hoc (zur passenden Gelegenheit) erzielte Willensübereinkünfte gestaltet, sondern waren von oben nach unten durch institutionalisierte »Rahmenpflichten« wie durch je korrespondierende Berechtigungen vorwegbestimmt (z. B. Tribut-, Gefolgschafts-, Arbeitspflichten). Getreu der auch späterhin formalen Qualität von Verträgen als Vereinbarungen unter Gleichrangigen konnten diese nur zwischen auf der nämlichen Stufe Stehenden getroffen werden, und auch dies nur im Kontakt der Freien untereinander, während die sog. Unfreien (Hörigen) außerhalb ihrer Lebens- und Sozialsphäre nicht mit aus sich selbst heraus verbindlichen Erklärungen hervortreten konnten. Zudem waren die wichtigsten Wirtschaftsgüter, zumal Ländereien, nicht verkehrsfähig. Letztere wurden ursprünglich nur »verliehen«, also als Lehensobjekte vergeben, und verschafften somit dem Belehnten keine willkürliche Verfügungsbefugnis.

Erst im Zuge der allmählichen Herausbildung moderner Staatlichkeit mit ihrer **Differenzierung von Grundherrschaft und politischer Struktur** begannen sich diese Restriktionen zu lockern.[46] Die zu Beginn des vorigen Jahrhunderts auf deutschem Boden durchgeführte Mediatisierung und Säkularisierung sowie die im Anschluss daran in Preußen statuierte Aufhebung der ständischen Bindung des Immobiliarbesitzes waren Stationen auf diesem Wege, der sich bis in das vorige Jahrhundert hinein verfolgen lässt; denn erst mit Gesetz vom 6. 7. 1938 (RGBl. I 825) sind die sog. Familienfideikomisse aufgelöst worden, d. s. familiäre Statuten, die anhand von Verfügungs- und Testierverboten den Stamm namentlich adeliger Vermögen vor Zugriffen Dritter sichern und dem Familienverband erhalten wollten. Eine Gesetzesvorschrift wie § 137 BGB, von vielen neben § 311 I BGB zu den tragenden Pfeilern eines modernen liberalen Wirtschaftsverkehrs gerechnet, ist mithin nicht Ausdruck für gewissermaßen natürliche Vorgegebenheiten. In ihrer Tendenz, allein hoheitliche Verfügungsbeschränkungen zuzulassen, die ihrerseits wiederum nur sparsam zum Schutze unabdingbarer Interessen (z. B. Gläubigerschutz im Vollstreckungsverfahren) einzusetzen sind, spiegelt sie den Bedarf einer vorwiegend privat gesteuerten Marktwirtschaft am möglichst ungehinderten Austausch geldwerter Güter wider. Dabei bleibt die Bestimmung dessen, was marktfähig ist, grundsätzlich ebenfalls privater Wertschätzung überlassen. In der Tat wäre die Vertragsfreiheit ohne komplementäre Verfügungsfreiheit nur ein halbherziges Programm. Überdies wäre es, da Verträge das Transportband für den Warenverkehr bilden, widersprüchlich, wollte man private Absprachen zulassen, die den Leistungstransfer gerade ausschließen.[47]

In diesem im Ansatz schrankenlosen Konzept liegen freilich **liberale Chancen und soziale Risiken** dicht beieinander. Was dem Begüterten zupass kommt, kann den weniger Betuchten in existenzielle Nöte bringen. Sofern man auf der Ebene formalrechtlicher Freiheit und Gleichheit verharrt, kann die in den Vertrag qua zwangloser Willensbetätigung hineingedeutete Selbstbestimmung des einen schnell zur Fremdbestimmung des anderen werden. Eine Rechts- und Wirtschaftsordnung, die im Prinzip weder den beliebigen individuellen Zugriff auf

---

46 Hierzu nochmals *Rittstieg* (wie Fn. 8) S. 1 ff. u. 191–202; ferner *Wehler* (ebenfalls Fn. 8), S. 124 ff., 218 ff.
47 Zu Tragweite und Grenzen dieses in § 137 BGB enthaltenen Dogmas *Däubler*, NJW 1968, 1117 ff. Die »Grundlagen der Verfügungsverbote« erörtert *Bülow*, JuS 1994, 1 ff.

(Über-)Lebensmittel akzeptiert noch deren planmäßig gelenkte Verteilung kennt, sondern für die Eigenversorgung eben den Vertrag vorsieht, muss darauf achten, dass dieser im Hinblick auf die materielle Partizipation Zugangspforte und nicht etwa Barriere wird.[48]

Dazu kann nicht zuletzt auch die Bildung von Verbänden (z. B. Gewerkschaften, Verbraucherorganisationen, Umweltvereinigungen) beitragen, die es sich zur Aufgabe machen, die Interessen Schutzbedürftiger in solidarischer Gemeinschaft zu verfolgen. Hier hinken freilich die juristischen Zuteilungs- und Realisierungsformen noch nach, die weiterhin primär an der Einzelperson, dementsprechender Parzellierung der Güterwelt und auf diese wiederum bezogener Rechtsdurchsetzung ausgerichtet sind. So wird z. B. die **prozessuale Wahrnehmung übergreifender Interessen** dem eben individualistisch konzipierten Zivilrecht erst allmählich vertraut. Eine demgemäße Verbandsklagebefugnis kannte ursprünglich nur § 13 UWG. Seit 1977 sahen auch die §§ 13 ff. des Gesetzes zur Regelung des Rechts der Allgemeinen Geschäftsbedingungen (AGBG) eine derart entindividualisierte »Marktkontrolle« vor, die seit Anfang dieses Jahres[49] unter Erweiterung ihres Anwendungsbereichs im Gesetz über Unterlassungsklagen bei Verbraucherrechts- und anderen Verstößen (UKlaG) aufgegangen ist (Einzelheiten noch unten A III. 1 a. E.).

2.3.1 Die Abschlussfreiheit

Jedermann hat es von Rechts wegen grundsätzlich in der Hand, Verträge zu schließen oder darauf zu verzichten. Auch kann er sich, von wenigen Ausnahmen abgesehen, den ihm genehmen Vertragspartner nach eigenem Gutdünken aussuchen. Ausgespart bleiben bei diesem Programm die Notwendigkeit der meisten, sich mangels vorhandener Ressourcen zur Selbstversorgung das Geld für den Erwerb von Sachgütern über die Verdingung der eigenen Arbeitskraft erst zu verschaffen, sowie der existenzielle Zwang, wenigstens an die wichtigsten Lebensmittel i. w. S. (Nahrung, Kleidung, Wohnung) ungehindert heranzukommen. Ein Recht auf Arbeit, das allerdings ein entsprechend umfassendes Vorhandensein von Arbeitsplätzen voraussetzen würde, sowie die staatliche Garantie einer sog. Grundrente sind bislang lediglich in der politischen Diskussion, und eine Kontrahierungspflicht der Anbieter elementarer Versorgungsgüter ist nirgendwo statuiert. Die Lösung der mit jenem verknüpften Probleme hat das Zivilrecht weitgehend dem »öffentlichen« Sozialrecht überlassen, also dem Staat, der auf diesem Sektor u. a. mit freilich selten durchschlagenden Maßnahmen zur Errichtung bzw. Erhaltung von Arbeitsplätzen in Erscheinung tritt und im übrigen ein kompliziertes System zur finanziellen Absicherung gegen Arbeitslosigkeit entwickelt hat. Das ist hier nicht näher darzustellen. Zivilistische Vorkehrungen zur Abdeckung des persönlichen Grundbedarfs erschienen für Normalzeiten gleichfalls nicht geboten, da man davon ausging, dass der Markt stets ein ausreichendes Angebot bereithalte und jeder Interessent wenigstens bei irgendeinem Inhaber der fraglichen Güter zum Zuge kommen werde. Zumindest in Bezug auf Wohnraum hat sich diese Erwartung als Trugschluss erwiesen, so dass auch hier die öffentliche Hand in der

---

48 Dass der Autonomiegedanke allein keine zureichende Basis für einen sachgerechten Interessenausgleich hergibt, betont inzwischen auch das Bundesverfassungsgericht. Vgl. BVerfGE 81, 242 ff.; 89, 214 ff. u. 103, 89 ff.
49 Kurze Einführung dazu von *E. Schmidt*, NJW 2002, 25 ff.

Form des sog. sozialen Wohnungsbaus flankierend eingreifen musste bzw. noch muss, um je sichtbare Engpässe zu überwinden. Die Beispiele zeigen, dass die Idee von der selbstregulierenden (und d. h. doch: das materielle Dasein der Gesellschaft komplett sichernden) Kraft liberaler Privatwirtschaft korrekturbedürftig ist und das von ihr gesteuerte Zivilrecht (zumal Vertragsrecht) nicht ohne hoheitlichen Beistand auskommt.

Jenseits derartiger substantieller Revisionen markiert der **Vertragsschluss** jenen bereits angedeuteten Vorgang, bei dem zwei Personen sich über den Austausch bestimmter Güter einig werden. Seine Freiheit meint Willensfreiheit. Keiner der Beteiligten, die als gleichbefugt und gleich befähigt gedacht werden, soll unter Zwang stehen. Die jeweiligen Erklärungen sollen nur gelten, wenn sie wirklich gewollt waren, mithin weder auf fehlerhafter Artikulation oder einem Versehen noch einem sonstigen Irrtum beruhten. Zum Vertrag verbinden sie sich erst, wenn sie miteinander korrespondieren; feststellbare Widersprüche lassen die Vereinbarung scheitern. Dieses Programm ist in den §§ 104 ff., 116 ff., 145 ff. BGB juristisch ausformuliert und wird noch (unten B I.1, II.1) Gegenstand besonderer Erörterung sein. Es genügt vorerst anzumerken, dass dieses (rechts-)geschäftliche Rollenspiel auf Akteure zugeschnitten ist, die als mündige Bürger über diejenigen Bildungs-, Vermögens- und Sprachkompetenzen verfügen, deren Vorliegen adäquate Voraussetzung für das Funktionieren von sich selbst steuernden Märkten ist. Solcherlei Vorbedingungen werden grundsätzlich bei jedem Erwachsenen erst einmal vermutet. Allein medizinische Debilitäten (vgl. §§ 104 Nr. 2, 105 II BGB) finden Berücksichtigung, ferner im Einzelfall »unlautere« Abweichungen von den Standards »anständiger« Marktteilnehmer (vgl. §§ 123, 138 BGB). Sonstige soziale bzw. ökonomische Defizite fallen hingegen dem davon Betroffenen zur Last. Sie sind sein Schicksal.

Doch sogar diese Ebene aktueller Kenntnis der geschäftlichen Umstände und individueller Aushandlung der jeweiligen Konditionen wird dort noch verlassen, wo der Verkehr sich anhand von für eine Vielzahl von Kontrakten vorformulierten Klauseln, den sog. **Allgemeinen Geschäftsbedingungen,** abwickelt. Abgesehen von den alltäglichen Bargeschäften finden diese standardisierten Vertragstexte – im Volksmund gern als das »Kleingedruckte« bezeichnet – fast stets dann Anwendung, wenn die Anbieter von Gütern und sonstigen Leistungen diese massenhaft herstellen bzw. ihrerseits beziehen, weil sie daran interessiert sind, dieser Serienofferte entsprechende einheitliche Rechtsbedingungen zu sämtlichen Abnehmern zu erreichen. Sie werden deshalb auch hauptsächlich von Produzenten oder Händlern aufgestellt, seltener von Nichtgewerbetreibenden (z. B. Vermietern), die dann zumeist auf Vorlagen (Vertragsformulare) von Interessenverbänden (etwa Haus- und Grundeigentümerverein) zurückgreifen. Solche Allgemeinen Geschäftsbedingungen sollen den Produktions- und Verteilungsprozess nivellieren und für den Konfliktfall den Rechtsstab (Rechtsabteilung, Justitiare, Hausanwälte) entlasten. Ökonomisierung ist ihre Devise, zugleich aber auch das Risiko des jeweiligen Geschäftspartners, denn es ist klar, dass sie nach ihrer Absicht dem Nutzen ihres Aufstellers und nicht unbedingt demjenigen ihres Gegners dienen.[50]

Die Unterschiede zwischen dem Abschluss eines **Massenvertrags** und dem Zustandekommen eines **Individualvertrags** bestätigen diese Vorgabe. Bei jenem

---

50 Über die »technokratische Rationalität in Allgemeinen Geschäftsbedingungen« vorläufig *Knieper*, ZRP 1971, 60 ff.

gibt es kein Aushandeln von Einzelpositionen (Arg. aus § 305 I 3 BGB). Es geht lediglich um das Ja oder Nein zu dem bereits einseitig vorprogrammierten Geschäft. Weitere Alternativen unter diesen Beteiligten bestehen grundsätzlich nicht. Gemildert kann dieses rigide Entweder – Oder nur dann werden, falls weitere Anbieter mit günstigeren Konditionen erreichbar sind. Je nach der existentiellen Bedeutung des nachgefragten Objekts lassen sich soziale Schärfen absehen. Ferner hängt die Einbeziehung der Allgemeinen Geschäftsbedingungen in die Gesamtabsprache nicht notwendig von deren Kenntnis seitens der »anderen Vertragspartei« ab (§ 305 II BGB). Vielmehr genügt ein deutlicher Hinweis auf sie sowie die zumutbare Möglichkeit, sich über ihre Einzelheiten zu informieren. Im Klartext: auch solche Konditionen, über die der »Konsument« gar nicht Bescheid weiß oder die er womöglich missverstanden hat, können Vertragsbestandteil werden, sofern sie nicht völlig überraschend kommen bzw. allzu unklar gefasst sind (§ 305 c BGB). Es versteht sich von selbst, dass die beiden zuletzt genannten Einschränkungen in ihrer Effizienz ganz wesentlich von der Perspektive des Beurteilers abhängen: ist es diejenige des einschlägig Erfahrenen, des »Normalverbrauchers« oder gar des in geschäftlichen Dingen nicht sonderlich Bewanderten? Demgegenüber dürfte hier das auf den Individualvertrag zugeschnittene Korrekturmittel einer eventuellen Anfechtung (§§ 119 ff. BGB) weitgehend versagen. Auch die Vorschriften über den sog. Dissens (Einigungsmangel; vgl. §§ 154, 155 BGB) kommen kaum in Betracht. Einzelheiten sind noch unten darzustellen (A II. 3.3, B II. 2).

2.3.2 Die Gestaltungsfreiheit

In einer vom Gedanken privater Autonomie geprägten Rechtsordnung, die in ihrer Marktkonformität von der Annahme einer **selbstkompensatorischen Kraft widerstreitender Interessen** ausgeht, besteht für eine Bewertung der zwischen Individuen ausgemachten Absprachen dahin, ob diese etwa »adäquat«, »gerecht« oder was sonst immer seien, wenig Anlass, zumal allgemeine – philosophische, aber auch juristische – Überlegungen zum Thema »Gerechtigkeit« stets schon gezeigt haben, wie schwer es fällt, ihm Konturen zu verleihen oder sich gar auf eine Instanz zu verständigen, die dazu kompetent wäre.[51] Waren die generellen Voraussetzungen für einen Vertragsschluss gegeben, die durchweg negativ umschrieben sind (kein äußerer Zwang, keine pathologischen Symptome, keine kommunikativen Verzerrungen usw.), so wird über den **Vertragsinhalt** nicht debattiert, sofern der vorgesehene Austausch erlaubt (§ 134 BGB) und nicht von zwingenden Vorschriften (dazu sogleich) begleitet wird. Der Umstand, dass man Schuldner eines anderen nur bei eigener Mitwirkung werden kann (vgl. § 311 I BGB), erscheint als ausreichende Barriere vor fremder Übervorteilung. Was in korrekter Form geschieht, ist auch materiell unanfechtbar.

Die Begründungen für diese Einschätzung sind vielfältig.[52] Zwei der repräsentativsten seien herausgegriffen: Die einen bauen auf das Stichwort »**Selbstbestimmung**«, die sich gerade auch im Vertragsschluss manifestiere und nicht etwa dadurch beschnitten werde, dass sich in concreto wirtschaftlich verschieden starke Partner gegenüberstehen. Ausgleichender Faktor sei ja in aller Regel der Markt, der letztlich auch den ökonomisch Mächtigen dazu zwinge, im Wettbewerb mit

---

51 Zu dessen verschiedensten Aspekten *Perelman*, Über die Gerechtigkeit, 1967.
52 Hierzu wiederum *J. Schmidt* (wie Fn. 45).

anderen die Grenzen für ungehemmten Eigennutz zu erkennen.[53] Eine andere Version geht dahin, dass ein frei ausgehandelter Vertrag eine Art **materialer Richtigkeitswähr** in sich trage, da die Kontrahenten dank ihrer gegensätzlichen Interessenlage von vornherein auf einen Kompromiss zusteuern müssten, dessen gemeinsame Akzeptierung wiederum Ausdruck dafür sei, dass sie in ihm einen adäquaten (inhaltlich gerechten, eben »richtigen«) Interessenausgleich erblickten. Machtunterschiede werden dabei hintangestellt, auf ihnen beruhende Verzerrungen als gelegentliche Auswüchse betrachtet, denen unter Berufung auf die Standards eines lauteren Wettbewerbs (§ 1 UWG) oder allgemeiner auf »die guten Sitten« (§ 138 BGB) beizukommen sei.[54]

Abgesehen davon, ob es in einer auf die individuelle Dispositionsfreiheit abstellenden Kontraktgesellschaft überhaupt angebracht ist, das Thema »Richtigkeit« i. S. aktueller Gerechtigkeit anzuschneiden (als Ausdruck für das Faktum beiderseitiger Übereinkunft käme man dabei wohl kaum über eine Tautologie hinaus), rekurrieren beide Erklärungsversuche letztlich auf die nicht mehr zur Disposition gestellte **Eigentümer/Markt-Konzeption.** Wer die durch sie hergestellte Privatrechtsordnung fraglos akzeptiert, wird auch ihre Figuren und Techniken sowie die daraus resultierenden Einzelkonsequenzen nicht grundlegend in Zweifel ziehen. Zumal der Vertrag ist zwar ein Medium der Entfaltung, nicht aber deren eigentliche Basis.[55] Das Kontrahieren markiert ja nur eine, wenngleich zentral wichtige Form der Ausübung des mithilfe des subjektiven Rechts verliehenen wirtschaftlichen Aktionspotentials. Wer mit leeren Händen dasteht, d. h. am Markt nichts anzubieten hat, mag gewisse Interessen haben, gewiss aber keine Chance zu deren Durchsetzung, und sei es auch nur kompromissweise. Wer über wenig verfügt, hat zwar eine, jedoch ist diese relativ begrenzt, wenn er auf einen wirklich Begüterten trifft. Es führt nichts daran vorbei, dass das Ausmaß des individuellen Bewegungsvermögens vom Umfang der finanziellen Ausstattung abhängt. Darum kann der Vertrag nicht eigenständiger Mechanismus für eine Selbstbestimmung sein. Dieser Befund lässt sich schließlich auch nicht einfach mit dem Hinweis auf etwaige selbst-regulative Gesetze des Marktes (»invisible hand«) entkräften. Die Geschichte des Marktes ist diejenige einer tendenziellen Beschneidung der freien Konkurrenz.[56] Die Notwendigkeit von Gesetzen gegen unlauteren Wettbewerb (UWG) sowie gegen Wettbewerbsbeschränkungen (GWB) bezeugen dies in aller Deutlichkeit.

Damit sind wir am entscheidenden Punkt angelangt: **Die Vertragsfreiheit ist die Konkretisierung der Eigentumsautonomie.** Wer jene beschränken will, meint im Grunde diese. Jede – anhand welcher Kriterien auch immer vorgenommene – Kontrolle des Inhalts rechtsgeschäftlicher Vereinbarungen läuft praktisch auf eine partielle Zurücknahme des Dogmas hinaus, wonach der Inhaber eines subjektiven Rechts und namentlich des Eigentums mit demselben nach Belieben schalten und walten dürfe. Sie impliziert recht eigentlich eine Kritik an der jeweiligen Vermögensverteilung, indem sie durchweg darauf gerichtet ist, die Macht des ökonomisch Stärkeren zugunsten des Schwächeren zu binden. Solches bewerkstelligen

---

53 Beispielhaft *Flume*, Allgemeiner Teil des Bürgerlichen Rechts, Bd. II (Das Rechtsgeschäft), 3. Aufl. 1979, S. 1–22.
54 Allen voran *Schmidt-Rimpler* in FS Nipperdey (1955), S. 1 ff.
55 Dazu auch *Roscher*, ZRP 1972, 111 ff.
56 Bestätigend aus nationalökonomischer Sicht u. a. *Eucken*, Grundsätze der Wirtschaftspolitik, Ausgabe 1969, S. 55.

nicht die geläufigen technischen Rechtsformen aus sich heraus, da diese just auf das Gegenteil von Umverteilung, nämlich auf die Absicherung je anzutreffender »Parzellierungen« der Güterwelt abzielen.[57] Der gemeinte Interessenausgleich kann demzufolge nur von außen an den autonom konzipierten Wirtschaftsverkehr herangetragen werden. Was im Hinblick auf die Sozialbindung des Eigentums zuvor (A I. 2.2) gesagt wurde, kehrt in Bezug auf den Vertrag in anderem Gewand wieder.

Das gängigste Mittel hierfür sind seitens des Gesetzgebers aufgerichtete unüberwindbare **Schranken für die inhaltliche Gestaltungsfreiheit**.[58] Die Normen, die Derartiges beabsichtigen, gehören zum sog. **ius strictum** (zwingendes Recht). Sie legen die Vertragspartner auf eine einzige Möglichkeit oder auf eine enge Bandbreite von Alternativen fest und finden sich vor allem bei sozial bedeutsamen Vertragstypen (wie z. B. Wohnungsmiete und Arbeitsvertrag; vgl. etwa §§ 569 V, 573 IV, 574 IV BGB einerseits sowie § 622 BGB mitsamt den insgesamt nicht disponiblen Bestimmungen des Kündigungsschutzgesetzes – KSchG – andrerseits) und bei den sog. Verbraucherverträgen (wie etwa den Haustür- und Fernabsatzgeschäften, aber auch dem Verbrauchsgüterkauf und dem Verbraucherkredit; s. nur §§ 312f S. 1, 475 I 1, 506 I 1 BGB). Zumeist werden diese Vorschriften noch von sog. **Umgehungsverboten** flankiert, mit denen sicher gestellt werden soll, dass sie nicht »durch anderweitige Gestaltungen umgangen« werden können (u. a. §§ 312 f S. 2, 475 I 2, 506 I 2 BGB). Gelegentlich finden sich derart verbindliche Schutzbestimmungen auch andernorts wie namentlich in § 276 III BGB, der es einem Schuldner untersagt, sich im Voraus eine umfassende Haftungsfreiheit auszubedingen (vgl. ferner § 444 BGB). Sehen einschlägige Verträge gleichwohl eine anders lautende Abmachung vor, so ist dieselbe unwirksam und fällt unter Beibehaltung des Vertrags im übrigen ersatzlos fort bzw. anders gewendet: Die vom Gesetzgeber zwingend angeordnete Klausel rückt ohne weiteres in das weiter bestehende Vertragswerk ein.

Eine andere Stoßrichtung hat das **gesetzliche Verbot** i. S. des § 134 BGB. Es zielt auf Nichtigkeit des gesamten Geschäfts, sofern der fraglichen Regelung entnommen werden kann, dass keiner der Beteiligten von ihm profitieren soll. Ansonsten mag es sein, dass der Gesetzgeber nur die eine Seite »im Verbotsvisier« hatte. Daraus folgt u. U., dass die Gegnerin vollen Vertragsschutz genießt.[59] Der Vorbehalt (wenn nicht) in § 134 BGB erfordert deshalb eine genaue Überprüfung des in Rede stehenden Verbotsgesetzes[60] dahin, ob und inwieweit es überhaupt auf den zivilen Rechtsverkehr Einfluss nehmen will.[61]

Ein weiteres Medium, der privaten Gestaltungsfreiheit Grenzen zu setzen, liegt in der **Inhaltskontrolle anhand des sog. Sittengesetzes**. § 138 I BGB erklärt solche Rechtsgeschäfte für nichtig, die gegen die »guten Sitten« verstoßen. Das erscheint zunächst als Appell an die Bürger, sich im allgemeinen Geschäftsverkehr an die

---

57 Über die hieraus resultierende »Krise des liberalen Vertragsdenkens« eindrucksvoll *E. A. Kramer* in ders., Zur Theorie und Politik des Privat- und Wirtschaftsrechts, 1997, S. 69 ff.
58 Zur diesbezüglichen Inhaltskontrolle *E. Schmidt*, DRiZ 1991, 81 ff.; s. indes auch *Medicus*, Abschied von der Privatautonomie im Schuldrecht?, 1994.
59 Zu diesen Grundsätzen bereits das Reichsgericht (Vereinigte Zivilsenate) in RGZ 60, 273 ff.
60 Wie z. B. des Gesetzes gegen Schwarzarbeit; vgl. dazu *Köhler*, JZ 1990, 466 ff.
61 Zum Begriff der als Rechtsfolge zur Debatte stehenden Nichtigkeit eingehend *Cahn*, JZ 1997, 8 ff.

Regeln des Anstands oder gar der Ethik bzw. Moral zu halten, und versprach gewiss so lange Erfolg, als man sich auf halbwegs einheitliche Standards in einer als homogen aufgefassten Gesellschaft berufen konnte. Davon kann heute keine Rede mehr sein. In unserem pluralistisch verfassten Gemeinwesen ist es ein schwieriges Unterfangen, sein Heil im Rekurs auf die Ansicht »aller billig und gerecht Denkenden« (so die geläufigste Umschreibung der Gute-Sitten-Formel) suchen zu wollen. Das müsste letztlich auf die Übernahme der Billigkeitsvorstellungen einer einzigen Gesellschaftsschicht hinauslaufen und würde so gerade dem widersprechen, was Recht genuin anstrebt: nämlich den Einbezug der Interessen sämtlicher Gesellschaftsmitglieder und nicht nur einiger beati possidentes. Auch geht es kaum an, die Bestimmung des gemeinten Leitfadens allein dem Justizstab zu überlassen, dessen Angehörige nicht eben repräsentativ für die Gesamtbevölkerung sind. Mit diesen Vorbehalten ist allerdings noch kein positiver Maßstab gefunden.

Der Sache näher kommen wir womöglich anhand der zum Freiheitsbegriff skizzierten Gedanken (s. o. A I. 2.1). Jenseits von eklatanten Verstößen gegen noch ausmachbare gemeinschaftliche Sittlichkeitsüberzeugungen, bei denen Verträge selbst dann hinfällig sind, wenn die Beteiligten deren Inhalte durchaus zwanglos gewollt haben, wo also gewissermaßen die Allgemeinheit oder speziell betroffene Dritte vor unseriösen Machenschaften geschützt werden müssen, würde sich die Sittenwidrigkeit so in der ungebührlichen Missachtung (Beschneidung) der individuellen Persönlichkeitsentfaltung bzw. ökonomischen Mitwirkungsbefugnis des je anderen dokumentieren. Das eine wäre eng mit Art. 1, 2 GG verbunden und liefe auf eine vorzüglich bei § 138 I BGB anzusiedelnde Stabilisierung von Menschenwürde und personaler Freiheit auch auf der zivilistischen Rechtsgeschäftsebene hinaus;[62] das andere ließe sich über Art. 14 II GG sachlich bei § 138 II BGB aufheben und würde der **Sozialstaatsklausel** aus Art. 20 I, 28 I GG zur gebotenen Ausstrahlung auf den privaten Geschäftsverkehr verhelfen. Diese Staatszielbestimmung nimmt Abschied von der Vorstellung, wonach der Bürger sein Schicksal am ehesten allein unter Zuhilfenahme der ihm verfügbaren Mittel, die er beliebig einsetzen könne, zu meistern imstande sei. Anders als die Rechtsstaatsformel ist sie primär nicht gegen eine die individuelle Freiheit gern beschneidende Obrigkeit gerichtet; vielmehr erkennt sie im Staat den besseren Garanten für eine soziale Ausgewogenheit und artikuliert so das Unbehagen der meisten, einem ungezügelten Marktmechanismus ausgeliefert zu sein. Genau das ist aber auch der Grund, weshalb eine unbeschränkte Ausübung von Vermögensbefugnissen als nicht (mehr) akzeptabel erscheint.

Natürlich ist selbst mit dieser Justierung des Gute-Sitten-Problems auf das Sozialstaatspostulat noch keine Patentlösung für die je in Rede stehenden Einzelfälle gefunden. Immerhin haben wir es jedoch mit einer Richtschnur zu tun, welche die letztlich entscheidenden Gerichte als Organe hoheitlicher Gewalt dazu verpflichtet, die in § 138 BGB enthaltene Generalklausel nicht etwa im Sinne angeblich unverbrüchlicher oder gar mit Ewigkeitscharakter versehener Sittlichkeit aufzufüllen, sondern dieses Instrument dazu zu benutzen, bei einem **typischen Machtgefälle** glättend zugunsten des je Schwächeren einzuschreiten.[63] Insoweit geht es bei § 138 BGB mithin weniger um die juristische Adoption einer Art von Wohlver-

---

62 Die entsprechende Interpretationsdirektive liefert der bereits erwähnte Art. 1 III GG.
63 S. dazu nochmals die Fn. 48 angeführten Entscheidungen des Bundesverfassungsgerichts.

haltens- und Standeskodex als um einen **sozialen Interessenausgleich**. Das zwingt zu einer Differenzierung nach der Beteiligten- Ebene. Dabei mag für den Geschäftsverkehr unter Insidern (Unternehmern) mit vorhandenem Planungspotential und entsprechender Kapitaldecke ein größerer Gestaltungsraum konzediert werden als für den Warenaustausch zwischen Produzenten und Endverbrauchern.[64] Bei Tauschgeschäften unter letzteren dürften die Schutzprobleme mangels typischer Machtungleichheit wiederum weniger virulent sein. Das Schwergewicht der Fragestellung liegt demnach auf der zweiten Ebene: Wie schützt man den Konsumenten vor Übervorteilung durch den Hersteller/Händler? Eine ihr adäquate Privatrechtstheorie ist bislang kaum entwickelt worden[65]. Die Judikatur geht mehr und mehr dazu über, sich an der gesetzlichen Typenregulierung der einzelnen Schuldverhältnisse Kauf, Miete, Werkvertrag usw. zu orientieren, zumal wenn Allgemeine Geschäftsbedingungen mit im Spiel sind. § 307 II BGB nimmt diese Tendenz auf, indem er eine zur Unwirksamkeit führende und dann gemäß § 306 II BGB durch eine je vorhandene Gesetzesvorgabe zu substituierende »unangemessene« Klausel in seiner Nr. 1 dann annimmt, wenn sie »mit wesentlichen Grundgedanken der gesetzlichen Regelung, von der abgewichen wird, nicht zu vereinbaren ist«. Das ehedem als dispositiv, also frei abdingbar, verstandene Privatrecht gewinnt so eine neue Qualität. Es ist nicht mehr nur Reserveordnung für den Fall, dass die Parteien keine Einzelheiten vereinbart haben, sondern Rahmenordnung, deren essentialia (wesentliche Bestandteile) nur dann beiseite geschoben werden dürfen, falls praktische oder soziale Gründe dies im Einzelfall rechtfertigen. Damit nähert sich das ius dispositivum dem ius cogens bzw. strictum. Man kann hier auch von einer **Materialisierung des Privatrechts** sprechen oder von einer Metamorphose des autonom angelegten Warentauschs zur externen (will heißen: politischen) Steuerung des Güterverkehrs.[66]

Wo allerdings einschlägige Gesetzesvorschläge fehlen – namentlich bei neu entwickelten Vertragstypen, die § 311 I BGB ja ohne weiteres zulässt –, sind die Gerichte nach wie vor auf schöpferische Eigeninitiative verwiesen. Selbst die zweite Alternative in § 307 II BGB (Gefährdung des Vertragzwecks durch Einschränkung wesentlicher, sich aus der Vertragsnatur ergebender Rechte oder Pflichten) gibt dafür nur eine grobe Richtung, an, die außerdem nicht beliebig auf den Individualvertrag übertragen werden kann. Das sich dahinter verbergende Desiderat (Verlangen) nach möglichst umfassender Ausgewogenheit geht noch allzu sehr vom Bild gleichmächtiger Partnerschaft aus und bekommt folglich ökonomische und soziale Ungleichheiten nicht einfach in den Griff. Das wird freilich auch nicht mit einem schlichten Rekurs auf den »Sozialstaat« gelingen, denn dieser will eben zugleich auch Rechtsstaat mit dem Ziel der Bewahrung legal erworbener Rechtspositionen sein. Nicht deren heimliche Umverteilung steht deshalb zu Debatte, sondern allein deren Sozialpflichtigkeit per Beschneidung ungezügelter Wirtschaftsmacht.[67]

---

64 Die bereits oben (A I 2.1.1. a. E.) angemerkte Verstärkung des Verbraucherschutzes kann hierfür Pate stehen.
65 Einige Ansätze bei *Kübler*, Über die praktischen Aufgaben zeitgemäßer Privatrechtstheorie, 1975. S. ferner *Fezer*, JZ 1990, 657 ff. sowie *Damm*, VersR 1999, 129 ff.
66 Vgl. etwa *Hart*, KJ 1974, 274 ff. sowie *Canaris*, AcP 200 (2000), 273 ff.
67 S. insgesamt noch *Hönn*, JuS 1990, 953 ff. sowie *Mayer-Maly*, AcP 194 (1994), 105 ff.

2.3.3 Die Vertragsarten

Wer von privaten Verträgen spricht, meint in erster Linie solche Vereinbarungen, die auf den Austausch von Vermögensgütern gerichtet sind und beide Parteien wechselseitig dazu verpflichten, die je versprochenen Leistungen zu erbringen. Man bezeichnet sie auch als **gegenseitige Schuldverträge:** »Gegenseitig«, weil die eine Leistung nur um der anderen willen hergegeben werden soll, jene also als Entgelt für diese (und umgekehrt) betrachtet wird; »Schuldvertrag«, weil die fragliche Abmachung erst die Verpflichtung zur Leistung, also eine »Schuld«, begründet und nicht etwa bereits den Leistungsvollzug, die Erfüllung, markiert. Einige Typen derartiger **Austauschverträge** haben ihre Regelung im Bürgerlichen Gesetzbuch gefunden, und zwar als Kauf (§§ 433 ff. BGB), Tausch (§ 480 BGB), Miete (§§ 535 ff. BGB), Pacht (§§ 581 ff. BGB), verzinsliches Gelddarlehen (§§ 488 ff. BGB), Dienst- und Werkvertrag (§§ 611 ff. bzw. 631 ff. BGB), Reisevertrag (§§ 651a ff. BGB), Mäklervertrag (§§ 652 ff. BGB) sowie entgeltliche Verwahrung (§§ 688 ff. BGB). Weitere wichtige Verträge auf Gegenseitigkeit sind andernorts fixiert. Zu nennen sind vor allem der Arbeitsvertrag und der Versicherungsvertrag, der im VVG seine eigene Regelung erfahren hat. Wiederum andere Austauschgeschäfte haben sich ohne gesetzliche Normierung herausgebildet. Das gilt namentlich für den Leasing-Vertrag, der Elemente von Kauf und Miete miteinander verbindet.[68] Schließlich steht es den Beteiligten frei, auch vom Gesetzgeber als unentgeltlich konzipierte Verträge mit Entgeltcharakter zu versehen (z. B. § 675 BGB) oder das gängige Prinzip zu durchbrechen, wonach die Sach- bzw. Tätigkeitsleistung des einen Teils von der anderen Seite in Geld zu vergüten ist. Die Ersetzung der Geldschuld durch eine sonstige vermögenswerte Leistung führt in aller Regel zu einer Typenvermischung (etwa Arbeit gegen Überlassung von Wohnraum oder letzteres gegen Übereignung einer Sache). Wir haben es dann mit einer Art Naturaltausch zu tun, der freilich in einer entwickelten Geldwirtschaft die verschwindende Ausnahme darstellt.

Jenseits der Austauschgeschäfte kennt das Gesetz natürlich auch **einseitig verpflichtende Schuldverträge,** die nur einen der Partner zum Leistungs- bzw. Gütertransfer anhalten. Schenkung (§§ 516 ff. BGB), Leihe (§§ 598 ff. BGB) und Auftrag (§§ 662 ff. BGB) sind ihre klassischen Erscheinungsformen, die beliebig vermehrbar sind (z. B. zinsloses Darlehen, unentgeltliche Verwahrung usw.). Darüber hinaus begegnet uns auch der sog. mehrseitige Vertrag, der die übliche Zweipoligkeit (ein Gläubiger, ein Schuldner und vice versa) verlässt und eben mehrere dazu verpflichtet, geldwerte Leistungen in einen dann gemeinsam »verwalteten« Pool einzubringen. Paradebeispiel ist der Gesellschaftsvertrag (§§ 705 ff. BGB) als Grundtypus für die auf ihm aufbauenden Sonderformen des Handels- und Wirtschaftsrechts. In diesem Zusammenhang ist zuguterletzt noch die sog. **Vertragsverknüpfung** solcher Schuldgeschäfte zu nennen, die mehr als zwei Parteien in einen spezifischen Verbund (oft Dreieck) zueinander bringen. Anschauungsmaterial bietet der drittfinanzierte Kauf.[69] Hier wird der Kauf mit einem Darlehen gekoppelt, das eine oft zu dem Verkäufer in ständiger Geschäftsbeziehung stehende Bank dem Käufer in der Weise gewährt, dass diese den Kaufpreis unmittelbar an den Verkäufer überweist und der Käufer verpflichtet ist, den ihm so eingeräumten Kredit in Raten und gegen Verzinsung abzutragen. Bei Stö-

---

68 Hierzu eingehend *Martinek*, Moderne Vertragstypen I, 1991, S. 33 ff.
69 § 358 BGB trägt folgerichtig die Überschrift »Verbundene Verträge«.

rungen des Kaufverhältnisses (die Kaufsache ist mangelhaft oder gar schädlich) stellt sich dann die Frage, inwieweit der Käufer seine daraus resultierenden Ausgleichs- bzw. Ersatzrechte ggf. auch dem Zahlungsverlangen der Bank entgegenhalten kann (Näheres noch unten C I. 5.2).

Die Vertragsform wird jedoch nicht nur bei den verpflichtenden (Schuld-) Geschäften verwendet. Sie kommt auch dort zum Tragen, wo es um die Erfüllung der zuvor eingegangenen Verpflichtung geht, und zwar in all den Fällen, in denen die Leistung nicht lediglich in einer tatsächlichen Handlung (Arbeit, Geschäftsbesorgung, Überlassung) bzw. in einem Unterlassen besteht (etwa in einem Wettbewerbsverzicht), sondern auf Veränderung der rechtlichen Zuordnung eines Vermögensobjekts gerichtet ist. Repräsentativ sind die **Abtretung** (§§ 398 ff. BGB) sowie die **Übereignung** (§§ 925 ff. bzw. 929 ff. BGB). Jene umschreibt den Vorgang, vermittels dessen der Schuldner seine Verpflichtung einlöst, eine Forderung zu übertragen. Diese bezieht sich auf den Eigentumswechsel an Sachen. Jeweils ist eine nicht bereits in der Verpflichtungserklärung enthaltene zusätzliche »Einigung« der Beteiligten über den fraglichen Rechtsübergang vonnöten (zu Einzelheiten s. u. B I. 2 u. 2.3.1). Man bezeichnet derartige Vereinbarungen, da sie primär auf einen Sachtransfer bezogen sind, auch als »dingliche Verträge«. Signifikanter hierfür ist indessen der Verfügungsbegriff, sofern unter einer **Verfügung** die Änderung einer Rechtszuständigkeit verstanden wird. Diese braucht nicht in der totalen Aufgabe der jeweiligen Rechtsposition zu bestehen, sondern kann – wie wir bereits oben A I. 2.2.3. gesehen haben – auch in deren Beschneidung (Belastung) liegen. »Aufgabe« ist nicht stets die volle Übertragung auf einen anderen. Sie erscheint im übrigen auch im Gewande des Verzichts, den das Gesetz bei Forderungen »Erlass« nennt (§ 397 BGB), bei Sachen eben Verzicht (§ 928 BGB) oder Dereliktion (§ 959 BGB). Dass für den Sachverzicht ausnahmsweise kein Vertrag vorgeschrieben ist, gründet schlicht darauf, dass es hier keinen – positiv oder negativ betroffenen – Partner gibt. Bei dieser Version gerät die Verfügung in den Bannkreis dessen, was zuvor (s. o. A I. 2.2.3) über das absolute Recht gesagt worden ist. Sie hat gleichsam Außenwirkung gegenüber jedem Dritten, wohingegen die Verpflichtung auf der Ebene des relativen Rechts siedelt, indem sie den Gläubiger ausschließlich auf seinen Partner, den Schuldner, verweist.[70]

Dieses wiederum scheint der Einordnung der **Forderungsabtretung als Verfügungsgeschäft** zu widersprechen. Dem aber ist nur vordergründig so. Ist die Forderung erst einmal entstanden, so repräsentiert sie, wiewohl sie sich nach wie vor gegen den Schuldner richtet, einen Vermögenswert, der praktisch wie eine Sache im Wirtschaftskreislauf eingesetzt werden kann. Zeugnis dafür geben u. a. die §§ 1273 ff. BGB ab, die eine Verpfändung auch relativer Rechte ähnlich wie für Fahrnis vorsehen. Zudem können Forderungen zwangsweise gepfändet werden, wie die §§ 828 ff. ZPO ausweisen. Deren relative Dimension bezieht sich folglich auf die konkrete Einlösung (Valutierung) der Schuld durch den je Verpflichteten, während in der Übertragbarkeit der Forderung auf einen beliebigen Dritten zugleich eine partielle Absolutheit zum Vorschein gelangt. Nach allem dürfte es zulässig sein, sämtliche Vereinbarungen, die eine Veränderung jedweder Inhaberschaft an Vermögenswerten herbeiführen, als **Verfügungsverträge** zu deklarieren.

Schließlich bedient man sich des Vertragsmodells auch auf dem Sektor des Familien- und Erbrechts. Eheliche **Güterverträge** (§§ 1408 ff. BGB) sowie der **Erbvertrag**

---

70 Weiteres zu »Verpflichtung und Verfügung« bei *Mann* in FS Kegel (1977), S. 57 ff.

(§§ 2274 ff. BGB) sind die Hauptbeispiele dafür. Sie enthalten sowohl Verpflichtungs- als auch Verfügungselemente, sind jedoch im Rahmen dieses Grundkurses nicht näher darzustellen. Hinsichtlich des Verlöbnisses (§§ 1297 ff. BGB) und der Eheschließung (§§ 1310 ff. BGB) ist es umstritten, ob hier von einem Vertrag gesprochen werden sollte. Abgesehen von dem Umstand, dass es zur Wirksamkeit einer Ehe staatlicher Mitwirkung (des Standesbeamten) bedarf, wäre dies durchaus denkbar, sofern man lediglich auf den formalen Vorgang einer beiderseitigen Willensübereinkunft abheben wollte. Auch stünde in Bezug auf das Verlöbnis nicht die Einschränkung entgegen, dass aus ihm nicht auf Eingehung der Ehe geklagt werden kann. Derartige Vorbehalte spricht das Gesetz auch anderwärts aus; z. B. beim sog. Ehemaklervertrag (§ 656 BGB) und bei der nicht staatlich genehmigten Lotterie bzw. Wette (§§ 762 ff. BGB), die es zwar bei Vorliegen der allgemeinen Geschäftsvoraussetzungen als gültige Verträge behandelt, aus denen jedoch keine klagbaren Ansprüche erwachsen (sog. Naturalobligationen).[71] Wenn gleichwohl gegenüber einer Klassifizierung von Ehe und Verlöbnis als Verträge Zurückhaltung geboten ist, so liegt dies an ihrem eindeutig personenrechtlichen Charakter. Sie stellen keine auf vermögenswerte Leistungen bezogenen Abmachungen dar, obschon zumindest aus der Ehe auch wirtschaftliche Konsequenzen (Unterhaltspflichten, Erbberechtigungen) entspringen. Fast sämtliche der zuvor zum Vertrag erörterten Fragen stellen sich bei diesen höchstpersönlichen Übereinkünften nicht. Sogar die formalen Abschlussmodalitäten des Vertragsrechts (etwa Geschäftsfähigkeit, Irrtumsregelung, Stellvertretung) können – wie u. a. die Spezialvorschrift des § 1303 BGB über die Ehemündigkeit belegt – nicht ohne weiteres auf die Ehe bzw. das Verlöbnis übertragen werden.

Schaubild 1

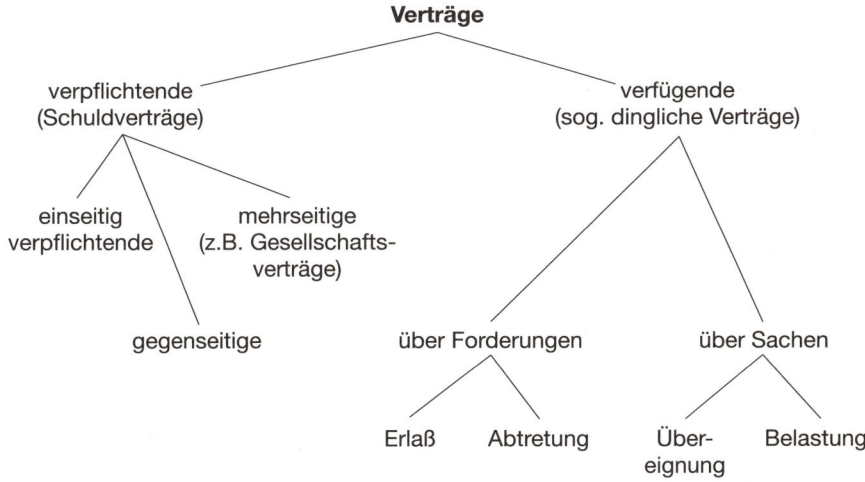

---

71 Zu den hier nicht zu vertiefenden Eigentümlichkeiten BGHZ 87, 309 ff.

II. Das Bürgerliche Gesetzbuch

Seine Kernregelung hat das deutsche Zivilrecht im **Bürgerlichen Gesetzbuch** (BGB) erfahren. Man könnte es als das »Grundgesetz« für den privaten Rechtsverkehr bezeichnen, wäre damit nicht sogleich das mögliche Missverständnis verbunden, als käme den in ihm enthaltenen Normen gewissermaßen Verfassungsrang zu. Deshalb mag es genügen, im BGB den Hauptkodex unter den Zivilgesetzen zu sehen, der gemäß dem zu A I 2 Gesagten vor allem Auskunft darüber gibt, in welchem rechtlichem Rahmen und in welcher juristischen Weise der Transfer von Waren und Dienstleistungen erfolgt, wie also die Bedürfnisbefriedigung über den **individuellen Güteraustausch** ermöglicht wird. Damit zusammen hängen die gleichfalls im BGB beantworteten Fragen nach der Zuordnung und Vererblichkeit von Gütern sowie nach dem Schutz der so dem einzelnen eingeräumten Rechtspositionen. Mit dieser Gewichtung folgt es den vorwiegend vermögensmäßigen Interessen jener Eigentümer/Markt-Gesellschaft (s. o. A I. 1) und zeigt sich als Kind einer deren Belangen nach wie vor zuallererst verpflichteten Zeit. Demgemäß tritt das sog. **Personenrecht,** das sich mit den nicht (nur) materiell diktierten persönlichen Beziehungen der Individuen untereinander befasst, in den Hintergrund. Zum Teil liegt dies freilich daran, dass eingehendere gesetzliche Regelungen dieses »Intimbereichs« als unangemessen betrachtet wurden, weil man etwa die sich dort herausbildenden sozialen Normen weder für staatlich kontrollierbar noch gar für vollstreckungsfähig hielt. Der Gesetzgeber hat sich darauf beschränkt, auf diesem Sektor Grobstrukturen festzulegen, anhand deren z. B. die wechselseitigen Verpflichtungen von Ehegatten[72] oder allgemeiner von Familienangehörigen zu beurteilen sind. Speziellere Bestimmungen finden sich auch hier, sofern die Vermögenssphäre (Unterhalt, eheliches Güterrecht, elterliche Vermögenssorge) berührt ist. Primär um Personenrecht geht es schließlich noch dort, wo Vorschriften zum **Schutz sog. Rechtsgüter,** also vor allem des Lebens, des Körpers, der Gesundheit und der Freiheit, erlassen worden sind (s. § 823 I BGB). Insgesamt kommt dem BGB entsprechend seiner überragenden Vorrangstellung im Zivilrecht die Funktion einer Art Auffangordnung zu. Jeweils dann, wenn je vorhandene Spezialgesetze keine Aussagen über den fraglichen »privaten« Konflikt machen, finden zumeist seine »allgemeinen Bestimmungen« Anwendung – sei es unmittelbar oder im Wege der Analogie.

Derartige **spezielle Zivilgesetze** regeln gleichfalls in vorderster Linie die rechtlichen Möglichkeiten der wirtschaftlichen Betätigung von Individuen (natürlichen Personen) bzw. von den durch sie gebildeten Gemeinschaften (juristischen Personen u. dergl.). Zu nennen ist vorab das Handelsgesetzbuch (HGB), das den Rechtsverkehr unter Kaufleuten zum Gegenstand hat. Wichtig sind in diesem Zusammenhang die sog. Gesellschaftsgesetze, in denen gleichsam die Lebensbedingungen der auf dem Wirtschaftssektor tätigen privaten Organisationen normiert sind, namentlich das Gesetz über Aktiengesellschaften (AktG), das Gesetz betr. die Gesellschaften mit beschränkter Haftung (GmbHG) sowie das Gesetz betr. die Erwerbs- und Wirtschaftsgenossenschaften (GenG). Das von ihnen formierte Handels- und Gesellschaftsrecht gilt als zivilistische Sondermaterie und wird in diesem Kurs nicht behandelt.

---

72 Mittlerweile ist auch die Lebenspartnerschaft zwischen zwei gleichgeschlechtlichen Personen durch das LPartG v. 16. 2. 2001 (BGBl I 266) anerkannt worden!

Zwar personenrechtlichen Aufhänger, letztlich aber doch auch überwiegend vermögensorientierten Charakter haben einige Spezialgesetze über sog. **Immaterialgüterrechte.** Diese Rechte haben ihren Ursprung in der geistigen Tätigkeit einzelner bzw. von Gruppen, weshalb man landläufig in Bezug auf sie auch von »geistigem Eigentum« spricht. Die sie betreffenden Gesetze zielen indessen im wesentlichen auf die wirtschaftliche Auswertung der entsprechenden Geistesprodukte ab. Zu nennen sind das Gesetz über Urheberrechte und verwandte Schutzrechte (UrhG), das Gesetz über das Verlagsrecht (VerlG), das Geschmacksmustergesetz (GeschmMG), das Markengesetz (MarkenG) und das Patentgesetz (PatG). Auch sie werden in diesem Kurs allenfalls am Rande gestreift. Das gilt auch für solche Gesetze, die sich mit dem Ablauf und der Kontrolle der Warenproduktion sowie des Warenumsatzes befassen, wie etwa das Gesetz gegen den unlauteren Wettbewerb (UWG) oder das Gesetz gegen Wettbewerbsbeschränkungen (KartellG oder GWB). Sie markieren die Spezialdisziplin des Wettbewerbsrechts und sind so schwerpunktmäßig dem Wirtschaftsrecht zugeordnet, das zwar durchaus kein sich eindeutig vom Privatrecht abhebendes Sondergebiet darstellt, aber nicht zuletzt wegen seiner vielfältigen Öffnung auf staatliche Einflüsse hin (Stichworte: Wirtschaftsplanung, -lenkung, -kontrolle) nicht mehr als allgemeines Zivilrecht betrachtet wird.

Für den Kurs einschlägig sind hingegen die sog. **haftpflichtrechtlichen Nebengesetze,** die den im BGB angelegten Rechts- und Rechtsgüterschutz für bestimmte Fälle erweitern und ergänzen, namentlich also das Straßenverkehrsgesetz (StVG), das Luftverkehrsgesetz (LVG), das Haftpflichtgesetz (HaftpflG), das Produkthaftungsgesetz (ProdHaftG), das Umwelthaftungsgesetz (UmweltHG) und das Atomgesetz (AtomG). Hier geht es um das Abdecken spezifischer Risiken (s. noch E II 4.5. u. III.), die zudem oft von einem einzelnen nicht mehr finanziell verkraftet werden können, so dass auch die Sondermaterie des Versicherungsrechts wenigstens andeutungsweise behandelt werden muss. Die Rahmenregelung für den Abschluss und Inhalt privater Versicherungsverträge findet sich im Versicherungsvertragsgesetz (VVG). Ergänzend ist das Pflichtversicherungsgesetz (PflVG) anzuführen, das den Haltern von Kraftfahrzeugen auferlegt, sich gegen eine Haftung aus Verkehrsunfällen zu versichern.

Damit sind natürlich längst nicht alle in den Bereich des Zivilrechts fallenden Gesetze aufgeführt. Etliche der nicht genannten werden gleichwohl im Kontext künftiger Problemerörterungen aktuell werden; die Kenntnis anderer ist hingegen für den Studienanfänger noch nicht erforderlich. Wesentliche Grundlage für die nachfolgenden Ausführungen ist das BGB unter Berücksichtigung des in den gut 100 Jahren seit seinem Inkrafttreten von Wissenschaft und Praxis geförderten wie vollzogenen Verständniswandels.[73]

1 Vom Römischen Recht zum BGB

Während das BGB in seinen inhaltlichen Aussagen den Geist des im vorigen Jahrhundert auch hierzulande zur dominierenden Gesellschaftsschicht gewordenen Wirtschaftsbürgertums atmet, ist es, was seinen Aufbau und die von ihm verwendeten Rechtsfiguren anbelangt, eine **späte Frucht des Römischen Rechts.**[74] Vor

---

73 Zu einer Bilanz etwa *Knieper*, Gesetz und Geschichte, 1996, sowie *Stürner*, JZ 1996, 741 ff.
74 S. auch *Boehmer*, Einführung in das Bürgerliche Recht, 2. Aufl. 1965, S. 56–67 u. 70–77.

allem in seinem die übrigen Teile beherrschenden Obligationsrecht (Schuldrecht) lehnt es sich eng an die Vorstellungen an, die bereits das in den Jahren 528–565 zustande gekommene Gesetzeswerk des oströmischen Kaisers Justinian, das sog. Corpus Juris Civilis, geprägt haben. Freilich ist die damit umschriebene Rechtsmasse nicht in ihrer ursprünglichen Gestalt auf uns übergekommen. Wesentliche Ausprägungen hat sie in ihrer exegetischen und kommentatorischen Behandlung durch zwei mittelalterliche italienische Gelehrtenschulen erfahren, nämlich die Glossatoren und Postglossatoren im 13. und 14. Jahrhundert. Von Norditalien fand das so gestaltete Römische Recht dann allmählich Eingang in die deutschsprachigen Gebiete. Das lag zum einen an seiner wissenschaftlich-systematischen Überlegenheit gegenüber den dort vorhandenen zivilen Regelungskomplexen, zum anderen am Auftauchen eines neuen, zumeist an den oberitalienischen Rechtsschulen ausgebildeten gelehrten Rechtsstandes. Schließlich darf auch das langsam erwachende Bedürfnis nicht außer acht gelassen werden, ungeachtet der politischen Aufsplitterung im Partikularismus zu übergreifenden allgemeinen Regeln für den Rechtsverkehr zu gelangen. Das aus dieser »Rezeption« sich formierende **Gemeine Recht** besaß allerdings nur subsidiäre Geltung, fand also nur dort Anwendung, wo nicht ein spezielles Stadt- oder Landrecht zur Verfügung stand.

An diesem Zustand sollte sich, von einigen Ausnahmen abgesehen, bis zum Erlass des BGB nichts Wesentliches ändern. Während es vor allem in Frankreich gelang, der Nationalstaatlichkeit Ausdruck in einem einheitlichen Zivilgesetzbuch, dem 1804 in Kraft getretenen Code Civil, zu verleihen, blieb im deutschsprachigen Raum die Zusammenfassung bürgerlicher Rechtsregeln Sache der einzelnen Länder. Zu nennen sind in erster Linie das freilich nicht auf das Zivilrecht beschränkte und erst nach jahrzehntelangen Vorbereitungen 1794 endgültig erlassene Allgemeine Landrecht Preußens und das Allgemeine Bürgerliche Gesetzbuch Österreichs aus dem Jahre 1811. Demgegenüber blieb den zahlreichen Bestrebungen zur **Schaffung einer gemeindeutschen Kodifikation** nach dem Vorbild der eben genannten Gesetzeswerke einstweilen der Erfolg versagt. Dafür waren indessen nicht nur politische Hindernisse maßgeblich. Auch in der Rechtswissenschaft war man sich über das fragliche Vorhaben uneinig. Repräsentativ dafür ist der aus dem Jahr 1814 datierende Streit zwischen Thibaut und Savigny. Während jener in einer Denkschrift »Über die Nothwendigkeit eines allgemeinen bürgerlichen Gesetzbuchs für Deutschland« mit Elan für die Durchführung des umstrittenen Projekts eintrat, meldete Savigny in seiner Entgegnung »Vom Beruf unserer Zeit für Gesetzgebung und Rechtswissenschaft« massive Kritik an.[75] Zum einen wies er darauf hin, dass die angestrebte Rechtsvereinheitlichung in Anbetracht der Sonderstellung Preußens und Österreichs doch nur das halbe Deutschland erfassen würde; darüber hinaus aber machte er seine Erfahrungen mit den bereits vorhandenen Kodifikationen geltend. Als Hauptvertreter der sog. Historischen Schule,[76] die gegen die angebliche Ungeschichtlichkeit des die neueren Gesetzbücher tragenden Vernunftrechts zu Felde zog und demgegenüber das Recht als eine Emanation des sich in langen historischen Prozessen herausbildenden »Volksgeistes« betrachtete, attackierte er diese Kodifikationen als künstliche Produkte, denen er die Besinnung auf die wahren Wurzeln (Quellen) eines in Jahr-

---

75 Beide Schriften sind nachgedruckt in *Hattenhauer*, Thibaut und Savigny, 2. Aufl. 2002, und vom Herausgeber mit einer lesenswerten Einleitung versehen worden.
76 Hierzu *Wieacker*, Wandlungen im Bilde der historischen Rechtsschule, 1967, S. 4–19.

hunderten gewachsenen Rechts entgegensetzte. Die damit geforderte Hinwendung auf das Römische Recht in seiner ursprünglichen Form ist in der Folgezeit zum eigentlichen Programm der Zivilrechtswissenschaft des 19. Jahrhunderts geworden; dies indessen nicht nur im Sinne einer Wiederentdeckung des mit den Zeitläufen teilweise verschütteten Rechtsstoffs, sondern auch in Richtung auf dessen Fortbildung, zu der sich die Rechtswissenschaftler jener Zeit allein für befugt hielten. Nach ihren Vorstellungen konnte diese »Modernisierung« jedoch nur immanent, also im Rahmen des bereits vorgegebenen logischen und begrifflichen Systems geschehen. Die Konstituierung von Rechtssätzen anhand außerjuristischer Wertungen war verpönt.

In dieses Stadium eines wissenschaftlichen Positivismus fiel der nach der Reichsgründung von 1871 nicht mehr zu umgehende **Auftrag zur Schaffung eines Bürgerlichen Gesetzbuches** für das gesamte Deutsche Reich. Nach gewissen Vorarbeiten einer 1874 eingesetzten, aus fünf Praktikern zusammengesetzten »Vorcommission«[77] wurde 1881 eine Erste Kommission mit der Ausarbeitung eines Entwurfs betraut. Ihr gehörten neben bedeutenden Praktikern drei Professoren an, von denen Windscheid besonderen Einfluss auf die Gestaltung der Kommissionsarbeit nahm. 1887 wurde der I. Entwurf mit fünf Bänden »Motiven« veröffentlicht, der alsbald aus den verschiedensten Gründen auf lebhafte Kritik stieß. Daraufhin beauftragte das damalige Reichsjustizamt im Jahre 1890 eine Zweite Kommission mit der Revision der Vorlage. Der daraus resultierende II. Entwurf wurde 1895 nebst sechs Bänden »Protokollen« der Öffentlichkeit übergeben, mit nur unerheblichen Veränderungen im Jahr darauf als BGB verabschiedet und zum 1. 1. 1900 in Kraft gesetzt.[78] Die besagten Motive und Protokolle sind noch heute nicht nur für den Rechtshistoriker interessant. Sie können auch dem Rechtsanwender vor allem bei ungeklärten Streitfragen hilfreiche Aufschlüsse über die seinerzeitigen Absichten des Gesetzgebers vermitteln und stellen so – unter dem Vorbehalt einer Aktualisierung des Rechtsstoffs – eine wichtige Informationsquelle dar.

Eingeteilt ist das BGB in **fünf Bücher:** den für die weiteren vier Bücher mitgeltenden Allgemeinen Teil (§§ 1–240), das Recht der Schuldverhältnisse (§§ 241–853), das Sachenrecht (§§ 854–1296), das Familienrecht (§§ 1297–1921) sowie das Erbrecht (§§ 1922–2385). Für diesen Kurs sind vor allem die ersten beiden Bücher und die das Eigentum betreffenden Vorschriften aus dem Dritten Buch von Belang.

2 Sein politisch-sozialökonomischer Hintergrund

Die Beschreibung des formellen Weges vom Römischen Recht zum BGB genügt natürlich nicht, will man den Entstehungszeitpunkt dieses Gesetzbuches sowie die von ihm verwendeten Rechtsfiguren und in ihm enthaltenen Aussagen zur Gänze begreifen. Erst ein Blick auf die konkrete politische Lage Deutschlands im vorigen Jahrhundert, die wiederum von der damaligen sozialen und wirtschaftlichen Situation geprägt wurde, verspricht ein besseres Verständnis.[79] Soweit damit der generelle Kontext einer Eigentümer/Markt-Gesellsellaft mitsamt den ganz Westeuropa beherrschenden Vorstellungen des politischen und ökonomischen Liberalismus angesprochen ist, sei auf das bereits zuvor (A I. 1) Dargestellte

---

77 Über das von dieser Kommission erstattete Gutachten *Benöhr*, JuS 1977, 79 ff.
78 S. noch *Wesel*, Geschichte des Rechts, 1997, S. 443 ff.
79 S. auch *Bark*, KJ 1973, 158 ff.

verwiesen. Auf deutschem Boden traten einige Besonderheiten hinzu, die den namentlich im Vergleich zu Frankreich recht späten Durchbruch zu einer einheitlichen umfassenden Zivilgesetzgebung erklärlich machen. Zu nennen ist in vorderster Linie der bis in das hohe 19. Jahrhundert anzutreffende **Partikularismus** (Kleinstaaterei), über den die buntscheckigen politischen Landkarten jener Zeit noch eindrucksvolles optisches Zeugnis ablegen. Er beruhte seinerseits auf der vorwiegend **agrarischen Wirtschaftsstruktur,** die keine großflächigen Entfaltungsräume mit entsprechend liberalisierten Rechtskanälen benötigte. Hinzu kam die sich verstärkende **Rivalität zwischen Preußen und Österreich,** die zwar im Krieg von 1866 zugunsten Preußens entschieden wurde, jedoch nicht im Sinne einer »großdeutschen Lösung«, wie sie manchem Vertreter des inzwischen zu einem wichtigen politischen Faktor gewordenen Bürgertums vorgeschwebt war. Dieses **Bürgertum,** das sich zunächst aus Handels- und Gewerbetreibenden zusammensetzte, hatte sich im Zuge der in der ersten Hälfte des vorigen Jahrhunderts auch in deutschen Landen einsetzenden Industrialisierung schnell als neue, mit dem Adel konkurrierende Gesellschaftsschicht etabliert. Während letzterer dank unzulänglicher Bodennutzung und erheblicher Kontributionen für die sog. Befreiungskriege immer mehr verarmt war und überdies in seiner Fixierung an den Grundbesitz den sich anbahnenden wirtschaftlichen und sozialen Neuerungen einigermaßen hilflos gegenüberstand, schöpfte jenes die Gunst der Stunde voll aus. Dank seiner **ökonomischen Flexibilität** konnte es sich ohne größere Schwierigkeiten auf die neuen, vornehmlich von England übernommenen industriellen Produktionsformen umstellen. Das dazu benötigte Arbeitspotential war nicht zuletzt aufgrund der im Verlauf der Stein-Hardenbergschen Reformen vollzogenen **Bauernbefreiung** im Übermaß vorhanden. Den meisten der seinerzeit persönlich freigesetzten Bauern gelang es nämlich nicht, sich auf den ihnen zuerkannten Hofstücken zu halten, weil sie entweder die ihnen hierfür auferlegte Ablöse nicht begleichen konnten oder aber in der Konkurrenz mit den verbleibenden Großgrundbesitzern hoffnungslos unterlegen waren. Ferner kam dem Bürgertum der von Staats wegen zu Militär- und Industrialisierungszwecken forcierte **Ausbau der Verkehrswege** zupass, was die Begründung neuer Produktionsstätten ermöglichte und den Güterumsatz – und damit auch Kapitalkreislauf – wirksam beschleunigte. Die 1834 erfolgte Gründung des hauptsächlich von Preußen, Bayern und Württemberg getragenen **Deutschen Zollvereins,** der diese Interessen mit einem Abbau der Binnenzölle und maßvoller Erhebung von Schutzzöllen nach außen kräftig förderte, rundet das Bild ab. Es zeigt in groben Umrissen die Entwicklung einer Bürgerschicht, deren Versuch, ihre wirtschaftliche Potenz in politische Münze zu gießen, zwar 1848 noch zum Scheitern verurteilt war, deren Aufstieg zur gesellschaftlich dominierenden Kraft sich jedoch konsequent fortsetzte.[80] Ihn zu bremsen, hatte auf der einen Seite der Adel nicht mehr die Macht, auf der anderen Seite die Arbeiterschaft (Proletariat) wegen ihrer Vereinzelung und politischen Zersplitterung nicht die Kraft. Bei solcher Dominanz lag es auf der Hand, dass das Bürgertum auch auf den Erlass von Rechtsregeln drängte, die seinen Wirtschaftsinteressen adäquat waren und vor allem generell für den inzwischen entstandenen einheitlichen Binnenmarkt Geltung besaßen. Das war angesichts der nach wie vor bestehenden Vielstaaterei ein Unterfangen, das nicht in kürzester Zeit durchgeführt werden konnte. Ein erster

---

80 Zur damaligen Entwicklung eingehend *Wehler,* Deutsche Gesellschaftsgeschichte, Bd. II (1987), S. 703 ff., 759 ff., 780 ff.

Schritt dahin war die Wechselordnung von 1848. Ihr folgte dreizehn Jahre später das Allgemeine Deutsche Handelsgesetzbuch. Der Schaffung eines übergreifenden Zivilgesetzbuchs stand selbst nach der Reichsgründung von 1871 noch die Kompetenz der Länder entgegen. Doch auch dieses Hindernis wussten die das Wirtschaftsbürgertum repräsentierenden Nationalliberalen trotz des Widerstands der Konservativen und des Zentrums zu überwinden. Das Reichsgesetz vom 20. 12. 1873 erstreckte die **Gesetzgebungszuständigkeit des Reichs** auf das gesamte bürgerliche Recht.[81]

Diesem formellen Zugriff entsprach alsbald die inhaltliche Ausformung der von nun an reichseinheitlich lautenden Zivilgesetze. Vor allen Dingen war es klar, dass das Bürgertum sein Hauptaugenmerk auf die Vorbereitungen für das jetzt endlich anstehende BGB legen würde. Dabei kam ihm die Orientierung der beteiligten Rechtswissenschaftler am Römischen Recht gelegen, dessen individualistische, auf den drei Säulen »Vertragsfreiheit«, »Privateigentum« und »privates Erbrecht« ruhende Konzeption zwanglos mit seinen ökonomischen Bedürfnissen zu verbinden war. Bezugsfigur jenes in Rechtsformen gegossenen »antiken Liberalismus« war ja gleichfalls der eigenverantwortliche **freie Handels- und Marktbürger** (civis romanus), dessen Vorrangstellung freilich im damaligen Recht offen zutage trat, wohingegen die Gleichheitspostulate der Neuzeit dazu geeignet waren, die tatsächlich vorhandenen sozialen Unterschiede und Abhängigkeiten zu verbrämen. Der damit aufgeworfenen **sozialen Frage** nahmen sich die Redaktoren des BGB kaum an. Deren Beantwortung hielten zumindest die einflussreichen Juristen für eine Staatsangelegenheit, nicht aber für ein Gebot gesellschaftlicher Solidarität. Die Linderung der schlimmsten Nöte der von einer im Anschluss an die sog. Gründerjahre eintretenden Wirtschaftskrise besonders hart getroffenen Arbeiterschaft überließ man einer »öffentlich« konzipierten Sozialgesetzgebung. Das Privatrecht als Wirtschaftsentfaltungsrecht sollte von derartigen »Randkorrekturen« freigehalten werden. Demgemäß wurde das Sozialmodell des Besitzbürgertums letztlich zur ausschließlichen Richtschnur für das zur Jahrhundertwende in Kraft getretene BGB.[82]

3 Die Entwicklung im 20. Jahrhundert

Diese einseitige Orientierung an den Belangen einer einzigen Gesellschaftsschicht konnte natürlich dem bereits in Ansätzen erfolgten bzw. absehbaren **sozialen Wandel** nicht standhalten. Schon Otto von Gierke hatte als einer der wenigen juristischen Kritiker der Entwürfe zum BGB in seiner Schrift über »Die soziale Aufgabe des Privatrechts« (1889) die Frage gestellt, ob hier wirklich die Morgenröte eines jungen Tages oder nicht doch nur der Abendglanz einer versinkenden Welt leuchte; und Anton Menger hatte in seinem heute noch lesenswerten Büchlein »Das bürgerliche Recht und die besitzlosen Volksklassen« (1890)[83] durchgängig konstatiert, dass die privatrechtliche Behandlung der Arbeiter mit deren sozialer Bedeutung und erstarkendem politischen Gewicht unvereinbar

---

81 Dazu referierend *Laufs*, JuS 1973, 740 ff.
82 Zum Sozialmodell der klassischen Privatrechtsgesetzbücher ausführlicher *Wieacker* in ders., Industriegesellschaft und Privatrechtsordnung, 1974, S. 9–35.
83 1968 als Nachdruck der 4. Auflage bei der Wissenschaftlichen Buchgesellschaft Darmstadt unverändert erschienen.

sei.[84] Überdies genügte das BGB trotz seiner Wirtschaftsgläubigkeit von Anfang an nicht einmal mehr den Anforderungen einer technisch immer komplizierter werdenden und aus dem Stadium einfacher Konkurrenz längst herausgewachsenen **industriellen Produktion.** Den daraus resultierenden Risiken stand es ebenso ratlos gegenüber, wie es sich als untauglich erwies, den erwartbaren **Monopolisierungstendenzen** entgegenzuwirken. Von letzteren wurden auch gerade diejenigen betroffen, die es doch eigentlich schützen wollte: nämlich die Angehörigen des bürgerlichen Mittelstandes, dem seine Verfasser überwiegend selbst entstammten. Fehlendes soziales Engagement und gehörige Realitätsferne[85] wurden so zum (Mit-)Auslöser einer Privatrechtsentwicklung, die sich konsequenterweise größtenteils außerhalb des BGB vollzog.

3.1 Die Ausgliederung wichtiger Rechtsmaterien

Repräsentativ für diesen »Auszug« aus dem BGB bzw. für die Konstituierung von Einzelbereichen jenseits der privatrechtlichen Einheitsregelung sind das Arbeitsrecht, das spezielle Haftpflichtrecht, das Wettbewerbsrecht sowie bis vor kurzem auch das sog. Verbraucherrecht. Obgleich den Mitgliedern der BGB-Kommissionen hinreichendes Material über die soziale Lage der Arbeiterschaft zur Verfügung gestanden hatte, sie zudem längst mit der Problematik von Massenarbeitsverhältnissen konfrontiert worden waren und die Anfänge gewerkschaftlicher Organisierung bereits 1869 ihren gesetzlichen Widerhall in § 152 der Gewerbeordnung für den Norddeutschen Bund gefunden hatte, in dem vormalige Koalitionsverbote aufgehoben worden waren, hielt das BGB nach romanistischem Vorbild am »freien Arbeitsvertrag« als individuell auszuhandelnder Dienstmiete zur Ausnutzung fremder Arbeitskraft gegen Entgelt fest. Das auf diese Weise dokumentierte Unverständnis mag zwar seine Wurzeln in einer bei den konservativen und bürgerlichen Kräften um sich greifenden Sozialistenfurcht gehabt haben, die im Sozialistengesetz vom 21. 10. 1878 auch politisch zum Ausdruck gelangte; gleichwohl konnte diese Abstinenz gegenüber den neuen sozialen Bedürfnissen und Realitäten auf Dauer keinen Damm vor den Rechtsforderungen der Arbeiterschicht aufschütten. Unter diesen Umständen boten die dem Dienstvertrag gewidmeten Vorschriften der §§ 611 ff. BGB nicht einmal einen lockeren Rahmen für die **Herausbildung des allfälligen Arbeitsrechts.** Wenngleich die Gewerkschaftsbewegung noch geraume Zeit verpönt, wiewohl nicht (mehr) verboten war, setzte der politisch vor allem in der Sozialdemokratie beheimatete »Dritte Stand« allmählich seine Mindestinteressen legislativ durch. Zu Hilfe kam ihm hierbei die Niederlage des Deutschen Reichs im 1. Weltkrieg mit der daran anschließenden Umwandlung der Monarchie in ein republikanisches Staatswesen. Mit der Garantie der Koalitionsfreiheit in Art. 159 der Weimarer Reichsverfassung sowie der Anerkennung der Arbeitgeber- und Arbeitnehmerorganisationen in Art. 165 I 2 WRV konnte die Arbeiterbewegung endgültig aus dem ihr aufgezwungenen Dunkel subversiver Tätigkeit an das Tageslicht politischer und rechtlicher Auseinandersetzung hervortreten. Das Bonner Grundgesetz hat diesen Rechtszustand nach dessen vorübergehender Beseitigung im Dritten Reich wiederhergestellt (Art. 9 III GG). Mit der Institutionalisierung der sog. Tarifautonomie lag **die weitere Ausgestaltung des Arbeitsrechts** zu einem guten Teil in den Hän-

---

84 Zur sozialpolitischen Inpflichtnahme des Privatrechts aus heutiger Sicht *Eichenhofer*, JuS 1996, 856 ff.
85 Zu ihr exemplarisch *Mückenberger*, KJ 1971, 248 ff.

den der Koalitionspartner, daneben aber auch mangels durchgreifender staatlicher Kodifizierung bei den Gerichten, deren praktisch gesetzesvertretende Judikatur allerdings nicht stets ungeteilten Beifall gefunden hat.[86] Der Gesetzgeber hat sich nämlich auf – freilich nicht unwesentliche – Rahmenregelungen beschränkt, und auch heute ist das bereits in Art. 157 II WRV abgegebene und in Art. 30 des Einigungsvertrags (1990) erneuerte Versprechen, ein einheitliches Arbeitsrecht zu schaffen, nicht eingelöst. Wissenschaftlich hat es sich hingegen längst als eigenständige, aus dem allgemeinen Privatrecht herausgelöste Materie etabliert.[87] Desgleichen hat sich der einschlägige Rechtsschutz verselbständigt. Das Arbeitsgerichtsgesetz vom 23. 2. 1926 führte eine **spezifische Arbeitsgerichtsbarkeit** herbei, die mittlerweile durch Art. 95 I GG als eigener Rechtsweg anerkannt ist. Der Rechtsschutz wird auf Länderebene durch die Arbeits- und Landesarbeitsgerichte sowie auf Bundesebene durch das in Kassel ansässige Bundesarbeitsgericht gewährt (vgl. §§ 14 ff., 33 ff., 40 ff. ArbGG vom 3. 9. 1953).

Ebenfalls nicht in das individualistische BGB-Konzept ließen sich die mit dem **Aufkommen eines geballten Schadenpotentials** verbundenen Probleme einordnen. Die gesteigerten Risiken, die sich aus der Zulassung neuer Verkehrsmittel (Eisen- und Straßenbahnen, Kraft- und Luftfahrzeuge) sowie aus dem Betrieb gefährlicher Anlagen (Berg-, Elektrizitäts-, Gas- und später noch Atomkraftwerke) ergaben, bedurften rechtlicher Kontrolle. Das war indessen mit den dogmatischen Figuren romanistischer Provenienz nicht zu bewerkstelligen.[88] Das Römische Recht war nämlich im Bereich des Schadensersatzrechts von dem Gedanken geprägt, dass nur ein Verschulden im Sinne eines individuellen Fehlverhaltens zum Schadensausgleich verpflichten könne. Von dieser Prämisse her konnte es einer derlei Vorstellungen verhafteten Rechtswissenschaft nicht geheuer sein, dass Überlegungen angestellt wurden, wie man die Lasten der mit Verschuldenskategorien nicht erfassbaren Gefahrenquellen angemessen verteilen konnte. Zudem lag es nicht unbedingt im Interesse von deren wirtschaftlichen Nutznießern, bei Konkretisierung der jeweiligen Gefahren ohne den Nachweis persönlicher Nachlässigkeit haftbar gemacht zu werden. Die darauf beruhenden Widerstände konnten auf Dauer jedoch die Erkenntnis nicht verhindern, wonach die neuen Produktions- und Verkehrsformen ein **adäquateres Haftungsmodell** erforderten, als es mit dem auf ländliche und kleingewerbliche Produktion zugeschnittenen Verschuldensprinzip zur Verfügung stand. Andernfalls hätten wenige Unternehmer und Betriebsinhaber die Vorteile des neuen Risikopotentials auf dem Rücken der Allgemeinheit für sich vereinnahmen können – ein selbst gegenüber dem Bürgertum, das ja längst nicht mehr nur aus Industriellen bestand, nicht durchsetzbares politisches Unding. Freilich dürfte es nicht von ungefähr gekommen sein, dass die erste Regelung, die den neuen Gedanken einer verschuldensunabhängigen **Gefährdungshaftung** reichseinheitlich im Anschluss an § 25 des preußischen Eisenbahngesetzes vom 3. 11. 1838 aufnahm, mit dem § 1 des Reichshaftpflichtgesetzes von 7. 6. 1871 den Staat als Hauptunternehmer von Eisenbahnen betraf. Nachdem sich diese Haftungsform aber erst einmal Eingang in das

---

86 Kritische Vorbehalte u. a. von *Kahn-Freund*, Das soziale Ideal des Reichsarbeitsgerichts, 1931, sowie – daran anknüpfend – von *Däubler*, Das soziale Ideal des Bundesarbeitsgerichts, 2. Aufl. 1975.
87 Siehe jedoch *K. P. Martens*, JuS 1987, 337 ff.
88 Zur einschlägigen Haftungstheorie und -ideologie nach wie vor aufschlussreich *Esser*, Grundlagen und Entwicklung der Gefährdungshaftung, 2. Aufl. 1969.

Zivilrecht verschafft hatte, wurden ihr indes bald auch privatwirtschaftlich betriebene bzw. privat genutzte Gefahrenquellen unterstellt, so sämtliche maschinell betriebenen Verkehrsmittel (Kraft- und Luftfahrzeuge) sowie bestimmte gefährliche Betriebe und Anlagen im Energiebereich (Elektrizitäts-, Gas- und Atomkraftwerke).[89] Das BGB nimmt allerdings mit Ausnahme der in § 833 S. 1 angeordneten Luxustierhalterhaftung noch heute keine Notiz von diesem neuen Haftungstyp (Einzelheiten unten E III. 1).[90]

Überdies kannte das BGB ungeachtet seines dominierenden Interesses an ökonomischen Belangen und des Umstands, dass der industrielle Aufschwung im letzten Drittel des vorigen Jahrhunderts bereits die Phase einfacher Konkurrenz hinter sich gelassen hatte, keine Antworten auf die Frage nach der zureichenden Eindämmung eines ungehemmten und sich dabei tendenziell selbst ausschließenden **Wettbewerbs**. Sie war ja, da hierbei nicht nur die Belange von Unternehmern und Kaufleuten, sondern das gesellschaftliche Gesamtwohl angesprochen waren, nicht von vornherein auf das Gebiet des speziellen Handelsrechts abzuschieben und hätte folglich – zumindest im Ansatz – ihre Regelung in einem allgemeinen Zivilgesetzbuch wie dem BGB finden können. Dessen Verfasser waren jedoch noch vorbehaltlos dem liberalen Grundsatz völliger Vertragsfreiheit und der darauf aufbauenden Idee autonomer Vertragsgerechtigkeit verhaftet (s. o. A I. 2.3.2). Ordoliberale Vorstellungen, denen zufolge das Marktverhalten wenigstens einer gewissen Regulierung zur Sicherung der Gesamtversorgung zu adäquaten Konditionen bedarf, waren ihnen (noch) weithin fremd. Mit den Generalklauseln der §§ 138, 242, 826 BGB ließ sich eine solche Steuerung nicht erreichen, wenngleich die Judikatur gelegentlich auf sie zurückkam, um wenigstens den aus ihrer Sicht schlimmsten Auswüchsen zu wehren. So entwickelte sich denn auch auf diesem Sektor jenseits des BGB eine Spezialgesetzgebung und in ihrem Gefolge eine aus dem Privatrecht abgewanderte, inzwischen mit diversen öffentlich-rechtlichen Einschlägen versehene Spezialdisziplin des **Wettbewerbsrechts,** das wiederum heute als Teil des Wirtschaftsrechts gilt. Zu nennen ist vorab das Gesetz gegen den unlauteren Wettbewerb (UWG) vom 7. 6. 1909. Besondere Bedeutung kommt daneben dem Gesetz gegen Wettbewerbsbeschränkungen (GWB) vom 27. 7. 1957 zu, das bestimmte rechtsgeschäftliche oder tatsächliche Maßnahmen, die sich zur Beschränkung des Wettbewerbs eignen (z. B. Kartellierungen, Unternehmenskonzentrationen, Preisabsprachen usw.), unter behördliche Kontrolle stellt oder gar verbietet und zur Sicherung seiner Befolgung eine staatliche **Wettbewerbsaufsicht** installiert hat, deren Anordnungen bzw. Entscheidungen dann gerichtlich nachprüfbar sind.

Schließlich hat sich die abstrakte Rationalität des BGB bis in diese Tage hinein einigermaßen sperrig gegenüber einem spezifischen **Verbraucherschutz** erwiesen. Zu ihm haben wir ja bereits erfahren (s. o. A I. 2.1.1 a. E.), dass die erst im Jahre 2000 in seinen § 13 aufgenommene Figur des Konsumenten höchst umstritten gewesen und gar als systemsprengend für das allgemeine Zivilrecht qualifiziert worden ist. Formal traf diese Kritik gewiss zu, wird mit der Verbraucherperspektive doch

---

89 Jüngste Sprosse dieser Verantwortlichkeit für besondere Risiken finden sich im Umwelthaftungsgesetz v. 10. 12. 1990 (BGBl I 2634) sowie im Gentechnikgesetz v. 20. 6. 1990 (BGBl I 1080).
90 Zur zwar nicht dem Gedanken einer Verantwortlichkeit für erlaubte Sonderrisiken verpflichteten, dennoch ebenfalls »verschuldensfrei« ausgestalteten Haftung für fehlerfreie Produkte nach dem ProdHaftG v. 15. 12. 1989 (BGBl I 2198) des Näheren unter E II 4.5.

Abschied von jener voraussetzungslosen Gleichheitsversion genommen, die sämtliche Marktteilnehmer als schlechthin eigenverantwortlich gestempelt hat. In ihrer damit einhergehenden Leugnung struktureller Defizite gegenüber den Kompetenz-, Informations- und Routinevorsprüngen professionell Handelnder war sie indes auf Dauer nicht haltbar – und so hat sich das fragliche Schutzpostulat in den vergangenen Jahrzehnten sukzessive im Zuge des europäischen Zusammenwirkens[91] durchgesetzt. Zunächst erfolgte dies allerdings noch per Erlass spezieller Verbraucherschutzgesetze wie u. a. das Gesetz über den Widerruf von Haustürgeschäften vom 16. 1. 1986 (BGBl I 122), das Verbraucherkreditgesetz vom 27. 12. 1990 (BGBl I 2840), das Teilzeitwohnrechtegesetz vom 20. 12. 1996 (BGBl I 2154) sowie das Fernabsatzgesetz vom 27. 6. 2000 (BGBl I 887). Mittlerweile haben die darin getroffenen Regelungen im Rahmen einer sog. Schuldrechtsmodernisierung Eingang in das BGB gefunden und begegnen uns dort seit dem 1. 1. 2002 als §§ 312 ff., 355 ff., 481 ff. u. 491 ff. Damit hat dieses Gesetzeswerk zumindest diesbezüglich Anschluss an die Moderne gefunden, und die Verfechter eines formalen Egalitätsgedankens mag ggf. die Einsicht versöhnen, dass jede natürliche Person stets auch Verbraucherin ist und mithin ein dem Respekt zollendes Gesetz allgemeines und kein Sonderrecht schafft.

3.2 Veränderungen innerhalb des BGB

Dem soeben angedeuteten Umstand, dass sich Europäisches Gemeinschaftsrecht verstärkt auf die Gesetzgebung der Mitgliedstaaten auswirkt, ist es zu verdanken, dass die noch in der Vorauflage getroffene Feststellung, das BGB habe seit seinem Erlass äußerlich sein Gesicht kaum gewandelt, nicht mehr aufrecht erhalten werden kann. Waren jedenfalls die für diesen Kurs relevanten ersten drei Bücher (Allgemeiner Teil, Recht der Schuldverhältnisse, Sachenrecht) mit Ausnahme des Wohnungsmietrechts weitgehend unangetastet geblieben, so hat der Gesetzgeber solcher legislatorischen Ruhe jüngst ein geradezu dramatisches Ende bereitet. Wiederum in Reaktion auf mehrere EG-Richtlinien, allen voran diejenige über den Verbrauchsgüterkauf,[92] ist es weit über diesen Anlass hinaus mit dem **Gesetz zur Modernisierung des Schuldrechts** vom 26. 11. 2001 (BGBl I 3138) zu einer umfassenden Reform namentlich des Schuldvertragsrechts sowie der Bestimmungen über die Verjährung von Ansprüchen gekommen. Der Entschluss zu dieser »großen Lösung« kam freilich nicht von ungefähr.[93] Bereits vor bald zwei Jahrzehnten war nämlich vom Bundesjustizministerium eine Kommission für die Überarbeitung des Schuldrechts einberufen worden, die ihren einen detaillierten Gesetzesvorschlag enthaltenden Abschlussbericht im Jahre 1991 vorgelegt hatte.[94] Eben hierauf griff der Gesetzgeber angesichts der o. a. Richtlinien zurück und stieß dabei auf z. T. heftigen Widerstand seitens der zivilistischen Hochschullehrerschaft.[95] Die Kritik beruhte freilich auf den unterschiedlichsten Gründen und

---

91 Gemeint sind vor allem einschlägige Richtlinien der Europäischen Gemeinschaft als verbindliche Vorgabe für entsprechende nationale Rechtsbestimmungen. Vgl. hierzu *Götz*, NJW 1992, 1849 ff.
92 RL 1999/44/EG v. 25. 5. 1999 – abgedruckt NJW 1999, 2421 ff.
93 Näheres bei *Däubler-Gmelin*, NJW 2001, 2281 ff.
94 Bundesminister der Justiz (Hrsg.), Abschlußbericht der Kommission zur Überarbeitung des Schuldrechts, 1992.
95 Vgl. nur die Vorträge und Diskussionsberichte in *Ernst/Zimmermann*, Zivilrechtswissenschaft und Schuldrechtsreform, 2001.

konnte es nicht verhindern, dass über die bereits erwähnte Hereinnahme der Verbraucherschutzbestimmungen in das BGB hinaus auch zentrale Regelungen des »klassischen« Schuldrechts eine tiefgreifende Veränderung erfahren haben.[96]

Derlei Novellierungen dürfen allerdings nicht zu dem Missverständnis verleiten, das BGB sei bis zu ihrer Vornahme im Wesentlichen unangetastet geblieben und habe etwa die sozialen, wirtschaftlichen wie auch politischen Umbrüche des vergangenen Jahrhunderts spurlos überdauert. Das wäre nur mithilfe eines homogenen, von äußerlichen Einflüssen unberührten Rechtsstabs und einem darauf fußenden stabilen Textverständnis möglich gewesen, d. h. unter theoretischen Voraussetzungen, die keine praktische Entsprechung gehabt haben. So war denn in der Realität der BGB-Handhabung **auch ohne legislative Eingriffe längst ein gehöriger inhaltlicher Wandel** zu konstatieren. Dazu trug vor allem die hohe Abstraktheit bei, die ehedem den Flexibilitätswünschen des von ihm favorisierten Bürgertums entgegenkam und insgesamt vorzüglich geeignet war, die je eintretenden Neuerungen aufzunehmen. Die Geschichte des BGB ist denn auch die Geschichte seiner ständigen Uminterpretation. Vor allem seine Generalklauseln[97] und unbestimmten Rechtsbegriffe[98] boten und bieten dazu ausgiebig Gelegenheit. Dass davon nicht immer nur guter Gebrauch gemacht worden ist, darf nicht verwundern. Ein formalisiertes Privatrecht, das an der Spitze seiner Werteskala einen nahezu inhaltsleeren und darum beliebig ausfüllbaren Freiheitsbegriff rangieren lässt, ist gegenüber negativen politischen Einflüssen anfälliger als ein materialisiertes, das an rechts- und sozialstaatliche Vorgaben gebunden ist. Die Erfahrungen mit der **zivilistischen Praxis im Dritten Reich** belegen dies zur Genüge.[99] Dort trat das gesunde Volksempfinden an die Stelle des Sittengesetzes, wurden Treu und Glauben an den Belangen einer »nationalsozialistischen Volksgemeinschaft« gemessen und definierte man die Zumutbarkeit unter »Volksgenossen« anders als gegenüber Ausländern oder gar »Artfremden«. Speziell in solcher Ungleichbehandlung dokumentiert sich die Perversion einer Rechtsordnung, nämlich im Kontrapunkt zu dem, womit Recht sich seinen Namen allein verdient: mit einer prinzipiellen Gleichberechtigung und Gleichverpflichtung der ihm Unterworfenen.

Nach dem 2. Weltkrieg hat man hierzulande versucht, daraus auch gerade privatrechtlich einige Lehren zu ziehen. Die Doktrin von der sog. **Drittwirkung der Grundrechte**[100] markiert den vorsichtigen Beginn, die im Grundrechtskatalog der Bonner Verfassung verdichteten Wertvorstellungen nicht nur für den Staat, sondern auch für die einzelnen Gesellschaftsmitglieder verbindlich zu machen. Dabei ist der Terminus »Drittwirkung« insofern irreführend, als es nicht darum geht, dem einzelnen Bürger ein per se gemeinwohlverpflichtetes Verhalten abzuverlan-

---

96 Die einschlägigen Gesetzesmaterialien finden sich mit einer lesenswerten Einführung bei *Canaris*, Schuldrechtsreform 2002.
97 Dabei handelt es sich um übergreifend formulierte und darum sehr pauschal ausgefallene Rechtssätze wie z. B. § 242 BGB (Orientierung an Treu und Glauben).
98 Sie zeichnen sich dadurch aus, dass ihnen der »tatsächliche Kern« fehlt und sie deshalb erst mittels besonderer Wertung konkretisiert werden können. Beispiele dafür etwa: »Wichtiger Grund« in §§ 314, 626 I BGB, »angemessene Frist« in § 281 I 1 BGB.
99 Diese Praxis wird eindrucksvoll geschildert von *Rüthers*, Die unbegrenzte Auslegung – zum Wandel der Privatrechtsordnung im Nationalsozialismus, 2. Aufl. 1973 (vor allem S. 216–270).
100 Darstellung und Kritik bei *Hager*, JZ 1994, 373 ff.

gen – womit er fraglos überfordert wäre –, sondern der Staat als Gesetzgeber und Gerichtsherr aufgefordert ist, dort Pfähle einzuschlagen, wo ein ungezügelter privater Wirtschaftsverkehr den ökonomisch und sozial Schwächeren an die Wand zu drängen droht. Legitimiert wird dies durch Art. 1 III GG, der die drei Staatsgewalten an die Grundrechte bindet und es so nicht zuletzt auch der Ziviljustiz auferlegt, bei der Anwendung oder gar Fortbildung des Privatrechts Geist und Buchstaben des Grundrechtskatalogs zu respektieren.[101] Das darf allerdings nicht zu dem Missverständnis verführen, bürgerliche Rechtsstreitigkeiten könnten direkt aus der Verfassung gelöst werden. Andernfalls würde verkannt, dass die Grundrechte im Ansatz als Abwehrrechte gegen den Staat konzipiert worden sind und diese Schutzrichtung nicht ohne weiteres gegen Privatpersonen gewendet werden kann. Ungeachtet der Wortwahl »unmittelbar geltendes Recht« in Art. 1 III GG und eingedenk der Erkenntnis, dass im Zivilrecht das Plus des einen unweigerlich das Minus des anderen ausmacht, bedarf es eines die einfachrechtlichen Zuweisungen nicht verleugnenden grundrechtsorientierten Interessenausgleichs, zumal stets beide Seiten Grundrechtsträger sind. Nichts anderes meint u. a. Art. 2 I GG mit seiner Begrenzung der Entfaltungsfreiheit durch »die Rechte anderer«; und auch die in Art. 14 II GG deklarierte Sozialbindung will die Eigentümerbefugnisse nicht etwa aufheben, sondern setzt die ökonomische Bewegungsfreiheit zunächst voraus.

Die so geforderten zivilistischen Anpassungsleistungen nehmen teil an der Offenheit ihrer verfassungsmäßigen Vorgaben und lassen sich deshalb nicht vorschnell dogmatisch fixieren. Sie sind abhängig vom permanenten gesellschaftlichen Wertewandel und haben die Aufgabe, den tendenziell individualfeindlichen Auswirkungen von technologischer Entwicklung und wirtschaftlicher Machtkonzentration entgegenzuwirken. Vor diesem Hintergrund wird die »Grundrechtsfärbung« des zivilistischen Rechtsprogramms dort besonders stark ausfallen (müssen), wo zum einen die personale Integrität im Kontext der Art. 1, 2 GG betroffen ist und zum anderen typische sozial-ökonomische Ungleichgewichtslagen ausfindig zu machen sind.[102] Mit anderen Worten: Die **Menschenwürde,** das Recht auf Leben und körperliche Unversehrtheit sowie die klassischen Individualfreiheiten (körperliche Bewegungs-, Glaubens-, Gewissens-, Bekenntnis- und Meinungsfreiheit) erheischen auch im Konflikt zwischen Normalbürgern angemessenen privatrechtlichen Schutz, der freilich die entsprechenden Grundrechtspositionen der Gegenseite mitberücksichtigen muss. Im übrigen geht es um die **Bändigung einseitigen Machtmissbrauchs,** was indes nicht gleichbedeutend ist mit einer Nivellierung der vorfindlichen Güterverteilung. Insoweit gilt die Suche den Standards einer gehörigen wirtschaftlichen Kommunikation, nicht aber einer justiziell gesteuerten Verteilungsgerechtigkeit. **Die Einfallstore für eine solche Rezeption** verfassungsmäßiger Wert- und Sozialvorstellungen in das bürgerliche Recht sind die Generalklauseln und unbestimmten Rechtsbegriffe, allen voran die §§ 138, 242, 826 BGB. Erst wenn diese nicht mehr »aufnahmefähig« sind, gleichwohl ein Bedarf an zivilrechtlicher Grundrechtsbetonung unabweisbar erscheint, kann an eine demgemäße Rechtsfortbildung gedacht werden. Markantes Beispiel hierfür ist die Anerkennung eines Allgemeinen Persönlichkeitsrechts, anhand dessen die Rechtsprechung[103] den Kreis der deliktsrechtlich geschützten Rechtsgüter im Hin-

---

101 Siehe auch *Canaris*, AcP 184 (1984), 201 ff.
102 Illustrativ die aus höchst unterschiedlicher Perspektive verfassten Beiträge von *H. P. Westermann, Lieb* und *Mertens*, AcP 178 (1978), 150 ff., 196 ff., 227 ff.
103 Grundlegend BGHZ 13, 334 ff.

blick auf die Unantastbarkeit von Menschenwürde und Individualität (Art. 1, 2 GG) erweitert hat (Einzelheiten unten E II. 2.3).[104]

Entsprechend der Offenheit dieses Programms lassen sich im Hinblick auf die beiden für diesen Kurs interessanten Gebiete des Haftpflicht- und Vertragsrecht nur einige **vorsichtige Leitsätze** formulieren: Bei der Schadenszurechnung darf die Entfaltungsfreiheit des »kleinen Mannes«, vor allem seine Beteiligung am öffentlichen Leben, nicht durch erhebliche Schadensersatzrisiken über Gebühr eingeschränkt werden. Als Beispiel sei die Meinungs- und Informationsfreiheit unter Einschluss der von Art. 8 GG gewährleisteten Versammlungsfreiheit herangezogen. Öffentliche Kritik und Teilnahme an Demonstrationen sind stets »schädigungsanfällig«. Just dies verbietet es, derlei Aktivitäten ohne weiteres dem Vorstellungsbild einer ersatzpflichtig machenden unerlaubten Handlung zu unterwerfen.[105] Hilfreich mag hier ein Blick auf den Streik sein, der seinen Ruch als rechtswidriges Unterfangen längst zugunsten seiner Bewertung als legitime Interessenwahrnehmung verloren hat. Ähnliches muss für die Verbraucherinformation gelten. Solange eine ebenso phantasiereiche wie nicht stets den Tatsachen entsprechende Werbung zugelassen wird,[106] kann es nicht Aufgabe der Gerichte sein, dagegen haltende Aufklärungsstrategien anhand überzogener Sorgfaltsanforderungen einzudämmen. Überhaupt wird man dem Gedanken nähertreten müssen, dass ein erhebliches Wirtschaftspotential neben seinen für den jeweiligen Inhaber streitenden Nutzungschancen zugleich eine breite Fläche für Beeinträchtigungen bietet, deren Kompensationsfähigkeit nicht (mehr) uneingeschränkt garantiert ist. Manche Judikate[107] weisen in diese Richtung. Auf Dauer könnte sich hieraus ein **differenziertes Nutzen-Lasten- Prinzip** entwickeln, das dem Nutznießer zumindest produktiven Eigentums von vornherein auch gewisse von außen herrührende Schadensrisiken zuweist und erst von einer noch näher zu definierenden Schwelle an Eingriffe Dritter mit Ersatzpflichten belegt. Zweifellos schon heute griffig ist dieses Prinzip dort, wo es um die Verteilung von Risiken geht, die gerade aus dem Eigentum für andere erwachsen. Erschien es in den Anfängen moderner Produktion noch aussichtsreich, zureichende Grenzen nach Maßgabe des Verschuldensprinzips zu ziehen, das den Produzenten nur bei nachgewiesener Nachlässigkeit belastet, so haben es die Ausweitung der Gefahrenquellen, die sich mehr und mehr individueller Beherrschbarkeit entziehen, und eine gesteigerte Arbeitsteilung, die das Beweisproblem ständig verstärkt, mit sich gebracht, dass nach neuen Antworten gesucht wurde. Die zuvor erwähnte Einführung der Gefährdungshaftung ist eine davon, ein immer weiter greifendes System (sozial-)versicherungsmäßiger Unfallvorsorge eine andere.[108] Deren Gesamttendenz ist es, das Individuum vor den unabweisbaren Auswirkungen einer von ihm kaum noch durchschaubaren hochtechnisierten Industriegesellschaft wenigstens existenziell zu schützen.

Die darin insgesamt zum Ausdruck gelangende Neueinschätzung privaten Eigentums strahlt natürlich auch auf das seinem Gebrauch dienende Vertragsrecht aus (s. o. A I. 2.3.2). Das Sozialstaatsprinzip führt zu einer **inhaltlichen Neubestimmung wie Begrenzung der Vertragsfreiheit.**[109] Als Umsatzvehikel über-

---

104 Verfassungsgerichtlich abgesegnet durch BVerfGE 34, 269 ff.
105 Zutr. Ansätze in BGHZ 89, 383 (389 ff.).
106 Gemäß dem neu in das eingefügten BGB § 434 I 3 allerdings nicht mehr ganz folgenlos!
107 Etwa BGHZ 65, 325 ff. (Haftung der Stiftung Warentest).
108 Lesenswert hierüber *Kötz*, Sozialer Wandel im Unfallrecht, 1976.
109 BVerfGE 8, 274 (329).

nimmt der Vertrag eine neue soziale Funktion in der Weise, dass die typische geschäftliche Unerfahrenheit der Konsumenten sowie deren generell schwächere wirtschaftliche Lage nicht mehr einfach als vorgegebenes und vom Stärkeren durchaus legitim ausnutzbares Los hingenommen wird. Vielmehr wird betont, dass das hierin liegende strukturelle Gefälle jedenfalls bei ungewöhnlich belastenden Folgen für den unterlegenen Vertragsteil Anlass zu entsprechenden Korrekturen gibt, die sich einer paritätisch verstandenen Vertragsautonomie und den aus dem Sozialstaatsgebot fließenden Kompensationserfordernissen verdanken.[110] Überdies zeigen sich in der Judikatur zaghafte Ansätze, in den Fällen eines Fehlgebrauchs des Vertragsmechanismus, der dem Verbraucher einen nicht erreichbaren oder finanziell inkompetenten Schuldner vorsetzt, den je aufgetretenen Mittelsmann (»Sachwalter«) zum materiellen Vertragspartner zu machen.[111] Ein entsprechender Anklang findet sich auch in § 651 a II BGB, der Bestandteil des seit dem 1. 10. 1979 in Kraft befindlichen Reisevertragsrechts ist und den Pauschalreisenden davor schützen will, dass diesem durch geschickte Vertragsgestaltung ein insolventer oder schwer erreichbarer (Auslandsreise) Schuldner vorgesetzt wird.[112] Dies alles beweist, dass eine beliebige Verwendung der Vertragsform und damit ein uneingeschränkter Einsatz privater Vermögensressourcen in steigendem Maße auf hoheitlichen – legislativen oder justiziellen – Widerstand stößt. Präzisere Konturen müssen freilich auch hier erst noch erarbeitet werden. Zusätzlich hat der Vertrag als Prototyp einer Schuldverbindung über seinen am Gütertransfer orientierten Charakter als Leistungsbeziehung (vgl. § 241 I BGB) hinaus eine auf wechselseitigen Partnerschutz gerichtete Dimension erhalten, die sich gemäß § 241 II BGB in der Aufstellung sog. Rücksichtspflichten niederschlägt und uns unter dem Stichwort »Schutzpflichtverletzungen« noch eingehend beschäftigen wird (s. u. B IV. 2).[113]

3.3 Reaktionen auf die Verwendung Allgemeiner Geschäftsbedingungen

In den zuletzt behandelten Zusammenhang einer Eindämmung intellektueller und namentlich wirtschaftlicher Machtvorsprünge sowie einer Sperrung des ja bilateral angelegten Vertragsmediums gegenüber **einseitiger Geschäftsgestaltung** gehören noch die legislativen Bemühungen um eine Kompensation der aus ihnen folgenden bzw. sich darin dokumentierenden Ungleichgewichtigkeit. In Ergänzung des von einer individuellen Aushandlungssituation ausgehenden Kontraktmodells des BGB ging es so sukzessive darum, dem im 19. Jahrhundert aufgekommenen Phänomen einseitiger privater Standardisierung der Konditionen für den Waren- und Geldverkehr ein juristisches Korsett anzulegen.[114] Die BGB-Verfasser stellten sich die rechtsgeschäftliche Kommunikation ursprünglich noch als singulären Vorgang vor, bei dem i. d. R. zwei Personen aufeinander zugehen, um über den konkreten Vergleich von Angebot und Nachfrage die Möglichkeiten eines Leistungsaustauschs zu beiderseits annehmbaren Bedingungen zu

---

110 BVerfGE 89, 214 (232). S. insgesamt noch die interessante Skizze von *Höfling*, Vertragsfreiheit, 1991.
111 BGHZ 61, 275 ff. u. 63, 382 ff.
112 S. in diesem Zusammenhang auch § 651 k BGB zur vermögensmäßigen Absicherung von Reisenden gegenüber einer Insolvenz des Reiseveranstalters.
113 Zu weiteren Aspekten *Wieacker* (wie Fn. 82), S. 36–54.
114 Grundlegend bereits *L. Raiser*, Das Recht der Allgemeinen Geschäftsbedingungen, 1935 (Neudruck 1961).

erkunden. Gelingt die Abstimmung der wechselseitigen Interessen, der »Konsens«, so kommt es zum Vertrag. Misslingt der Versuch, so führt dies zum Abbruch der stets als Dialog gedachten Verhandlungen. Das subtile Bemühen des BGB, mit seinen auf den Vertragsschluss gemünzten Vorschriften subjektive Willensbetätigung i. S. einer echten (eben autonomen) Beteiligung am Geschäftsleben und objektive Verkehrsbedürfnisse miteinander in Einklang zu bringen, legt Zeugnis von solcher Individualperspektive ab (s. noch unten B I. 1.1 u. II. 1).

3.3.1 Vom Individual- zum Massenvertrag

Dieses Persönlichkeitsmoment ist mit aufkommender Technisierung und verstärkter Massenproduktion in den Hintergrund gedrängt worden. Das zeigt sich schon am Beispiel des »Automatenkaufs«. Wer Zigaretten aus einem Automaten zieht, schließt zwar noch einen Vertrag ab; von vorgängigen Verhandlungen kann jedoch keine Rede sein. Er nimmt einfach die genormte Offerte des Aufstellers an. Etwaige Probleme sind eher technischer Natur; so z. B., wenn der Automat »streikt«. Willensmängel (man wollte eigentlich eine Packung Lord statt einer Packung Reval oder Filter- statt filterloser Zigaretten erwerben) spielen keine Rolle. Allenfalls auf dem Kulanzwege können hier noch Korrekturen erreicht werden.[115] Eben diese Situation, allein noch entscheiden zu dürfen, ob man überhaupt einen Vertrag abschließen will oder nicht, jedoch keine Verhandlungsmacht oder nur -chance zu haben, auf dessen Inhalt einzuwirken, stellt sich demjenigen, dem der Partner mit vorgefertigten Vertragsklauseln gegenübertritt. Diese **Allgemeinen Geschäftsbedingungen** (AGB) bestimmen heutzutage den rechtsgeschäftlichen Warenverkehr mit Ausnahme des alltäglichen Barkaufs oder ähnlicher, vom Vertragsgegenstand her relativ unbedeutender Geschäfte. Sie werden auf allen Ebenen der Herstellung und des Absatzes eingesetzt – zwischen Zulieferanten und Hauptproduzenten, diesen und Zwischenhändlern, letzteren und Endverbrauchern, wobei es die Regel ist, dass der aktuell Mächtigere (z. B. der Großproduzent, von dem Zulieferer und Händler abhängig sind, aber auch der Kleinhersteller wichtiger Einzelteile, hinsichtlich derer er eine gewisse Monopolstellung besitzt, sowie der Großhändler, der über sog. Nachfragemacht verfügt) sie gegenüber seinem jeweiligen Kontrahenten durchsetzen kann. Betroffen ist natürlich vor allem der »kleine Konsument«, der selbst nicht mit solchen vorgeprägten Bedingungen arbeitet und bei lebenswichtigen Konsumartikeln selten eine Chance hat, auf alternative Produkte auszuweichen, deren Anbieter nicht mit AGB arbeitet.

Derartige Bedingungen verfolgen oft die Absicht, die gesetzlich vorgesehene Lastenverteilung zugunsten ihres Verwenders abzuändern; z. B. über Haftungsfreizeichnungen (eine Art Selbsterlass sonst fälliger Schadensersatzpflichten), Begrenzungen der Gewährleistung (d. h. der Garantie für taugliche Ware), Bindung des einen Teils bei weitgehender Freizügigkeit des AGB-Aufstellers (etwa mit der Klausel »Preiserhöhung vorbehalten« u. dgl. mehr). Auch legen sie einseitig Zahlungsweise und -fristen fest. Schließlich werden sie dort eingesetzt, wo gesetzliche Regeln überhaupt fehlen, also ein Geschäft sui generis (besonderer Art) abgeschlossen werden soll, das noch keine Typisierung im BGB oder andernorts gefunden hat (Beispiel: Leasing).

---

115 Einschlägige Probleme behandelt *Köhler*, AcP 182 (1982), 126 ff.

Der Anwendungsbereich von AGB ist nahezu unbegrenzt. Ihr Einsatz erfolgt nicht nur dann, wenn jemand massenweise gleichartige Produkte herstellt bzw. vertreibt. Sie sind auch dort geläufig, wo zwar der Anbieter nur über einen oder wenige Tauschgegenstände verfügt, diese aber insgesamt von Bedeutung im Wirtschafts- und Sozialverkehr sind, weil sie auch von anderen, in der nämlichen Lage befindlichen Personen offeriert werden. Das trifft vor allem auf den Wohnungsmarkt zu. Hier ist mithin nicht die Masse der Produkte in einer Hand typisch, sondern die Vielzahl gleichartiger Abschlüsse. Folglich stellt auch nicht der einzelne Haus- oder Wohnungseigentümer die fraglichen Bedingungen auf, sondern z. B. der Verein der Haus- und Grundeigentümer oder dieser im Zusammenspiel mit Mieterverbänden (Deutscher Einheitsmietvertrag). Deshalb spricht man diesbezüglich auch von »**Formularverträgen**«.

3.3.1.1 Ökonomische Vorzüge

Aus dem Gesagten ergibt sich bereits, dass sich der Verwender von AGB **wirtschaftliche Vorteile** von ihnen verspricht. Sie liegen zum einen in einer für ihn im Verhältnis zur sonstigen Gesetzeslage günstigeren Geschäftsgestaltung. Sodann kann er seinen Geschäftsbetrieb angesichts der Gleichförmigkeit der von ihm abzuschließenden Verträge rationeller organisieren, was bis hin zu seinem Justizstab (Hausanwalt, eigene Rechtsabteilung u. ä.) reicht, der so stets wiederkehrende Störungsprobleme einheitlich anzupacken vermag. Allerdings darf man daraus nicht auf eine **technokratische Rationalität** im Sinne einer sich daraus ohne weiteres ergebenden gesamtökonomischen Vorteilhaftigkeit schließen.[116] Damit wird nämlich gern argumentiert, wenn es darum geht, AGB als unserem Wirtschaftssystem adäquate Geschäftsform hinzustellen. Gewiss sind diese ein juristisch äquivalenter Ausdruck für die moderne Massenproduktion und -distribution. Deswegen kann jedoch nicht jeder beliebige Inhalt legitimiert werden. Unbestreitbaren Vorzügen einer derartigen Standardisierung, die sich ggf. kostenmindernd und damit u. U. auch – bei Weitergabe dieser Einsparungen – verbraucherfreundlich auswirken können, steht immerhin das ebenfalls kaum anzuzweifelnde Faktum gegenüber, dass der Aufsteller von AGB zuallererst seine eigenen Interessen absichern möchte und nicht zugleich auf das Gesamtwohl blickt. Deutlicher wird dies, wenn man die Situation bedenkt, in der sich zwei jeweils mit AGB arbeitende Parteien gegenüberstehen. Gäbe es diese übergreifende Nutzentendenz, so müssten beide AGB zwanglos miteinander zu verbinden sein. Im Regelfall sind sie jedoch unverträglich, so dass der aktuell unterlegene Teil sich den Geschäftspraktiken der anderen Seite zu unterwerfen hat. Manifest wird dies auch bei solchen Unternehmen, die mit unterschiedlichen Ein- und Verkaufsbedingungen auftreten, also etwa als Verkäuferinnen Konditionen für sich reklamieren, die sie in der gegenteiligen Rolle als Einkäuferinnen niemals akzeptieren würden. Solche Differenzierung drückt nur den – in Grenzen freilich legitimen – Wunsch aus, jeweils den eigenen Nutzen voranzustellen.

3.3.1.2 Soziale Risiken

Daraus erhellen bereits die Gefahren, die sich aus einer uneingeschränkten Verwendung von AGB ergeben können. Soweit sie eine Abänderung der vom Gesetz

---

116 Dazu *Knieper*, ZRP 1971, 60 ff.

vorgeschlagenen und damit zunächst als »gerecht« verstandenen **Risikoverteilung** intendieren, ist vorderhand klar, dass sie den Gegner des Aufstellers einseitig benachteiligen. Das liberale Vertragsdenken vermochte derartige Abweichungen immerhin noch damit zu legitimieren, dass es in der Verhandlungsautonomie den Grund für die Bestandskraft nicht gesetzeskonformer Geschäfte erkannte (s. o. A I. 2.3.2). Beim Einsatz von AGB wird aber in diesem Sinne nicht verhandelt. Man spricht vielmehr von »**diktierten Verträgen**« und bringt damit treffend zum Ausdruck, dass eine Seite die Gestaltungsmacht usurpiert, und zwar regelmäßig die wirtschaftlich durchschlagskräftigere. Dann aber ist ein Sozialschutz für den Schwächeren unabweisbar.

Damit wird zugleich deutlich, dass es hier **nicht mehr um Vertragsrecht im konventionellen Verständnis** geht, demzufolge die prinzipiell gemeinschaftliche und formal ordnungsgemäße Vereinbarung zwischen mündigen Bürgern es ausschließt, dass der Staat und namentlich die Justiz inhaltliche Korrekturen jenseits der Verwerfung des Rechtsgeschäfts wegen Sittenwidrigkeit oder Verstoßes gegen gesetzliche Verbote anbringen. Im Gegenteil drängte sich frühzeitig der Kompensationsbedarf für das Ausschalten der gegnerischen Mitwirkung im Vertragsprogramm auf; und so ist denn die Kontrolle von mit Hilfe von AGB geschlossenen Verträgen zum Musterbeispiel für eine Materialisierung des Privatrechts geworden. Die mit diesem Problem zunächst allein gelassene Rechtsprechung hat vor allem versucht, das **dispositive Recht zur Leitlinie** ihrer Entscheidungen zu machen. Wo also in AGB ohne plausiblen Grund von dispositiven Gesetzesvorschriften abgewichen wurde, sind diese für »kraftlos« erklärt und statt dessen eben die besagten Normen zur Urteilsgrundlage gemacht worden. Im übrigen hat die Justiz versucht, ihre Vorstellungen von ökonomischen Zusammenhängen und wirtschaftlicher Äquivalenz im AGB-Bereich durchzusetzen.[117]

Dieses Unterfangen ist jedoch stets umstritten geblieben. Unter Berufung auf den Vorrang der Privatautonomie, die eben hier in Gestalt einer auf Wechselseitigkeit angewiesenen Vertragsfreiheit gerade nicht (mehr) zur Debatte steht, hat man den Gerichten ein eigenmächtiges Eingreifen in individuelle Belange vorgeworfen. Überdies ist – mit größerer Berechtigung – die mangelnde Kompetenz der Richterschaft in wirtschaftlichen Fragestellungen getadelt worden. Das hat schließlich nach jahrzehntelangem Zuwarten den Gesetzgeber auf den Plan gerufen. Er sah sich mit den verschiedensten Vorschlägen konfrontiert, die von einem generellen Verdikt von AGB bis zu deren verwaltungsmäßiger Kontrolle nach Maßgabe der bereits vorhandenen Versicherungs- und Wettbewerbsaufsicht reichten.[118] Mit dem schließlich verabschiedeten Gesetz zur Regelung des Rechts der Allgemeinen Geschäftsbedingungen vom 9. 12. 1976 (BGBl I 3317) hat er einen Mittelweg eingeschlagen: grundsätzliche Anerkennung des Einsatzes von AGB bei gleichzeitiger Einschränkung des Gestaltungsspielraums. Inzwischen sind die materiellrechtlichen Vorschriften dieses Gesetzes im Zuge der bereits angesprochenen Schuldrechtsmodernisierung als §§ 305–310 in das BGB übernommen worden. Einzelheiten sind noch später zu erörtern (s. u. B II. 2).

---

117 Siehe auch *Hart*, Allgemeine Geschäftsbedingungen und Justizsystem, 1975.
118 Umfassender Problemaufriss bei *Kötz* in Vhdlgn. zum 50. DJT (1974), A 9–100.

3.3.1.3 Rechtsprobleme

Um die **rechtsdogmatische Einordnung von AGB** hat es seit deren Aufkommen ständigen Streit gegeben. Für die zumeist aus der Wirtschaft kommenden Verfechter einer unbegrenzten Zulassung von AGB stellten diese nur eine besondere Form der marktmäßigen Kommunikation dar, die sich im allgemeinen Rahmen des rechtsgeschäftlichen Verkehrs halte und deshalb keiner Spezialbehandlung bedürfe. Diese Ansicht negierte das Faktum einseitiger Interessenwahrnehmung. Demgegenüber war in der Judikatur frühzeitig von einer »fertig bereitliegenden Rechtsordnung« die Rede, der sich der jeweilige Vertragspartner schlicht »unterwerfe«. Damit erkannte man in der Einbeziehung von AGB in den Einzelvertrag einen zusätzlichen Akt, dem zwar noch irgendwie die Qualität einer singulären Verlautbarung beigemessen wurde, der aber doch aus dem konsensualistischen BGB-Konzept hinausdrängte, so dass eine Sonderbeurteilung fällig war. Dies um so mehr, als die Anbindung der Massenverträge an die Gesetzestechnik des Individualvertrages den Umstand ausgespart hat, dass der Einsatz von AGB ein gesamtes Vertragswerk mit den unterschiedlichsten Klauseln präformiert und es nicht darum zu tun ist, die Reaktion des Gegners auf eine Einzelbedingung »objektiv« zu interpretieren. Diese Erkenntnis hat manche dazu veranlasst, in AGB gesetzesvertretende Rechtsnormen zu sehen. Dem steht, wiewohl diese Meinung den Vorzug realistischer Einschätzung der generellen Dimension von AGB für sich hat, das Fehlen jeglicher Normsetzungskompetenz der Aufsteller von AGB entgegen. Das »**selbstgeschaffene Recht der Wirtschaft**« lässt sich, da die Ebene der Eigentums- und Vertragsautonomie gerade verlassen wird, weder auf die Art. 2, 14 GG gründen noch auf eine sonstige »stillschweigende« staatliche Ermächtigung zur Normierung des Zivil- und Wirtschaftsrecht.[119] Eine solche liegt nicht einmal in der nunmehr gesetzlich vollzogenen Anerkennung der AGB als soziales Faktum.

Allerdings machen die §§ 305 ff. BGB den alten Streit weitgehend obsolet. Indem sie die AGB einer Sonderregelung unterwerfen, akzeptieren sie deren Aufstellung und Verwendung als einen gebräuchlichen Vorgang des Wirtschaftsgeschehens. Von daher geht es gewiss nicht mehr an, AGB als juristisches nullum zu apostrophieren. Eine positive Qualifikation kann jedoch dahinstehen. Die nachfolgenden Bemerkungen dienen einer kursorischen Unterrichtung über Gegenstand und Reichweite der für den Einsatz von AGB statuierten Spezialnormen. Die praktisch bedeutsamen Fragen nach dem korrekten Einbezug von AGB und deren inhaltlicher Kontrolle werden später im Sachzusammenhang zum Vertragsschluss (s. u. B II. 2.1 – 3) sowie zu den vertraglichen Leistungsmodalitäten erörtert.

3.3.2 Die gesetzliche Ausgangssituation

Der **Rechtsbegriff der AGB** ist in § 305 I BGB definiert,[120] dessen Satz 3 nochmals an die legislative Ausgangsposition erinnert, nämlich an das einseitige Vertragsdiktat ohne vorgängige Individualverhandlungen. AGB liegen demnach nicht vor, »soweit die Vertragsbedingungen zwischen den Vertragsparteien im einzelnen ausgehandelt sind«. Allerdings streitet die Vermutung dafür, dass vorformulierte Klauseln lediglich in den Vertrag einbezogen und nicht zum Gegenstand

---

119 Hierzu noch *Helm*, JuS 1965, 121 ff.
120 Zum Folgenden auch *Heinrichs*, NJW 1977, 1505 ff.

von Individualvereinbarungen gemacht werden, folglich AGB im Gesetzessinne sind. Es obliegt deshalb ihrem Verwender, diese Vermutung zu entkräften, indem er dartut und ggf. beweist, dass die Vorformulierungen lediglich als eine Art »Verhandlungshilfe« gedient haben. Bloße rechtliche Erläuterungen genügen dazu ebensowenig wie geringfügige Veränderungen am Klauselwerk, das im übrigen, ohne dass die Parteien den Rest besprochen hätten, zum Vertragsinhalt gemacht worden ist.

Positiv versteht der Gesetzgeber gemäß § 305 I 1 BGB unter AGB solche Vertragsbedingungen, die »für eine Vielzahl von Verträgen« vorformuliert worden sind und dem Gegner von ihrem Verwender bei Abschluss eines Vertrags »gestellt« werden. Dabei kommt es gemäß § 305 I 2 BGB nicht darauf an, ob die Bestimmungen etwa äußerlich gesondert (auf der Rückseite der Vertragsurkunde, auf einem separaten Blatt, auf einem Aushang) vorgelegt werden, wie umfangreich sie sind (eine einzige Klausel genügt!) oder ob sie gedruckt, maschinengeschrieben, kopiert bzw. handschriftlich oder gar »aus dem Kopf«[121] eingeführt worden sind.

Mit dieser weiten Begriffsbestimmung ist der alte Streit, ob auch Formularverträge AGB sind, mit einem Ja beantwortet. Es reicht aus, wenn die vorformulierten Klauseln, wer auch immer sie aufgestellt haben mag, eine generelle Verwendungsbestimmung haben. Folglich sind diese auch dann AGB, wenn sie von einer Person im konkreten Fall nur einmal verwendet worden sind. Auch hier ist ja das **Kennzeichen fehlender Verhandlungsbereitschaft** gegeben, sei diese nun mit eigener Rechtsunkenntnis ihres Verwenders begründet (der Vermieter verlässt sich lieber auf das Formular seines Grundeigentümervereins, der Handwerker benutzt ein Formular seiner Innung) oder aus tatsächlicher aktueller Übermacht herzuleiten. Daraus folgt auch, dass zwar der Sozialschutz ein wichtiges Motiv für den Erlass des AGBG gewesen ist, der Betroffene aber im Prozess seine wirtschaftliche und soziale Unterlegenheit nicht eigens nachweisen muss. Der tatsächliche Mangel effektiver Vertragsverhandlungen ist hinreichender Grund für die richterliche Abschluss- und Inhaltskontrolle.

Für **Verbraucherverträge,** also Abmachungen zwischen Unternehmern (§ 14 BGB) und Konsumenten (§ 13 BGB) sieht § 310 III BGB zusätzliche Besonderheiten vor. So verfügt er die Anwendbarkeit der §§ 305 ff. BGB insgesamt auch für sog. Drittklauseln (z. B. diejenigen eines Notars), sofern sie nicht gerade auf Veranlassung des Verbrauchers in das Vertragswerk eingeführt worden sind. Darüber hinaus wird namentlich die Inhaltskontrolle nach §§ 307–309 BGB auch dann durchgeführt, wenn die vorformulierte Bedingung nur zur einmaligen Verwendung bestimmt war.[122]

III. Der Zivilprozess

Das bislang in groben Umrissen skizzierte materielle Zivilrecht ist wenig wert, wenn sich die Beteiligten nicht an seine – sei es durch Gesetz vorgeschriebenen, sei es durch sie selbst begründeten – Anordnungen halten. Freilich ist vorweg zu betonen, dass die überragende Zahl der Rechtsbeziehungen komplikationslos

---

121 S. dazu BGH NJW 1988, 410 ff.
122 Insgesamt zu § 24 a AGBG als inhaltlichem Vorläufer des § 310 III BGB noch *Heinrichs*, NJW 1996, 2190 (2191–2194).

abgewickelt wird. Überdies geraten die Angelegenheiten auch dort, wo durchaus Zwistigkeiten unter Personen entstanden sind, in vielen Fällen nicht gleich zum förmlichen Rechtsstreit. Vielmehr werden sie oft genug noch gütlich beigelegt, indem etwa eine Partei der anderen nach entsprechender Information »Recht gibt« oder aber beide Seiten »aufeinander zugehen«. Letzteres geschieht in jüngster Zeit immer öfter im Wege der sog. Mediation. Bei ihr handelt es sich um ein aus den USA stammendes privates Verfahren, in dem die Parteien unter Anleitung eines besonders geschulten neutralen Dritten, des Mediators, ein Arrangement zur Beendigung ihrer Zwistigkeiten anstreben.[123] Gelingt dieser Versuch, so kommt es zu einem Vergleich (§ 779 I BGB). Sind hingegen die Konfliktgegner nicht imstande, ihre Probleme dergestalt gewaltfrei zu lösen, so bedarf es – da hierzulande die eigenmächtige Rechtsdurchsetzung verpönt ist[124] – eines hoheitlichen Verfahrens, um das fragliche Recht zu »finden« und ggf. verbindlich für die Streitenden festzulegen. In Zivilsachen – auch als bürgerliche Rechtsstreitigkeiten geläufig – steht diesen hierfür der bereits eingangs dieses Kurses (A I. a. A.) erwähnte **ordentliche Rechtsweg** offen. Aus der Perspektive der Betroffenen ist hier von einem Anspruch auf Justizgewähr die Rede, der über den Wortlaut des Art. 19 IV GG hinausreicht und unter Berufung auf das Rechtsstaatsprinzip lückenlosen Rechtsschutz verheißt. Das ist mittlerweile unangefochten und braucht an dieser Stelle deshalb nicht vertieft zu werden. Nunmehr interessiert uns der formelle Weg, auf dem die Konfliktbereinigung erreicht werden soll. Der Richter ist ja keine dergestalt mit Sonderbefugnissen versehene Figur, dass er seinen Spruch in ungebundener Machtvollkommenheit nach eigenem Gutdünken fällen dürfte. Vielmehr ist auch er zunächst auf das materielle Recht verpflichtet, das er in der konkreten Situation »finden« soll, und überdies ist ihm ein bestimmtes formelles Vorgehen vorgeschrieben, das in nach Rechtsgebieten differenzierter Weise den Gang des Verfahrens von dessen Beginn bis zum endgültigen Abschluss bezeichnet und zwingend einzuhalten ist.[125] Demgemäß bieten nicht nur Fehler des Gerichts bei der Anwendung des materiellen Rechts, sondern auch Verfahrensverstöße ggf. Anlass zur Anfechtung der jeweils ergangenen Entscheidung. Der rechtsförmlich ausgetragene bürgerliche Rechtsstreit nennt sich »**Zivilprozess**«. Das für diesen maßgebliche Verfahrensgesetz ist die zwischenzeitlich mehrmals novellierte **Zivilprozessordnung** vom 30. 1. 1877 (ZPO). Ergänzende Auskünfte über den Verfahrensablauf, vor allem hinsichtlich der sog. Zuständigkeiten und Instanzenzüge, gibt das **Gerichtsverfassungsgesetz** vom 27. 1. 1877 (GVG).

1 Seine Zwecke und Funktionen

Auf die Frage an jeden beliebigen Kläger, was er denn mit seinem Gang zum Gericht beabsichtige, wird wohl stets die Antwort lauten, dass er auf diesem Wege »sein Recht« erstreiten wolle; und auch der Beklagte wird die entsprechende Erwartung an den Richter herantragen, dass dieser ihn vor dem »ungerechten Angriff« bewahren, also nicht verurteilen möge. Beiden Parteien ist es so um die Durchsetzung bzw. Sicherung ihrer subjektiven Rechtsansprüche oder -positionen zu tun. Aus diesem Blickwinkel könnte folglich der Zweck des Zivilprozes-

---

123 Einzelheiten zur Wirtschaftsmediation als neben der Familienmediation derzeit wohl wichtigstem Anwendungsbereich *Risse*, NJW 2000, 1614 ff.
124 Zu Ausnahmen u. a. §§ 229 ff., BGB (sog. Selbsthilfe).
125 S. noch Art. 20 III GG: Bindung der Justiz »an Gesetz und Recht«.

ses im **staatlichen Schutz subjektiver Rechte** liegen.[126] Davon geht, ohne dies eigens hervorzuheben, auch unser geltendes Zivilprozessrecht aus. So verlangt z. B. § 253 ZPO für die Erhebung der Klage als formellem Beginn des Prozesses (durch sie wird gemäß § 261 I ZPO »die Rechtshängigkeit der Streitsache begründet«) eine Klageschrift, in der u. a. »die bestimmte Angabe des Gegenstandes und des Grundes des erhobenen Anspruchs« enthalten sein muss; und auch § 256 ZPO, der sich mit der Feststellungsklage beschäftigt, sieht die Bezeichnung eines bestimmten »Rechtsverhältnisses« vor. Die Gerichte sollen also nicht etwa in der Form eines abstrakten Gutachtens verkünden, wie eine umstrittene Rechtsvorschrift auszulegen sei, sondern das Recht in Bezug auf ein konkretes, im Klageanspruch unter Rekurs auf einen konkreten Sachverhalt dokumentiertes Interesse anwenden, und der Kläger darf nicht ein beliebiges Begehren geltend machen, sondern nur sein eigenes, das wiederum aktuell vom Beklagten bedroht sein muss. In dieser Konzentration auf das dem einzelnen verliehene subjektive Recht erweist sich der Zivilprozess als konsequentes Echo auf ein eben davon getragenes Privatrecht. In der gerichtlichen Praxis wird deshalb auch nie die Frage »nach der Rechtslage« gestellt, sondern über den speziell gemachten Anspruch gerechtet sowie darüber, ob bei dessen prinzipieller Bejahung sich der andere Teil ggf. auf sog. Gegenrechte berufen kann, die den Anspruch hinfällig machen oder wenigstens »blockieren« (s. noch unten B I. 2.3.3).[127]

Theoretisch unabdingbare, praktisch jedoch im Hinblick auf die Effektivität des Rechtsschutzes (kein ewiges Zuwarten auf den Richterspruch) sowie den Kostenaufwand zu relativierende Voraussetzung zur Erreichung des fraglichen Prozesszwecks ist die komplette Erfassung des tatsächlichen Geschehens, auf das die Parteien im Widerstreit ihre jeweiligen Positionen stützen. Ohne eine solche **Wahrheitsfindung** kann nicht festgestellt werden, ob denn eine vorderhand einschlägige Rechtsnorm, die den verfolgten Anspruch zunächst einmal »schlüssig« trägt, nun wirklich im konkreten Fall anwendbar und die Klage demgemäß »begründet« ist. Bei mangelhafter Aufklärung kann es allenfalls zufällig, aber nicht zwingend korrekte Entscheidungen geben. In dem damit geforderten Lichten des Tatsachengestrüpps liegt das Schwergewicht richterlicher Arbeit in den meisten Alltagsprozessen, denn der Streit dreht sich überwiegend nicht um unterschiedliche Interpretationen des Rechts, das einer Vielzahl der Beteiligten oft gar nicht oder nur rudimentär bekannt ist, sondern um widersprüchliche Darstellungen (Behauptungen) über das abzuurteilende tatsächliche Geschehen. Da der Richter fast nie »dabeigewesen« ist, bedarf er fremder Informationen (Beweismittel), um sich ein zureichendes Bild von der Sachlage zu machen. Darin bestehen zugleich die Hindernisse auf dem Weg zum ideal »richtigen«, d. h. auf korrekter Tatsachenbasis bei ebenso korrekter Normauslegung beruhenden Urteilsspruch. Zwar hält § 138 I ZPO die Parteien zur Wahrheit an, belegt jedoch einen Verstoß dagegen mit keiner unmittelbaren Sanktion. Darüber hinaus bergen die probaten Beweismittel (Zeugen, Sachverständige, Urkunden, Augenschein) Fehlerquellen wie Irrtümer, Gedächtnisschwäche, mangelnde Sachkompetenz usw. in sich, die eine genaue Rekonstruktion des Sachverhalts zumindest erschweren. Schließlich liegt es in der zeitlichen Begrenztheit jedes Verfahrens, dass die Tatsachenermittlung unter Druck und damit nicht mit einer abstrakt denkbaren Sorgfalt geschieht.

---

126 Dazu des Näheren *Gaul*, AcP 168 (1968), 27 ff.
127 Vorläufig sei wegen dieses individualisierenden Konzepts auf *Medicus*, AcP 174 (1974), 313 ff. verwiesen.

Diese Erschwernisse bringen manche dazu, das Prozessziel weniger in der Feststellung subjektiver Rechte zu sehen als in der »Wahrung des Rechtsfriedens«. Der jeweilige Streit soll – wie auch immer – autoritativ über die Gerichte bereinigt werden. Darin kommt indessen eine voreilige Resignation zum Ausdruck. Das Verfahren allein bietet keine zureichende Legitimation für die im einzelnen getroffene Entscheidung.[128] Die Einsicht in die Unzulänglichkeit jedweder Wahrheitsfindung führt nicht daran vorbei, dass ohne die Zielmarke **»materieller Wahrheit«** der Prozess in ein eher rhetorisches Scharmützel ausarten würde, dessen Resultate zumindest der Unterlegene nicht ohne weiteres hinnehmen würde. Auch das in concreto unrichtige Urteil erfährt seine äußerliche Bestandskraft nur durch diese Tendenz zur Wirklichkeitserfassung. Überdies würde das kurzsichtige Sichbegnügen mit einer lediglich »formellen Wahrheit« (wozu noch?) den Gerichten eine weithin unkontrollierbare Allmacht einräumen, die den rechts- und auch sozialstaatlichen Postulaten unserer bürgerlichen Gesellschaft diametral zuwiderliefe. Wir halten deshalb daran fest, dass der Prozesszweck subjektiven Rechtsschutzes weiterhin besteht und unlösbar mit der Notwendigkeit möglichst umfassender Aufklärung des streitigen Geschehens verbunden ist.[129]

Von **solcher primär durch die Sachverhaltsrekonstruktion** – i. S. einer Erhellung desjenigen Geschehensverlaufs, der den konkreten Anlass zur jeweiligen Rechtsverfolgung bzw. -verteidigung bietet – **gekennzeichneten Realität des Zivilrechtskonflikts** nimmt die universitäre Ausbildung freilich kaum Kenntnis. In ihr wird nahezu ohne Ausnahme mit unstreitigen Tatsachen gearbeitet, d. h. im Widerspruch zur ganz überwiegenden Praxis mit fest vorgegebenen Fallgestaltungen. Die Folge davon ist eine einseitige Orientierung an der Normarbeit, in der es »nur« noch darum geht, die für die Falllösung passenden Rechtsvorschriften ausfindig zu machen sowie sich mit deren von Justiz und Wissenschaft entwickelter Auslegung zu befassen. Von daher kommt es wiederum nicht überraschend, dass der Rechtsstab sich vorwiegend über die Normkenntnis und -interpretation definiert und als »gute Juristen« in erster Linie diejenigen gelten, die auf diesem Sektor besonders bewandert sind.[130] Dieses Grund- und Selbstverständnis wandelt sich auch im zweiten Ausbildungsabschnitt, dem sog. Referendariat, nicht mehr wesentlich. Zwar werden die Studierenden dort endlich mit »lebendigen«, also i. d. R. strittigen Fällen konfrontiert, doch ist die hier zur Verfügung stehende Zeit viel zu knapp, um den »Normprimat« zugunsten einer ebenso soliden Rekonstruktionskompetenz zu relativieren. An alledem wird auch dieser Kurs wenig verändern (können). Der für zivilrechtliche Einführungen eher ungebräuchliche Abschnitt über den Zivilprozess mag so allenfalls geeignet sein, frühzeitig auf das wirkliche Konfliktgeschehen aufmerksam zu machen und eine gewisse Sensibilität dafür zu erzeugen, dass auch die besten Rechtskenntnisse wenig nützen, wenn sie auf unkorrekt ermittelte Sachverhalte angewandt werden.

Doch selbst wenn es gelingt, das den Streit auslösende Einzelgeschehen hinreichend zu rekonstruieren, steht ungeachtet der Normenfülle nicht stets schon ein Rechtsprogramm zur Verfügung, anhand dessen die Konfliktbereinigung ohne Weiteres zu bewältigen wäre. Gerade die Offenheit legislativer Vorgaben kenn-

---

128 So aber *Luhmann*, Legitimation durch Verfahren, 2. Aufl. 1975, dessen Ausführungen S. 55–135 auch für das Folgende von Belang sind.
129 Vgl. auch *Gilles* in FS Schiedermair (1976), S. 183 ff.
130 Ausführlich zu den damit einhergehenden Kompetenzdefiziten *E. Schmidt*, KritV 1989, 303 ff.

zeichnet nämlich den einem pluralistischen Gemeinwesen adäquaten Rechtszustand. Die Reaktion auf wirtschaftliche Veränderungen und das Einfangen neuer sozialer Strömungen ist mithin **Zusatzaufgabe der Justiz,** solange und sofern der Gesetzgeber dazu schweigt. Sie wiederum kann nur im Rahmen eines aktuellen Verfahrens bewältigt werden, ohne das sich der nur auf Anruf tätige Gerichtsstab nicht zu artikulieren vermag. Diese Aktivitäten reichen von der **Neu- bzw. Uminterpretation von Normen** über eine vorsichtige **Rechtsfortbildung** bis hin zu **völliger Neuschöpfung des Rechts.** Demgemäß ist auch der Prozesszweck zu erweitern oder – wenn man so will – ihm ein weiterer hinzuzufügen: zwar ist die Verfolgung subjektiver Rechte auch hier nach wie vor der eigentliche Verfahrensimpuls, jedoch mit der Besonderheit, dass im Hinblick auf die nicht nur subjektive (inter partes), sondern zugleich objektive Ungewissheit der Rechtslage der Richter die konkret beanspruchte Rechtsposition erst einmal in die Rechtsordnung einpassen muss. Hierzu genügt natürlich nicht das Aufbereiten eines gewissermaßen »parteigebundenen« Tatsachenmaterials. Hinzu tritt die Erforschung der über den Horizont des Einzelfalls hinausreichenden sozialen Gesamtdaten, ggf. anhand soziologischer und Wirtschaftsgutachten, Interviews, Umfragen usw. Nicht selten behelfen sich die Gerichte allerdings mit ihrer eigenen »Weltsicht«, indem sie etwa auf den »verständigen Rechtsgenossen« bauen, einer »wirtschaftlichen Betrachtungsweise« huldigen oder eine »Verkehrsauffassung« zugrunde legen, die sie keineswegs empirisch ermittelt haben.[131] Dazu soll freilich nicht verschwiegen werden, dass unser noch deutlich von gesellschaftlicher Homogenität und demgemäß totaler »Konditionalisierung« geprägtes formales Rechtssystem der hier angesprochenen Offenheit der rechtlichen Regulierung einigermaßen hilflos gegenübersteht und den Gerichten das zur Bewältigung dieses neuen Aspekts benötigte Instrumentarium weithin noch vorenthält. Gleichwohl ist er Realität, so dass man sagen kann, dass der Prozess neben dem Schutz subjektiver Rechte auch die **Gewährleistung (Ausformung) des objektiven Rechts** anstrebt.[132]

Ist damit der Prozesszweck auch um eine generalisierende Komponente erweitert, die dem Richter eine nicht unumstrittene soziale Gestaltungsfunktion zuweist, so sind doch nach wie vor diejenigen Konflikte ausgeblendet, die sich nicht um Einzelrechte oder -befugnisse drehen, sondern **kollektive Interessen** zum Gegenstand haben. Gemeint sind hierbei nicht interpersonelle Belange, die sich – wie z. B. bei gemeinschaftlicher wirtschaftlicher Betätigung – in einen mit eigener Rechtspersönlichkeit beliehenen Verbund (juristische Person) einbringen lassen. Vielmehr geht es um solidarische Betroffenheiten, die nicht als Eingriff in ein etwa aus individuell zugewiesenen Positionen sich summierendes »Gesamtrecht« verstanden werden können, wobei oft präventive Maßnahmen gegen eine zu gewärtigende »Bedrohung« zur Debatte stehen. Zu denken ist an Umweltgefährdungen, Verbraucherbenachteiligung, Wettbewerbsverzerrungen usw. Hier zeichnet sich die Notwendigkeit ab, neue Formen eines Sozialschutzes zu entwickeln, die nicht mehr auf ein subjektives Recht abheben und demzufolge auch keine personell fixierte Rechtsträgerschaft verlangen. In einigen Bereichen ist eine derartige **Verbandsklage** bereits zugelassen; so etwa durch § 13 UWG oder durch das bereits früher (A I. 2.3 a. E.) erwähnte Gesetz über Unterlassungsklagen (UKlaG). Ihre

---

131 Lesenswert *Jost*, Soziologische Feststellungen in der Rechtsprechung des Bundesgerichtshofs in Zivilsachen, 1979.
132 Zum Ganzen *E. Schmidt*, Der Zweck des Zivilprozesses und seine Ökonomie, 1973, S. 9–38, sowie *ders.* in FS Wassermann (1985), S. 807 ff.

»Aktivlegitimation« (Sachbefugnis) beziehen die betr. Verbände ungeachtet einer sogar vom Gesetzgeber geförderten Ansicht (s. § 3 I a. A. UKlaG) nicht – wie sonst üblich – aus der Innehabung subjektiver Rechte, sondern durch eine satzungsmäßig vorgesehene und tatsächlich durchgeführte Wahrnehmung kollektiver Wettbewerbs- und Verbraucherinteressen.[133] Diejenigen, deren Interessen solchermaßen verfolgt werden, brauchen selbst nicht Mitglied des fraglichen Verbandes zu sein. Das Klagziel geht in erster Linie auf Unterlassung gewisser wettbewerbswidriger Maßnahmen, auf Nichtverwendung oder -empfehlung unangemessener Allgemeiner Geschäftsbedingungen sowie auf Untersagung verbraucherrechtswidriger Praktiken. Hier konturiert sich allmählich ein neuer Prozesszweck, der gleichsam zwischen den beiden zuvor genannten steht: die privatim veranlasste **justizielle Sicherung markt- und gesellschaftsadäquaten Verhaltens.**

2 Seine Ausgestaltung

Der konventionelle Zivilprozess orientiert sich jedoch noch vornehmlich an der individuellen Rechtsdurchsetzung, deren Motor der einzelne selbst ist. Es bleibt ihm überlassen, ob er seinen Konflikt überhaupt vor ein Gericht bringt und ob er von einem ihm günstigen Urteil Gebrauch macht, d. h. daraus »vollstrecken« lässt. Das Zivilverfahren ist nämlich zweiteilig organisiert: Zunächst geht es im sog. **Erkenntnisverfahren** darum, ob der geltend gemachte Anspruch überhaupt besteht. Diesem Abschnitt, der von der Klageerhebung bis hin zum Erlass eines definitiven Urteils reicht, sofern sich die Parteien nicht vorzeitig »vergleichen«, sind die Vorschriften der §§ 1 – 703d ZPO gewidmet. Hernach geben die das **Vollstreckungsverfahren** regelnden §§ 704–915 ZPO darüber Auskunft, auf welche Weise gegen den je Unterlegenen (den Vollstreckungsschuldner) vorzugehen ist, der seinen Widerpart (den Vollstreckungsgläubiger) trotz des ihn bindenden »Titels« (§§ 704, 794 ZPO) nicht frühzeitig befriedigt. Dieser Verfahrensteil kann im Rahmen dieses Kurses allerdings vernachlässigt werden. Wir begnügen uns daher im Folgenden mit der kursorischen Darstellung des Weges, auf dem subjektive Rechte bzw. die daraus fließenden Befugnisse gerichtlich auf ihren Bestand überprüft werden.

2.1 Grundzüge des Erkenntnisverfahrens

Der Zivilprozess beginnt, wie bereits mehrfach betont, mit der **Klageerhebung.** Will der Kläger nicht Gefahr laufen, dass seine Klage sogleich als »unzulässig« abgewiesen wird, müssen gewisse persönliche und sachliche Grundvoraussetzungen gegeben sein. Zu jenen gehört neben der an die Rechtsfähigkeit gekoppelten **Parteifähigkeit** (§ 50 ZPO) die von der Geschäftsfähigkeit determinierte **Prozessfähigkeit** (§§ 5l, 52 ZPO), ferner die Fähigkeit, vor Gericht wirksame Erklärungen abzugeben bzw. Handlungen vorzunehmen (z. B. eben die Klageerhebung, das Stellen von Anträgen oder deren Zurücknahme usw.). Diese sog. **Postulationsfähigkeit** haben prozessfähige natürliche oder juristische Personen nur vor den Amtsgerichten, und auch dort nicht vor dem Familienrichter. Grundsätzlich herrscht nämlich Anwaltszwang, d. h. die Parteien müssen sich durch einen »Rechtsanwalt als Bevollmächtigten vertreten lassen« (§ 78 ZPO). Sachlich

---

133 Über die Schwierigkeiten, kollektive Interessenwahrnehmung und individualistisches Verfahrensverständnis miteinander zu versöhnen, anschaulich *Lindacher*, ZZP 103 (1990), 397 ff.; ferner *E. Schmidt*, NJW 1989, 1192 ff. u. 2002, 25 ff.

ist zunächst einmal notwendig, dass der »**ordentliche Rechtsweg**« gegeben ist, also die Angelegenheit überhaupt von einem Zivilgericht abgeurteilt werden darf (§ 13 GVG). Ferner muss die Klage beim als Erstinstanz **zuständigen Eingangsgericht** eingereicht werden. Das sind die Amtsgerichte bei einem »Streitwert« bis zu 5000 Euro und ohne Rücksicht auf diesen Streitwert vor allem bei Wohnungsmiet- und Familienstreitigkeiten (§§ 23 ff. GVG). Ansonsten werden die Landgerichte im ersten Rechtszug tätig (§ 71 GVG). Darüber hinaus muss die **örtliche Zuständigkeit** gewahrt sein. Man kann also nicht etwa eine Schadensersatzklage auf Zahlung von 1 000 Euro bei jedem beliebigen deutschen Amtsgericht einlegen. Dieser Gerichtsstand richtet sich, sofern nicht Sonderregeln (§§ 20 ff. ZPO) gelten, nach dem Wohn- bzw. Geschäftssitz der zu verklagenden natürlichen oder juristischen Person (§§ 12, 13, 17 ZPO). Schließlich muss die Klageschrift den in § 253 ZPO gestellten Anforderungen entsprechen.

Nunmehr liegt es am Gericht, die Voraussetzungen für eine möglichst schnelle Bereinigung des Konfliktes **im Rahmen einer mündlichen Verhandlung** zu schaffen (§§ 270 ff. ZPO). Zu den so geforderten Aktivitäten gehören u. a. die Festlegung des Verhandlungstermins, Zustellung einer Durchschrift der Klage an den Beklagten mitsamt der Aufforderung, ggf. einen Anwalt zu bestellen und innerhalb einer bestimmten Frist sich auf die Klage »einzulassen«, sowie das Hinwirken auf die Präsenz von Beweismitteln zum Haupttermin. Zu dessen Vorbereitung kann das Gericht formell zwei Wege einschlagen: entweder die Ansetzung eines »frühen ersten Termins zur mündlichen Verhandlung«, in dem u. U. das Verfahren auch schon abgeschlossen werden kann (§ 275 ZPO), oder ein schriftliches Vorverfahren (§ 276 ZPO).

Im **Haupttermin** (§ 279 ZPO), dem seit kurzem eine sog. Güteverhandlung vorgeschaltet ist (§ 278 ZPO), erstattet das Gericht zunächst einen Bericht über den aktuellen Streitstand. Sodann findet nach Anhörung der etwa persönlich erschienenen Parteien die streitige Verhandlung statt mitsamt der Stellung der Anträge (§ 297 ZPO). Anschließend soll nach Möglichkeit sogleich die Beweisaufnahme durchgeführt werden. Nur falls dies nicht tunlich ist, ordnet der Richter per Beschluss ein **besonderes Beweisverfahren** an (§ 358 ZPO). Nach der Beweiserhebung ist erneut streitig zu verhandeln (§ 285 ZPO) und schließlich, sofern die Sache zur abschließenden Entscheidung »reif« ist (§ 300 ZPO), das **Urteil** zu verkünden – sei es noch zu Ende des Haupttermins oder in einem sofort anzuberaumenden Verkündungstermin (§ 310 ZPO). Damit ist die erste Instanz abgeschlossen.

Schaubild 2

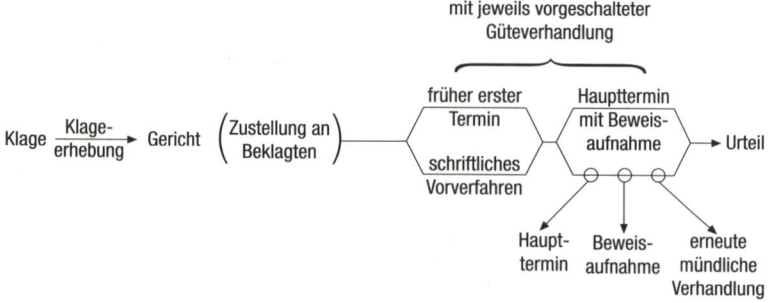

Ist der je Unterlegene – Kläger oder Beklagte; bei nur teilweisem Erfolg der Klage können es auch beide sein – mit dem Urteil nicht einverstanden, so kann er bzw. sie es grundsätzlich mit dem Rechtsmittel der **Berufung** (§§ 511 ff. ZPO) anfechten. Prinzipielle Voraussetzung ist, dass eine Partei mit mehr als 600 Euro »beschwert« ist, was bedeutet, dass ihr ein Gegenstand (Sache, Geld, Dienstleistung usw.) von mindestens diesem Wert vorenthalten – Klägeraspekt – oder auferlegt – Beklagtensicht – worden ist. Unabhängig hiervon kann die Berufung in Fällen von grundsätzlicher Bedeutung zugelassen werden (§ 511 IV ZPO).

Lief der Prozess in erster Instanz vor dem Amtsgericht ab, so findet die Berufung an das Landgericht (§ 72 GVG) mit Ausnahme von Kindschafts- und Familiensachen statt, die in zweiter Instanz vor dem Oberlandesgericht verhandelt werden (§ 119 I Nr. 1a GVG). Letzteres ist auch für das Berufungsverfahren zuständig, das den Prozess im Anschluss an ein erstinstanzliches landgerichtliches Urteil fortsetzt (§ 119 I Nr. 2 GVG).[134] Die Berufung eröffnet dem »Berufungskläger«, der auch der Beklagte des ersten Rechtszuges sein kann, in den von §§ 520 III 3 u. 4, 529 I, 531 II ZPO gezogenen Grenzen ggf. eine weitere Tatsacheninstanz: d.h. der Streitfall wird dann nicht nur im Hinblick auf seine rechtliche Würdigung, sondern auch in Bezug auf die kritisierte bzw. noch ausstehende Sachverhaltsermittlung neu aufgerollt. Im Übrigen läuft das Verfahren praktisch wie in der Vorinstanz (§ 525 ZPO).

Mit dem Berufungsurteil wird der Prozess definitiv abgeschlossen, sofern die ihm die zugrunde liegende Rechtssache nicht von übergreifender Bedeutung ist oder Anlass zur Rechtsfortbildung bzw. zur Sicherung einer homogenen Judikatur bietet. In diesen in § 543 I ZPO bezeichneten Fällen sind die Berufungsgerichte neuerdings gehalten, ein weiteres Rechtsmittel, nämlich die **Revision** beim Bundesgerichtshof (§ 133 GVG), zuzulassen. Tun sie es nicht, so kann dagegen die sog. Nichtzulassungsbeschwerde erhoben werden (§ 544 ZPO). Da § 511 IV ZPO die o. a. Revisionsgründe auch schon für die Zulassung einer ansonsten eigentlich nicht statthaften Berufung vorsieht, ist es mithin i. G. zur bis Ende 2001 gültigen Rechtslage nunmehr möglich, dass eine bei einem Amtgericht über einen Streitwert von 500 Euro eingelegte Klage ausnahmsweise bis vor den Bundesgerichtshof gelangt.

Anders als ggf. die Berufung eröffnet die Revision keine (dritte) Tatsacheninstanz. Überprüft wird allein die von dem »Untergericht« vorgenommene Rechtsanwendung. Folglich kann dieses Rechtsmittel nur auf eine »Gesetzesverletzung« gestützt werden (§§ 545–547 ZPO). In Bezug auf die Tatsachenerforschung ist der Bundesgerichtshof an die Feststellungen der Vorinstanz gebunden (§ 559 ZPO) Dabei wird allerdings vorausgesetzt, dass die Sachverhaltsermittlung ordnungsgemäß, d. h. unter gehöriger Beobachtung der diesbezüglichen Verfahrensregeln sowie unter Einhaltung der sog. Denkgesetze, die willkürliche Annahmen verbieten, stattgefunden hat. Sofern gerade dies als nicht geschehen gerügt wird, findet eine entsprechende Kontrolle statt (s. auch §§ 551 III Nr. 2 b, 559 I 2 ZPO), an deren Ende u. U. die Zurückverweisung der Sache an das Berufungsgericht zur Behebung der Feststellungsmängel steht (§ 563 I ZPO).

Insgesamt folgt allerdings aus dem bisher Dargestellten, dass entgegen landläufiger Vorstellung für den Zivilprozess keineswegs stets drei Instanzen zur Verfü-

---

134 Von der in § 119 III GVG eingeräumten Möglichkeit, das OLG zur generellen Berufungsinstanz auszugestalten, hat bislang kein Bundesland Gebrauch gemacht.

gung stehen. Das ist vielmehr die Ausnahme, da die meisten Verfahren beim Amtsgericht beginnen und dort sogar enden können, falls die besagte Berufungsbeschwer für keinen der Beteiligten erreicht ist (Extremfall: Von den eingeklagten 1200 Euro spricht das Gericht dem Kläger nur 600 Euro zu).

Schaubild 3

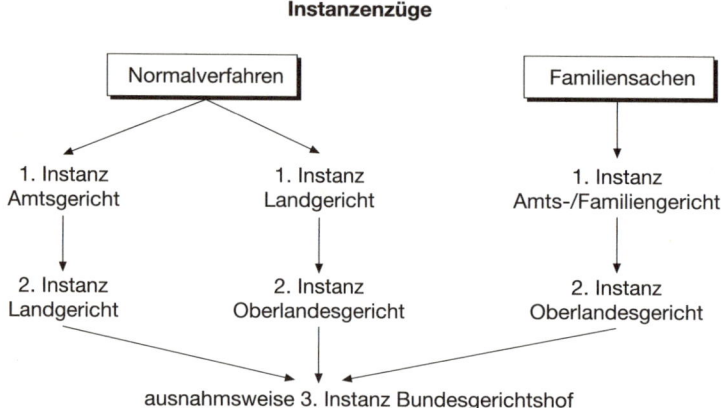

2.2 Wichtige Prozessmodalitäten

Die zuvor beschriebenen Verlaufsformen von Zivilprozessen sagen noch wenig über das Verfahren »in action« aus. Bereits der Zugang zum Gericht ist mit diversen Stolpersteinen gepflastert, die hier nur andeutungsweise bezeichnet werden können. Mangelnde Rechtskunde, Kommunikationsdefizite, bürokratische Hemmnisse und vor allem die für die Durchführung eines Rechtsstreits benötigten Gelder versperren nicht selten faktisch den doch von Verfassungs wegen eigentlich eröffneten Rechtsweg. Aber auch bei Überwindung der sich so aufbauenden Barrieren hat man das angestrebte Recht noch längst nicht »in der Tasche«. So hängt etwa die soziale Effizienz eines Prozesses ganz wesentlich von den **Verfahrensprinzipien** ab, die ihn beherrschen. Auch bedürfen die Gerichte einer Handhabe für solche Fälle, in denen ihnen die Wahrheitsfindung deshalb misslingt, weil ihnen keine oder nur unzureichende Mittel zur Rekonstruktion des Sachverhalts (sog. Beweismittel) verfügbar sind. Hier müssen sie bei Ungewissheit entscheiden, wozu – um wiederum der Beliebigkeit zu begegnen – entsprechende Direktiven, die sogleich noch anzusprechenden **Beweislastregeln**, vonnöten sind.

2.2.1 Verfahrensprinzipien

Da hierzulande jeder selbst darüber befinden können soll, ob er gerichtliche Hilfe in Anspruch nehmen möchte, kommt der Zivilprozess[135] nicht ohne eine entspre-

---

[135] Übrigens auch die meisten sonstigen Verfahren mit Ausnahme namentlich des Strafprozesses!

chende Rechtsschutzbitte in Gang. Es bleibt mithin den Einzelnen überlassen, wie sie über ihre – ggf. auch nur vermeintlichen – Rechte verfügen. Die sich in dieser Entscheidungsfreiheit dokumentierende **Dispositionsmaxime** steht im Gegensatz zum Offizialprinzip, bei dem das Verfahren von Amts wegen eingeleitet und durchgeführt wird. Im einzelnen macht sich der Dispositionsgrundsatz nicht nur beim Klageerfordernis (§ 253 ZPO) und bei der Bindung der Gerichte an die Parteianträge (§ 308 ZPO, s. aber § 308a ZPO) bemerkbar. Die einmal eingereichte Klage kann unter gewissen Bedingungen auch zurückgenommen werden (§ 269 ZPO). Ferner haben es die Parteien durch Verzicht und Anerkenntnis (§§ 306, 307 ZPO), vor allen Dingen aber durch Vergleich (§§ 779 BGB, 794 I Nr. 1 ZPO) in der Hand, den Prozess vorzeitig zu beenden. Ähnliches gilt für Berufung und Revision (§§ 515, 516, 565 ZPO).

Gleichfalls als Ausfluss der Privatautonomie wird gern die sog. **Verhandlungsmaxime** apostrophiert.[136] Sie besagt grob, dass – anders als beim Inquisitionsprinzip – die Faktenbeibringung (nicht: -bewertung) den Parteien obliege und der Richter an das ihm unterbreitete Faktenmaterial gebunden sei. Im geltenden Prozessrecht ist dieser Grundsatz allenfalls vage angedeutet (vgl. §§ 138 III, 288, 331 I 1 ZPO), und er darf gewiss nicht dahin verstanden werden, als dürften die Beteiligten willkürlich über Tatsachen verfügen, womöglich den Richter dazu zwingen, über einen evident unrichtigen Sachverhalt zu urteilen. Schon im materiellen Recht finden sich etwa in § 779 BGB (s. ferner §§ 308 Nrn. 5 u. 6, 309 Nr. 12 b BGB) Vorschriften, die eine gewisse Distanz gegenüber rechtsgeschäftlichen Dispositionen erkennen lassen, die auf falscher Realitätseinschätzung beruhen bzw. auf Fiktionen abzielen. Zu erinnern ist ferner an die diversen Umgehungsverbote (s. o. A I. 2.3.2), mit denen primär der Verbrämung von Fakten ein Riegel vorgeschoben werden soll.

Vor allem aber ist es das Wahrheitserfordernis als unabdingbare Voraussetzung zur Erreichung des Prozessziels wirksamen Rechtsschutzes (s. o. A III. 1), das ein beliebiges Hantieren mit den Tatsachen verbietet. Dem trägt namentlich § 138 I ZPO mit seiner Statuierung einer umfassenden »**Wahrheitspflicht**« Rechnung, mag sie auch nicht unmittelbar sanktionsbewehrt sein. Im übrigen ist zu unterscheiden: Bei einer Kollusion (Zusammenspiel) beider Parteien in der Vorlage unzutreffender Fakten fehlt es bereits am Rechtsschutzbedürfnis als ungeschriebener, freilich im Normalfall vermuteter Prozessvoraussetzung, denn es kann nicht Aufgabe staatlicher Justizgewährung sein, Recht auf simulierte Sachverhalte anzuwenden. Gerichte sind – wie mittelbar auch § 256 ZPO ausweist – keine Behörden zur Erstattung von Gutachten. Sie sollten sich deshalb auch nicht scheuen, eine derartige Klage bei erkennbarem Missbrauch als unzulässig abzuweisen.

Im übrigen aber hat jede Partei Anspruch darauf, dass die andere die Wahrheit behauptet. Von daher legitimiert sich die dann freilich keineswegs mehr absolut zu denkende Verhandlungsmaxime allein in der zumeist wohl stichhaltigen Annahme, dass die Beteiligten aus interner Kenntnis des Konfliktstoffes am ehesten dazu in der Lage sind, den Streit im Tatsächlichen aufzuklären, und dank ihres Interessengegensatzes auch bereit sein werden, den Dingen aus eigener Initiative auf den Grund zu gehen.[137] Dieser Tendenz hat der Richter bei sichtba-

---

136 Zu deren Sinn und Grenzen *Weyers* in FS Esser (1975), S. 193 ff.
137 Weitere Einzelheiten bei *E. Schmidt*, DuR 1984, 24 ff.

ren Informationslücken nachzuhelfen – zum einen, indem er die Parteien zu weiterer Aufklärung veranlasst (§ 139 ZPO), zum anderen, indem er ggf. aus eigenen Stücken Urkunden und Akten herbeizieht, das Gutachten eines Sachverständigen anfordert, Augenschein nimmt oder eine Parteivernehmung anordnet (§§ 142 ff., 448 ZPO). Lediglich Zeugen darf er ohne Bezugnahme der Beteiligten nicht laden und befragen. Namentlich die umfassend gestaltete Vorbereitungspflicht des Gerichts (§ 273 ZPO) zeigt einen **deutlichen Zug zur richterlichen Mitsteuerung** der Informationsbeschaffung.[138]

Darin erweist sich nicht zuletzt die Konsequenz aus der Erkenntnis, dass eine Materialisierung des Zivilrechts ohne ein demgemäßes prozessuales Instrumentarium nicht durchzusetzen ist. Ein Richter, der privatautonomer Gestaltung Grenzen ziehen und zugleich gesetzesvertretende Zwecke setzen kann und muss, bedarf des unmittelbaren Zugriffs auf die soziale Wirklichkeit, ohne deren Kenntnis er solche Aufgaben nicht zu lösen vermag. Insofern kommt ihm über die formelle Verhandlungsführung hinaus eine aktive Rolle im Prozessgeschehen zu. Er ist nicht mehr lediglich Empfänger parteigefilteter Information, die er dann seiner rechtlichen Beurteilung zugrunde legt. Das überkommene Motto »da mihi facta, dabo tibi ius« (reich mir die Fakten, wofür ich Dir das Recht geben werde) hat folglich viel von seiner Aussagekraft verloren. Andererseits darf das Gericht die Parteien in rechtlicher Hinsicht nicht überfahren. Auf einschlägige wesentliche Gesichtspunkte muss es die Beteiligten hinweisen und ihnen Gelegenheit zur Stellungnahme geben (§ 139 II u. V ZPO).

Insgesamt lässt sich das soeben skizzierte Zusammenspiel zwischen Gericht und Parteien sowie deren Anwälten als **Kooperationsmaxime** kennzeichnen.[139] Diese Bezeichnung will klarstellen, dass der Zivilprozess keine Art von Duell ist, bei dem letztlich die listigere und finanziell besser betuchte Partei den Sieg »von Freiheits wegen« davontragen soll, sondern eine rechtlich geordnete Veranstaltung mit dem Mandat an das Gericht, sich im Verein mit den Beteiligten um eine faire Konfliktlösung unter möglichst realitätsgetreuer Rekonstruktion zu bemühen.

2.2.2 Beweislastregeln

Solches Bemühen kann freilich – wie bereits angedeutet – vor allem dann scheitern, wenn es dem Richter nicht gelingt, den für den Tatbestandsabgleich unerlässlichen singulären Sachverhalt hinreichend zu ermitteln. Eine derartige Ungewissheit über dasjenige, was »wirklich geschehen ist«, kommt im Alltagsprozess häufig vor. Ihren Ausgang nimmt sie in den in aller Regel unterschiedlichen Faktendarstellungen der Parteien.[140] Die Divergenzen beruhen in den meisten Fällen durchaus nicht auf einem allzu lockeren Umgang mit »der Wahrheit«. Vielmehr sind es ganz überwiegend widersprüchliche Eindrücke und Informationen, die zu voneinander abweichenden Verlaufsschilderungen führen. Sind dann keine Beweismittel (wie vor allem Zeugen) verfügbar oder dieselben zwar vorhanden, aber unbrauchbar (z. B. bei fehlendem Erinnerungsvermögen), so muss das

---

138 S. noch *E. Schmidt* in FS Schneider (1997), S. 193 ff.
139 Den Weg »von der Verhandlungs- zur Kooperationsmaxime« beschreibt eindringlich *Wassermann*, Der soziale Zivilprozess, 1978, S. 97–128.
140 Bei entsprechender Übereinstimmung, die gemäß § 138 III ZPO auch dann anzunehmen ist, wenn die gegnerische Version »nicht ausdrücklich bestritten« wird, darf sich das Gericht auf die solchermaßen gemeinsamen Parteiangaben verlassen (§ 288 I ZPO)!

Gericht auf die Regeln über die (objektive) **Beweislast** zurückgreifen.[141] Diese geben Aufschluss darüber, zu wessen Ungunsten es ausschlägt, wenn bestimmte umstrittene Tatsachen (genauer: Behauptungen über sie), auf die es ankommt, um eine ins Auge gefasste Rechtsfolge zu begründen, unaufklärbar bleiben. Man benötigt für derartige Fälle eines »non liquet« (es bleibt unklar) Entscheidungsgrundsätze, weil der Richter nicht auf »Unentschieden« votieren noch gar den Rechtsstreit ohne Resultat einfach vertagen oder beenden darf. Nachgerade klassisch ist die Beweislastregel »in dubio pro reo« (im Zweifel für den Angeklagten) aus dem Strafprozess. Sie besagt, dass der staatliche Strafanspruch nicht realisierbar ist, solange nicht sämtliche tatsächlichen Voraussetzungen des entsprechenden Straftatbestands erwiesen sind, und erfährt nur ausnahmsweise eine Durchbrechung (z. B. in § 186 StGB).

Im Zivilprozess ist ein so ehernes Generalprinzip (etwa: im Zweifel gegen den Kläger) nicht durchhaltbar, weil es in ihm zum einen nicht um so gravierende Folgen wie den Freiheitsentzug geht und zum anderen die dem Zivilrecht eigentümliche Wechselbezüglichkeit des Gebens und Nehmens/Vorenthaltens ins Kalkül gezogen werden muss. Gleichwohl hat sich auch für ihn ein Grundschema herausgebildet, von dem erst und nur dann abgewichen werden kann, wenn das Gesetz dies eigens vorsieht oder sich die Unaufklärbarkeit auf Umstände bezieht, die von der Judikatur aus besonderen Gründen in den »Verantwortungsbereich« (vgl. § 309 Nr. 12 a BGB) eines der Beteiligten verwiesen worden sind.

Bevor dies näher ausgeführt wird, soll noch auf eines kurz aufmerksam gemacht werden: auf die Prinzipien zur objektiven Beweislast wird nur zurückgegriffen, sofern sich der Richter weder positiv (so ist es gewesen) noch negativ (so war es keinesfalls) einen Reim auf das strittige Geschehen machen konnte. Vorrang hat demnach die gemäß § 286 ZPO grundsätzlich **freie Verhandlungs- und Beweiswürdigung,** und deren Resultate hängen wiederum davon ab, welchen Grad von Wahrscheinlichkeit bzw. Unwahrscheinlichkeit (das sog. Beweismaß) das Gericht seiner Überzeugungsbildung zugrunde legt. Zwar wird das Regelbeweismaß üblicherweise mit »an Sicherheit grenzende Wahrscheinlichkeit« definiert, jedoch fehlt dazu die – gar mathematisch ablesbare – Messlatte. In der Praxis dürfte denn auch eher nach der ganz überwiegenden Wahrscheinlichkeit entschieden werden, die letzte Erkenntniszweifel ebenso vernachlässigt wie umgekehrt nicht schon bei der Möglichkeit des behaupteten Geschehensablaufs beginnt. Von Gesetzes wegen wird solche Herabsenkung des Beweismaßes noch für wichtige Konstellationen untermauert – so etwa für die Fälle eines Gewinnentgangs (§ 252 S. 2 BGB) und allgemeiner für die sog. freie Schadensschätzung nach § 287 ZPO.[142] Arrondiert (abgerundet) wird dies noch dadurch, dass dem Gericht oft nur Hilfstatsachen (sog. Indizien) zur Verfügung stehen, ihm also ein direkter Zugriff auf den strittigen Tatsachenstoff (der sich demgemäß aus den Haupttatsachen konstituiert) gar nicht möglich ist. Der entsprechende Schluss von der bewiesenen Hilfs- zur nicht (mehr) unmittelbar erweislichen Haupttatsache – der Beklagte ist etwa gesehen worden, wie er mit einem Benzinkanister das kurz hernach in Brand

---

141 Hiervon abgegrenzt wird herkömmlicherweise die subjektive Beweislast, besser Beweisführungslast genannt, die danach fragt, welche Partei für welche Tatsachen ggf. Beweismittel benennen muss. Sie ist in erster Linie hinsichtlich des Zeugenbeweises von Belang, kann doch das Gericht sämtliche anderen Beweismittel wie namentlich Urkunden, Augenschein und Sachverständige auch von sich aus (von Amts wegen) heranziehen.
142 Dazu *Arens*, ZZP 88 (1975), 1 ff.

stehende Haus verlassen hat – ist allerdings nur zulässig, wenn jene eine aus der Lebenserfahrung gewonnene typische Basis für die Annahme der letzteren darstellt. Man spricht hier von einem **Anscheinsbeweis**, der zwar die Beweislast nicht »umkehrt«, wohl aber den Gegner dazu zwingt, sich nun seinerseits mit Hilfe von Fakten zu entlasten, die einen anderen Verlauf der Dinge ernsthaft als möglich erscheinen lassen (der o. a. Beklagte bringt z. B. eine Zeugin bei, die glaubhaft bekundet, dass es sich um einen Reservekanister für eine unmittelbar bevorstehende Auslandsreise gehandelt hat). Schließlich fällt auch die sog. **Beweisvereitelung** in den Problemkreis der richterlichen Verhandlungs- und Beweiswürdigung. Die ihr zugehörigen Fälle zeichnen sich dadurch aus, dass die beweisbelastete Partei aus bei der anderen Seite liegenden Gründen (u. a. Nichtvorlegen oder gar Beseitigung von Urkunden; Weigerung, sich vernehmen zu lassen – vgl. §§ 427, 444, 446 ZPO) in Beweisnot geraten ist.[143] Auch bei derartigen Konstellationen ist keine Veränderung der Beweislast vorgesehen; es steht jedoch im Ermessen des Gerichts, ob es das Vorenthalten des Beweismittels dahin würdigt, dass es die deshalb nicht verifizierbaren (nachweislichen) Behauptungen gleichwohl für wahr hält.[144]

2.2.2.1 Grundregel der Beweislastverteilung

Erst wenn also die soeben beschriebenen Würdigungs- und Ermessensspielräume nicht ausreichen, um zu einem Ja oder Nein auf die Wahrheitsfrage zu gelangen, wird das **Aufklärungsrisiko** relevant, dessen Zuordnung die Prinzipien über die objektive Beweislast gewidmet sind. Deren Hauptregel wird nach der sog. **Normentheorie** gebildet.[145] Diese wiederum besagt, dass es demjenigen, der einen Anspruch (z. B. auf Lieferung einer Sache, auf Schadensersatz etc.) durchsetzen möchte, zum Nachteil gereicht, wenn sich die in einer Norm für die **Anspruchsentstehung** vorausgesetzten Tatsachen ganz oder auch nur teilweise nicht verifizieren lassen. So kann etwa die Zahlungsklage der vermeintlichen Verkäuferin auf den Kaufpreis daran scheitern, dass der Abschluss eines Kaufvertrags bestritten wird und der ihn betreffende Hergang im Dunkeln bleibt. Das Gleiche kann dem Kläger aus § 823 I BGB passieren, dem zwar der Nachweis gelingt, dass die Beklagte sein Eigentum verletzt hat, nicht aber, dass dies fahrlässig geschehen ist. Benötigt werden demnach für die Anwendung der Normentheorie präzise Kenntnisse darüber, wie viele und welche anspruchsbegründenden Merkmale die je zu Rate gezogene Norm überhaupt vorsieht.

Entsprechend – nur diesmal zu Lasten des anderen Teils – verfährt man bei Unaufklärbarkeit von Tatsachen, die geeignet wären, einen an sich feststehenden bzw. festgestellten Anspruch zu vernichten oder dessen Durchsetzbarkeit zeitweilig oder gar definitiv zu verhindern. Die auf Anspruchsvernichtung bezogenen Gegenbehauptungen werden **Einwendungen** genannt (z. B. Erfüllungseinwand nach § 362 I BGB), die anderen als **Einreden** bezeichnet (z. B. Hinweis auf Stundung oder Berufung auf Verjährung, vgl. § 194 I BGB). Der Unterschied liegt darin, dass Einwendungstatsachen sich unmittelbar auf die Rechtslage auswirken und

---

[143] Grundsätzliches zum damit angeschnittenen Problemkreis einer Mitwirkung der nicht beweisbelasteten Partei bei der Sachverhaltsermittlung *Katzenmeier*, JZ 2002, 533 ff.
[144] Ergänzend zum Vorstehenden noch *Leipold*, Beweismaß und Beweislast im Zivilprozess 1985.
[145] Genaueres bei *Gottwald*, JuS 1980, 225 ff.

deshalb von Amts wegen zu berücksichtigen sind, Einredetatsachen hingegen rechtlich nur dann relevant werden, wenn von der Einredebefugnis auch Gebrauch gemacht, die Einrede also eigens »erhoben« wird. Das Gericht darf mithin eine Zahlungsklage nicht schon deshalb abweisen, weil Verjährung feststeht, sondern erst, wenn der ursprünglich Zahlungspflichtige sein daraus fließendes Leistungsverweigerungsrecht tatsächlich geltend macht (zu den Gegenrechten auch noch später B I. 2.2.3).

Doch zurück zur Normentheorie: Sie knüpft ja gerade an die Nichtbeweisbarkeit der eine Einwendung oder Einrede begründenden Fakten an und weist das betr. Risiko derjenigen Seite zu, die als zunächst Leistungspflichtige vergeblich ihre Entlastung reklamiert hat. Das zugrunde liegende Denkschema ist insgesamt ziemlich einfach und folgt zwanglos dem bereits oben (A III 1 bei Fn. 127) erwähnten, an Rechten und Gegenrechten orientierten Individualisierungskonzept.[146] Gewissermaßen für die Aufbausteine eines Anspruchs ist die als dessen Inhaberin (Gläubigerin) auftretende Person zuständig, für dessen »Abbruch« die in Pflicht genommene (Schuldnerin). Jene ist i. d. R. auch die Klägerin und diese die Beklagte, doch setzt sich das Modell auch dann durch, wenn die Parteirollen einmal vertauscht sind. Das kann etwa der Fall sein, wenn jemand sich eines Anspruchs gegen eine andere »berühmt« und diese sich dagegen zur Wehr setzen möchte. Hierfür steht ihr die negative Feststellungsklage gemäß § 256 I ZPO (Nichtbestehen der Schuld) zur Verfügung, bei der nicht sie als Klägerin das Fehlen ihrer Verpflichtung, sondern der Gegner als Beklagter deren Bestehen nachweisen muss.

Nicht genau in dieses Schema passen diejenigen Fälle, in denen **Nichtigkeits- oder Rechtfertigungsgründe** zur Debatte stehen, es also strittig ist, ob nicht etwa ein Gesetzes- oder Sittenverstoß (§§ 134, 138 BGB) vorgelegen hat oder sich der Rechtsverletzer auf eine Eingriffsbefugnis stützen konnte. Wäre dies zu bejahen, so würden die je geltend gemachten Vertrags- oder Schadensersatzansprüche von vornherein nicht entstanden sein, erklärt doch § 138 I BGB ein sittenwidriges Geschäft kurzerhand für nichtig und schützt § 823 I BGB die dort angeführten Rechte und Rechtsgüter nur vor widerrechtlicher Beeinträchtigung. Einschlägige Aufklärungsrisiken – hat sich die vermeintliche Gläubigerin etwa die gegnerische Unerfahrenheit zunutze gemacht (§ 138 II BGB) oder geschah die Verletzung womöglich in Notwehr (§ 227 BGB)? – müssten deshalb an sich der Anspruchstellerin zugewiesen werden. Dass dies dennoch nicht geschieht, verdankt sich zwei Zusatzerwägungen, die das Normenprinzip gelegentlich auch anderwärts ergänzen: Zum einen bilden Sittenwidrigkeits- und Rechtfertigungssituationen die verschwindende Ausnahme; zum anderen fällt der **Negativbeweis** (keine Ausbeutung, kein Angriff) besonders schwer. Das lässt es zumutbar erscheinen, hier der Gegenseite die Beweislast aufzuerlegen.

Hingegen wird diese Risikoverteilung nicht getragen von gelegentlich bemühten allgemeinen »**Günstigkeitserwägungen**«. Nach ihnen sollen Nachteile eines non liquet stets denjenigen Teil treffen, zu dessen Gunsten sich die unerweislich gebliebene Sachverhaltsschilderung ausgewirkt hätte. Ein derartiger Ansatz würde sogar das bloße Bestreiten erfassen, mit dem implizit ja eine vom Klägervorbringen abweichende, nunmehr dem Bestreitenden günstige Tatsachenabfolge eingeführt wird. Das hätte eine wechselseitige Aufklärungszuständigkeit zur

---

146 Weiterführend zum Zivilrecht als Anspruchssystem *Schapp*, JuS 1992, 537 ff.

Konsequenz und würde just auf die Pattsituation hinauslaufen, die mit Hilfe der Beweislastregeln gerade aufgelöst werden soll.

2.2.2.2 Sonderregeln der Beweislastverteilung

Wiewohl gängiges Muster für die Mehrzahl der Konfliktfälle, bietet die Normentheorie nicht zu sämtlichen Konstellationen eine adäquate Handreichung für die Bewältigung von unüberwindlichen Aufklärungshürden. In erster Linie gilt dies dort, wo es auf das Durchleuchten eines für den Anspruchsteller fremden Geschäftsbereichs, einer für ihn kaum durchschaubaren Organisation u. ä. ankommt, um die tatsächlichen Voraussetzungen für ein anspruchsbegründendes Merkmal (zumeist Verschulden) zu erhellen. Bei solchen oder ähnlichen Fallgestaltungen drängt es sich auf, eher dem Geschäftsinhaber, Organisationszuständigen etc. die Beweislast aufzubürden als der Gegnerin, die oft genug nicht einmal im Ansatz über Informationen darüber verfügt, wie es zu der fraglichen Rechts- oder Vertragsverletzung gekommen ist. Das Gesetz operiert hier mit sog. **Beweislastumkehrungen,** und die Rechtsprechung hat den dahinter steckenden Gedanken des »Näher-Dran-Seins« für wichtige Gebiete zu einem Konzept ausgeweitet, das – bei aller Vorsicht – mit einer **Beweislastverteilung nach Gefahrenbereichen** umschrieben werden kann.[147]

Allem voran ist in diesem Zusammenhang § 280 I 2 BGB zu nennen, der namentlich dem Vertragsschuldner das Risiko dafür zuweist, dass sich die Frage, ob seiner Pflichtverletzung ein Umstand zugrunde gelegen hat, den er hätte »vertreten« müssen (gemeint sind gemäß § 276 I 1 BGB i. d. R. Vorsatz oder Fahrlässigkeit), nicht eindeutig bejahen oder verneinen lässt. Steht die Verpflichtung als solche fest – diesbezüglich wiederum Beweislast beim angeblichen Gläubiger –, so muss der Verpflichtete den Nachweis dafür führen, dass deren (auch nur zeitweilige) Nichteinlösung nicht an ihm gelegen hat. Dessen Interna z. B. des Produktionsablaufs, der Warenkontrolle, der Transportvorkehr- entziehen sich zumeist dem Einblick des Gegners, so dass es eben Schuldnersache ist, sich zu entlasten (s. des Näheren noch B III. 4.1.1). Derlei Erwägungen haben auch außerhalb des Vertragsrechts dazu beigetragen, mit sog. **Verschuldensvermutungen** zu arbeiten. Exemplarisch hierfür ist § 831 I 2 BGB (entsprechend §§ 832 I 2, 836 I 2 BGB). Wer im allgemeinen Verkehr Dritte für sich arbeiten lässt, wird im Schadensfall mit herangezogen, sofern ihm nicht der **Entlastungsbeweis** dahin gelingt, sich bei Auswahl, Instruktion, Überwachung usw. korrekt verhalten zu haben.

In die nämliche Richtung ist seit zwei Jahrzehnten die Delikthaftung des Warenherstellers fortentwickelt worden. Galt vordem auch in Bezug auf sie nach Maßgabe der Normentheorie der Grundsatz, dass ein Offenbleiben der Verschuldensfrage demjenigen zum Nachteil gereichte, der aus von schädlicher Ware herrührenden Verletzungen i. S. des § 823 I BGB Schadensersatzansprüche herleiten wollte, so ist mit dem inzwischen mehrfach bestätigten sowie ergänzten Urteil des Bundesgerichtshofs vom 26. 11. 1968[148] ein grundlegender Wandel eingetreten. Nunmehr lautet die Beweisregel: Wird bei bestimmungsgemäßer Verwendung eines Industrieerzeugnisses eine Person oder eine Sache dadurch geschädigt, dass das Produkt fehlerhaft hergestellt war, so muss der Hersteller beweisen, dass ihn

---

147 Auch hierzu *Gottwald*, JuS 1980, 303 ff.
148 BGHZ 51, 91 ff.

hinsichtlich des Fehlers kein Verschulden trifft. Das unter E II. 4.5 noch eigens zu behandelnde Produkthaftungsgesetz hat diese Linie inzwischen bis hin zu einer objektiven Fehlerhaftung verlängert. Bei solcher »Haftungsverlagerung durch beweisrechtliche Mittel«[149] ist man indes nicht stehengeblieben. Daneben hat sich ein gewisser Sanktionsaspekt dahin durchgesetzt, dass bei gröblicher Missachtung elementarer Berufs- und Verkehrspflichten (z. B. eines Arztes, der vehement gegen die medizinischen Kunstregeln verstößt) die Unaufklärbarkeit eines Ursachenzusammenhangs zwischen der Pflichtwidrigkeit und einer hernach eingetretenen Rechtsverletzung (etwa Gesundheitsverschlechterung) dem grob fahrlässig Handelnden zur Last fällt.

Wir halten zuguterletzt fest: **Den Beweislastregeln kommt** angesichts des Umstands, dass im Alltagskonflikt ganz überwiegend nicht um »richtige Auslegung« von Normen, sondern um den »wahren Geschehensablauf« gestritten wird, und dank der Erfahrung, dass letzterer sehr oft im Dunkeln bleibt, **überragende praktische Bedeutung zu.** Deren hinreichende Beherrschung ist überdies bereits im Studium vonnöten, weil ungeachtet der für dasselbe signifikanten Arbeit mit unstrittigen Sachverhalten durchaus auch Fälle ausgegeben werden (können), in denen etwa mitgeteilt wird, dass dieses oder jenes nicht mehr feststellbar sei. Anders als bei erst zu rekonstruierenden Geschehnissen, die noch keine Entscheidung erlauben, sind solche Fälle nämlich »lösbar«. Das liegt an dem »Trick«, der die Beweislastregeln so effektiv macht: Was unaufklärbar bleibt, wird zuungunsten des Beweisbelasteten **negativ fingiert,** so dass wir doch noch zu einem feststehenden Sachverhalt kommen, der dann auch subsumtionsfähig ist.[150] Kann also z. B. das für den Anspruch aus § 823 I BGB erforderliche Verschulden nicht nachgewiesen werden, wird dessen Nichtvorliegen angenommen. Gelingt umgekehrt der Schuldnerin nicht der Entlastungsbeweis nach § 280 I 2 BGB, wird ihr – zunächst nur vermutetes – Verschulden endgültig zugrunde gelegt.

---

149 So der Titel des instruktiven Aufsatzes von *Stoll*, AcP 176 (1976), 145 ff.
150 Von subsumieren = zuordnen, unterbringen. Hier in dem Sinne, dass der Sachverhalt mit einem abstrakten Normtatbestand verglichen wird.

B Grundlagen des Vertragsrechts

In seiner Bedeutung als Kommunikationsinstrument für die ihre Interessen als Marktteilnehmer verfolgenden Bürger ist der Vertrag bereits eingehend vorgestellt worden (s. o. A I. 2.3). Dabei hatten wir festgestellt, dass es wenigstens im Prinzip weder einen gesetzlichen Zwang zum Abschluss von Verträgen gibt (sog. Abschlussfreiheit) noch deren Ausgestaltung im einzelnen von Gesetzes wegen vorbestimmt ist (sog. Inhaltsfreiheit). § 311 I BGB befindet hierzu bündig, dass zur **Begründung eines Schuldverhältnisses** als einer Rechtsbeziehung, kraft deren der eine Teil – »Gläubiger« genannt – vom anderen – als »Schuldner« bezeichnet – eine Leistung fordern kann (§ 241 I 1 BGB), ebenso ein Vertrag vonnöten sei wie zur **Inhaltsänderung.** Freilich gilt dies nur für den auf den Austausch von Waren und Leistungen aller Art ausgerichteten Gütermarkt, auf den man sich selbst begeben muss – daher die Einschränkung »durch Rechtsgeschäft«; s. sogleich B I. 1 –, statt per Zuteilung staatlich bedient zu werden. Wo es nicht um solches Eindecken mit Lebensmitteln i. w. S. geht, sondern namentlich Personen- und Eigentumsschutz vor fremder Beeinträchtigung in Rede steht, da greift das BGB zwar auch zum Schuldverhältnis (Näheres noch B I. 2), um etwa den Ausgleich anhand von Schadensersatz sicherzustellen; indes wird es dann gesetzlich begründet und inhaltlich fixiert. Paradebeispiel ist das Deliktsrecht der §§ 823 ff. BGB als zentraler Bestandteil der – eben – außervertraglichen Haftung (s. u. E II.).

Kommen wir auf § 311 I BGB zurück, der nachgerade die Grundnorm für das in diesem Abschnitt zu behandelnde Vertragsrecht darstellt.[1] Ihm ist ungeachtet seines engeren Wortlauts zu entnehmen, dass die in Verträgen vorgesehenen Berechtigungen und Verpflichtungen autonom gesetzt werden und das Gesetz nur dort zu bemühen ist, wo die Parteien die Grenzen des Zulässigen überschritten (s. vor allem §§ 134, 138 BGB), sich nicht an ausnahmsweise verbindliche Vorgaben gehalten (vgl. z. B. § 475 BGB) oder aber inhaltliche Lücken gelassen haben, in die einschlägiges Gesetzesrecht auffüllungshalber einrücken kann. Diesbezüglich ist nochmals an die bereits vorgestellte (s. o. A I. 2.3.2) Unterscheidung zwischen zwingendem und dispositivem Recht zu erinnern. Jenes verbietet abweichende Vereinbarungen, wohingegen dieses lediglich ein legislatives Angebot darstellt, von dem Gebrauch gemacht werden kann oder nicht. Ein beide Varianten vereinigendes Beispiel enthält § 276 III BGB. Grundsätzlich erachtet es der Gesetzgeber für geboten, dass im Rahmen von Schuldverhältnissen jedwedes – dank § 280 I 2 BGB freilich generell vermutetes – Verschulden zu verantworten ist. Zwingend hat er dies jedoch nur für den Vorsatz angeordnet, woraus folgt, dass die Haftung für sonstiges Fehlverhalten abbedungen werden kann. Damit haben wir zugleich den Schlüssel für eine allgemeine Aussage: Die meisten vertragsbezogenen Rechtsvorschriften stehen, sofern nicht Verbrauchergeschäfte in Rede stehen, unter dem **Vorbehalt parteiseitiger Abänderung.** Nur bei ausdrücklicher Verlautbarung (zumeist mit »ist nichtig bzw. unwirksam, darf nicht« gekennzeichnet) handelt es sich um ius strictum oder ius cogens.

Haben die Vertragspartner nun zu einer Abmachung gefunden, die keine Verbotsschranken durchbricht, so gilt diese nach dem Gesagten aus sich heraus, und zwar auch dann, wenn sie sich innerhalb eines der ab §§ 433 ff. BGB geregelten Vertragstypen wie Kauf, Miete oder Werkvertrag verhält. So folgt z. B. die Verpflichtung

---

1 Allgemeiner zu dessen Entwicklungslinien *Hönn*, JuS 1990, 953 ff.

des Dienstnehmers, die zugesagten Dienste zu erbringen, nicht etwa aus § 611 I BGB, sondern aus seinem vom Dienstgeber akzeptierten Versprechen. Vermeiden Sie es also, Vertragsansprüche auf eine Gesetzesgrundlage zurückzuführen (u. a. nach dem Motto »Der Käufer schuldet den Kaufpreis aus § 433 II BGB«), sofern und soweit die Ihnen vorgelegte Vereinbarung Eigenständiges darüber enthält. Dann ist allein sie Verpflichtungsbasis. Das kann schon deshalb nicht anders sein, weil das Gesetz darüber, was konkret zu leisten und welcher Betrag ggf. dafür zu zahlen ist, gar keine Aussage trifft. Die erwähnten **Vertragstypisierungen** haben mithin auch eine ganz andere Bewandtnis: Sie dienen, indem sie sich auf die Strukturelemente von Abmachungen (essentialia negotii) beziehen, der Grobeinteilung bestimmter Geschäftsgruppen zum Zwecke der **Qualifikation** (als Darlehen, als Maklervertrag, als Verwahrung usw.) und sorgen dafür, dass konkrete Übereinkünfte nach deren Einordnung sachadäquat ergänzt werden können, falls die Parteien nicht alle Eventualitäten bedacht haben. Die Typenregelungen halten demgemäß in erster Linie eine Art **»Reserveordnung«** vor, die indes eben nur dann eingreifen kann, wenn der Vertrag als solcher »identifiziert« werden kann. Die diesbezüglichen Grundnormen (wie z. B. § 433 BGB) gehören deshalb weder dem zwingenden noch dem dispositiven Recht an. Jenem nicht, weil die Parteien innerhalb der von §§ 134, 138 BGB gezogenen Grenzen völlige Freiheit bei der Festlegung ihrer Hauptleistungspflichten haben; diesem nicht, weil es ohne wirksame Hauptleistungsabrede nichts zu ergänzen gibt.

Ganz anders sieht dies für solche Verträge aus, die anhand von Allgemeinen Geschäftsbedingungen geschlossen werden (s. bereits A II. 3.3). Hier ist ja dem sog. Verwendungsgegner nur die Abschluss-, nicht jedoch die inhaltliche Mitgestaltungsfreiheit verblieben. Folglich bedarf er eines weitergehenden Schutzes, will man ihn nicht dem einseitigen »Diktat« des anderen Teils unterwerfen. Demgemäß haben die §§ 307 ff. BGB die Inhaltsschranken für derlei Abkommen höher aufgerichtet bzw. – anders gewendet – die Dispositionsmöglichkeiten für die Ausgestaltung der fraglichen Geschäfte erheblich eingeengt. Nicht mehr das für Individualverträge zwingende Recht setzt dem AGB-Verwender die Grenze, sondern jenes sonst dispositive Recht, das nunmehr zur **»Rahmenordnung«** erstarkt. Seine als fairer Interessenausgleich gedachten Regelungen sollen im Zweifel verbindlich sein (§ 307 II BGB). Einzelheiten sind später noch darzustellen (s. u. B II. 2.3).

Wenn wir uns im Folgenden gewissen Grundbegriffen des Vertragsrechts zuwenden, so ist dies dem Umstand geschuldet, dass das BGB die Eigenheit hat, solche Positionen gleichsam vor die Klammer zu ziehen, denen es allgemeine Bedeutung für alles hernach Normierte beimisst. Hieraus versteht sich sowohl das Voranstellen eines Allgemeinen Teils als erstes, für sämtliche weiteren Passagen belangvolles Buch (§§ 1 – 240) als auch die Plazierung eines Allgemeinen Schuldrechts (§§ 241 – 432) als Auffangbecken für alle Fragen, die nicht hernach in den §§ 433–853 eigens geregelt sind. Konsequenz davon ist, dass man stets auf die allgemeinen Partien zurückgreifen muss, sofern nicht »vor Ort«, also etwa bei dem besonderen Vertragstyp, eine spezifischere Lösung auffindbar ist. Zugleich bedeutet dies allerdings auch, dass eine gesetzliche Sonderbehandlung die allgemeinen Vorschriften ausschaltet (lex specialis derogat legi generali). So verdrängt z. B. § 438 I u. II BGB mit seinem eigenständigen Regelwerk über die Verjährung von Mängelansprüchen die Standardbestimmungen der §§ 195, 199 BGB. Desgleichen geht § 521 BGB, der den Schenker nur für Vorsatz oder grobe Fahrlässigkeit haften lässt, dem § 276 I 1 BGB vor, der jede Fahrlässigkeit einbegreift. Daraus ergeben sich mannigfache Entschlüsselungs- und Kombinationsaufgaben, die den Anfängern erfahrungsgemäß die meisten Schwierigkeiten bereiten. Diese lassen sich am ehesten bewältigen, indem frühzeitig »Durchblicke« gewonnen werden, die das Gespür dafür schärfen, dass dies – nämlich das Spezielle – »noch nicht alles gewesen ist«. Ratsam ist jedenfalls, eher weiter vorn zu suchen, wenn die Komplikation keine spezifischen Besonderheiten aufweist (der Schuldner leistet etwa überhaupt nicht). Ansonsten ist natürlich sorgsame Gesetzeslektüre oberstes Gebot.

Schaubild 4

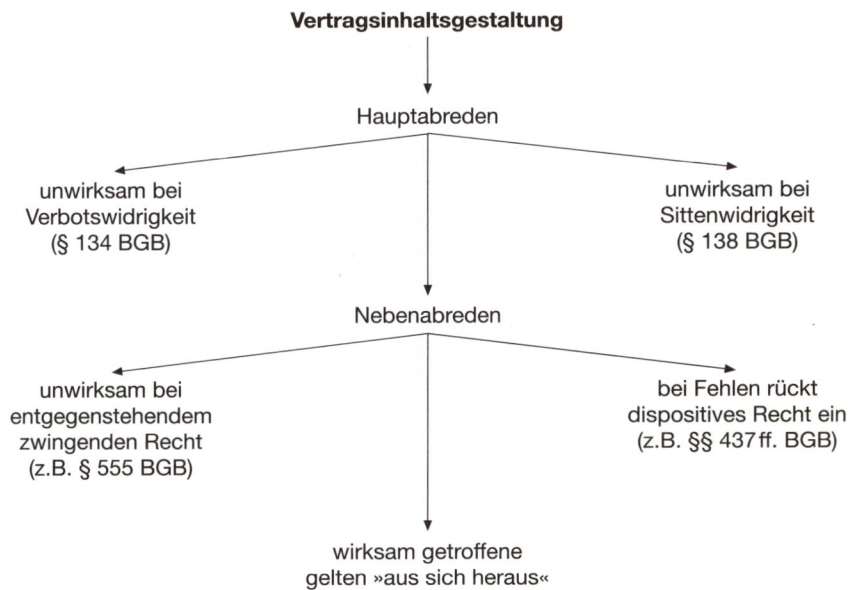

I. Grundbegriffe

Für das hier zu behandelnde Recht des vertraglichen Gütertransfers sind vor allem drei Positionen von zentraler Bedeutung: Zuallererst interessiert uns die rechtstechnische Einkleidung jener Teilhabe am Marktgeschehen, also die juristische Erfassung der Artikulation im Geschäftsleben. Für diese steht nicht von ungefähr der Begriff des **Rechtsgeschäfts** mitsamt den dafür erforderlichen personalen Kompetenzen (Geschäftsfähigkeit; s. u.). Alsdann wenden wir uns dem inhaltlichen Ziel marktmäßiger Kommunikation zu, dem **Schuldverhältnis,** das freilich – wie vorhin bereits angedeutet – auch jenseits der Warenversorgung von Belang ist und überdies längst ein nicht mehr nur leistungsorientiertes Profil erhalten hat (s. u. 2). Schließlich legen wir das Augenmerk auf die sich inzwischen bereits geläufige Konkretisierung der Rechtsbeziehung im einzelnen **Anspruch,** dessen für uns vorrangige schuldrechtliche Variante »Forderung« genannt wird, die wiederum die primäre Vermögensqualität der Marktbeteiligung erst offenkundig macht (s. u. 2.3).

1 Das Rechtsgeschäft

Es fungiert als Oberbegriff für alle diejenigen Handlungen, mit denen Bürger rechtsverbindlich darüber entscheiden, ob sie überhaupt in Vermögensbeziehungen zu anderen treten wollen (Abschlussebene), wie dieselben aussehen sollen (Inhaltsebene) und auf welche Weise ggf. Schluss mit ihnen sein soll (Beendigungsebene), sofern sich letzteres nicht – etwa durch Erfüllung der vorgesehenen Verpflichtung – von selbst ergibt (vgl. § 362 I BGB). Wir wissen bereits, dass vornehmlich der Vertrag das hierfür benötigte Instrument ist. Daneben werden jedoch vielfältige Formen einseitiger Rechtsgestaltung auf sämtlichen der drei Ebenen zugelassen, bei der Begründung von Rechtsbeziehungen allerdings nur ausnahmsweise. Hier gilt das in § 311 I BGB niedergelegte Motto, dass sich niemand ohne Zutun anderer einen Vorteil zuschanzen kann, ja dass es grundsätzlich sogar auch umgekehrt verpönt ist, Dritte ohne ihr Placet (ihre Zustimmung) mit Wohltaten zu überhäufen.[2] Folglich sieht das BGB mit der Auslobung (§§ 657 ff.) nur ein Beispiel[3] für solche Einseitigkeit vor, die zudem bis zur Vornahme der ausgelobten Handlung (z. B. Hinweis zur Aufklärung einer Straftat) frei widerruflich ist. Auf dem Inhaltssektor ist vornehmlich die Änderungskündigung geläufig, die es dem anderen Teil (i. d. R. Arbeitnehmern) andient, die Rechtsbeziehung zu veränderten – zumeist schlechteren – Bedingungen fortzusetzen (vgl. § 2 KSchG). Auch hier versperrt mithin § 311 I BGB ganz überwiegend die einseitige Abwandlung der vordem vereinbarten Konditionen, es sei denn, die Parteien hätten sich von vornherein darauf verständigt.[4] Ungleich häufiger kommt hingegen einseitiges Handeln in Betracht, wo es um die Entscheidung geht, ob ein von Anbeginn mit Mängeln behafteter Vertrag überhaupt durchgeführt, an einem sich nicht als konfliktfrei abwickelbar herausstellenden Geschäft festgehalten oder eine nicht im vorhinein zeitlich begrenzte Dauerbeziehung beendet werden soll. Hierfür stehen die Mittel der Anfechtung (s. demnächst 1.1.5), des Rücktritts und der Kündigung (unten B III. 6) zur Verfügung, von denen auch gegen den Willen des Geschäftspartners Gebrauch gemacht werden kann und die dann das Aus des fraglichen Rechtsverhältnisses nach sich ziehen.

Für die Gesamtheit dieser Artikulationen ist die Bezeichnung »**Rechtsgeschäft**« geläufig (s. deshalb auch die Überschrift über den die §§ 104–185 erfassenden 3. Abschnitt des 1. Buchs des BGB), das mithin **nicht mit dem Vertrag identisch** ist. Man unterscheidet vielmehr zwischen ein- und zweiseitigen Rechtsgeschäften[5] – je nachdem, ob die beabsichtigte Rechtswirkung »diktiert« werden oder nur

---

2 Dieser Grundsatz kommt namentlich in §§ 397, 516 BGB zum Ausdruck, wo jeweils ein Vertrag für Erlass und Schenkung vorausgesetzt wird; ferner in § 333 BGB, der dem durch einen sog. Vertrag zugunsten Dritter Begünstigten die Befugnis vorbehält, das ihm ohne seine Mitwirkung Versprochene zurückzuweisen.

3 Ein weiteres ist ggf. die Drittgarantie gem. § 443 BGB, sofern dieselbe nicht in ein »stillschweigendes« Vertragskonstrukt mit erst nachträglicher Konkretisierung des Adressaten (»den es angeht«) gekleidet wird.

4 Dies steht ihnen sogar im Hinblick auf die anfängliche Ausgestaltung ihrer dann nur dem Grunde nach zweiseitig angelegten Beziehung zu, wie §§ 315 ff. BGB erkennen lassen.

5 Darüber hinaus gibt es das hier nicht zu erörternde mehrseitige Rechtsgeschäft, dessen Prototyp die Gesellschaft ist (§§ 705 ff. BGB), zu der sich mehrere anhand entsprechend aufeinander abgestimmter Bekundungen zusammenfinden.

im beiderseitigen Zusammenwirken zustande kommen kann.[6] Überdies ist natürlich klar, dass auch Verträge ein – freilich auf Korrespondenz angewiesenes – Konstrukt aus zunächst »einseitiger« Aktivität sind, nur dass diese eben nicht hinreicht, um Rechtsverbindlichkeit zu erzeugen. Damit haben wir den Grundbaustein für jedwedes Rechtsgeschäft gefunden. Es handelt sich um die **Willenserklärung,** der die §§ 116–144 BGB gewidmet sind.

1.1 Die Willenserklärung

Eine Definition dessen, was unter einer Willenserklärung[7] zu verstehen ist, findet sich in den soeben genannten Vorschriften nicht. Auch lässt sich dem Wort selbst keine für Juristen verbindliche Direktive (Anleitung) entnehmen. Nur eines ist klar: mit dem Ja oder Nein auf die Frage nach dem Vorliegen einer Willenserklärung wird darüber entschieden, ob jemand »beim Wort« genommen wird oder vor – ggf. lästigen – Rechtsfolgen verschont bleibt.

1.1.1 Erklärungsbewusstsein und Rechtsbindungswille

Kehren wir nochmals zum Prinzip privatautonomer Selbstbestimmung zurück (s. o. A I. 2.3), so liegt es nahe, eine Selbstbindung nur anzunehmen, wenn das handelnde Subjekt diese auch nachweislich gewollt hat. Folglich wäre vonnöten, dass überhaupt eine Erklärung abgegeben werden sollte und diese nur so verstanden werden dürfte, wie es in der Absicht des Erklärenden gelegen hat. Zu letzterem scheint § 133 BGB zu tendieren, der verlangt, den wirklichen Willen »zu erforschen und nicht an dem buchstäblichen Sinne des Ausdrucks zu haften«. Eine solch extrem subjektivistische Betrachtungsweise würde nun aber die Interessen derer vernachlässigen, die auf die fragliche Artikulation – worunter neben der verbalen Sprache auch Schrift, Zeichen, Kopfnicken u. dgl. fallen – vertrauen. Willenserklärungen haben nämlich i. d. R. einen Adressaten und sind überdies fast ausnahmslos »empfangsbedürftig« (vgl. §§ 130 ff. BGB). Man könnte deshalb umgekehrt allein auf dessen subjektiven »Empfängerhorizont« abstellen und dann von der gemeinten Verbindlichkeit ausgehen, wenn dieser das Verhalten des anderen als Erklärung mit entsprechendem Verpflichtungswillen aufgefasst hat. Auch dies wäre extrem subjektivistisch und wohl vom Gedanken rechtsgeschäftlicher Autonomie nicht gedeckt.

So bietet sich – wie es die dem Autonomiekonzept zugrunde liegende Perspektive eines gemeinschaftlichen Interessenausgleichs denn auch favorisiert – ein Mittelweg an. Nicht darauf kommt es letztlich an, was der eine gewollt und gemeint hat, aber auch nicht darauf, wie es der andere nun konkret verstanden hat. Maßgeblich ist vielmehr, ob ein Verhalten nach den Gepflogenheiten des Verkehrskreises, innerhalb dessen es stattfindet, überhaupt als rechtlich bedeutsam – eben als »Erklärung« – aufgefasst und wie es dann inhaltlich gedeutet wird.[8] Diese normative Betrachtungsweise folgt zwanglos dem hier stets schon mitgeführten Bild vom **Marktgeschehen als Kommunikationsprozess** und findet ihre rechtliche Grundlage vor allem in § 157 BGB mit seinem Rekurs »auf die

---

6 Dies wiederum darf nicht mit der Zweiteilung in einseitig verpflichtende und gegenseitige Schuldverträge verwechselt werden. Dazu bereits oben A I. 2.3.3 (mit Schaubild 1).
7 Zum Folgenden auch *Brehmer,* JuS 1986, 440 ff.
8 S. dazu den interessanten Fall BGHZ 91, 324 ff. Vgl. ferner BGHZ 109, 171 (177 f.).

Verkehrssitte«.[9] Dass nicht nach außen gedrungene Subjektivismen unbeachtlich sind, folgt ferner aus § 116 S. 1 BGB.

Voraussetzung ist freilich jeweils, dass überhaupt ein **Verständigungskonflikt** vorliegt. Kennt z. B. der Adressat den »geheimen Vorbehalt« (sog. Mentalreservation), so ist die Erklärung nichtig (§ 116 S. 2 BGB). Desgleichen bedarf es keines Rückgriffs auf den »objektiven« Empfängerhorizont, wenn beide Teile sich missverständlich ausgedrückt, jedoch das Nämliche gemeint haben (falsa demonstratio non nocet).[10] In diesem Fall gilt das übereinstimmend Gewollte wie z. B. bei einer Fehlbezeichnung von Grundstücken: Verkauft werden sollte die Parzelle A, vertraglich fixiert wurde die Parzelle B.[11] Insgesamt mag festgehalten werden, dass mangelndes Erklärungsbewusstsein[12] die Annahme einer Willenserklärung nicht hindert. Über die Verbindlichkeit ist damit das letzte Wort freilich noch nicht gesprochen, sieht doch § 119 BGB unter sub 1.1.5. noch zu erörternden Voraussetzungen gewisse »Rückzugsmöglichkeiten« vor.[13]

1.1.2 Verkehrstypisches und sozialtypisches Verhalten

Die vorstehenden Grundsätze erfassen ohne weiteres auch diejenigen Situationen, bei denen gern von einem verkehrs- oder sozialtypischen Verhalten die Rede ist. Gemeint sind insonderheit non-verbale **Verhaltensweisen im Alltagsleben** wie etwa die Herausnahme einer Zeitung aus einer entsprechend bereitgestellten Box, das Herausziehen von Ware aus einem Automaten,[14] das Besteigen öffentlicher Verkehrsmittel, das Einfahren in bewachte Parkplätze u. a. m. Sie bereiten i. d. R. deshalb keine besonderen Probleme, weil eben prinzipiell jedes Kommunikationssymbol im geschäftlichen Verkehr zugelassen ist, das einen Schluss auf eine rechtlich relevante Absicht erlaubt. Wir sprechen hier von einem konkludenten (»schlüssigen«) Verhalten (vgl. auch § 151 BGB). Für die genannten Beispiele bedeutet dies, dass jeweils das seinerseits »nur« faktische Erwerbsangebot durch **tatsächliche Inanspruchnahme** akzeptiert wird, weshalb dann auch eine entsprechende Entgeltpflicht entsteht.[15]

Diese typisierende Regelbeurteilung verliert indes ihren Boden, wenn zusätzliche Umstände hinzutreten, die der pauschalen Konkludenzannahme im Wege stehen. So ist es z. B. zwar üblich, dass Makler nicht gratis tätig werden; von wem sie ihre Provision erhalten, ist damit aber noch nicht ausgemacht. Hat also etwa ein

---

9 Die Beschränkung in § 157 BGB auf Verträge hindert diese Annahme nicht, konstituieren sich diese doch aus Willenserklärungen, um deren Ob und Wie es uns zu tun ist.
10 S. hierzu auch *Reinicke*, JA 1980, 455 ff.
11 Noch weitergehend BGHZ 87, 151 ff.: Mitverkauf eines aus Versehen gar nicht in die Vertragsurkunde aufgenommenen Flurstücks, was zusätzliche Formprobleme hervorrief, die uns unter 1.1.4. sogleich noch beschäftigen werden. S. ferner BGH NJW 2002, 1038 ff.
12 Schulbeispiel ist das Handaufheben bei einer Versteigerung, das vom Auktionator als Gebot verstanden wird, obwohl die betreffende Person damit nur einen Bekannten auf sich aufmerksam machen wollte.
13 Zu den einschlägigen dogmatischen Problemen noch *Habersack*, JuS 1996, 585 ff. in Besprechung von BGH NJW 1995, 953.
14 Zur Problematik automatisierter Rechtsvorgänge unter besonderer Berücksichtigung der Willenserklärung eindringlich *Köhler*, AcP 182 (1982), 126 ff.
15 In diesem Zusammenhang ist freilich § 241 a BGB zu beachten, dem zufolge bei Lieferung unbestellter Ware durch einen Unternehmer an eine Verbraucherin keinerlei Anspruch gegen dieselbe begründet wird. Vgl. dazu *Lorenz*, JuS 2000, 833 (841 f.).

Makler ein bestimmtes Objekt – gar im Kundenauftrag – inseriert, so kann der hierauf ansprechende Interessent eher davon ausgehen, dass jener Kunde zahlt, als davon, selbst vergütungspflichtig zu werden. Der gern missverstandene § 653 I BGB setzt mithin einen Vertrag voraus und löst lediglich die u. U. offengelassene Entgeltfrage. Noch weniger funktioniert das allgemeine Vertrauensdogma – nichts anderes stellt ja die Sozialtypisierung dar – in den Fällen der »**Schwarzbeanspruchung**«. Wer heimlich Strom zapft, sich vor dem Kontrolleur drückt, am Automaten manipuliert, vom Selbstbedienungsregal entnommene Ware nicht an der Kasse vorzeigt u. a. m., verlautbart gerade nicht seine Absicht, die Leistung auf reguläre Weise zu erlangen. Die gelegentlich gleichwohl von Vertragsbeziehungen ausgehende Judikatur[16] überfordert nicht nur den Vertragsmechanismus, sondern führt auch zu eklatanten Widersprüchen mit strafrechtlichen Bewertungen. Aus dem Dieb (§ 242 StGB) würde nämlich ein Käufer, aus dem Stromzapfer (§ 248 c StGB) ein Bezieher, aus dem Leistungserschleicher (§ 265 a StGB) ein Gläubiger – nur eben mit dem Makel der Zahlungsunwilligkeit behaftet. Es wäre eine Verniedlichung des Unrechtsgehalts der angeführten Straftaten, der in der rechtswidrigen Aneignung fremden Guts liegt, wollte man hier zivilistisch »nachhelfen«. Soweit es um die Wegnahme von Eigentum u. ä. geht, bietet § 823 I BGB ausreichenden Schutz; im übrigen mag das Bereicherungsrecht (§§ 812 ff. BGB) helfen, indem man auf die bei Vorsatztaten kaum passende Ersparnisfrage verzichtet.[17] Vollends untauglich ist die Pauschalwertung, falls jemand bei Inanspruchnahme einer Leistung die Zahlung des dafür eigentlich fälligen Entgelts von vornherein ausdrücklich ablehnt, es also nicht nur bei einer gemäß § 116 S. 1 BGB unbeachtlichen Mentalreservation geblieben ist. Die – heute wohl überwundene – Gegenmeinung wollte hier ein Vertragsverhältnis »kraft sozialer Leistungsverpflichtung« annehmen.[18] Auch dieser das Konsensprinzip nun völlig entleerende Kunstgriff ist entbehrlich, wenn man das hernach noch zu behandelnde Bereicherungsrecht in der soeben bezeichneten Weise anwendet (s. u. D II, III 2).

1.1.3 Schweigen als Willenserklärung

Da jegliches Verhalten Ansatzpunkte für Schlussfolgerungen darauf bieten kann, es sei in einem bestimmten Sinne gemeint, kann an sich auch blankes **Schweigen als rechtsrelevante Artikulation** gedeutet werden. Doch ist hier Vorsicht geboten, um nicht einseitige Geschicklichkeit und Aufdringlichkeit zu bevorzugen. Grundsätzlich besteht deshalb keine Pflicht, auf fremde Offerten zu reagieren. Wer etwa unbestellte Waren bei sich liegen lässt, wird darum noch nicht zum Käufer. Anders erst, wenn die fraglichen Gegenstände benutzt oder verzehrt werden. Dann liegt in diesen Handlungen das konkludente Eingehen auf das unterbreitete Angebot, sofern nicht die vorhin (Fn. 15) angesprochene Konstellation einer »Verbraucherbeglückung« nach § 241 a BGB gegeben ist.

Die Freiheit, nicht zu erwidern, bleibt auch dann noch erhalten, wenn eine Ablehnungsfrist gesetzt worden ist mit dem Zusatz »Sofern wir nichts von Ihnen hören, gehen wir von Ihrem Einverständnis aus«. Eine derartige Fristanmaßung mit Folgewirkung sieht das BGB nur ausnahmsweise für das Schenkungsangebot vor (§ 516 II 2), das indes auch keine Gegenverpflichtung erzeugt. Weiterreichend

---

16 Exemplarisch BGHZ 23, 175 ff.
17 S. auch BGHZ 55, 128 ff.
18 Vgl. noch BGHZ 21, 319 ff.

noch § 362 I HGB: hier muss ein Kaufmann unter den dort genannten Umständen antworten, will er es vermeiden, geschäftsbesorgungspflichtig zu werden.

Im übrigen bleibt es mithin dabei, dass **der bloßen Passivität kein positiver Erklärungswert** zukommt,[19] solange sich die Beteiligten nicht zuvor eigens auf Schweigen als Zusagezeichen verständigt hatten oder sich nicht in dem betreffenden Verkehrskreis ein dahin lautender Gebrauch entwickelt hat (§ 151 S. 1 BGB). Zwar gilt das Vorstehende primär nur für die Phase der Vertragsbegründung, doch ist es im Prinzip auch für konsensbedürftige Inhaltsänderungen von Belang. Namentlich Verschlechterungen werden nicht durch Schweigen wirksam, mag der Betroffene im Ausnahmefall nach Treu und Glauben (§ 242 BGB) auch einmal gehalten sein, sich zu dem Veränderungsvorschlag zu äußern. Bei Besserstellungen wie z. B. einem nachträglichen Preisnachlass wird es hingegen kaum Konflikte geben. Ggf. kann der Gedanke aus § 516 II 2 BGB herangezogen werden.

1.1.4 Formerfordernisse

Entgegen landläufigen Vorstellungen in Laienkreisen hängt die Verbindlichkeit von Rechtsgeschäften weitgehend nicht von ihrer schriftlichen Fixierung ab. Es gilt das **Prinzip der Formfreiheit** mit dem uns nun schon geläufigen Vorbehalt, dass die Parteien nicht anders optiert haben oder von Gesetzes wegen das Einhalten einer bestimmten Form vorgeschrieben ist.

Als Formen geläufig sind einfache Schriftlichkeit unter Einschluss der dieser prinzipiell gleichwertigen elektronischen Form, öffentliche Beglaubigung und notarielle Beurkundung. Diese Dreiteilung meint freilich nicht etwa eine unterschiedliche Textgestaltung, sondern bezieht sich im wesentlichen auf die »Textverabschiedung« mitsamt der durchweg »eigenhändig durch Namensunterschrift« (§ 126 I BGB) bzw. digital (§ 126 a BGB)erfolgenden Signierung vonseiten des Ausstellers. Gemeinsam ist zunächst einmal das optisch sichtbare Fixieren einer Erklärung per Hand- oder Maschinenschriftlichkeit[20] oder elektronischer Speicherung sowie per Buchstaben- und Zahlendruck einschließlich zugehöriger Zeichnungen u. ä. (z. B. Grundriss). Solange diese indes nicht unterschrieben bzw. mit einer elektronischen Signatur versehen ist, handelt es sich allenfalls um einen rechtlich unverbindlichen Entwurf.[21] Dasselbe gilt für Erklärungen nach der Unterschrift, sofern diese nicht wiederum eigenhändig signiert worden sind.

Die für den zivilrechtlichen Verkehr nur selten (vgl. etwa § 403 BGB) verlangte **öffentliche Beglaubigung** (§ 129 BGB) zeichnet sich dadurch gegenüber einfacher Schriftlichkeit aus, dass sie die Identität von Unterzeichner und mit der Unterschrift angegebenem Namensträger sicherstellen will. Damit wird zwar die Möglichkeit, sich auf mangelnde Echtheit (Fälschung) der Unterschrift zu berufen, nahezu ausgeschlossen – es müßte praktisch nachgewiesen werden, dass der beglaubigenden Stelle ein gefälschter oder dem vermeintlichen Aussteller entwendeter Ausweis vorgelegen hat (s. auch § 416 ZPO); nicht jedoch wird so der Einwand abgeschnitten, die Erklärung entspreche inhaltlich nicht den Tatsachen.

---

19 Zu einem Ausnahmefall BGH NJW 1995, 1281 f. Vgl. auch BGH NJW 1996, 919 ff.
20 Praktisch bedeutsame Ausnahme ist das privatschriftliche Testament, das gemäß §§ 2231 Nr. 2, 2247 I BGB »eigenhändig geschrieben und unterschrieben« werden muss.
21 Zu Unwirksamkeit einer zwar unterschriebenen, dem anderen Teil jedoch nur per Telefax übermittelten Bürgschaftserklärung BGHZ 121, 224 ff.

Diesbezüglich hilft erst die **notarielle Beurkundung** (§§ 6 ff. BeurkG) weiter, die den gesamten urkundlich festgehaltenen Vorgang erfasst (vgl. noch § 415 ZPO) und belegen soll, dass die je protokollierten Erklärungen auch tatsächlich abgegeben worden sind und materiell so gewollt waren.

Es dürfte deutlich geworden sein, dass die über die Mündlichkeit und vergleichbare Non-Verbalität hinausgehenden Formen zuallererst **Beweiszwecken** dienen sowie die Fälschungssicherheit verstärken sollen. Darüber hinaus werden sie von der Absicht getragen, einen gewissen **Schutz vor Übereilung** zu gewährleisten. Die notarielle Beurkundung soll schließlich noch zusätzlich eine professionelle Risikoberatung sicherstellen.[22]

Nach diesem – allerdings nicht akkurat durchgehaltenen – Muster hängt es vom typischen Überraschungsmoment (vgl. etwa §§ 312 BGB), von der Riskantheit eines Geschäfts (s. z. B. §§ 492, 766, 780 f. BGB – jeweils mit Ausschluss der elektronischen Form) und namentlich von dessen wirtschaftlicher Tragweite (vgl. § 311 b BGB) ab, ob eine und welche spezifische Form von Gesetzes wegen angeordnet und wem ihre Einhaltung auferlegt wird – nur einem oder beiden Teilen. Wenn überhaupt, dann genügt ganz überwiegend die einfache Schriftform bzw. die ihr gemäß § 126 III BGB gleichgesetzte Digitalisierung, die oft auch nur für die schutzbedürftigere Partei vorgesehen ist.

Die **Nichteinhaltung der gesetzlich statuierten Form** zieht gemäß § 125 S. 1 BGB die Nichtigkeit des fraglichen Rechtsgeschäfts nach sich, und diese bewusst starre Regelung sollte nicht voreilig unter Berufung auf Treu und Glauben (§ 242 BGB) aufgeweicht werden. Jedenfalls muss zuvor genau geprüft werden, ob überhaupt ein Formverstoß vorgelegen hat[23] und ob nicht andere Schutzmöglichkeiten wie z. B. Gewährung von Schadensersatz eingreifen. Ausnahmsweise zieht der Gesetzgeber schon von sich aus mildere Konsequenzen aus der Formwidrigkeit. So machen Auflassung (§ 925 II BGB) und Eintragung in das Grundbuch den ursprünglich fehlerhaften Grundstücksvertrag nachträglich wirksam (sog. Heilung nach § 311 b I 2 BGB) und wird eine an sich schriftformbedürftige Wohnungsmiete lediglich mit unbestimmter Dauer versehen (§ 550 S. 1 BGB).

Von vornherein nur »im Zweifel« kommt es zur Unwirksamkeit bei **Nichteinhalten der gewillkürten Form** (§ 125 S. 2 BGB; s. ferner § 154 II BGB). Den Parteien steht es ja ohnedies frei, von einer vormaligen Formabrede wieder abzurücken, und zwar durchaus auch mündlich, falls nicht gerade für diesen Akt unmissverständlich Schriftlichkeit u. ä. vereinbart war.[24] Folglich muss das Gericht im konkreten Einzelfall erforschen, ob die Beteiligten nicht auch ohne ausdrückliche Korrektur an dem Geschäft ganz oder wenigstens teilweise festhalten wollen. Auch ist hier die Berufung auf § 242 BGB viel eher legitim. Dies gilt wenigstens dann, wenn der beabsichtigte Formzweck (vor allem Beweisklarheit) auch anderweitig – etwa durch Präsentation glaubwürdiger Zeugen – erreichbar ist.[25]

---

22 Von alledem keine Rede sein kann bei der in § 126 b BGB vorgesehenen Textform, der die durch Unterschrift bzw. digitale Signatur gewährleistete Seriosität fehlt und die deshalb auch als »qualifizierte Formlosigkeit« bezeichnet werden kann. Näheres zu den erst jüngst in das BGB eingefügten §§ 126 a u. b bei *Hähnchen*, NJW 2001, 2831 ff.
23 Durchaus zweifelhaft im Fall BGHZ 85, 315 ff. (Nichtbeurkundung einer Verrechnungsabrede im Zusammenhang mit einem Grundstücksgeschäft).
24 Vgl. BGHZ 66, 378 ff.
25 Zu den Besonderheiten einer Schriftformklausel in AGB noch später B II. 2.2.

1.1.5 Willensmängel und Anfechtung

Mögen auch sämtliche der bislang genannten Voraussetzungen für das Vorliegen einer rechtsbeständigen Erklärung bzw. Übereinkunft gegeben sein, so können gleichwohl Umstände vorliegen, die Zweifel an der Korrektheit der Willensäußerung sowie ihres verkehrstypischen Verständnisses wecken und jedenfalls dann Beachtung erheischen, wenn die rechtsgeschäftliche Selbstbindung wirklich auf ein Handeln in privater Autonomie zurückgeführt werden soll. So verfährt denn auch das BGB, indem es in §§ 119 ff. bestimmte Willenseinflüsse wie Irrtümer, Täuschung, Drohung zum Anlass für eine sog. **Anfechtungsbefugnis** nimmt, deren Ausübung zur Nichtigkeit des angefochtenen Geschäfts »von Anfang an« führt (§ 142 I BGB). Die Gesetzeskonzeption lautet so: Zwar gilt zunächst der objektive Erklärungswert (s. o. 1.1.1) und ist demgemäß die fragliche Rechtsbeziehung erst einmal zustande gekommen; dem Anfechtungsberechtigten wird jedoch die Möglichkeit eingeräumt, sich gegen deren Gültigkeit zu entscheiden. Um aber im Endeffekt nicht wieder auf den subjektiven Erklärerhorizont zurückzufallen und damit die Empfängerperspektive zu vernachlässigen, muss der Anfechtende in den Fällen den »Vertrauensschaden« der anderen Seite ausgleichen, in denen der Willensmangel aus seinem Bereich herrührt (§ 122 I i. V. m. §§ 118 – 120 BGB).[26]

Hierzu vorweg ein Beispiel:[27] Die Gastwirtin G bestellt anhand eines ihr werbungshalber zugesandten Formulars »20 Gros Rollen« Toilettenpapier in der Vorstellung, »Gros« sei ein Kürzel für besonders große Rollen. In Wahrheit handelt es sich um die Mengenbezeichnung 12 x 12 = 144. Als demgemäß 2 880 Rollen bei ihr angeliefert werden, lehnt sie deren Abnahme und Bezahlung ab.

Variante 1: G wusste durchaus Bescheid über den Sinn von »Gros«, wollte aber nur 2 statt der fälschlich eingetragenen 20.

Variante 2: G wollte tatsächlich die 2 880 Rollen erwerben, jedoch in Erwartung von Gästen und Teilnehmern eines Fußballturniers, das dann leider abgesagt werden musste.

1.1.5.1 Erklärungs- und Inhaltsirrtum

Der im praktischen Leben wohl häufigste Anfechtungsgrund ist der **Erklärungsirrtum.** Bei ihm handelt es sich um ein Vergreifen im kommunikativen Umgang durch die Wahl falscher Sprachsymbole (Wörter, Zahlen, sonstige Zeichen). Der Erklärende verschreibt sich, verspricht sich. Er wollte eine »Erklärung dieses Inhalts überhaupt nicht abgeben«. In derlei Fällen (s. o. Variante 1) darf gemäß § 119 I BGB angefochten werden, sofern davon ausgegangen werden kann, dass die Erklärung »bei Kenntnis der Sachlage und bei verständiger Würdigung des Falles nicht abgegeben« worden wäre. Hierher gehören auch die bereits angesprochenen Fälle fehlenden Erklärungsbewusstseins, zeichnen sich diese doch gerade dadurch aus, dass die betreffende Person nicht nur keine solche, sondern überhaupt keine Erklärung abgeben wollte.[28] Ergänzt wird diese Regelung durch § 120

---

26 Zu Einzelheiten wie auch zum Folgenden instruktiv *Lessmann*, JuS 1969, 478 ff. und 525 ff.
27 Ausgangsfall LG Hanau NJW 1979, 721.
28 Argumentum a minore ad maius: Wenn schon derjenige, der immerhin erklären wollte, aber sich vergriffen hat, geschützt wird, so umso mehr diejenige, die gar nicht rechtsgeschäftlich in Aktion treten wollte.

BGB: Das dort bezeichnete Übermittlungsversehen stellt ebenfalls einen Erklärungsirrtum dar, nur dass die zunächst korrekte Erklärung bei ihrer Weitergabe durch einen Boten oder eine Anstalt (z. B. Telegraphenamt) verfälscht wird.

Demgegenüber bezeichnet der **Inhaltsirrtum** (1. Alternative des § 119 I BGB) keinen Fehlgebrauch formaler Symbole. Hier wollte sich der Erklärende äußerlich genau so ausdrücken, wie er es getan hat; indes maß er der eigenen Offerte oder aber der fremden, auf die er eingegangen ist, eine andere Bedeutung bei, irrte sich also über den Sinngehalt (eben: Inhalt) des von ihm oder dem anderen verwendeten Wortes, Zeichens, Kürzels pp. (s. unser Ausgangsbeispiel). Ein solcher Verlautbarungsirrtum berechtigt gleichfalls zur Anfechtung, desgleichen der ihm nahestehende Identitätsirrtum. Dieser kann etwa bei Gleichnamigkeit unterlaufen (error in persona) oder bei einer Verwechslung von Gegenständen (error in obiecto).

1.1.5.2 Eigenschaftsirrtum

Anders als bei den von § 119 I BGB berücksichtigten Irrtumsarten, die jeweils auf einem Auseinanderklaffen von Wille und Erklärung beruhen, ist der in § 119 II BGB zusätzlich erfasste **Eigenschaftsirrtum** das Resultat einer Fehlvorstellung über personelle oder sächliche Attribute, die im Geschäftsleben »als wesentlich angesehen« werden. Hier ist mithin die Erklärung selbst durchaus willensgetreu ausgefallen, liegt also keine »Kommunikationsverzerrung« vor. Der Irrtum greift gewissermaßen tiefer, indem er bereits die Willensbildung steuert und so den Erklärenden zu Artikulationen veranlasst, die er bei korrekter Realitätseinschätzung so nicht von sich gegeben hätte.

Gemeint ist im weitesten Sinne die **Motivationsbasis,** die jedwedem Verhalten zugrunde liegt und im rechtsgeschäftlichen Verkehr in erster Linie gespeist wird von individuellen Nutzenerwägungen, die ihrerseits auf spezifischer Wirklichkeitserfassung und Zukunftserwartung aufbauen. Wer sich darin »vergreift«, weil die Dinge in Wahrheit anders aussehen bzw. sich erwartungswidrig entwickeln, hat natürlich ein Interesse, sich unter Berufung auf den ihm unterlaufenen »Motivirrtum« von dem so ja nicht gewollten Geschäft lösen zu können. Anders der jeweilige Gegner, der dies alles als »Privatsache« hinstellen wird, die ihn nichts angehe.

Wiederum gilt es folglich, einen **fairen Interessenausgleich** zu schaffen, indem zwar einerseits nicht jedwedes enttäuschte Motiv als Rückzugsanlass akzeptiert wird, andererseits aber auch nicht sämtliche Fehleinschätzungen als unerheblich abgetan werden; und erneut bildet hierfür die Verkehrsperspektive die Richtschnur. Was aus ihr in Bezug auf persönliche Eigenschaften (wie z. B. Zuverlässigkeit, Kreditwürdigkeit u. a. m.) bzw. auf Sachqualitäten (unter einer »Sache« ist hier anders als bei § 90 BGB auch ein unkörperlicher Gegenstand zu verstehen) für »wesentlich« erachtet wird, erheischt Beachtung, wenn hierüber irrige Annahmen vorliegen (§ 119 II BGB). Die Fehlbeurteilung einer Person kann so namentlich bei einer ins Auge gefassten Dauerbeziehung (Miet- oder Arbeitsverhältnis, Darlehensgeschäft) von Belang sein, machen sich in ihr gewisse Defizite doch deutlicher bemerkbar als bei einem kurzfristigen Umsatzgeschäft, in dessen Durchführung seltener »persönliche Erwartungen« investiert werden. Sachbezogene Eigenschaftsirrtümer sind hingegen gerade beim Kauf als Prototyp eines derartigen Geschäfts (Näheres unten C I. 3.1) von praktischer Bedeutung. Verkauft etwa ein Kunsthändler einen »alten Meister« als Kopie, weil ihm falsche Expertisen vorlagen, so kann er den Vertrag ebenso anfechten wie der Eigentümer eines Grundstücks, das er als Weideland in der versehentlichen Annahme veräußert, es liege außerhalb der Bauzone. Die Beispiele zeigen, dass es stets um **wertbildende Faktoren** (Echtheit, Bebaubarkeit usf.) geht. Das Gesetz will Verkäufer wie Käufer davor schützen, dass sie infolge unrichtiger Einschätzung der wahren Umstände mehr Werte aus der Hand geben, als sie sich dafür einhandeln. Ein solcher Schutz ist freilich dann unangebracht, wenn es sich um ein spekulatives Geschäft handelt und die Zukunftserwartungen später enttäuscht werden. Wer Aktien in der Meinung verkauft, diese würden fallen, oder umgekehrt in der Hoffnung kauft, sie würden steigen, kann nicht anfechten, weil tatsächlich das Gegenteil eingetreten ist. Einen speziellen Käuferschutz beabsichtigen die §§ 434 ff. BGB (s. u. C I. 3.1.1), die insoweit als Spezialregeln dem § 119 II BGB vorgehen.[29]

Sonderfragen ergeben sich beim sog. **Kalkulationsirrtum,** der dann vorliegt, wenn der eingesetzte Endpreis entweder auf einer falschen Berechnung beruht oder sich aus anderen Gründen als »verfehlt« erweist.[30] Hier ist zu unterscheiden: In den Fällen bloßen Verschreibens (z. B. Euro 57 000 statt 75 000) ist § 119 I BGB (2. Alt.) ohne weiteres einschlägig. Decken die offengelegten Einzelposten nicht die ausgeworfene Endsumme (etwa 500 + 300 + 200 = 900 anstatt 1 000), hat der Gegner aber nur zu 900 annehmen wollen, so weichen die beiderseitigen Erklärungen voneinander ab. Es ist überhaupt kein Vertrag zustande gekommen; mithin bedarf es erst gar keiner Anfechtung. Ist der Rechenfehler hingegen intern geblieben, decken sich also die äußeren Willenskundgaben, so soll der Vertrag nach h. M. voll wirksam bleiben, wiewohl doch die Offerte nicht etwa an einem – dann in der Tat – Willensmangel krankt, sondern an einem Vergreifen in der Zahlensymbolik dank fehlerhafter Anwendung der Rechenmethoden. Das schlichte Verrechnen kommt dem zur Anfechtung berechtigenden Verschreiben und Versprechen so nahe, dass es ungereimt wäre, hierfür ein besonderes, aus § 119 I BGB herausfallendes »Rechenrisiko« zu etablieren. Das gilt übrigens auch für die Konstellation, in der bei den Zwischenposten Schreibfehler unterlaufen sind, die darauf basierende Rechnung jedoch »stimmt« (z. B. 210 statt 120 x 2 = 420 statt der beabsichtigten 240). Hier geht der Wille ebenfalls nicht auf Äußerung einer abstrakten Zahl, sondern auf – freilich misslingende – Erklärung eines korrekten Endresultats. Wer dennoch einen Erklärungsirrtum ablehnt, weil sich Verschreiben oder Versprechen direkt auf das Erklärte beziehen, wohingegen der Rechenfehler gewissermaßen auf der Vorstufe zu ihm stattfinde, müsste zumindest im Kontext des Inhaltsirrtums weiterdenken, der sich durch eine vergleichbare Mittelbarkeit auszeichnet. Gerade das Eingangsbeispiel belegt diese Sachnähe: Der dortige Bezeichnungsirrtum bewirkt nichts anderes als das Verrechnen, nämlich ein falsches Schlussergebnis. Nach allem erscheint die Anerkennung des rechnerischen Kalkulationsirrtums als Anfechtungsgrund durchaus angemessen. Der jeweilige Gegner wird vor Manipulationen schon dadurch geschützt, dass es Sache des Erklärenden ist, seinen Irrtum einwandfrei nachzuweisen. Hinzu tritt der Vorbehalt »verständiger Würdigung« aus § 119 I a. E. BGB, und schließlich bleibt immerhin der in § 122 I BGB statuierte Schadensausgleich.[31]

---

29 Wegen der Konkurrenzproblematik vorläufig BGHZ 34, 32 ff.
30 Hierzu eingehend *Pawlowski*, JZ 1997, 741 ff.
31 Zur höchst kontroversen Diskussion ausführlich BGHZ 139, 177 ff. mit interessanter Kommentierung durch *Waas*, JuS 2001, 14 ff.

Durchaus anders ist hingegen zu entscheiden, wenn der Irrtum nicht aus Rechenfehlern u. ä. resultiert, sondern der Anbieter sich aus anderen Gründen »verkalkuliert« hat, weil er etwa sein eigenes Leistungsvermögen falsch eingeschätzt hat, von zu günstigen Einstandspreisen ausgegangen oder sonst Opfer unzutreffender Informationen und Erwartungen geworden ist. In solchen Fällen liegt ein jenseits des § 119 II BGB auch sonst unbeachtlicher **Motivirrtum** vor. Der daraus fließende Willensmangel bleibt deshalb im Risiko des Erklärenden, weil es andernfalls allzu leicht wäre, sich von nachträglich als lästig erkannten Vereinbarungen zu lösen.[32] Praktisch würde dann nämlich jedes Geschäft unter der Voraussetzung totaler Irrtumsfreiheit wie Prognosekorrektheit stehen und damit der Rechtsverkehr letztlich lahmgelegt. Wer also z. B. seine Wohnung kündigt, weil er mit einer Versetzung rechnet, ein Musikinstrument in der Vorstellung kauft, es schnell beherrschen zu lernen, ein Chalet in der Erwartung sicherer Schneelage mietet, tut dies so lange »auf eigene Gefahr« (s. auch Fallvariante 2), wie er seine Motivation dem anderen Teil nicht offen legt und die Realisierung seiner Annahmen nicht zur von diesem auch akzeptierten Bedingung erhebt. Will jemand etwa im Vorgriff auf die noch anstehende Fahrprüfung einesteils sicherstellen, nach deren Bestehen gleich über ein eigenes Fahrzeug zu verfügen, zum anderen aber für den Fall des Scheiterns »freibleiben«, so muss er sich dies eigens ausbedingen (§ 158 BGB; Einzelheiten noch später B II. 1.3). Dass namentlich die Durchkreuzung subjektiver Verwendungsabsichten keinen Lösungsgrund bietet, setzt mittelbar auch § 537 I BGB voraus, demzufolge ein aus der Sphäre des Mieters herrührendes Gebrauchshindernis ohne Einfluss auf die Verpflichtung zur Mietzinsentrichtung bleibt.

1.1.5.3 Täuschung und Drohung

Das Vertrauen des Empfängers hinsichtlich der korrekten Willensbildung und Wortwahl des Erklärenden ist natürlich dann nicht schutzwürdig, wenn jener selbst mit unlauteren Mitteln die Motivation seines Partners beeinflusst hat. Dem widmet sich § 123 BGB, dessen Abs. 1 den Grundsatz enthält, dass der arglistig Getäuschte bzw. widerrechtlich Bedrohte zur Anfechtung befugt ist. **Arglistige Täuschung** meint sowohl die gezielte Irrtumserregung durch Vorspiegelung falscher Tatsachen als auch das anstößige Ausnutzen eines bereits vorhandenen Irrtums trotz besserer »Gegeninformation«. Bloßes Verschweigen genügt freilich nicht, weil es grundsätzlich keine Verpflichtung gibt, gerade den potentiellen Gegner zu beraten. Zunächst ist es also Sache jeder Partei, die eigenen Interessen durch Einholung einschlägiger Informationen selbst wahrzunehmen. Arglist ist erst dann anzunehmen, wenn nach den konkreten Umständen eine entsprechende Aufklärung geboten gewesen wäre. Wann dies der Fall ist, richtet sich letztlich nach Treu und Glauben (§ 242 BGB), wobei nach Geschäftstyp, Bedeutsamkeit des verschwiegenen Umstands und den jeweiligen persönlichen Verhältnissen (z. B. Geschäftsmann, Fachkraft oder Kunde, Laie) zu unterscheiden ist.[33]

Als **Drohung** wird die Ankündigung eines künftigen Übels verstanden, mit dem der Bedrohte unter psychischen Druck gesetzt wird (»Zwangslage« gem. § 124 II 1 BGB). Damit nun aber nicht jedwede Pression (etwa der Hinweis, andernfalls »zur Konkurrenz zu gehen«) zum Anfechtungsgrund gerät, muss die Drohung zusätzlich widerrechtlich sein. Dies kann sich sowohl aus dem angewendeten Mittel

---

32 Vgl. BGH Betrieb 1971, 1005.
33 S. etwa BGH NJW 1989, 763 f.

(z. B. Ankündigung von Schlägen) als auch aus dem angestrebten Zweck (etwa »Verzicht auf Strafanzeige« bei Gratislieferung) ergeben.

Während es bei der Drohung gleich ist, von wem sie ausging (z. B. Inaussichtstellen von »Kleinholz« oder eines »Feuerwerks«, falls nicht die Freundin eingestellt werde), kann der Getäuschte i. d. R. nur anfechten, wenn er gerade von seinem Geschäftspartner hinters Licht geführt worden ist. Hatte ihn hingegen ein Dritter falsch »beraten« – ohne dass hierdurch ein unabhängig von der trügerischen Informationsquelle beachtlicher Irrtum nach § 119 BGB erregt worden wäre –, so ist er nur dann nicht an sein Wort gebunden, wenn sein Gegner »die Täuschung kannte oder kennen musste« (§ 123 II BGB). Von diesem zur Vertragsanbahnung eingeschaltete Mittelspersonen (z. B. Stellvertreter; s. noch unten B II. 1.4) sind freilich keine Dritte.[34] Diesbezüglich gelangt der in § 166 I BGB fixierte Gedanke zum Einsatz, wonach man sich hinter seinem Hilfspersonal nicht verschanzen kann. Vollends gilt dies für gesetzliche Vertreter (Eltern, Vormünder), die ihrerseits die eigentlichen Akteure sind und ohne die ihre Kinder, Mündel überhaupt nicht am rechtsgeschäftlichen Verkehr teilnehmen können (zur damit angesprochenen Geschäftsfähigkeit sogleich unter 1.2).

1.1.5.4 Vornahme und Wirkung der Anfechtung

Da bei Vorliegen eines Anfechtungsgrunds die durch Irrtum, Täuschung oder Drohung beeinflusste Erklärung nicht automatisch hinfällig ist, sondern es zur Disposition des Betroffenen steht, ob er die Anfechtbarkeit geltend machen will oder nicht, bedarf es eines Verfahrens, das möglichst schnell Klarheit über den Bestand des fraglichen Rechtsgeschäfts schafft. Das bedeutet zum einen, dass der jeweilige Gegner unmissverständlich von der je getroffenen Anfechtungsentscheidung in Kenntnis gesetzt werden muss (§ 143 BGB), und zum anderen, dass diese nicht auf die lange Bank geschoben werden darf. In den Fällen der §§ 119, 120 BGB hat die Anfechtung dementsprechend **unverzüglich** nach Aufdeckung des Irrtums bzw. Übermittlungsversehens zu erfolgen (§ 121 I BGB). Für das Anfechtungsrecht aus § 123 BGB steht hingegen eine **Jahresfrist** zur Verfügung (§ 124 I BGB), deren Lauf mit der Entdeckung der Täuschung bzw. mit Beendigung der Zwangslage beginnt (§ 124 II 1 BGB). Endgültig ausgeschlossen ist die Anfechtung, »wenn seit der Abgabe der Willenserklärung zehn Jahre verstrichen sind« (§§ 121 II, 124 III BGB).

Primärfolge der wirksamen Anfechtung ist die rückwirkende (ex tunc) **Nichtigkeit der angefochtenen Erklärung.** Diese wird so angesehen, als sei sie nie abgegeben worden (§ 142 I BGB). In Bezug auf einseitige Rechtsgeschäfte bedeutet dies, dass die mit ihnen beabsichtigte Gestaltung (z. B. Auflösung einer Dauerbeziehung durch Kündigung) von vornherein gegenstandslos ist. Bei »Anfechtung von Verträgen« muss dogmatisch präzisiert werden: Angefochten wird hier in Wahrheit nur ein Vertragselement – sei es das Angebot oder die Annahme (Einzelheiten unten B II. 1.1). Da hier jedoch das – eben – zweiseitige Rechtsgeschäft nur über das Zusammenwirken beider Erklärungen zustande kommt, erledigt die »Vernichtung« einer von ihnen mittelbar zugleich den gesamten Vertrag.

Sind im Hinblick auf dessen vermeintlichen Bestand bereits Leistungen erbracht (etwa Waren geliefert, Geld gezahlt) worden, so ist dies wegen der Rückwirkung

---

34 Dazu etwa BGH NJW 1978, 2144 f.

der Anfechtung als von Anfang an »rechtsgrundlos« anzusehen. Das hat wie in anderen Fällen der Nichtigkeit (z. B. Gesetz- und Sittenwidrigkeit; s. u. 1.3) zur Folge, dass man von einer **ungerechtfertigten Bereicherung** um die besagten Leistungen spricht, die dann nach Maßgabe der §§ 812 ff. BGB »herausgegeben« werden müssen (zu Einzelheiten im Abschnitt D).

Eine weitere, direkt im Anfechtungsrecht beheimatete Rechtsfolge besteht in der Verpflichtung des Anfechtenden zum **Ersatz des sog. Vertrauensschadens,** d. h. zum Ausgleich derjenigen Einbußen, die namentlich dem anderen Teil dadurch entstanden sind, dass er »auf die Gültigkeit der Erklärung vertraut« hat (§ 122 I BGB). Diese können in – sich nun als vergeblich erweisenden – Verpackungs- und Versendungskosten bestehen (s. das Eingangsbeispiel), im Verlust anderweitiger Einnahmen (das reservierte Zimmer konnte nur noch »unter Preis« abgegeben werden) wie überhaupt in den nachträglich verfehlten Aufwendungen, die für eine korrekte Geschäftsdurchführung erforderlich gewesen wären.[35] Nach oben begrenzt wird dieser auf das **negative Interesse** gerichtete Ersatzanspruch durch den Gewinn, den der Gegner bei Durchführung des Geschäfts erzielt hätte (§ 122 I BGB a. E.; sog. positives oder Erfüllungsinteresse). Hätte es diesem z. B. ohnedies nichts eingebracht, so kann er die Anfechtung nicht zum willkommenen Anlass nehmen, nunmehr günstiger abzurechnen. Da es sich im wahrsten Wortsinn um einen Vertrauensschaden handelt, wird er natürlich dem nicht gewährt, der kein Vertrauen verdient. Dies rechtfertigt die Begrenzung auf die Fälle der §§ 118–120 BGB sowie ferner die Einschränkung aus § 122 II BGB: Kannte der Geschädigte den Willens- bzw. Erklärungsmangel oder hätte er ihn zumindest erkennen müssen (Gesetzesdefinition fahrlässiger Unkenntnis!), so bleibt er auf seinem Schaden sitzen.

Zusammenfassung: Die Willenserklärung ist das juristische Medium des hierzulande weitgehend unreglementierten Geschäftsverkehrs. Demgemäß nimmt sie an dessen Typisierung mit der Folge teil, dass über ihr Ob und Inhaltsverständnis im Falle unterschiedlicher Parteiauffassungen weder vom subjektiven Horizont des Erklärenden noch von demjenigen der Erklärungsempfängerin aus geurteilt wird. Um jedoch den Gedanken autonomer Selbstbindung mit solcher Nivellierung nicht zu verabschieden, wird demjenigen, der durch unredliche Machenschaften (Täuschung, Drohung) oder dank kommunikativer Fehlgriffe (Erklärungs-, Inhalts-, Geschäftsirrtum) zu von ihm nicht gewollten Erklärungen veranlasst worden ist, deren »Stornierung« gestattet – bei den aus seiner Sphäre stammenden Irrtümern freilich um den Preis des gegnerischen Vertrauensinteresses.

1.2 Fehlende Geschäftsfähigkeit

Die bisherigen Ausführungen hatten zur – unausgesprochenen – Voraussetzung, dass die jeweiligen Akteure (die »Erklärenden«) prinzipiell imstande sind, sich kompetent zu artikulieren und im Geschäftsleben eigenständig zurechtzufinden. Bei den dargestellten Willensbeeinträchtigungen und kommunikativen Missgriffen handelte es sich um gelegentliche »Ausrutscher«, die solche Autonomie nicht grundsätzlich in Frage stellen. Es gibt nun aber Personenkreise, die ein derartiges Normalmaß vernünftigen Erwachsenseins aus den unterschiedlichsten Gründen noch nicht erreichen und die folglich an den scharfen Verkehrsstandards scheitern

---

35 Gutes Beispiel für die Schadensbemessung bei BGH NJW 1984, 1950 f.

müssten, würde man sie ohne Einschränkung am rechtsgeschäftlichen Geschehen teilnehmen lassen bzw. sie – deutlicher gewendet – diesem schutzlos preisgeben. Bereits im Abschnitt über die Person (A I. 2.1.1) hatten wir gesehen, dass zwar die Rechtsfähigkeit keinerlei personale Vorbehalte kennt, im übrigen jedoch aus elementaren Schutzgründen Abstriche zu machen sind, wo es um die Zurechnung von Handlungen oder Erklärungen geht.

Ähnlich der in den §§ 827 ff. BGB angestrebten Begrenzung der Verantwortlichkeit im Deliktsrecht – nicht von ungefähr ist deswegen allgemein von »Zurechnungsfähigkeit« die Rede (s. u. E II. 1.2) – kennt auch das Vertragsrecht einen Mechanismus, mit dessen Hilfe typischerweise unerfahrene bzw. zu eigenverantwortlichem Handeln nicht fähige Personen vor den Risiken abgeschirmt werden sollen, die der Eintritt in den Geschäftsverkehr sonst mit sich bringt. Das Gesetz geht davon aus, dass noch nicht Volljährige, also Kinder und Jugendliche, die Tragweite rechtsgeschäftlichen Agierens nicht oder wenigstens nicht voll einschätzen können und dass sie oft auch nicht über die finanziellen Möglichkeiten verfügen, um etwaige Verbindlichkeiten wirklich tragen zu können. Deshalb versagt es ihnen mit bestimmter Abstufung die unmittelbare Beteiligung am Vertragsleben. Sie sind diesbezüglich auf Repräsentanten angewiesen, die »gesetzliche Vertreter« genannt werden (Eltern, Vormünder). Diese handeln anstelle und im Namen ihrer »Schützlinge«. Das technische Instrument des so beabsichtigten Verkehrsschutzes ist die **Geschäftsunfähigkeit bzw. eine partielle Beschränkung der Geschäftsfähigkeit.** Vermittels derer wird es vereitelt, dass Willenserklärungen der gemeinten Personen ohne weiteres rechtliche Bindungen erzeugen.

Ein Beispiel im voraus: Die fünfjährige K kauft bei V von ihrem Taschengeld ein Buch. Ihre Eltern sind damit nicht einverstanden und verlangen von V das Geld gegen Rückgabe des Buchs zurück. V beharrt auf dem Geschäft.

Variante 1: Die Eltern hatten K gerade zum Erwerb dieses Buchs losgeschickt, waren aber nach dessen Lektüre »enttäuscht«.

Variante 2: K war bereits acht Jahre alt, sollte aber keinesfalls Bücher von ihrem Taschengeld kaufen.

Variante 3: Die achtjährige K hatte ihr Taschengeld zwar zur freien Verfügung, konnte aber nur eine Anzahlung leisten mit dem Versprechen, den Rest nachzuzahlen. Sie »verschlampt« das Buch und möchte obendrein noch das bereits Gezahlte von V zurückhaben.

1.2.1 Geschäftsunfähigkeit

Total geschäftsunfähig mit der Folge, dass – mit Ausnahme der in § 105 a BGB geregelten Konstellation – sämtliche Willenserklärungen der diesen Personengruppen Zugehörigen nichtig sind (§ 105 I BGB), ist jedes Kind, das noch nicht volle sieben Jahre alt ist (§ 104 Nr. 1 BGB); ferner sind dies dauerhaft Geistesgestörte, die keiner freien Willensbestimmung mächtig sind (§ 104 Nr. 2 BGB).[36] Eine ergänzende Regelung trifft § 105 II BGB, der solche Willenserklärungen für unwirksam erklärt, die im Zustand hochgradiger Bewusstseinstrübung – bei gänzlicher Bewusstlosigkeit läge gar keine »Erklärung« vor – oder vorübergehender Störung der Geistestätigkeit abgegeben worden sind. Während sich die Fälle

---

36 Vgl. nur BGH NJW 1996, 918 f.

der Altersbegrenzung einfach aufklären lassen, bedarf es im übrigen ggf. eines Sachverständigengutachtens, um die fraglichen Voraussetzungen zu erhellen. Verbleibende Zweifel gehen hier zu Lasten desjenigen, der sich auf mangelnde Geschäftsfähigkeit beruft.

Die Nichtigkeitswirkungen entsprechen abgesehen von der singulären Ersatzpflicht aus § 122 BGB denen einer erfolgreichen Anfechtung (s. zuvor 1.1.5.4). Das bedeutet vor allem, dass – sofern kein Fall gem. § 105 a S. 1 BGB vorliegt – keine rechtsgültigen Verträge zustande kommen und bereits Geleistetes zurückzuerstatten ist. Im Eingangsfall muss V sich deshalb den »Rücktausch« gefallen lassen, nicht freilich bei der Variante 1. Hier war K nur Botin[37] ohne eigenständige Erklärungstätigkeit. Ihre Eltern haben genau das bekommen, was sie haben wollten. Es liegt nicht einmal ein Anfechtungsgrund aus § 120 BGB vor.

1.2.2 Beschränkte Geschäftsfähigkeit

Die mit ihr Ausgestatteten sind nicht (mehr) völlig vom rechtsgeschäftlichen Verkehr ausgeschlossen. Vielmehr können sie mit entsprechender »Rückendeckung« ihrer gesetzlichen Vertreter durchaus Verpflichtungen eingehen und sogar ganz eigenständig handeln, falls ihnen das beabsichtigte Geschäft »lediglich einen rechtlichen Vorteil« einbringt (§ 107 BGB), was namentlich auf eine sie begünstigende Schenkung zutrifft.[38]

Zum Kreis der **partiell Geschäftsfähigen** gehören sämtliche Personen, die zwar das siebente Lebensjahr überschritten haben, aber noch nicht achtzehn sind (§ 106 i. V. m. § 2 BGB). Anders als im Deliktsrecht, wo bei diesem Personenkreis nach Handlungssituation (Verkehrsteilnahme – § 828 II BGB) und im Übrigen nach dem jeweiligen Reifegrad (§ 828 III BGB) differenziert wird, hat der Gesetzgeber hier aus praktischen Verkehrsgründen keine weiteren Abstufungen vorgesehen.

Die o. a. Rückendeckung heißt juristisch »Zustimmung«, die wiederum in die vorherige **Einwilligung** und die nachträgliche **Genehmigung** unterteilt wird (s. auch §§ 183, 184 BGB). Generell muss sich der Konsens gerade auf die Art sowie die Konditionen des konkreten Geschäfts beziehen, so dass etwa die Erlaubnis, ein Mofa zu kaufen, ebenso wenig hinreicht, falls das Preislimit überschritten wird, wie ein genügender Geldvorrat, sofern just dieser Gegenstand nicht erworben werden durfte (s. Beispielsvariante 2). Eine gewisse Abschwächung sieht § 110 BGB als sog. Taschengeldparagraph vor: Sind die Mittel (also i. d. R. Geld) »zu freier Verfügung überlassen worden«, so wird jeglicher Erwerb gedeckt. Freilich müssen sie auch ausreichen (»bewirkt«); auf Kredit darf mithin selbst dann nicht gekauft werden, wenn das künftige Taschengeld dies eigentlich zulassen würde (s. Variante 3 mit vollem Verlustrisiko des V, da sonst indirekt der bezweckte Verkehrsschutz untergraben würde).[39]

Einseitige Rechtsgeschäfte beschränkt Geschäftsfähiger sind ohne Einwilligung ihrer gesetzlichen Vertreter (z. B. in die Kündigung eines zuvor gestatteten Musikunterrichts) definitiv unwirksam. Das liegt an ihrer unmittelbaren Gestaltungskraft, die keine Unklarheit verträgt und deshalb nicht von der Unwägbarkeit

---

37 Zu dieser Figur noch unten B II 1.4.
38 Namentlich bei Grundstücksschenkungen werden jedoch Abstriche zu machen sein! Vgl. *Köhler*, JZ 1983, 225 ff.
39 Zu Einzelheiten noch *Weimar*, MDR 1962, 273 ff. sowie *Lindacher* in FS Bosch (1976), S. 533 ff.

abhängen soll, ob sich die gesetzlichen Vertreter noch zu einer Billigung durchringen können oder nicht. Im übrigen schadet das Fehlen des vorherigen Einverständnisses ungeachtet des § 107 BGB dann nicht, wenn im nachhinein der Vertrag genehmigt wird (§ 108 I BGB). Solange dies nicht geschehen ist, haben wir es mit einem Schwebezustand zu tun, während dessen der andere Teil zum Widerruf berechtigt ist (§ 109 I BGB; s. jedoch die Einschränkungen in Abs. II). Wird die Genehmigung erteilt, so wirkt sie »auf den Zeitpunkt der Vornahme des Rechtsgeschäfts zurück« (§ 184 I BGB). Der Vertrag gilt mithin von Anbeginn als wirksam geschlossen. Um den für ihn lästigen Schwebezustand abzukürzen, kann der jeweilige Geschäftspartner den gesetzlichen Vertreter »zur Erklärung über die Genehmigung« auffordern. Bleibt diese dann zwei Wochen lang aus, so gilt die Genehmigung als verweigert (§ 108 II BGB).

Sonderbestimmungen enthalten schließlich die §§ 112, 113 BGB. Bei ihnen geht es jeweils um Generalermächtigungen zur Führung eines Erwerbsgeschäfts bzw. zum Eintritt in das Arbeitsleben. Sie decken grundsätzlich alle »Annexerklärungen«, die üblicherweise in den fraglichen Tätigkeitsrahmen fallen wie u. a. der Gewerkschaftsbeitritt des Minderjährigen.[40] Man spricht insoweit auch von einer Teilgeschäftsfähigkeit, weil hier i. G. zu den zuvor beschriebenen Konstellationen ein ganzes Bündel rechtsgeschäftlicher Aktivitäten von vornherein legitimiert wird. Das hat übrigens zur Folge, dass die Betreffenden anders als bei singulärer – d. h. nur auf ein einzelnes Geschäft bezogener – Zustimmung in den Grenzen des ihnen so zuerkannten Aktionskreises auch i. S. des § 52 ZPO prozessfähig sind.

1.3 Gültigkeitsschranken

Ist die Geschäftsfähigkeit als Eintrittskarte für das Geschäftsleben vorhanden und wird sie auch kompetent – d. h. ohne Willens- oder Artikulationsmängel – wahrgenommen, so steht, sofern ggf. noch vorgeschriebene Formerfordernisse eingehalten worden sind, der Rechtsverbindlichkeit der jeweiligen Erklärung prinzipiell nichts mehr im Wege. Namentlich deren Inhalt geht grundsätzlich niemanden etwas an, wissen wir doch mittlerweile, dass ein der Privatautonomie – und namentlich der in dieser eingeschlossenen Vertragsfreiheit – verpflichtetes Gesellschaftssystem es den Einzelnen überlässt, ob und – eben welche Geschäfte sie miteinander machen wollen. Liberalität ist Trumpf, demgemäß staatliche Abstinenz gegenüber individuellen Nützlichkeitserwägungen sowie ferner in einem pluralistischen Gemeinwesen eine weitgehende Indifferenz bezüglich unterschiedlicher Werthaltungen.

Eine derartige Freizügigkeit hat indes dann ihre Grenzen, wenn überragende Gemeinschaftsbelange auf dem Spiel stehen, elementare Wertvorstellungen berührt sind oder die intendierte Selbstbestimmung dadurch bedroht wird, dass es infolge deutlicher sozialer Ungleichheit zur Ausnutzung des Gegenüber statt zur fairen Verständigung kommt.[41] Die deshalb benötigten Schranken werden auf zweierlei Weise gezogen: zum einen durch **gesetzliche Verbote**, an denen auch privatrechtliches Handeln nicht vorbeikommt; zum anderen durch die Bindung gerade auch des bürgerlichen Geschäftsverkehrs an das sog. **Sittengesetz**.

---

40 Vgl. dazu *Gilles/Westphal*, JuS 1981, 899 ff.
41 Über die »Grenzen der Privatautonomie« instruktiv *Paulus/Zenker*, JuS 2001, 1 ff.

1.3.1 Gesetzwidrigkeit

Eine Möglichkeit, legislative Gerechtigkeitsvorstellungen gegenüber anderslautenden Absprachen und Erklärungen durchzusetzen, besteht in der bereits geläufigen **Anordnung zwingenden Rechts**. Solches ius strictum[42] bezieht sich durchweg nur auf gewisse Bestandteile und Modalitäten eines Vertrags, lässt denselben also im übrigen unberührt. Hat sich etwa der Vermieter ausbedungen, die Wohnung »ohne Angabe von Gründen wieder in Besitz nehmen zu können«, so ist eine dergestalt freie Kündigung unwirksam (§ 573 IV BGB) und das Mietverhältnis besteht fort. Desgleichen ist ohne Vernichtung des gesamten Kaufvertrags ein »Gewährleistungsausschluss unter allen Umständen« kraftlos, sofern der Verkäufer einen Mangel arglistig verschwiegen hat (§ 444 BGB). In diesen und vergleichbaren Fällen hat der Gesetzgeber unmittelbar deutlich gemacht, woran sich die Kontrahenten halten müssen.

Weniger klar ist dies bei den »**gesetzlichen Verboten**«, die § 134 BGB im Auge hat, indem er rechtsgeschäftliche Verstöße gegen sie mit der Nichtigkeitsfolge belegt.[43] Bereits der in dieser Vorschrift enthaltene Vorbehalt, »wenn sich nicht aus dem Gesetz ein anderes ergibt«, lässt erkennen, dass nicht bei jedwedem straf-, gewerbe-, preisrechtlichen u. ä. Verbot automatisch die Unwirksamkeit des von ihm tangierten Geschäfts[44] eintritt. Vielmehr ist anhand der jeweiligen Verbotsnorm zu ermitteln, welche Stoßrichtung und Reichweite sie hat, ob also etwa Verträge solcher Art überhaupt nicht abgeschlossen werden sollen wie u. a. Erwerbsgeschäfte des Hehlers (§ 259 StGB) oder aber das fragliche Verbot nur an einen der Beteiligten gerichtet ist.[45] Insonderheit muss darauf geachtet werden, dass eine Nichtigerklärung nicht das Gegenteil des Verbotszwecks bewirkt. So wäre einem Käufer verdorbener Nahrungsmittel gewiss nicht damit gedient, wenn sein Vertrag unter Hinweis auf lebensmittelrechtliche Verbote »kassiert« würde. Hat er Schäden davongetragen, bedarf es gerade des Vertragsschutzes, wohingegen der Verkäufer mit gewerbepolizeilichen Maßnahmen überzogen werden kann. Ergibt sich hingegen, dass die Verbotsvorschrift »voll durchschlägt«, so bewendet es bei der Totalnichtigkeit, die beiderseitige Vertragsansprüche ausschließt und die Parteien bestenfalls auf den Bereicherungsausgleich nach §§ 812 ff. verweist.[46]

1.3.2 Sittenwidrigkeit

Haben wir § 134 BGB so als eine Art Auffangtatbestand kennen gelernt, bei dem zumeist außerzivilistische Gesetzeswertungen darauf abgeklopft werden müssen, inwiefern sie auch den privaten Geschäftsverkehr regulieren wollen, so geht § 138 BGB noch einen Schritt weiter. Indem er in seinem Abs. 1I die Nichtigkeit eines Rechtsgeschäfts deklariert, »das gegen die guten Sitten verstößt«, nimmt er auf außerrechtliche Wertmaßstäbe Bezug, die ehedem als gesamtgesellschaftliche Stabilisierungsfaktoren noch auffindbar gewesen sein mögen, sich mit fortschreitender Pluralisierung jedoch mehr und mehr verflüchtigt haben. Wir müssen heute sogar feststellen, dass das Heraushalten ethischer und moralischer Ein-

---

[42] S. o. A I 2.3.2. bei Fn. 58 ff.
[43] Zu diesem Fragenkreis ausführlich *Canaris*, Gesetzliches Verbot und Rechtsgeschäft, 1983.
[44] Vgl. etwa BGHZ 85, 39 ff. (Schwarzbau).
[45] Lehrreich BGHZ 143, 283 ff. (Verbot der Schenkungsannahme).
[46] Zu einem sogar diesen »Rückzug« verbietenden Fall BGHZ 118, 182 ff. (Kontaktanzeige).

stellungen aus dem rechtsgeschäftlichen Miteinander förderlicher für dessen Reibungslosigkeit ist als der Rekurs auf eine **Sittlichkeit,** bei der nicht mehr auf ein homogenes Verständnis gebaut werden kann. Schlechtestenfalls kämen hierbei »Glaubens- und Überzeugungskämpfe« im Gewande eines Vertragskonflikts heraus, die dann der »gewinnen« würde, der zufällig auf einen ihm geneigten Richter trifft.

All dies bedingt keine Verabschiedung des § 138 BGB, wohl aber eine Annäherung seiner Kontrollstandards an rechtliche – hier vor allem grundgesetzliche – Vorgaben.[47] Das ist oben (A I. 2.3.2) bereits eingehend erörtert worden und für unsere Zwecke nur noch kurz in Erinnerung zu rufen: § 138 I BGB ist sinnvollerweise in engem Zusammenhang mit der in Art. 1, 2 GG garantierten Menschenwürde wie personalen Entfaltungsfreiheit zu bringen, § 138 II BGB hingegen ausweislich seiner erkennbaren ökonomischen Schwerpunktsetzung mit der in Art. 14 II GG begründeten und anhand der Art. 20 I, 28 I GG zu arrondierenden Sozialpflichtigkeit wirtschaftlicher Betätigung zu verknüpfen.

Von daher geht es in den Fällen des § 138 I BGB seltener um die Reaktion auf **beiderseitige Verstöße gegen elementare Sittlichkeitsprinzipien** als vielmehr um die Neutralisierung **einseitiger Moralvorstellungen,** die den Andersdenkenden in seinen privaten Entfaltungsmöglichkeiten unangemessen beschneiden würden. M. a. W.: Verträge sind nicht dazu da, etwa Mieter auf das Weltbild des Vermieters zu verpflichten, Arbeitnehmer zum Gewerkschaftsaustritt anzuhalten, Stromlieferanten zum Verzicht auf bestimmte Energiearten zu zwingen u. a. m. Zwistigkeiten auf diesen Sektoren sind auf andere Weise auszutragen, nicht zuletzt zum Schutz von Minderheiten, die nicht auch noch von Vertrags wegen zum »Wohlverhalten« erzogen werden dürfen.

Im praktisch bedeutsameren Anwendungsbereich des § 138 II BGB ist primärer Gesichtspunkt die **Äquivalenz der beiderseitigen Leistungen,** die nicht »in einem auffälligen Missverhältnis« zueinander stehen dürfen. Zwar gibt es keinen absolut gerechten Preis (iustum pretium) und auch keine sonstigen, allein fairen Konditionen; das hindert es aber nicht, das übliche Preisniveau und die vom dispositiven Gesetzesrecht selbst vorgeschlagene Lastenverteilung als Richtschnur mitheranzuziehen. Im Gegenteil ist eine derartige Orientierung unerlässlich, um Unausgewogenheit als drastische Abweichung von solchem Mittelmaß überhaupt erst definieren zu können. Da es aber selbst nach ermittelter Divergenz keine starren Grenzen für die Qualifikation als »evident inäquivalent« gibt – die sog. laesio enormis des Gemeinen Rechts hat keinen Eingang in unsere Rechtsordnung gefunden –, obliegt diese Festlegung letztlich der richterlichen Praxis.[48] Stellt sich nach ihr heraus, dass das fragliche Geschäft der so gefundenen Messlatte objektiv nicht standhält, so steht der Sittenverstoß allerdings immer noch nicht fest. Hinzukommen muss eine **Ausbeutungslage,** d. h. die nicht zu billigende Ausnutzung der Not oder Unerfahrenheit bzw. des Leichtsinns des anderen Teils. Diese »subjektive« Zusatzvoraussetzung ist freilich nicht unbedingt im Sinne einer Vorwerfbarkeit wegen Arglist o. ä. zu verstehen. Nicht auf vorsätzliche Übervorteilung kommt es an, sondern neben dem generell auffälligen ökonomischen Missverhältnis auf ein soziales Ungleichgewicht gerade zwischen diesen Parteien. Liegt dieses vor, so kann schon deshalb auf eine »Ausbeutung« geschlossen werden, weil

---

47 Dazu noch *Singer*, JZ 1995, 1133 ff. sowie *Erichsen*, JURA 1996, 527 ff.
48 Vgl. etwa BGHZ 128, 255 ff.

kaum jemand aus freien Stücken eine krasse Unausgewogenheit akzeptieren wird.[49]

Als **Rechtsfolge der Sittenwidrigkeit** ordnet § 138 I BGB zwar pauschal die Nichtigkeit des betreffenden Rechtsgeschäfts an, doch ist auch hier ähnlich wie bei § 134 BGB zu differenzieren. Ohne Abstriche kommt es zur Unwirksamkeit, wenn das gesamte Geschäft den Unsittlichkeitsstempel trägt und beide Teile hierzu beigetragen haben. Sind nur einzelne Partien von ihm erfasst, so bleibt es den Beteiligten überlassen, am Rest festzuhalten (§ 139 BGB).[50] Hat gar nur eine Seite sich unter eigennütziger Beschneidung der gegnerischen Mitbestimmungsinteressen durchsetzen wollen, so ist selbst dieses Modell nicht stets angemessen, setzt es doch auf gemeinschaftliches Handeln, das zuvor gerade konterkariert worden ist. Hier bedarf es einer genauen Beleuchtung der Schutzinteressen des Benachteiligten. Das kann namentlich bei Dauerrechtsverhältnissen dazu führen, dass lediglich die Preisüberhöhung korrigiert oder eine übermäßige zeitliche Bindung auf das angemessene Maß zurückgeführt wird.[51] Ähnliches gilt für nicht hinnehmbare Einschränkungen anhand einer sog. Hausordnung (z. B. kein Damen- oder Herrenbesuch, keine Jazzmusik, Lichtabschalten ab 22 Uhr u. a. m.). Diese werden schlicht »kassiert«, ohne dass dies Auswirkungen auf den Bestand des sonstigen Mietvertrags hätte.

2 Das Schuldverhältnis

Bereits zu Beginn dieses Abschnitts B hatten wir als vorrangiges Ziel rechtsgeschäftlicher Aktivitäten die **Begründung, Änderung und Aufhebung von Schuldverhältnissen** ausgemacht. Darunter sind Rechtsbeziehungen zwischen zwei oder mehreren Personen zu verstehen, die – wie das BGB gleich zu Anfang seines Zweiten Buchs in § 241 I 1 BGB hervorhebt – zuallererst auf einen als Leistung bezeichneten Gütertransfer ausgerichtet sind. Vom Zeitpunkt ihrer Entstehung schuldet die eine Seite der anderen etwas – zumeist auch umgekehrt –, ist sie also verpflichtet, ihrem Partner einen vermögenswerten Gegenstand i. w. S. – eine Sache, Geld, aber auch Arbeit oder sonstige Dienste[52] – definitiv oder zeitweilig zu überlassen. Das besagt zugleich, dass mit der Begründung des Schuldverhältnisses (z. B. eines Kaufvertrags) der Transfer nicht automatisch geschieht, sondern eben erst die Verpflichtung entsteht, das Geschuldete zu erbringen (s. etwa § 433 BGB in vertypender Beschreibung der einschlägigen Verkäufer- und Käuferpflichten). Bei einem Gegenstand, der überhaupt nicht körperlich fixiert ist und mithin keine Sache i. S. des § 90 BGB darstellt, ist dies vorderhand einsichtig. So müssen natürlich geschuldete Tätigkeiten erst noch vorgenommen werden. Auch bei Schuldgeschäften, die auf vorübergehende Sachüberlassung gehen wie z. B. Miete, ist es klar, dass damit der angestrebte Zustand nicht bereits eingetreten ist,

---

49 S. im übrigen nochmals BVerfGE 89, 214 ff. unter Akzentuierung der den Schluss auf eine freie Selbstbindung prinzipiell infrage stellenden Merkmale einer »ungewöhnlich starken Belastung« und einer »strukturell ungleichen Verhandlungsstärke«.
50 Zum mitunter schwierigen Verständnis dieser Vorschrift eingehend *Deubner*, JuS 1996, 106 ff.
51 Grundsätzlicher zu solcher Abstimmung der Rechtsfolgen auf das Gewicht und den Urheber des Verstoßes *Damm*, JZ 1986, 913 ff.
52 Sogar ein Unterlassen kann – wie § 241 I 2 BGB eigens statuiert – Leistungsobjekt sein. Es geht dann um die Nichtvornahme an sich erlaubter Aktivitäten (z. B. Wettbewerb), die i. d. R. entsprechend vergütet wird. Ein gesetzliches Beispiel findet sich in § 90 a I 3 HGB.

desgleichen bei geschuldeter Herstellung eines Werks (vgl. 631 ff. BGB). Anders hätte indes bei Vereinbarungen entschieden werden können, die auf einen endgültigen Wechsel von Eigentums- oder sonstigen Rechtspositionen hinauslaufen, wie dies z. B. bei Kauf oder Schenkung der Fall ist; und in der Tat gibt es Rechtsordnungen, die ein solches »**Konsensprinzip**« zugrunde legen. Folglich bezieht sich in ihnen die Übereinkunft zugleich auf den Rechtsübergang selbst, der deshalb nicht mehr eigens bewerkstelligt werden muss. Nicht so das BGB! Es hat das sog. **Traditionsprinzip** vorgezogen mit der Konsequenz, dass der Gütertransfer zweistufig erfolgt: auf der ersten Ebene ist die Verpflichtung zur Rechtsübertragung angesiedelt, auf der zweiten deren Vollzug, der wiederum ein abgestimmtes (vertragliches) Verhalten voraussetzt, das wir bei Rechten als »Abtretung« bezeichnen (s. u. 2.3.1), bei Sachen »Übereignung« nennen. Je nachdem, ob es sich um eine bewegliche Sache oder ein Grundstück handelt, wird hier noch weiter unterschieden. Bei jenen geschieht die Eigentumsübertragung durch Übergabe (Besitzwechsel, der dann nicht mehr vonnöten ist, wenn sich der Erwerber bereits in ihrem Besitz befindet) und Einigung über den Eigentümerwechsel (vgl. § 929 BGB); bei Grundstücken (sog. Immobilien) erfolgt sie durch eine ebensolche, jedoch formbedürftige und als »Auflassung« deklarierte Einigung (§ 925 BGB) sowie durch anschließende Eintragung in das Grundbuch (§ 873 BGB). Dieser Zweispurigkeit korrespondiert die bereits oben (A I. 2.3.3) vorgestellte Unterscheidung in **Verpflichtungs- und Verfügungsgeschäfte.** Die Erstgenannten verändern die Rechtssituation insofern, als anhand ihrer die an ihnen beteiligten Personen aus der juristischen Anonymität heraustreten und zu spezifischen Rollenträgern, nämlich zu Gläubigern oder Schuldnern werden; letztere beabsichtigen Durchführung und Ende dieses Rollenspiels, denn mit der erfolgten Vermögensleistung, der Erfüllung, erlischt das Schuldverhältnis (vgl. § 362 I BGB) und kehren die Akteure aus dem Stadium des Miteinander wieder in die Sphäre des bloßen Nebeneinander zurück. Die systematische Aufspaltung der rechtsgeschäftlichen Güterverschiebung in ein sie begründendes Kausalgeschäft und ein sie herbeiführendes Vollzugsgeschäft wird herkömmlicherweise als **Trennungsprinzip** bezeichnet, dem in unserem Rechtssystem eine weitere Eigenheit folgt, nämlich das sog. **Abstraktionsprinzip.** Es besagt, dass beide Vorgänge separat voneinander zu beurteilen sind, weshalb Mängel des Schuldvertrags sich grundsätzlich nicht auf die dinglichen Abmachungen auswirken![53] Erweist sich z. B. ein Kaufvertrag wegen Sittenwidrigkeit als nichtig, so hat dies i. d. R. keinen Einfluss auf die bereits erfolgte Übereignung. Sie bleibt wirksam und muss wegen des nunmehr feststehenden Fehlens eines Rechtsgrunds nach den Regeln über die ungerechtfertigte Bereicherung revoziert werden.[54]

Im Folgenden befassen wir uns in erster Linie mit der durch das Schuldverhältnis erzeugten **Verpflichtungsphase.** Ihr ist das gesamte Zweite Buch des BGB gewidmet, das »Recht der Schuldverhältnisse«, im Wissenschaftsbetrieb als Schuldrecht geläufig, das herkömmlicherweise in ein Allgemeines (§§ 241–432 BGB) und in ein Besonderes Schuldrecht (§§ 433–853) unterteilt wird.

---

53 S. dazu die prägnante Darstellung von *Jauernig*, JuS 1994, 721 ff.
54 Einschränkend in Richtung auf eine parteiautonome »Überwindung« des Abstraktionsprinzips *Eisenhardt*, JZ 1991, 271 ff.

2.1 Gesetzliche und vertragliche Begründung

Ist auch, wie wir ebenfalls schon eingangs dieses Abschnitts gesehen hatten, **prinzipiell ein Vertrag zur Begründung eines Schuldverhältnisses erforderlich** (s. nochmals § 311 I BGB), so gibt es doch auch jenseits solcher freiwilligen Selbstbindung zugunsten eines anderen mannigfache Anlässe, eine Person auch ohne oder gar gegen ihren Willen zur Schuldnerin einer anderen zu machen. Das Schuldrecht wäre gewissermaßen nur »die Hälfte wert«, wollte es sich auf die – zudem noch weitgehend delegierte – Regulierung des Tauschverkehrs beschränken. Es muss auch Interessenkonflikte zur Kenntnis nehmen und entsprechende Vorsorge für deren Lösung tragen, die gerade aus dem Versagen der marktmäßigen Kommunikation resultieren bzw. überhaupt nichts mit dieser zu tun haben. Gemeint sind Komplikationen in dem just bezeichneten Nebeneinander, d. h. im allgemeinen, nicht rechtsgeschäftlich orientierten Rechtsverkehr.

So mag etwa jemand auf Kosten eines anderen einen Vermögensvorteil erlangt haben, ohne sich diesem gegenüber auf einen »vertraglichen Titel« berufen zu können (z. B. hat eine Bank einen Überweisungsauftrag fälschlich zugunsten des A statt der C ausgeführt), oder ist ihm ein Schaden zugefügt worden, als dessen Urheber er den ihm bis dahin völlig unbekannten S ausfindig gemacht hat. Derlei »außervertragliche« Vor- oder Nachteile verlangen nach Kompensation ohne Rücksicht auf einen – zumeist dann auch entgegenstehenden – Verpflichtungswillen des Bereicherten bzw. Schädigers. Gesetzliche Fremdbindung ist hier die Devise, der denn das BGB in der Tat auch folgt. So sieht es in den §§ 812 ff. und §§ 823 ff. sog. **Legalschuldverhältnisse** vor, deren Entstehen bei Vorliegen der entsprechenden tatsächlichen Voraussetzungen ohne das Erfordernis einer Übereinkunft der Betroffenen gleichsam »von oben« angeordnet wird. Diese – auch »Ausgleichsschuldverhältnisse« genannten – Verbindlichkeiten (zu ihnen zählt auch noch die in §§ 677 ff. BGB geregelte Geschäftsführung ohne Auftrag) stehen folglich auch nicht unter dem Vorbehalt, dass die ihnen Unterworfenen geschäftsfähig sein müssten (auch ein Vierjähriger müsste das ihm zu Unrecht Überwiesene herausgeben). Sofern Schutzerfordernisse geboten erscheinen, richten sie sich nach spezifischen Erwägungen (zur Zurechnungsfähigkeit im Deliktsrecht s. u. E II. 1.2), keinesfalls aber nach Anforderungen an den hier nicht zur Debatte stehenden Geschäftsverkehr.

Eine gewisse Nähe zu ihm verrät immerhin die erste Variante des in §§ 812 ff. BGB geregelten Bereicherungsausgleichs. Die sog. Leistungskondiktion knüpft nämlich ganz überwiegend an geplante oder gar formell schon geschlossene Geschäfte an, die dann nicht zustande kommen oder wegen – ggf. anhand einer Anfechtung herbeigeführter – Nichtigkeit scheitern. Es mangelt folglich an einem »Rechtsgrund« für bereits vorweg oder im Vertrauen auf den Bestand der Absprache erbrachte Leistungen, so dass sie demjenigen zurückgewährt werden müssen, auf dessen Kosten sie zunächst vereinnahmt worden sind (s. bereits vorhin bei 1.1.5.4 im Gefolge einer Anfechtung sowie soeben 2. a. E. im Kontext des Abstraktionsprinzips). Die Einzelheiten dieser Vermögenskorrektur sind ebenso erst später (sub D) darzustellen wie die zweite Variante einer ungerechtfertigten Vermögensverschiebung »in sonstiger Weise« (§ 812 I 1 BGB – 2. Alt.). Festzuhalten bleibt lediglich, dass Lieferungen u. dgl. im Rahmen von Schuldverhältnissen ihrem Empfänger just darin den Behaltensgrund, die »causa« für seinen Erwerb, servieren. Man spricht deshalb bei Schuldverträgen auch von **Grundgeschäften,** eben weil sie den Gütertransfer legitimieren sollen.

Das ebenfalls noch (sub E) eingehend zu behandelnde Recht des außervertraglichen Schadensausgleichs befasst sich mit der Verantwortlichkeit für schadensträchtige Übergriffe in die Rechtssphäre einer anderen Person wie z. B. für Gesundheits- bzw. Körperverletzungen sowie Beeinträchtigung fremden Eigentums. Eine derartige Verantwortlichkeit wird »Haftung« genannt. Am geläufigsten sind die Deliktshaftung aus §§ 823 ff BGB und die Gefährdungshaftung, wie sie u. a. in § 7 StVG vorgesehen ist.[55] Regelfolge dieser Haftung ist die Verpflichtung zum Ersatz des aus der jeweiligen Verletzung resultierenden Schadens, womit sich der Kreis schließt: Mit Verwirklichung des Delikts- oder Gefährdungstatbestands entsteht ex lege (von Gesetzes wegen) das auf Schadensausgleich gerichtete Schuldverhältnis zwischen Schädiger und Geschädigtem. Den Besonderheiten von dessen Abwicklung ist zuguterletzt der Schlussabschnitt F gewidmet, der zugleich die Bereinigung vertraglicher Schadensstiftung erfasst, weil insoweit die §§ 249 ff. BGB ein gemeinsames Ausgleichskonzept präsentieren.

2.2 Der Inhalt von Schuldverhältnissen

Indem Schuldverhältnisse ein besonderes Band zwischen zumeist zwei Personen knüpfen (deshalb ist auch von einer »Obligation« die Rede – von lat. obligare = verbinden, verknüpfen), geraten diese in eine **spezifische Berechtigungs- und Verpflichtungsstellung** zueinander, die über die Rücksichtsgebote des allgemeinen Zusammenlebens weit hinausreicht. Selbst die beste Nachbarschaft oder die intimste Freundschaft führt nicht zu einer solch engen rechtlichen Verbundenheit, wie sie namentlich aus vertraglichem Versprechen herrührt. Im Gegenteil: gerade weil wir uns vom Grundsatz privater Nichteinmischung leiten lassen, sind wir geneigt, derartige, gern als Gefälligkeitsverhältnisse[56] bezeichnete Beziehungen nach Möglichkeit aus den Fängen des Rechts herauszuhalten und juristische Seriositätsmaßstäbe erst dann anzulegen, wenn die Sonderbindung eigens gewollt und für den Fall von Komplikationen eine demgemäß rechtliche Auseinandersetzung in Kauf genommen wird. Dem korrespondieren die Einsicht, dass Geschäfte unter Bekannten tunlichst vermieden werden sollten, und das Bestreben, »freundschaftliche Abmachungen« wie vor allem Einladungen u. ä. m. nicht als rechtlich verbindlich zu qualifizieren. Nicht also die persönliche Nähe als solche markiert das schuldrechtliche Spezialverhältnis, sondern der typischerweise **zu Geschäftszwecken herbeigeführte soziale Kontakt**.

Innerhalb dessen bildet natürlich der je beabsichtigte Gütertausch den vorrangigen Gegenstand des zu seinen Zwecken ja überhaupt nur begründeten Schuldverhältnisses. Nun kann es jedoch in seinem Gefolge oder auch nur »am Rande« der fraglichen Transaktion zu unplanmäßigen Weiterungen kommen, da jedwede Geschäftsbeziehung Risiken birgt, die sich nicht auf das – zeitweilige oder gänzliche – Ausbleiben des versprochenen Gegenstands beschränken. Ist nämlich der Gläubiger zwar in erster Linie am Erhalt des ihm Versprochenen (der Leistung) interessiert, so lässt es ihn doch nicht unberührt, wenn er etwa im Vollzuge der Vertragsabwicklung Einbußen an seinen bereits vorhandenen Beständen inklusive seiner körperlichen Integrität erleidet (z. B. infolge Zusammenbrechens eines Stuhls, mit dessen »Baufälligkeit« er nicht zu rechnen brauchte). Neben sein

---

55 Vgl. ferner § 1 I ProdHaftG über die Verantwortlichkeit des Herstellers für schadensstiftende Produktfehler.
56 Zu ihnen ausführlich *Willoweit*, JuS 1984, 909 ff. S. ferner BGHZ 21, 102 ff.

Leistungs- oder Erfüllungsinteresse tritt infolgedessen sein Schutz- oder Integritätsinteresse, und wir unterscheiden demgemäß bei Schuldverhältnissen in eine **Leistungs- und eine Schutzebene.**

2.2.1 Die Leistungsebene

In erster Linie auf sie hat der Gesetzgeber sein Augenmerk gerichtet und bereits in § 241 I 1 BGB verdeutlicht, dass er die **Obligation vorrangig als Leistungsverhältnis** begreift. Dies entspricht ihrem Begründungsanlass sowie dem Umstand, dass die Leistung der Schuldbeziehung erst deren eigenes Kolorit verleiht, wohingegen der Schutzaspekt einigermaßen »profillos« ist, betrifft er doch jedwede Obligation unabhängig von dem je intendierten Gütertransfer.

In Konsequenz solcher **Leistungsorientierung** befassen sich die Vorschriften der §§ 241 – 853 BGB fast ausnahmslos mit den vertraglich angepeilten bzw. gesetzlich angeordneten Güterbewegungen. Sie konkretisieren vor allem den Leistungsgegenstand, präzisieren den Leistungsvollzug und regeln die Folgen von Durchführungshindernissen, den sog. Leistungsstörungen. Auch geschieht die Vertypung der einzelnen Schuldverhältnisse (§§ 433 ff. BGB) zuvörderst anhand des Leistungsobjekts und überdies danach, ob beide Partner Leistungen zu erbringen (auszutauschen) haben oder nur einer zur Leistung verpflichtet ist. So unterscheidet sich z. B. der Kauf dadurch von der Miete, dass bei jenem die Übereignung von Sachen – ggf. auch die Übertragung von Rechten – gegen Geld geschuldet wird, bei dieser hingegen die zeitweilige Überlassung von Sachen gegen Entgelt (den sog. Mietzins). Demgegenüber zeichnen sich die beiden Sachleistungs-Pendants Schenkung und Leihe dadurch aus, dass die entsprechenden Gegenstände unentgeltlich geschuldet sind.

Diese **Typenbildung blickt auf die Hauptleistung** als den die Schuldverbindung charakterisierenden und so zugleich ihre Abgrenzung ermöglichenden Standardgehalt (s. bereits oben B vor I.). Sie kann je nach Vereinbarung und nach den Umständen des Einzelfalls von Nebenleistungen flankiert werden (z. B. Installation und Wartung des gekauften Geräts, Hergabe der über die gekaufte Sache ausgestellten Urkunden, Übermittlung einer Bedienungsanleitung usw.). Diese **Nebenleistungen** sind wie die Hauptleistungen einklagbar, stellen sie doch Teile des Gesamtpakets der Leistungsschuld dar, ohne dessen komplette Andienung das Gläubigerinteresse nicht gehörig befriedigt oder gar völlig verfehlt wird wie etwa im Falle permanenter Wartungsbedürftigkeit einer Maschine, wenn der erforderliche Service ausbleibt.[57] Das lenkt den Blick zugleich auf die sonstigen **Modalitäten der Leistung.** Nicht allein der Transfer als solcher mitsamt seinen Begleiterfordernissen genügt, um den Gläubiger zufrieden zu stellen. Das Leistungssubstrat muss auch zur rechten Zeit und am rechten Ort erbracht werden. So nützt es z. B. der Jubilarin wenig, wenn das von ihr bestellte Festmenü erst nach Abreise ihrer Gäste geliefert oder der zugesagte Blumenschmuck vor ihrer Haustür abgestellt wird, statt ihn – wie verabredet – in das für die Feier vorgesehene Lokal zu bringen. Die Leistung stellt sich so gleichsam als Konglomerat von Anstrengungen des Schuldners dar, die ihren Zuschnitt und ihre Ausrichtung vor allem bei vertraglicher Obligationsbegründung anhand der in der jeweiligen

---

57 Vgl. in diesem Zusammenhang auch § 434 II BGB mit seiner Einbeziehung von Montagefehlern in den kaufrechtlichen Sachmangel.

Abmachung fixierten spezifischen Gläubigerbelange erfahren. Die Konsequenzen dieser »Detaillierung« werden uns bei der Erfüllung (s. u. B III. 1) und bei den Leistungsstörungen (unten B IV. 1) noch beschäftigen.

2.2.2 Die Schutzebene

Wird nach dem Gesagten das Schuldverhältnis vom Gesetzgeber auch primär als Leistungsbeziehung aufgefasst, so ist das BGB doch bei dieser z. Zt. seines Erlasses sogar ausschließlichen Version nicht stehen geblieben. Rechtswissenschaft und Praxis hatten nämlich längst erkannt, dass die Obligation den Parteien im wahrsten Sinne des Wortes die Tür öffnet für wechselseitige Beeinträchtigungen, die ohne die Sonderbeziehung überhaupt oder wenigstens so nicht hätten stattfinden können. Die durch die Intensität des Geschäftskontakts erhöhte Störanfälligkeit ist in der Tat nicht vergleichbar mit den Alltagsrisiken einer zufälligen »Deliktsbegegnung« und verlangt deshalb nach dichterem Schutz, als ihn die §§ 823 ff. BGB für das bloße Nebeneinander gewähren. Das betrifft vor allen Dingen die Verantwortlichkeit für den Einsatz von Gehilfen, die in § 831 BGB weitaus zurückhaltender statuiert ist als in § 278 BGB, ferner den Kreis der Schutzgüter, den namentlich § 823 I BGB enger zieht als das Vertragsrecht (Stichwort: unmittelbarer Vermögensschutz), und berührt schließlich noch das Aufklärungsrisiko, für das § 280 I 2 BGB eine dem Geschädigten günstigere Regelung vorsieht (s. bereits A III. 2.2.2.2) als das Deliktsrecht. Alle diese Erkenntnisse haben dazu geführt, dass den gemeinten Schutzbedürfnissen inzwischen auch von Gesetzes wegen Anerkennung gezollt wird, und zwar prominent in § 241 II BGB. Mit der dort statuierten Pflicht zur Rücksicht auf die gegnerischen Rechte, Rechtsgüter und Interessen wird die Obligation gewissermaßen komplettiert und über die Leistungsebene hinaus auch als **Schutzverhältnis** betrachtet. Anders als die Leistungsbeziehung, die ihren Ausgang beim gelungenen Vertragsabschluss bzw. bei einem gesetzlich umschriebenen Ereignis (Aufnahme der Fremdgeschäftsführung, Bereicherung auf Kosten anderer, Herbeiführung einer Verletzung) nimmt, beginnt es bereits mit der Begegnung zu Geschäftszwecken (§ 311 II BGB). Daraus folgt, dass seine zeitliche Dauer sich nicht mit jener decken muss und es ausnahmsweise sogar bei ihm bewendet, wenn nämlich das beabsichtigte Geschäft doch nicht zustande gekommen ist[58] oder sich als nichtig herausstellt.

Näheres ist erst im Zusammenhang mit der Vertragshaftung (s. u. B IV.) darzustellen. Momentan genügt es zu wissen, dass über die traditionellen Leistungspflichten hinaus **obligationsmäßige Schutzpflichten** anerkannt sind, die zwar entsprechend der Vielfalt je denkbarer Störungsquellen (die minderwertige Obstlieferung steckt gesunde Bestände an, das mangelhaft gedeckte Dach führt zu Feuchtigkeitsschäden, der Steuerberater plaudert Geschäftsgeheimnisse aus, der Maler stößt mit seiner Leiter an den Kronleuchter u. a. m.) keine einheitliche Struktur aufweisen, aber sämtlich auf das nämliche Ziel gerichtet sind, die Integrität des jeweiligen Partners – d. h. dessen Vorrat an Rechts- und Vermögensgütern – zu bewahren. Es ist deshalb hier auch von einem **Erhaltungsinteresse** die Rede i. G. zum leistungsbezogenen Veränderungsinteresse. Hier schon angedeutet sei noch, dass die auf Leistungen zugeschnittenen Rollen als Gläubiger und Schuldner (§ 241 I BGB) nicht für die Schutzebene taugen. Auf ihr kann »jeder Teil« auf Rück-

---

[58] S. das Beispiel BGH NJW, 1962, 31 f.: Sturz einer Kundin über eine auf dem Boden des Verkaufsraums liegende Bananenschale.

sichtnahme durch den »anderen Teil« pochen (§ 241 II BGB), weshalb es sich anbietet, diesbezüglich von **Schutzberechtigten und Schutzpflichtigen** zu sprechen.[59]

Schaubild 5

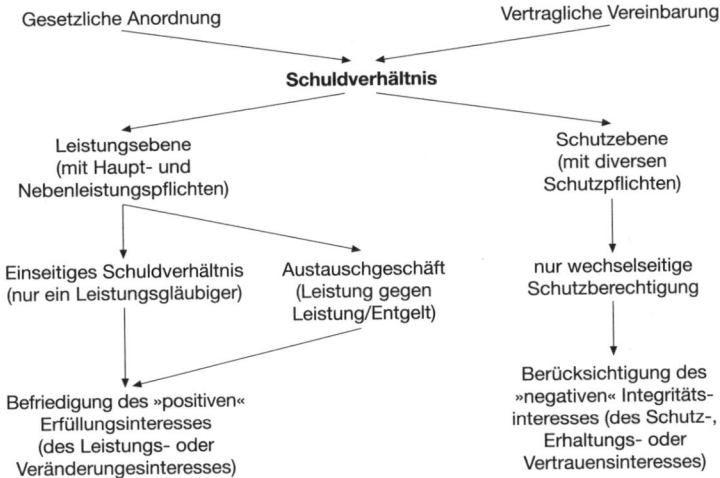

2.3 Die Forderung

Indem gemäß § 241 I BGB das Schuldverhältnis den Gläubiger berechtigt, »von dem Schuldner eine Leistung zu fordern«, wobei diese Leistung – wie bereits erwähnt – auch in einem vermögenswerten, d. h. nicht ohnehin zu gewährleistenden Unterlassen bestehen kann,[60] stellt sich die **Forderung als das eigentliche Charakteristikum einer Obligation** dar. Sie ist die schuldrechtliche Unterart des Anspruchs (vgl. § 194 I BGB), der auch andere – z. B. sachenrechtliche – auf ein Tun oder Unterlassen gehende Berechtigungen erfasst (u. a. den Herausgabeanspruch des Eigentümers gegen den unbefugten Besitzer nach § 985 BGB). Dieser zivilistische – materiellrechtliche – Anspruch ist wiederum zu unterscheiden vom prozessualen Anspruch, der das jeweilige Klagebegehren meint (vgl. nur § 253 II Nr. 2 ZPO), das zwar ganz überwiegend auf die Durchsetzung eines zivilistischen Anspruchs und gerade auch einer Forderung gerichtet, damit aber nicht identisch ist.

Je nach Zuschnitt des Schuldverhältnisses rühren aus demselben eine oder mehrere Forderungen her. Für »gegenseitige« Austauschgeschäfte ist es nachgerade konstitutiv, dass beiden Beteiligten zumindest je eine Forderung zusteht (z. B. dem Käufer auf Übereignung der Sache, dem Verkäufer auf Zahlung des Kaufpreises); jedoch ist auch bei einseitig verpflichtenden Obligationen eine Mehrzahl an For-

---

59 Missverständlich insoweit § 280 I BGB, der sich noch als Grundnorm für den Schadensersatz wegen Schutzpflichtverletzung herausstellen wird.
60 Zu den Unterlassungspflichten eingehend *Köhler*, AcP 190 (1990), 496 ff.

derungen denkbar wie etwa bei deliktischer Verantwortlichkeit aus einem Verkehrsunfall, der Sach- und Körperschäden nach sich gezogen hat, oder bei Schenkung eines Pkw, bei der dann – nebenleistungshalber – auch die Wagenpapiere herausgerückt werden müssen.

Die Forderung ist demnach weder mit dem Schuldverhältnis gleichzusetzen, »kraft dessen« sie lediglich entsteht, noch stimmt sie schon mit der Leistung überein, auf die sie ja erst gerichtet ist. Letzteres wird zumal bei einem Forderungsverkauf deutlich, sofern die Beteiligten nicht genau wissen, ob der Schuldner leistungsfähig bzw. -willig ist. Dann gibt es Abstriche vom »Nennwert«, um dieses Risiko abzudecken. Daraus erhellt freilich auch schon, dass Forderungen wegen der durch sie »verbrieften« Aussicht auf einen Vermögenszuwachs ihrerseits **Vermögenswert** haben und jedenfalls dann zu klingender Münze gemacht werden können, wenn sie gewissermaßen aus dem ursprünglichen Schuldverhältnis »abspaltbar« sind. Dies ist die ganz überwiegende Regel, die lediglich bei »Höchstpersönlichkeit« nicht eingreift (die Leistung ist just auf **diese** Beteiligten zugeschnitten wie etwa das versprochene Portrait, der vereinbarte Gesangsunterricht etc.)[61] oder im Falle bloßer Servicefunktion der Nebenleistung (mit der ein Dritter separat nichts anfangen kann) oder aber bei entsprechender Abrede der Ausgangsparteien (vgl. § 399 BGB 2. Alt.).

2.3.1 Abtretung

Diese Herauslösbarkeit der Forderung aus ihrem Entstehungsrahmen, ihre Verselbstständigung als Vermögensgut, ist natürlich nur gewährleistet, wenn ihr Inhaber – der Gläubiger – über sie verfügen kann, ohne die Zustimmung des Schuldners einholen zu müssen. Dementsprechend ist ihre Übertragung denn auch in § 398 BGB ausgestaltet. Beteiligt sind nur der Altgläubiger (Zedent) und der Neugläubiger (Zessionar). Sobald diese sich über den Forderungswechsel verständigt haben, die »**Abtretung**« also vertraglich abgesegnet ist, nimmt der Zessionar die Gläubigerstellung des bisherigen Inhabers ein.[62]

Rechtstechnisch handelt es sich – wie wir bereits oben B I. 2 gesehen haben – um ein **Verfügungsgeschäft,** das folglich eine entsprechende »causa« (zumeist Kauf) haben muss, um den mit ihm automatisch herbeigeführten Transfer schuldrechtlich zu legitimieren. Die Abtretung steht mithin auf derselben Ebene wie die Übereignung, weshalb, da jeweils eine vorgängige Verpflichtung exekutiert wird, beide auch als Vollzugsgeschäfte bezeichnet werden.

Die Ausschaltung des Schuldners aus diesem Vorgang darf indes nicht zu einer Verschlechterung von dessen Position führen. Er hat nur Bestimmtes versprochen bzw. ist ex lege nur auf ein bereits präzisiertes Leistungsprogramm festgelegt, das Dritte zu seinen Lasten weder inhaltlich verändern (§ 399 BGB 1. Alt.) noch gar quantitativ ausweiten können. Letzteres versteht sich schon deswegen von selbst, weil grundsätzlich niemand über mehr verfügen kann, als er in Händen hat. Demgemäß ist auch jedweder Erwerb begrenzt. Eine Ausnahme hiervon macht nur § 405 BGB für den Fall, dass die Schuld urkundlich fixiert war und es dem Zessionar ohne Fahrlässigkeit unbekannt geblieben ist, dass die Forderung nur zum Schein begründet oder deren Abtretbarkeit in Wahrheit ausgeschlossen sein sollte.

---

61 S. ferner § 613 BGB (prinzipielle »Höchstpersönlichkeit« der Dienstleistung).
62 Grundfragen des Zessionsrechts behandelt *G. Lüke*, JuS 1995, 90 ff.

Im übrigen zielt das Gesetz darauf ab, dem Schuldner sämtliche Verteidigungsmöglichkeiten zu erhalten, die diesem bis zum Zeitpunkt der Abtretung bzw. bis zur Kenntnis von ihr erwachsen sind. Litt das die Forderung begründende Schuldgeschäft unter Gültigkeitsmängeln (z. B. Gesetz- oder Sittenwidrigkeit), ist dies freilich wiederum bare Selbstverständlichkeit. Der Zedent hat dann ja von vornherein nichts Abtretbares in seinem Vermögen gehabt. Gemeint sind in § 404 BGB solche »Einwände«, die erst erklärt werden müssen, um die Forderung in ihrem Bestand zu vernichten (z. B. Anfechtung) bzw. ihre Durchsetzbarkeit zu hindern (namentlich Berufung auf Stundung) oder gar endgültig zu vereiteln (vor allem Verjährungseinrede – s. sogleich 2.3.2 –, zu der freilich anzumerken ist, dass Verjährungsfristen unabhängig von Abtretung und deren Kenntnis weiterlaufen). Nichts »weiterzugeben« hat der Altgläubiger auch dann, wenn der Schuldner bereits an ihn erfüllt hatte. Ist dies erst nach der Abtretung geschehen, so wird der Schuldner dennoch frei, falls er von der Forderungsübertragung nichts gewusst hat (§ 407 I BGB). Einen vergleichbaren Schutz gewähren ihm die §§ 408, 409 BGB. Jeweils soll es nicht zu seinem Nachteil ausschlagen, wenn er dank Nicht- oder Falschinformation seitens des Zedenten an eine in Wirklichkeit nicht (mehr) berechtigte Person geleistet hat. Diese ist dann zwar ungerechtfertigt bereichert, doch ist es nicht seine, sondern Sache des tatsächlichen Forderungsinhabers, die entsprechende Korrektur herbeizuführen (§ 816 II BGB).

2.3.2 Verjährung

Einen darüber weit hinausreichenden Schutz mit dem Effekt, sogar eine an sich bestehende Forderung nicht mehr bedienen zu müssen, bietet dem Schuldner die **Verjährung.** Sie dient der Sicherheit des Rechtsverkehrs sowie dem Rechtsfrieden und soll den Verpflichteten davor bewahren, auch nach ungebührlich langem Zuwarten des Gläubigers noch in Anspruch genommen zu werden.[63] Oft ist in derlei Fällen unklar, ob und in welchem Umfang die Forderung wirklich besteht. Beweismittel – zumal eben für die Nichtexistenz – können verlorengegangen sein. Auch mag sich der Schuldner längst darauf eingerichtet haben, in der fraglichen Angelegenheit nicht mehr »behelligt« zu werden. Um diese Voraussetzungen nicht für jeden Einzelfall ermitteln zu müssen, arbeiten die §§ 195 ff. mit vornehmlich nach Anspruchsinhalten differenzierenden Verjährungsfristen. Praktisch wichtig sind daneben die sog. **Gewährleistungsfristen** des besonderen Vertragsrechts, innerhalb deren der Ausgleich für Sachmängel geltend gemacht werden muss (s. etwa §§ 438, 634 a BGB).[64]

Sofern die Ansprüche bzw. Forderungen nicht besonderen Bestimmungen unterliegen, beläuft sich die **regelmäßige Verjährungsfrist** auf drei Jahre (§ 195 BGB). Sie beginnt »mit dem Schluss des Jahres, in dem der Anspruch entstanden ist, und der Gläubiger von den den Anspruch begründenden Umständen und der Person des Schuldners Kenntnis erlangt« oder ohne grobe Fahrlässigkeit hätte erlangen müssen (§ 199 I BGB). Wird also ein am Straßenrand geparkter Pkw im Dezember 2002 beschädigt und erfährt dessen Eigentümerin nach entsprechenden polizeilichen Ermittlungen erst vier Wochen später, welcher Zeitgenosse dafür verantwortlich ist, so fängt die Verjährung erst vom 1. 1. 2004 an zu laufen. Da Kenntnis

---

63 Vgl. BGHZ 59, 72 (74).
64 Zur gleichsam als Nebenprodukt der Schuldrechtsmodernisierung erfolgten grundlegenden Novellierung des Verjährungsrechts ausführlich *Mansel*, NJW 2002, 89 ff.

und grobfahrlässige Unkenntnis subjektive Umstände bezeichnen, die durchaus erst geraume Zeit nach dem anspruchsbegründenden Ereignis eintreten können, sehen § 199 II – IV BGB **Verjährungshöchstfristen** vor, die dann taggenau nach Maßgabe des § 187 f. BGB zu berechnen sind. Von Bedeutung sind hier namentlich die aus Schutzpflichtverletzung oder deliktischem Verhalten resultierenden Schadensersatzansprüche wegen Rechtsgutsbeeinträchtigung (§ 199 II BGB), die ggf. erst nach dreißig Jahren verjähren.

Mit der bloßen »Anmeldung« der Forderung ist es freilich nicht getan. Eine derartige private Reklamation hindert nicht den Weiterlauf der Verjährungsfrist. Anders ist dies erst, wenn Verhandlungen mit dem Gegner über den Anspruch schweben (§ 203 BGB) oder spezielle Rechtsverfolgungsmaßnahmen – wie vor allem die Klageerhebung – ergriffen werden (§ 204 BGB). Dann kommt es – wie auch noch in den Fällen der §§ 205 – 208 BGB – zur **Hemmung der Verjährung,** die bewirkt, dass der fragliche Zeitraum (z. B. der Verhandlungen) »abgerechnet« wird (§ 209 BGB). Gar zu einem **Neubeginn der Verjährung** gelangt es dann, wenn der Anspruch anerkannt oder seinetwegen eine amtliche Vollstreckungsmaßnahme vorgenommen bzw. beantragt wird (§ 212 I BGB).

Hat der Gläubiger hingegen die Verjährungsfrist tatenlos verstreichen lassen, so steht es nunmehr zur Disposition des Schuldners, ob er die Forderung gleichwohl noch erfüllen oder von der Befugnis Gebrauch machen will, »die Leistung zu verweigern« (§ 214 I BGB). Die Vollendung der Verjährung bewirkt demnach **kein automatisches Erlöschen** der Forderung; diese kann nur gegen den Willen des Verpflichteten nicht mehr durchgesetzt werden. Rechtstechnisch bedeutet dies, dass nach Verjährungseintritt erbrachte Leistungen normale Erfüllungsqualität haben und selbst dann nicht rückforderbar sind, wenn der Schuldner »in Unkenntnis der Verjährung« gehandelt hat (§ 214 II 1 BGB). Nach wie vor hat die zugrunde liegende Obligation als Behaltenstitel Bestand, was § 813 I 2 BGB eigens hervorhebt, indem er einen entsprechenden Bereicherungsausgleich gerade für diesen Fall versagt. Der Schuldner kann sich nicht einmal auf blanke Passivität zurückziehen, will er im Prozess nicht riskieren, ungeachtet seines Weigerungsrechts zur Leistung verurteilt zu werden. Der Richter darf nämlich die Verjährung nicht von Amts wegen berücksichtigen, sondern muss eine deutlich auf sie bezogene »Einrede« abwarten. Diese ist allerdings bereits dann »erhoben«, wenn sich der verklagte Schuldner etwa darauf beruft, die Sache liege schon lange zurück, er habe keine einschlägigen Unterlagen mehr u. ä. Umstritten ist, ob das Gericht befugt ist, den rechtsunkundigen bzw. anwaltlich schlecht beratenen Beklagten wenigstens auf die Einredemöglichkeit hinzuweisen.[65]

2.3.3 Gegenrechte

Mit der soeben behandelten Verjährungseinrede haben wir bereits eines der zahlreichen Gegenrechte kennengelernt, mittels deren der Schuldner das Leistungsbegehren des Gläubigers u. U. zu Fall bringen kann. Traditionell wird diesbezüglich zwischen Einwendungen und Einreden unterschieden (s. schon A III.2.2.2.1). Unter einer **Einwendung** versteht man vorab die Berufung auf solche Tatsachen, die geeignet sind, einen zunächst entstandenen Anspruch hinfällig zu machen. Allen voran zu nennen sind Erfüllung und Aufrechnung, welche die Forderung

---

65 Bejahend etwa E. *Schmidt*, DRiZ 1988, 59 (61) unter Verweis auf § 139 ZPO.

zum Erlöschen bringen (§§ 362 I, 389 BGB). Anders als diese **rechtsvernichtenden** Vorgänge wirken sich gesetz- und sittenwidrige Umstände in der Weise aus, dass sie die Forderung gar nicht erst zur Entstehung gelangen lassen. Hierauf bezogene Einwendungen werden deshalb als **rechtshindernde** bezeichnet.[66] Stehen die jeweiligen Erlöschens- bzw. Nichtigkeitstatsachen zur Überzeugung des Richters fest, so hat er dieselben seiner Entscheidung ohne weiteres zugrunde zu legen wie stets auch sonst, wenn ein gewisses Faktum zu einer direkten Veränderung der Rechtslage führt. Anders ist dies bei den **Einreden,** deren tatsächlichen Voraussetzungen – wie eben das Verstreichen von Verjährungsfristen – keinen automatischen Forderungsverlust herbeiführen, sondern den Schuldner lediglich zur Leistungsverweigerung berechtigen.

Wirkt solches Gegenrecht nur vorübergehend wie namentlich bei Stundung, haben wir es mit einer aufschiebenden (dilatorischen) Einrede zu tun. Ist die »Blockadebefugnis« hingegen definitiv wie vor allem bei der Verjährung, spricht man von einer dauerhaften (peremptorischen) Einrede. Hier bedarf es jeweils der expliziten Geltendmachung der andernfalls ausbleibenden Sperrwirkung. Die Forderung ist ja nach wie vor existent, und es steht im Belieben des Schuldners, sein Gegenrecht zu reklamieren oder darauf zu verzichten.

Schaubild 6

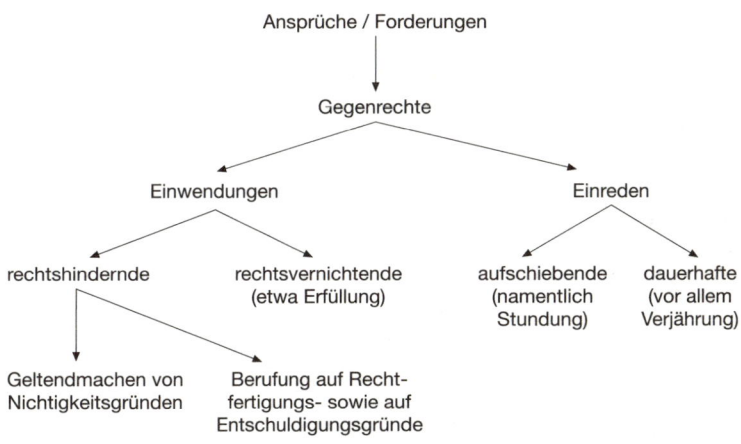

II. Der Vertragsschluss

Zwar haben wir den Vertrag schon frühzeitig als das maßgebliche Instrument für die individuelle Bedürfnisbefriedigung kennengelernt (s. o. A I. 2.3) und ihn darüber hinaus bereits als die Hauptquelle für eine nicht von Gesetzes wegen

---

66 Hierher gehören auch das Vorliegen eines Rechtfertigungsgrunds, mit dem die für einen Ersatzanspruch aus § 823 I BGB erforderliche Widerrechtlichkeit ausgeschlossen wird, und – praktisch wegen § 280 I 2 BGB besonders bedeutsam – der Nachweis von Entschuldigungsgründen, die einen ansonsten »fälligen« Schadensausgleich torpedieren.

installierte Obligation ausgemacht (eingangs B vor I.), jedoch stets noch unter Verzicht auf die Einzelheiten seines Zustandekommens. Dieselben sind nunmehr zu erörtern, wobei zweigleisig verfahren werden soll. Zum einen gilt es, den **Abschluss von Individualverträgen** vorzustellen, dem sich das BGB vornehmlich gewidmet hat, stand doch gegen Ende des 19. Jahrhunderts die singuläre, d. h. nur einen bestimmten Einzeltransfer betreffende Übereinkunft als Resultat individuellen Aushandelns noch eindeutig im Vordergrund. Zum anderen müssen wir uns mit dem **Zustandekommen des anhand von Allgemeinen Geschäftsbedingungen standardisierten Massengeschäfts** bzw. Serienvertrags auseinandersetzen. Er ist heute weithin dominant geworden und hat bekanntlich in §§ 305 ff. BGB seine Sonderregelung erfahren (vgl. oben A II. 3.3).

Beiden Gestaltungsvarianten – sowohl dem beiderseits erzielten Konsens als auch dem Akzeptieren einseitiger Vorprogrammierung – wird zwar nach wie vor Vertragscharakter beigemessen; dies darf aber nicht darüber hinwegtäuschen, dass sie grundlegend verschieden voneinander sind.[67] Nur im Individualvertrag äußert sich der gemeinsame Gebrauch privater Autonomie, nicht hingegen im Serienvertrag, der von einer Seite »diktiert« wird und die andere auf die bloße Abschlussfreiheit zurückdrängt. Das kann nicht folgenlos bleiben: Legitimiert bei jenem der individuelle Aushandlungsprozess die erzielten Ergebnisse bis zur Grenze von Gesetzes- und Sittenwidrigkeit, so muss bei letzterem genauer darauf geachtet werden, ob nicht die je präsentierten AGB den Gegner übervorteilen. Und während es beim Individualvertrag darum geht, dem übereinstimmend zum Ausdruck gelangten Willen der konkreten Parteien so weit wie möglich Geltung zu verschaffen, also eine die singulären Interessen respektierende Betrachtungsweise angezeigt ist, verträgt der Serienvertrag eine derartige Individualisierung nicht. Bei ihm bedarf es entsprechend seines Massencharakters einer generalisierenden Schau aus der Perspektive des typischen Adressaten und nicht des aktuellen Geschäftspartners, der ja auch keinen Einfluss auf die inhaltliche Ausgestaltung des Vertrags nehmen konnte.

1 Das Zustandekommen des Individualvertrags

Als das Produkt geglückter rechtsgeschäftlicher Kommunikation nimmt der Vertrag vorweg an sämtlichen Erfordernissen teil, die für die Abgabe wirksamer Willenserklärungen vonnöten sind. Desgleichen sind die ihn zuwege bringenden Artikulationen zunächst einmal den nämlichen Verständigungsoperationen ausgesetzt, wie sie zur Klärung jedweder rechtsgeschäftlichen Verlautbarung vonnöten sind. Insoweit ist an das zu B I. 1 Gesagte anzuknüpfen.

Die spezifische Besonderheit besteht in der **Korrespondenz zweier Willenserklärungen,** mit denen die Parteien übereinstimmend ihre Absicht bekunden, sich in bestimmter Weise rechtlich binden, d. h. zumeist: zu einem Leistungsaustausch verpflichten zu wollen. Hierbei geht es nicht nur um einen Einklang im Grundsätzlichen, auch genügt keine Verständigung über einzelne Positionen. Der Vertrag ist im Zweifel erst dann geschlossen, wenn eine Einigung über sämtliche Punkte erzielt worden ist, die den Beteiligten als regelungsbedürftig erschienen sind (vgl. § 154 I BGB). Das hindert es namentlich, Einzelerklärungen im Zuge von Vertragsverhandlungen zu separieren und auf diesem Wege zu »Teilabsprachen«

---

[67] Näheres unter Vorstellung der unterschiedlichen Ansätze bei *E. Schmidt*, ZiP 1987, 1505 ff.

zu gelangen. Sogar eine Einigung über den Leistungsgegenstand und dessen Preis genügt nicht, solange gewisse Modalitäten wie vor allem der Lieferzeitpunkt noch offen geblieben sind. Unter diesem Komplettheitsvorzeichen sind die §§ 145 ff. BGB zu verstehen, die sich mit den technischen Einzelheiten des Vertragsschlusses befassen.

1.1 Angebot und Annahme

Die zeitlich vorangehende der beiden korrespondenzbedürftigen Erklärungen nennt man den **Antrag** (auch Angebot oder Offerte), die nachfolgende wird als **Annahme** bezeichnet. Juristisch relevant sind diese freilich nur, wenn sie auch definitiv abgegeben werden. So kommen im Geschäftsleben auch sog. unverbindliche Angebote vor; ferner mag es geschehen, dass jemand eine Offerte »vorläufig« annimmt. In beiden Fällen fehlt es an einer stabilen Grundlage für einen Vertragsschluss. Der »freibleibende« Antrag – wie er zumeist in Zeitungsannoncen, Internetanzeigen und Geschäftsauslagen gesehen wird – stellt lediglich die Aufforderung dar, in konkrete Vertragsverhandlungen einzutreten (sog. invitatio ad offerendum), und die Annahme mit »Rückzugsvorbehalt« enthält nicht mehr als die Bitte, mit einer endgültigen Antwort noch zuwarten zu dürfen. Nicht stets ist allerdings das Stichwort »freibleibend« o. ä. in solch offenem Sinne zu verstehen. Wird es etwa mit dem Zusatz »solange Vorrat reicht« verknüpft, dann ist ein durchaus verbindliches Angebot gemacht worden, das nur eine Pflicht zum Nachbezug ausschließt und bis zur Erschöpfung der vorrätigen Ware wirksam angenommen werden kann.

Im Zweifel spricht ohnedies das Auftreten im Geschäftsverkehr mit verpflichtungstauglichen Erklärungen für einen festen Bindungswillen (s. bereits § 116 S. 1 BGB). Dessen Fehlen muss folglich ausdrücklich betont werden, sofern sich dies nicht aus der Verkehrsauffassung oder den konkreten Fallumständen ergibt. Normalerweise ist mithin **der Antragende gebunden** (§ 145 BGB), jedoch nicht unbegrenzt, wie aus §§ 146 ff. BGB ersichtlich wird. So »erlischt« der Antrag – d. h. er wird gegenstandslos – durch Ablehnung, ferner bei nicht rechtzeitiger Annahme. Hat der Anbietende seinem Ansprechpartner keine Annahmefrist eingeräumt, die dieser dann voll ausschöpfen kann (§ 148 BGB), kommt es auf die jeweilige Konstellation an: Der mündlich, per Chatruf oder telephonisch Angesprochene kann nur sofort annehmen (§ 147 I BGB). Bei brieflicher, gefaxter oder telegraphischer Offerte, zu der auch die E-Mail zählt, hängt die Bindungsdauer davon ab, in welchem Zeitraum mit dem »Eingang der Antwort unter regelmäßigen Umständen« gerechnet werden kann (§ 147 II BGB). Da der Antragende sich ja von vornherein durch feste Terminierung (z. B. das Angebot gilt bis zum Tage X; Antwort binnen zwei Wochen nach Absendung bzw. Erhalt dieses Briefs) schützen kann, ist hier vornehmlich auf die Gegebenheiten beim Adressaten zu achten. Bei Einsatz von Fax und E-Mail darf allerdings auf rasche Reaktion auf dem nämlichen technischen Wege gebaut werden. Ansonsten muss der Angesprochene jedenfalls eine hinlängliche Überlegungszeit haben, deren Dauer sich wiederum nach der Bedeutung des Auge gefassten Geschäfts, nach saisonüblichen Umständen (Urlaubszeit, Stoßgeschäft), nach erkennbar einzuhaltenden Beschlusswegen (wichtig namentlich bei juristischen Personen, für die nicht jedes Mitglied handeln kann) u. a. m. richtet. Ihr ist eine angemessene Frist für die Übermittlung der Annahme (i. d. R. normaler Postumlauf) hinzuzurechnen, nach h. M. zusätzlich die entsprechende Frist für die Übermittlung des Angebots. Dies ist nur dann korrekt, wenn man

§ 147 II BGB vorzugsweise zugunsten des Offerenten interpretiert. Sieht man hingegen in dieser Vorschrift wie hier eher die Belange des Gegners geschützt, so trägt dieser lediglich das Risiko der Verzögerung der eigenen Antwort, nicht aber dasjenige des Angebots, das immerhin gemäß § 130 I 1 BGB überhaupt erst mit Zugang beim Empfänger wirksam wird. Bei eklatanten Schlampereien auf dem Beförderungsweg mag dann § 242 BGB helfen, kann doch der Adressat redlicherweise nicht darauf bauen, den Anbietenden über Gebühr ins Obligo nehmen zu können. Für den umgekehrten Fall spricht § 149 BGB das Problem eigens an: Ist die Annahme zwar rechtzeitig abgesandt worden, jedoch unterwegs »liegengeblieben«, so muss der Antragende seinen Partner unverzüglich über die Verspätung unterrichten. Verzögert er dies oder unterlässt er gar eine entsprechende Mitteilung, fingiert das Gesetz die Fristgemäßheit der Annahme mit der Wirkung, dass der Vertrag zustande kommt.

Keine Fiktion statuiert hingegen § 151 S. 1 BGB, wenn er für diejenigen Fälle auf das Annahmeerfordernis verzichtet, in denen nach der Verkehrssitte keine Rückantwort in Betracht kommt (z. B. bei kurzfristiger Bestellung eines Hotelzimmers) oder der Offerent von sich aus keine Reaktion erwartet.[68] Gemeint ist hier lediglich das Ausbleiben einer an den anderen Teil gelangenden Erklärung, d. h. das Absehen von deren Empfangsbedürftigkeit.[69] Bloßes Schweigen führt mithin auch hier (s. im übrigen bereits oben B I. 1.1.3) nicht zur Verbindlichkeit.[70]

Sofern den Offerenten sein Angebot oder sein Gegenüber die Annahme gereut, können sie ihre Erklärungen auch widerrufen. Dabei ist freilich Eile geboten, denn § 130 I 2 BGB verlangt, dass der Widerruf spätestens gleichzeitig mit der fraglichen Erklärung zugeht.[71] Unter **Zugang** wird verstanden, dass die Willenserklärung so in den Bereich des Empfängers gelangt, dass dieser von ihr Kenntnis nehmen kann.[72] Bei mündlichen oder telephonischen Erklärungen ist dies i. d. R. nur dann der Fall, wenn der Adressat persönlich angesprochen wird, im übrigen nur, falls die Mitteilung wenigstens von einer empfangszuständigen Person (also nicht das nach Geschäftsschluss allein noch erreichbare Raumpflegepersonal) aufgenommen wird. Bei schriftlichen Erklärungen ist die Möglichkeit der Kenntnisnahme vor allem durch Einwerfen in den – ggf. auch elektronischen – Briefkasten des Empfängers gewährleistet.[73]

Wenngleich eine **verspätete Annahme** ihr Ziel, den direkten Vertragsschluss, verfehlt, wird sie vom Gesetz doch nicht als völlig belanglos gewertet. § 150 I BGB bestimmt vielmehr, dass sie als neuer Antrag »gilt«. Das führt gleichsam zum Wechselspiel mit umgekehrten Vorzeichen. Nunmehr befindet sich der vormalige Offerent in der Rolle des Annahmebefugten und unterliegt hierbei denselben Fristbindungen, an denen sein Gegner vorerst gescheitert ist. In nämlicher Weise behandelt § 150 II BGB auch die dem Angebot nicht korrespondierende »Annahme«. Diese kann schon wegen Verstoßes gegen den vorhin (vor 1.1) beschriebenen

---

68 S. den Fall RGZ 102, 370 ff. (Aufforderung zu sofortiger Lieferung).
69 In diesem Sinne auch BGH NJW 1997, 2233 f. (Behalten der zurückgeschickten Bürgschaftsurkunde).
70 Zu weiteren Einzelheiten Brehmer, JuS 1994, 386 ff.
71 Zu einem Fall »verspäteter Reue« bei einer Internet-Auktion BGHZ 149, 129 ff.
72 Vgl. BGHZ 67, 271 (275).
73 Zur Rechtslage bei niedergelegtem, aber nicht abgeholtem Einschreiben BGH NJW 1998, 976 f.

vertragsrechtlichen Grundsatz kompletter Übereinstimmung nicht zum Zuge kommen – die Fiktion der Ablehnung ist deshalb müßig – und wird folgerichtig ihrerseits als neuer Antrag gewürdigt. In Wahrheit sind bei solcher Sachlage, bei der sich wenigstens eine Partei noch Änderungen vorstellt, die Vertragsverhandlungen ja noch gar nicht zum Abschluss gelangt. Das führt über in den von den §§ 154, 155 BGB erfassten Bereich der sog. Einigungsmängel, die gern auch als Dissense (von lat. dissentire = einander widersprechen, uneinig sein) bezeichnet werden.[74]

1.2 Einigungsmängel

Da die Vertragsfreiheit nicht nur i. S. positiver Selbstbindung zu begreifen ist, sondern zugleich die Befugnis beider Teile meint, die anvisierte Verpflichtung so lange von sich fernzuhalten, wie nicht sämtliche Konditionen, auf deren Präzisierung Wert gelegt wird, zum beiderseitigen Geschmack ausgefallen sind, versteht es sich nachgerade von selbst, dass Einigungen nur über Einzelpunkte – wie wichtig diese auch sein mögen – noch keine Verbindlichkeit erzeugen.

Dem trägt das BGB zunächst dadurch Rechnung, dass es gewissermaßen vom Primat des von den Parteien gemeinsam oder auch nur von einer Seite aufgestellten Verhandlungskatalogs ausgeht (§ 154). Sind dessen Positionen noch nicht komplett und einvernehmlich »abgehakt«, gibt es also eine augenscheinliche Differenz zwischen dem vorgenommenen und dem tatsächlich erledigten Aushandlungsprogramm (darum auch die Rede vom »offenen« Dissens), so ist der Vertrag **im Zweifel nicht geschlossen,** und zwar gleich, ob die bisherigen Absprachen nur mündlich getroffen oder bereits schriftlich fixiert worden sind. Zu denken ist hier vornehmlich an Leistungsmodalitäten wie z. B. den Zeitpunkt oder den Ort der Leistungserbringung sowie die Art und Weise der Preisentrichtung (Abschlagszahlung, Vorkasse, Ratenabrede), aber auch – wie § 154 II eigens hervorhebt – an die Vertragsform. Solcher **Komplettheitsvorbehalt** gilt überdies auch dann noch, wenn die Verhandlungspartner den Vertrag zwar als geschlossen ansehen, sich hernach aber herausstellt, dass sie einen an sich aushandlungsbedürftigen Punkt »vergessen« haben (sog. versteckter Dissens). Allerdings geht § 155 BGB bei dieser Sachlage tendenziell vom Bestand des Vereinbarten aus, sofern nicht nachvollziehbare Gründe dafür sprechen, dass das Geschäft ohne Einigung über die fragliche Position keinesfalls hätte zustande kommen sollen. Dies darf jedoch nicht dahin missverstanden werden, dass nunmehr allgemeine Vernünftigkeitserwägungen an die Stelle individueller Nutzenvorstellungen treten. Gelingt es der Partei, die sich auf den Einigungsmangel beruft, dessen tatsächliches Vorliegen nachzuweisen, so ist lediglich im Lichte der vermeintlichen Totalübereinkunft zu würdigen, ob der übersehene Punkt wirklich so gravierend war. Sind diesbezüglich Zweifel nicht überwindbar, so geht dies zu Lasten des anderen Teils.

Da sowohl § 154 als auch § 155 BGB immerhin die Möglichkeit einer Vertragserhaltung im Auge haben, scheiden von vornherein diejenigen Dissense aus ihrem Anwendungsbereich aus, die auf einer **Inkongruenz von Angebot und Annahme** beruhen. Hier kommt schlicht gar kein Vertrag zustande, weil das miteinander nicht korrespondierende »letzte Wort« jeweils schon gesagt worden ist. Gemeint

---

[74] Hierzu instruktiv *Diederichsen*, Der logische Dissens, in FS zum 125jährigen Bestehen der juristischen Gesellschaft zu Berlin (1984), S. 81 ff., sowie *ders.*, Der Auslegungsdissens, in FS Hübner (1984), S. 421 ff.

sind mithin nur diejenigen Regelungslücken, die auf **Unvollständigkeit des Aushandelns** beruhen. Doch auch hiervon sind noch Abstriche zu machen: Haben die Beteiligten von vornherein gewisse Punkte nicht bedacht, so greift das dispositive Gesetzesrecht vertragsergänzend ein (Näheres bereits oben B vor I.). Einigungsmängel i. S. der §§ 154, 155 BGB beziehen sich demgemäß ausschließlich auf Positionen, die wenigstens aus der Sicht einer der Parteien im Zeitpunkt des Verhandelns erklärtermaßen regelungsbedürftig waren. Ferner **dürfen Programmlücken nicht die sog. essentialia negotii betreffen,** ohne deren Fixierung z. T. nicht einmal der Vertragstyp feststeht (vor allem bei Offenbleiben der Frage, ob entgeltlich oder unentgeltlich geleistet werden solle, und damit der Entscheidung etwa zwischen Kauf oder Schenkung bzw. Miete oder Leihe) und deshalb auch keine Aufrechterhaltung des »Restvertrags« in Betracht kommt (etwa bei fehlender Festlegung der Preishöhe[75]). Jedenfalls gilt dies prinzipiell. Ausnahmen sieht das BGB vor allem bei Tätigkeitsverträgen vor, sofern die vorgesehenen Dienste, Werkleistungen, Maklerativitäten o. ä. üblicherweise nicht kostenlos erbracht werden und es für sie gewisse Regelsätze gibt (vgl. §§ 612 I u. II, 632, 653 BGB).

Die Summe aus dem bislang Gesagten lautet so: Verträge benötigen die Korrespondenz der beiderseitigen Verlautbarungen. Sie lässt sich nicht abschnittsweise der mündlich oder per schriftlichem Austausch geführten Aushandlungen messen, sondern muss nach dem erreichten Schlussstand beurteilt werden. Insoweit sind neben den jeweiligen Erklärungen auch die konkreten Fallumstände sowie ggf. auch eine einschlägige Verkehrssitte zu berücksichtigen. Verbliebene Offenheit bei der Fixierung der Hauptleistungsgegenstände lässt den Vertrag prinzipiell scheitern. Ansonsten gelangen die Dissensregeln zur Anwendung. Hierbei ist der Vorrang der negativen Parteiautonomie zu beachten.

1.3 Bedingungen

Mögen sich die Parteien über die ihnen aktuell erdenklichen Komplikationen noch so umfassend verständigt haben, so bietet ihnen dies doch keinen automatischen **Schutz vor künftigen Entwicklungen,** die ihnen das fragliche Geschäft im nachhinein als lästig oder gar sinnlos erscheinen lassen. Das gilt zumal angesichts des Umstands, dass individuelle Zukunftserwartungen im Enttäuschungsfall nicht einmal zur Anfechtung berechtigen, sofern nicht die besonderen Voraussetzungen des § 119 II BGB vorliegen (s. o. B I. 1.1.5.2). Infolgedessen besteht ein legitimes Interesse, sich nur dann definitiv zu binden bzw. einen Gütertransfer »abzusegnen«, wenn ein für wichtig erachtetes, momentan jedoch noch ungewisses Ereignis auch wirklich eintritt bzw. ausbleibt.

Zwecks solcher Zukunftserfassung können sich die Kontrahenten auf sog. **Bedingungen**[76] verständigen (z. B. Erwerb eines Examensgeschenks nur für den Fall, dass die Prüfung auch bestanden wird; Durchführung eines Grundstückskaufs, sofern ein Mindestbauvolumen genehmigt wird; Abnahme einer Maschine unter dem »Vorbehalt« der Gewährung eines Bankkredits). In manchen derartigen Fällen wird es freilich vorgezogen, sich ein **Rücktrittsrecht** (§ 346 I 1. Alt. BGB) oder

---

75 S. jedoch §§ 315 ff. BGB, die allerdings davon ausgehen, dass wenigstens Grundkonsens über das Bestimmungsverfahren – Festlegung durch einen der Vertragspartner, Überlassung an Dritte – erzielt worden ist.
76 Grundlegend *Schiemann*, Pendenz und Rückwirkung der Bedingung, 1973.

eine Umtauschbefugnis einräumen zu lassen, um sich die Entscheidung vorzubehalten, an dem Geschäft, das sonst ohne weiteres hinfällig wäre, ggf. doch festzuhalten. Im Kontext eines Kaufs ist die häufigste Bedingung der sog. Eigentumsvorbehalt, d. h.: die von Vertrags wegen geschuldete Übereignung wird unter der Bedingung »vollständiger Zahlung des Kaufpreises« vorgenommen (§ 449 I BGB).

Damit ist bereits eine der beiden geläufigen Bedingungsarten genannt. Nach § 158 I BGB tritt bei einer **aufschiebenden Bedingung** die Wirksamkeit des Rechtsgeschäfts erst mit der Realisierung des gemeinten Geschehens (Genehmigung, Kreditierung, Zahlung) ein. In der »Schwebezeit« sind die Beteiligten allerdings nicht frei, hätten sie andernfalls doch den Eintritt des fraglichen Ereignisses abwarten können, um alsdann zu ihrer Übereinkunft zu gelangen. Folglich macht sich der bedingt Leistungspflichtige ggf. schadensersatzpflichtig, falls er den Leistungsgegenstand schuldhaft beeinträchtigt (§ 160 I BGB). Auch kann er über das Vertragsobjekt, das er bereits aufschiebend bedingt an seinen Partner veräußert hat, zu dessen Lasten nicht mehr anderweitig verfügen, namentlich also kein zweites Mal übereignen (§ 161 I BGB; s. jedoch § 161 III i. V. m. §§ 892 ff., 932 ff. BGB). Darüber hinaus darf er den Eintritt der Bedingung nicht treuwidrig vereiteln (z. B. durch grundlose Ablehnung der den Eigentumsvorbehalt hinfällig machenden Restzahlung), denn dann »gilt sie als eingetreten« (§ 162 I BGB).[77] Diese Eintrittsfiktion ist freilich nicht stets hilfreich. So hat etwa durch sie der Kreditsuchende noch nicht das benötigte Geld, der Bauwillige noch nicht die erforderliche Genehmigung. In diesen Fällen ist der für das Ausbleiben der Bedingung Verantwortliche u. U. gehalten, sein Gegenüber nach den Grundsätzen über den Schadensersatz wegen der so ja übernommenen Vermögenssorgepflicht (s. u. B IV. 2.2) so zu stellen, als sei das fragliche Ereignis tatsächlich geschehen. Er müsste diesem dann ggf. selbst kreditieren bzw. den Bau an einem vergleichbaren Ort ermöglichen.

Ähnlich verhält es sich mit der **auflösenden Bedingung.** Mit deren Eintritt (z. B. Wegfall des Sicherungszwecks bei der sog. Sicherungsübereignung[78]) endigt die Wirkung des betr. Rechtsgeschäfts in der Weise, dass der frühere Rechtszustand wieder eintritt (§ 158 II BGB). Um dies zu sichern, darf der Leistungsgläubiger bzw. -inhaber den jeweiligen Gegenstand nicht pflichtwidrig beeinträchtigen, will er sich nicht ersatzpflichtig machen (§ 160 II BGB). Ferner darf er, dessen Rechtsstellung ja nicht »vorbehaltlos« war, keine seinem Partner lästigen Zwischenverfügungen vornehmen (§ 161 II BGB). Schließlich führt die treuwidrige Herbeiführung des Bedingungseintritts zur Fiktion des Gegenteils (§ 162 II BGB). Die aus der Bedingtheit herrührende zeitweilige Rechtsunsicherheit sowie die aus dieser wiederum resultierenden Schutz- und Treupflichten sind für die Parteien zwar erträglich und zumutbar, wenn und weil sie sich gemeinsam auf eine Ungewissheit eingelassen haben. Sobald allgemeine Verkehrsinteressen tangiert sind oder Bedingungen einseitig gesetzt werden, erfährt die »Vorbehaltsfreiheit« jedoch ihre Grenzen. So sind z. B. von Gesetzes wegen die Auflassung (§ 925 II BGB) und die Annahme bzw. Ausschlagung einer Erbschaft (§ 1947 BGB) **bedingungsfeindlich.** Das Nämliche gilt für Gestaltungserklärungen, anhand deren ein Rechtszustand einseitig verändert werden kann. Ausdrücklich sieht das BGB dies lediglich für die Aufrechnung vor (§ 388 S. 2; s. noch unten B III. 2.2); indes werden u. a. auch

---

77 § 162 BGB drückt einen allgemeinen Rechtsgedanken dahin aus, dass niemand aus einem von ihm treuwidrig verhinderten oder herbeigeführten Ereignis Vorteile haben soll!
78 Zu ihr einführend *Bülow*, JURA 1987, 509 ff.

Anfechtung, Kündigung und Rücktritt von diesem Grundsatz erfasst.[79] Ausnahmen lässt man für sog. **Potestativbedingungen** zu, d. h. für die Verknüpfung mit solchen Ereignissen, deren Eintritt im freien Belieben gerade des Erklärungsgegners steht, diesen also in seiner Entscheidungs- und Entfaltungsfreiheit nicht ungebührlich einschränkt (unzulässig etwa eine Kündigung unter Vorbehalt der Änderung des Lebenswandels des Mieters nach dem Geschmack des Vermieters; akzeptabel hingegen das Abhängigmachen einer Kreditstundung von künftiger Zahlungstreue).

1.4 Abschluss durch Stellvertreter

Sind wir bislang auch davon ausgegangen, dass sich die rechtsgeschäftlich Handelnden persönlich artikuliert haben, so entspricht dies doch nicht der Realität einer arbeitsteiligen Gesellschaft, in der zwar die Kunden, Arbeitnehmer etc. überwiegend noch in persona auftreten, kaum aber die Geschäftsleute, Betriebsinhaber usf., die sich i. d. R. durch eigens dafür ausersehenes Personal **repräsentieren** lassen. Überdies haben wir bereits (oben B I. 1.1) gesehen, dass die noch nicht Volljährigen generell der – abgestuften – Mitwirkung Dritter, ihrer gesetzlichen Vertreter, bedürfen, um wenigstens mittelbar am rechtsgeschäftlichen Verkehr teilnehmen zu können.

Damit nun aber die Rechtsbeziehungen auch zwischen den »richtigen« Partnern geknüpft werden (die Kundin möchte sich im Konfliktfall an den Ladeninhaber halten können, dessen Angestellte wollen ihrerseits nicht selbst verpflichtet sein), bedarf es einer Art von »Überleitungsmechanismus«, der es sicherstellt, dass bei Einschaltung von Zwischenpersonen nicht diese verpflichtet bzw. berechtigt werden, sondern die gewissermaßen hinter ihnen Stehenden, für welche die jeweiligen Erklärungen abgegeben worden sind. Dabei versteht es sich bei gesetzlicher Vertretung nachgerade von selbst, dass die innerhalb ihrer Grenzen getätigten Geschäfte unmittelbar für und gegen die Vertretenen wirken, letztere also kraft unentrinnbarer Repräsentation zu Gläubigern und Schuldnern werden lassen. Anders indes jenseits dieser aus generellen Schutzgründen zwingend angeordneten Vertretungsverhältnisse!

Um dort einerseits die erwähnte Arbeitsteilung zu ermöglichen, zum anderen aber auch unerwünschter Fremdeinmischung vorzubeugen (nicht jeder selbsternannte »Vertreter« ist willkommen), ist ein zusätzlicher rechtsgeschäftlicher Akt vonnöten, um die o.a. Überleitung zu erzielen. Er stellt sich als **Vollmachterteilung** dar, dank deren die **»gewillkürte Stellvertretung«** begründet wird.[80] Mit der Bevollmächtigung erklärt derjenige, der die Vertragsverhandlungen bzw. den Vertragsschluss nicht in eigener Regie durchführen will (der Vertretene), dass ein anderer befugt sein soll, für ihn in seinem Namen aufzutreten. Diese »Vertreter« genannte Person kann ermächtigt sein, in einer einzelnen Angelegenheit anstelle des Geschäftsherrn zu handeln (Spezialvollmacht); sie kann aber auch zur Wahrnehmung eines bestimmten Geschäftskreises eingesetzt werden (Generalvollmacht). Eine derartige weiterreichende Vertretungsmacht ist vor allem im Handelsverkehr üblich und in der Form der Prokura bzw. der Handlungsvollmacht geläufig (vgl. §§ 48 ff. HGB).

---

79 Vgl. etwa BGHZ 97, 264 (267).
80 Zur Entwicklung dieses Rechtsinstituts lehrreich *Pawlowski*, JZ 1996, 125 ff.

Erteilt wird die Vollmacht entweder durch eine Erklärung an den zu Bevollmächtigenden oder durch eine entsprechende Nachricht an den potentiellen Geschäftspartner (§ 167 I BGB). Schon aus Beweisgründen ist die Ausstellung einer **Vollmachtsurkunde** zweckmäßig, die der Vertreter dem Kontrahenten vorlegen kann. Letzterer darf dann sicher sein, dass sein Verhandlungsgegner tatsächlich zur Vertretung des Ausstellers befugt ist. Sein Vertrauen auf den Fortbestand der Vertretungsmacht wird in diesem Fall sogar dann noch geschützt, wenn die Vollmacht in Wahrheit bereits erloschen war, weil etwa der Vertretene den Auftrag an seinen Vertreter zurückgezogen hatte (§ 172 II BGB). Hierin wird die Trennung des zwischen Vertretenem und Vertreter bestehenden Innenverhältnisses von der nach außen wirkenden Vollmacht deutlich. Deren **Abstraktheit** hat zur Folge, dass das Risiko eines Missbrauchs der Vertretungsbefugnis prinzipiell vom Vollmachtgeber zu tragen ist.[81] Diese Tendenz, den Dritten so lange zu schützen, als er objektive Gründe zu der Annahme hat, dass die Bevollmächtigung weiterwirke, liegt auch den §§ 170, 171 BGB zugrunde. Er soll sich nicht mit den Interna zwischen Vertreter und Vertretenem herumschlagen müssen.[82]

Daraus hat die Judikatur inzwischen ganz allgemein den Schluss gezogen, dass bei Vorliegen objektiver Anzeichen, die auf die Erteilung einer Vollmacht schließen lassen, obwohl dies tatsächlich nicht der Fall war, zugunsten des Kontrahenten von einer wirksamen Vertretungsmacht auszugehen ist. Dies ist dann unbedenklich, wenn der vermeintliche Vollmachtgeber über die Aktivitäten seines angeblichen Mittelsmanns Bescheid gewusst hat und gleichwohl nicht eingeschritten ist. Diese Duldung stellt sich als konkludentes Verhalten dar, aus dem verkehrstypisch (s. o. B I. 1.1.2) eine »**Duldungsvollmacht**« abgeleitet werden kann. Anders liegen die Dinge, wenn dem Vertretenen die ungebetenen Vermittlerdienste unbekannt geblieben sind. Gleichwohl soll er wie ein Vollmachtgeber gebunden sein, falls er von ihnen hätte Kenntnis erlangen und sie verhindern können, zumal sofern er die Gelegenheit zu der irregulären Vertretung selbst gefördert hat (z. B. durch mangelhafte Aufbewahrung von Stempeln, Geschäftsvordrucken usw.). Eine solche »**Anscheinsvollmacht**« lässt sich dogmatisch schwerlich begründen.[83] Faktisch läuft sie auf eine obligationsmäßige Verantwortlichkeit gegenüber beliebigen, sonst nur deliktsrechtlich geschützten Dritten hinaus.[84]

Im Rahmen einer Vollmacht wirken alle Handlungen und Erklärungen des Bevollmächtigten zugunsten wie zu Lasten seines Geschäftsherrn (§ 164 I BGB). Diese **Wirkung der Vertretungsmacht** bedeutet gemäß dem eingangs erwähnten Überleitungsgedanken, dass etwa ein Kaufvertrag, zu dessen Abschluss ein Stellvertreter eingeschaltet wird, nicht zwischen diesem und dem Dritten zustande kommt. Vertragspartner sind vielmehr der Dritte und der Vollmachtgeber. Der Vertreter ist gleichsam nur die rechte Hand des Vertretenen. Anders ist dies nur, wenn der Vertreter trotz gültiger Vollmacht nicht zu erkennen gibt, dass er im Namen eines anderen handeln will. Dann wird er selbst berechtigt und verpflichtet; es nützt ihm nichts, dass er ja gar nicht im eigenen Namen han-

---

81 S. auch BGH NJW 1994, 2082 (2083).
82 Zu weiteren Einzelheiten *Kroche*, JA 1991, 281 ff.
83 Einen freilich umstrittenen Begründungsversuch unternimmt *Peters*, AcP 179 (1979), 214 ff.
84 Zurückhaltend immerhin BGHZ 65, 13 ff.

deln wollte (§ 164 II BGB).[85] Diese Bestimmung dient dem Schutz des Geschäftsgegners und schließt konsequenterweise auch eine Anfechtung aus, die dem irrtümlich Handelnden sonst u. U. zu Gebote stände.

Aus der Repräsentantenstellung des Bevollmächtigten folgt, dass gewisse subjektive Umstände in der Person des Vertreters (Willensmängel, Arglist etc.) dem Vertretenen voll zugerechnet werden (§ 166 I BGB). Hat sich etwa der Mittelsmann verrechnet oder verschrieben, so kann sein Hintermann den Vertrag anfechten. Umgekehrt darf sich der von jenem getäuschte Partner auch dann von dem Geschäft lösen, wenn der Vollmachtgeber keine Ahnung von der Täuschung hatte. Jener ist ja nicht Dritter i. S. von § 123 II BGB (s. o. B I. 1.1.5.3). Praktisch bedeutsam ist dies vor allem, wenn unsolide Handelsvertreter, nur um zu einem Geschäftsabschluss zu kommen, dem Kunden gegenüber falsche Angaben machen. Schwierigkeiten gibt es dabei freilich häufig, wenn in dem unterzeichneten Vertragsformular steht, dass mündliche Zusagen u. dgl. unwirksam seien. Aber auch hier darf das unseriöse Gebaren des Vertreters nicht zugunsten des Geschäftsherrn ausschlagen, zumal § 305 b BGB bei derlei Komplikationen den Kundenschutz eindeutig favorisiert (s. noch später 2.2.). Die Formulierung in § 166 I BGB, es komme »nicht die Person des Vertretenen ... in Betracht«, könnte den Schluss zulassen, als sei dessen Verhalten durchweg irrelevant. Dem steht indessen schon § 166 II BGB entgegen, wonach bei weisungsgebundenen Geschäften der Vertretene sich seine eigene Kenntnis anrechnen lassen muss. Wusste dieser z. B., dass die Kalkulationen seines Gegners falsch waren, so verdient er trotz Unkenntnis seines Vertreters keinen Schutz. Schadensersatz kann er mithin nicht verlangen (§ 122 II BGB). Ebenfalls nicht schutzwürdig ist er, wenn er selbst getäuscht oder gedroht hat. Bei Drohung ergibt sich das schon daraus, dass § 123 I BGB auf die Person des Drohenden nicht abstellt, also in jedem Fall die Anfechtung zulässt; bei Täuschung daraus, dass der Vertretene nicht Dritter gemäß § 123 II BGB ist. Aus § 166 BGB ist insgesamt zu entnehmen, dass der Einsatz eines Stellvertreters in Bezug auf Geschäftsmängel **nicht zum Nachteil des Kontrahenten** gereichen darf. Es muss ausgeschlossen werden, dass Vertreter und Vollmachtgeber gegeneinander auf Kosten des Partners ausgespielt werden.[86]

Die Wirkungen der §§ 164 ff. BGB treten vorbehaltlich der bereits erläuterten Schutzregeln der §§ 170 ff. BGB dann nicht ein, wenn der Vertreter den Rahmen der Vollmacht verlässt – er bietet das Kaufobjekt etwa unterhalb des ihm vorgeschriebenen Mindestpreises an oder verkauft zusätzlich zu dem vorgesehenen Hausgrundstück noch einen angrenzenden, ebenfalls dem Vollmachtgeber gehörigen Garten, an dem der andere Teil interessiert ist – oder wenn er gar von vornherein ohne jede Vollmacht handelt. Ein insoweit **ohne Vertretungsmacht** geschlossener Vertrag ist zunächst »schwebend unwirksam«, hängt ebenso in der Luft wie die etwa von einem Minderjährigen ohne Einwilligung seines gesetzlichen Vertreters getroffene Vereinbarung.[87] Hier wie dort (vgl. § 108 I BGB) kann der für den Abschluss rechtlich Zuständige sich entscheiden, ob er das Geschäft

---

85 Anders wiederum, wenn sonstige Umstände auf den Vertretenen als den gemeinten Vertragspartner schließen lassen. Vgl. etwa BGHZ 62, 216 ff. u. 64, 11 ff. sowie BGH NJW 2002, 1041 f. zur Herleitung einer »Empfangsvertretung« i. S. des § 164 III BGB aus einer bestimmten Tätigkeitsrolle.
86 Ausführlich zur Bewältigung der fraglichen Informationsrisiken *Schilken*, Die Wissenschaftszurechnung im Zivilrecht, 1983.
87 Näheres bei *Prölss*, JuS 1985, 577 ff.

gelten lassen will. Genehmigt er es (zu den Modalitäten: §§ 177, 178 BGB), so ist es als von Anfang an gültig anzusehen (§ 184 I BGB). Verweigert der »Vertretene« hingegen seine nachträgliche Zustimmung, dann scheidet er als Vertragspartner aus. Für diesen Fall ordnet der Gesetzgeber an, dass der **vollmachtlose Vertreter** (falsus procurator) selbst die Folgen seines eigenmächtigen Handelns tragen muss.[88] Nach Wahl seines Kontrahenten muss er entweder den Vertrag erfüllen, also die Kaufsache herbeischaffen bzw. den Kaufpreis bezahlen, obgleich er gar nicht Vertragspartei werden wollte,[89] oder Ersatz des Schadens leisten, der dem anderen Teil aus dem Scheitern des Geschäfts entstanden ist (§ 179 I BGB). Diese strenge Haftung wird nur dann auf das bereits aus § 122 I BGB geläufige negative Interesse (s. o. B I. 1.1.5.4) gemildert, wenn der Scheinvertreter an das Bestehen einer Vollmacht geglaubt hat, weil er z. B. nicht wusste, dass der Geschäftsherr geistesgestört war und ihn deshalb nicht wirksam zum Vertreter bestellen konnte (§§ 179 II, 105 II BGB). Ganz entfällt die Verantwortlichkeit, falls der andere Teil bei Beobachtung der im Verkehr erforderlichen Sorgfalt den Mangel der Vertretungsmacht zumindest hätte erkennen können (§ 179 III 1 BGB).

Entsprechende Anwendung finden die §§ 177 ff. BGB, wenn der Handelnde zwar nicht in, wohl aber unter **fremdem Namen** auftritt, wenn er also eine falsche Identität vortäuscht: X gibt sich z. B. für den kreditwürdigen U aus und bringt es so fertig, unter Hinterlegung gestohlener bzw. gefälschter Papiere von dem Kfz-Händler H ohne jegliche Anzahlung einen nagelneuen Wagen ausgehändigt zu bekommen. In solchen Fällen kommt natürlich weder ein Vertrag zwischen H und U noch einer zwischen H und X zustande. Dennoch ist H schutzwürdig. Man gibt ihm die Rechte aus § 179 I BGB. Diese Bestimmung wird ferner analog angewendet, wenn jemand im Namen einer noch nicht entstandenen Handelsgesellschaft aufgetreten ist und die fragliche Gesellschaft entweder hernach überhaupt nicht existent wird oder aber das Geschäft nicht genehmigt.[90]

Neben der in den §§ 164 ff. BGB geregelten direkten Stellvertretung (direkt, weil eben der Vertretene unmittelbar berechtigt und verpflichtet wird) ist im praktischen Geschäftsleben die **mittelbare (indirekte) Stellvertretung** von erheblicher Bedeutung. Bei ihr tritt der Mittelsmann zwar rechtlich im eigenen Namen auf und wird deshalb auch Vertragspartner des Kontrahenten; wirtschaftlich handelt er jedoch für seinen Hintermann, dem allein die Vorteile aus dem jeweiligen Geschäft zukommen sollen, der dafür aber auch die finanziellen Risiken zu tragen hat. Typisches Beispiel ist der »Strohmann«, der an der Börse Aktien kauft oder verkauft für einen anderen, der aus spezifischen Gründen (die Konkurrenz soll nicht merken, dass er am Erwerb einer Mehrheit oder wenigstens Sperrminorität des Kapitals einer bestimmten Aktiengesellschaft interessiert ist oder wie er die wirtschaftliche Zukunft eines Unternehmens einschätzt) nicht bekannt werden will. In diesen Fällen hat der »Vertreter« alles, was er im Zusammenhang mit dem geschlossenen Vertrag erlangt (also z. B. die gekauften Aktien), an seinen Geschäftsherrn nach Maßgabe der zwischen ihnen getroffenen Absprachen weiterzureichen (z. B. in Erfüllung der dem Beauftragten in § 667 BGB auferlegten Herausgabepflicht). Ein wichtiger Spezialfall der mittelbaren Stellvertretung ist in den §§ 383 ff. HGB geregelt: Der »Kommissionär« übernimmt es gewerbsmäßig, »Waren oder Wertpapiere für Rechnung eines anderen (des Kommittenten) im

---

[88] Zu Einzelheiten wiederum *Prölss*, JuS 1986, 169 ff.
[89] S. etwa BGH NJW 1970, 240 f.
[90] Vgl. BGHZ 63, 45 ff.

eigenen Namen zu kaufen oder zu verkaufen«. Bei der Ausführung des Geschäfts erhält er einerseits die versprochene Provision (§ 396 I 1 HGB), unterliegt aber andrerseits den in § 384 HGB statuierten Pflichten, d. h. namentlich derjenigen zur Herausgabe des »Geschäftserfolgs«.[91]

Ebenfalls nicht Stellvertreter i. S. der §§ 164 ff. BGB ist der **Bote**. Dieser verhandelt nicht selbst, hat also keinerlei Spielraum. Vielmehr übermittelt er lediglich eine bereits definitiv umrissene Willenserklärung; so etwa, wenn die Eltern ihre fünfjährige Tochter zum Einkaufen schicken. Im Gegensatz zur Stellvertretung (vgl. § 165 BGB) kann wegen des bloß instrumentellen Charakters der Botenschaft deshalb auch eine geschäftsunfähige Person Botin sein. Wird die vorgefertigte Erklärung falsch weitergegeben, greift § 120 BGB ein. Bei vorsätzlicher Abweichung kommt u. U. eine Haftung des »Boten« analog § 179 BGB in Betracht.

Zusammenfassend lässt sich sagen, dass die §§ 164 ff. BGB ausschließlich der offenen rechtsgeschäftlichen Repräsentation durch gesetzlich dazu Ermächtigte bzw. per Vollmacht gewillkürte Personen gewidmet sind. Das schließt ihre Anwendung auf bloße Erklärungsmittler ebenso aus wie auf verdeckt Agierende. Die von der »Beauftragung« (Innenverhältnis) zu trennende Vollmacht (Außenverhältnis) bezweckt den Schutz des redlichen Geschäftspartners. Auf diesen kann sich derselbe mithin und gerade dann berufen, wenn das der Bevollmächtigung zugrunde liegende Rechtsverhältnis zwischen Vertretenem und Vertreter unwirksam oder entfallen ist (Abstraktionsdevise), desgleichen bei Überschreiten des ihm nicht eröffneten Vollmachtrahmens.

1.5 Vertraglicher Drittbezug

Grundsätzlich wollen und können die Vertragschließenden nur selbst in die jeweilige – ggf. wechselseitige – Gläubiger- und Schuldnerrolle schlüpfen. Eine Rechtsmacht zur Einmischung in die Belange unbeteiligter Dritter steht ihnen, sofern man die Schutzaufgaben gesetzlicher Vertreter einmal außer acht lässt, nicht zu. Dies gilt namentlich für Einigungen »auf fremde Kosten«. Das damit anklingende **Verbot von Verträgen zu Lasten Dritter** ergibt sich nicht erst aus § 311 I BGB, sondern fließt schon allgemeiner aus der Privatautonomie, kraft deren es ja dem einzelnen vorbehalten bleiben soll, seine Geschäfte in Eigenregie zu erledigen.

1.5.1 Zustimmungsbedürftigkeit bei Drittbelastungen

Daraus folgt, dass rechtsgeschäftliche Eingriffsversuche in fremde Interessen zum Scheitern verurteilt sind, falls nicht der Betroffene sie eigens legitimiert.[92] Dieser Vorbehalt bezieht sich sowohl auf die Verpflichtungs- als auch auf die Verfügungsebene. Soll der Dritte direkt in die ihn verpflichtende Parteistellung einrücken, so kann dies entweder über die Genehmigung zuvor vollmachtlosen Vertretungshandelns bewerkstelligt werden (§ 177 I BGB; s. vorhin 1.4) oder aber anhand einer Zusatzvereinbarung nach Maßgabe der §§ 414 ff. BGB (sog. Schuldübernahme). Wollen die Ursprungsbeteiligten »unter sich bleiben«, benötigen sie jedoch zur Durchführung des verabredeten Geschäfts fremde Mittel (z. B. bei Verkauf, Ver-

---

91 Zu weiteren Fragestellungen *Schwark*, JuS 1980, 777 ff.
92 Allgemeiner zu »Drittbeziehungen im Schuldverhältnis« *Medicus*, JuS 1974, 613 ff.

mietung usf. von Sachen Dritter), so müssen sie darauf bauen, dass deren Eigentümer »mitspielt«, d. h. ihnen dieselben auch – zumeist dann seinerseits nicht kostenlos – zur Verfügung stellt. Solche Bereitschaft kann natürlich auch zur – i. d. R. aufschiebenden – Bedingung erhoben werden (s. o. 1.3). In diesem Falle umgeht der Sachleistungsschuldner wenigstens eine ihn sonst möglicherweise treffende Schadensersatzverpflichtung wegen Nichtausführung des Vertrags (Näheres unter B IV).

Bereits aus Gründen des Eigentumsschutzes unverzichtbar ist die Zustimmungsbedürftigkeit von Eingriffen in eine fremde Rechtszuständigkeit. Derartige **Verfügungen Nichtberechtigter** (etwa Abtretung fremder Forderungen, Übereignung fremder Sachen) sind bzw. werden deshalb nur wirksam, wenn der Berechtigte in sie eingewilligt hat oder sie genehmigt (§ 185 BGB).[93] Mit seiner Zustimmung wird dieser nicht selbst zum Partner des Verfügungsgeschäfts. Anders als in den von § 185 BGB nicht erfassten Fällen der §§ 164 I, 177 I BGB bleibt der Berechtigte »außen vor«. Wegen des Gegenwerts für seinen Rechtsverlust muss er sich entweder mit dem Nichtberechtigten verständigen, den Weg über § 687 II BGB beschreiten oder aber den Bereicherungsausgleich nach § 816 I BGB suchen. Bei miteinander kollidierenden Verfügungen ordnet § 185 II 2 BGB das Prioritätsprinzip an.

1.5.2 Drittbegünstigung

Weniger problematisch sind Vereinbarungen, von denen Dritte unmittelbar profitieren sollen. Zwar entbehren auch sie nicht einer gewissen Einmischungstendenz, doch fehlt ihnen das am ehesten komplikationsfördernde Moment der Inpflichtnahme. Im Geschäftsleben kommt der **Einbezug von Drittinteressen** aus mannigfachen Gründen in Betracht: Zu nennen sind vor allem Versicherungsverträge zur finanziellen Absicherung von Angehörigen, ggf. aber auch völlig fremder Personen wie z. B. bei einer vom Pkw-Halter genommenen Insassenunfallversicherung. Ferner sind die Fälle von Belang, in denen einer der Vertragspartner einem Dritten bereits etwas schuldet und sich nun von dem anderen Teil versprechen lässt, dass dieser die Schuld begleicht.

Jenseits solcher Leistungsorientierung ist an die Schutzinteressen von Nichtkontrahenten zu denken, die – z. B. als Familienmitglieder, Dienstpersonal o. ä. – in enger Verbundenheit zu einer Partei stehen und demzufolge den Gefahren pflichtwidriger Vertragsdurchführung ebenso ausgesetzt sind wie diese selbst. Sie erwarten die nämliche Vertragsabsicherung gegen Integritätseinbußen (z. B. infolge Sturzes auf der schadhaften Treppe des Mietshauses) bzw. anders ausgedrückt: ihre Hereinnahme in den Schutzbereich der bereits oben (B I. 2.2.2) vorgestellten obligationsmäßigen Erhaltungspflichten aus § 241 II BGB. Gemäß der dort ebenfalls schon vorgenommenen Unterscheidung zwischen Leistungs- und Schutzebene wird hier in **Verträge zugunsten Dritter** und solche **mit Schutzwirkungen für Dritte** unterteilt.

---

93 Vgl. indes §§ 891 f., 932 ff. BGB, unter deren Voraussetzungen ausnahmsweise auch Verfügungen Nichtberechtigter ohne Zutun des Berechtigten wirksam werden können.

1.5.2.1 Leistungsversprechen zugunsten Dritter

Der leistungsbezogenen Drittbegünstigung sind die §§ 328 ff. BGB gewidmet.[94] Sie zeichnet sich dadurch aus, dass dem am Vertrage nicht beteiligten Dritten eine **Forderungsposition** zugewendet wird, die unmittelbar (§ 328 I BGB) in sein Vermögen fließt, von ihm freilich auch zurückgewiesen werden kann (§ 333 BGB). Das Eigentümliche an dieser Vertragsgestaltung ist, dass der Dritte zum Gläubiger ausgerechnet desjenigen Vertragsschließenden, des Versprechenden, wird, zu dem er i. d. R. keinerlei sonstige Rechtsbeziehung hat. Eine solche liegt nämlich allenfalls zum anderen Teil, dem Versprechensempfänger, vor, und aus ihr – dem sog. **Valutaverhältnis** – ergibt sich denn allein auch der materielle Grund für die Zuwendung (etwa Schenkung). Das wird besonders deutlich bei den bereits erwähnten »Abkürzungsverträgen«, anhand deren der Versprechende lediglich zur Erbringung der ohnedies vom Versprechensempfänger geschuldeten Leistung (z. B. aus Verkauf) verpflichtet wird. Bewirkt er sie, so tilgt er damit zwei Verbindlichkeiten zugleich: die eigene aus seinem – auch **Deckungsverhältnis** genannten Vertrag – mit dem Versprechensempfänger wie auch dessen aus dem Valutaverhältnis zum Dritten resultierende Schuld. Zumindest hier bezweckt die Rechtseinräumung i. S. des § 328 I BGB lediglich eine eher technische Verstärkung der Position des Dritten. Dessen äußerlich als Schuldverhältnis (§ 241 I 1 BGB) erscheinende Rechtsbeziehung zum Versprechenden – das sog. **Zuwendungsverhältnis** – bleibt materiell farblos.

Schaubild 7

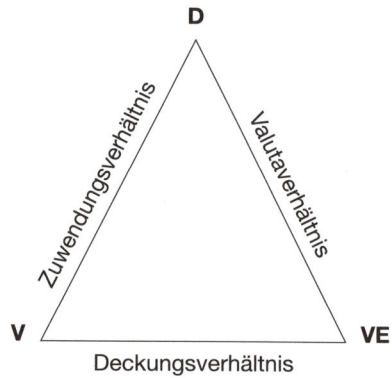

Es kann als solches folglich auch nie – etwa wegen Formmangels, Gesetz- oder Sittenwidrigkeit – unwirksam sein. **Mängel der Drittbegünstigung** können ausschließlich aus dem Deckungsverhältnis herrühren, weshalb denn § 334 BGB dem Versprechenden konsequenterweise Einwendungen aus demselben auch dem Dritten gegenüber zugesteht; und die Frage, ob der Dritte das ihm Zugewendete

---

94 Zu den Grundlagen und Strukturen informativ *Gernhuber*, Das Schuldverhältnis, 1989, S. 465 ff. u. 477 ff.

auch definitiv behalten darf, ist allein anhand des Valutaverhältnisses zu beantworten. Hat dieses Bestand, jenes aber nicht, so muss sich der Versprechende prinzipiell an seinen Vertragspartner halten (i. d. R. anhand der sog. Leistungskondiktion nach §§ 812 ff. BGB), wohingegen sich der Dritte auf seinen »Behaltenstitel« aus seiner Rechtsbeziehung zum Versprechensempfänger berufen kann. Im umgekehrten Fall bleibt es diesem überlassen, sich wiederum per Bereicherungsausgleich mit dem Dritten auseinanderzusetzen.[95]

Aus dem bislang Mitgeteilten sollte deutlich geworden sein, dass der Vertrag zugunsten Dritter **kein Vertragstyp i. S. eines besonderen Schuldverhältnisses** ist. Die Drittbegünstigung stellt vielmehr eine spezifische Ausgestaltung dar, die bei fast allen gängigen Typen wie vor allem Kauf, Schenkung, Miete etc. einsetzbar ist. Ob sie tatsächlich gewollt war, ist Auslegungsfrage, die vom Gesetz unterschiedlich gehandhabt wird. Während § 330 BGB für drittbezogene Lebensversicherungen und ähnliche Verträge eine positive Vermutung ausstellt, gilt für die sog. Erfüllungsübernahme das Gegenteil (§ 329 BGB). Echte Abkürzungsverträge zugunsten Dritter sind folglich die Ausnahme. Wer die Begleichung fremder Schulden aus eigenen Mitteln verspricht, will es i. d. R. nicht mit zwei Gläubigern zugleich zu tun haben (vgl. insofern auch § 335 BGB). Übernimmt er lediglich den Auftrag, die Leistung aus Mitteln des Schuldners »weiterzureichen«, so ist er ohnedies nur Bote.[96]

1.5.2.2 Schutzwirkungen für Dritte

Soweit es um die Erhaltungsinteressen von weder als Vertragspartner vorgesehenen noch zu solchen gewordenen Personen geht, fehlt eine den §§ 328 ff. BGB vergleichbare Sonderregelung.[97] Zwar deutet § 311 III 1 BGB vage an, dass das Schutzpflichtverhältnis aus § 241 II BGB auch Dritte erfassen könne, doch erlaubt dies weder einen Rückschluss auf die Entstehungsgründe einer solchen Bewahrungsobligation noch den stringenten Zuschnitt der personalen Reichweite (welche Personen werden einbegriffen?). Allenfalls ergibt sich im Kontext des § 311 II BGB sowie aus dem in § 311 III S. 2 hervorgehobenen Vertrauensaspekt, dass der Gesetzgeber insoweit nicht von einer rechtsgeschäftlichen Schutzgewähr ausgeht. Das führt immerhin zu der übergreifenden, erst im Rahmen der Vertragshaftung (s. u. B IV 2) näher zu erörternden Frage, ob[98] und inwieweit Integritätsverletzungen und finanzielle Beeinträchtigungen, die sich aus der besonderen Intensität von – angebahnten wie durchgeführten – Geschäftskontakten ergeben haben, mit obligationsmäßigen statt deliktsrechtlichen Mitteln zu bewältigen sind. Der diesbezügliche »vertragliche Drittschutz«[99] markiert lediglich einen Ausschnitt aus dieser Problematik, bei der letztlich **Qualifikation und Dimensionierung von Erhaltungspflichten** generell zur Debatte stehen (s. im Übrigen noch F IV 2 a. E.).

---

95 Vgl. etwa BGHZ 105, 365 ff.
96 S. in diesem Zusammenhang noch BGHZ 93, 271 ff. mit Annahme einer echten Drittbegünstigung von Flugreisenden aus einem zwischen deren Reiseveranstalter und einer Fluggesellschaft geschlossenen Chartervertrag.
97 Zu einem einschlägigen Gesetzesvorschlag *Eggert*, KritV 2002, 98 ff.
98 § 241 II BGB spricht ja nur von »kann«.
99 Zu ihm vorläufig *Bayer*, JuS 1996, 473 ff. sowie *Martiny*, JZ 1996, 19 ff.

2 Das Zustandekommen des AGB-Vertrags

Um das Folgende besser verstehen zu können, sollte der Abschnitt A II. 3.3 nochmals studiert werden, der bereits Auskunft gegeben hat über die Herkunft, Funktionen und Rechtsqualität von AGB und in dem schon darauf hingewiesen wurde, dass das Recht der AGB ursprünglich in einem eigenständigen Gesetz, dem AGBG vom 9. 12. 1976, geregelt war, dessen materiellrechtliche Bestimmungen nunmehr im BGB beheimatet sind.[100] Erinnert sei jedenfalls daran, dass sich im einseitigen Stellen von »für eine Vielzahl von Verträgen vorformulierten Vertragsbedingungen« (§ 305 I 1 BGB = § 1 I 1 AGBG) kein Gebrauch rechtsgeschäftlicher Bewegungsfreiheit dokumentiert, das demgemäß fehlende individuelle Aushandlungsverfahren (§ 305 I 3 BGB = § 1 II AGBG) der sonst geläufigen Staatsneutralität gegenüber den Inhalten singulärer Abmachungen den Boden entzieht und folglich neuartige Kompensationsmechanismen geschaffen werden mussten, um den Verwendungsgegner vor unangemessener Übervorteilung seitens des Verwenders zu schützen. Sie hält das BGB mit der Einbezugs- (sogleich 2.2) und der Inhaltskontrolle (hernach 2.3) bereit. Ferner ist hervorzuheben, dass AGB wegen ihrer »Massenadressierung« keine individualisierende Auslegung vertragen, sondern vom generellen Kundenhorizont her zu interpretieren sind,[101] und zwar unter zusätzlicher Belastung des Verwenders bei verbleibenden Auslegungszweifeln (§ 305 c II BGB = § 5 AGBG).

Nur wer dies stets mitbedenkt, kann sich der Gefahr entziehen, AGB wie schlichte rechtsgeschäftliche Individualerklärungen zu behandeln. Sie sind es nicht und sollten schon deshalb korrekt als Serienkonditionierungen gehandhabt werden, weil andernfalls der Verwender zusätzlich zu seiner Durchsetzungsmacht auch noch den »Aushandlungsbonus« hätte, der ihm nicht zusteht.

Das Konzept der §§ 305 ff. BGB belegt diese Version.[102] Ungeachtet seiner Rede von »Vertragsbedingungen« versteht es deren Integration in das Vertragswerk **nicht als das Resultat beiderseitiger Übereinkunft** mit der Folge, dass es sowohl einer äußerlichen »Nachzensur« stattgibt (§§ 305 c I, 305b BGB = §§ 3, 4 AGBG) als auch inhaltliche Korrekturen ermöglicht (§§ 307–309 BGB = §§ 9–11 AGBG). Bei letzteren orientiert es sich tendenziell am sonst disponiblen Gesetzesrecht (§ 307 II BGB = § 9 II AGBG), das es schließlich gar als »Lückenfüller« vorsieht, sofern AGB mangels wirksamen Einbezugs oder wegen materieller Nichtigkeit unberücksichtigt bleiben (§ 306 II BGB = § 6 II AGBG).

Aus dem Gesagten mag schon erhellen, dass sich der **AGB-Vertrag signifikant von der Einzelabrede** unterscheidet. Dass wir überhaupt noch die Vertragskategorie für ihn bemühen, liegt vornehmlich daran, dass AGB i. d. R. nicht den gesamten Geschäftsinhalt abdecken, sondern nur Teile desselben, neben denen auch Individualvereinbarungen – zumal über die essentialia negotii wie Leistungsbeschreibung und Preisfestlegung – noch Platz haben. Korrekter wäre es deshalb, entsprechend § 305 II BGB (=§ 2 AGBG) von Verträgen »mit Einbeziehung von AGB« zu sprechen. Dadurch würde das Rechtsproblem deutlicher arti-

---

100 Aus diesem Grunde und weil sich die nachfolgenden Zitate noch ausschließlich auf die AGBG-Vorschriften beziehen, werden die einschlägigen Paragraphen zunächst synoptisch (einander gegenüber gestellt) angeführt.
101 Instruktiv *Rüßmann*, BB 1987, 843 ff.
102 Vgl. des Näheren *E. Schmidt*, JuS 1987, 929 ff.

kuliert: nämlich als Frage nach den Voraussetzungen für die Gültigkeit nichtkonsensueller Vertragsbestandteile.[103] Mit Blick auf Abmachungen zwischen professionellen Anbietern und normalen, d. h. weder gewerblich noch freiberuflich handelnden Kunden – sog. Verbraucherverträge; s. bereits oben A II. 3.3.2. a. E. – verleiht § 310 III BGB (= § 24 a AGBG) diesem Aspekt denn auch schärfere Konturen.

2.1 Der Einbeziehungsvorgang

Damit AGB überhaupt Aufnahme in einen konkreten Vertrag finden können, muss der Kunde – wenn er denn schon von der Mitwirkung an der Inhaltsgestaltung ausgeschlossen werden soll – wenigstens auf ihren vom Verwender geplanten Einsatz hingewiesen und ihm die Möglichkeit eingeräumt werden, sie auch zur Kenntnis zu nehmen. Diese beiden vom Verwender zu besorgenden Voraussetzungen genügen jedoch nicht. Dem Kunden soll jedenfalls die Abschlussfreiheit verbleiben, weshalb sein Einverständnis gefordert wird, dass die fraglichen AGB dem Geschäft auch tatsächlich zugrunde gelegt werden.[104]

Dieser in § 305 II BGB näher umschriebene **Einbezugsmechanismus** will zunächst sicherstellen, dass dem Verwendungsgegner keine AGB »untergejubelt« werden. Er soll ferner gewährleisten, dass dieser sich ein Bild vom Inhalt der ihm präsentierten Konditionen machen kann. Schließlich stellt er in folgerichtiger Abgrenzung zu § 305 I 3 BGB klar, dass in der Einverständniserklärung keine inhaltliche Billigung zu sehen ist, sondern lediglich ein »Geltungsplacet« als Vorbedingung für den Vertragsschluss überhaupt.

Mit dem an erster Stelle genannten **Hinweiserfordernis** (§ 305 II Nr. 1 BGB) wird der Verwender dazu angehalten, seine Karten schon bei Vertragsschluss aufzudecken, indem er diesen entweder ausdrücklich (mündlich oder schriftlich) unter den mit dem Einsatz von AGB bezweckten einseitigen Gestaltungsvorbehalt stellt oder dies »durch deutlich sichtbaren Aushang am Ort des Vertragsabschlusses« tut. Beide Varianten stehen ihm allerdings nicht nach Belieben offen. Auf den Aushang kann er sich nur zurückziehen, wenn der direkte Hinweis ausnahmsweise untunlich ist wie vor allem bei fehlendem persönlichen Kontakt zwischen den Kontrahenten (z. B. bei automatisierten Geschäftsabschlüssen). Kommt der Verwender seinen Hinweisobliegenheiten überhaupt nicht oder erst verspätet nach – etwa durch Beifügung der AGB zur Rechnung –, so wird eine gleichwohl getroffene Abmachung ohne die solchermaßen ins Leere gehende »Vorkonditionierung« wirksam. Dem Verwender steht nicht etwa ein Anfechtungsrecht zu, weil er sich über den Nichteinbezug geirrt (z. B. fälschlicherweise das Ausreichen eines Aushangs statt der erforderlichen Ausdrücklichkeit angenommen) habe.

Dem sodann statuierten Erfordernis, dem Verwendungsgegener die **Möglichkeit zumutbarer Kenntnisnahme** zu verschaffen (§ 305 II Nr. 2 BGB), wird am ehesten durch unmittelbare Vorlage der kompletten AGB genügt, wobei deren mühelose Lesbarkeit und Verständlichkeit oberstes Gebot ist. Ob die so zu fordernde **Transparenz** gegeben ist, richtet sich nach den Kompetenzen eines Durchschnittskunden, der sich im übrigen nicht auf den Buchhandel oder ähnliche Quellen verweisen lassen muss, um an die ihm angesonnenen AGB zu gelangen. Soll die Informationslast des Verwenders nicht verwässert werden, ist dieser

---

103 Hilfreich für das Verständnis der nachfolgenden Passagen noch *Löwe*, JuS 1977, 421 ff.
104 Hierzu und zum Folgenden *Wolf/Ungeheuer*, JZ 1995, 77 ff.

gehalten, seinerseits aktiv zu werden: etwa durch Bereithalten oder Aushang der AGB in seinem Geschäftslokal. Auch diesbezüglich geraten Defizite zu seinem Nachteil. Mangelhafte Informationsangebote führen folglich nicht zum Scheitern des Geschäfts, vielmehr zu dessen »konditionsfreier« Wirksamkeit ohne Anfechtungsbefugnis wegen Irrtums in der Zumutbarkeitsfrage.

Ist der Verwender hingegen seinen Hinweis- und Informationsobliegenheiten voll nachgekommen, so hängt es vom Kunden ab, ob der Vertrag mit AGB oder gar nicht geschlossen wird. Mit Erteilung seines in § 305 II a. E. BGB vorgesehenen **Geltungsplacets** ist allerdings über die Verbindlichkeit der seitens des Verwenders eingeführten AGB noch nicht das letzte Wort gesprochen. Sie sind dann gewissermaßen nur »dem Grunde nach« bzw. »als solche« einbezogen. Über ihre effektive Gestaltungskraft im einzelnen wird erst anhand der eingangs dieses Abschnitts bereits erwähnten Einbezugs- und Inhaltskontrolle entschieden.

2.2 Einbeziehungsgrenzen

So können denn auch bei Einhalten der in § 305 II BGB aufgestellten Einbezugsanforderungen Teile des eben nur global akzeptierten Klauselwerks wirkungslos bleiben bzw. verdrängt werden. Handhabe hierfür bietet zum einen das in § 305c I BGB enthaltene Überrumpelungsverbot,[105] sodann der aus § 305b BGB ersichtliche Vorrang der Individualabrede.

Mit jenem Verbot soll der Verwendungsgegner davor geschützt werden, dass Klauseln in den AGB vorkommen, die so ungewöhnlich sind, dass kein Durchschnittskunde[106] mit ihnen zu rechnen braucht. Dies meint nicht unbedingt eine materielle Unangemessenheit, die i. d. R. erst bei der Inhaltskontrolle zur Sprache kommt. Vielmehr setzt § 305c I BGB die bereits zuvor (2.1) angedeutete Tendenz fort, den Verwendungsgegner vor einem »Unterschieben« von AGB zu bewahren.[107] Ungewöhnlich i. d. S. können zunächst einmal Bedingungen sein, die aus optischen Gründen (»nach dem äußeren Erscheinungsbild«) ein **Überraschungsmoment** bergen. Dies gilt namentlich für »versteckte« Klauseln, die etwa ungeachtet ihrer Bedeutung im Kleindruck erscheinen oder dort auftauchen, wo sie nach allgemeiner Kundenerwartung nicht hingehören (falscher Sachzusammenhang).[108] Im übrigen will § 305 c I BGB inhaltlicher Übertölpelung begegnen. So braucht z. B. niemand damit zu rechnen, dass seine Bürgschaft ohne weiteres auch künftige Ansprüche gegen den Kreditnehmer absichern soll[109] oder ihm als Mieter eine Gehaltsabtretung angesonnen wird. Nicht von § 305 c I BGB erfasst werden hingegen die Fälle von Unverständlichkeit. Sie sind bereits unter dem Gesichtspunkt der Intransparenz gemäß § 305 II Nr. 2 BGB zu behandeln mit der möglichen Folge eines Leerlaufens in sich total widersprüchlicher Klauseln.

Mit dem **Vorrang der Individualabrede** löst § 305 b BGB die Unverträglichkeit zwischen singulärer Abmachung und einseitiger Standardisierung zugunsten des

---

105 Von einem »Überrumpelungseffekt« ist u. a. in BGHZ 100, 82 (85) die Rede.
106 S. auch BGHZ 130, 150 (154).
107 Ggf. ist sogar ein individueller Hinweis auf die Außergewöhnlichkeit der Klausel geboten; s. BGHZ 131, 55 ff.
108 Vgl. etwa BAG NJW 1996, 2117 f.
109 BGHZ 132, 6 ff. – dort freilich als Problem von Unausgewogenheit und nicht als Überraschungsfrage behandelt.

materiellen Konsensprinzips unter partieller Verdrängung des formalen Einbezugs.[110] Das liegt auf der bereits in § 305 I 3 BGB eingeschlagenen Linie – mit dem Unterschied, dass dort das Aushandeln einer ursprünglich durchaus in Stellungsabsicht präsentierten Klausel von vornherein den AGB-Charakter nimmt, wohingegen hier über die Inhaltskollision einbezogener AGB mit von ihnen abweichenden Einzelverständigungen entschieden wird. Zu diesen kann es sowohl schon im Zuge des Geschäftsabschlusses als auch im nachhinein gekommen sein. Da § 305 b BGB jedweder – also auch der formlosen – Individualabrede den Vorrang einräumt, lässt sich derselbe nicht mit Hilfe einer sog. **Schriftformklausel** (etwa: »Änderungen oder Ergänzungen bedürfen der Schriftform« bzw. »müssen schriftlich bestätigt werden«) unterlaufen.[111] Allerdings steht der Verwendungsgegner dann oft vor einem Beweisproblem, geht doch die Judikatur prinzipiell von der Vollständigkeit und Richtigkeit der jeweiligen Urkunde aus. Überdies muss die mündliche Zusage von einer vertretungsbefugten Person stammen, will sich der Kunde nicht auf die ihm häufig wenig hilfreichen §§ 177 ff. BGB verweisen lassen.

2.3 Inhaltsschranken

Neben den zuvor beschriebenen Einbezugsgrenzen hat das AGB-Gesetz **zusätzliche Inhaltsschranken** errichtet, um die einseitige Gestaltungsmacht des Verwenders wenigstens halbwegs zu bändigen.[112] Dabei orientiert es sich primär an den in den gesetzlichen Typenregelungen sowie in den diesen folgenden dispositiven Gesetzesbestimmungen zum Ausdruck gelangten Gerechtigkeitsvorstellungen, baut also darauf, dass der allgemeine Gesetz- und Verordnungsgeber von sich aus um einen fairen Ausgleich der Parteiinteressen bemüht ist. Von daher beschränkt 307 III BGB (= § 8 AGBG) die Inhaltskontrolle auf »von Rechtsvorschriften abweichende oder diese ergänzende Regelungen«. Darin steckt zweierlei: Zum einen scheiden – inhaltlich – gesetzeskonforme AGB gewissermaßen als »unverdächtig« aus der Nachprüfung aus; zum anderen gilt dies auch für solche Klauseln, deren Gegenstände herkömmlicherweise überhaupt nicht gesetzlich festgelegt werden wie vor allem die schon erwähnten Leistungsbeschreibungen und Preisbestimmungen. Letzteres darf freilich nicht missverstanden werden. Erinnern wir uns der Risikoabwälzungsfunktion von AGB (s. o. A. II. 3.3.1), so bedeutet aus ökonomischer Sicht jedes Verwerfen einer dem dienenden Geschäftsbedingung einen Eingriff in das vom Verwender angestrebte Preis-/Leistungsgefüge. Eine derartige indirekte Kontrolle entspricht nachgerade der Absicht der §§ 307 – 309 BGB. Ausgeschlossen sind mithin lediglich unmittelbare Äquivalenzkorrekturen. Sog. Preisnebenabreden, die sich – wie z. B. Zahlungsbedingungen – mittelbar auf die Entgelthöhe auswirken, sind demgegenüber nicht »kontrollfest«.[113]

2.3.1 Der generelle Kontrollmaßstab

Als Leitlinie für die Inhaltskontrolle führt § 307 I 1 BGB (= § 9 I AGBG) die **unangemessene Benachteiligung des Verwendungsgegners** per Verstoß gegen Treu und

---

110 Zum Verständnis dieser Direktive *Zoller*, JZ 1991, 850 ff.
111 Näheres bei *Teske*, Schriftformklauseln in Allgemeinen Geschäftsbedingungen, 1990.
112 Zum Folgenden wiederum *Wolf/Ungeheuer*, JZ 1996, 176 ff.
113 Vgl. noch *Brandner* in FS Hauß (1978), S. 1 (7 ff.).

Glauben an.[114] Anders folglich als bei § 138 II BGB, der den Individualvertrag erst dann zu Fall bringt, wenn ein »auffälliges Missverhältnis« von Leistung und Gegenleistung feststellbar und zudem eine Ausbeutungssituation gegeben ist (s. o. B I. 1.3.2), scheitert das Konditionendiktat bereits dann, wenn die Lastenverteilung i. w. S. unausgewogen ist. Dafür, wann dies der Fall ist, gibt § 309 II BGB (= § 9 II AGBG) eine präzisierende Orientierungshilfe: Dessen Nr. 1 stellt die Ordnungs- und Leitbildfunktion einer etwa vorhandenen Gesetzesregelung heraus; Nr. 2 nennt darüber hinaus solche Rechte und Pflichten, ohne deren Beibehaltung der typische Sinn des fraglichen Geschäfts entleert und damit dessen adäquate Durchführbarkeit in Frage gestellt würde.[115] Beide Positionen fließen ineinander. Letztlich besagen sie, dass die für den Einzelvertrag nach wie vor abdingbaren Rechtsnormen bei Verwendung von AGB tendenziell zum zwingenden Recht werden. In bezug auf die Hauptpflichten bei Austauschverträgen (s. o. B I. 2.2.1) bedeutet dies, dass etwaige Einschränkungen[116] daraufhin zu überprüfen sind, ob mit ihnen nicht das gesetzliche Äquivalenzkonzept über den Haufen geworfen wird.

Die inhaltliche Unausgewogenheit kann auch dadurch befördert werden, dass AGB-Klauseln für einen normalen Betrachter undurchschaubar sind. Ein deshalb schon seit längerem von den Gerichten aufgestelltes **Transparenzgebot** ist nunmehr als S. 2 in § 307 I BGB aufgenommen worden. Das ändert freilich nichts daran, dass mangelnde Verständlichkeit auch schon bei § 305 II Nr. 2 BGB zu berücksichtigen ist und dort ggf. bereits zum Nichteinbezug führen kann (s. o. 2.1.).Die Aufnahme des Transparenzerfordernisses in § 307 I BGB bewirkt es immerhin, dass allzu unklar gefasste Klauseln überdies »verbandsklagefähig« sind, d. h. mit der Unterlassungsklage nach § 1 UKlaG verfolgt werden können. Im Übrigen wird die Intransparenz nur ausnahmsweise als alleiniger Grund für das Unwirksamkeitsverdikt in Betracht kommen.[117] In der Regel dürfte sie eher als »Verstärkerin« in Grenzfällen agieren, mithin eine Klausel dann zu Fall bringen, wenn deren Inhalt schon nahe an die Unausgewogenheit heranreicht.[118]

Insgesamt stellt § 307 BGB die Zentralnorm für die richterliche Steuerung des Geschäftsverkehrs dar. Das Fehlen eines von Gerichts wegen prinzipiell zu respektierenden Parteienkonsenses einerseits sowie die Tendenz zu überindividueller Konditionierung andrerseits sind ihre Legitimationsquellen. Diese gestatten allerdings keine justizielle Beliebigkeit. Die je gefundenen Ergebnisse überzeugen deshalb umso eher, als sie sich tatsächlich an den zuvor bezeichneten legislativen Gerechtigkeitsvorstellungen ausrichten.[119] Im übrigen gilt hier mehr als sonst das Gebot, sich über die jeweiligen sozialökonomischen Verhältnisse zu informieren.

---

114 Zum Kontrollkonzept insgesamt auch *Heinrichs* in Heinrichs/Löwe/Ulmer (Hrsg.), Zehn Jahre AGB-Gesetz, 1987, S. 23 ff.
115 Einzelheiten bei *Becker*, Die Auslegung des § 9 Abs. 2 AGB-Gesetz, 1986.
116 Etwa die Unabhängigkeit der Maklercourtage vom in § 652 I 1 BGB vorausgesetzten Geschäftserfolg; vgl. BGHZ 99, 374 (382).
117 Beispielsfall BGHZ 140, 25 ff.
118 Zum Transparenzgebot insgesamt noch *Heinrichs* in FS Trinkner (1995), S. 157 ff.
119 Fragwürdig deshalb nach wie vor BGHZ 92, 363 ff. (Überwälzbarkeit von Schönheitsreparaturen auf die Mieter entgegen der in §§ 535 I 2, 538 BGB vorgesehenen Lastenverteilung).

2.3.2 Spezielle Klauselverbote

Zur Eingrenzung eben derartiger Offenheit richterrechtlicher Programmierung hat es denn der Gesetzgeber auch für ratsam erachtet, seine Vorstellung von unangemessener Benachteiligung für gewisse Konstellationen noch deutlicher zu konkretisieren. Zu diesem Zwecke hat er in den §§ 308 u. 309 BGB (= §§ 10 u. 11 AGBG) **zwei Klauselkataloge** aufgestellt, die exemplarisch belegen sollen, welche Bestimmungen in AGB er keinesfalls zulassen möchte und die demgemäß »insbesondere unwirksam« sind. Der Unterschied zwischen beiden besteht darin, dass in den Fällen des § 308 BGB noch eine typisierende Bewertung vonnöten ist, ob die fraglichen Klauseln tatsächlich unausgewogen sind, wohingegen dem Verbotskatalog des § 309 BGB unterfallende Geschäftsbedingungen ohne solche Zusatzprüfung verworfen werden.

2.3.2.1 Mit Wertungsmöglichkeit

Das **Bewertungserfordernis** im Rahmen des § 308 BGB ergibt sich aus der Verwendung offener bzw. unbestimmter Rechtsbegriffe wie »unangemessen lange«, »nicht hinreichend bestimmt«, »ohne sachlich gerechtfertigten Grund«, »zumutbar«, »von besonderer Bedeutung«, »unangemessen hoch« usf. Diese sind gewissermaßen erst »auf den Punkt« zu bringen, wobei auch hier in erster Linie der Kundenhorizont maßgeblich ist. Das schließt zwar die Berücksichtigung der typischen Verwenderinteressen nicht aus, die jedoch plausibel belegt werden müssen, sollen sie das Ausgewogenheitsurteil ausnahmsweise rechtfertigen (deutlich in § 308 Nr. 4 BGB).

Sachlich geht es vorwiegend um Klauseln, mit denen der Verwender seine Leistungspflicht in gegenständlicher oder zeitlicher Sicht abschwächen möchte, indem er sich etwa Rücktritts- oder Änderungsmöglichkeiten, aber auch Lieferverzögerungen vorbehält (Nrn. 1–4). Des weiteren sind gewisse Fiktionen tendenziell verpönt (Nrn. 5 u. 6). Schließlich soll die Entschlussfreiheit des Gegners, sich seinerseits vom Vertrag zu lösen, nicht ungebührlich durch entsprechende Sanktionen eingeengt werden (Nr. 7).

Die meisten der in § 308 BGB aufgelisteten Bestimmungen zeichnen sich dadurch aus, dass für deren Gegenstände auch das BGB keine stets eindeutige Regelung vorgibt. So setzt z. B. § 346 S. 1 BGB die Möglichkeit des vertraglichen Rücktrittsvorbehalts schlicht voraus und sieht der in Nr. 2 u. a. gemeinte § 323 I BGB seinerseits keine fest limitierte Nachfrist vor. Infolgedessen rückt in diesen Fällen in Abweichung zu § 6 II AGBG (s. u. 2.4) nicht einfach die – eben verbindlich nicht vorhandene – Gesetzesdirektive an die Stelle der als unangemessen verworfenen Klausel. Vielmehr fällt diese bei gescheiterten Vorbehalten bzw. Fiktionen ersatzlos fort und muss der Richter im Nachfristfalle die Angemessenheitsfrage eigenständig beantworten.

2.3.2.2 Ohne Wertungsmöglichkeit

Jedenfalls von ihrem Ansatz her ungleich leichter zu handhaben sind die **strikten Klauselverbote** des § 309 BGB. Hier obliegt es dem Gericht lediglich festzustellen, ob eine in AGB enthaltene Bestimmung inhaltlich deckungsgleich mit einer der Positionen ist, die in den Nrn. 1–13 beschrieben werden. Bejaht es dies, so hat es die fragliche Bedingung ohne Wenn und Aber zu kassieren. Es steht ihm also nicht etwa frei, dieselbe auf einen mit dem AGB-Gesetz noch eben verträglichen Bestand zurechtzustutzen.

Dies mag am Beispiel des praktisch äußerst relevanten § 11 Nr. 7 b AGBG erläutert werden: Darin wird es für unzulässig erklärt, dass sich der Verwender von der Haftung für grobes Verschulden freizeichnet. Tut er dies dennoch, so wird sein gesamter Versuch, sich den in §§ 276 I 1, 278 S. 1 BGB vorgesehenen Verantwortlichkeiten zu entziehen, zunichte. Er kann sich also nicht darauf berufen, dass in seiner Klausel zugleich auch die Freizeichnung für leichtes Verschulden (»einfache Fahrlässigkeit«) enthalten und diese ja auch in AGB erlaubt sei.[120]

Solches **Verbot der geltungserhaltenden Reduktion** ergibt sich aus dem Schutzzweck der §§ 307 ff. BGB,[121] die den Verwender von vornherein zum Gebrauch angemessener Geschäftsbedingungen anhalten wollen. Wenn es denn schon hingenommen wird, dass dieser die Konditionen einseitig bestimmt, muss er auch ein entsprechendes Erklärungsrisiko tragen und darf nicht darauf bauen, bei Überschreiten der Zulässigkeitsgrenze wenigstens mit dem »erlaubten Kern« seiner Entlastungsbestrebungen Erfolg zu haben.[122] Er schuldet dem Kunden Transparenz, weshalb es diesem nicht angesonnen werden kann, sich auf ein zweifelhaftes Geschäftsfundament einzulassen. Überdies belegen die §§ 307 II, 306 II BGB, dass der Gesetzgeber nicht im gerade noch Erlaubten die Zielmarke seriöser AGB sieht, sondern nach Möglichkeit den Interessenausgleich des dispositiven Gesetzesrechts zur Richtschnur werden lassen möchte.[123]

Da die wesentlichen Inhalte des BGB-Schuldvertragsrechts erst noch zu erarbeiten sind, erübrigt sich an dieser Stelle ein näheres Eingehen auf den Verbotskatalog des § 309 BGB. Das wird im jeweiligen Sachzusammenhang nachgeholt (namentlich unter B III., IV. u. C). Vorerst genügt es zu wissen, dass diese Vorschrift vornehmlich solche Klauseln verwirft, mittels deren sich der Verwender über Gebühr von seiner Verpflichtung zu ordentlicher Leistungserbringung freizeichnen will (Nrn. 7 u. 8), wohingegen er den anderen Teil rigide in die Pflicht nehmen (Nrn. 4 – 6) und diesem gar wichtige Gegenrechte abschneiden möchte (Nrn. 2, 3). Besonders bedeutsam ist ferner die Nr. 12, die Beweislastveränderungen zum Nachteil des Verwendungsgegners untersagt (zur Beweislast bereits oben A III. 2.2.2). Hingewiesen sei überdies auf die neu eingefügte Nr. 7 a, die jeglichen Haftungsausschluss bei Tötung sowie Körper- und Gesundheitsverletzung untersagt.

In der Praxis, aber auch bei der universitären Fallbearbeitung erfolgt die Inhaltskontrolle gewissermaßen in umgekehrter Reihenfolge: Zuerst ist § 309 BGB zu bemühen, sodann § 308 BGB. Erst wenn sich die fraglichen Klauseln insoweit als bestandsfest erweisen, weil sie entweder gar keine der darin bezeichneten Positionen behandeln (mangelnde Einschlägigkeit) oder denselben nicht zuwiderlaufen (spezielle Konformität), steht der Rückgriff auf § 307 I, II BGB offen. Im zuletzt genannten Falle mag dies vordergründig überraschen, erscheint doch eine den Erfordernissen der §§ 308 u. 309 BGB entsprechende Bestimmung in AGB zunächst als erlaubt. Gleichwohl kann sich eine unangemessene Benachteiligung ergeben, wenn nämlich die Summe an sich konformer Geschäftsbedingungen das

---

120 S. nur BGHZ 96, 18 (24 ff.).
121 Ausführlich *Ulmer*, NJW 1981, 2025 ff.
122 Anders indes *Hager*, JZ 1996, 175 ff., der die Maxime nicht für durchführbar hält.
123 Vgl. noch *E. Schmidt*, JA 1980, 401 ff.

Klauselwerk insgesamt unausgewogen macht oder etwa per Freizeichnung elementare Vertragspflichten indirekt ausgehöhlt werden.[124]

2.4 Die Folgen aus Nichteinbezug und Unwirksamkeit

Während das BGB das – auf mangelnder Verständigung bzw. auf Gesetz- oder Sittenwidrigkeit beruhende – Scheitern in Einzelpunkten zum Anlass nimmt, prinzipiell das gesamte Geschäft zu stornieren (§§ 154, 139), geht § 306 I BGB (= § 6 I AGBG) den umgekehrten Weg. Missglückte Einbeziehung und inhaltliche Unwirksamkeit von AGB lassen den Vertrag »**im übrigen**« unberührt. Darin liegt nochmals ein Tribut des Verwenders an dessen einseitigen Konditionierungsversuch. Anders als bei gemeinsamem Aushandeln, das stets noch den Vorbehalt des Alles oder Nichts legitimiert, soll der Verwender hier die Risiken des Alleinbestimmens auch konsequent tragen und sich eben nicht darauf zurückziehen können, er habe den Vertrag nur in seinem Sinne oder gar nicht abschließen wollen.

Solches Konzept[125] funktioniert natürlich nur, wenn sich die aus dem Fehlschlagen der AGB ergebenden Lücken anderweitig ausfüllen lassen. Just dieser **Komplettierung** nimmt sich § 306 II BGB (= § 6 II AGBG) an, indem er »die gesetzlichen Vorschriften« in die durch Nichteinbezug und materielle Nichtigkeit entstandenen Leerstellen einrücken lässt. Gemeint sind die ansonsten **disponiblen Rechtsnormen,** die schon § 307 II BGB für die Inhaltskontrolle heranzieht (s. o. 2.3.1) und die sich folglich auch am ehesten zur Vertragsergänzung eignen. Wollte sich also z. B. der Verwender ausbedingen, dass er »nur noch für nachweisliches Verschulden gerade zu stehen« habe, so wird diese gemäß § 309 Nr. 12 BGB unwirksame Klausel schlicht durch § 280 I 2 BGB ersetzt.

Probleme ergeben sich, falls kein zur Lückenfüllung taugliches Gesetzesrecht auffindbar ist, auf das der Richter ohne weiteres zurückgreifen könnte. Sie tauchen namentlich dann auf, wenn der beabsichtigte Vertrag keine Vertypung im Gesetz gefunden hat wie u. a. das Leasinggeschäft. Dann handelt es sich ja von vornherein um keine AGB, die »von Rechtsvorschriften abweichen oder diese ergänzen« (s. § 307 III 1 BGB). Gleichwohl besteht hierfür nicht etwa Kontrollfreiheit mit entsprechender Beliebigkeit der inhaltlichen Ausgestaltung. Vielmehr wird in diesen Fällen auf das zu derartigen Sonderformen herausgebildete **richterrechtliche Vertragsrecht** abgestellt, das bereits als Orientierungsmarke für die Angemessenheitsprüfung nach § 307 I, II BGB dient und dann konsequenterweise auch bei § 306 II BGB Berücksichtigung findet. Methodisch ist dies deshalb konsistent, weil auch das solchermaßen gesetzesvertretende Richterrecht prinzipiell vom Bestreben getragen ist, einen generellen Interessenausgleich zwischen den typischerweise an derlei Geschäften Beteiligten herbeizuführen.

Dieses Vergleichbarkeitsargument versagt hingegen im Hinblick auf Bemühungen, die in § 306 II BGB vorgesehene Lückenfüllung ggf. auch mit Hilfe einer sog. **ergänzenden Vertragsauslegung** zu bewerkstelligen. Dieses anhand von § 157 BGB entwickelte Rechtsinstitut soll dann eingreifen, wenn sich im nachhinein Lücken in einer vertraglichen Abmachung herausstellen, an der die Parteien an

---

124 Beispiel aus jüngster Zeit BGHZ 149, 89 ff.
125 Zu ihm des Näheren *Medicus* in Heinrichs/Löwe/Ulmer a. a. O. (Fn. 114) S. 83 ff.

sich festhalten wollen, und es nun darum geht, die Fehlstellen zu beseitigen.[126] Dies wiederum soll sich danach ausrichten, was vernünftige Partner redlicherweise vereinbart hätten, wäre ihnen das Regelungserfordernis rechtzeitig aufgefallen. Eine solche Individualbereinigung ist im Rahmen des § 306 II BGB schon deshalb unangebracht, weil es den darin gemeinten Konstellationen am entsprechenden Bezugspunkt, nämlich an der hypothetisch zu arrondierenden Aushandlung, mangelt. Zudem hat diese Vorschrift gerade nicht mehr den beiderseitigen Interessenausgleich im Auge, sondern nimmt – wie § 306 III BGB (= § 6 III AGBG) eigens verdeutlicht – eine Belastung des Verwenders bis an die Grenze der »unzumutbaren Härte« in Kauf. Die dem zuwiderlaufende Judikatur[127] reduziert ohne Not die Erklärungsverantwortlichkeit desjenigen, der das Geschäft einseitig diktieren wollte und deshalb den (eingangs 2) erwähnten Aushandlungsbonus nicht verdient.[128]

2.5 Die rechtstechnische Berücksichtigung von AGB

Fallgestaltungen mit AGB-Verwendung bereiten den Studierenden vor allem in der Anfangsphase erhebliche Schwierigkeiten. Oft wird erst einmal eine »Lösung aus dem Gesetz« versucht und erst hernach geprüft, ob sich an ihr wegen der AGB etwas ändere. Das ist schon deshalb falsch, weil AGB – wenn sie denn einbezogen und wirksam sind – dem dispositiven Gesetzesrecht ebenso vorangehen wie rechtsgeschäftliche Individualabreden. Zuallererst ist deshalb zu untersuchen, ob in den mitgeteilten AGB etwas zu der Fragestellung (z. B. einer Mängelgewähr oder einer Vertragshaftung) enthalten ist. Bei positiver Feststellung wird vorbehaltlich einer u. U. durchzuführenden »Aushandlungskontrolle« mit der Einbezugsprüfung begonnen, nach deren erfolgreichem Durchlaufen die Einbezugsgrenzen zu thematisieren sind. Erst und soweit dann der Einbezug bejaht wird, ist jenseits einer Überprüfung auf einen Gesetzes- oder Sittenverstoß, die nicht anders als bei einer Individualklausel vorzunehmen ist, Raum für die Inhaltskontrolle in der bereits bezeichneten Reihenfolge: Zunächst § 309, sodann ggf. § 308, hernach § 307 II und zum Schluss § 307 I BGB. Erweisen sich die AGB – d. h. genauer: die einzelne Bedingung, auf die es ankommt – als wirksam, so folgt die Lösung allein hieraus! Ist das Resultat hingegen negativ (Nichteinbezug, Gesetz- oder Sittenwidrigkeit, Unwirksamkeit), bietet die fragliche AGB keine Entscheidungsgrundlage. Nunmehr kommt mit Ausnahme der Konstellation zu § 305 b BGB, bei der dann die Individualabrede maßgeblich ist, § 306 II BGB zum Zuge, frühestens also jetzt die Orientierung am einschlägigen dispositiven Gesetzes- oder Richterrecht. Ist solches nicht vorhanden, muss noch § 306 III BGB erwogen werden.

Diese Prüfungsreihenfolge ist natürlich komplett nur dann einzuhalten, wenn konkreter Anlass dazu besteht. Ist z. B. nirgendwo von einer Art Aushandlung oder einer zusätzlich getroffenen Individualvereinbarung die Rede, so werden die entsprechenden Stationen (hier Aushandlungsfrage zu § 305 I 3 BGB bzw. Vorrangskontrolle gemäß § 305b BGB) schlicht übergangen. Hier wie überall ist jede schematische Überprüfung ohne diesbezügliche Sachverhaltsangaben untunlich.

---

126 Vgl. bereits BGHZ 16, 71 (76).
127 Exemplarisch BGHZ 90, 69 (75).
128 S. noch *Hart*, KritV 1989, 179 (189–195).

Schaubild 8

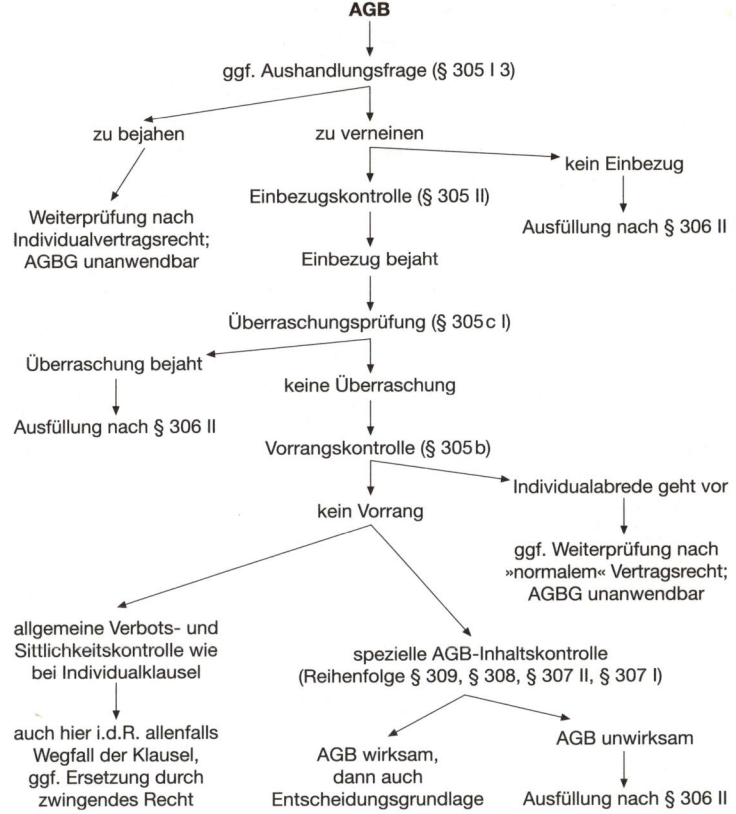

III. Vertragsdurchführung und -beendigung

Wie bereits eingangs zu B I. 2 erläutert, begründen wirksame Verträge wie auch von Gesetzes wegen angeordnete Schuldverhältnisse zunächst eine Verpflichtungsphase, innerhalb deren die Parteien das vereinbarte bzw. ihnen auferlegte Leistungsprogramm auszuführen haben. Erst wenn dieses in sämtlichen Positionen korrekt geschehen ist, werden sie aus der Leistungsbeziehung entlassen. Das gilt jedenfalls prinzipiell und wird in § 362 I BGB dahin ausgedrückt, dass das »Schuldverhältnis erlischt, wenn die geschuldete Leistung an den Gläubiger bewirkt wird«.

Der Weg zu diesem regulären Obligationsziel, das vom BGB allgemeiner als »Erfüllung« bezeichnet wird,[129] kann freilich manchen Stolperstein aufweisen. Am häufigsten ist dies der Fall, wenn die Beteiligten mangelnden Pflichtgehorsam

---

129 S. den 1. Titel im 4. Abschnitt seines 2. Buchs (vor § 362).

zeigen, der dazu führen kann, dass überhaupt nicht oder nur teilweise, ggf. schlecht oder zumindest verspätet geleistet wird. Dann stellt sich die Frage nach einer **Vertragshaftung,** die uns unten IV. beschäftigen wird. Doch auch jenseits solcher Nachlässigkeiten lassen sich Behinderungen der Vertragsdurchführung denken, die zu partiellen oder auch grundlegenden Veränderungen des Leistungsprogramms Anlass geben. So möchte der Schuldner gern wissen, was ihm zu tun bleibt, wenn der Gläubiger – weshalb auch immer – die Leistung nicht annimmt. Dem wird sub 3) unter dem Stichwort »**Gläubigerverzug**« nachgegangen. Ferner interessiert es beide Seiten, welche Folgen es hat, wenn sich die Unerbringlichkeit der Leistung herausstellt, ohne dass man daraus dem Schuldner einen Vorwurf machen könnte. Das ist sub 4) unter der Rubrik »**befreiende Unmöglichkeit**« zu erörtern. Überdies mag es sich erweisen, dass die Realitätserwartungen der Parteien von der tatsächlichen Entwicklung so gründlich überholt werden, dass das von ihnen geplante Austauschgefüge korrekturbedürftig erscheint. Dem ist der Abschnitt 5) zur »**Geschäftsgrundlage**« gewidmet.

Ranken sich die vorbezeichneten Problempunkte letztlich alle noch um den Erfüllungskomplex, so sind doch über ihn hinaus Möglichkeiten einer **Abstandnahme von Vertragsbindungen** anzuerkennen, die nicht unbedingt etwas mit Erfüllungsbehinderungen zu tun haben. Allen voran ist hier der Rücktritt zu nennen, den sich ein Vertragsteil vorbehalten hat (§ 346 I 1. Alt. BGB), sowie der Widerruf, der dem Verbraucher in bestimmten Vertragskonstellationen (s. o. A II 3.1 a. E.) verbindlich eingeräumt wird. Macht der jeweils Berechtigte davon Gebrauch, so muss den Parteien natürlich gesagt werden, was mit den etwa bereits ausgetauschten Leistungen passiert. Ebenfalls in diesen Zusammenhang fällt die Kündigung als Medium zur Beendigung einer zeitlich nicht befristeten Dauerbeziehung wie vor allem eines Miet- oder Arbeitsverhältnisses. Beides wird sub 6) unter dem Motto »rechtsgeschäftliche Vertragsbeendigung« zusammengefasst.

Aus dem Gesagten ergibt sich schon jetzt, dass die nachfolgenden Fragestellungen **vorrangig auf der Leistungsebene** angesiedelt sind und mithin allenfalls am Rande das in § 241 II BGB bezeichnete Schutzverhältnis berühren. Dasselbe folgt eigenen Regeln (s. sogleich 1.4), was schließlich auch zu einer Sonderbehandlung im Rahmen der Vertragshaftung führt (s. u. B IV 1.3.2 u. 2).

1 Erfüllung

Doch wenden wir uns zunächst der Erfüllung zu, die laut § 362 I BGB das **Schuldverhältnis zum Erlöschen bringt.**[130] Hierzu sind vorab zwei Anmerkungen zu machen: Zum einen erfasst diese Bestimmung in Konsequenz aus der bereits in § 241 BGB angelegten Zweiteilung lediglich die Leistungsebene (s. o. I. 2.2.1) und ist folglich nicht ohne weiteres auf die Schutzebene (oben I. 2.2.2) übertragbar.[131] Dies liegt vornehmlich daran, dass die auf ihr angesiedelten Schutzpflichten zur Erhaltung der Integrität des jeweiligen Gegenüber sowie seines Vermögensbestands nicht gegenständlich fixiert sind, sondern sich letztlich in einer eher unspezifischen Sorgfaltsbeobachtung erschöpfen, auf die der leistungsbezogene Erfüllungsbegriff schlecht paßt. Zum anderen meint § 362 I BGB in Wahrheit nicht das gesamte Schuldverhältnis. Vielmehr geht es ihm um das **Erlöschen der einzel-**

---

130 Grundfragen der Erfüllung erörtert *Bülow,* JuS 1991, 529 ff.
131 Teilweise anders *Stürner,* JZ 1976, 384 ff.

nen Forderung, die keineswegs das totale Leistungsspektrum ausmachen muss. So kann ein Vertragsprogramm mehrere Leistungen neben- oder nacheinander vorsehen (z. B. Kauf mehrerer Sachen; zeitlich gestaffelte Belieferung mit Bier, Wasser, Energie usf.) oder eine Hauptleistung (Bereitstellung eines Kfz., Herstellung einer Maschine) noch mit Nebenleistungen verknüpft sein (Aushändigung der Wagenpapiere, Montage und Wartung der Maschine).»Kassiert« wird dann jeweils nur derjenige Anspruch, dessen Gegenstand auch tatsächlich erbracht worden ist, wohingegen die Obligation im übrigen weiterbesteht.

1.1 Bewirken der geschuldeten Leistung

»Bewirkt« wird die Leistung zu allererst durch Aushändigung des Schuldgegenstandes, durch Vornahme der versprochenen Tätigkeit oder auch – wie § 241 I 2 BGB eigens hervorhebt – durch Unterlassen einer dem Schuldner an sich erlaubten Aktivität. Von diesen drei Grundformen interessiert vor allem die erste, ist sie doch die praktisch bedeutsamste und zugleich am meisten präzisierungsbedürftig. »Aushändigung« ist zunächst einmal ganz allgemein auf das Interesse des Gläubigers bezogen, dass das geschuldete Objekt (Sache, Geld[132] u. a. m.) in seinen Einflussbereich überwechselt. Was dies im einzelnen bedeutet, richtet sich nach dem jeweiligen Vertragstyp bzw. dem in Betracht zu ziehenden gesetzlichen Schuldverhältnis und reicht von bloßer Objektüberlassung (z. B. bei Leihe; vgl. § 598 BGB) bis hin zur Eigentumsverschaffung (wie etwa beim Kauf; vgl. § 433 I 1 BGB). Dazwischen gibt es diverse Zusatzanforderungen (u. a. bei Miete: Gebrauchsgewähr und Sacherhaltung; vgl. § 535 I BGB). Auch kann es zu Mischformen kommen wie namentlich beim sog. Werklieferungsvertrag, der das Tätigkeitsmoment des Werkvertrags (Herstellung; vgl. § 631 I BGB) mit dem Übereignungspostulat des Kaufs verknüpft und deshalb in erster Linie auch nach dessen Regeln beurteilt wird (vgl. § 651 BGB). Für eine Gesellschaft mit vorwiegend industrieller Massenanfertigung ist es ferner typisch, dass die Parteien keine Einigung über einen speziellen Gegenstand getroffen und somit keine Stückschuld begründet haben. Vielmehr wird – ggf. gar per Katalog – aus einer Serie bestellt, so dass der Leistungsgegenstand zunächst »nur der Gattung nach bestimmt« ist. In solchem Falle hat der Schuldner »mittlere Art und Güte« zu offerieren (§ 243 I BGB), darf also keine unterdurchschnittliche Ware liefern.

Der vorhin verwendete Begriff der »Aushändigung« ist bewußt offen und auch keineswegs i. S. einer bloß tatsächlichen Veränderung zu verstehen. Zwar ist für Sachschulden der Aspekt der Besitzübertragung – d. i. die Einräumung der tatsächlichen Gewalt über die Sache (vgl. § 854 I BGB) – signifikant und bei beweglichen Sachen zugleich konstitutiver Teil der Übereignung (vgl. § 929 S. 1 BGB), die darüber hinaus jedoch noch einen rechtsgeschäftlichen Akt, die dingliche Einigung (vgl. §§ 873, 929 BGB), zur vollen Wirksamkeit benötigt (s. o. B I. 2. a. A.). Noch deutlicher ist die Dominanz des Rechtsgeschäftlichen bei einer Forderung als Schuldgegenstand. Hier wird die Leistung durch Abtretung bewirkt (s. o. B I. 2.3.1); die Herausgabe einschlägiger Urkunden (§ 402 BGB) ist lediglich Nebenpflicht. Reine **Tätigkeitsschulden** – vor allem Dienst- und Arbeitsleistungen –

---

[132] Die mit dem bargeldlosen Zahlungsverkehr verknüpften Rechtsprobleme bleiben hier ausgespart. Deren Verständnis setzt gediegene Kenntnisse des Instituts der Anweisung (§§ 783 ff. BGB) voraus, die erst im weiteren Verlauf des Studiums vermittelt werden. Für gleichwohl Interessierte sei auf *Meder*, JuS 1996, 89 ff. verwiesen.

werden hingegen überhaupt nur durch faktischen Vollzug erbracht. Das gilt auch für die in Nachweis oder Vermittlung bestehende Maklerobligation. Das in § 652 I 1 BGB zusätzlich geforderte Zustandekommen des vom Kunden angestrebten Vertrags (z. B. Kauf oder Miete) ist nicht (mehr) Gegenstand der Maklerschuld, sondern lediglich Voraussetzung für den Honoraranspruch des Maklers.

Insgesamt lässt sich sagen, dass die Erfüllung weder stets reiner Realakt ist noch i. d. R. Rechtsgeschäftsqualität hat. Das bedeutet zugleich eine Absage an ältere Vorstellungen, wonach die Erfüllung »als solche« – d. h. eine Unterwerfung der jeweiligen Aktivitäten unter den mit ihnen verfolgten Befriedigungszweck – eine Offerte sei, die demgemäß vom Gläubiger »angenommen« werden müsse. Dies ist weder aus § 363 BGB herleitbar, der seinerseits nur die vorbehaltlose faktische Entgegennahme meint, noch mit der Sondervorschrift des § 366 I BGB zu begründen, die diese Regel schlicht bestätigt. Ferner steht dem § 267 I BGB entgegen, demgemäß auch Dritte ohne weiteres die Leistung bewirken dürfen.[133] Hinzuzufügen bleibt noch, dass sich, sofern keine Legalobligation vorliegt, das in § 362 I BGB gemeinte Womit der Schuldtilgung jedenfalls dann ausschließlich aus den vertraglichen Abmachungen ergibt, wenn es um die Hauptleistung geht. Hierfür die gesetzlichen Bestimmungen (wie z. B. §§ 433, 535, 631 I BGB) zu bemühen, wäre schon deshalb verfehlt, weil diese Vorschriften zu den singulären Leistungsgegenständen überhaupt nichts aussagen (können). Soweit es das jeweilige Entgelt anbetrifft, bezieht sich der Gesetzgeber denn auch stets explizit auf das »Vereinbarte«. Im übrigen erinnern wir uns nochmals daran, dass bei mangelnder Festlegung der Hauptleistungen kein »Reserverecht« eingreift und auf dieser Ebene auch die AGB-Kontrolle keine »Hilfe« verspricht.

1.2 Einhalten der Leistungsmodalitäten

Mit der Verschaffung des Leistungssubstrats allein ist es indes nicht getan. Die Obligation ist eben kein abstrakter Verpflichtungsmechanismus, sondern auf **konkrete Bedürfnisse bezogen,** die nicht zuletzt auch zeitlich und örtlich fixiert sind. Das Gläubigerinteresse erschöpft sich folglich nicht darin, den Schuldgegenstand irgendwie in die Hand zu bekommen, sondern erstreckt sich auch darauf, dass dies zur rechten Zeit und am rechten Ort geschieht. Am deutlichsten zeigt sich das in den Fällen, in denen die Leistung derart termingebunden ist, dass ein Verstreichen des fraglichen Zeitpunkts deren Nutzen total hinfällig macht. Paradebeispiel ist das Vorfahren des Taxis zu einer Uhrzeit, die das Erreichen des Zuges ausschließt. Befriedigt werden sollte ja nicht die Lust am Taxifahren – anders bei einem geplanten Ausflug, der ggf. auch einige Minuten später angetreten werden kann. Vielmehr war es das den Beförderungsvertrag prägende Gläubigerinteresse, rechtzeitig am Bahnhof anzugelangen. Seine Verfehlung ist definitiv und nimmt deshalb der Obligation ihren eigentlichen Sinn. Die Leistung ist unmöglich geworden, und es hängt nun von den Verspätungsgründen ab, ob der Taxifahrer »nur« umsonst gekommen ist oder gar noch auf Schadensersatz belangt werden kann (s. u. 4 u. B IV. 1.1).[134]

---

133 Zu derartigen Drittleistungen ausführlich *Gernhuber,* Die Erfüllung und ihre Surrogate, 2. Aufl. 1994, § 21.
134 Das Nämliche trifft generell auf Dienst- und Arbeitsleistungen zu, die nicht nur »im Zweifel« höchstpersönlich (§ 613 BGB), sondern typischerweise auch zeitgebunden und deshalb nicht ohne weiteres nachholbar sind.

In der Regel werden jedoch die **zeitlichen und räumlichen Modalitäten** nicht so ausgestaltet sein, dass ihre Nichteinhaltung die Vertragsdurchführung grundlegend torpediert. Zuallermeist und namentlich bei Sachschulden fällt das Gläubigerinteresse durch Verspätungen und Fehlleistungen nicht sogleich fort. Es lässt sich noch befriedigen, wenngleich u. U. nicht ohne Zusatzbelastungen des Schuldners (s. noch im einzelnen B IV. 1.2).

1.2.1 Leistungszeit

In aller Regel bestimmen die Parteien selbst darüber, zu welchem **Zeitpunkt** die Leistung erbracht werden soll. Fingerzeig hierfür können ferner die abredebegleitenden »Umstände« geben wie etwa die Kenntnis des Bestellers davon, dass der von ihm angeheuerte Maler bis zu einem bestimmten Termin »ausgebucht« ist. Darüber hinaus sind natürlich auch diesbezüglich kaufmännische Gepflogenheiten und Verkehrssitten maßgeblich. Erst wenn aus alledem nichts herzuleiten ist, greift die gesetzliche Regelung des § 271 I BGB ein, die den **Grundsatz der sofortigen Fälligkeit** (= Zeitpunkt, zu dem der Gläubiger die Leistung verlangen kann) und **der sofortigen Erfüllbarkeit** (= Zeitpunkt, zu dem der Schuldner die Leistung bewirken darf) statuiert. Die Fälligkeit ist maßgebliche Voraussetzung für den später noch zu behandelnden Schuldnerverzug (s. u. B IV. 1.2); die Erfüllbarkeit ist bedeutsam dafür, ob ggf. Gläubigerverzug eintritt (s. hernach 3). Bei gesetzlichen Schuldverhältnissen wie vor allem bei Ausgleichspflichten aus ungerechtfertigter Bereicherung (§§ 812 ff. BGB) und wegen unerlaubter Handlung (§§ 823 ff. BGB) bewendet es natürlich mangels privatautonomer Verständigung beim Prinzip des § 271 I BGB. Allerdings muss hier der Schuldner wenigstens über Art und Ausmaß seiner Verpflichtung hinreichend informiert sein.

Haben die Parteien ein Hinausschieben der Fälligkeit ohne dementsprechende Erfüllbarkeitsklausel verabredet oder ist dies einseitig vom Gläubiger aus geschehen (z. B. mit dem Vermerk »vierzehn Tage Ziel« auf seiner Rechnung), so sprechen wir von einer **Stundung**. Auf sie kann sich der Schuldner einredeweise berufen (s. o. B I. 2.3.3). Tut er dies nicht, wird er antragsgemäß zur Leistung verurteilt. Erbringt er diese gar ungeachtet der mangelnden Fälligkeit, steht ihm kein Rückforderungsrecht zu, ja nicht einmal ein Abzug von Zwischenzinsen dafür, dass der Gläubiger vorzeitig in den Genuss der (Geld-)Leistung gelangt ist (§ 813 II BGB).

1.2.2 Leistungsort

Auch über den **Leistungsort**, d. h. über den Platz, an dem der Schuldner die ihm abzuverlangenden Aktivitäten entfalten muss, bestimmen primär die Parteien und mangels ausdrücklicher Vereinbarung die Umstände des Einzelfalls unter Berücksichtigung etwaiger Gebräuche und Verkehrssitten. Typisch sind drei »Ortsmodalitäten«, nämlich die Hol-, die Schick- und die Bringschuld.

Von einer **Holschuld** ist die Rede, wenn der Gläubiger die Leistung am Schuldnerort entgegennehmen, sie also dort abholen muss. Dies stellt gemäß § 269 BGB auch die gesetzliche Regelvariante dar, wobei Ort des Schuldners entweder dessen Wohn- oder dessen Geschäftssitz meint, je nachdem, ob es sich um eine »private« oder um eine »gewerbliche« Leistung handelt.

Schickschulden sind solche, bei denen der Schuldner die Ware nicht nur bereitstellen, sondern auch für deren Versendung an den Gläubigerort sorgen muss.

Leistungsort ist hier zwar nach wie vor der Wohn- oder Geschäftssitz des Schuldners; der Leistungserfolg tritt aber erst bei Eintreffen des Leistungsgegenstands beim Gläubiger ein. Von Bedeutung ist diese Differenzierung im Hinblick auf die Versendungsrisiken. Diese trägt – wie § 447 I BGB[135] für den Kauf eigens vermerkt – der Gläubiger. Der Schuldner hat »das Seine« getan, wenn er die Ware ordnungsgemäß auf den Weg gebracht hat. Anders hingegen bei der Geldschuld. Für sie ordnet § 270 I BGB an, dass die Übermittlungsgefahr beim Schuldner liegt.[136]

Damit nähert sie sich der **Bringschuld** an, die sich dadurch auszeichnet, dass der Schuldner die Leistungshandlung am Ort des Gläubigers vornehmen muss. Identisch ist sie deshalb nicht mit dieser, weil rechtzeitige Absendung (Überweisung) den Schuldner wenigstens davor bewahrt, in Verzug zu geraten. Das Risiko ist gewissermaßen geteilt: bloße Verzögerungen auf dem Übersendungsweg gehen zu Lasten des Gläubigers; die Gefahr des völligen Ausbleibens trifft hingegen den Schuldner. Die Bringschuld ergibt sich bei Fehlen expliziter Absprachen oft schon »aus der Natur des Schuldverhältnisses«. So versteht es sich von selbst, dass Maler- und Reparaturarbeit am Hause des Gläubigers ebendort vorzunehmen, Hausunterricht »vor Ort« zu erteilen und ein Partyservice an der Stätte der geplanten Feier zu versehen ist.

Einigermaßen unpräzise ist der Begriff des **Erfüllungsorts**. Damit kann sowohl der Leistungsort gemeint sein (i.d.S. etwa §§ 447, 644 II BGB; aber auch § 29 I ZPO) als auch der für Konflikte ins Auge gefasste Gerichtsstand, der freilich nur unter Kaufleuten frei vereinbar ist (§ 29 II ZPO). Auch mögen die Parteien mit ihm den Ort bezeichnen wollen, an dem nach ihren speziellen Risikoabsprachen die Sachgefahr (für Verlust oder Beschädigung der Ware) gleichsam zwischen Schuldner- und Gläubigerort wechseln soll. Eine Veränderung des Leistungsorts findet dadurch ebenso wenig statt wie eine Bestimmung des diesem grundsätzlich folgenden Gerichtsstands.

1.3 Quittieren der Leistung

Zu Beweiszwecken hat der Schuldner ein berechtigtes Interesse, eine Empfangsbestätigung für die Aushändigung der Leistung zu erhalten. Dem trägt § 368 BGB Rechnung, indem er den Gläubiger verpflichtet, auf entsprechendes Verlangen eine **Quittung** auszustellen; deren Kosten hat allerdings prinzipiell der Schuldner zu tragen (§ 369 I BGB). War über die Forderung zuvor ein Schuldschein ausgestellt worden, so kann der Schuldner neben der Quittung noch dessen Rückgabe beanspruchen (§ 371 S. 1 BGB).

Darüber hinausgehend bestimmt § 370 BGB, dass der Schuldner an jede Person leisten darf, die ihm eine gültige, d. h. vom Gläubiger ausgestellte Quittung überbringt, es sei denn, ihm sind Umstände bekannt (fahrlässige Verkennung genügt nicht!), die der Empfangsbefugnis entgegenstehen. Der Schuldner darf mithin sogar an jemanden die Leistung bewirken, der die Quittung entwendet oder dieselbe abredewidrig ausgefüllt hat.[137] Bei gegenseitigen Verträgen »verdient« er

---

135 Der allerdings wegen § 474 II BGB keine Anwendung auf den Verbrauchsgüterkauf findet!
136 Zum Zahlungsort eingehend von *Caemmerer* in FS Mann (1977), S. 3 ff.
137 S. auch BGHZ 40, 297 (304) mit weiteren Beispielen für eine derartige »Rechtsscheinhaftung«.

sich damit auch den Anspruch auf das Entgelt und kann es dem Gläubiger überlassen, sich mit dem »ungetreuen Mittelsmann« auseinanderzusetzen.

1.4 Beobachtung der Schutzpflichten

Nichts von dem bislang zur Erfüllung Gesagten passt – wie vorhin (vor 1) schon angedeutet – auf den Bereich der **Schutzpflichten**. Diese haben – sieht man von dem noch später (IV.1.3.2) zu behandelnden Fall der Schlechtleistung ab – weder einen gegenständlichen Kern noch sind sie zeitlich oder örtlich in dem Sinne gebunden, dass ihre Nichteinhaltung die Durchführung des Geschäfts grundsätzlich in Frage stellen würde. Besonders deutlich wird dies beim Aspekt der Nachholbarkeit. Kann eine verspätete Leistung das Gläubigerinteresse durchaus noch befriedigen, so lässt sich ein erfolgter Schutzpflichtverstoß durch anschließendes pflichtgetreues Verhalten nicht mehr aus der Welt schaffen. Hinzu kommt, dass die auf Integritätswahrung zielende Schutzrichtung nicht rollenfixiert ist, sondern sämtliche Beteiligte erfasst – gleich, ob sie im übrigen »etwas zu bekommen« haben oder nur Schuldner (s. auch zuvor B I.2.2.2) sind. Infolgedessen wird es besser vermieden, auch auf der Schutzpflichtebene von Erfüllung zu sprechen.[138]

Dem korrespondiert der Umstand, dass die Beobachtung von Schutzpflichten nicht eigens entgolten wird und grundsätzlich auch nicht einklagbar ist. Letzteres liegt daran, dass die Art, wie der Schutzpflichtige seinem Obligo nachkommt, i. d. R. nicht im vorhinein so bestimmbar ist, dass ein entsprechendes Urteil überhaupt einen vollstreckungsfähigen Inhalt haben würde. Ausnahmen, bei denen dann ggf. eine einstweilige Verfügung gemäß § 940 ZPO in Betracht zu ziehen ist, sind freilich denkbar. Das kann u. U. der Fall sein, wenn etwa dem anderen Teil zu Ohren gekommen ist, dass sein Partner auf gewisse Schutzvorkehrungen (z. B. Abdeckung, Verpackung u. ä.) »verzichten« will, die allein tauglich sind, sein Integritätsinteresse zu wahren.

2 Erfüllungssurrogate

Meint auch das **Bewirken der geschuldeten Leistung** gemäß § 362 I BGB Hergabe des kompletten Schuldgegenstands zur korrekten Zeit und am richtigen Ort, so kann der Schuldner sein Interesse, von seiner Verpflichtung loszukommen, unter gewissen Umständen auch **auf andere Weise** verwirklichen. Dies ist zunächst bei mangelnder Empfangsbereitschaft des Gläubigers der Fall (s. u. 2.1). Ferner mag der Schuldner über einen Gegenanspruch verfügen, mit dem er »verrechnen« möchte (s. u. 2.2). Schließlich ist es denkbar, dass er dem Gläubiger statt des Schuldobjekts einen anderen Gegenstand andient, um auf diese Weise die Erfüllungswirkung herbeizuführen (s. u. 2.3).

2.1 Hinterlegung und Selbsthilfeverkauf

Will sich der Schuldner gegenüber einem nicht empfangsbereiten, d. h. im Gläubigerverzug (Einzelheiten sogleich unter 3) befindlichen Partner seiner Leistungspflicht entledigen, so kann er, falls es um Geld oder Wertpapiere oder sonstige Kostbarkeiten geht, dieselben beim Amtsgericht als der gemäß § 1 HinterlO

---

138 S. indes nochmals den in Fn. 131 zitierten Aufsatz von *Stürner*.

zuständigen Hinterlegungsstelle deponieren (§ 372 I BGB). Befreiungswirkung hat die **Hinterlegung** allerdings nur, wenn die Rücknahme aus einem der in § 376 II BGB genannten Gründe ausgeschlossen ist (§ 378 BGB). Ist dies gegeben, so gilt die Leistung als im Zeitpunkt der Hinterlegung erbracht. Im übrigen kann der Schuldner seinen Gläubiger, der auch die Kosten der Hinterlegung zu tragen hat (§ 381 BGB), auf die hinterlegte Sache verweisen und ist nicht mehr für die Gefahr von deren Untergang oder Verschlechterung zuständig (§ 379 I, II BGB).

Bei anderen Sachen ist der Schuldner unter der nämlichen Voraussetzung des Gläubigerverzugs befugt, dieselben nach entsprechender Vorankündigung (§ 384 BGB) nach Maßgabe des § 383 BGB **versteigern** zu lassen und den Erlös zu hinterlegen. Liegen die Voraussetzungen des § 385 BGB vor, so kann er die Ware gar »freihändig« verkaufen und schuldet hernach dem Gläubiger nur noch das dafür eingenommene Entgelt abzüglich der angefallenen Zusatzkosten (§ 386 BGB).

2.2 Aufrechnung

Durchaus nicht selten kommt es vor, dass zwei Personen einander **wechselseitig Geld schulden,** weil sie etwa in An- und Verkaufsbeziehungen zueinander stehen oder sonst geschäftlich miteinander zu tun haben. Eine derartige Situation kann sogar ein und demselben Vertragsverhältnis entspringen, aus dem die eine Seite ihren Entgeltanspruch herleitet, während die andere für sich Schadensersatz z. B. wegen verspäteter Lieferung reklamiert. In solchen Fällen erscheint es müßig, gewissermaßen über Kreuz zu zahlen. Vielmehr besteht bis zur Höhe der jeweils geringeren Forderung ein Glattstellungsinteresse, um sich den doppelten Weg zu ersparen.

Das BGB trägt dem Rechnung, wenngleich nicht in der Weise, dass die beiderseitigen Forderungen in dem genannten Umfang automatisch erlöschen. Es hat sich demgegenüber für die »**Aufrechnung**« entschieden,[139] die gemäß § 388 BGB eine zugangsbedürftige und bedingungsfeindliche Willenserklärung darstellt. Damit haben es beide Teile in der Hand, sich ohne Zustimmung des Gegners sowohl ohne gegenständliche Leistung von der eigenen Schuld zu befreien als auch gar gegen dessen Willen die reziproke (eben: wechselseitige) Forderung einzuziehen. Die Aufrechnung bewirkt nämlich, dass die einander deckungsgleich gegenüberstehenden Forderungen »kassiert« werden, und zwar sogar rückwirkend auf den Zeitpunkt, »in welchem sie zur Aufrechnung geeignet einander gegenübergetreten sind« (§ 389 BGB).[140]

Dieser »Eignung« widmet sich vorderhand § 387 BGB, der die sog. **Aufrechnungslage** beschreibt. Diese zeichnet sich zuallererst durch das Merkmal der **Gegenseitigkeit** aus, was bedeutet, dass gerade diese Parteien wechselseitig etwas voneinander zu beanspruchen haben. Aufrechnungen mit oder gegen Forderungen Dritter sind folglich i. d. R.[141] unzulässig. Sodann ist **Gleichartigkeit** der Schuldgegenstände geboten. Das beschränkt die Aufrechnung praktisch auf Geldforderungen. Ausnahmsweise mögen die Parteien einander auch andere beliebig austauschbare Waren (vertretbare bzw. Gattungssachen; vgl. §§ 91, 243 BGB) schulden wie z. B. Aktien desselben Unternehmens. Überdies sind **Durch-**

---

139 Zu ihr *Lüke/Huppert*, JuS 1971, 165 ff.
140 Zum Folgenden noch *von Feldmann*, JuS 1983, 357 ff.
141 S. indes *Kollhosser* in FS Lukes (1989), S. 721 ff.

setzbarkeit der eigenen Forderung des Aufrechnenden und **Erfüllbarkeit** der Gegenforderung (dazu nochmals § 271 BGB) vonnöten. Hierbei meint Durchsetzbarkeit nicht nur Fälligkeit (s. o. 1.2.1), sondern darüber hinaus Klagbarkeit. Deshalb kann mit sog. Naturalobligationen, wie sie u. a. aus Spiel und Wette oder einer Ehevermittlung resultieren (vgl. §§ 762, 656 BGB), nicht aufgerechnet werden, wohl aber gegen solche.

Das Erfordernis der Durchsetzbarkeit führt folgerichtig dazu, dass mit einredebehafteten Forderungen – anders wiederum gegen solche – grundsätzlich nicht aufgerechnet werden kann (§ 390 BGB). Eine Ausnahme hiervon macht § 215 BGB für die verjährte Forderung, sofern diese bei Eintritt der Aufrechnungslage noch unverjährt war. Dies ist eine Folge der rückwirkenden Kraft der Aufrechnungserklärung. Konsequent ist in diesem Zusammenhang noch das Versagen der Aufrechnung gegen unpfändbare Forderungen (§ 394 BGB), würde andernfalls doch der Sinn der Pfändungsfreiheit (vgl. dazu §§ 850 ff. ZPO), ihrem Gläubiger eine finanzielle Mindestbasis für seine Lebensführung zu sichern, angetastet. Atypisch ist hingegen die Regelung des § 393 BGB, die eine Aufrechnung »gegen eine Forderung aus einer vorsätzlich begangenen unerlaubten Handlung« ausschließt. Damit soll der böswillige Schädiger dazu angehalten werden, den von ihm angerichteten Schaden real zu beheben, und der möglicherweise zahlungsunfähige Schuldner davor bewahrt bleiben, dass ihn der andere willentlich und zivilrechtlich risikolos verletzt.[142]

2.3 Leistung an Erfüllungs Statt

Anders als bei Hinterlegung und Aufrechnung, mit denen letztlich doch noch das ursprüngliche Leistungsinteresse des Gläubigers befriedigt wird, kommt es zu einer **inhaltlichen Veränderung der Schuld,** wenn sich der Gläubiger auf das Angebot des Schuldners einlässt, ihm einen anderen als den ursprünglich vorgesehenen Gegenstand zu liefern. So mag etwa der Schuldner finanziell »in der Klemme« stecken und seinem Partner statt Zahlung der Geldsumme gleichwertige Sachen offerieren oder diesem den Vorschlag machen, sich mit der Abtretung einer gegen einen Dritten gerichteten Forderung zufrieden zu geben.

In der Regel wird der Gläubiger auf ein derartiges Arrangement freilich nicht vorbehaltlos eingehen, sondern es nur dann definitiv akzeptieren, wenn er sich von dem neuen Objekt zumindest den nämlichen Vorteil verspricht. Er kann folglich zuwarten, ob er dasselbe erfolgreich verwerten (die Alternativsache angemessen veräußern, die Forderung tatsächlich eintreiben) kann. In diesem Falle handelt es sich lediglich um eine Hingabe »**erfüllungshalber«.** Die bisherige Schuld besteht fort, und der Gläubiger ist lediglich gehalten, den ihm überlassenen Gegenstand für Rechnung des Schuldners mit verkehrsüblicher Sorgfalt zu »versilbern«.[143] Zwischenzeitlich ist die Forderung gestundet, und sie lebt voll wieder auf, wenn der Verwertungsversuch scheitert.

Kommt es indes zu einer Vereinbarung »**an Erfüllungs Statt«,** so handelt es sich um eine echte Inhaltsänderung i. S. des § 311 I BGB mit der Folge, dass nunmehr allein das Surrogat geschuldet ist. Mit dessen Lieferung erlischt die entsprechende Forderung deshalb ebenso (§ 364 I BGB) wie sonst bei gehöriger Erfüllung. Sofern

---

142 Vgl. noch *Deutsch,* NJW 1981, 735 ff.
143 S. etwa RGZ 160, 1 ff.

Sachen oder Forderungen Gegenstand der Abänderungsabrede gewesen sind, wird der Schuldner von § 365 BGB »wie ein Verkäufer« behandelt, obwohl im übrigen das vormalige Schuldverhältnis (z. B. Miete, deren Zins durch Abtretung beglichen werden soll) fortbesteht. Demgemäß sind bei etwaigen Rechts- oder Sachmängeln die §§ 434 ff. BGB anwendbar (s. dazu C I. 3).[144]

3 Gläubigerverzug

Das Freiwerden des Schuldners von der Leistungspflicht hätte der Gesetzgeber auch für den Fall anordnen können, dass diesem die Erfüllung nur deshalb misslungen ist, weil der Gläubiger nicht »mitgespielt« hat. Das BGB hat in §§ 293 ff. jedoch einen anderen Weg gewählt, indem es dem Schuldner bei grundsätzlicher Beibehaltung seiner Pflichtenstellung lediglich einen gewissen »Pflichtnachlass« gewährt. Dies hängt vor allem damit zusammen, dass § 293 BGB nicht nach den Gründen differenziert, weshalb der Gläubiger die ihm offerierte Leistung nicht annimmt. Er mag dazu – etwa krankheitshalber – außerstande sein oder das Leistungsangebot bewußt ablehnen, weil er z. B. kein Interesse mehr an dem ihm geschuldeten Gegenstand hat. Jeweils gerät er – mithin auch ohne »Verschulden« – in **Gläubiger- bzw. Annahmeverzug**.[145]

3.1 Verzugsvoraussetzungen

Allgemeine Voraussetzung hierfür ist natürlich, dass der Schuldner seinerseits überhaupt leistungsfähig ist (§ 297 BGB) und auf dieser Basis die Leistung »dem Gläubiger so, wie sie zu bewirken ist, tatsächlich angeboten« hat (§ 294 BGB). Seine **Offerte muss mithin erfüllungstauglich** sein, was – wie wir bereits wissen – nicht nur die Präsentation des korrekten Schuldgegenstands meint, sondern auch die Einhaltung der Leistungsmodalitäten (s. o. 1.2). Hat freilich der Gläubiger von vornherein erklärt, er werde die Leistung nicht annehmen, so genügt ein wörtliches Angebot (§ 295 S. 1 BGB). Daraus folgt u. a., dass der Bringschuldner sich in solchem Fall den Weg zu seinem Gläubiger ersparen kann.[146]

Eine praktisch wichtige Ergänzung der Eintrittsvoraussetzungen für den Gläubigerverzug findet sich in § 298 BGB. Hier ist der Gläubiger zwar annahmebereit, jedoch nicht fähig oder willens, die seinerseits Zug um Zug oder gar schon vorher geschuldete Gegenleistung zu erbringen. Diese Pflicht zum wechselseitigen Leistungsaustausch ist für den gegenseitigen Vertrag typisch (vgl. § 320 I 1 BGB) und von Gesetzes wegen auch für den Rücktritt vorgesehen (§ 348 BGB). Der jeweilige Schuldner handelt mithin korrekt, wenn er das von ihm zu Erbringende nicht vorzeitig aus der Hand gibt. Es genügt, wenn er es tatsächlich angeboten hat oder auch nur wörtlich, sofern der Gläubiger bereits klargemacht hat, dass er die Gegenleistung nicht präsentieren werde (§ 295 S. 1 BGB analog).[147]

Um den Grundsatz, dass der Gläubiger auch ohne sein Zutun in Annahmeverzug geraten kann, nicht in eine Last zu permanenter Annahmebereitschaft umschlagen zu lassen, bestimmt § 299 BGB bei nicht fixierter Leistungszeit eine gewisse

---

144 Näheres bei *Schreiber*, Jura 1996, 328 ff.
145 Zu Grundproblemen des Gläubigerverzugs *Kreuzer/Stehle*, JA 1984, 69 ff.
146 Diverse Beispiele hierzu und zum Folgenden bei *Wertheimer*, JuS 1993, 646 ff.
147 S. das Beispiel BGH NJW 1997, 581 f.

Milderung: Vorübergehende Annahmeverhinderung lässt den Gläubigerverzug nicht eintreten.

3.2 Verzugsfolgen

Bedeutsamste Folge des Gläubigerverzugs ist eine **Herabsenkung der Leistungsgefahr des Schuldners,** d. h. des Risikos, für den Untergang oder die Verschlechterung des geschuldeten Gegenstands haftbar zu werden (Einzelheiten unten IV. 1). Normalerweise ist gemäß § 276 I 1 BGB jede Nachlässigkeit »zu vertreten«, was bedeutet, dass dann ggf. Schadensersatz zu leisten ist (vgl. § 280 I BGB). Diesen strengen Maßstab mildert § 300 I BGB, indem er den Schuldner von der Verantwortlichkeit für bloße Fahrlässigkeit freistellt. Allerdings obliegt ihm wegen § 280 I 2 BGB der Nachweis dafür, dass es nur bei dem »leichten Versehen« geblieben ist. Hat dieser z. B. durch schlichte Unachtsamkeit, die jedem unterlaufen kann, dazu beigetragen, dass die ordnungsgemäß bereitgestellte Ware beschädigt worden ist, so braucht er dafür nicht (mehr) einzustehen. Komplettiert wird diese Haftungserleichterung durch § 300 II BGB für Gattungsschulden i. S. des § 243 I BGB. Für deren Erfüllung müsste er als »Beschaffungsschuldner« i. S. des § 276 I 1 BGB sogar noch strenger, nämlich auch ohne Verschulden, haften, ggf. gar, falls noch keine Konzentration nach § 243 II BGB eingetreten ist (hierzu noch unten 4.1.2), ein anderes Exemplar der Gattung liefern. Mit Eintritt des Annahmeverzugs wird ihm auch dieses noch umfassendere Risiko bis zur Grenze des groben Verschuldens abgenommen. Flankierend tritt bei gegenseitigen Verträgen jeweils noch § 326 II 1 BGB hinzu. Dem Schuldner bleibt, auch wenn er gar nicht mehr oder nur noch schlecht leisten kann, der volle Entgeltanspruch, hat er doch das Seine getan, um seiner Verpflichtung ledig zu werden.

Jenseits der aus sich selbst heraus verständlichen §§ 301, 302 BGB sei nur noch der **Aufwendungsanspruch** gemäß § 304 BGB erwähnt. Dieser erfasst sowohl die Kosten für das erfolglose Angebot als auch etwaige Ausgaben, die der Schuldner zwecks Aufbewahrung und Erhaltung des Schuldgegenstands gehabt hat. Verlangt werden kann freilich nur der objektiv erforderliche Mehraufwand, also z. B. nicht die Garagenmiete für das nicht entgegengenommene Fahrzeug, das ohne weiteres im Freien hätte stehen können. In den Fällen unverschuldeten Verzugseintritts (mangelnde Abnahmefähigkeit des Gläubigers) bleibt indes stets noch zu prüfen, ob nicht die Voraussetzungen des § 683 BGB vorgelegen haben.

4 Befreiende Unmöglichkeit

Setzt das Konzept der §§ 293 ff. BGB immerhin voraus, dass die Schuldtilgung noch möglich ist, jedoch – wenigstens zeitweilig – ausgerechnet vom Gläubiger, um dessen Befriedigung es doch geht, torpediert wird, so erübrigt sich ein derartiges Festhalten am vormaligen Schuldprogramm dann, wenn das Erfüllungsziel **mangels Erbringbarkeit** der vertraglich versprochenen oder gesetzlich auferlegten Leistung definitiv nicht (mehr) erreicht werden kann. Für solche Fälle stellt sich die Frage, ob die Leistungspflicht überhaupt nicht entsteht bzw. auch ohne Erfüllung »erlischt« und ob bejahendenfalls an deren Stelle ein »Ersatz« tritt, vorzugsweise eine Schadenshaftung des Schuldners. Es liegt nahe, dass es hierauf keine Einheitsantwort geben kann, will man nicht ohne näheres Eingehen auf den Schuldgegenstand (namentlich, ob ein Einzelstück oder eine Gattungssache geschuldet war) und ohne Differenzierung der Gründe für die Unerbringlichkeit (vor allem, woher sie stammen) entweder pauschal der einen oder der anderen Seite das Risiko der Undurchführbarkeit der ursprünglichen Absprachen zuweisen.

Das BGB hat den fraglichen Problemkreis bis vor kurzem mit Hilfe des Begriffs der **Unmöglichkeit** erfasst, die bei anfänglichem, d. h. schon bei Vertragsabschluss feststehendem Vorliegen gar zur Nichtigkeit des Geschäfts führen sollte § 306 BGB a. F.) und bei nachträglichem Eintritt die zentrale Kategorie einer sog. Leistungsstörung bildete (§ 275 i. V. m. §§ 280 ff. bzw. 323 ff. BGB a. F.). Dies hat sich aus mehreren Gründen als unbefriedigend erwiesen. Zunächst hat die Unerbringlichkeit nur relativ geringen Anteil an den Fällen, in denen es nicht zum programmgemäßen Leistungsvollzug kommt. Zudem war und ist sie in Wahrheit lediglich ein Grund für eine partielle oder totale **Nichtleistung** (zu ihr noch später IV 1.1), also für sich genommen gar keine Leistungsstörung; und schließlich war es von Anbeginn wenig überzeugend, das von vornherein nicht durchführbare Versprechen einfach als unwirksam »zu kassieren«.

Auf diese Bedenken hat der Gesetzgeber inzwischen reagiert und der Unmöglichkeit ihre vormalige Prominenz weitgehend entzogen, freilich ohne – wie zeitweilig vorgesehen – gänzlich auf sie betreffende Sonderregelungen zu verzichten. Das wiederum ist dem Umstand geschuldet, dass sich **bei definitiver Nichtleistbarkeit jeder Gedanke an die Durchführung des ursprünglich ins Auge gefassten Geschäfts erübrigt** und es bei solcher Sachlage nur noch darum gehen kann, ob der Schuldner aus seinem Obligo entlassen oder wenigstens für das enttäuschte Leistungsinteresse der Gläubigerin verantwortlich gemacht wird.[148]

4.1 Die gesetzliche Grundkonzeption

In Bestätigung dessen bestimmt § 275 I BGB zunächst den **Ausschluss des Anspruchs auf die Primärleistung**, »soweit diese für den Schuldner oder für jedermann unmöglich ist«. Damit wird die **echte Unmöglichkeit** angesprochen, die entweder **objektiv** (niemand könnte die Leistung erbringen) oder **subjektiv** ist (zwar wäre noch ein anderer leistungsfähig, nicht aber der Verpflichtete). Im erstgenannten Fall wird der Leistungsgegenstand i. d. R. »untergegangen« sein (das geschuldete Objekt ist total zerstört worden). Auch kann es so sein, dass die zeitlichen Modalitäten (Lieferung zu einem bestimmten Termin, dessen Nichteinhaltung das fragliche Geschäft definitiv torpediert – s. schon vorhin 1.2) von niemanden gewahrt werden können. Schließlich bedeutet auch die Undurchführbarkeit einer höchstpersönlichen Verpflichtung (vgl. etwa § 613 BGB) stets eine generelle Unmöglichkeit, da bei einer derartigen Abmachung jedweder Dritte als Leistungserbringer ausscheidet. Im zweitgenannten Fall kommt eben dies noch in Betracht, weil etwa ein anderer als der Schuldner das Versprochene – sei es als Eigentümer oder auch nur als Besitzer – in Händen hat. In solcher Konstellation ist entscheidend, ob diese Person ggf. bereit wäre, sich – zumeist gegen ein entsprechendes Entgelt – von dem Objekt »zu trennen«. Nur wenn dies ausgeschlossen und damit der Verpflichtete zu dessen Beschaffung außer Stande ist, darf Unvermögen mit der Rechtsfolge aus § 275 I BGB angenommen werden. Da dort der Anspruch auf die Primärleistung ex lege verneint wird (»ist ausgeschlossen«),

---

148 Zum Folgenden auch *Wieser*, MDR 2002, 858 ff.; vgl. ferner *Zimmer*, NJW 2002, 1 ff. sowie *Mattheus*, JuS 2002, 209 (212 ff.).

erweist sich die **Berufung auf die Unmöglichkeit als Einwendung,** deren tatsächlichen Voraussetzungen mithin von Amts wegen zu berücksichtigen sind (s. o. B I. 2.3.3).

Anders ist dies hingegen bei den in § 275 II u. III BGB angesprochenen Situationen. Wiewohl auch sie zum Ausschluss der Primärleistungspflicht führen können, bewirken sie dies nicht automatisch, sondern nur auf entsprechende Einrede. Allem voran gilt dies für die **außergewöhnliche Leistungserschwerung** des § 275 II BGB. Sie soll dann gegeben sein, wenn der finanzielle Aufwand, den der Schuldner zur Einlösung seines Versprechens machen müsste, »in einem groben Missverhältnis zu dem Leistungsinteresse des Gläubigers steht«. Mit dieser Orientierung an dessen Belangen soll der Grundsatz »pacta sunt servanda« befördert und gewährleistet werden, dass sein Gegner sich nicht voreilig auf ein wirtschaftliches Unvermögen zurückziehen kann.[149] Bei solcher Zielrichtung hat die Vorschrift **Ausnahmecharakter** und dürfte deshalb allenfalls auf Extremfälle anwendbar sein. Schon klassisches Beispiel ist der Ring auf dem Meeresgrund. Allerdings bedeutet dies nicht, dass Äquivalenzverzerrungen weithin unberücksichtigt bleiben müssen. Sind sie feststellbar, greift u. U. § 313 BGB mit der Berufung auf einen Wegfall der Geschäftsgrundlage ein (dazu sogleich unter 5).

Zur Leistungsverweigerung ist der Schuldner schließlich bei höchstpersönlicher Verpflichtung berechtigt, deren Einhaltung ihm unter Abwägung der beiderseitigen Interessen nicht angesonnen werden kann (§ 275 III BGB). In den damit gemeinten Fällen einer **persönlichen Unzumutbarkeit** ist zwar die geschuldete Arbeits- oder Dienstleistung durchaus noch möglich, doch können derselben Hindernisse entgegen stehen, die zu überwinden ein ungebührliches Verlangen des Gläubigers bedeuten würde. Solches ist namentlich bei schwerer Erkrankung oder gar dem Tod naher Angehöriger anzunehmen, aber auch etwa bei Witterungsbedingungen (extreme Eisglätte, Orkanwarnung o. ä.), die den pünktlichen Arbeitsantritt nachvollziehbar behindern.

Mit diesen Regelungen hat der Gesetzgeber freilich vorerst nur einen allgemeinen Plafond für den Ausschluss der Primärleistungspflicht geschaffen. So will namentlich § 275 I BGB sämtlich Unmöglichkeitssituationen erfassen, unterscheidet also (noch) nicht danach, ob das definitive Leistungshindernis bereits bei Abschluss des Vertrags vorlag oder erst hernach eingetreten ist. Ist jenes gegeben, so muss zusätzlich § 311a BGB herangezogen werden, der Auskunft über das Schicksal von Anbeginn uneinlösbarer Leistungsversprechen gibt. Die dann in Rede stehende **anfängliche Unmöglichkeit** steht gemäß § 311 a I BGB der Wirksamkeit eines Vertrags nicht entgegen! Zwar ändert sich damit nichts daran, dass der Leistungsvollzug ausscheidet; wohl aber bildet das Festhalten am gegebenen Versprechen die Basis dafür, dass der Schuldner auf Schadensersatz für das Ausbleiben der Leistung haftet (§ 311a II 1 BGB). Von dieser sekundären Einstandspflicht wird er nur **befreit,** wenn ihm der Nachweis gelingt, dass er das Leistungshindernis bei Vertragsschluss weder kannte noch hätte kennen müssen (§ 311a II 2 BGB). Die darin liegende Kombination eines – zumal vermuteten – Informationsverschuldens mit dem Erfüllungsinteresse ist dogmatisch nicht unumstritten, wäre es doch bei rechtzeitiger Erkundigung und der Weitergabe entsprechender Ergebnisse gar nicht zu dem fraglichen Geschäft gekommen.[150] Sie hat indes ein

---

149 S. nur *Canaris*, JZ 2001, 499 (501 f.).
150 Einzelheiten noch bei *Gsell* in JbJZivRWiss 2001, 105 (118 ff.).

gewisses Vorbild schon in § 463 BGB a. F. und erklärt sich aus dem Bestreben, die Haftung bei anfänglicher und nachträglicher Unmöglichkeit einander prinzipiell gleichzustellen.

§ 275 I BGB gibt schließlich als Generalnorm auch noch keine Auskunft darüber, inwieweit es für die Annahme einer Unerbringlichkeit sowie die daraus ggf. resultierende Verantwortlichkeit darauf ankommt, ob die Leistungspflicht sich von vornherein auf einen individualisierten Gegenstand oder auf ein zunächst nur allgemein umschriebenes Objekt bezog. Das zielt auf den **Unterschied von Stück- und Gattungsschulden,** der für eine auf Serienproduktion und -verteilung angelegten Massengesellschaft markant ist.

4.1.1 Regelung bei Stückschuld

Sie steht ungeachtet der Mengenausrichtung industrieller Fertigung nach wie vor im Blickpunkt der Alltagspraxis, sind doch diverse Verträge – vom Grundstückskauf über die Miete bis hin zum Werkvertrag – durchgängig auf singuläre Gegenstände bezogen und dreht sich der gesamte Gebrauchtwarenmarkt prinzipiell um – eben dank des Gebrauchs – individuelle Einzelstücke. Hinzu kommt, dass angesichts der in § 243 II BGB getroffenen Regelung auch Gattungsobjekte wie »Unikate« behandelt werden, sofern der Schuldner solche von mittlerer Art und Güte ausgewählt und offeriert hat.

Beschränkt sich mithin in vielen Fällen das Leistungsobligo auf eine derartige Spezies (synonym für Stück), so bereitet zwar die Feststellung einer diesbezüglichen »Leistungssperre« nach dem zuvor Gesagten allenfalls tatsächliche, jedoch i. d. R. keine juristischen Schwierigkeiten, wohl aber ist damit die Frage noch nicht beantwortet, ob der Schuldner bei ihrem Vorliegen zugleich von seiner Einstandspflicht, d. h. der Haftung auf das Erfüllungsinteresse, befreit wird. Darauf gibt erst § 280 I 2 BGB Auskunft, der – in freilich weit über den Unmöglichkeitsfall hinausgehender Allgemeinheit – statuiert, dass die **Verantwortlichkeit für nachträgliche Leistungshindernisse nur bei deren Nichtvertretenmüssen entfällt.** Wir haben es hier – wie schon bei der Zuständigkeit für anfängliche Unmöglichkeit – erneut mit einer Verschuldensvermutung zu tun, nur dass diese sich diesmal nicht auf Informationsmängel sondern auf den zur Nichtleistung führenden Grund – eben den Eintritt der Unmöglichkeit – bezieht. Der Schuldner muss diese entkräften, indem er dartut und ggf. auch beweist, dass er alle Anstrengungen unternommen hat, um seiner Leistungsunfähigkeit entgegen zu wirken.

Was ihm diesbezüglich abverlangt wird, erschließt sich wiederum aus § 276 I BGB, der unter dem Vorbehalt einer vertraglich verabredeten oder gesetzlich angeordneten Haftungsmilderung (vgl. etwa §§ 521, 599 BGB) bzw. -verschärfung (z. B. in § 536a I 1. Alt. BGB) dekretiert, dass der Schuldner »Vorsatz und Fahrlässigkeit zu vertreten« habe. Das bedeutet für diesen, dass es für ihn mit einer Berufung auf mangelnden Vorsatz nicht getan ist, sondern er prinzipiell fehlende Fahrlässigkeit zu belegen hat bzw. in positiver Wendung: das **Einhalten der im Verkehr erforderlichen Sorgfalt** (§ 276 II BGB). Mit diesem Maßstab stellt das Gesetz nicht auf die Individualität des jeweils Leistungspflichtigen ab, der sich deshalb z. B. nicht darauf zurückziehen kann, er sei Berufsanfänger oder habe wegen Arbeitsüberlastung unter Zeitdruck gelitten. Gefordert wird vielmehr das Beobachten vor allem beruflicher oder geschäftlicher Standards, die jedem Angehörigen des betr. Verkehrskreises abverlangt werden. Sinn einer derartigen Objektivierung bzw.

Normativierung der Fahrlässigkeit ist es, einerseits zwar nicht jedwedes schadensträchtige Verhalten zum Haftungsgrund zu stempeln, zum anderen aber dafür zu sorgen, dass in unserer anonymen Massengesellschaft diejenigen Durchschnittsanforderungen observiert werden, die allein für einen halbwegs reibungslosen Geschäftsverkehr sorgen können.[151] Dieser Doppelfunktion entspricht die Offenheit der in § 276 I 2 BGB benutzten Formel. Diese ist empfänglich für die Aufnahme neuer technischer und wissenschaftlicher Erkenntnisse, ökonomischer Gegebenheiten wie ökologischer Erfordernisse. In der Praxis folgt daraus, dass die fraglichen Sorgfaltsstandards permanent durch die Rechtsprechung fortgeschrieben werden, wozu die Gerichte ggf. (wie etwa bei der Frage nach den »Kunstregeln« eines Berufszweigs) einschlägigen Sachverstand einholen müssen, um hernach in Abwägung oft widerstreitender Interessen das Maß des Erforderlichen – zeitweilig – festzulegen. Hier verfährt die Judikatur mit Recht branchen- und bereichsspezifisch, bemisst also z. B. die Anforderungen an den in einer Spezialklinik tätigen Chirurgen anders als an eine Landärztin.

4.1.2 Regelung bei der Gattungsschuld

Mögen Verträge über Einzelstücke auch weiterhin von erheblichem praktischen Belang sein, so treten im Zeitalter einer genormten Massenproduktion immer öfter Geschäfte hinzu, in denen der Erwerb eines Exemplars aus einer Serie gleichartiger Produkte verabredet wird. Man spricht hier – wie bereits zuvor 1.1. erwähnt -im Gegensatz zur Stückschuld von einer **Gattungsschuld.** Der Käufer eines Autos, eines Fabrikmöbels oder eines Buchs hat in aller Regel kein spezifisches Interesse, ein besonders bestimmtes Stück dieser Gattung zu erwerben. Es genügt ihm, wenn er – im Rahmen einer typenmäßigen Ausstattung (z. B. Audi A4, rot, Schiebedach) – eines der vielen Exemplare erhält. Dieses Fehlen einer Spezifizierung bleibt natürlich nicht ohne Auswirkungen auf die Annahme einer Unmöglichkeit und die damit zusammenhängenden vertraglichen Bindungen. So wird es den Kunden, der einen PC der Marke Siemens bestellt hat, wenig interessieren, wenn ihm sein Händler mitteilt, dass bei einem Werkstattbrand ein Teil der vorhandenen Geräte vernichtet worden sei. Er wird auf Lieferung eines der noch übrig gebliebenen Exemplare bestehen oder darauf, dass der Händler sich dann eben beim Hersteller neu eindecken müsse. Damit leugnet er nichts anderes als eine Unmöglichkeit der Leistung, und § 275 BGB gibt ihm i. V. m. § 276 I 1 BGB (Stichwort »Beschaffungsrisiko«) darin recht.

Zwar lässt sich das nicht explizit aus diesen beiden Vorschriften herleiten, doch bauen dieselben auf dem bereits erwähnten § 243 II BGB auf, dessen Gegenschluss zu entnehmen ist, dass sich die Leistungsschuld ohne die dort vorausgesetzte **Konzentration** noch nicht auf ein bestimmtes Stück beschränkt, sondern auf eines der Exemplare aus der vereinbarten Gattung. Damit gerät das spezifische Merkmal einer derart offenen Leistungsverpflichtung in das Visier. Gattungsschulden sind typischerweise **Beschaffungsschulden,** und wer sie eingeht, übernimmt üblicherweise ein demgemäßes **Beschaffungsrisiko.** Letzteres bleibt jedenfalls prinzipiell so lange bestehen, als noch irgendwo etwas aus der Gattung vorhanden ist. Daraus folgt zuguterletzt ungeachtet seiner Erwähnung im Kontext des Vertretenmüssens (§ 276 I 1 BGB), dass es hier zunächst noch um die Fortdauer der

---

[151] Problematisch deshalb Deutsch, JZ 1988, 993 ff. in zu starker Akzentuierung einer sog. inneren Sorgfalt.

primären Leistungspflicht geht und nicht schon um die Haftungsfrage. Allerdings bedarf das Gesagte sogleich einer Einschränkung, will man nicht die finanziellen Risiken des Schuldners, dessen Vorräte ohne eigene Nachlässigkeit reduziert worden sind, über Gebühr ausdehnen. Eine weitere Bindung an die einmal getroffenen Abmachungen ist nur begründbar, wenn von diesem die **Nachbeschaffung** unter den obwaltenden Umständen (§ 157 BGB) auch erwartet werden kann. So braucht er sich, wenn sein Angebot lautete »Solange Vorrat reicht«, überhaupt nicht anderweit einzudecken. Aber auch ohne solchen Vorbehalt muss er nicht jede irgendwie erdenkliche Quelle ausschöpfen. Er hat nur diejenigen Beschaffungswege einzuschlagen, die ihm nach den einschlägigen Gepflogenheiten angesonnen werden können. Das bloße Argument, die Nachbeschaffung bereite zusätzliche Kosten, wirkt freilich nicht entlastend. Frei wird der Schuldner, dessen Anstrengungen noch nicht in der vorbezeichneten Weise beschränkt sind, allenfalls unter den strengen Voraussetzungen des § 275 II BGB (s. o. 4.1).

Aus dem Vorstehenden sollte zugleich ersichtlich geworden sein, dass ungeachtet des Gattungscharakters eines Leistungsobjekts Unmöglichkeit dann anzunehmen ist, wenn eine Nachbeschaffungspflicht deshalb nicht in Rede steht, weil sich das Gläubigerinteresse aus zeitlichen Gründen definitiv erledigt hat (zeitliche Unmöglichkeit). Hier bewendet es bei der allgemeinen Regel des § 280 I 2 BGB; d. h., es kommt für die Frage des Freiwerdens sowohl von der nunmehr allein relevanten Einstandspflicht darauf an, ob der Lieferzeitpunkt ohne Fahrlässigkeit des Schuldners verstrichen ist. Dies gilt ferner dann, wenn ein dem Schuldner bereits gehörender Gegenstand zu liefern war, der diesem nach Vertragsabschluss entzogen worden ist. In einem derartigen Fall steht überhaupt keine Beschaffungspflicht zur Debatte. Vielmehr stellt sich lediglich die »Gleichstellungsfrage« danach, ob und wieweit dem Leistungspflichtigen die Überwindung des Erbringungshindernisses angesonnen werden kann oder nicht. Bei einfach zu bewerkstelligender Rückholung (z. B. des entwendeten und später im Nachbarort aufgefundenen Pkw) mag sie zu bejahen sein. Andernfalls ist ein zur Ausgangsregel des § 275 I BGB zurückführendes Unvermögen anzunehmen.

4.2 Konsequenzen für den gegenseitigen Vertrag

Mag sich der Schuldner vorrangig auch dafür interessieren, ob ihn die Unmöglichkeit von seiner Leistungspflicht entbindet, so wird ihm das Bejahen dieser Frage doch dann nicht genügen, wenn ihm für die Lieferung ein Entgelt versprochen war wie z. B. im Verkaufsfall nach dem Muster des § 433 II BGB. Dessen Vereinnahmung könnte immerhin den bei ihm eingetretenen Verlust ausgleichen, führt doch das Freiwerden »nur« zur Haftungsabwehr, nicht aber zur Kompensation des für den gescheiterten Transfer bereits getätigten Aufwands (vor allem für den Erwerb des ursprünglich geschuldeten Gegenstands).

Die Antwort hierauf richtet das BGB danach aus, ob die Gründe für das Unmöglichwerden auch für den anderen Teil auf Zufall beruhen oder aber von diesem zu vertreten sind. Für den erstgenannten Fall statuiert § 326 I 1 BGB zugleich den **Wegfall des Anspruchs auf die Gegenleistung**, d. h. überwiegend auf den vorgesehenen (Kauf-, Miet- o. ä.)Preis. Allerdings führt dies nicht etwa zur Aufhebung des Schuldverhältnisses insgesamt, wiewohl die es prägenden Leistungspflichten total hinfällig geworden sind. Vielmehr bleibt der Obligationsrahmen aufrechterhalten, um innerhalb seiner gewisse Sonderkonstellationen zu bereinigen. So mag etwa der Schuldner für den ganz oder teilweise untergegangenen Leistungsgegenstand einen Ersatz (z. B. Versicherungssumme)[152] oder einen Ersatzanspruch (u. a. aus § 823 I BGB gegen den Brandstifter) erlangt haben, den er gemäß § 285 I BGB auf Verlangen des Gläubigers auch schon bei einseitig verpflichtenden Schuldverhältnissen »einschießen« muss (sog. stellvertretendes commodum). Begehrt nun der Gläubiger das Nämliche im Austauschvertrag, so steht ihm das fragliche Surrogat natürlich nicht kostenlos zu. Er bleibt »zur Gegenleistung verpflichtet« mit der Maßgabe, dass dieselbe insoweit reduziert wird, als das Ersatzobjekt wertmäßig nicht an den ursprünglich geschuldeten Gegenstand heranreicht (§ 326 III 2 BGB). Ferner kann der Gläubiger bereits vorgeleistet haben. Dann steht ihm nach § 326 IV BGB ein – entsprechend dem soeben Gesagten – vertraglicher Rückforderungsanspruch zu, der den rücktrittsrechtlichen Ausgleichsmodalitäten der §§ 346–348 BGB unterliegt. Die ihm darüber hinaus eingeräumte Rücktrittsbefugnis (§ 326 V BGB) bringt deshalb materiell nichts Zusätzliches ein.

Anders verhält es sich natürlich, sofern gerade der **Gläubiger das Unmöglichwerden der ihm geschuldeten Leistung zu vertreten** hat. Für diesen Fall ordnet § 326 II 1. Alt. BGB den Fortbestand des Entgeltanspruchs des Schuldners an. Allerdings muss dieser sich die Ersparnisse anrechnen lassen, die ihm aus dem Fortfall seiner Leistungspflicht erwachsen sind wie namentlich ausgebliebene Erwerbskosten. Ein Zahlungsanspruch des Gläubigers wird so indes nicht begründet.[153]

5 Zweckfortfall und Störung der Geschäftsgrundlage

In der vornehmlichen Anbindung der Befreiungsregeln an das Schicksal des Leistungsgegenstandes sowie im Abstellen der aus jenen herrührenden »Entpflichtung« auf den nachträglichen Eintritt der Unmöglichkeit liegt unausgesprochen die Absage an die Berücksichtigungsfähigkeit solcher Umstände, die zwar gewissermaßen der »wortgetreuen« Geschäftsabwicklung nicht entgegenstehen, wohl aber die jeweilige Verwendungs- und Aufwandsplanung der Beteiligten nachhaltig berühren.[154] Der **Verwendungsaspekt** betrifft das Gläubigerinteresse daran, das Geschuldete nicht nur zu empfangen, sondern es alsdann auch zum vorgesehenen Zweck einsetzen zu können. Der **Aufwandsaspekt** bezieht sich auf das Schuldnerinteresse an der Stabilität der ursprünglichen Kalkulationsgrundlage, um vor überraschenden Äquivalenzverschiebungen gefeit zu bleiben. Zu beiden Problemkreisen können wir zunächst an das anknüpfen, was im Kontext des sog. Motivirrtums (B I. 1.1.5.2) und der Bedingungslehre (B II. 1.3) erläutert worden ist. Sowohl Verwendbarkeits- als auch Kalkulationsirrtümer sind so lange unbeachtlich, als nicht die entsprechenden Benutzungsabsichten bzw. Berechnungsgrundlagen offengelegt und – sei es per Bedingung, sei es mittels Inhaltsbestimmung – vertraglich fixiert worden sind. Daraus folgt, dass etwa der Käufer eines Buchs, das er dann anderwärts geschenkt bekommt, ebenso trotz Wegfalls seines eigentlichen Leistungsinteresses an der Entgeltpflicht festgehalten wird wie der Mieter einer Garage, die er wegen Zerstörung seines Wagens nicht mehr benötigt (vgl. hierzu § 537 I BGB). Desgleichen kann sich der Sachleistungsschuldner ebenso wenig auf eine von ihm falsch eingeschätzte Entwicklung des Aufwands für die von ihm noch zu erwerbende und dann weiterzugebende Sache berufen wie es

---

152 S. den Fall BGHZ 114, 34 ff. mit Besprechung von *Lobinger*, JuS 1993, 453 ff.
153 Fragwürdig deshalb BGHZ 77, 301 ff. u. 92, 363 (369 ff.) mit Annahme eines Ausgleichsanspruchs bei von Verpächter-/Vermieterseite vereitelten Schönheitsreparaturen.
154 Instruktiv hierzu *Willoweit*, JuS 1988, 833 ff.

ihm versagt ist, dem Gläubiger das Geschuldete wegen allgemeiner Geldentwertung vorzuenthalten.

5.1 Totale Sinnentleerung

Soweit es die Gläubigerperspektive angeht, hat der Unbeachtlichkeitsgrundsatz indes dann seine Grenze, wenn der nachträglich eingetretene Umstand **jedwede sinnvolle Verwendung** des an sich noch leistbaren Gegenstands **ausschließt**. Dies gilt namentlich bei von vornherein eindeutiger Beschränkung auf eine einzige Verwendungsart, die nunmehr vereitelt ist wie etwa im Fall des unerwartet gesperrten Lizenzspielers. Dann nämlich erfasst die prinzipiell irrelevante Sekundärzweckstörung (Verwendungsbeeinträchtigung) zugleich den Primärzweck (Empfangsinteresse), weil auch kein anderer Gläubiger mit der Leistung etwas hätte anfangen können. Folglich greifen Unmöglichkeitsregeln ein.[155]

Totale Sinnentleerung kann freilich auch dann eintreten, wenn der Erfolg der an sich noch erbringlichen Leistung deshalb nicht mehr herbeigeführt werden kann, weil er sich bereits anderweitig eingestellt hat. Bei solcher **Zweckerreichung** (die zu behandelnde Migräne ist urplötzlich verflogen, der abzuschleppende Wagen unerwartet doch noch angesprungen) stellt sich indes die Frage, ob der an sich einschlägige § 326 BGB das Risikoproblem wirklich trifft. Die von ihm statuierte beiderseitige Entlastung wird ersichtlich von der Vorstellung geleitet, dass beide Teile in ihren (Erwerbs-)Erwartungen enttäuscht werden. Hier ist jedoch das Gläubigerinteresse tatsächlich befriedigt, weshalb es angemessen erscheint, den bereits getätigten Schuldneraufwand (namentlich Anfahrtkosten) als Teilleistung zu verstehen und eine dementsprechende Vergütung zuzuerkennen.

5.2 Gravierende Äquivalenzstörungen

Hinsichtlich der Schuldnererwartungen an ein stabiles finanzielles Umfeld ist ebenso dann eine Ausnahme vom Grundsatz der Unbeachtlichkeit der Preis- und Aufwandsentwicklung zu machen, wenn **grundstürzende Veränderungen** – z. B. Kriegseinflüsse, horrende Inflation, Naturkatastrophen – die vormalige Relation zwischen Sachleistung und Entgelt völlig verzerrt haben. **Äquivalenzstörungen** solch massiver Art rütteln an der »Geschäftsgrundlage« des Vertrags und verlangen nach einer Neufestsetzung der beiderseitigen Konditionen.

Eine darauf hinauslaufende Bindung der Abmachungen an die je vorbefindlichen Umstände (clausula rebus sic stantibus) hatten die ursprünglichen BGB-Verfasser allerdings unter Berufung auf die Devise »pacta sunt servanda« (strikte Vertragseinhaltung gerade unter Ausblenden der nachfolgenden Entwicklung) eigens abgelehnt. Indes ist die Judikatur dabei nicht lange stehen geblieben und hat sich alsbald dazu verstanden, bei drastischer Divergenz zwischen den Realitätsmaßnahmen der Vertragspartner und der effektiven Wirklichkeit die beiderseitigen Interessen unter Berufung auf § 242 BGB neu in Einklang zu bringen.[156] Diese seither durchgängige Praxis ist zwar dogmatisch nie unangefochten geblieben, im Prinzip jedoch überwiegend gebilligt worden. Das hat nunmehr auch zu ihrer

---

155 Im praktischen Ergebnis ebenso BGH NJW 1976, 565 ff., allerdings unter Rückgriff auf § 242 BGB.
156 Grundlegend RGZ 107, 78 (87 ff.).

gesetzlichen Anerkennung geführt, indem die **Störung der Geschäftsgrundlage** jüngst als § 313 in das BGB eingefügt worden ist.

In dessen Abs. I geht es zunächst um die schwerwiegende Veränderung für den Vertrag elementarer Umstände, bei deren Voraussicht die Beteiligten entweder zu gar keinem oder jedenfalls zu einem anders lautenden Abschluss gekommen wären. Liegt ein derartiger **Wegfall der Geschäftsgrundlage** vor, so soll bei Unzumutbarkeit der Beibehaltung der verabredeten Konditionen deren Anpassung verlangt werden können.[157] Dass solche Vorgaben nicht ohne Weiteres »justiziabel« sind, liegt auf der Hand. Das beginnt bei der Bestimmung der Geschäftsbasis selbst, über die ja gerade kein Konsens stattgefunden hat, weil sich andernfalls die Risikoverteilung direkt aus dem Vertrag herleiten ließe. Nach überkommener Rechtsprechung, die wohl beibehalten werden dürfte, wird sie »durch die nicht zum eigentlichen Vertragsinhalt erhobenen, aber beim Vertragsschluss zutage getretenen Vorstellungen beider Vertragsparteien oder die dem Geschäftsgegner erkennbaren und von ihm nicht beanstandeten Vorstellungen der einen Partei von dem Vorhandensein oder dem Eintritt gewisser Umstände« gebildet, »auf denen der Geschäftswille der Parteien sich aufbaut«.[158] Ihre Fortsetzung finden die Konkretisierungsprobleme beim Merkmal »schwerwiegend«, für das es einerseits an greifbaren Kriterien fehlt und das andrerseits einer Abgrenzung zu der in § 275 II BGB vorausgesetzten »außergewöhnlichen Leistungserschwerung« (s. o. 4.1) bedarf. Kumuliert wird das Ganze schließlich durch das Erfordernis der Unzumutbarkeit, hinsichtlich dessen die »Berücksichtigung aller Umstände des Einzelfalles, insbesondere der vertraglichen oder gesetzlichen Risikoverteilung« vorgeschrieben wird. Angesichts dessen muss der Hinweis ausreichen, dass eine Vertragsanpassung dann in Betracht kommt, wenn sich die Verhältnisse nach Vertragsschluss unvorhergesehenerweise so nachhaltig ändern, »daß die gegenseitigen Verpflichtungen in ein grobes Missverhältnis zueinander geraten sind«. Diese für die Änderung von Landpachtverträgen in § 593 I BGB benutzte Formulierung drückt deutlicher als § 313 I BGB aus, worum es in erster Linie geht: nämlich um **gravierende Äquivalenzverzerrungen,** die zwar noch nicht zur Leistungsbefreiung des durch sie Benachteiligten führen, wohl aber zu einer angemessenen Leistungskorrektur.

Nicht ganz so »unhandlich« sind die in § 313 II BGB angesprochenen Fälle, in denen sich für die Vertragsgestaltung wesentliche Basisvorstellungen als falsch herausstellen. Hier spricht man vom **Fehlen der Geschäftsgrundlage,** weil der – oft gemeinsame – Irrtum über die Realität sich nicht auf deren künftige Entwicklung, sondern bereits auf deren Bestand im Zeitpunkt des Vertragsschlusses bezieht. Diese Konstellation ist besonders restriktiv zu handhaben, weil es – mit Ausnahme etwa eines aus Verbraucherschutzgründen auszugleichenden strukturellen Informationsgefälles – prinzipiell Aufgabe jedes Beteiligten ist, sich vor Vertragseingehung über die tatsächlichen Gegebenheiten zu vergewissern. Sind freilich beide Seiten der nämlichen Fehleinschätzung unterlegen,[159] so liegt es nahe, daraus entsprechende Konsequenzen zu ziehen. Für den Vergleich als Erledigung eines Parteienkonflikts hat § 779 I BGB dies von jeher vorgesehen – aller-

---

157 Mit letzterem weicht § 313 I BGB von der bisherigen Vorstellung ab, wonach der Grundlagenfortfall automatisch auf das Vertragsgefüge einwirkte und lediglich Art sowie Ausmaß der Anpassung noch richterlich festzulegen waren.
158 Vgl. etwa BGHZ 84, 1 (8 f.) u. 128, 230 (236).
159 Z. B. über die Reichweite eines Abfindungsvergleichs; vgl. BGH NJW 2002, 292 (294).

dings per Unwirksamkeitsdekret, das in den meisten der unter § 313 II BGB fallenden Situationen eine allzu rigide Reaktion darstellen würde. Deshalb wird auch hier die Anpassung bevorzugt, die nur unter den Voraussetzungen des § 313 III BGB dem Rücktritt bzw. der Kündigung weicht.

Insgesamt sollte das in § 313 BGB zur Verfügung gestellte Anpassungsarsenal zurückhaltend eingesetzt werden. Die mit ihm zu bewerkstelligende Vertragskorrektur kann differenzierter anhand der Bestimmungen über die Anfechtung, den Dissens und die Bedingungen, ggf. auch vermittels der Unmöglichkeitsregeln[160] wahrgenommen werden. Im übrigen ist eine präzise, ggf. auch ergänzende Vertragsauslegung allemal eher geeignet, die je anstehende Risikoverteilungsfrage zu beantworten, als ein zwar nunmehr kodifiziertes, gleichwohl nach wie vor allzu offenes Billigkeitsinstrument. Solche Zurückhaltung ist namentlich für die universitäre Fallbehandlung zu empfehlen. Abgesehen davon, dass ein voreiliger Rückgriff auf § 313 BGB als »Kunstfehler« gilt, bieten die üblichen Sachverhalte i. d. R. nicht die den Gerichten immerhin zugänglichen Informationen über die relevanten Vertragsumstände und die daraus ggf. fließenden Anpassungsmöglichkeiten.

6 Rechtsgeschäftliche Vertragsbeendigung

Sind Erfüllung und zufälliges Unmöglichwerden die gewissermaßen faktischen Voraussetzungen für das Erlöschen bzw. das Entbinden von – primären wie auch sekundären – Leistungspflichten, so steht den Parteien darüber hinaus noch ein vielfältiges rechtsgeschäftliches Arsenal zur Verfügung, um sich der in § 241 I BGB umschriebenen Pflichtenstellung zu entledigen. Dies kann sowohl einverständlich geschehen als auch einseitig, sofern letzteres in dem zugrunde liegenden Vertrag bereits angelegt war (Stichwort: Rücktrittsvorbehalt) oder aber von Gesetzes wegen für den fraglichen Vertragstyp generell vorgesehen ist (Kündigung).[161]

6.1 Einverständliches Parteihandeln

Zuallererst können die Parteien von Anbeginn einen zeitlichen Schlusspunkt für ihre Leistungsbeziehungen, eine sog. **Befristung,** vorgesehen haben wie namentlich bei auf längere Dauer konzipierten Liefer- und Bezugsverträgen bzw. bei sog. Dauerschuldverhältnissen, unter denen Pacht und Miete[162] sowie Dienst- und Arbeitsvertrag[163] eine Sonderstellung beanspruchen. Derartige Verträge laufen dann automatisch mit dem jeweiligen Fristende aus. Oft werden hier freilich **Verlängerungsoptionen** eingeräumt, die der dadurch begünstigten Seite das Recht zugestehen, das Vertragsverhältnis um einen wiederum befristeten Zeitraum zu prolongieren. Dann wird das Obligationsende dementspre-

---

[160] Z. B. in den Fällen der gewährleistungshalber erfolgten Rückgabe eines drittfinanzierten Leasingobjekts; anders freilich die Rspr. (vgl. BGHZ 109, 139 ff.).
[161] Genereller zur »Lösung vom unerwünschten Schuldvertrag« *Medicus*, JuS 1988, 1 ff.
[162] Bei der Wohnungsmiete sind die Sonderbestimmungen der §§ 575, 575 a BGB zu beachten, aus denen sich – im sog. Umkehrschluss – ergibt, dass sie als befristete prinzipiell unzulässig sind.
[163] Beim Arbeitsvertrag ist darauf zu achten, dass nicht anhand einer Befristung die Schutzvorschriften des Kündigungsschutzgesetzes unterlaufen werden!

chend hinausgeschoben. An der prinzipiellen Beendigungsautomatik ändert sich indes nichts.

Sodann mögen die Beteiligten gemeinsam zu der Einsicht gelangt sein, dass das ursprünglich vorgesehene Geschäft keinem von ihnen mehr den daraus erhofften Nutzen einbringt. Für derlei Situationen steht ihnen das Mittel der **Vertragsaufhebung** zu Gebot, das in § 311 I BGB beheimatet ist und den Parteien das Recht belässt, eine Abmachung ebenso autonom »abzuservieren«, wie sie dieselbe auch geschlossen haben. Je nach Art der nunmehr stornierten Obligation ist freilich darauf zu achten und ggf. per Auslegung zu ermitteln, ob die Parteien die gesamte Beziehung aus der Welt schaffen oder diese nur für die Zukunft (etwa mit Hilfe einer »einverständlichen Kündigung«) abbrechen wollten. Im ersten Fall wird der Aufhebungsvertrag i. d. R. auch die Modalitäten einer Rückabwicklung etwa schon erbrachter Leistungen regeln. Ansonsten werden sich diese im Zweifel nach den (sub 6.2) noch vorzustellenden §§ 346 ff. BGB richten und nicht nach dem hierfür wenig interessegerechten Bereicherungsrecht (§§ 812 ff. BGB).

Neben diesen das Schuldverhältnis insgesamt erledigenden Varianten haben es die Parteien auch in der Hand, auf die Einlösung einzelner daraus entspringender Forderungen zu »verzichten« – so u. a., wenn der Verkäufer zwar der eigenen Leistungspflicht nachgekommen ist, dann aber das Entgelt nicht mehr beansprucht. Gegen den Willen des anderen Teils ist allerdings auch dies nicht möglich, wie § 397 BGB verdeutlicht, der dafür einen **Erlassvertrag** voraussetzt. Andernfalls käme es ja zu einer Art Zwangsschenkung, die das BGB bekanntlich generell verpönt. Wie zu § 362 I BGB (oben B III. 1) ist auch hier anzumerken, dass der Wortlaut des § 397 I BGB missverständlich ist. Nicht das komplette Schuldverhältnis ist in Wahrheit gemeint, sondern eben nur die Forderung, über deren Erlass sich die Geschäftspartner verständigt haben. Lediglich wenn diese den einzigen Leistungsgegenstand ausmacht, kommt es zum totalen Erlöschen der Leistungsbeziehung (z. B. bei »Verzicht« auf die Rückzahlung eines Darlehns oder auf die Erstattung eines deliktischen Schadensersatzes).

6.2 Rücktritt

Ebenfalls noch vertraglichen Ursprungs ist der bei Geschäftsabschluss **vorbehaltene Rücktritt,** dessen hernach freilich einseitige Ausübung die Rechtsfolgen der §§ 346 ff. BGB auslöst. Der Rücktrittsvorbehalt ist gegenüber der Bedingung die flexiblere Form für eine Berücksichtigung des Interessewandels namentlich des Sachleistungsgläubigers wegen veränderter Umstände (s. bereits oben B II. 1.3), weil deren Eintritt nicht die starren Folgen aus §§ 158 ff. BGB nach sich zieht, sondern dem Begünstigten die autonome Entscheidung darüber belässt, ob seine Nutzenvorstellungen angesichts der neuen Situation wirklich hinfällig geworden sind. So mag etwa das neue Automodell doch nicht die erwarteten Vorteile gegenüber dem alten haben oder das dem leider durchgefallenen Prüfling zugedachte Geschenk auf das Eigeninteresse des Erwerbers gestoßen sein.

Fällt das diesbezügliche Urteil jedoch negativ aus, so berechtigt der Vorbehalt zur Abstandnahme von der Vertragsdurchführung auch ohne oder gar gegen den Willen des Gegners. Mit dem diesem gegenüber zu erklärenden **Rücktritt** (§ 349 BGB) werden die vormaligen Leistungspflichten aufgehoben und wird die nun erledigte Austauschbeziehung in ein **Rückgewährverhältnis** übergeführt, sofern bereits Leistungen ganz oder teilweise erbracht worden sind (§ 346 I BGB). Auch hierfür ordnet § 348 BGB Wechselseitigkeit an. Jede Partei braucht das Empfangene erst dann »herauszurücken«, wenn auch die Gegenseite dazu bereit ist.[164]

Zunächst schulden die Beteiligten einander eine Art »Naturalrestitution«, d. h. die **gegenständliche Rückgabe** des jeweils Erhaltenen. Diese muss sich freilich nicht in einer bloßen Besitzverschaffung erschöpfen, sondern verlangt bei einem bereits geschehenen Eigentümerwechsel auch eine entsprechende Rückübereignung gemäß §§ 873, 925 bzw. 929 ff. BGB. Zu erinnern ist insofern daran, dass das Verfügungsgeschäft unabhängig von seiner Verpflichtungsbasis ist (s. o. B I. 2) und sich folglich daran nichts ändert, wenn die ursprüngliche Leistungsbeziehung »storniert« wird. Dem Rücktritt kommt mithin keine dingliche Wirkung zu. Ist Geld zurückzugewähren, so wird natürlich nur der betr. Geldeswert und nicht etwa die Rückgabe der seinerzeit konkret erhaltenen Scheine und Münzen geschuldet.

Dieses Restitutionsprinzip setzt sich vermögensmäßig in § 346 II BGB fort. Dort wird eine **Verpflichtung zum Wertersatz** angeordnet, soweit einer der in den Nrn. 1–3 näher bezeichneten Umstände die reale Rückgewähr ausschließt. Ein derartiges Hindernis ist namentlich dann gegeben, wenn schon nach der »Natur des Erlangten« lediglich eine wertmäßige Kompensation in Betracht kommt, wie dies z. B. bei schon erbrachten Dienst- oder Arbeitsleistungen der Fall ist. Deren i. d. R. ja von den Parteien im Wege einer Entgeltabrede festgelegter Wert ist dann zu vergüten (§ 346 II 2 BGB), andernfalls deren »Verkehrswert«. Im Übrigen kann der empfangene Gegenstand verbraucht, verarbeitet oder gar untergegangen sein. Dann ist auch diesbezüglich entsprechend abzurechnen.

Da die so geschuldete Kompensation aber nicht stets angemessen erscheint, kommt es gemäß § 346 III BGB zum **Wegfall der Wertersatzpflicht** vor allem dann, wenn Verschlechterung oder Untergang außerhalb der Risikosphäre des Restitutionsschuldners liegen. Nr. 2 hebt diesbezüglich das Vertretenmüssen durch die Gegenseite sowie den Umstand hervor, dass die Einbuße ohnehin, d. h. auch ohne den vorherigen Leistungswechsel eingetreten wäre. Zu denken ist etwa an den Fall, dass das veräußerte Tier auch bei der Verkäuferin eingegangen wäre.

Die §§ 346 ff. BGB finden jenseits des vertraglichen Rücktrittsvorbehalts auch auf den nachher (IV 1.3.1) noch darzustellenden gesetzlichen Rücktritt Anwendung (§ 346 I BGB) und finden von daher erst ihre eigentliche praktische Bedeutung. Diese Gleichstellung kann freilich nicht darüber hinwegtäuschen, dass die Position des ex contractu (aus dem Vertrag) und des ex lege (von Gesetzes wegen) Rücktrittsbefugten nicht völlig über einen Kamm zu scheren sind. Muss jener von vornherein mit einer Rückabwicklung des Geschäfts rechnen, so kann dieser ja eigentlich davon ausgehen, dass die Abmachungen komplikationslos durchgeführt werden und er deshalb das Erhaltene definitiv seiner Habe einverleiben darf. Der Gesetzgeber versucht dem in §§ 346 II 1 Nr. 3, 347 I 2 BGB dadurch Rechnung zu tragen, dass er dem gesetzlich zum Rücktritt Berechtigten den Rückzug auf die diligentia quam in suis (§ 277 BGB) gestattet.

6.3 Kündigung

Im Gegensatz zum Rücktritt führt die **Kündigung** nicht zum Stornieren der Leistungspflichten für die Vergangenheit. Sie ist das geborene Medium zur Beendi-

---

164 Näheres zum Folgenden bei *Schwab*, JuS 2002, 630 ff.

gung längerfristig angelegter Schuldbeziehungen, sofern diese nicht von vornherein zeitlich befristet worden sind. Im BGB ist sie vor allem bei Miete und Dienstvertrag geläufig; indes kommt sie auch andernorts vor wie z. B. als sog. Fälligkeitskündigung beim Sachdarlehen (§ 608 I BGB) oder als Bestellerkündigung beim Werkvertrag (§ 649 BGB).

Ihrer Funktion, auch ohne Befristung irgendwann einmal »Schluss machen zu können«, entspricht im Prinzip, dass sie jederzeit ohne Angabe von Gründen zulässig ist. Hiervon werden jedoch namentlich für die sozial besonders sensiblen Bereiche der Wohnraummiete und des Arbeitsverhältnisses erhebliche Abstriche gemacht, die indes im Rahmen dieses Grundkurses nur angedeutet werden können. So macht etwa § 573 BGB die Kündigung von Wohnraum von einem in Abs. II exemplarisch erläuterten »berechtigten Interesse« des Vermieters abhängig und bestimmt § 1 KSchG, dass die meisten Arbeitsverhältnisse nur dann kündbar sind, wenn eine in dessen Abs. II spezifizierte »soziale Rechtfertigung« vorliegt.

Im übrigen ist die **Beendigungskündigung regelmäßig fristgebunden,** d. h. sie löst die jeweilige Vertragsbeziehung nicht bereits im Augenblick ihres Zugangs beim Gegner auf, sondern wirkt erst auf einen späteren Zeitpunkt (s. nur §§ 573 c, 621 f. BGB). Diese Kündigungsfristen stellen zumeist auf die bisherige Dauer des nun zu verabschiedenden Verhältnisses ab oder aber auf die zeitliche Vergütungsregelung (z. B. § 489 I BGB).

Anders als die bislang gemeinte reguläre oder »ordentliche« Kündigung hat die »außerordentliche« nicht den Zweck, dem sonst weiterlaufenden Vertrag ein Ende zu geben. Vielmehr soll mit ihr eine **vorzeitige Auflösung** erreicht werden, wozu es besonderer Gründe bedarf. Sind diese objektiver Art (z. B. Tod des Mieters oder Mietanhebung ; vgl. §§ 564 S. 2, 561 I BGB) oder bestehen sie in einer »minderschweren« Vertragsverletzung (s. den Fall des § 549 I 2 BGB), so ist die Kündigung wiederum fristgebunden. Kann hingegen ein »**wichtiger Grund**« reklamiert werden, der jede Fortsetzung der Rechtsbeziehung unzumutbar macht (vgl. § 314 I sowie § 626 I BGB), darf fristlos gekündigt werden (s. noch § 569 I BGB mit Einräumung einer sofortigen Lösungsbefugnis sogar ungeachtet anfänglicher Kenntnis des Mieters von der gesundheitsgefährdenden Beschaffenheit des Mietraums).

Überhaupt keine Beendigungsabsicht wird mit der sog. **Änderungskündigung** verfolgt. Mit ihr sollen unter Beibehaltung des Obligationsrahmens im übrigen die Vertragskonditionen (z. B. Arbeitsplatzbeschreibung, vor allem jedoch Entgeltregelung) einseitig neu und im Zweifel zum Vorteil des Kündigenden festgelegt werden. Angesichts des Konsensvorbehalts des § 311 I BGB ist eine derartige Inhaltsveränderung gegen den Willen des Vertragspartners jedoch nur ausnahmsweise zulässig. Von praktischem Belang ist die Änderungskündigung wiederum bei Arbeitsverhältnissen und bei der Wohnraummiete, und mit Bedacht auf die zuvor schon erwähnte besondere soziale Sensibilität dieser Vertragssektoren wird sie jeweils an spezifische Voraussetzungen geknüpft (vgl. §§ 2 KSchG; §§ 557 ff. BGB in eigenartiger Konstruktion einer sogar einklagbaren Zustimmungspflicht des Mieters nach §§ 558 I, 558b II BGB).

6.4 Widerruf

Haben die vorstehend aufgelisteten Mechanismen das gemeinsame Ziel der rechtsgeschäftlichen Abstandnahme von einer rechtsgültig begründeten Verbindlichkeit, so gilt dies nunmehr auch für das **verbraucherschützende Widerrufsrecht,** das der Gesetzgeber dem Geschäftskunden für gewisse Vertragsarten (z. B. Verbraucherkredit, Erwerb von Teilzeitwohnrechten, Erteilung von Fernunterricht) oder angesichts bestimmter Eingehungssituationen (Haustürgeschäft, Fernabsatz) verbindlich einräumt (vgl. §§ 495 I, 485 I, 312 I, 312d I BGB sowie § 4 FernUSG).[165] Gab es nämlich lange Zeit Streit darüber, ob der Widerruf lediglich einen bis zu seiner Erklärung andauernden Schwebezustand beende oder die Abstandnahme von einem zunächst wirksamen Geschäft bedeute, dekretiert § 355 I 1 nunmehr lapidar, dass der fristgerecht Widerrufende »an seine auf den Abschluss des Vertrags gerichtete Willenserklärung nicht mehr gebunden« sei. Daraus erhellt, dass dieselbe und mithin der gesamte Vertrag erst einmal als gültig geschlossen angesehen werden, und folgerichtig statuiert § 357 I 1 BGB wegen der Rechtsfolgen die prinzipielle Anwendbarkeit der Vorschriften über den gesetzlichen Rücktritt.

Abzugeben ist der Widerruf **binnen zwei Wochen** seit entsprechender Belehrung des Verbrauchers über seine Lösungsbefugnis (§ 355 I 2, II BGB), und zwar durch schriftliche Erklärung, für die auch die in § 126b vorgesehene Textform genügt. Der Widerruf kann folglich auch per Fax oder E-Mail ausgeübt werden. Konkludent wird er zudem bei »Rücksendung der Sache« angenommen. Das beschränkt sich allerdings auf entsprechende Haustür- oder Fernabsatzgeschäfte.

Die Orientierung der Widerrufsfolgen am Rücktrittsrecht führt zur Rückabwicklung nach §§ 346 ff. BGB. Wenig verbraucherfreundlich sind freilich die davon in § 357 III vorgesehenen Ausnahmen. So hat der Widerrufsberechtigte entgegen § 346 II S. 1 Nr. 3 BGB Wertersatz für die Abnutzung der Sache zu leisten und trägt er i. G. zu § 346 III S. 1 BGB die volle Sachgefahr, sofern er nur ordnungsgemäß über sein Widerrufsrecht belehrt worden ist.[166]

IV. Die Vertragshaftung

Ging es im vorigen Abschnitt um die reguläre Einlösung von Leistungsverbindlichkeiten (III 1 u. 2) sowie um den Einfluss gewisser – aus Schuldnersicht zufälliger – Erbringungshindernisse auf den Fortbestand der Leistungspflicht (III 3–5) und haben wir uns hernach noch mit der rechtsgeschäftlichen Verabschiedung des ursprünglich vorgesehenen Leistungsprogramms beschäftigt (III 6), so wenden wir uns nunmehr der Frage zu, welche Auswirkungen es hat, dass die **Obligation nicht korrekt** ausgeführt worden ist und dem Gläubiger daraus Schäden erwachsen sind. Zwar haben wir zur befreienden Unmöglichkeit (III 4) schon ansatzweise erfahren, wie sich der Gesetzgeber die hier zur Debatte stehende Risikoregulierung vorstellt; doch ist dabei auch stets darauf hingewiesen worden, dass die Unmöglichkeit nur einen Ausschnitt aus diesem Problemkreis bildet und ihr nicht einmal der Rang einer eigenständigen Störungskategorie zukommt. Sie stellt bei genauem Zusehen ja nur einen der Gründe für das Ausbleiben der geschuldeten Leistung dar, das auch andere Ursachen haben kann wie z. B. – viel öfter – finanzielle Beengtheit oder – gleichfalls nicht selten – schlichte Leistungsunwilligkeit.

---

165 S. dazu den freilich wegen der zwischenzeitlichen Gesetzgebung z. T. nicht mehr aktuellen Überblick von *Schwenzer,* JA 1989, 473 ff. u. 505 ff.
166 Ergänzend noch *Bülow,* NJW 2002, 1145 (1153 ff.) für das Widerrufsrecht aus §§ 312 I, 312 d I BGB.

Demgemäß liegt dem §§ 280 ff. BGB als den für die folgende Darstellung zentralen Regelungskomplex ein nicht mehr auf die Unmöglichkeit konzentriertes Störungskonzept zugrunde, als dessen Generaltatbestand die **Pflichtverletzung**[167] daher kommt.

Mit ihr hat der Gesetzgeber einen **Oberbegriff für sämtliche Abweichungen vom Obligationsprogramm** eingeführt, der sowohl Leistungsstörungen (s. u. 1) als auch Schutzpflichtverstöße (s. u. 2) umfasst und zunächst **rein objektiv** zu verstehen ist. Es geht deshalb bei der Pflichtverletzung vorerst allein um einen Vergleich zwischen dem auf beiden Ebenen des Schuldverhältnisses (§ 241 I u. II BGB) Gesollten und dem tatsächlich Geschehenen. M. a. W.: Die **negative Differenz zwischen Soll und Ist,** die sich als Enttäuschung der Leistungs- bzw. der Schutzinteressen ausnimmt, markiert den fraglichen Tatbestand. Darauf, wie es zu ihr gelangt ist, kommt es (noch) nicht an! Diese Erkenntnis ist deswegen wichtig, weil der Gesetzgeber – in Annäherung an internationale Rechtsstandards – die Reaktionen auf derartige Programmabweichungen zumindest auf der Leistungsebene prinzipiell bereits an deren objektive Verwirklichung knüpft. Das wird nicht nur beim Rücktritt vom gegenseitigen Vertrag sichtbar, den § 323 I BGB von keinerlei Verschulden abhängig macht, sondern auch hinsichtlich der Verpflichtung zum Schadensersatz, die gemäß § 280 I 1 BGB unmittelbar aus der Pflichtverletzung folgt und lediglich unter dem in § 280 I 2 BGB angefügten Vorbehalt steht, dass der Schuldner bei Nachweis fehlenden Verschuldens von der Ersatzpflicht befreit wird.[168]

Hieraus ergibt sich desweiteren, dass die Pflichtverletzung für sich genommen **keinerlei Verhaltensbezug** aufweist. Mag ein solcher bei dieser Begriffswahl auch anklingen, so ist er dem gemeinten Tatbestand jedenfalls nicht immanent. Dazu kann auf die schon zur befreienden Unmöglichkeit gewonnene Einsicht zurückgegriffen werden. Auch wenn die zu leistende Sache ohne jedes Zutun untergegangen ist, bewirkt die daraus resultierende Nichtleistung nicht nur den Verlust des Anspruchs auf die Gegenleistung (§ 326 I BGB), sondern darüber hinaus, dass der Gläubiger ohne Weiteres zurücktreten kann (§ 326 V BGB). Lediglich auf der Schutzpflichtebene kommt der Verhaltensaspekt bereits im objektiven Verletzungstatbestand zum Tragen. Dies liegt daran, dass anders als bei der Leistungsbeziehung, in der die Person der Verpflichteten als Schuldner von vornherein feststeht, die Urheberin der Integritätseinbuße erst noch ausfindig gemacht werden muss – und dies geschieht, wie übrigens auch in den gleichartigen Fällen des § 823 I BGB, eben durch Rückführung der fraglichen Verletzung auf das Verhalten des Schutzpflichtigen.[169] Angesichts solcher Missverständlichkeit hätte man möglicherweise besser daran getan, statt des Begriffs der Pflichtverletzung denjenigen der **Vertrags- oder Obligationswidrigkeit** zu wählen. Das hätte die gemeinte Objektivierung wohl besser zum Ausdruck gebracht und ist Anlass dafür, ihn im Folgenden gelegentlich synonym zur Pflichtverletzung zu verwenden.

---

167 Hierzu lesenswert *von Wilmowsky*, JuS 2002 (Beilage zu Heft 1).
168 Mithin ist die wiederkehrende Behauptung falsch, dass damit die angesprochene Einstandspflicht ein Vertretenmüssen voraussetze!
169 Auch dabei wird allerdings immer noch »objektiv« gedacht. Die Qualität des Verhaltens (vorsätzliche Herbeiführung, Nachlässigkeit) spielt erst beim sog. subjektiven Tatbestand eine Rolle.

Bei der mit diesem Generaltatbestand erreichten Abstraktionshöhe konnte es natürlich nicht bewenden. Als zu unterschiedlich erweisen sich die auf der Leistungsebene (§ 241 I BGB) und auf der Schutzebene (§ 241 II BGB) zu regulierenden Risiko- und Verantwortungsprobleme, als dass sie einer Einheitslösung nach Maßgabe des § 280 I BGB zugänglich wären. Die dort anvisierte **generelle Vertragshaftung** bietet folglich nur einen – allerdings stets mitzubedenkenden und mithin auch durchgängig mit zu zitierenden – Einstieg in die vertragliche Schadenszuständigkeit. Hernach ist je nach dem verletzten Interesse zu differenzieren. Ist dasjenige auf korrekten Leistungserhalt berührt, so sprechen wir von den sogleich zu behandelnden **Leistungsstörungen,** die wiederum keinen Einheitstatbestand bilden, sondern entsprechend der Störungsart weiter als **Nicht-, Spät- oder Schlechtleistung** zu untergliedern sind. Geht es hingegen um das Interesse an der Erhaltung vorbefindlicher Rechte und Rechtsgüter bzw. bereits vorhandener Vermögensbestände, so ist von den im Anschluss daran zu behandelnden **Schutzpflichtverletzungen** die Rede, bei denen ihrerseits nach Schlechtleistung (mit sog. Mangelfolgeschäden) und sonstigen Schutzpflichtverstößen unterschieden wird. Dass die Schlechtleistung in beiden Bereichen von Belang ist, resultiert aus ihrer »Janusköpfigkeit«. Zum einen kann sie als Qualitätsminus erscheinen und tangiert dann das Erfüllungsinteresse (z. B. führt der Funktionsausfall der gelieferten Maschine zu Produktionsstillstand); zum anderen kann sie ein Sicherheitsrisiko bergen, das sich in einer Rechts- oder Rechtsgutsverletzung realisiert (so hält etwa das neu gedeckte Hausdach einem Regenguss nicht stand, was zu Feuchtigkeitsschäden im Obergeschoss führt).[170]

Schaubild 9

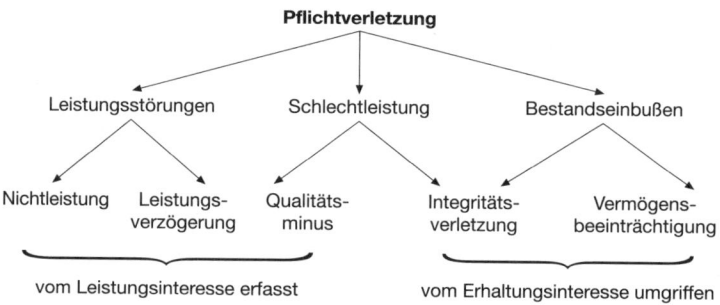

Mit ihrer Stoßrichtung, den Gläubiger bzw. die Schutzberechtigte jedenfalls finanziell vor den Nachteilen zu bewahren, die ihnen aus der Obligationswidrigkeit erwachsen sind, unterscheidet sich die Vertragshaftung von der **Gewährleistung,** die allein für die Leistungsbeziehung bedeutsam ist und die Aufgabe hat, den Gläubiger zumindest von denjenigen Einbußen freizustellen, die er ohne sie hätte, wenn er trotz Ausbleibens der Leistung oder mangelhafter Qualität das volle Entgelt entrichten müsste. Damit dient die Gewährleistung zuallererst der **Sicherung des von den Parteien vorgegebenen Äquivalenzgefüges.** Dafür sieht das Gesetz die unterschiedlichsten Mittel vor, die von der bereits angesprochenen Rückgän-

---

170 Vgl. hierzu vorläufig den äußerst instruktiven Beitrag von *Wagner,* JZ 2002, 475 ff.

gigmachung des gesamten Geschäfts (s. o. III 6.2) über eine Preisherabsetzung (sog. Minderung) bis hin zu dem gleichfalls schon geläufigen automatischen Wegfall der Gegenleistung (§ 326 I 1 BGB) reichen. Da es sich jeweils um schlichte Korrekturen der wegen der Leistungspflichtwidrigkeit so nicht mehr durchhaltbaren Wertrelationen handelt, sind dieselben i. w. S. noch **auf der primären Erfüllungsebene** angesiedelt. Folgerichtig wird dem Schuldner nicht einmal die allein für die Vertragshaftung vorgesehene Einwendung aus § 280 I 2 BGB zugebilligt.

1 Leistungsstörungen

In Konsequenz seiner schon in § 241 I BGB angelegten Linie macht das BGB die Vertragshaftung zuallererst von den zuvor angesprochenen Leistungsstörungen abhängig[171] und differenziert hernach, ob das vertraglich fixierte Leistungsinteresse des Gläubiger ganz oder teilweise definitiv verfehlt und deshalb ein Ausgleich durch Schadensersatz »statt der Leistung« vonnöten ist (§ 280 III BGB) oder ob es lediglich verspätet befriedigt worden ist und mithin nur der Verzögerungsschaden zur Debatte steht (§ 280 II BGB). Letzterenfalls greifen die Regeln über den **Schuldnerverzug** ein (s. u. 1.2), dieweil im erstgenannten Fall die **Nichtleistung** in den Mittelpunkt der Schuldnerverantwortlichkeit gestellt wird (sogleich 1.1). Zu ihr gesellt sich noch die **Schlechtleistung** in Gestalt einer Unterschreitung der geschuldeten Qualität. Sie hat in der Vergangenheit eine eher untergeordnete Rolle gespielt, war eine diesbezügliche Einstandshaftung doch allenfalls bei Miet-, Werk- und Reisemängeln vorgesehen (vgl. §§ 536 a I, 634 Nr. 4, 651 f I BGB). Das hat sich nunmehr gründlich geändert. Mit der Aufnahme des Qualitätsobligos (»frei von Sachmängeln«) in § 433 I 2 BGB ist die entsprechend haftungsbewehrte Schlechtleistung (§ 437 Nr. 3 BGB) neuerdings auch kaufrechtlich von Belang, weshalb sie über ihren traditionellen Rang als Gewährleistungskategorie hinaus zentrale Bedeutung im System der Vertragshaftung erlangt hat (s. u. 1.3.1).

1.1 Die zu vertretende Nichtleistung

Ist die versprochene **Leistung ganz oder partiell ausgeblieben,** so hat der Gläubiger natürlich ein Interesse daran zu erfahren, ob er noch weiter zuwarten muss oder aber auf die Einstandsebene überwechseln und demgemäß sein Erfüllungsinteresse liquidieren kann. Das Gesetz gibt hierauf eine angesichts der Verlautbarung in § 280 I 1 BGB ziemlich überraschende Antwort. Wiewohl ja die Pflichtverletzung gegeben ist, macht § 280 III BGB den nunmehr in Rede Schadensersatz statt der Leistung von »zusätzlichen Voraussetzungen« abhängig, die für den hier relevanten Fall der Nichtleistung zunächst in § 281 I BGB näher umschrieben werden. Nach dessen S. 1 (1. Alt.) ist es dem Gläubiger versagt, einfach zur Tagesordnung überzugehen und finanzielle Kompensation zu verlangen. Vielmehr muss er seiner Gegnerin zunächst noch eine angemessene **Frist zur Nachleistung** bestimmen. Erst wenn dieselbe erfolglos verstrichen ist, darf er sich für den Schadensersatz entscheiden. Tut er dies, so entfällt zugleich der bisherige Leistungsanspruch (§ 281 IV BGB). Mit dieser Regelung ist der traditionelle **Vorrang der Naturalerfüllung** aufrecht erhalten worden, der zwar zugunsten des Gläubigers nahe liegt,

---

171 Zum Folgenden nochmals die bereits in Fn. 148 zitierten Beiträge von *Zimmer* und *Mattheus*.

der allein entscheiden mag, ob er die Schuldnerin trotz deren Säumnis an der primären Leistungspflicht festhalten will, nicht aber zu seinen Lasten. Dahinter steht die Erwägung, dass die Schuldnerin möglicherweise schon Aufwendungen für die Leistungserbringung gehabt hat und diese nicht durch den sofortigen Übergang auf Schadensersatz entwertet werden sollen (praktisch besonders bedeutsam bei Spezialanfertigungen, die kein anderer als der Gläubiger gebrauchen kann).

Es sind freilich mannigfache Situationen denkbar, in denen die prinzipiell verlangte **Fristsetzung entbehrlich** ist. Das gilt vorderhand, soweit die Leistung **unmöglich** geworden ist (§ 283 i. V. m. § 275 I – III BGB), und ferner, wenn die Schuldnerin bereits deutlich zu verstehen gegeben hat, dass sie nicht leisten werde (§ 281 II BGB). In solchen Fällen einer ernsthaften und endgültigen **Erfüllungsverweigerung** verdient sie ja gerade den Schutz nicht, den ihr das o. a. Vorrangprinzip einräumen möchte.

Sind erfolgloses Verstreichen der Frist oder deren Entbehrlichkeit gegeben, so sind damit immer noch nicht sämtliche Hürden auf dem Wege zum Schadensersatz statt der ausgebliebenen Leistung genommen. Der Schuldnerin steht vielmehr noch der Einwand offen, dass sie das sich nunmehr als definitiv erwiesene **Leistungshindernis nicht zu vertreten habe** (§ 280 I 2 BGB). Gelingt ihr der entsprechende Nachweis, so ist sie auch von der sie sonst betreffenden sekundären Einstandspflicht befreit. Hierzu ist das Nötige bereits oben (B III 4.1.1) gesagt worden, weshalb wir uns auf eine knappe Wiederholung und einige Ergänzungen beschränken können. Ausgangspunkt für die stets genau zu erörternde Entpflichtungsfrage ist § 276 I 1 BGB. Für den Regelfall kommt es mithin zur Befreiung von der Schadenszuständigkeit, wenn die Schuldnerin nachweislich weder vorsätzlich noch fahrlässig gehandelt hat. Dieser **Entschuldigungsgrund** steht ihr indes nicht zur Seite, wenn ihr von Vertrags oder Gesetzes wegen eine **Garantie** auferlegt worden ist. Dann muss sie – je nach Art und Umfang einer derartigen besonderen Risikoübernahme (§ 276 I 1 a. E. BGB) ggf. auch ohne Verschulden haften. Ist dem Käufer eines Pkw z. B. gemäß § 443 BGB eine gewisse Haltbarkeitsdauer (etwa Durchrostungsfreiheit) zugesichert worden, so kann sich die Verkäuferin widrigenfalls nicht auf »besondere Umstände« (extreme Witterungsbedingungen, überdurchschnittliche Km-Leistung u. ä. m.) berufen, sofern sie nicht im Vorhinein solche Einschränkungen angebracht hat. Wesentlich häufiger als diese Verschärfung der Einstandspflicht begegnen uns allerdings **Einschränkungen der Haftung,** d. h. Absenkungen derselben unter das in § 276 I 1 vorgesehene »Normalmaß«. Das ist für den Individualvertrag gemäß § 276 III BGB zugunsten der Schuldnerin wegen jedweder Fahrlässigkeit zulässig. Hinsichtlich des Personals wird in § 278 I 2 BGB gar ein vollständiger Haftungsausschluss erlaubt.[172] Bei Verwendung von AGB zieht § 309 Nr. 7 b BGB derlei **Freizeichnungen** allerdings enge Grenzen. Hier kann nur die leichte Fahrlässigkeit als Verschuldenskategorie abbedungen werden mit immerhin noch der Folge, dass sich die Schuldnerin anhand des § 280 I 2 BGB bereits dann entlasten kann, wenn sie »bloße Nachlässigkeit« nachweist.

---

172 Da dies in unserer arbeitsteiligen Gesellschaft auf eine totale rechtliche Verantwortungslosigkeit hinausläuft, die sich der Gegner kaum freiwillig gefallen lassen dürfte, ist bei einer dahin gehenden »Vereinbarung« ggf. an eine Sittlichkeitskontrolle gemäß § 138 BGB zu denken.

Gerät der Gläubiger in keine der soeben erläuterten »Anspruchsfallen«, hat er also das Ausbleiben der Leistung i. S. des § 281 I 1 BGB hinreichend »gerügt« und kann sich die Schuldnerin nicht zur Genüge entschuldigen, so steht ihm nun endlich der begehrte Anspruch auf Schadensersatz statt der Leistung zu, der sich nach dem Ausmaß der Nichtleistung bemisst. Komplette Nichterbringung ermöglicht die Totalkompensation »statt der ganzen Leistung«, wohingegen bei an sich nicht erlaubter Teilleistung (§ 266 BGB) der Schaden entsprechend reduziert zu veranschlagen ist. Anderes gilt nur, sofern dem Gläubiger nachweislich nur am vollständigen Erhalt gelegen ist, er also »an der Teilleistung kein Interesse hat« (§ 281 I 2 BGB). Das ist u. U. der Fall, wenn die Schuldnerin für die von ihr versprochene EDV-Anlage zwar die Hardware, nicht jedoch die Software geliefert hat und der Gläubiger zur Sicherung einheitlicher Serviceleistungen nur mit einem Partner zu tun haben möchte.[173] Beansprucht er diesen »Gesamtschaden«, muss er das bereits an ihn Erbrachte nach §§ 346–348 BGB zurückgewähren (§ 281 V BGB).

Die Situation mag allerdings auch einmal so beschaffen sein, dass dem Gläubiger der Nichterhalt des Versprochenen wenig ausmacht, weil er sich etwa die Ware zu gleichen Konditionen andernorts besorgen kann und der Zeitpunkt für die Lieferung ihm nicht sonderlich wichtig ist. Dann kann er unter dem Anspruch auf Schadensersatz weithin vergleichbaren Voraussetzungen (§§ 323 I–V, 326 V BGB)[174] von dem gegenseitigen Vertrag[175] zurücktreten. Ein wichtiger Unterschied besteht für diesen Fall freilich darin, dass die Schuldnerin diese Abstandnahme nicht mit der Einwendung mangelnden Vertretenmüssens kontern kann. Anders als nach bis vor kurzem noch geltendem Recht steht der **gesetzliche Rücktritt nicht unter dem Vorbehalt korrekten Leistungsbemühens.** Mit dessen Erklärung wird wie beim Geltendmachen des Schadensersatzes statt der Leistung (§ 281 IV BGB) die primäre Leistungsbeziehung storniert. Konsequenz ist hier deren Umwandlung in das bereits oben (B III 6.1) vorgestellte Rückabwicklungsverhältnis, das ja weitgehend einheitlich für beide Rücktrittsarten – sowohl den vertraglich vorbehaltenen als auch den gesetzlichen (§ 346 I BGB) – ausgestaltet ist. Hingewiesen sei deshalb lediglich nochmals auf §§ 346 III 1 Nr. 3, 347 II 2 BGB mit ihrer Haftungsprivilegierung des gesetzlich zum Rücktritt Berechtigten auf den Maßstab des § 277 BGB.

Eine weitere Alternative zum Schadensersatz statt der Leistung sieht zuguterletzt § 284 BGB vor. Hat der Gläubiger wegen des Ausbleibens der Leistung keinen weiteren Schaden erlitten, aber im Vertrauen auf deren Erhalt bereits gewisse Investitionen getätigt (z. B. für das Anbringen eines Gerüsts im Hinblick auf einen Hausanstrich), so kann er **Ersatz dieser vergeblichen Aufwendungen** verlangen. Damit hat der Gesetzgeber zumindest für den Bereich der Vertragshaftung dem sog. Frustrierungsgedanken Rechnung getragen, dem zufolge der Einsatz von Mitteln zur Sicherung des Leistungsvollzugs bzw. zur Ausnutzung des Vertragsobjekts dann einen ausgleichfähigen Posten ausmacht, wenn der Einsatzzweck

---

173 Vgl. BGH NJW 1990, 3011 in einem freilich zu Teil- oder Gesamtrücktritt entschiedenen Fall.
174 Zu diesem Gleichlauf von Schadensersatz- und Rücktrittsvoraussetzungen wiederum *Gsell* a. a. O. (Fn. 150) S. 122 f.
175 Nur bei einem solchen macht das Sinn, dieweil bei Nichtausführung einseitiger Verpflichtungen, sofern der Schuldnerin kein Befreiungsgrund zur Seite steht, das sonstige Reaktionsarsenal (Weiterbestehen auf Erfüllung, Wechsel auf die Einstandsebene) genügt.

durch Ausbleiben des Geschuldeten torpediert wird.[176] Die bisherige Judikatur hat sich dem gegenüber bislang reserviert gehalten[177] und den ins Leere gegangenen Aufwand nur dann als kompensationsfähig anerkannt, wenn er sich bei korrekter Vertragserfüllung auch »rentiert« hätte (zu Einzelheiten noch später unter F II. 2.2). Der damit einhergehende Ausschluss »privater« Investitionen ist angesichts der solche Restriktionen nicht vorsehenden Regelung in § 284 BGB, der übrigens auch in den Fällen einer anfänglichen Unmöglichkeit anwendbar ist (§ 311 a II 1 BGB), nicht mehr zu halten. Beim Einsatz des § 284 BGB ist darauf zu achten, dass er keine eigenständige Anspruchsgrundlage darstellt. Mit seinem Eingangswort »anstelle« bezieht er sich auf sämtliche Voraussetzungen für den Anspruch auf Schadensersatz statt der Leistung. Im Regelfall ist deshalb für den Ersatz vergeblicher Aufwendungen die fruchtlose Fristsetzung gemäß § 281 I 1 BGB ebenso erforderlich wie das Scheitern des Entlastungsbeweises nach § 280 I 2 BGB!

1.2 Verspätung der Leistung

Ungeachtet noch bestehender Leistungsfähigkeit und -willigkeit der Schuldnerin, d. h. trotz durchaus noch denkbarer Befriedigung des Erfüllungsinteresses, können die Dispositionen des Gläubigers schon dadurch gestört werden, dass diesem der versprochene Gegenstand **nicht rechtzeitig** geliefert bzw. bereitgestellt wird. Man denke nur an den Käufer, der in Erwartung der nahenden Sommerzeit einen Gefrierschrank bestellt hat, dessen Anlieferung sich jedoch verzögert. Muss er deswegen den Verderb seiner Lebensmittel besorgen, so interessiert es ihn natürlich, ob er sich übergangsweise ein Reservegerät besorgen und den dafür zu entrichtenden Mietzins seinem Verkäufer in Rechnung stellen kann. Das BGB trifft die Grundregelung dieses als »**Schuldnerverzug**« geläufigen Leistungsstörungsbestands[178] in neuerlicher Relativierung der Generalaussage zur Pflichtverletzung (§ 280 II BGB) in §§ 286 ff.

1.2.1 Verzugsvoraussetzungen

Allererste Voraussetzung ist das **Ausbleiben der noch erbringbaren Leistung trotz Fälligkeit.** Hierbei meint »Ausbleiben« wie auch sonst nicht nur die schlichte Nichtleistung, sondern auch die Fälle des Nichteinhaltens der sonstigen Leistungsmodalitäten (zu ihnen oben B III. 1.2). In Verzug kann deshalb auch diejenige Schuldnerin geraten, die zwar andient, jedoch nicht in gehöriger Qualität (z. B. Sachen unterhalb mittlerer Art und Güte; vgl. § 243 I BGB) oder am falschen Ort. Wiederum ist mithin stets das vertraglich fixierte »Leistungsprofil« genau zu ergründen. Weicht die konkrete Offerte von ihm ab, könnte sie der Gläubiger also, ohne seinerseits in Annahmeverzug zu geraten (s. o. B III. 3), als untauglichen Erfüllungsversuch zurückweisen, haben wir Anlass, uns über eine Verspätungshaftung der Schuldnerin Gedanken zu machen. Allerdings muss mittlerweile der Fälligkeitstermin (Einzelheiten zuvor B III. 1.2.1) verstrichen sein, wie § 286 I 1 BGB eigens hervorhebt. »Fehlversuche« vor diesem Zeitpunkt schaden der Schuldnerin folglich nicht.

Doch selbst dessen Überschreiten löst nicht automatisch in jedem Fall die in §§ 288 ff. BGB vorgesehenen Verzugsfolgen aus. Vielmehr differenziert § 286 BGB

---

176 S. dazu etwa *E. Schmidt* in FS Gernhuber (1993), S. 423 ff.
177 Vgl. BGHZ 99, 182 ff.
178 Ausführlich zu ihm *Schimmel/Buhlmann*, MDR 2002, 609 ff.

danach, ob von vornherein ein »nach dem Kalender bestimmter« Lieferzeitpunkt ausgemacht war oder nicht. Nur wenn eine derart präzisierte **Terminierung** vorliegt,[179] kann sich der Gläubiger ohne weiteres auf Schuldnerverzug berufen. Im übrigen jedoch bedarf es einer – nicht unbedingt schriftlichen – **Mahnung** als gewissermaßen letzter Erinnerung, um die Schuldnerin für die Leistungsverzögerung verantwortlich machen zu können.[180] Der nämliche Effekt lässt sich durch »Erhebung der Klage auf die Leistung« bzw. durch »Zustellung eines Mahnbescheids« erreichen (§ 288 I 2 BGB i. V. m. §§ 253, 693 ZPO).

Zusätzlich sieht § 286 III BGB den Verzugseintritt **spätestens** dann vor, wenn eine Entgeltschuldnerin nicht **innerhalb von dreißig Tagen nach Fälligkeit und Zugang einer Rechnung** zahlt. Ist sie allerdings Verbraucherin (§ 13 BGB), so gilt dies nur bei entsprechendem vorherigem Hinweis. Mit dieser Bestimmung wird darauf Rücksicht genommen, dass bei den hier allein in Betracht kommenden gegenseitigen Verträgen[181] häufig eher das Sachleistungs- als das Entgeltstadium fixiert und eine Rechnung nicht unbedingt als »Ultimatum« verstanden wird.

Freilich kann die Schuldnerin den Verzugsfolgen immer noch entgehen, wenn sie den **Nachweis führt, dass sie die Leistungsverzögerung nicht zu vertreten** habe (§ 286 IV BGB). Damit wird auf den ersten Blick nur die in § 280 I 2 BGB enthaltene Regelung wiederholt. Ihre Eigenständigkeit erfährt die Bestimmung dadurch, dass zum einen mit Ausnahme der terminierten Leistung die bloße Verspätung noch nicht den Tatbestand des Verzugs erfüllt und zum anderen die sogleich noch anzusprechenden Verzugsfolgen über die Verpflichtung zum Schadensersatz hinausgehen. § 286 IV BGB enthält deshalb eine separate Entlastungsmöglichkeit, die der Schuldnerin die Chance belässt nachzuweisen, dass die Verspätung nicht an ihr gelegen hat. Derlei vorübergehende Leistungsbehinderungen können z. B. auf plötzlicher Erkrankung beruhen, auf zeitweiligen Liefersperren u. ä. m. Keine »Entschuldigung« ist indes temporärer Geldmangel, der die Schuldnerin an rechtzeitiger Eindeckung mit der versprochenen Ware gehindert hat. Hier gilt der auch sonst unser Wirtschaftssystem beherrschende Grundsatz der permanenten finanziellen Einstandspflichtigkeit.[182]

1.2.2 Verzugsfolgen

Liegen mit Fälligkeit, Mahnung bzw. kalendarischer Terminierung oder Rechnungserteilung sowie mit Vertretenmüssen bzw. Unaufklärbarkeit der Verschuldensfrage alle Verzugsvoraussetzungen vor, so ist die Schuldnerin für den Schaden verantwortlich, den ihr Partner infolge der Leistungsverzögerung erleidet (§ 280 II i. V. m. § 286 BGB). Ein solcher **Verzugsschaden** kann z. B. in zusätzlichen Finanzierungskosten bei verspäteter Fertigstellung eines Hauses[183] oder in den Geldmitteln bestehen, die dieser aufwenden musste, um sich zwischenzeitlich mit einer Mietsache zu behelfen. Auch kann dem Gläubiger ein Gewinn entgangen sein, den er bei rechtzeitiger Lieferung hätte machen können. Durch die Geltendmachung dieses »Verspätungsschadens« ist es ihm natürlich nicht

---

179 Beispiel BGH NJW 2001, 365 f.: »Binnen acht Wochen ab Beurkundung des Vertrags«.
180 Zur rechtlichen Qualifikation der Mahnung BGH NJW 1987, 1546 (1547).
181 § 286 III BGB findet deshalb keine Anwendung auf die Auszahlung des verabredeten Darlehens bzw. des geschenkten Geldbetrags oder den geschuldeten Schadensersatz!
182 Vgl. insoweit *Medicus*, AcP 188 (1988), 489 ff.
183 Vgl. BGHZ 121, 210 ff.

verwehrt, weiterhin auf der Erfüllung des Vertrages zu bestehen. Das Verzugsinteresse lässt folglich den Leistungsanspruch unberührt und ist sogar dann separat liquidierbar, wenn der Gläubiger letztendlich doch noch auf den Schadensersatz statt der Leistung übergehen muss.[184]

Von den sonstigen Verzugsfolgen sind vor allem die **Haftungsverschärfung** nach § 287 BGB und die **Verzinsungspflicht** nach § 288 BGB von praktischem Interesse. Die Erweiterung der Einstandspflicht auf »jede Fahrlässigkeit« betrifft primär die Fälle einer gesetzlichen Haftungserleichterung (s. o. 1.1), wohingegen bei vertraglicher Haftungsbegrenzung vorab geprüft werden muss, ob diese lediglich die Verzugsvoraussetzungen erfassen sollte – dann ebenfalls Verschärfung nach § 287 S. 1 BGB – oder darüber hinaus auch das Verzugsstadium. Tritt gar während des Verzugs Unmöglichkeit oder eine Verschlechterung des zu liefernden Gegenstands ein und beruht diese gerade auf der Verspätung – die Ware verdirbt wegen der längeren Lagerung –, so nützt es der Schuldnerin nicht einmal, wenn sie nachweisen kann, alles Erdenkliche dagegen unternommen zu haben. Sie ist gem. § 287 S. 2 BGB auch für jedwedes zufällige Leistungshindernis verantwortlich. Bei einer Geldschuld ordnet § 288 I BGB vorbehaltlich eines höheren Schadens eine Mindestverzinsung von fünf Prozentpunkten über dem sich aus § 247 BGB ergebenden Basiszinssatz an. Dieser Anspruch auf **Verzugszinsen** steht dem Gläubiger sogar dann zu, wenn feststeht, dass er aus dem rechtzeitig gezahlten Kapital keinen Nutzen gezogen hätte. Für die zögerliche Zinsschuldnerin gilt dies freilich nicht (vgl. § 289 S. 1 in Fortführung des bereits in § 248 I BGB angelegten Zinseszinsverbots). Eine Ergänzung findet sich in § 291 BGB mit der Zubilligung sog. **Prozesszinsen** ab Rechtshängigkeit, die allerdings gemäß § 286 I 2 BGB i. d. R. schon verzugsauslösend wirkt. Die materiellrechtliche Bedeutung dieser Vorschrift ist deshalb gering. In der Praxis findet sie gleichwohl häufige Anwendung, weil sie bei einem Nacheinander von Anmahnung und prozessualer Geltendmachung der Geldforderung u. U. mühsame Aufklärungen (ist überhaupt gemahnt oder eine Rechnung erteilt worden bzw. wann genau?) erspart.

1.3 Schlechtleistung

Weder allein unter dem Aspekt totaler Nichtleistung noch schlicht unter Verzugsgesichtspunkten sind diejenigen Probleme zu erledigen, die sich daraus ergeben können, dass sich die – durchaus rechtzeitig – gelieferte Ware als **mangelhaft** herausstellt und dem Gläubiger daraus Nachteile erwachsen. Hierzu ist vorab an die vorhin (IV vor 1) schon registrierte Doppelseitigkeit der Schlechterbringung zu erinnern, können die fraglichen Mängel doch als **Qualitätsmanko** daherkommen, das die Erfüllungsinteressen des Gläubigers schmälert, als auch wegen **mangelnder Sicherheit** zu Integritätsverletzungen führen, die seinem Bestandsinteresse zuwiderlaufen. Beides ist wiederum nicht unter einen Hut zu bringen, wirkt sich spätestens und gerade hier doch die frühzeitig (s. o. B I. 2.2) angelegte Zweiteilung der Obligation in die Leistungsbeziehung (§ 241 I BGB) und das von dieser zu trennende, u. U. gar unabhängige (§ 311 II BGB) Schutzverhältnis (§ 241 II BGB) aus. Das entspricht – wie wir sogleich sehen werden – mittlerweile auch der Ansicht des Gesetzgebers und führt dazu, dass die Schlechtleistung im Folgenden zweigleisig behandelt wird.[185]

---

184 So schon BGH NJW 1975, 1740 f.
185 S. zu diesem Komplex insgesamt den bereits Fn. 170 angeführten Beitrag von *Wagner*, dessen Lektüre nachdrücklich empfohlen wird.

1.3.1 Qualitätsmängel

Mit der gleichfalls schon oben (IV 1) vermerkten Einfügung des Qualitätsobligos in den Kreis der Hauptleistungspflichten auch beim Kauf (§ 433 I 2 BGB) als dem wichtigsten Umsatzgeschäft hat sich eine für die Leistungsverantwortlichkeit der Schuldnerin geradezu paradigmatische Veränderung ergeben. Ging man bislang davon aus, dass zumindest die Stückverkäuferin mit Lieferung einer wenn auch mangelhaften Sache ihrer Erfüllungspflicht nachgekommen war und sich lediglich der Gewährleistung nach Maßgabe der §§ 459 ff. BGB a. F. zum Zwecke der Äquivalenzkorrektur ausgesetzt sah, und war angesichts dieser Besonderheit die Hürde für einen Schadensersatzanspruch sowohl beim Spezies- als auch beim Gattungskauf außerordentlich hoch (§§ 463, 480 II BGB a. F.), so wird die **qualitative Minderleistung nunmehr generell als »normale« Leistungsstörung** aufgefasst. Damit ist sie seit Neustem dem Regime der §§ 280 ff. BGB unterworfen, was bedeutet, dass der Gläubiger nicht nur den Erfüllungsanspruch auf Leistung eines mangelfreien Gegenstands hat, sondern ihm bei dessen Nichteinlösung prinzipiell auch die Kompensation der daraus resultierenden Geschäftsnachteile zusteht. Unter dem Vorbehalt der sogleich zu erörternden Details kann er also etwa den entgangenen Gewinn (§ 252 BGB) liquidieren, wenn er die ihm gelieferte mangelhafte Sache nur mit dem Verlust an einen Dritten weiterreichen kann, oder den Produktionsausfall reklamieren, der ihm durch einen Funktionsfehler des erworbenen Geräts entstanden ist.

Ein derartiger Schadensersatz statt der Leistung wird dem Gläubiger, sofern die Einbuße (wie eben z. B. der Produktionsausfall) nicht bereits endgültig eingetreten ist, allerdings gemäß der 2. Alternative des § 281 I 1 BGB (»nicht wie geschuldet«) erst zugebilligt, wenn er der Schuldnerin erfolglos eine angemessene **Frist zur »Nacherfüllung«** gesetzt hat. Dadurch soll dieser wie im Falle des partiellen oder totalen Ausbleibens Gelegenheit gegeben werden, ihrem Qualitätsobligo doch noch – durch Mangelbehebung oder Lieferung eines mangelfreien Gegenstands – nachzukommen (wiederum Vorrang der hier qualitätsbezogenen Naturalerfüllung). Ebenso wie bei der Nichtleistung ist solche **Fristsetzung entbehrlich,** sofern die Schuldnerin die »Nachbesserung« beharrlich verweigert oder gar den Mangel definitiv leugnet (§ 281 II BGB). War die Fristsetzung erfolgt oder aber als bloße Förmelei verzichtbar, kommt es zuguterletzt wiederum auf den in § 280 I 2 BGB vorgesehenen **Entlastungsbeweis** an. Gelingt er, ist die Schuldnerin jedenfalls von der Einstandshaftung frei. Im Falle des Scheiterns kann der Gläubiger endlich den Ausgleich für sein enttäuschtes Leistungsinteresse fordern. Dessen komplette Kompensation, d. h. Schadensersatz statt der ganzen Leistung, wird ihm freilich doch noch vorenthalten, wenn der **Mangel unerheblich** ist (§ 281 I 3 BGB). Bei solcher Sachlage, die z. B. gegeben ist, wenn auf dem erworbenen Hausgrundstück lediglich die Gartenbeleuchtung defekt ist, geht das Gesetz von einer prinzipiellen Befriedigung des Gläubigers aus und beschränkt denselben konsequent auf die Erstattung derjenigen Kosten, die zur Behebung der Funktionsstörung erforderlich sind.

Konnte die Schuldnerin den Nachweis des Nichtvertretenmüssens erbringen, so muss sich der Gläubiger natürlich nicht mit der »Mangellage« abfinden. Er darf vielmehr – ein weiteres Mal wie bei der Nichtleistung – in das Arsenal der **verschuldensunabhängigen Gewährleistung** greifen. Hier steht ihm zuallererst die Abstandnahme vom Vertrag zu Gebot. Um indes nicht die für den Schadensersatz statt der Leistung vorgesehenen Restriktionen zu unterlaufen, ist der **Rücktritt,** der übrigens einen späteren Übergang auf den Schadensersatz statt der Leistung nicht ausschließt (§ 325 BGB), weitgehend von den nämlichen Voraussetzungen abhängig. Auch seinetwegen ist eine vorgängige Fristsetzung geboten (§ 323 I BGB),[186] und auch er wird bei Unerheblichkeit des Mangels versagt (§ 323 V 2 BGB). Von alledem unberührt bleibt die **Minderung** als nach Maßgabe des § 441 III BGB zu berechnende Entgeltherabsetzung. Sie hat keine allgemeine Regelung erfahren, sondern findet sich als spezifisches Medium der Äquivalenzkorrektur im Besonderen Vertragsrecht (§§ 437 Nr. 2, 536 I 2, 634 Nr. 3 i. V. m. § 638, 651d BGB).[187] Deshalb sind Einzelheiten erst im Abschnitt C darzustellen.

Schaubild 10

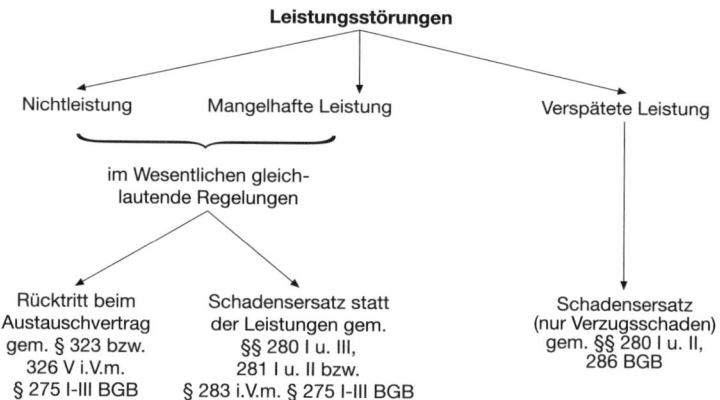

1.3.2 Sicherheitsmängel

Nicht unter den Hut des bei Qualitätsmängeln zur Debatte stehenden Erfüllungsinteresses sind diejenigen Fälle zu bringen, in denen die gelieferte Ware **Sicherheitsmängel** birgt, die sich schließlich in der Verletzung der Rechte und Rechtsgüter des anderen Teils realisieren. Sie können im Vollzug der unterschiedlichsten Abmachungen vorkommen, aber auch schon vor Entstehung einer Leistungsbeziehung (z. B. bei einer Probefahrt, auf der die potentielle Käuferin mit dem Pkw wegen defekter Bremsen verunglückt und sich dabei Verletzungen zuzieht) oder gar bei deren sich im Nachhinein herausstellender Nichtigkeit (der Hauskauf war entgegen § 311b I BGB nicht notariell beurkundet, die Besitzeinweisung aber bereits geschehen, bei der es dann aber verblieben ist, weil wegen Undichte des Dachs hineinströmender Regen das Mobiliar des vermeintlichen Erwerbers in Mitleidenschaft gezogen hat). In solchen Situationen geht es dem Betroffenen weder um »Mängelbereinigung« noch um eine finanzielle Kompensation seiner – in den zuletzt genannten Konstellationen nicht einmal geschützten – Leistungs-

---

186 Zur Entbehrlichkeit § 323 II BGB.
187 Bei Miet- und Reisemängeln tritt sie automatisch ein, ansonsten ist sie eigens zu erklären.

erwartungen. Vielmehr möchte er wissen, ob er wegen der ihn ereilten »Mangelfolgeschäden«[188] einen Ausgleich beanspruchen kann.

Hierzu enthalten auch wirksame Vertragsabreden i. d. R. keine speziellen Verlautbarungen, und angesichts der nach wie vor dominanten Leistungsorientierung des Schuldvertragsrechts hat auch dasselbe keine besonderen Antworten darauf bereit.[189] Wir müssen mithin auf § 241 II BGB zurückgreifen, der die Obligation um das längst geläufige Schutzverhältnis angereichert hat, und ergänzend § 311 II BGB zu Rate ziehen, der die Verpflichtung zur Rücksichtnahme auf die Rechte und Rechtsgüter des anderen Teils bereits im Vorfeld von Geschäftsabschlüssen statuiert. Diese Vorschriften wenden den Blick auf den »Bestandsschutz« und verfolgen so das **Integritätsinteresse** der Beteiligten. Unter diesem Gesichtspunkt kommt der Schlechtleistung im Grunde keine eigenständige Rolle zu. Sie ist insoweit lediglich eine besondere Art der Schutzpflichtverletzung, die im Übrigen auch durch ein sonstiges, zur Bestandsverkürzung führendes Verhalten verwirklicht werden kann (dazu sogleich unter 2). Allerdings ist sie praktisch von erheblicher Bedeutung, die denn allein auch ihre spezifische Hervorhebung rechtfertigt.

Aus dem Gesagten folgt zwanglos, dass der objektive Tatbestand hier aus der **Integritätsverkürzung durch Konfrontation des Gegners mit verletzungsgeneigten Gegenständen** gebildet wird, dem die Schutzpflicht zur Aushändigung unschädlicher Ware zugrunde liegt. Wird dagegen verstoßen und kommt es deshalb zur Rechts- oder Rechtsgüterverletzung, so ist die Basis für den hier unmittelbar und **allein auf § 280 I 1 BGB begründbaren Anspruch**[190] auf Ersatz »des hierdurch entstehenden Schadens« gelegt. Seiner Ausgleichsverantwortung kann der Schutzpflichtige nur noch dann entgehen, wenn er sich in nun längst geläufiger Manier gemäß § 280 I 2 BGB zu entlasten vermag. Dazu ist auch hier i. d. R. der **Nachweis fehlenden Verschuldens** vonnöten. Misslingt derselbe, so ist der Schutzberechtigte ausnahmsweise sogar zum Rücktritt bzw. zum Verlangen nach Schadensersatz statt der Leistung befugt, wenn ihm ein Festhalten am Vertrag bzw. die Entgegennahme der Leistung »nicht mehr zuzumuten ist« (§§ 324, 282 BGB). Dogmatisch handelt es sich dann um den **Sonderfall einer Schutzpflichtverletzung mit Auswirkung auf das Leistungsinteresse.** Letzteres ist eigentlich »objektiv« noch vorhanden, nicht aber mehr »subjektiv« im Hinblick auf diesen Schuldner.

2 Schutzpflichtverletzungen

Das soeben Gesagte gilt prinzipiell auch für diejenigen Fälle, in denen die Integritätsverletzung nicht durch eine schadensstiftende Sache vermittelt wurde, für deren Sicherung der Bewahrungspflichtige zuständig war, sondern ganz allgemein auf dessen mangelnde Rücksichtnahme i. S. des § 241 II BGB zurückgeführt werden kann: Es geht nunmehr übergreifend um **Schutzpflichten,** die unabhän-

---

188 Die dogmatisch korrekter eigentlich »Mangelfolgeverletzungen« heißen müssten, aus denen dann materielle oder auch immaterielle Schäden erwachsen (können).
189 Eine Ausnahme bildet § 694 BGB bei Hinterlegung einer Sache von gefahrdrohender Beschaffenheit.
190 Mithin sind die hier in Rede stehenden Bestandseinbußen entgegen einer derzeit wohl überwiegenden Ansicht auch kein Gegenstand der entsprechend ihrer systematischen Stellung ausschließlich »qualitätsorientierten« Schadensersatzansprüche aus §§ 437 Nr. 3, 536 a I, 634 Nr. 4, 651 f I BGB!

gig vom durch das Leistungsprofil gekennzeichneten Vertragstyp jedweder Obligation eignen. Der Tatbestand der diesbezüglichen Pflichtverletzung ist deshalb auch nicht aus der objektiven Abweichung vom vorgesehenen Leistungsprogramm abzulesen; vielmehr ist er hier – wie bereits eingangs dieses Abschnitts angedeutet (oben IV vor 1) – verhaltensbezogen. Die Schutzpflichtverletzung konstituiert sich mithin generell aus einer **durch den Verstoß gegen das Gebot zur Rücksichtnahme herbeigeführten Bestandsverkürzung.** Damit nähert sie sich – wie gleichfalls a. a. O. schon erwähnt – strukturell dem Deliktstatbestand des § 823 I BGB (zu ihm des Näheren E II 1.1), unterscheidet sich von diesem dann aber doch in zweierlei Weise: Zum einen ist sie von vornherein personell fixiert auf die Obligationsbeteiligten, die bei einer unerlaubten Handlung erst noch ausfindig gemacht werden müssen; zum anderen übertrifft sie deren Reichweite, indem sie über die bislang allein behandelte **Integritätswahrung** (der Rechte und Rechtsgüter) hinaus auch die **Vermögenssorge** umgreift, d. h. die Rücksichtnahme auf die in § 241 II BGB zusätzlich angeführten Interessen.

Das soeben skizzierte Schutzkonzept war ursprünglich im BGB nicht aufgehoben, ist indes frühzeitig durch die Judikatur der Vertragshaftung »einverleibt« worden. Die maßgeblichen Stichworte hierfür waren die sog. **positive Vertragsverletzung** und die **culpa in contrahendo.** Mit jener sollte vornehmlich der von den seinerzeitigen Gesetzesverfassern nicht zur Genüge bedachte Integritätsschutz obligationsmäßig verankert und mit dieser dem Umstand Rechnung getragen werden, dass es bereits in der Vorphase des Vertragsschlusses zu einem geschäftlichen »Sonderkontakt« kommen kann, dessen »Schadensanfälligkeit« wiederum besser mit den Mitteln der Vertrags- als denjenigen der Delikthaftung regulierbar ist. Dem haben die §§ 241 II, 311 a II BGB inzwischen Rechnung getragen, weshalb die überkommene Begrifflichkeit[191] entbehrlich ist und demgemäß im Folgenden auch nicht mehr verwendet wird.

Kommen wir auf die Grundstruktur der Schutzpflichtverletzung zurück, so bleibt zu ihr noch anzumerken, dass mit deren objektiver Verwirklichung i. S. einer Bestandseinbuße der Haftungstatbestand des § 280 I BGB gelegt ist, den der Schutzpflichtige erneut nur mit dem **Einwand des Nichtvertretenmüssens** »kontern« kann (§ 280 I 2 BGB).[192] Desweiteren gilt auch hier, dass der Betroffene bei besonderer Schwere des Verstoßes u. U. gar die Leistungsbeziehung »aufkündigen« kann (§§ 282, 324 BGB). Dies vorausgesetzt, steht abschließend noch die in § 241 II BGB angelegte Differenzierung nach den jeweiligen Schutzgegenständen aus.[193]

2.1 Integritätsbezogene Schutzpflichten

Hinsichtlich ihrer können wir uns kurz fassen. Ihr Schutzobjekt sind die in § 241 II BGB bezeichneten Rechte und Rechtsgüter, also in erster Linie **Eigentum sowie Leben, Körper und Gesundheit.** Auf deren Bestand haben die Obligationsteilnehmer prinzipiell Rücksicht zu nehmen. Das kann – wie etwa beim Verwahrungs- oder Heilbehandlungsvertrag – sogar zum eigentlichen Vertragsinhalt

---

191 Zu deren dogmatischer Herkunft, die nunmehr eher von historischem Interesse ist, *E. Schmidt* im Anschluss an den Neudruck der beiden Abhandlungen von *R. von Ihering*, Culpa in contrahendo, und von *Staub*, Die positiven Vertragsverletzungen, 1969, S. 131 ff.
192 S. jedoch die Sonderregel des § 619 a BGB zugunsten des Arbeitnehmers.
193 Grundfälle zum Nachfolgenden behandelt *Schwab*, JuS 2002, 773 ff. u. 872 ff.

gemacht werden, ändert aber nichts am Schutzcharakter der entsprechenden **Obhuts- und Fürsorgepflichten.** Deren Intensität sowie Ausrichtung hängt von der jeweiligen Konstellation ab, was namentlich dann von Bedeutung ist, wenn dem Schutzpflichtigen vorgehalten wird, er habe keine zureichenden Maßnahmen zur Integritätswahrung getroffen. Mögen auch »aktive« Integritätsverletzungen wie die Beschädigung von Mobiliar durch unsachgemäßes Hantieren des Handwerkers oder ein Sturz des Mieters wegen zu glatten Bohnerns der Haustreppe durch den Vermieter ohne Weiteres die Haftung aus § 280 I BGB nach sich ziehen, so gilt dies nicht für ein Unterlassen (s. noch E II. 1.2). Die für ein solches signifikanten **Warn- und Sicherungspflichten** setzen eine spezifische Verantwortlichkeit voraus, sollen die an der Obligation Beteiligten nicht wechselseitig zum Hüter des je anderen gemacht werden. So hat zwar der Wachmann dafür zu sorgen, dass Diebe nicht durch ein offen gelassenes Fenster einsteigen, muss aber gewiss nicht dafür gerade stehen, dass sich sein »Auftraggeber« infolge Zugluft erkältet. Auch ist es fraglos Aufgabe des Arztes, seine Patienten auf bedrohliche Symptome aufmerksam zu machen, nicht jedoch von dessen Vermögensberater, der dieselben ebenfalls erkannt hat. Mit dem »kann« in § 241 II BGB soll verdeutlicht werden, dass die Schutzdimension keine Einheitslösung verträgt. In diesem Zusammenhang sei zuguterletzt noch daran erinnert, dass sich aus dem vertraglichen Kontakt auch Schutzwirkungen für Dritte ergeben können (s. o. B II. 1.5.2.2), wie dies etwa bei Familienangehörigen des Mieters der Fall ist, denen der Vermieter die nämliche Integritätswahrung schuldet wie seinem Vertragspartner. Diese Erstreckung ist freilich entgegen mancherlei Ansicht nicht in dem Sinne zu verstehen, als hätten die Dritten nur einen von der Rechtsposition des eigenen »Schutzpatrons« (z. B. des vertragsschließenden Elternteils) abhängigen Anspruch auf Integritätswahrung. Sie werden vielmehr eigenständige Partner der Schutzbeziehung – und zwar gleich, ob hierfür § 311 a III S. 1 BGB bemüht oder dies direkt aus § 241 II BGB hergeleitet wird.[194]

2.2 Vermögenssorgende Schutzpflichten

Die soeben hervorgehobene Konstellationsabhängigkeit von Art und Reichweite des Bewahrungsobligos tritt vollends im Hinblick auf die in § 241 II BGB zusätzlich angeführten Interessen zutage. Mit ihnen wird in erster Linie auf die **Vermögensbelange der Kontaktpartner** abgezielt, die angesichts ihrer tatbestandlich nur schwer abgrenzbaren Konturen im Deliktsrecht keinen regulären Schutz genießen und auch im Vertragsrecht prinzipiell nur dann »Bestandsgewähr« erheischen, wenn die Abmachungen (wie z. B. Vermögensverwaltung, Steuerberatung u. a. m.) speziell darauf zugeschnitten sind. Es hat sich indes herausgestellt, dass solche Zurückhaltung dann unangebracht ist, wenn es aufgrund der über die Obligation vermittelten »geschäftlichen Nähe« zu Einflussmöglichkeiten auf die finanziellen Bestände der Beteiligten kommt, die über die aus dem bloßen Nebeneinander resultierende und dann eben hinzunehmende Gefährdung hinausreichen. So kann es etwa im Hinblick auf eine geplante Geschäftsübernahme zur Aushändigung von Unterlagen (Bilanzen, Kundendatei) gekommen sein, die der Interessent nach Scheitern der Verhandlungen an die »Konkurrenz« weitergibt. Auch mag eine Bank eine sich später als unbegründet erweisende Scheck-

---

194 Weiteres anhand freilich des vormaligen Rechtszustandes bei *Martiny*, JZ 1996, 19 ff., dessen Ausführung auch für das Folgende von Belang sind.

bestätigung erteilt haben, aufgrund deren der Kunde die verkaufte Ware an den »Betrüger« herausgibt, der damit auf Nimmerwiedersehen verschwindet.[195]

In solchen Fällen würde der Betroffene auf seinen Verlusten sitzen bleiben, da es bei ihnen ja nicht um die ggf. haftbar machende Verletzung einer Leistungspflicht geht. Das hat seit langem die Judikatur auf den Plan gerufen, die mittlerweile ein weitreichendes Geflecht von Pflichten zur **bestandserhaltenden Vermögenssorge** ausgearbeitet hat, die sich an diejenigen richten, denen der Schutzberechtigte seine Finanzinteressen anvertraut hat. Nehmen diese diesbezüglich nicht die so gebotene Rücksicht, so haben sie gemäß § 280 I i. V. m. § 241 II BGB (im erstgenannten Fall noch unter zusätzlicher Heranziehung des § 311 II Nr. 1 BGB) für die Einbußen gerade zu stehen. § 311 III S. 2 BGB erweitert diesen Kreis der Schutzpflichtigen noch auf solche Personen, die »in besonderem Maße Vertrauen für sich in Anspruch« und so Einfluss auf für sie eigentlich fremde Geschäfte nehmen. Zu denken ist hier u. a. an einen Sachverständigen, der zwecks Vorbereitung eines Vertrags ein Gutachten erstattet, dass sich als unrichtig herausstellt, jedoch vom Gegner seines Auftraggebers zur Grundlage für den entsprechend nachteiligen Geschäftsabschluss gemacht worden ist.[196]

Schaubild 11

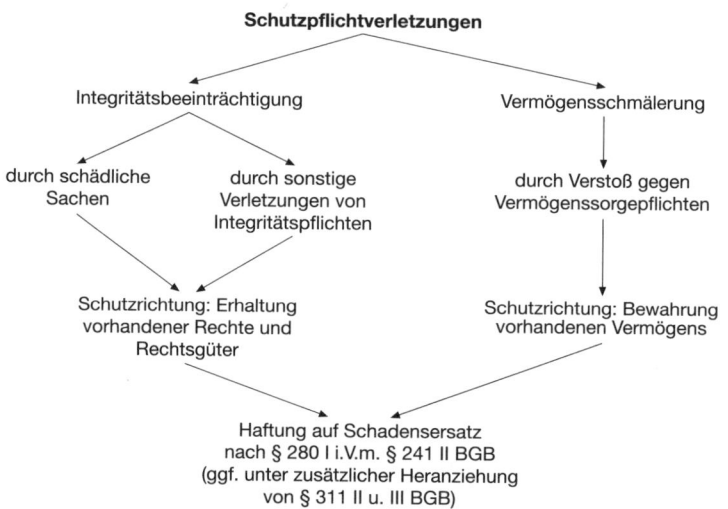

3 Haftung für Dritte

Bei den bisherigen Ausführungen zur Vertragshaftung ist durchweg davon ausgegangen worden, dass die Leistungsstörung vom Schuldner persönlich herrührt bzw. die Schutzpflichtverletzung auf einem Verhalten gerade des Obhuts- oder des Informationspflichtigen beruht. Damit wird die Lebenswirklichkeit jedoch

---

[195] S. dazu im Ansatz BGHZ 49, 167 ff.
[196] Vgl. nur den interessanten Fall BGHZ 127, 378 ff.

nur unzureichend eingefangen. Hatten wir bereits beim Vertragsschluss gesehen, dass die potentiellen Geschäftspartner oft gar nicht selbst in Aktion treten, sondern Dritte »für sich reden« lassen, so gilt dies um so mehr bei der Vertragsdurchführung, die nicht selten vollständig dem eigenen Personal, aber auch beliebigen Anderen übertragen wird; und war jene Repräsentanz der Anlass für den Gesetzgeber, die betr. Arbeitsteiligkeit mit den Regeln über die Stellvertretung zu steuern (§§ 164 ff. BGB; s. o. B II. 1.4), so musste er auch Sorge dafür tragen, dass die **Einschaltung sog. Gehilfen** nicht zur Verkürzung der Gläubiger- und Schutzinteressen des jeweiligen Gegenüber führt. Dessen Augenmerk wird zwar i. d. R. nicht auf ein höchstpersönliches Tätigwerden seines Partners gerichtet sein, gewiss aber darauf, dass dieser ihm »anständige Leute schickt« bzw. widrigenfalls uneingeschränkt das **Personalrisiko** trägt. Eben dies wäre indes nicht gewährleistet, wenn der Leistungs- und Schutzpflichtige nur für die sorgfältige Auswahl, Ausstattung und Unterweisung seiner Leute verantwortlich wäre, wie es etwa dem Konzept des § 831 BGB entspricht (dazu unten E II. 4.2). Dann nämlich müßte sich der Berechtigte im Schadensfall mit diesen herumschlagen – und dies nicht einmal auf Vertragsbasis, da er ja mit ihnen gar kein Geschäft abgeschlossen hat. Folglich bedurfte und bedarf es eines Modells, das dem Leistungsschuldner und Schutzverantwortlichen zwar weitgehend die Vorzüge der Arbeitsteiligkeit einräumt, dies aber mit einer unbedingten Einstandspflicht für etwaiges Gehilfenversagen verknüpft.

3.1 Die Grundregelung des § 278 BGB

Eben diesen **kompensatorischen Zusammenhang von Assistenzvorteil und Personalrisiko** verfolgt § 278 BGB,[197] indem er – freilich in uns schon längst geläufiger Leistungsorientierung – dem Schuldner die Haftung für ein Fehlverhalten seiner »**Erfüllungsgehilfen**« auferlegt. Mit der Erweiterung der Obligation um die Schutzpflichtebene gemäß § 241 II BGB sind mittlerweile auch die diesbezüglichen Integritätsinteressen in den Verantwortungskreis des § 278 BGB miteinbezogen worden. Statt von Erfüllungsgehilfen sprechen wir insoweit von »**Bewahrungsgehilfen**«, ohne dass sich dadurch an der Struktur des Zurechnungskonzepts etwas ändern würde.[198] Der Schuldner ist demnach umfassend dafür verantwortlich, dass »seine Leute« die Leistung nicht vereiteln oder verzögern, und als Schutzpflichtiger überdies dafür, dass diese nicht mit unsicherer Ware oder per sonstiger Schutzpflichtverletzung die Integrität des anderen Teils beeinträchtigen. Er wird praktisch so behandelt, als sei ihm die Leistungsstörung bzw. das die gegnerischen Bestandsschutzinteressen tangierende Verhalten selbst unterlaufen. Der Erfüllungs- bzw. Bewahrungsgehilfe gilt gewissermaßen als seine rechte Hand mit der wichtigen Konsequenz, dass auch dessen Nachlässigkeit zu seinem Nachteil erst einmal vermutet wird (§ 280 I 2 BGB).

Diese – eine eigene Fahrlässigkeit des Verpflichteten mithin nicht voraussetzende – **Einstandshaftung** ist natürlich nur dann angemessen, wenn z. B. der Verkäufer das Hilfspersonal selbst hinzugezogen hat. Für Einmischungen Dritter, die nicht um ihre »Hilfe« gebeten wurden, ist er deshalb nicht verantwortlich. Andererseits ist es aber nicht so, dass nur derjenige Erfüllungsgehilfe sein kann, der speziell mit einer den Leistungsvorgang betreffenden Tätigkeit betraut worden ist. Zwar wird gern noch zwischen einem zurechenbaren Gehilfenhan-

---

197 Zu dessen Dogmatik *E. Schmidt*, AcP 170 (1970), 502 ff.
198 Vgl. zu alledem noch *Kupisch*, JuS 1983, 817 ff.

deln »bei Erfüllung« und einem vom Schuldner angeblich nicht zu verantwortenden Gehilfenverhalten »gelegentlich« derselben differenziert, doch hat spätestens die Hereinnahme der Schutzpflichten in den Obligationsrahmen diese Unterscheidung mehr und mehr unpraktikabel gemacht. Sinnfällig macht dies der Fall, in dem der Unterpächter einer Gaststätte darin vorsätzlich eine Explosion herbeigeführt hat.[199] Wenngleich hier noch argumentiert wird, dieselbe sei »bei dem Gebrauch« des Pachtobjekts i. S. des an den § 278 BGB angelehnten § 540 II BGB geschehen, so liegt der wahre Zurechnungsgrund in der Nutzungsgestattung und damit im Einbezug des »Täters« in den Verantwortungskreis des Hauptpächters. Der Verpflichtete hat mithin für das vermutete Fehlverhalten aller solcher Personen aufzukommen, die etwa als Betriebs- oder Geschäftsangehörige Gelegenheit hatten, nachteilig auf die Durchführung des Vertrags einzuwirken; also etwa der Kfz-Händler dafür, dass ein Lehrling trotz ausdrücklichen Verbots mit dem bereits verkauften Wagen herumfährt und diesen beschädigt, oder der Buchhändler für die Putzfrau, die das bereitgelegte Bücherpaket versehentlich dem Müll überantwortet. Auch könnten die in § 278 BGB verwendeten Worte »deren er sich ... bedient« den Schluss zulassen, als handle es sich bei den eingesetzten Leuten stets um weisungsgebundenes Personal. Dem ist jedoch nicht so. Arbeitsteilung meint ja nicht nur die Aufspaltung in einzelne Arbeitsvorgänge innerhalb eines Betriebs, sondern auch die Kooperation mehrerer Betriebe, Organisationen, Geschäftsleute etc., die zueinander nicht im Über-/Unterordnungsverhältnis stehen. So kann das Wasserwerk, von dem der Bierproduzent das nötige Wasser bezieht, ebenso Erfüllungshilfe sein wie der Spediteur, sofern der Verkäufer sich zur Ablieferung des Kaufobjekts am Wohnort des Käufers (also anders als bei § 447 BGB; s. u. C I. 2.4.2) verpflichtet hatte; und wenn sich der Schuldner zur Begleichung des von ihm zu entrichtenden Entgelts einer Bank bedient, so muss er sich deren Versehen bei der Überweisung gemäß § 278 BGB anrechnen lassen, obwohl er ihr im einzelnen keine Vorschriften machen kann.[200]

Die parallel zur Gehilfenhaftung in § 278 BGB angeordnete Einstandspflicht des Schuldners für ein »Verschulden« seines **gesetzlichen Vertreters** (Eltern, Vormund) beruht auf der Organstellung dieses Personenkreises. Ohne dessen Mitwirkung kann der Vertretene überhaupt nicht am rechtsgeschäftlichen Verkehr teilnehmen. Deshalb ist die Haftung dessen, der aus dem Vertrag ja auch den Vorteil zieht, auf der Leistungsebene durchaus akzeptabel. Hingegen lassen sich Schutzpflichtverletzungen des gesetzlichen Vertreters dem Zögling nicht mehr sinnvoll zurechnen. Hier sollte der Partner einen aus dem geschäftlichen Kontakt zu seinem Verhandlungsgegner ableitbaren unmittelbaren vertragsähnlichen Ersatzanspruch gegen den Vertreter haben (§ 311 II Nr. 3 i. V. m. § 241 II BGB).

3.2 Arbeitsteiligkeit zwischen Produktion und Handel

Der Zurechnungsmechanismus des § 278 BGB versagt angeblich, wenn es um die **Arbeitsteilung zwischen Produzenten und juristisch eigenständigem Handel** geht. Letzterer soll – vorbehaltlich gewisser Inspektions- und Kontrollpflichten wenigstens des Fachhandels – lediglich Verteilerfunktion und folglich mit Herstellung und Prüfung der Ware »nichts zu tun« haben. Dieser Standpunkt führt namentlich bei Lieferung schädlicher Sachen, die beim Gläubiger den bereits bekannten Mangelfolgeschaden auslösen, aber auch bei Qualitätsmängeln dazu,

---

199 BGHZ 112, 307 ff.
200 Zur Gehilfeneigenschaft von Amtsträgern *Lüderitz*, NJW 1975, 1 ff.

dass dieser sich insoweit nicht auf die zur Schlechtleistung entwickelten Grundsätze (s. o. 1.3) berufen kann.[201] Er ist dann allein auf die das bloße Qualitätsmanko freilich von vornherein aussparende deliktsrechtliche Produzentenhaftung angewiesen (s. u. E II. 4 a. E.).

Da die Eigenständigkeit des Produzenten bzw. dessen Unkontrollierbarkeit seiner Gehilfenqualität nach dem gerade Erläuterten nicht entgegensteht, führt die »Verteilerthese« zu einer eigenartigen Reduzierung der Vertragshaftung beim praktisch ja dominierenden Erwerb neu hergestellter Waren vom Händler.[202] Zwar trifft diesen das in § 433 I 2 BGB statuierte Qualitätsobligo und überdies die Sicherungspflicht aus § 241 II BGB, doch wird dieses Leistungs- und Schutzprogramm dann praktisch nur für die Gewährleistung durchgehalten. Das befremdet schon deshalb, weil bei **Identität von Produzent und Verteiler** – der Hersteller hat sein eigenes in Stellvertretung (§§ 164 ff. BGB) agierendes Absatzpersonal – unstreitig die volle Schadenszuständigkeit anzunehmen wäre. Je nach Wahl der juristischen Absatzorganisation würden mithin unterschiedliche Haftungsresultate herauskommen. Dafür gibt es keinerlei inhaltliche Rechtfertigung, und bei genauerem Zusehen widerstreitet dies dem eingangs beschriebenen Grundanliegen des § 278 BGB. Diese Vorschrift will ja gerade sicherstellen, dass der Schuldner, der seinen Pflichten nicht mit eigenen Mitteln nachkommen kann und deshalb auf »fremde Hilfe« angewiesen ist, daraus kein Kapital zu Lasten seines Gegners schlägt. Wer daran Abstriche macht, **begünstigt in Wahrheit nicht nur den Händler, sondern vor allem den Hersteller,** der dann bei mangelhafter Produktion zumindest wegen Qualitätseinbußen keinerlei Schadensverantwortlichkeit zu befürchten hat. Ist nämlich der »Verteiler« solchermaßen von der Haftung befreit, so steht diesem mangels eines Schadens auch kein Regress aus dem eigenen Vertrag mit dem Produzenten zu. Das läuft letztendlich auf eine nicht nur juristisch höchst zweifelhafte, sondern unter Allokationsgesichtspunkten auch ökonomisch nicht zu rechtfertigende Entlastung des eigentlichen Schadensurhebers hinaus, die durch die erwähnte Produzentenhaftung keineswegs ausgeglichen wird.

---

201 Exemplarisch BGHZ 48, 118 ff.; anders freilich bei einer vom Hersteller mitgelieferten unvollständigen Bedienungsanleitung BGHZ 47, 312 ff.
202 Ausführlich zur einschlägigen Diskussion *E. Schmidt* in FS Heinrichs (1998), S. 511 ff.

166 Grundlagen des Vertragsrechts

Schaubild 12

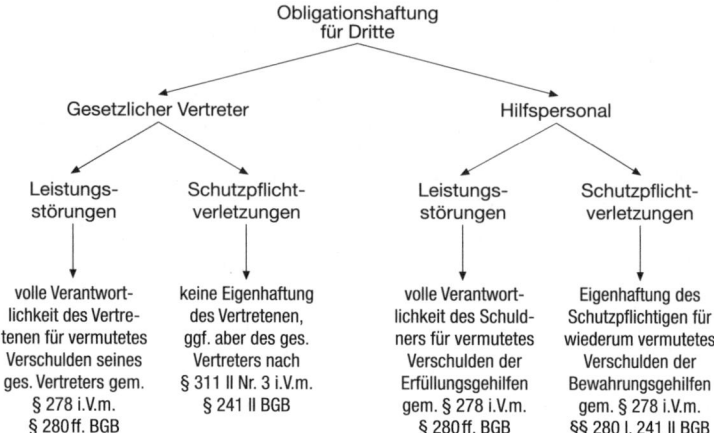

```
                        Obligationshaftung
                            für Dritte
                    ┌───────────┴───────────┐
            Gesetzlicher Vertreter      Hilfspersonal
              ┌─────┴─────┐           ┌─────┴─────┐
         Leistungs-   Schutzpflicht-  Leistungs-  Schutzpflicht-
         störungen    verletzungen    störungen   verletzungen
```

volle Verantwort-	keine Eigenhaftung	volle Verantwort-	Eigenhaftung des
lichkeit des Vertre-	des Vertretenen,	lichkeit des Schuld-	Schutzpflichtigen für
tenen für vermutetes	ggf. aber des ges.	ners für vermutetes	wiederum vermutetes
Verschulden seines	Vertreters nach	Verschulden der	Verschulden der
ges. Vertreters gem.	§ 311 II Nr. 3 i.V.m.	Erfüllungsgehilfen	Bewahrungsgehilfen
§ 278 i.V.m.	§ 241 II BGB	gem. § 278 i.V.m.	gem. § 278 i.V.m.
§ 280 ff. BGB		§ 280 ff. BGB	§§ 280 I, 241 II BGB

C Ausgewählte Vertragstypen*

Dieses Kapitel führt ein in das Recht ausgewählter Vertragstypen. Es dient zugleich der exemplarischen Wiederholung und Vertiefung des Stoffes aus dem vorangegangenen Grundlagenkapitel. Im Vordergrund stehen die vertragstypischen Leistungspflichten und die Sanktionen bei nicht ordnungsmäßiger Vertragsdurchführung. Den größten Raum nimmt das ökonomisch wichtigste Austauschgeschäft einer entwickelten Verkehrswirtschaft ein – der **Kaufvertrag**. Das deutsche Kaufrecht ist durch das Schuldrechtsmodernisierungsgesetz 2001[1] grundlegend reformiert worden. Dadurch ist zum einen die EG-Verbrauchsgüterkauf-Richtlinie 1999/44[2] in das deutsche Recht umgesetzt worden. Zum anderen ist das Kaufrecht an das durch die Schuldrechtsreform neugefasste allgemeine Leistungsstörungsrecht angepasst worden. Hinsichtlich der »Mangelgewährleistung« sind die Vorgaben der EG-Richtlinie weitgehend in das allgemeine Kaufrecht übernommen worden. Lediglich in den §§ 474–479 finden sich wenige Sonderregeln für den sog. *Verbrauchsgüterkauf*. Der kaufrechtliche Schadensersatz richtet sich nunmehr ausschließlich nach den Normen des allgemeinen Schuldrechts (§§ 280 ff.). Das neue Kaufrecht und einige alte Probleme werden unter C I dargestellt.

Der Werk- und Mietvertrag sowie der »freie« Dienstvertrag dienen mehr der Ergänzung und Abrundung als einer detaillierten Darstellung; letztere bleibt den Monographien und den Lehrbüchern zum Besonderen Schuldrecht überlassen. Die Komplexität des **Werkvertrags** besteht in seiner Heterogenität, dass er sowohl Sachleistungen als auch Dienstleistungen umfasst. Auf das – ebenfalls neu geregelte[3] – **Mietvertragsrecht** wird wegen seiner zum Kauf- und Werkvertrag unterschiedlichen Ausgestaltung des Mangels- und Schadensersatzrechts kurz eingegangen. Der sog. **freie Dienstvertrag**[4] wurde aus zwei Gründen aufgenommen: Einmal erhält der Sektor der qualifizierten Dienstleistungen eine immer größere volkswirtschaftliche Bedeutung. Die Regeln über den (abhängigen) Dienstvertrag (§§ 611–630) sind auf ihn nur beschränkt anwendbar. Zum anderen ist dieser gesetzlich nicht geregelte Vertragstyp einer *Nicht-Sachleistung* wegen des Fehlens eines »objektiven Dienstmangels« ein interessanter Anwendungsfall für ein alternatives Leistungsstörungsrecht zu Kauf-, Werk- und Mietvertrag. Erfahrungsgemäß bereitet der Zugang zu diesem Bereich den jungen Studierenden – und nicht nur ihnen – besondere Schwierigkeiten.

Im deutschen Vertragsrecht kann heute angesichts des erreichten Standes der Rechtsangleichung innerhalb der Europäischen Gemeinschaft der **Verbrauchervertrag** als eine selbstständige Sonderkategorie behandelt werden.[5] Einige EG-Mitgliedstaaten wie Frankreich und Österreich haben daraus die Konsequenz

---

* §§ ohne Gesetzesangabe sind im folgenden solche des BGB.
1 Gesetz zur Modernisierung des Schuldrechts vom 26.11.2001 (BGBl. I 3138). Vgl. dazu statt vieler *Palandt*, BGB, Ergänzungsband, 61. Aufl. 2002 und *Haas/Medicus/Rolland/Schäfer/Wendtland*, Das neue Schuldrecht, 2002 jew. m. w. Nachw.
2 ABl. EG 1999 L 171/12.
3 Mietrechtsreformgesetz vom 19.6.2001 (BGBl. I 1149).
4 Vgl. dazu *Anders/Gehle*, Das Recht der freien Berufe, 2001; zur eropäischen Dimension vgl. den Bericht der Kommission zum »Stand des Binnenmarkts für Dienstleistungen«, KOM (2002) 441 endg.
5 Vgl. dazu allgemein *Reich*, Europäisches Verbraucherschutzrecht, 3. Aufl. 1996; *Schulte-Nölke*, Casebook: Europäisches Verbraucherrecht, 1999.

gezogen und ein Verbrauchergesetzbuch neben das allgemeine Zivilgesetzbuch gestellt. Der deutsche Gesetzgeber der Schuldrechtsmodernisierung hat demgegenüber – am Beispiel des Verbrauchsgüterkaufs und Verbraucherkredits besonders deutlich – versucht, dieses EG-initiierte Verbraucherschutzrecht in das BGB zu integrieren. Der Verbrauchervertrag ist jetzt im deutschen Recht abstrakt definiert: durch einen **Unternehmer** auf der Anbieterseite und einen **Verbraucher** auf der Nachfrageseite.

»Unternehmer ist eine natürliche oder juristische Person oder eine rechtsfähige Personengesellschaft, die bei Abschluss eines Rechtsgeschäfts *in Ausübung ihrer gewerblichen oder selbstständigen beruflichen Tätigkeit* handelt.« (§ 14 I).

»Verbraucher ist jede natürliche Person, die ein Rechtsgeschäft zu einem Zweck abschließt, der *weder ihrer gewerblichen noch ihrer selbstständigen beruflichen Tätigkeit zugerechnet* werden kann.« (§ 13).

Die meisten dieser europäischen Rechtsetzungsakte sind auf der Grundlage von Art. 95 III EG (»Verbraucherschutz«) und in der Form von *EG-Richtlinien* ergangen. Sie können Kaufverträge, Darlehensverträge einschließlich ihrer Sicherungen wie z. B. Bürgschaften sowie Dienstleistungen betreffen:

– Richtlinie betr. den Verbraucherschutz im Falle von außerhalb von Geschäftsräumen geschlossenen Verträgen vom 20. 12. 1985;[6]

– Richtlinie über den Verbraucherkredit vom 22. 12. 1986;[7]

– Richtlinie über missbräuchliche Klauseln in Verbraucherverträgen vom 5. 4. 1993;[8]

– Richtlinie über den Verbraucherschutz bei Vertragsabschlüssen im Fernabsatz vom 20. 5. 1997;[9]

– Richtlinie über den Schutz der Verbraucher bei der Angabe der Preise der ihnen angebotenen Erzeugnisse vom 16. 2. 1998;[10]

– Richtlinie über den Fernabsatz von Finanzdienstleistungen an Verbraucher aus dem Jahre 2002.[11]

Ihre Zukunftsplanungen für den Verbraucherschutz hat die Europäische Kommission in der Mitteilung »Verbraucherpolitische Strategie 2002–2006«[12] vorgestellt. Danach soll u. a. die Richtlinie über Verbraucherkredite überarbeitet[13] und das Vertrauen der Verbraucher in den elektronischen Geschäftsverkehr[14] gestärkt sowie ein umfassender Rechtsrahmen für Zahlungen im Binnenmarkt vorgelegt werden. – Auf den Verbrauchsgüterkauf (C I 4) und das Teilzahlungsgeschäft sowie den finanzierten Verbraucherkauf (C I 8) wird in diesem Kapitel eingegangen.

---

6 ABl. EG 1985 L 372/31.
7 ABl. EG 1986 L 42/48.
8 ABl. EG 1993 L 95/29.
9 ABl. EG 1997 L 144/19.
10 ABl. EG 1998 L 80/2.
11 ABl. EG 2002 L (noch nicht veröffentlicht).
12 KOM(2002) 208 endg.
13 Vgl. dazu den Richtlinienvorschlag, ABl. EG 2002 C (noch nicht veröffentlicht).
14 Zur e-commerce-Richtlinie (ABl. 2000 L 178/1) vgl. *Reich/Nordhausen*, Verbraucher und Recht im elektronischen Geschäftsverkehr, 2000; zur Umsetzung vgl. *Spindler*, NJW 2002, 921.

I. Kaufvertrag[15]

1 Die wichtigsten Kaufvertragstypen

Die Funktion des Kaufvertrags besteht in der Verschaffung der umfassenden und ausschließlichen Inhaberschaft eines Gegenstandes gegen Zahlung von Geld. Besteht die Gegenleistung in etwas anderem als Geld – in einer Sache, einem Recht oder in einem sonstigen Gegenstand – spricht man von einem *Tausch* (§ 480). Auf den Tausch finden die Vorschriften über den Kauf entsprechende Anwendung. Kaufverträge können unterschieden werden nach ihrem jeweiligen Gegenstand und nach den beteiligten Personen.

1.1 Kaufgegenstand

Hinsichtlich des **Kaufgegenstands** differenziert das deutsche Recht insbesondere zwischen Sach- und Rechtskauf; beim Sachkauf wiederum zwischen Stück- und Gattungskauf sowie zwischen Mobiliar- und Immobiliarkauf. Leitbild des Kaufrechts ist international der Kauf beweglicher Sachen (»Waren«). Inhalt eines Kaufvertrages können jedoch die unterschiedlichsten Gegenstände sein: technisches Know-how, Software, Wertpapiere, Unternehmen, Gesellschaftsanteile, Arzt- oder Rechtsanwaltspraxen etc. Das BGB behandelt aber nur zwei repräsentative Gegenstände, auf die das Kaufrecht uneingeschränkt Anwendung findet: **Sachen** und **Rechte**.

Der **Rechtskauf** ist in § 453 geregelt. § 453 erklärt die Vorschriften über den Sachkauf (§§ 433–452) auf den »Kauf von Rechten und sonstigen Gegenständen« für *entsprechend anwendbar*. Bei dem Rechtskauf steht der Kauf von **(Geld-)Forderungen** im Vordergrund. Die Verschaffung der Inhaberschaft einer Forderung erfolgt durch Abtretung (§§ 398 ff.; s. u. I 2.2).

Sachen sind »körperliche Gegenstände« (§ 90). Bei dem **Sachkauf** kann zwischen Stück- und Gattungssachen unterschieden werden. Unter dem **Stück- oder Spezieskauf** versteht man einen Kaufvertrag über eine konkrete individualisierte Sache. Relevanteste Anwendungsfälle hierfür sind der Kunst-/Antiquitätenmarkt, der Handel mit gebrauchten Sachen, insbes. gebrauchten Pkw, und der Grundstücks- und Eigentumswohnungsmarkt. In einer entwickelten Industriegesellschaft kommt dagegen dem Kauf von Gattungssachen die größere Bedeutung zu. Gattungssachen sind zumeist vertretbare bewegliche Sachen i. S. des § 91 BGB: Sachen, »die im Verkehr nach Zahl, Maß oder Gewicht bestimmt zu werden pflegen«.[16] Hierzu zählen ausnahmslos die neu hergestellten, industriell gefertigten Massenkonsumgüter ebenso wie die Erzeugnisse der Land-/Forstwirtschaft und Fischerei. Der alltägliche Einkauf im Supermarkt ist fast ausnahmslos ein Gattungskauf. Der Unterscheidung zwischen Stück- und Gattungskauf kann bei der Nacherfüllung und beim Schadensersatz Relevanz zukommen.

Bei dem Sachkauf spielt weiter die Unterscheidung zwischen **beweglichen und unbeweglichen** Sachen eine Rolle. Dies hat Auswirkungen sowohl für die Moda-

---

15 Vgl. als Überblicksdarstellungen: *Westermann*, NJW 2002, 241; *Schubel*, JuS 2002, 313; *Brüggemeier*, WM 2002, 1376.
16 Vgl. dazu *Th. Rüfner*, Vertretbare Sachen?, 2000.

litäten des Vertragsschlusses als auch für die Erfüllung des Kaufvertrages. Der Kaufvertrag über ein Grundstück oder eine Eigentumswohnung bedarf der notariellen Beurkundung (§ 311b I 1). Ein unter Verstoß gegen dieses Formerfordernis geschlossener Vertrag ist nichtig (§ 125 S. 1). Dieser Formfehler kann jedoch geheilt werden, wenn der nichtige Grundstückskaufvertrag ordnungsgemäß erfüllt wird (§ 311 b I 2). Die Verschaffung des Eigentums an beweglichen Sachen erfolgt nach den §§ 929 ff. (Einigung und Übergabe), – die Übereignung unbeweglicher Sachen nach den §§ 925, 873 (Einigung/Auflassung und Eintragung in das Grundbuch).

1.2 Parteien des Kaufvertrags

Hinsichtlich der **beteiligten Personen** können für das deutsche Recht heute mindestens sieben Fallkonstellationen unterschieden werden:

- **Verbrauchsgüterkauf:** Unternehmer (§ 14)/Kaufmann (§ 1 HGB) verkauft an Privatperson/Verbraucher *bewegliche Sachen* (§§ 474-479 i. V. m. §§ 433 ff.; dazu unten I 4);

- **Verbraucherkauf:** Unternehmer (§ 14) verkauft an Verbraucher (§ 13) *andere Gegenstände als bewegliche Sachen:* Immobilien, Rechte etc.

- **Handelskauf:** Der Verkäufer ist Kaufmann i. S. der §§ 1 ff. HGB. Seit dem Handelsrechtsreformgesetz 1998[17] gelten alle Gewerbetreibende ohne Rücksicht auf die Branche, in der sie arbeiten, als Kaufleute. Eine Ausnahme hiervon wird nur noch gemacht, wenn das Unternehmen keinen in kaufmännischer Weise eingerichteten Geschäftsbetrieb erfordert. Derartige Kleinbetriebe können durch die Eintragung in das Handelsregister Kaufmannstatus erlangen. Für den Handelskauf gelten zusätzlich die §§ 373–382 HGB. Nicht als Gewerbetreibende und damit als Kaufleute gelten weiterhin die sog. *freien Berufe:* Rechtsanwälte, Ärzte etc.[18] Diese unterfallen aber dem Unternehmerbegriff des § 14 BGB! Kaufmann-Begriff des HGB und Unternehmerbegriff des BGB-Verbraucherschutzrechts sind nicht identisch!

  Besondere Regeln gelten für den *beiderseitigen Handelskauf.* § 377 HGB sieht unverändert eine verschärfte Bestimmung über die Untersuchungs- und Rügelast des gewerblichen Käufers vor!

- **Internationaler Handelskauf:** Hierbei handelt es sich um den Kauf beweglicher Sachen (»Waren«), wobei die Vertragsparteien ihren Sitz in verschiedenen Staaten haben, zumeist in Signatarstaaten der *UN-Convention on Contracts for the International Sale of Goods* von 1980 (CISG).[19] Dies ist ein völkerrechtlicher Vertrag, der mittlerweile weltweit von mehr als 60 Staaten, einschließlich Deutschlands und der meisten EU-Mitgliedstaaten,[20] ratifiziert worden ist. Anders als die wenigen, das allgemeine BGB-Kaufrecht lediglich ergänzenden, Regelungen des HGB beinhaltet dieses sog. *UN-Kaufrecht* eine umfassende Kodifikation des internationalen Handelskaufs, vom Vertragsabschluß bis hin zu den Leistungsstörungen (vgl. dazu unten C I 9).

---

17 BGBl. 1998 I, 1474; in Kraft seit dem 1. 7. 1998. Vgl. dazu u. a. *K. Schmidt*, NJW 1998, 2161.
18 Zum sog. freien Dienstvertrag vgl. unten C IV.
19 BGBl. 1989 II, 586. Vgl. dazu u. a. *Schwenzer*, NJW 1990, 602 ff.
20 Nicht-Signatarstaaten sind das Vereinigten Königreich, Irland und Portugal.

Kaufvertrag | 171

- **Beiderseitiger Unternehmerkauf:** Unternehmer i.S. des § 14 verkauft an Unternehmer (§§ 433 ff., 307). Hierauf finden die Vorschriften über den beiderseitigen Handelskauf nur Anwendung, wenn zusätzlich die Kaufmannseigenschaft gegeben ist.
- **Zweiseitiges Verbrauchergeschäft:** Privatperson/Verbraucher (§ 13) verkauft an Verbraucher: §§ 433 ff.; §§ 308, 309.
- **Umgekehrter Verbraucher-/Verbrauchsgüterkauf:** Privatperson/Verbraucher verkauft an Unternehmer (§ 14) / Kaufmann (§ 1 HGB): §§ 433 ff.; 307.

1.3 Weitere Typisierungen

Bei dem Kaufvertrag ließen sich noch eine Reihe zusätzlicher Differenzierungen und Abgrenzungen vornehmen. Hier sollen lediglich noch drei weitere Aspekte betont werden: der *Sukzessivlieferungsvertrag*, der *Werklieferungsvertrag* und das *Leasinggeschäft*.

Der **Sukzessiv-** oder **Ratenlieferungsvertrag,** als Verbrauchergeschäft nunmehr in § 505 geregelt, weicht dadurch von dem Regeltyp des Kaufvertrags ab, dass es sich nicht – wie bei dem Kauf der meisten Konsumgüter – um ein einmaliges Austauschgeschäft handelt, sondern dass die wiederholte Lieferung bestimmter, i.d.R. vertretbarer Sachen über längere Zeit vereinbart ist. Beispiele: Bierlieferungsvertrag, Zeitungsabonnement. Der Sukzessivlieferungsvertrag gehört daher zu dem Typ der Langzeitverträge oder Dauerschuldverhältnisse. Dies führte bisher zu der analogen Anwendung von Regeln des Dienst- bzw. Arbeitsvertragsrechts. Die Beendigung von Dauerschuldverhältnissen (»Kündigung aus wichtigem Grund«) ist nunmehr gesondert geregelt in § 314. Für den Verbrauchervertrag sieht § 505 I 1 ein Widerrufsrecht vor.

Der **Werklieferungsvertrag** (§ 651) verbindet Elemente des Kaufs und des Werkvertrags. Es geht um die Verschaffung von Eigentum an einer von dem Verkäufer *herzustellenden* **beweglichen** Sache. Auf den Werklieferungsvertrag ist jetzt ausnahmslos Kaufrecht anwendbar. Lediglich wenn es sich bei dem herzustellenden Endprodukt um eine *nicht vertretbare Sache* handelt, kann ergänzend Werkvertragsrecht herangezogen werden (§ 651 S. 3; s.u. C II).

Primär steuerrechtlich und aus betrieblichen Liquiditätsgesichtspunkten motiviert ist der **Leasingvertrag,** der sich seit den 60er Jahren in der BRD durchgesetzt hat. Am verbreitetsten ist das sog. *Finanzierungsleasing* (vgl. dazu jetzt § 500). Eine Leasinggesellschaft kauft neu hergestellte Anlagegüter (Lkw, Pkw, Rechenanlagen, etc.), um sie Dritten, den Leasingnehmern, gegen Entgelt zum Gebrauch zu überlassen. Der Leasingvertrag wird befristet über einen bestimmten mehrjährigen Zeitraum (sog. Grundmietzeit) abgeschlossen, oft in Verbindung mit einer Verlängerungsoption. Die Verantwortung für Instandhaltung, Untergang und Beschädigung trägt grundsätzlich der Leasingnehmer. Ihn trifft insoweit auch die Versicherungslast. Überwiegend wird auf den gesetzlich nicht geregelten Leasingvertrag Mietrecht angewandt, ergänzend wird aber auch auf das Kaufrecht zurückgegriffen.[21] – Da der Leasingvertrag gelegentlich auch Kaufoptionen enthält, bestehen zudem enge Berührungspunkte zum **Mietkauf.**

---

21 Vgl. dazu *Martinek*, Moderne Vertragstypen I, 1991, Kap. I: Leasing, S. 33 ff.; *Reinicke/Tiedtke*, Kaufrecht, 1997, Kap. 11: Leasing, S. 597 ff.

Der Mietkauf ist ein Mietvertrag, der von vornherein vorsieht, dass in einer bestimmten Zeit eine Kaufoption ausgeübt werden kann. Dann werden die Mietzinszahlungen auf den zu entrichtenden Kaufpreis angerechnet.

2 Vertragsinhalt

Der **Kaufvertrag** ist ein Rechtsgeschäft, durch das ein **zweiseitig verpflichtendes Schuldverhältnis** (»gegenseitiger Vertrag« i. S. der §§ 320 ff.) begründet wird. Die konstitutiven Elemente eines jeden Kaufvertrages sind in § 433, der den Sachkauf regelt, enthalten. Die **Hauptleistungspflicht** des **Verkäufers** ist es, dem Käufer Eigentum und Besitz an der verkauften Sache zu verschaffen (§ 433 I 1) – *und* dem Käufer die Sache frei von Sach- und Rechtsmängeln zu übergeben (§ 433 I 2). Die **Hauptleistungspflicht** des **Käufers** ist es, den Kaufpreis zu zahlen (§ 433 II). Der Käufer ist zudem verpflichtet, die Sache »abzunehmen«.

Daneben können den Verkäufer und Käufer weitere Nebenleistungspflichten und Schutzpflichten treffen (vgl. oben B I 2.2).

2.1 Verkäuferpflicht beim Sachkauf: Übereignung

Die Hauptleistungspflicht des Verkäufers nach § 433 I besteht darin, dem Käufer die verkaufte Sache in der vertraglich geschuldeten Weise zu übereignen; d. h. insbes.

– frei von Sach- und Rechtsmängeln (§§ 434, 435),
– am rechten Ort (§ 269),
– zur rechten Zeit (§ 271).

Mit der vertragsgemäßen Eigentumsverschaffung hat der Verkäufer seine Leistungspflicht erfüllt. Sie ist damit erloschen (§ 362 I).

Das kann man auch anders regeln. Das französische Recht geht von dem *Einheitsprinzip* aus: Mit dem Zustandekommen des Kaufvertrages geht das Eigentum an der Kaufsache auf den Käufer über. Das BGB folgt dem *Traditionsprinzip:* Es bedarf einer gesonderten Übereignung der Kaufsache. Damit sind im deutschen Privatrecht zur Abwicklung eines Kaufes grundsätzlich zwei Arten von Verträgen erforderlich sind: (1) der Kaufvertrag, durch den die Leistungspflicht des Verkäufers (und Käufers) begründet wird; (2) die Übereignung, durch die diese Leistungspflicht des Verkäufers aus § 433 I erfüllt wird. Die erste Art des Vertrages, durch die ein Schuldverhältnis begründet wird (§ 311 I 1.Alt.), nennt man **Verpflichtungsgeschäft;** die zweite Art des Vertrages, durch die eine Rechtsänderung herbeigeführt wird (§ 311 I 2. Alt.), nennt man **Verfügungsgeschäft**. Verkompliziert wird diese Doppelkonstruktion noch dadurch, dass beide Verträge im deutschen Privatrecht als selbstständig behandelt werden, d. h. in ihrer rechtlichen Existenz grundsätzlich unabhängig voneinander sind. Ist der Kaufvertrag etwa wegen Verstoßes gegen gesetzliche Vorschriften (§ 134) oder wegen Sittenwidrigkeit (§ 138) nichtig oder durch Anfechtung wegen Täuschung oder Irrtums (§§ 123, 119) nachträglich unwirksam geworden, bleibt die Übereignung gleichwohl wirksam. Man nennt dies **Abstraktionsprinzip**.[22] Mit der Unwirksamkeit des Kaufvertrages

---

22 Vgl. dazu *Jauernig,* JuS 1994, 721. – Auch das ist keine Denknotwendigkeit. Das niederländische Recht z. B. folgt dem Traditionsprinzip; anerkennt aber nicht das Abstraktionsprinzip.

sind allerdings Zweck und Rechtsgrundlage der Übereignung (oder sonstigen Verfügung) entfallen. Der Käufer ist durch die erfolgte Eigentumsverschaffung »ungerechtfertigt bereichert«! Er ist nach § 812 I 1 1. Alt. zur Rückübereignung verpflichtet. Das Bereicherungsrecht der §§ 812 ff. (s. u. D) dient so zu einem gewissen Grad der »Reparatur« der Folgen des Abstraktionsprinzips.

Die Abwicklung eines Kaufs impliziert im deutschen Recht notwendig den Abschluss **dreier** Verträge und damit die Abgabe von *sechs* Willenserklärungen: ein Verpflichtungsgeschäft (Kaufvertrag) und zwei Verfügungen (Übereignung der Kaufsache und Geldzahlung). Im täglichen Leben kann diese Transaktion jedoch blitzschnell und ohne jeden Wortwechsel von statten gehen. Beispiel: Kauf am Kiosk. Jemand legt 40 Cent auf den Kiosktresen, nimmt eine BILD-Zeitung und geht weiter.

Das Eigentum an der verkauften Sache wird dem Käufer durch die Übereignung verschafft. Bei der Übereignung von Sachen muss erneut zwischen beweglichen und unbeweglichen Sachen unterschieden werden.

2.1.1 Bewegliche Sachen

Bewegliche Sachen werden rechtsgeschäftlich[23] nach den §§ 929 ff. übereignet. Grundtatbestand ist § 929. Die Übereignung besteht danach aus zwei Elementen – der Einigung und der Übergabe. Eine weitere Wirksamkeitsvoraussetzung ist die Verfügungsberechtigung.

(1) Einigung und Übergabe

Die **Einigung** ist ein zweiseitiges Rechtsgeschäft. Die Parteien erklären übereinstimmend, dass sie einverstanden sind, dass das Eigentum an der jeweiligen Sache von der einen Partei (Verkäufer) auf die andere Partei (Käufer) übergeht. Für diese Verfügung müssen die allgemeinen rechtsgeschäftlichen Voraussetzungen einer gültigen Willenserklärung wie Geschäftsfähigkeit, Deckung von Erklärungswillen und Erklärung, Vertretungsmacht bei der Stellvertretung etc. (vgl. oben B II.1) vorliegen.

Die Verfügung über eine Sache ist grundsätzlich nur dann wirksam, wenn die Sache im Zeitpunkt der rechtsgeschäftlichen Einigung vorhanden ist. Dies ist der eine Grund, warum man das Verfügungsgeschäft (die rechtsgeschäftliche Einigung nach § 929) auch einen **dinglichen Vertrag** nennt. Der andere Grund ist der beschränkte Regelungsgehalt dieses Vertrages. Sein Inhalt besteht ausschließlich in der Herbeiführung dieser dinglichen Rechtsänderung. Das Eigentum an der verkauften Sache steht nach erfolgter Übereignung dem Käufer zu. Das Eigentum ist aber ein Recht »an« der Sache (§ 903). Entfällt die Sache durch Zerstörung, entfällt das Eigentum. Eine Verfügung ohne die Sache, die übereignet oder (mit einem Pfandrecht) belastet werden soll, ist eine Verfügung ohne Gegenstand. Sie ist ohne rechtliche Wirkung. Die Rigidität dieser Gegenständlichkeit der Verfügung ist in der wirtschaftlichen Praxis jedoch aufgeweicht worden. Grundsätzlich ist die *Bestimmbarkeit* der Sache über die möglicherweise *im voraus* (»antizipiert«) verfügt wird, ausreichend.[24]

---

23 Auf die gesetzlichen Tatbestände des Erwerbs von Eigentum, wie u. a. den Erbfall (§ 1922), die Ersitzung (§ 937) oder die Verarbeitung (§ 950), wird hier nicht weiter eingegangen.
24 Näheres dazu im Kreditsicherungs- und Sachenrecht.

Die **Übergabe** ist die Verschaffung des Besitzes an der Sache.[25] »Der Besitz wird durch Erlangung der tatsächlichen Gewalt über die Sache erworben« (§ 854 I). Diese Definition legt es nahe, den Sachbesitz als ein rechtsempirisches Phänomen aufzufassen. Diese vermeintliche Faktizität des Besitzes ist durch die Rechtsordnung jedoch »normativiert« worden. Insbesondere bei Arbeitsverhältnissen geht das Gesetz davon aus, dass nicht die Arbeitnehmer, die z. B. als Lagerarbeiter oder Kassiererinnen im Supermarkt die »tatsächliche Gewalt« über die Sache haben, sondern ausschließlich der Arbeitgeber Besitzer i. S. des § 854 ist. Der Arbeitnehmer gilt als sog. **Besitzdiener.** Die Übertragung des Besitzes durch Arbeitnehmer, etwa durch die Verkäufer in Handelsgeschäften oder durch das Kassenpersonal in SB-Märkten, ist nur möglich mit der Zustimmung des Arbeitgeber-Besitzers (analog § 185 I).

Diese Ausgestaltung des Übereignungstatbestandes des § 929 unterstreicht die Bedeutung des unmittelbaren Besitzes für das Eigentum an beweglichen Sachen. Dies kommt am deutlichsten in § 1006 I zum Ausdruck: Zu Gunsten des unmittelbaren Besitzers einer beweglichen Sache wird vermutet, dass er der Eigentümer ist. Der tatsächlichen Gewalt über die Sache kommt m. a. W. eine Signalwirkung für das Eigentum zu. Dies ist eine überaus moderne, den Erfordernissen einer Verkehrswirtschaft Rechnung tragende Regelung. Nicht der potentielle Käufer wird mit den Informationskosten belastet, herauszufinden, ob sein Kontrahent, der im Besitz der Sache ist, auch der Eigentümer ist. Vielmehr handelt der Eigentümer, der freiwillig seine Sache vermietet, verleiht etc., gewissermaßen »auf eigene Gefahr«. Es ist primär Sache des Eigentümers, sich einen zuverlässigen Vertragspartner auszusuchen, dem er den Besitz der Sache überlässt. Darauf ist gleich zurückzukommen.

Damit sind im Kernbereich die **Regeln des sog. gutgläubigen Erwerbs** bereits umschrieben (§§ 932 ff.):

Wenn A während seines Urlaubs seinen Farbfernseher an B verleiht und B, wegen notorischen Geldmangels, den Fernseher an C verkauft und übereignet, erwirbt C in aller Regel Eigentum an dem Gerät (§ 932). Dieser Eigentumserwerb durch »Verfügung eines Nichtberechtigten« hat zwei zentrale Prämissen: (1) Der Eigentümer muss sich freiwillig seines unmittelbaren Besitzes begeben haben, d. h. die Sache vermietet oder verliehen haben. Oder negativ formuliert: Die Sache darf ihm nicht abhanden gekommen sein, d. h. ohne sein Wissen und gegen seinen Willen aus dem unmittelbaren Besitz gelangt sein (§ 935 I). (2) Der Erwerber muss *gutgläubig* sein. Diese Voraussetzung ist gegeben, wenn er nicht gewusst hat bzw. ihm nicht infolge grober Fahrlässigkeit unbekannt geblieben ist, dass nicht B – sondern A der Eigentümer des Fernsehers war (§ 932 II).

(2) Die Verfügungsberechtigung

Das Eigentum an einer Sache kann grundsätzlich nur der Eigentümer übertragen. Ein Kaufvertrag (Verpflichtungsgeschäft) ist dagegen auch dann wirksam, die verkauften Sachen noch gar nicht vorhanden sind (z. B. erst noch produziert werden sollen) oder einem Dritten gehören (dessen Eigentum man sich noch verschaf-

---

25 Zu der Ersetzbarkeit der Übergabe durch sog. Übergabesurrogate nach §§ 930 (Besitzmittlungsverhältnis/»Besitzkonstitut«) und 931 (Abtretung des Herausgabeanspruchs) vgl. die Darstellungen des Sachenrechts.

fen will, z. B. durch Kauf, Schenkung oder Erbschaft). Die Verfügung (Einigung) setzt dagegen voraus, dass der Übertragende auch der Inhaber des Rechts ist, das er übertragen will. Eigentum und sog. Verfügungsberechtigung fallen beim Sachkauf in der Regel zusammen. Sie können jedoch auch auseinander fallen. Von daher kommt dem Begriff der Verfügungsberechtigung seine Bedeutung zu. Dies sei an zwei Beispielen erläutert:

a) Verwertungsrecht eines Dritten

Durch die Belastung der Sache mit dem Pfandrecht eines Dritten kann Eigentum und Verfügungsberechtigung auseinanderfallen. Das Pfandrecht gibt dem Pfandrechtsinhaber/Pfandrechtsgläubiger ein **Sicherungs-** und **Verwertungsrecht**, d. h. er kann unter bestimmten Bedingungen die (fremde) Pfandsache verkaufen (zumeist im Wege öffentlicher Versteigerung: § 1235) und so wirksam das Eigentum daran auf Dritte übertragen (vgl. § 1204 I). Ein Pfandrecht an beweglichen Sachen kann durch Rechtsgeschäft (§ 1205), durch Pfändung durch den Gerichtsvollzieher im Rahmen der Zwangsvollstreckung (§ 804 ZPO) oder kraft Gesetzes, z. B. Vermieter-/Werkunternehmerpfandrecht (§§ 562, 647), entstehen. Mit Modifizierungen gilt Entsprechendes für das Pfandrecht an Grundstücken und an Wohnungseigentum (Grundpfandrechte: Hypothek, Grundschuld, Rentenschuld).

b) Verdeckte Stellvertretung

Jemand tritt im eigenen Namen auf, verfügt aber über fremde Sachen. Dafür kann es wirtschaftliche Notwendigkeiten geben. Der Händler, der die Kaufsachen unter Eigentumsvorbehalt (§ 449; vgl. unten I) bezogen hat, darf die Sachen mit Zustimmung des Lieferanten weiter veräußern, wenn er die Kaufpreisforderung vorab an seinen Lieferanten abgetreten hat (sog. verlängerter Eigentumsvorbehalt). Die Verfügung ist wirksam. Man spricht dann von **Ermächtigung** nach § 185 I im Unterschied zur Bevollmächtigung nach § 167. Der Verkäufer kann auch ein legitimes Interesse daran haben, anonym im Hintergrund zu bleiben. Er ermächtigt dann einen Strohmann mit dem Verkauf.

[Beim Handelskauf ist der gute Glaube an die Verfügungsbefugnis des gewerblichen Verkäufers, etwa zu Veräußerungen im Rahmen eines verlängerten Eigentumsvorbehalts, ausreichend (§ 366 I HGB).]

2.1.2 Unbewegliche Sachen

Dem Besitz als Signalträger des Eigentums bei beweglichen Sachen entspricht die Eintragung des Berechtigten in das Grundbuch bei unbeweglichen Sachen. »Ist im Grundbuch für jemand ein Recht eingetragen, so wird vermutet, dass ihm das Recht auch zusteht« (§ 891 I). Entsprechend ist der Übereignungstatbestand bei Grundstücken ausgestaltet: Er enthält die beiden Elemente **Einigung und Eintragung** (§ 873 I).

Der Formalisierung des Vertragsabschlusses (Verpflichtungsgeschäft) nach den §§ 433, 311 b – notarielle Beurkundung – entspricht die Ausgestaltung der Einigung (Verfügung) nach den §§ 925, 873: Die rechtsgeschäftlichen Erklärungen des Verkäufers und Käufers, dass sie sich einig sind, dass das Eigentum an dem jeweiligen Grundstück auf den Käufer übergehen soll, muss vor einer »zuständigen

Stelle« (i. d. R. ein Notar) bei gleichzeitiger Anwesenheit beider Parteien abgegeben werden (§ 925 I 1). Dieser als **Auflassung** bezeichnete Vorgang lässt den Vertragscharakter des dinglichen Verfügungsgeschäfts (= Einigung) besonders deutlich hervortreten. Hinzukommen muss die Eintragung des Käufers in das Grundbuch (§§ 873 ff.). Hinsichtlich der Einzelheiten wird auf die Darstellungen des Sachenrechts verwiesen.

Bei Unrichtigkeit des Grundbuches ist ein gutgläubiger Erwerb des Grundstücks von dem als Eigentümer eingetragenen Nichtberechtigten möglich (§ 892).

2.2 Verkäuferpflicht beim Rechtskauf

Beim Rechtskauf ist der Verkäufer verpflichtet, dem Käufer das Recht zu verschaffen (§ 453). Berechtigt das Recht zum Besitz einer Sache, so hat der Verkäufer auch die Sache frei von Sach- und Rechtsmängeln zu verschaffen.

Ein wichtiger Anwendungsfall des Rechtskaufs ist der Forderungskauf. **Forderungen** resultieren aus Schuldverhältnissen, gleich ob diese durch Rechtsgeschäft (Kauf-, Werkvertrag etc.) oder *kraft Gesetzes* (z. B. deliktischer Schadensersatz, Anspruch aus ungerechtfertigter Bereicherung) begründet worden sind. Am wichtigsten sind Geldforderungen, wie die auf Zahlung des Kaufpreises oder auf Leistung von Schadensersatz oder Wertersatz. Bei der Forderung gibt es keinen dem Besitz oder der Grundbucheintragung bei dem Sacheigentum entsprechenden Signalträger für die »Inhaberschaft« des Rechts. Daraus ergeben sich unmittelbar zwei konstruktive Folgerungen für den Forderungskauf:

(1) Es gibt keinen gutgläubigen Erwerb von Forderungen!

(2) Die Übertragung der Forderung ist ein eindimensionaler Verfügungstatbestand: Die bloße Einigung genügt für den Übergang des Rechts von dem Verkäufer auf den Käufer. Das Gesetz spricht davon, dass die Forderung »durch Vertrag« übertragen wird (§ 398 S. 1). Dieser Vertrag heißt **Abtretung** (s. o. B I.2.3.1). Man kann auch von einem *gegenständlichen* Vertrag sprechen im Unterschied zu dem *dinglichen* Vertrag der (Sach-)Übereignung. Auch zukünftige Forderungen können »antizipiert« abgetreten werden, sofern ausreichende Bestimmbarkeit gegeben ist.

Die Unsicherheiten und Kosten der Realisierung von Geldforderungen haben dazu geführt, dass die Inhaber dieser Forderungen bereit sind, die Geldforderungen gegen einen gewissen Abschlag an einen Dritten, i. d. R. eine Bank, zu verkaufen. Der Verkäufer verbessert dadurch seine Liquidität. Der Käufer übernimmt die Kosten der Einziehung und das Bonitäts-Risiko, d. h. das Risiko, dass der Schuldner solvent ist und die Forderung begleichen kann. Diesen heute ziemlich verbreiteten Kaufvertragstyp nennt man **Factoring**.[26]

Diese Grundsätze über die Übertragung von Forderungen gelten auch für **andere Rechte**. Hervorzuheben ist der Wertpapierkauf und der Kauf von Gesellschaftsanteilen *(share deal)*.[27] Bei den in einem (Wert-)Papier »verkörperten« Rechten ist zu unterscheiden: Der Verkauf von Wertpapieren richtet sich nach den Grund-

---

26 Vgl. dazu *Blaurock*, Grundstruktur und aktuelle Fragen des Factoring, JA 1989, 273 ff.; *Martinek*, Moderne Vertragstypen I, 1991, Kap. III: Factoring, S. 220 ff.
27 Zu den verschiedenen Formen des Unternehmenskaufs vgl. *U. Huber*, Die Praxis des Unternehmenskaufs im System des Kaufrechts, AcP 202 (2002), 179.

sätzen des Sachkaufs, soweit es sich um den Regeltyp der sog. **Inhaberpapiere** (Hauptbeispiele: Aktien, Inhaberzeichen wie Theater- und Konzertkarten) handelt. Hier folgt das Recht *aus* dem Papier dem (Eigentums-)Recht an dem Papier. – Die Grundsätze des Forderungskaufs gelten dagegen für die sog. **Rektapapiere,** d. h. auf den Namen des Inhabers ausgestellte Papiere. Die Übertragung des Rechts erfolgt durch Abtretung (§ 398); das Eigentum an dem Papier geht nach § 952 über. Es gilt der Grundsatz: Das Recht *am* Papier folgt dem Recht *aus* dem Papier. Beispiele: Namensaktien, Sparbuch (= qualifiziertes Legitimationspapier nach § 808).[28]

2.3 Käuferpflicht: Kaufpreiszahlung

Die Hauptleistungspflicht des Käufers aus dem Kaufvertrag besteht in der Zahlung des vereinbarten Kaufpreises (§ 433 II). Hierbei handelt es sich um eine **Geldschuld.**

Dies ist die mit Abstand häufigste Leistungspflicht in einer entwickelten Verkehrswirtschaft. Die Geldschuld ist im BGB kaum geregelt. Wie das Geld selbst entzieht sich auch die Geldschuld einer Einordnung in die üblichen Begriffe des Schuldrechts. Das BGB hat das Geld als außerrechtliches Faktum schlicht vorausgesetzt. **Die Geldschuld ist** keine Sachschuld und damit insbesondere auch **keine Gattungsschuld** i. S. des § 243.[29] Sie wird heute überwiegend als Wertverschaffungs- oder Geldsummenschuld verstanden, d. h. der Schuldner hat dem Gläubiger den durch den Nennwert der Geldschuld ausgedrückten Vermögenswert zu verschaffen.[30]

Die Zahlung des Kaufpreises kann bar oder unbar erfolgen. Bei der **Barzahlung** wird mit **gesetzlichen Zahlungsmitteln** (Münzen, Banknoten) »gezahlt«. Die auf *Cent* und *Euro* lautenden Münzen und Banknoten sind dabei das einzige unbeschränkte (d. h. von den Gläubigern nicht ablehnbare) Zahlungsmittel in Deutschland und den anderen EG-Mitgliedstaaten des Euro-Raumes. Banknoten und Münzen sind wiederum Sachen. Insoweit gelten die allgemeinen Regeln für die Übereignung beweglicher Sachen (§§ 929 ff.). Allerdings gibt es eine wesentliche Einschränkung: Bei den gesetzlichen Zahlungsmitteln ist der gutgläubige Erwerb nach § 932 ausgeschlossen. M. a. W.: Der Eigentümer kann bei gestohlenem Geld nicht den Einwand des Abhandenkommens i. S. des § 935 I erheben (§ 935 II).

Bei der Erfüllung von Geldschulden tritt die Bezahlung mit Bargeld immer mehr zurück hinter den unterschiedlichsten Formen **bargeldloser Zahlung**[31] wie Überweisung, Lastschriftverfahren, Scheckzahlung, Kreditkarte oder elektronischer Zahlung. Diesen Erscheinungsformen bargeldloser Zahlung ist gemeinsam, dass zumeist das dingliche Geschäft der Übereignung von Zahlungsmitteln durch schuldrechtliche Äquivalente ersetzt wird. Dies sei an dem Beispiel der *Über-*

---

28 Zu Einzelheiten vgl. die Lehrbücher des Wertpapierrechts.
29 Anders noch das Vorverständnis des Gesetzgebers im 19. Jahrhundert: vgl. u. a. § 592 ZPO; § 783 BGB.
30 Vgl. dazu *K. Schmidt*, Geld und Geldschuld im Privatrecht, JuS 1984, 737; *ders.*, Geldrecht, Staudinger, Kommentierung der §§ 244-248 BGB, 13. Bearbeitung 1997; *Medicus*, Ansprüche auf Geld, JuS 1983, 897; *ders.*, »Geld muß man haben«, AcP 188 (1988), 489.
31 Vgl. dazu *Schön*, Prinzipien des bargeldlosen Zahlungsverkehrs, AcP 198 (1998), 401 und detailliert: *Gößmann*, Das Recht des Zahlungsverkehrs, 3. Aufl. 1997; *Canaris*, Bankvertragsrecht I, 3. Aufl. 1988, Kap. II: Das Zahlungswesen, S. 193 ff.

weisung kurz skizziert. Ob die Überweisung schon ohne weiteres als ordentliche Erfüllung der Geldschuld betrachtet werden kann oder als Leistung »an Erfüllungs statt« gilt (§ 364 I), ist wohl immer noch umstritten. I. d. R. wird man aber in der Angabe eines Bankkontos auf der Rechnung des Verkäufers das Angebot zu einer vertraglichen Vereinbarung zu sehen haben, dass die »Zahlung« durch Überweisung auf das angegebene Konto eine gehörige Erfüllung i. S. des § 362 ist. Die Begleichung der Geldschuld erfolgt dann so, dass der Schuldner seine (Schuldner-)Bank veranlasst, durch Belastung seines Kontos den Kaufpreis dem Konto des Gläubigers bei dessen Bank gutzuschreiben (vgl. § 676 a I 1). Mit erfolgter Gutschrift auf dem Konto des Verkäufers bei seiner (*Gläubiger-*)Bank gilt die Geldschuld als erfüllt.[32] An die Stelle des Eigentums an dem Bargeld (gesetzlichen Zahlungsmitteln) ist hier die Begründung einer **Forderung** des Verkäufers gegen seine Bank **aus der Gutschrift** (gegebenenfalls auf Auszahlung des Betrages) getreten. Der Überweisungsvertrag ist seit 1999 zusammen mit dem Giro- und Zahlungsvertrag – erneut in Umsetzung von EG-Richtlinien – im BGB geregelt (§§ 675 a–676 h). Die Vorschriften gelten ab dem 1. 1. 2002 für Inlands- und Auslandsüberweisungen. Auf die Kommentierungen der §§ 676 a ff. wird verwiesen.

2.4 Leistungsort und Leistungszeit

Jenseits dieser allgemeinen Grundstruktur, die jedem Kaufschuldverhältnis zu eigen ist, haben die Parteien eines Kaufvertrages – wie auch jeden sonstigen Vertrages – konkrete Vereinbarungen in dreierlei Hinsicht zu treffen: (1) Leistungsgegenstand, (2) Leistungsort und (3) Leistungszeit. Der Verkäufer hat seine Leistungspflicht aus dem Kaufvertrag erfüllt, wenn der geschuldete Gegenstand mangelfrei zur rechten Zeit am rechten Ort dem Käufer verschafft wird. Entsprechendes gilt für die Leistungspflicht des Käufers. Zu diesen drei Punkten ist bereits oben in dem Grundlagenkapitel das Notwendigste gesagt worden (s. o. B III.1.2). Nachfolgend wird nur noch auf den Sonderfall des Zahlungsortes eingegangen (s. u. 2.6).

2.5 Gefahrtragung und Übergang der Preisgefahr

Leistungszeit und Leistungs- bzw. Zahlungsort definieren den Zuständigkeits- und Verantwortungsbereich des Verkäufers hinsichtlich der Kaufsache und des Käufers hinsichtlich der Geldzahlung. Zugleich grenzen sie die Risikosphäre für nachträgliche Leistungsstörungen ab. Dies ist vor allem für den Fall von Bedeutung, dass die Kaufsache ohne Verschulden des Verkäufers zerstört oder beschädigt wird. Das Gesetz spricht insoweit von **Gefahrtragung.** Für den Kaufvertrag – wie für jeden anderen »gegenseitigen Vertrag« – ist die Gefahrtragung in zweierlei Hinsicht zu thematisieren: (1) Wer trägt die Sachleistungsgefahr? (2) Wer trägt die Gegenleistungs- oder Preisgefahr?

Hinsichtlich der **Sachgefahr** gelten zunächst die allgemeinen Grundsätze des Leistungsstörungsrechts. d. h. bei Zerstörung der verkauften Sache *vor* der Übereignung erlischt diese Hauptleistungspflicht des Verkäufers. Er wird von der Pflicht nach § 433 I 1, das Eigentum hieran zu verschaffen, frei (§ 275 I). Für den Fall, dass den Verkäufer kein Verschulden hieran trifft, entstehen auch keine sekundären Leistungspflichten bzw. Schadensersatzansprüche des Käufers.

---

32 BGHZ 6, 121; BGH WM 1999, 11.

Grundsätzlich trägt daher im Kaufrecht der Käufer die Sachleistungsgefahr. – Hat der Verkäufer oder sein Personal (§ 278) die Zerstörung verschuldet, tritt an die Stelle der erloschenen primären Sachleistungspflicht eine sekundäre Leistungspflicht – die Schadensersatzpflicht statt der (ganzen) Leistung (§ 281). Entsprechendes gilt, wenn die Sache bereits bei Abschluss des Kaufvertrages zerstört war (§§ 311 a, 275).

Wenn wegen des Untergangs der Kaufsache die Hauptleistungspflicht erlischt und den Verkäufer mangels Verschuldens keine Schadensersatzpflicht trifft, stellt sich die Frage, was mit der Gegenleistung, der Kaufpreiszahlung, geschieht. § 326 I formuliert hier als Grundsatz, dass bei Wegfall der Sachleistungspflicht des Verkäufers dieser auch den Anspruch auf den Kaufpreis verliert. M. a. W.: Die Gegenleistungsgefahr trägt grundsätzlich der Verkäufer. Von diesem Grundsatz gibt es nun aber einige wichtige Ausnahmen, in denen trotz Erlöschens der Leistungspflicht des Verkäufers dieser seinen Anspruch auf die Kaufpreiszahlung behält. Insoweit spricht man vom **Übergang der Gegenleistungs-** oder **Preisgefahr** vom Verkäufer auf den Käufer: Übergabe der Kaufsache, Versendungskauf und Gläubigerverzug.

2.5.1 Übergabe der Kaufsache (§ 446)

Die Preisgefahr geht auf den Käufer über, wenn er bei Verlust, Zerstörung oder Beschädigung der Kaufsache bereits in deren Besitz ist, ohne schon Eigentümer geworden zu sein. Hauptanwendungsfall hierfür ist der Kauf unter Eigentumsvorbehalt (§ 449).

Beispiel: Der Rechtsstudent A hat in der Buchhandlung B telefonisch ein Exemplar eines Einführungsbuches in das Zivilrecht bestellt. Die Buchhandlung hat ihm das Buch mit der Post zugeschickt. Beigefügt war die Rechnung. Neben dem Kaufpreis und der Angabe der Kontonummer befand sich unten auf der Rechnung auch der Hinweis: Das Eigentum bleibt bis zur Zahlung des Kaufpreises vorbehalten. In der juristischen Seminarbibliothek ist A das Buch von einem Unbekannten gestohlen worden. Die Buchhandlung verlangt von A Zahlung des Kaufpreises.

In der telefonischen Bestellung des Buches liegt ein Angebot des A an B auf Abschluss eines Kaufvertrages über das Einführungsbuch. Die Buchhandlung B hat dieses Angebot angenommen. Der Kaufvertrag ist zustande gekommen.

In der Zusendung des Buches an A liegt das Angebot der B, dem A das Eigentum an dem Buch zu verschaffen. Dieses Angebot hat A wiederum angenommen. Damit ist normalerweise eine wirksame Einigung nach § 929 gegeben. Da A auch Besitz an dem Buch erlangt hat, wäre der Tatbestand der Übereignung nach § 929 S. 1 erfüllt. Die Besonderheit dieser Fallgestaltung besteht jedoch darin, dass das Angebot auf Übereignung durch B nicht vorbehaltlos erklärt worden ist. Es ist modifiziert worden durch den Vermerk auf dem beigefügten Rechnungsformular »Eigentum vorbehalten«. Dieses Verhalten der Buchhandlung B ist rechtlich wie folgt zu qualifizieren: B hat A ein **bedingtes Angebot zur Übereignung** gemacht. Genauer: Die Erklärung der B, dem A das Eigentum an dem Buch zu verschaffen, steht unter der aufschiebenden Bedingung, dass der Kaufpreis bezahlt wird (§§ 449 I, 158 I). Mit der Zahlung des Kaufpreises (hier: mit der Gutschrift des Rechnungsbetrages auf dem angegebenen Konto der Buchhandlung) ginge das Eigentum »automatisch«, ohne dass es eines weiteren Rechtsaktes bedarf, auf A über (§ 158 I).

In dem Beispielsfall ist B die Erfüllung der Verpflichtung aus dem Kaufvertrag, dem A das Eigentum an dem übersandten Buch zu verschaffen, nachträglich (subjektiv) unmöglich geworden, ohne dass die Buchhandlung dies i. S. des § 276 I 1 »zu vertreten« hat. Entgegen der Grundregel der Reziprozität (§§ 275, 326 I) behält B aber den Anspruch auf Zahlung des Kaufpreises, da § 446 für diesen Fall den Übergang der Preisgefahr anordnet. Der Grund dieser Regelung besteht in der spezifischen Wertung der beiderseitigen Interessen in dieser konkreten Fallkonstellation: Die Buchhandlung B hat alles ihr Obliegende zur Erfüllung des Vertrages getan. Die Kaufsache befand sich im Macht- und Kontrollbereich des A, dem auch die Nutzungsmöglichkeit zustand. Es war zudem ausschließlich an A, den Zeitpunkt der Zahlung zu bestimmen und dadurch den Erfolg des Eigentumsübergangs herbeizuführen. Deshalb ist es sachgerecht, ihn und nicht die Buchhandlung B das Risiko des Nicht-Eintritts des vertraglichen Erfolges tragen zu lassen.

Wäre die Situation anders zu beurteilen, wenn das bestellte Buch gar nicht erst in den Besitz des A gelangt – sondern bereits auf dem Postweg von B zu A »abhanden gekommen« wäre? Dies leitet bereits über zu dem zweiten Ausnahmefall.

2.5.2 Versendungskauf (§ 447)

Die Preisgefahr geht auf den Käufer über, wenn ein sog. Versendungskauf vorliegt und der Verkäufer seine vertraglichen Pflichten erfüllt hat. Der Versendungskauf ist eine **Schickschuld**. Bei der Schickschuld ist der Wohnsitz bzw. die Niederlassung des Verkäufers der Erfüllungsort i. S. des § 269. Der Verkäufer übernimmt lediglich die vertragliche Nebenpflicht, die Versendung der Kaufsache *an einen anderen Ort als den Erfüllungsort* zu »besorgen«. D. h. der Verkäufer schuldet nicht den Transport – er schuldet aber die Auswahl eines zuverlässigen Transport-/Speditionsunternehmens und die transportgerechte Verpackung der Kaufsache. Wenn er diese **vertraglichen Nebenpflichten** erfüllt hat, hat er das ihm vertraglich Obliegende getan, damit der geschuldete Leistungserfolg (Eigentumserlangung durch den Käufer) eintritt. In dem Zeitpunkt der Aushändigung der ordnungsmäßig verpackten Ware an ein zuverlässiges Transportunternehmen geht die Preisgefahr von dem Verkäufer auf den Käufer über.

In dem *Buchkauffall* wäre daher nach allgemeinem Kaufrecht die Preisgefahr mit der Aushändigung des verpackten und an A adressierten Buches an die Deutsche Post AG oder an einen anderen Paketdienst auf A übergegangen. § 447 ist grundsätzlich auch bei Versendung innerhalb desselben Ortes entsprechend anwendbar. B könnte auch in dieser Fallvariante die Zahlung des Kaufpreises von A verlangen. – Diese allgemeinen Grundsätze haben jedoch jetzt für den **Verbrauchsgüterkauf** (vgl. unten C I 4) eine Einschränkung erfahren. Der Student A hat den Kaufvertrag mit dem Buchhändler B zu einem Zweck geschlossen, der nicht seiner selbstständigen beruflichen Tätigkeit dient. § 447 mit seiner Regelung des Gefahrübergangs findet auf Verbrauchsgüterkäufe keine Anwendung (§ 474 II)! Dies gilt unabhängig davon, ob es sich um sog. Platzgeschäfte oder Geschäfte im überregionalen Versandhandel handelt. Der Verbrauchsgüter-Versendungskauf ist m. a. W. eine **Bringschuld!**

Ein weiteres Beispiel: Der Bremer Weinhändler W bestellt telefonisch 20 Kartons Weißwein eines bestimmten Jahrgangs einer bestimmten Lage bei seinem langjährigen Geschäftspartner, einem Weingut an der Mosel. Der Verkäufer beauftragt ein zuverlässiges Speditionsunternehmen mit dem Transport. Die Kosten trägt W. In der Eifel kommt der Lkw auf einer unerkennbaren Ölspur ins Schleudern und gerät von der Fahrbahn. Die Weinflaschen werden zerstört.

Es liegt kein Verbrauchsgüterkauf vor. Dem gewerblichen Verkäufer ist in diesem Fall die Erfüllung seiner Verpflichtung aus dem Kaufvertrag, dem W das Eigentum an den versandten 20 Kartons Moselwein zu verschaffen, ohne sein Verschulden (objektiv) unmöglich geworden. Gleichwohl kann er von W Zahlung des Kaufpreises verlangen, weil in Abweichung von dem Grundsatz der §§ 275, 326 I die Preisgefahr auf W übergegangen ist (§ 447 I). Grund dieser Regelung ist, dass »auf Verlangen« des Käufers die Kaufsache an einen anderen Ort als den Erfüllungsort versandt wird. Der Käufer schafft dadurch ein zusätzliches Risiko, für das er dann auch einzustehen hat. Diese Einstandspflicht wird allerdings beschränkt auf die **typischen Transportrisiken.** Umstritten ist beispielsweise, ob sich ein derartiges Transportrisiko verwirklicht, wenn die Kartons von dem Transportpersonal unterschlagen werden. Der Käufer kann dieses Risiko ausschließen, indem er – individualvertraglich oder durch seine AGB – eine Bringschuld vereinbart.

Das häufigste Transportrisiko stellt es dar, wenn die Kaufsache bei einem (leicht) fahrlässig durch das Transportpersonal verursachten Unfall zerstört oder beschädigt wird. Auch in dieser Fallkonstellation bleibt es bei der Anwendbarkeit des § 447.

Der Verkäufer kann die Zahlung des Kaufpreises verlangen. Der Käufer ist trotz der schuldhaften Zerstörung der Weinflaschen weitgehend rechtlos gestellt. Er hat keine unmittelbaren Vertragsbeziehungen zu dem Transport-/Speditionsunternehmen. Der Transport ist – wie mehrfach betont – gerade auch keine Leistungspflicht des Verkäufers, so dass ihm das Fehlverhalten des Transportpersonals nicht gem. § 278 zugerechnet werden kann.

Der Käufer hatte auch weder Besitz (so aber grundsätzlich in dem Fall des § 446) noch Eigentum an den Weinflaschen, so dass deliktische Schadensersatzansprüche entfallen. Demgegenüber stellt der fahrlässig verursachte Unfall eine schuldhafte Vertragsverletzung des Transportvertrages zwischen dem Speditionsunternehmen und dem Weinverkäufer dar. Der Verkäufer verfügt mithin über einen vertraglichen Haftungsgrund (§§ 631, 280 I). Er hat jedoch keinen Schaden, da er den Gegenwert der Weinflaschen (einschließlich eines Gewinnzuschlages) in Gestalt des Kaufpreises erhält.

Dies ist eine der ausgefallenen Fallkonstellationen, für die das Institut der **Drittschadensliquidation** entwickelt worden ist. Der Verkäufer soll hier den Schaden des Dritten (Käufers) im eigenen Namen geltend machen können. Der Käufer hat in analoger Anwendung von § 285 einen Anspruch gegen den Verkäufer auf Abtretung dieses Schadensersatzanspruchs.[33] Diese prozessuale Abwicklung ist heute nicht mehr umstritten. – Anders ist es mit der Abgrenzung zu dem *Vertrag mit Schutzwirkung für Dritte* (s. u. C I 3.3.6). Der konstruktive Weg, den Transportvertrag als Vertrag mit Schutzwirkung für den Dritten (Käufer) zu interpretieren, scheiterte bisher hauptsächlich daran, dass der gegenständliche Schutzbereich dieser Verträge mit Schutzwirkungen für Dritte traditionell auf Personen- und Sachschäden beschränkt war. Der Käufer hatte hier »nur« einen reinen Vermögensschaden erlitten.

---

33 RGZ 62, 331; BGHZ 51, 91, 93–95.

Hat der Verkäufer dagegen nachweislich eine unzuverlässige Transportperson ausgewählt[34] oder beruht die Zerstörung der Kaufsache auf einer unzureichenden Verpackung (z. B. feucht gewordene Kartons), bedarf es nicht des Rückgriffs auf die Drittschadensliquidation. Unter diesen Voraussetzungen hätte der Käufer unmittelbar einen eigenen Schadensersatzanspruch gegen den Verkäufer wegen schuldhafter Verletzung einer vertraglichen **Nebenleistungspflicht** aus dem Kaufvertrag (s. u. 3.3.3).

2.5.3 Gläubigerverzug (§ 326 II)

Den dritten wichtigen Anwendungsfall des Übergangs der Preisgefahr stellt der Gläubigerverzug dar (s. o. B III. 3). Das kaufrechtliche Standardbeispiel ist die gescheiterte Anlieferung. Der Käufer ist absprachewidrig nicht zu Hause. Auf dem Rückweg wird die Kaufsache bei einem Unfall zerstört. Durch die Nicht-Annahme ist der Käufer in Gläubigerverzug geraten (§ 293). Anders als bei dem Schuldnerverzug (§ 286 IV) kommt es hier nicht auf ein Verschulden des Gläubigers an. Dass der Käufer seine Abwesenheit nicht »zu vertreten« hatte, spielt daher keine Rolle. Wegen des Übergangs der Preisgefahr nach § 326 II 1 2. Alt. kann der Verkäufer Zahlung des Kaufpreises verlangen.

2.6 Sonderfall Geldschuld: Zahlungsort

Die prominenteste Regelung, die die **Geldschuld**[35] im BGB-Schuldrecht erfahren hat, ist zugleich die komplizierteste. Es handelt sich um den Leistungs- bzw. Zahlungsort (§ 270). Geldschulden werden international zumeist als Bringschulden behandelt (vgl. Art. 57 UN-Kaufrecht). Der BGB-Gesetzgeber konnte sich jedoch nicht zwischen Bringschuld und Schickschuld entscheiden. Der Grundsatz ist in § 270 I enthalten: »*Geld hat der Schuldner auf eigene Gefahr und Kosten dem Gläubiger an dessen Wohnsitz zu übermitteln.*« Dies klingt eindeutig nach Bringschuld. Demgegenüber stellt § 270 IV jedoch klar, dass die Vorschrift über den Leistungsort (sprich: Grundsatz der Holschuld – § 269 I) unberührt bleibt. Folge dieser missglückten Regelung ist, dass zwischen Zahlungsort und Leistungsort unterschieden werden muss:

- *Zahlungsort* ist der Bestimmungsort, an dem der **Zahlungserfolg** eintritt (Sitz des Gläubigers).

- *Leistungsort* ist der Ort, an dem die **Zahlungshandlung** vorgenommen wird (Sitz des Schuldners).

Der Grund für diese Aufteilung des Erfüllungsortes bei der Geldschuld in einen Zahlungs- und einen Leistungsort waren prozessuale Gesichtspunkte. Es sollte kein selbstständiger Gerichtsstand für Geldforderungen an dem Wohnsitz des Gläubigers begründet werden (§ 29 I ZPO; s. o. A III.2.1). Statt jedoch einen entsprechenden Vorbehalt in § 29 ZPO aufzunehmen oder § 270 als »gerichtsstandsrechtlich ›dequalifizierte‹ Bringschuld« zu interpretieren, gilt heute die Geldschuld als »qualifizierte Schickschuld«. Daraus ergibt sich folgende Konsequenz: Erreicht das ordnungsgemäß transferierte Geld den Gläubiger nicht (**Nicht-Zah-**

---

34 Zu dem Sonderproblem des Transports durch *eigene Leute* unter altem Recht vgl. *Reinicke/Tiedtke*, Kaufrecht, 1997, Rn. 157.

35 Vgl. dazu die Literatur in Fn. 29.

lung), muss der Schuldner – anders als bei der normalen Schickschuld (Beisp. Versendungskauf) – noch einmal zahlen. Er trägt insoweit die Geldleistungsgefahr (§ 270 I). – Geht das Geld dagegen bei dem Gläubiger ein, kommt es für die **Rechtzeitigkeit der Zahlung** grundsätzlich auf die Vornahme der Zahlungshandlung am Leistungsort, dem Sitz des Schuldners, an (§ 270 IV). Von Bedeutung ist dies i. d. R. weniger im Kaufrecht als im Versicherungsvertragsrecht, wo es für die Leistungspflicht der Versicherung auf die Zahlung der ersten Prämie ankommt.[36]

Abweichend von § 270 IV wird in den AGB der Banken und Sparkassen, zumindest gegenüber Unternehmern und Kaufleuten, die Geldschuld als Bringschuld vereinbart: Erfüllungsort für Zahlungen des Bankkunden ist der Sitz der Bank.

3 Kaufvertragliche Pflichtverletzungen

Die Pflichtverletzung ist die neue zentrale Kategorie des Leistungsstörungsrechts (vgl. § 280 I 1). Eine **objektive Pflichtverletzung** besteht auch beim Kaufvertrag in der *Nichtleistung* (§ 281 I 1 1. Alt.), der *Teilleistung* (§§ 266, 281 I 2), der *Schlechtleistung*, insbesondere dem Mangel, (§ 281 I 1 2. Alt.) und der *Leistungsverspätung/Verzug* (§ 280 II, 286). Hinzu kommen weitere Formen der Vertragswidrigkeit wie die Verletzung von Nebenleistungs- und Schutzpflichten. Das ist oben ausführlich dargestellt worden (vgl. B IV). In diesem Kapitel werden lediglich die **kaufrechtsspezifischen Vertragsverletzungen** wie die Schlechtleistung und die Neben- und Schutzpflichtverletzung sowie Ansprüche aus Garantie behandelt. Sie sind durch die Umsetzung der EG-Verbrauchsgüterkauf-Richtlinie und durch das Schuldrechtsmodernisierungsgesetz 2001 neu geregelt worden. Der Verbrauchsgüterkauf wird gesondert behandelt. Es schließt sich die Darstellung komplementärer Aspekte des Kaufrechts an (finanzierter Verbraucherkauf, UN-Kaufrecht). Am Ende des Kapitels wird der Stoff anhand von Fallbeispielen wiederholt.

3.1 Mangel der Kaufsache

Zentrale Kategorie des Kaufrechts ist der Sachmangel (§ 434). Dem Sachmangel steht der Rechtsmangel (§ 435) gleich. Die mangelhafte Leistung ist eine objektive Vertrags- oder Pflichtverletzung. Rechtsfolgen dieser objektiven Vertragsverletzung sind (1) Nacherfüllung, (2) Rücktritt und (3) Minderung. Der Schadensersatz wegen Mängel der Kaufsache ist verschuldensabhängig, wenn auch bei Vorliegen eines Mangels eine Verschuldensvermutung greift.

3.1.1 Sachmangel

Der Zentralbegriff des Kaufrechts ist der Sachmangel (§ 434). Der Sachmangel hat in Übereinstimmung mit Art. 2 II Kauf-Richtlinie, der sich seinerseits an Art. 35 UN-Kaufrecht orientiert, drei Aspekte. Alle drei waren der Sache nach auch schon unter dem alten Recht anerkannt:

(1) Im Vordergrund steht die Abweichung von der *vereinbarten Beschaffenheit* (§ 434 I 1), d. h. von der zugrunde gelegten Leistungsbeschreibung. Diese Vertragswidrigkeit entspricht dem bisher vorherrschenden sog. subjektiven Fehler. Hier finden die von daher bekannten Differenzierungen weiter Anwendung:

---

[36] § 38 VVG! Vgl. dazu BGH VersR 1964, 129.

Individualabweichung: der Kaufsache fehlt die sie kennzeichnende (und wertbildende) Eigenschaft (der »Silber«ring aus Messing, die lediglich vergoldete »Gold«uhr,[37] das »unfallfreie« Unfallfahrzeug etc.);

Artabweichung beim Stückkauf: das als Walfischfleisch verkaufte Haifischfleisch;[38] die als Sologeige verkaufte Orchestergeige. Die Artabweichung beim Gattungskauf ist Falschlieferung (aliud; vgl. dazu unten).

Umstandsabweichung: Beschränkungen durch sicherheitsrechtliche Auflagen und öffentlichrechtliche Nutzungsbeschränkungen (als Bauland verkauftes Grundstück mit Baubeschränkungen[39]).

Ist keine Beschaffenheit vereinbart, kommt es

(1) auf die nach dem Vertrag vorausgesetzte *bestimmte Verwendung* an (§ 434 I 2 Nr. 1). Hierfür galt bisher der sog. objektiv-subjektive Fehlerbegriff. Schließlich ist

(2) maßgebend, ob sich die verschaffte Sache »für die gewöhnliche Verwendung eignet und eine Beschaffenheit aufweist, die bei Sachen der gleichen Art üblich ist und die der Käufer nach Art der Sache erwarten kann« (§ 434 I 2 Nr. 2). Dies entspricht in etwa dem überkommenen objektiven Fehler. In seine Definition sind eine Reihe von Elementen aufgenommen worden, die eine Berücksichtigung situativer Umstände und kontextualer Elemente erlauben. Das Tatbestandselement »*nach Art der Sache*« soll insbesondere bei dem Kauf gebrauchter Sachen altersspezifische Abnutzungen erfassen.

Der Mangel muss »bei Gefahrübergang« vorhanden gewesen sein, d. h. in der Regel bei Übergabe, Lieferung, Aushändigung an das Transportpersonal beim Versendungskauf (§ 447), etc. Im allgemeinen Kaufrecht trägt der Käufer hierfür die Beweislast. – Für das Vorliegen eines Sachmangels gilt nicht mehr die Erheblichkeitssperre alten Rechts (§ 459 I 2 BGB). Auch unerhebliche Beschaffenheitsabweichungen oder Verwendungsbeeinträchtigungen konstituieren einen Sachmangel.

Der deutsche Gesetzgeber hat die »*öffentlichen Äußerungen*« aus Art. 2 II lit. d) Kauf-Richtlinie in das allgemeine Kaufrecht übernommen. Öffentliche Äußerungen des Händlers, zumeist aber wohl des Herstellers, Importeurs, Quasi-Herstellers und ihrer Erfüllungsgehilfen (z. B. Werbeagenturen), gehen in die Beschaffenheitsdefinition der Kaufsache ein. Dazu zählen insbesondere über die Medien verbreitete Werbeaussagen, wie z. B. die Angabe zum Kraftstoffverbrauch eines neuen Kfz-Modells.[40] Nicht mehr zu den »öffentlichen Äußerungen« können aber in Verkaufsgesprächen vor Abschluss des Kaufvertrages mündlich erteilte Informationen über Tauglichkeit, Bedienung, Verwendungsrisiken der Kaufsache gezählt werden. Dies bleibt weiterhin eine überaus umstrittene Fallkonstellation der vertraglichen Nebenpflichtverletzung: die fahrlässige Falsch- oder NichtInformation über das Produkt durch den Verkäufer und/oder Dritte (vgl. dazu unten C I 6.2). Derartige (produktbezogene) öffentliche Äußerungen Dritter werden dem Verkäufer/Händler hingegen nicht zugerechnet, wenn er (1) keine Kenntnis davon hatte oder haben musste, wenn (2) in der Zwischenzeit eine

---

37 RGZ 96, 217.
38 RGZ 99, 147 – Haakjöringsködt.
39 BGH NJW 1978, 1429.
40 BGHZ 132, 55.

Berichtigung ergangen war oder wenn (3) die Äußerungen sich auf den Kaufentschluss nicht auswirken konnten (§ 434 I 3 a. E.).

Ebenfalls aus der Kauf-Richtlinie in das allgemeine deutsche Kaufrecht übernommen worden ist die *Montageklausel* – sog. IKEA-Klausel (§ 434 II). Die fehlerhafte Montage durch den Verkäufer und sein Personal stellt einen Sachmangel dar. Insoweit ist eine klassische Nebenpflicht in den Sachmangelbegriff inkorporiert worden. Das Gleiche gilt für die fehlerhafte Montageanleitung. Als fehlerhafte Montageanleitung wird man auch die unvollständige oder unverständliche (z. B. fremdsprachige) Montageanleitung qualifizieren müssen. Nicht geregelt ist der Fall der *fehlenden* Montageanleitung. Auch dies wird einen Sachmangel darstellen. Dies führt zu der Frage, ob diese Grundsätze auch auf den Fall der fehlenden oder fehlerhaften *Bedienungs-, Gebrauchs- und/oder Wartungsanleitung* zu übertragen sind. Bisher war die kaufrechtliche Behandlung der Gebrauchsanleitung umstritten: Die fehlerhafte Bedienungs- und Wartungsanleitung ist vom BGH in einem bekannten Fall als kaufvertragliche Nebenpflichtverletzung qualifiziert worden.[41] Fehlende Bedienungsanleitungen, insbesondere beim Computerkauf, sind sowohl als Sachmangel[42] als auch als Teil-Nichtleistung[43] behandelt worden. Der weite Sachmangelbegriff des neuen Rechts legt es nahe, sowohl fehlende als auch fehlerhafte Gebrauchsanleitungen als Mangel der Kaufsache zu qualifizieren. Insoweit bleibt jedoch abzuwarten, ob sich die Rechtsprechung dem anschließt. – Ähnliche Unsicherheiten könnten sich hinsichtlich fehlerhafter Verpackungen ergeben. Bedeutung hat dies vor allem für den Versendungskauf. Art. 35 UN-Kaufrecht stellt Verpackungsmängel ausdrücklich dem Sachmangel gleich. Die Kauf-Richtlinie hingegen erwähnt den Verpackungsmangel nicht. Der BGH hat fehlerhafte Verpackungen bisher unter altem Recht als Verletzung einer Nebenleistungspflicht qualifiziert.[44] Die Stimmen in der Literatur, die eine UN-kaufrechtskonforme Auslegung der EG-Kauf-Richtlinie vertreten,[45] dürften eine Integration der unzureichenden Verpackung in den Sachmangelbegriff befürworten.

Eine weitere Klarstellung enthält § 434 III. Die *Falschlieferung* (aliud) wird ebenso wie die *Mankolieferung* (minus) der Schlechtleistung (peius) gleichgestellt und als Sachmangel behandelt. Auch das Identitäts-Aliud beim Spezieskauf ist eine vertragswidrige Leistung und unterfällt dem Mangelbegriff des Kaufrechts. – Die Kehrseite dieser Rechtsentwicklung ist bisher wenig beachtet worden. Der Anwendungsbereich des unverändert gebliebenen § 377 HGB beim beiderseitigen Handelskauf ist damit erheblich ausgeweitet worden. Aliud und Minus (mit Einschränkungen durch ex § 378 HGB) sowie Nebenpflichtverletzungen wurden bisher nicht von der Untersuchungs- und Rügeobliegenheit nach § 377 HGB erfasst. Das Rückgriffsrecht des Händlers gegen seinen Vorlieferanten wird dadurch – auch soweit der Händler der Gewährleistung des Verbrauchsgüterkaufs unterliegt (vgl. dazu unten C I 4) – unter verschärfte Anforderungen gestellt.

Nicht alle alten Abgrenzungsprobleme haben sich mit der Neufassung des Sachmangelbegriffs erledigt. Die Anfechtung wegen Irrtums über eine Eigenschaft

---

41 BGHZ 47, 312 – Betonbereitungsanlage.
42 OLG Frankfurt, NJW 1987, 3206.
43 BGH NJW 1993, 461.
44 BGHZ 66, 208 – Batterien; BGHZ 87, 88 – Lagos.
45 *Gruber*, ZVglRWiss 101 (2002) 38; *Jud*, Rangordnung der Gewährleistungsbehelfe, in: Jb.J.ZivRWiss. 2001, S. 205.

(§ 119 II), die eine Beschaffenheit der Kaufsache ausmacht, wird nach Gefahrübergang weiter neben dem Kaufrecht ausgeschlossen sein. Dies gilt nunmehr auch, soweit Rechtsmängel betroffen sind. Schadensersatz aus *Verschulden bei Vertragsschluss / culpa in contrahendo* (c. i. c.) – nunmehr in §§ 280 I, 311 II geregelt – für fahrlässige vorvertragliche Falschinformation über die Verwendungsfähigkeit des Produkts wird weiterhin nach Gefahrübergang durch das kaufrechtliche Gewährleistungsrecht exkludiert sein, soweit ein Mangel der Kaufsache (§ 434) gegeben ist. Der Ausschluss gilt nicht, wenn Vorsatz oder Arglist auf Seiten des Verkäufers vorliegen.[46] Diese c. i. c.-Haftung hat ihren prominenten Anwendungsfall bei den Dienstleistungen. Aber auch beim Kauf hatte sie ihre Relevanz behalten, soweit es nicht um Einzelsachen und deren Mangel geht. Ein Beispiel war der Kauf eines Unternehmens oder einer Arzt-, Anwalts- oder sonstigen freiberuflichen Praxis. Hier hatte die Rechtsprechung Umsatz- und Ertragsangaben oder Bilanzen unter altem Recht nicht als Sacheigenschaften aufgefasst.[47]

[Als ein Notnagel, um sachgerechte Ergebnisse unter Umgehung des alten § 477 BGB zu erzielen, ist in Fällen vorvertraglicher Information gelegentlich neben dem Kaufvertrag ein *selbstständiger Beratungsvertrag* angenommen worden.[48] Auf ihn ist allgemeines Leistungsstörungs- und Verjährungsrecht anwendbar. Er bleibt weiter verfügbar, wenn auch in Zukunft nach der Schuldrechtsreform auf ihn wohl nur unter verschärften Voraussetzungen in kaufvertraglichen Zusammenhängen zurückgegriffen werden dürfte.]

3.1.2 Rechtsmangel

»*Die Sache ist frei von Rechtsmängeln, wenn Dritte in Bezug auf die Sache keine oder nur die im Kaufvertrag übernommenen Rechte gegen den Käufer geltend machen können.*« (§ 435 S. 1). Es handelt sich um dingliche Rechte Dritter, die auf der Kaufsache lasten und insbesondere zum Besitz der Sache berechtigen (sog. Eviktionsfälle); des weiteren um obligatorische Rechte, die Dritte hinsichtlich der Kaufsache haben, oder um Einreden, die dem verkauften Recht entgegenstehen.

Wenn etwa der Bauunternehmer B, der sich in wirtschaftlichen Schwierigkeiten befindet, seine Maschine verkauft, kann diese mit einem *Vermieterpfandrecht* nach § 562 wegen ausstehender Mietzinsforderungen für das Betriebsgrundstück belastet sein. Wird die Maschine dem Käufer übereignet, sind juristisch zwei Fallvarianten möglich: (1) Der Käufer ist in gutem Glauben hinsichtlich der Lastenfreiheit der Maschine, dann erwirbt er die Maschine ohne das Vermieterpfandrecht (§ 936). (2) Der Käufer weiß von den wirtschaftlichen Schwierigkeiten des Verkäufers, dann wird man die Voraussetzungen des guten Glaubens (§ 932 II) kaum bejahen können. Er erwirbt das Eigentum an der Maschine so, wie es bei dem Verkäufer bestanden hat, d. h. belastet mit dem Vermieterpfandrecht. Die Maschine hätte einen Rechtsmangel.

---

46 Grdl. BGHZ 60, 319 – Seegrundstück.
47 BGH WM 1990, 1344; *U. Huber*, AcP 202 (2002), 179, 189 ff.; *Baumbach/Hopt*, HGB, Einl. Rz. 46 und 47 jew. m. w. Nachw.
48 Vgl. u. a. BGH VersR 1977, 918 – Erdbeerplantage; BGH NJW-RR 1990, 1301; BGH NJW-RR 1992, 1011.

3.2 Rechte des Käufers bei Mängeln

3.2.1 Nacherfüllung

Die Lieferung einer mangelhaften Sache ist Nichterfüllung. Primat unter den neuen Rechtsbehelfen hat der Nacherfüllungsanspruch des Käufers. Dies gibt dem Verkäufer zugleich die Möglichkeit, den Kaufvertrag durch eine zweite Andienung ordnungsgemäß zu erfüllen. Die Vertragserhaltung hat nunmehr Vorrang vor der Vertragsvernichtung unter dem alten Recht, wo die Wandelung (heute: Rücktritt) im Vordergrund stand. Der Anspruch auf Nacherfüllung ist auch bei geringfügigem Mangel gegeben. Die Nacherfüllung hat zwei Aspekte: **Nachbesserung** und **Ersatz- oder Neulieferung**.

Beim Stückkauf, insbesondere bei gebrauchten Sachen, kommt von vornherein – wenn überhaupt – nur die Nachbesserung in Betracht. Auch die Nachbesserung kann in Fällen unbehebbarer Mängel – das gefälschte »Original« im Kunsthandel; das »unfallfreie« Unfallfahrzeug beim Gebrauchtwagenhandel – ausgeschlossen sein. Soweit beide Nacherfüllungsoptionen gegeben sind – wie zumeist beim Kauf neu hergestellter Sachen –, hat der Käufer ein **Wahlrecht**. Die Wahlfreiheit des Käufers steht allerdings unter dem Vorbehalt der Unverhältnismäßigkeit der Kosten der jeweiligen Nacherfüllungsmaßnahme (§ 439 III). Bei einem Neuwagenkauf wird daher weiterhin dem Verkäufer die Nachbesserung statt der Ersatzlieferung offen stehen. Zwei erfolglos gebliebene Nachbesserungen gelten als fehlgeschlagen (§ 440 S. 2) und eröffnen den Weg zu Rücktritt oder Minderung und ggf. zum Schadensersatz. Das Wahlrecht ist beim Verbrauchsgüterkauf nicht formular- oder individualvertraglich abdingbar (§ 475). Beim Nicht-Verbrauchsgüterkauf hingegen können die Gewährleistungsrechte des Käufers durch Verkäufer-AGB auf Nacherfüllung beschränkt werden, wenn für den Fall des Fehlschlagens Rücktritt oder Minderung eingeräumt werden (arg. § 309 Nr. 8 b) bb) = ex § 11 Nr. 10 b) AGBG). Dies gilt auch für Verbraucherkäufe über neu hergestellte Häuser oder Eigentumswohnungen!

Das Wahlrecht des Käufers zwischen Nachbesserung und Ersatzlieferung beinhaltet jedoch kein *Recht zur Ersatzvornahme*, d.h. die Möglichkeit, den Mangel durch Dritte beseitigen zu lassen und den Verkäufer mit den Kosten zu belasten. Ein derartiges Gewährleistungsrecht der Ersatzvornahme anerkennt das deutsche Recht nur beim Miet- und Werkvertrag (§§ 536 a II, 634 Nr. 2, 637). Im Kaufrecht ist dies nur über den verschuldensabhängigen Schadensersatz möglich.[49]

Die erforderlichen Aufwendungen für die Nacherfüllung – Wege-, Arbeits-, Materialkosten – hat der Verkäufer zu tragen (§ 439 II). Bei einer Neulieferung durch den Verkäufer muss der Käufer die mangelhafte Sache zurückgeben (§ 439 IV). Das Rücktrittsrecht findet entsprechende Anwendung. Dies bedeutet, dass der Käufer gegebenenfalls eine Nutzungsentschädigung für die alte Sache zu zahlen hat.

3.2.2 Rücktritt

Der Rücktritt ist ein **sekundärer Rechtsbehelf**. Er kommt grundsätzlich erst zur Anwendung, wenn eine angemessene Frist zur Nacherfüllung gesetzt worden

---

[49] Ersatz des sog. kleinen Mangelschadens nach § 281 I 1. Vgl. dazu weiter unten im Text.

und erfolglos geblieben ist. § 440 spezifiziert für den Kaufvertrag die Voraussetzungen, unter denen eine derartige Fristsetzung ausnahmsweise entfallen kann: Verweigerung, Fehlschlagen (vgl. § 440 S. 2), Unzumutbarkeit. Hinzu kommt der Fall des nicht behebbaren Mangels (»Unmöglichkeit der Nacherfüllung«). Hier entfällt gem. § 326 V das Erfordernis der Nachfristsetzung.

Der Rücktritt ist an die Stelle der Wandelung im alten BGB getreten. Er ist nunmehr auch im Kaufrecht ein klassisches **Gestaltungsrecht.** Die Erklärung des Rücktritts ist eine empfangsbedürftige Willenserklärung. Mit ihrem Zugang bei dem Verkäufer wird das Kaufvertragsschuldverhältnis mit Wirkung ex nunc aufgehoben und in ein Rückabwicklungsschuldverhältnis umgewandelt. Dessen Inhalt bestimmt sich nach dem allgemeinen Rücktrittsrecht der §§ 346 ff.: Die empfangenen Leistungen sind zurückzugewähren oder in ihrem Wert zu ersetzen und die gezogenen Nutzungen sind herauszugeben bzw. zu entschädigen.

Ausgehend vom UN-Kaufrecht hat sich über die Kauf-Richtlinie nunmehr bis in das BGB der Grundsatz durchgesetzt, dass die Vertragsaufhebung durch Rücktritt nur zulässig ist, soweit die Vertragsverletzung bzw. der Mangel der Kaufsache **erheblich** ist (§ 323 V 2). Dagegen haben die bisherigen gesetzlichen Schranken gegen einen Rücktrittsausschluss durch AGB weitgehend ihre Bedeutung verloren (§ 309 Nr. 8 b) bb) = ex § 11 Nr. 10 b) AGBG). Für den Verbrauchsgüterkauf gilt nunmehr allgemein die Unabdingbarkeit der Vorschriften über die Mängelrechte des Käufers (§ 475). Im Bereich der werkvertraglichen Bauleistungen war schon bisher die Wandelung ausgeschlossen und der Bauherr auf die Minderung verwiesen. Die Funktion des ehemals so wichtigen § 11 Nr. 10 AGBG (= § 309 Nr. 8 b) zur Absicherung der Gewährleistungsansprüche des Käufers und Werkbestellers beschränkt sich heute auf die Verbraucherkaufverträge über neu erstellte Häuser und Eigentumswohnungen und in der Ausstrahlungswirkung auf Nicht-Verbraucherverträge (§ 307).

3.2.3 Minderung

Im Unterschied zum Rücktritt, der ein Baustein des allgemeinen Leistungsstörungsrechts ist, ist die Minderung ein Sonderrechtsbehelf des Kauf- und Werkvertragsrechts Als ein solcher ist sie aber kaufrechtlich seit langem international anerkannt. Neu gegenüber bisherigem BGB-Recht ist viererlei: (1) Die Minderung ist erstmals auch beim Rechtsmangel anwendbar. (2) Auch die Minderung ist ein sekundärer Rechtsbehelf. Sie kommt nur nach erfolglos gebliebener Nacherfüllung zur Anwendung. (3) Die Minderung ist nunmehr ebenfalls ein Gestaltungsrecht. (4) Für die Ausübung der Minderung gilt – anders als beim Rücktritt – keine Erheblichkeitsschranke.

Die Berechnung der Minderung ist in § 441 III geregelt: Der Kaufpreis ist in dem Verhältnis herabzusetzen, in welchem sich bei Vertragsschluss der Wert der mangelfreien Sache zum Wert der mangelhaften Sache befindet. Gegebenenfalls ist die Minderung durch Schätzung zu ermitteln.

$$X = \frac{\text{Wert mit Mangel} \times \text{vereinbarter Kaufpreis}}{\text{Wert ohne Mangel}}$$

3.3 Schadensersatz

Ist die gelieferte Sache mangelhaft, so kann der Käufer nach den §§ 440, 280, 281, 283 und 311 a Schadensersatz – oder nach § 284 Ersatz der vergeblichen Aufwendungen verlangen (§ 437 Nr. 3). Das Kaufrecht kennt keine eigene Regelung des Schadensersatzes mehr, sondern verweist auf das allgemeine Leistungsstörungsrecht. Die Grundnorm der vertraglichen Haftung ist § 280 I. Danach gilt eine **Haftung mit Verschuldensvermutung**. Die Verschuldensvermutung knüpft an die objektive Pflichtverletzung – wie insbes. die mangelhafte Leistung des Verkäufers – an (vgl. oben B IV). Entgegen verbreiteten Erwartungen, dass sich die berühmt-berüchtigte Differenzierung zwischen **Mangelschäden** und **Mangelfolgeschäden** unter dem neuen Recht erledigen würde, ist an ihr festzuhalten. Es geht um eine grundlegende Differenz in der Sache – der Unterscheidung zwischen dem Integritätsschutz und dem Erfüllungs- oder Äquivalenzinteresse. Diese zwei Seiten eines Vertragsschuldverhältnisses – Leistungs- *und* Schutzverhältnis – kommen jetzt in den zwei Absätzen des neuen § 241 deutlich zum Ausdruck. Gleichwohl ist die Rechtslage nach Inkrafttreten des Schuldrechtsmodernisierungsgesetzes unklar. Vorbehaltlich einer gegenteiligen Rechtsprechungsentwicklung, die im Augenblick noch nicht absehbar ist, ist von den nachfolgenden Rechtsgrundsätzen auszugehen. Dabei werden drei Varianten unterschieden: Integritätsschaden, Äquivalenzschaden und Vertrauensschaden.

3.3.1 Mangelfolgeschaden

Das Kaufrecht des BGB von 1896 kannte ursprünglich keine Verkäuferhaftung für die Folgen einer fahrlässigen Schlechtleistung. In der Literatur suchte man die Lösung z. T. dahingehend, dass die schuldhafte Schlechtleistung als ein Fall »teilweiser Unmöglichkeit« qualifiziert wurde. Das RG rekurrierte auf einen allgemeinen Rechtsgrundsatz über die Schadensersatzpflichtigkeit einer schuldhaften Vertragsverletzung. Gewohnheitsrechtlich setzte sich dann das Rechtsinstitut der sog. *positiven Vertragsverletzung* für die Haftung für Mangelfolgeschäden durch. Das Schuldrechtsmodernisierungsgesetz ist gewissermaßen zu der Position des RG zurückgekehrt. Seit dem 1. 1. 2002 gilt nunmehr im einzelnen Folgendes:

Durch die Lieferung einer mangelhaften Sache muss es zu einem Begleit- oder Folgeschaden des Käufers gekommen sein. Üblicherweise ist dies ein **Substanzschaden** in anderen Rechtsgütern des Käufers: Durch den Mangel des Kfz kommt es zu einem Unfall, bei dem der Käufer verletzt wird. Durch das vergiftete Pferdefutter gehen die Pferde des Landwirts ein.[50] In der Rechtsprechung wird üblicherweise postuliert, dass der Folgeschaden »in unmittelbarem, untrennbarem Zusammenhang« mit dem Sachmangel stehen muss.[51]

Grundsätzlich ist aber auch ein »**reiner**« **Vermögensschaden** ausreichend. Ein Vermögensfolgeschaden wird regelmäßig vorliegen, wenn die Rechtsgüter Dritter beeinträchtigt worden sind, für deren Wiederherstellung der Käufer seinerseits vertragsrechtlich einzustehen hat. Beispiel: Der den Landwirten wegen des vergifteten Pferdefutters schadensersatzpflichtige Futterhändler nimmt wegen diesen Vermögensschadens seinerseits Regress bei seinem Lieferanten.[52] Wegen eines

---
50 RGZ 66, 289.
51 Vgl. z. B. BGHZ 60, 9, 12 – Verbundregler.
52 So der Originalsachverhalt in dem »Klassiker« RGZ 66, 289 – Pferdefutter.

Mangels der Betonmischanlage hat der verarbeitete Beton nicht die erforderliche Festigkeit. Der Käufer/Bauunternehmer muss das Gebäudefundament neu errichten. Er verlangt diese Mehrkosten als Schadensersatz von dem Verkäufer.[53]

Grundlage der Haftung des Verkäufers ist § 280 I i. V. m. dem Kaufvertrag. Danach wird das **Verschulden** des Verkäufers vermutet. Für das eigene und für das Verschulden seines Personals bzw. seines Subunternehmers muss sich der Verkäufer exkulpieren.[54]

Umstritten ist im Augenblick lediglich, ob der Ersatz des Mangelfolgeschadens dem kaufrechtlichen Regime der §§ 437 Nr. 3, 440, 438 und damit der Nacherfüllungsvoraussetzung sowie der kurzen kaufrechtlichen Verjährung unterfällt. Dafür spricht die Geschichte des Gesetzgebungsverfahrens. Der Gesetzgeber des Schuldrechtsmodernisierungsgesetzes wollte an der bisherigen Rechtsprechungslinie, die die Mangelfolgeschäden der Fahrlässigkeitshaftung des Verkäufers[55] und der kurzen kaufrechtlichen Verjährung unterwarf, ersichtlich nichts ändern. Er wollte lediglich erstmalig eine Fahrlässigkeitshaftung für Mangelschäden einführen! – *Dagegen* sprechen sachlich-systematische Gesichtspunkte. Rücktritt, Minderung und Mangelschadensersatz sind sekundäre Rechtsbehelfe. Sie zielen auf das Äquivalenzinteresse und kommen nur zum Zuge, wenn und soweit eine Nacherfüllung nicht zum vertragsgemäßen Erfolg geführt hat. Mangelschadensersatz und Rücktritt sind dabei teilweise kombinierbar (vgl. unten C I 3.2). Die Nacherfüllung ist irrelevant, soweit es um das Integritätsinteresse des Käufers geht. Hier handelt es sich um funktionales Deliktsrecht. Dieser Schadensersatz ist völlig unabhängig von dem Schicksal der Hauptleistungspflicht des Verkäufers, d. h. ob der Käufer hier Nacherfüllung oder Rücktritt wählt. Dies wird auch deutlich, soweit es sich um Kaufverträge mit Schutzwirkung für Dritte handelt (vgl. unten C I 3.3.6). Eine differenzierte Behandlung beider Fallgruppen ist nicht begründbar.

Die systematisch überzeugende Lösung besteht darin, die Mangelfolgeschäden aus dem kaufrechtlichen Rahmen herauszunehmen und unabhängig von dem jeweiligen vertraglichen Rahmen gleich zu behandeln, indem man sie unmittelbar der allgemeinen Grundnorm des vertraglichen Schadensersatzes – § 280 I – und dem allgemeinen Verjährungsrecht – §§ 195, 199 – unterstellt. Nur so lassen sich auch für das Verjährungsrecht gravierende Wertungswidersprüche bei den Mangelfolgeschäden vermeiden (§ 199: 3 Jahre ab Entstehung und Kenntnis mit Höchstgrenzen von 10–30 Jahren versus § 438 I Nr. 3: 2 Jahre ab Lieferung unabhängig von Entstehung und Kenntnis).

3.3.2 Mangelschaden

Der Mangelschaden ist die Enttäuschung der legitimen Erwartung einer vertragsgemäßen Leistung; hier: der Erlangung eines mangelfreien Kaufgegenstands. Durch den Mangelschadensersatz ist der Käufer so zu stellen, wie er vermögens-

---

53 BGHZ 47, 312 (unter altem Recht Nebenpflichtverletzung!).
54 Zu der Frage, inwieweit der Vorlieferant, insbes. der Hersteller, als Erfüllungsgehilfe des Händlers zu betrachten ist, vgl. oben B IV 3.2.
55 Über das Rechtsinstitut der positiven Vertragsverletzung (pVV); vgl. dazu *Glöckner*, Die positive Vertragsverletzung, in: Falk/Mohnhaupt (Hrsg.), Das BGB und seine Richter, 2000, S. 155.

mäßig bei gehöriger Leistung stehen würde. Man spricht insoweit vom **Äquivalenz-, Erfüllungs- oder positiven Vertragsinteresse.** Alle drei Begriffe werden synonym verwandt. Der Mangelschadensersatz ist gewissermaßen Nacherfüllung mit anderen Mitteln – denen der Naturalrestitution (§ 249) und der Kompensation (§ 251). Er kommt daher konsequenterweise erst dann zum Zuge, wenn die Nacherfüllung *in natura* – Neulieferung einer mangelfreien Sache oder Herstellung des vertragsmäßigen Zustands durch Nachbesserung – durch den Verkäufer nicht zum Erfolg geführt hat. Dies macht auch § 440 S. 1 deutlich, wenn er Ausnahmefälle benennt, in denen es für den Schadensersatz *statt der Leistung* nicht einer Nachfristsetzung für die Nacherfüllung bedarf: Verweigerung, Fehlschlagen, Unzumutbarkeit. Dieser Katalog ist zu ergänzen um die Unmöglichkeit der Nacherfüllung in den Fällen des nicht behebbaren Mangels: »unfallfreies« Unfallfahrzeug; gefälschtes »Original« (vgl. dazu den Fall »Burra« unten im Text).

Zum Mangelschaden gehört auch die wichtige Fallgruppe, dass durch einen (Teil-)Mangel ein »Folgeschaden an der Kaufsache entsteht. Auf diese Schäden, die unter der Bezeichnung **»Weiterfresserschäden«** mittlerweile Berühmtheit erlangt haben, wird weiter unten (C I 6.3 und Fallbeispiel C I 7 (4)) eingegangen.[56]

Üblicherweise wird zwischen dem kleinen und dem großen Schadensersatz als zwei Arten der Schadensberechnung unterschieden.

(1) Kleiner Mangelschaden

Kleiner Schadensersatz meint zunächst, dass der Käufer die mangelhafte Sache behält. Bei *unbehebbaren Mängeln* – »unfallfreies« Unfallfahrzeug im Gebrauchtwagenhandel; gefälschtes »Original« im Kunsthandel – liquidiert er die Differenz zwischen dem Wert der ihm konkret übereigneten Sache und dem Verkehrswert der Sache, hätte sie die vereinbarte Beschaffenheit. Der Unterschied zwischen kleinem Schadensersatz und Minderung wird deutlich, wenn die Sache nicht zum Marktpreis verkauft worden ist.[57] Dies sei erläutert an dem Beispiel des Falles *Burra*:

Der Kunstsammler A kauft von einem Kunsthändler ein mit *»Burra 33«* signiertes Ölgemälde zum Preis von € 10 000. Ausweislich einer beiliegenden Expertise handelte es sich um »ein Original aus der Hand des Künstlers«. Das Bild war kein »echter Burra«, sondern eine Fälschung. Das Original hätte einen Verkehrswert von € 200 000 gehabt. A verlangt von dem Kunsthändler die Zahlung der Differenz von € 190 000.

Das verkaufte Bild war mangelhaft i. S. des § 434. Nacherfüllung ist nicht möglich. Unter der Voraussetzung einer Fahrlässigkeit des Kunsthändlers (oder seines Sachverständigen – § 278), wäre eine Haftung nach § 281 I 1 auf die Differenz von € 190 000 gegeben.[58] [Problematisch ist, ob diese Haftung für einfache Fahrlässigkeit auch bei einem Verbrauchsgüterkauf durch AGB ausschließbar ist. Vgl. dazu unten C I 5.1]

---

56 Vgl. dazu *Katzenmeier*, Vertragliche und deliktische Haftung in ihrem Zusammenspiel, 1994, S. 110 ff. m. w. Nachw.
57 Vgl. dazu (unter altem Recht) *Jaggy*, Der sogenannte kleine Schadensersatz bei § 463 BGB, 2001, S. 67 ff.
58 BGH NJW 1993, 2103 sowie BGH NJW 1995, 1673 = JZ 1995, 1015 m. Anm. *Braun*.; vgl. auch *St. Lorenz*, JZ 1998, 943.

Bei *behebbaren Mängeln* lässt er den Mangel durch Dritte beseitigen und hat einen Anspruch auf Ersatz der Kosten, die für die Beseitigung des Mangels erforderlich sind. Dies kann auch den Ersatz von Folgekosten wie Produktionsausfallkosten, Kosten der vorübergehender Miete einer Ersatzsache etc. einschließen. Dadurch unterscheidet sich diese Variante des kleinen Schadensersatzes von einer kaufrechtlichen Selbstvornahme.[59] Dieser Schadensersatzanspruch aus § 281 I 1 steht allerdings unter dem allgemeinen Vorbehalt des § 251 II 1: Bei Unverhältnismäßigkeit der Mangelbeseitigungskosten kann der Verkäufer auf den Ersatz des fiktiven Mehrwerts ausweichen.

Kleiner Schadensersatz und Rücktritt schließen sich – anders als beim großen Schadensersatz – aus!

(2) Großer Mangelschaden

Der große Schadensersatz (»Schadensersatz statt der ganzen Leistung«) wird üblicherweise dahingehend umschrieben, er verbinde Rücktritt und Schadensersatz. Der Käufer nimmt hier Abstand von dem Geschäft, d. h. er gibt die mangelhafte Sache nach fehlgeschlagener Nacherfüllung zurück bzw. verzichtet, falls noch nicht geliefert, auf die Verschaffung der mangelhaften Sache. Er liquidiert seinen entgangenen Gewinn. Relevant ist dies bei verhinderter gewinnträchtiger Weiterveräußerung der Sache(n) durch den Käufer (vgl. dazu den *Adventsstollenfall* unten C I 7) oder in Fällen teurer Deckungskäufe.

Verlangt der Käufer Schadensersatz statt der ganzen Leistung, hat er denn auch seinerseits die erhaltenen Leistungen zurückzugewähren (§ 281 V).

3.3.3 Aufwendungsersatz

Bei gescheiterter Leistungserbringung durch den Verkäufer kann der Käufer – als Alternative zu dem Mangelschadensersatz – auch den Ersatz vergeblicher Aufwendungen verlangen (§§ 437 Nr. 3, 284). Hierbei handelt es sich nicht um den Ersatz des negativen Vertragsinteresses (vgl. zum Vertrauensschadensersatz aus culpa in contrahendo unten C I 6.2). Unter § 284 fallen Aufwendungen, die der Käufer billigerweise mit Blick auf den Abschluss oder die Durchführung des Vertrages gemacht hat: Anmietung einer Garage für das Auto; Beurkundungs- und sonstige Vertragkosten etc. Dies sind typischerweise Kosten, die im Rahmen des Mangelschadensersatzes (Erfüllungsinteresse!) nicht liquidiert werden könnten, da sie gerade auch bei ordnungsmäßiger Durchführung des Vertrages entstanden wären.

3.3.4 Nebenpflichtverletzung

Bisher standen ausnahmslos die Fälle einer Schlechterfüllung der Hauptleistungspflicht (mangelhafte Kaufsache) im Vordergrund. Es gibt jedoch noch weitere Anwendungsfälle einer Verletzung des Kaufvertrages: Die verkaufte (und übereignete) Sache selbst kann mangelfrei sein, der Verkäufer verletzt aber **Nebenpflichten aus dem Kaufvertrag,** die zur Erreichung des vertraglichen Leistungserfolges erforderlich waren. In BGHZ 107, 249 war das gelieferte

---

[59] Vgl. zur Selbstvornahme im Werk- und Mietvertragsrecht unten C II 3.2.2 und C III 2.2.

Super- und Normalbenzin mangelfrei. Der Fahrer hat es nur in die falschen Tanks eingefüllt (vgl. unten C I 7). Insbesondere Bedienungs-/Wartungsanleitungen oder Warnhinweise vor Fehlgebrauch können erforderlich sein. Hier können sich heute Abgrenzungsschwierigkeiten zum Sachmangel nach § 434 ergeben (vgl. oben C I 3.1.1). Beim Versendungskauf schuldet der Verkäufer die Auswahl ordentlichen Transportpersonals und die angemessene Verpackung der Kaufsache, damit sie am Empfangsort unbeschädigt dem Käufer übereignet werden kann.

Die Auswirkungen der Nebenpflichtverletzung können nun in zweierlei bestehen:

(1) Sie führt nachträglich zu einer **Gebrauchsuntauglichkeit der Kaufsache.** Die schlecht verpackten Weinflaschen werden zerstört.[60] Das frisch geschlachtete Fleisch verdirbt auf dem Transport wegen unzureichender Kühlung.[61] Die unsachgemäße Montage eines fehlerfreien Motors führt zu dessen Beschädigung.[62] Dem Käufer entgeht hier zumeist ein Gewinn aus der Weiterveräußerung, oder es fallen Reparaturkosten und Mietzins für eine Ersatzmaschine an. Hier ist das Äquivalenzinteresse betroffen und der Schadensersatz geht grundsätzlich auf das Erfüllungsinteresse. Anspruchsgrundlage ist §§ 281, 280 III!

(2) Die schuldhafte Nebenpflichtverletzung führt zu **Schäden an anderen Rechtsgütern** des Käufers: Die unzureichend isolierten Batterien lösen einen Brand aus, der die Zerstörung des Lkws des Käufers zur Folge hat.[63] Der unterlassene Warnhinweis auf eine mögliche Unverträglichkeit eines Haartonikums bei extremer Hautempfindlichkeit führt bei dem Friseurmeister zu Gesundheitsbeeinträchtigungen mit der Folge der Berufsunfähigkeit.[64] Einer Betonbereitungsanlage ist eine unzureichende Bedienungsanleitung beigefügt. Es fehlt der Hinweis auf das Vorhandensein einer Lüftungsvorrichtung und auf das Erfordernis ihrer Überwachung. Da der Beton nicht die erforderliche Festigkeit hatte, musste das Gebäudefundament beseitigt und neu errichtet werden.[65] In all diesen Fällen ist das Integritätsinteresse betroffen. Die geschädigten Käufer können ihren »Folgeschaden« – Eigentums-, Gesundheitsverletzung, reiner Vermögensschaden – unmittelbar aus § 280 I von dem Verkäufer ersetzt verlangen.

3.3.5 Schutzpflichtverletzung

Neben diesen leistungserfolgsbezogenen Nebenpflichten ist seit den 30er Jahren in Rechtsprechung und Literatur anerkannt, dass den Verkäufer wie jeden anderen vertraglichen Schuldner einer Sachleistung – auch **Schutzpflichten** gegenüber den Rechtsgütern des Käufers/Gläubigers treffen. Dieser Rechtsgrundsatz ist nunmehr in § 241 II kodifiziert.[66] Hierbei handelt es sich um nichts anderes als um in das Vertragsrecht inkorporierte deliktische Verkehrspflichten (s. u. E II.1.3). Auch dem Verkäufer ist es untersagt, »bei Gelegenheit seiner Vertragserfüllung«

---

60 Vgl. zum Versendungskauf oben C I 2.5.2.
61 BGH DB 1964, 1697.
62 RGZ 144, 162.
63 BGHZ 66, 208; vgl. dazu auch unten 4.1.2.
64 BGHZ 64, 46.
65 BGHZ 47, 312.
66 Zur »Schutzebene« des Vertrages vgl. schon oben B IV.2.

den Käufer zu schädigen. Beispiel: Bei der Anlieferung des neuen Fernsehers zerstört das ungeschickte Personal des Verkäufers eine wertvolle Vase in dem Haus des Käufers.

Die Abgrenzung zu der Nebenpflichtverletzung kann in Einzelfällen schwierig sein: Der Fahrer eines Tanklastzuges kontrolliert nicht ordentlich den Abfüllvorgang des Öls in den Heizöltank des Käufers. Dadurch läuft Öl aus und versickert in das Erdreich um den Abfüllstutzen herum. Der Käufer/Grundstückseigentümer kann in jedem Fall Ersatz seines Integritätsschadens aus § 280 I wegen schuldhafter Verletzung einer vertraglichen Neben- oder Schutzpflicht gegen den Verkäufer geltend machen.[67]

§ 282 regelt lediglich die Auswirkungen der Schutzpflichtverletzung auf die vertragliche Hauptleistungspflicht: Übergang zum Mangelschadensersatz bei Unzumutbarkeit der Fortsetzung des Vertragsverhältnisses.

3.3.6 Kaufvertrag mit Schutzwirkung für Dritte

Treten infolge des Mangels der Kaufsache oder infolge einer Nebenpflicht- oder Schutzpflichtverletzung des Verkäufers (Folge-)Schäden nicht in den Rechtsgütern des Käufers – sondern **bei dritten Personen** ein, so werden unter bestimmten engeren Voraussetzungen auch diese dritten Personen in den Schutzbereich des Kaufvertrages einbezogen. Trotz fehlender formeller Vertragsbeziehungen zwischen dem Geschädigten und dem Verkäufer kann der Geschädigte dann seinen Integritätsschaden gegenüber dem Verkäufer aus § 280 I liquidieren.

Nachdem die Rechtsprechung diese Fälle zunächst mit Hilfe der Rechtsfigur des Vertrages zugunsten Dritter (§ 328) zu bewältigen suchte,[68] hat sich im Anschluss an K. Larenz in der Rechtsprechung das Rechtsinstitut des Vertrages mit Schutzwirkung für Dritte durchgesetzt.[69] Dieses Rechtsinstitut war durch seinen **personellen und gegenständlichen Schutzbereich** definiert. Zunächst waren nur solche Personen in den Schutzbereich des Kaufvertrages einbezogen, die durch den Leistungsgläubiger/Käufer mit der Kaufsache in Berührung kamen (»Leistungsnähe«). Weiter musste es sich um Personen handeln, zu deren Schutz und Fürsorge (»Wohl und Wehe«) der Leistungsgläubiger/Käufer verpflichtet war. Unter diesen Voraussetzungen sollte die Begrenzbarkeit des geschützten Personenkreises außerhalb der (Kauf-)Vertragsbeziehung gewährleistet werden. Diese Voraussetzungen liegen i. d. R. vor bei Familienangehörigen, Mietern oder Arbeitnehmern des Käufers.

Dieser geschützte Personenkreis musste für den Leistungsschuldner/Verkäufer auch **erkennbar** sein.

Keine Anwendung findet das Institut des Kaufvertrages mit Schutzwirkung für Dritte in der Absatzkette von Hersteller – Großhändler/Händler – Endabnehmer. Der Letztkäufer ist nach ständiger Rechtsprechung des BGH nicht in den Schutzbereich des Vertrages zwischen Hersteller und (Groß-)Händler einbezogen.[70] Dieses Problem ist nach vorh. Meinung ausschließlich über die deliktische Produzentenhaftung abzuwickeln (S. u. E II 4).

---

67 Vgl. BGH NJW 1984, 234.
68 Grdl. RGZ 127, 218 – Gasuhr.
69 BGH NJW 1959, 1676 – Capuzol.
70 Grdl. BGHZ 51, 91, 96 – Hühnerpest; BGH BB 1990, 1368.

In den gegenständlichen Schutzbereich des Vertrages mit Schutzwirkung für Dritte fielen ursprünglich nur **Personen- und Sachschäden**. Repräsentativ für dieses Konzept des Drittschutzvertrages war der Capuzol-Fall des BGH: Dort kamen Arbeitnehmer des Käufers, eines Hüttenwerkes, zu Schaden, weil auf der Kaufsache jeglicher Hinweis auf deren leichte Entflammbarkeit fehlte.[71] Lediglich in Parenthese sei angemerkt, dass die Rechtsprechung in jüngerer Zeit diese Grundsätze zunehmend aufweicht. Dies betrifft beide Elemente – das qualifizierte personenrechtliche Verhältnis und den Rechtsgutsbereich. Heute werden bereits auch reine Vermögensschäden über das Institut des Drittschutzvertrages abgewickelt.[72]

Schließlich kommt der Drittschutzvertrag nur **subsidiär** zur Anwendung. Er ist ausgeschlossen, wenn dem geschädigten Dritten eigene vertragliche Ansprüche gegen den Käufer/Gläubiger zustehen, die einen gleichwertigen Inhalt haben.[73]

4 Verbrauchsgüterkauf

4.1 Anwendungsbereich

Der Anwendungsbereich des Verbrauchsgüterkaufs ist gegenständlich und personell definiert. Darüber hinaus ist er durch den Vertragstyp – Kauf – festgelegt. Was ein Kauf ist, regeln die Privatrechtsordnungen der Mitgliedstaaten. Werklieferungsverträge werden wie Kaufverträge behandelt (Art. 1 IV; § 651 S. 1). Die Differenzierung zwischen vertretbaren und nicht-vertretbaren Sachen ist entfallen.[74]

Gegenständlich muss es sich um **Verbrauchsgüter** handeln. Verbrauchsgüter sind **bewegliche Sachen.** Gas und Wasser sind dann bewegliche Sachen, wenn sie in bestimmten Mengen abgefüllt sind. Keine bewegliche Sache ist elektrische Energie. Der deutsche Gesetzgeber hat von der Möglichkeit Gebrauch gemacht, den Erwerb gebrauchter Sachen auf Versteigerungen, soweit der Verbraucher dem Verkauf »persönlich beiwohnen« kann, auszuschließen. Ein Kauf auf Internet-Auktionen ist dadurch nicht erfasst.

Ausgeschlossen aus dem Bereich des Verbrauchsgüterkaufs ist damit die wichtige Fallgruppe des *Immobiliarkaufs*. Gleichwohl kann es sich bei dem Kauf neuer oder alter Häuser und Eigentumswohnungen um einen *Verbrauchervertrag* handeln! Das ist immer der Fall, wenn ein Unternehmer i. S. des § 14 eine Immobilie an einen Verbraucher i. S. des § 13 verkauft. Hierauf ist das sonstige Verbraucherschutzrecht des BGB – wie Verbraucherdarlehen und finanzierter Kauf mit ihrem Widerrufsrecht – anwendbar (vgl. unten C I 8.2).

Personell ist der Verbrauchsgüterkauf definiert durch die Parteien des Kaufvertrags. Der deutsche Gesetzgeber hat für die verschiedenen, nunmehr in das BGB integrierten, Verbraucherverträge die charakteristischen Vertragsparteien im Allgemeinen Teil des BGB abstrakt definiert als Verbraucher (§ 13) und Unternehmer (§ 14). Darauf nimmt § 474 I 1 Bezug, wenn er den Verbrauchsgüterkauf dadurch bestimmt, dass ein Verbraucher von einem Unternehmer kauft. Als *Verbraucher*

---

71 BGH NJW 1959, 1676.
72 Grdl. BGHZ 69, 88. Vgl. dazu *Assmann*, JuS 1986, 885, 889 ff.
73 BGHZ 133, 168, 176 – Nitrierofen.
74 Auf nicht-vertretbare Sachen finden lediglich ergänzend Vorschriften des Werkvertrages Anwendung (§ 651 S. 3).

bestimmt Art. 1 II lit. a) Kauf-Richtlinie »jede natürliche Person, die ... zu einem Zweck handelt, der nicht ihrer beruflichen oder gewerblichen Tätigkeit zugerechnet werden kann.« § 13 erweitert den Verbraucherbegriff, indem er auch unselbstständige berufliche Tätigkeit einbezieht. Verbraucher i. S. des BGB ist jede natürliche Person, die die Sache nicht für Zwecke ihrer selbstständigen beruflichen oder gewerblichen Tätigkeit kauft. Der objektive Verwendungszweck ist maßgebend,[75] nicht der Status des Käufers. Wenn ein Unternehmer oder Freiberufler ein Klavier für sich, seine Ehefrau oder seine Tochter kauft, handelt er als Verbraucher. Wer aber etwa als niedergelassener Arzt einen Pkw kauft, den er sowohl für Praxiszwecke als auch für private Zwecke nutzt, gilt nicht als Verbraucher. Diese Einbeziehung der Mischnutzung in den Verbraucherschutz ist im europäischen Rechtsetzungsprozess aufgegeben worden.[76] Der EuGH hat darüber hinaus jüngst noch einmal ausdrücklich festgestellt, was eigentlich klar schien, dass juristische Personen per se nicht unter den gemeinschaftsrechtlichen Verbraucherbegriff fallen.[77] Der Begriff der juristischen Person ist europarechtlich weit gefasst. Er schließt die teilrechtsfähige Gesellschaft bürgerlichen Rechts ein.[78] Demgegenüber scheint der BGH eine BGB-Gesellschaft, die kein Gewerbe betreibt, als Verbraucher qualifiziert zu haben.[79]

Unternehmer i. S. des § 14 ist die natürliche Person und die Kapital- oder rechtsfähige Personengesellschaft, die ein Gewerbe betreibt, sowie der selbstständige Freiberufler bzw. die Freiberuflergesellschaft. Durch die Nicht-Beschränkung auf Handelsgewerbe und die Einbeziehung der freien Berufe geht der Unternehmerbegriff des BGB über den handelsrechtlichen Kaufmannsbegriff (§§ 1 ff. HGB) hinaus. Nach Art. 1 II lit. c) Kauf-Richtlinie muss es sich bei dem Verkäufer um eine Person handeln, die »im Rahmen ihrer beruflichen oder gewerblichen Tätigkeit Verbrauchsgüter verkauft«. Das führt zu der Frage, ob es sich bei dem Unternehmer i. S. des Verbrauchsgüterkaufs um einen gewerblichen Verkäufer handeln muss, wie das bei Händlern, Großhändlern, Importeuren und Herstellern oder Quasi-Herstellern der Fall ist, oder ob jeder Verkauf einer beweglichen Sache durch *einen Unternehmer* i. S. des § 14 für die Annahme eines Verbrauchsgüterkaufs ausreicht. Im Zentrum der Kauf-Richtlinie steht ohne Zweifel die Händler-Verbraucher-Konstellation. Grenzüberschreitende Transaktionen zwischen diesen repräsentativen Marktparteien sollen im einheitlichen europäischen Wirtschafts- und Währungsraum angeregt werden. Unklar ist, wo die Grenze zu ziehen ist. Der Zahnarzt, der sein Drittfahrzeug an den Hochschullehrer verkauft, ist m. E. kein Verkäufer i. S. des Art. 1 II lit. c) der Richtlinie. Trifft dies auch für den Rechtsanwalt zu, der seinen mischgenutzten Pkw an eine Privatperson verkauft, bzw. für die Aktiengesellschaft der Chemiebranche, die das ausrangierte Dienstfahrzeug des Vorstandsvorsitzenden verkauft? Es bleibt abzuwarten, wie die Gerichte in den Mitgliedstaaten diese Frage beantworten. Ich neige dazu, den Anwendungsbereich der §§ 474 ff. eng auf die kommerzielle *Verkäuferfunktion* hin zuzuschneiden. Der alte Ausschlusstatbestand des § 24 S. 1 Nr. 1 AGBG, der auf Verträge des Unternehmers/Kaufmanns abstellte, die »zum Betrieb seines Handelsgewerbes gehörten«, hat m. E. seine sachliche Berechti-

---

75 MK BGB-*Micklitz*, 4. Aufl. 2001, § 13 Rz. 27 ff.; rechtsvgl. *Scarso*, ZEuP 2001, 379.
76 Vgl. Art. 1 II lit. a) des Richtlinienvorschlags 1996, ABl. EG 1996 C 307/8.
77 EuGH, EuZW 2002, 32.
78 Vgl. dazu grdl. BGHZ 146, 341.
79 BGH, NJW 2002, 133, 134; vgl. dazu *Krebs*, DB 2002, 517.

gung nicht verloren. – Der Erwerb beweglicher Sachen im Rahmen von Unternehmensinsolvenzen und aufgrund von Zwangsvollstreckungsmaßnahmen in Unternehmensvermögen fällt nicht unter den Verbrauchsgüterkauf (Art. 1 II lit. b) 1. Spiegelstrich).

Im Bereich des Verbrauchsgüterkaufs findet bei einem Transport der Kaufsache an den Käufer der charakteristische Gefahrübergang des Versendungskaufs (§ 447) nicht statt (§ 474 II). Der Versendungskauf an den Verbraucher ist als Bringschuld ausgestaltet. Dies war bisher bei dem Transport durch eigene Leute oder bei der Versendung innerhalb der Stadtgrenzen, den sog. Platzgeschäften, umstritten gewesen. – Zeigt sich beim Verbrauchsgüterkauf ein Sachmangel innerhalb von sechs Monaten ab der Lieferung, gilt die (widerlegliche) Vermutung, dass die Sache bereits bei Gefahrübergang mangelhaft war (§ 476). § 477 schließlich setzt die Sonderanforderungen an sprachliche Klarheit und Transparenz bei den Verbrauchsgütergarantien um.

4.2 Begrenzte Unabdingbarkeit

Liegt ein Verbrauchsgüterkauf vor, sind Abweichungen zum Nachteil des Verbrauchers von den Vorschriften des allgemeinen Kaufrechts und des Verbrauchsgüterkaufrechts unzulässig (§ 475 I). Dies erfasst auch »*anderweitige Gestaltungen*«, die diesen Effekt haben; z. B. Anzeige- oder Rügepflichten zur Wahrung der Rechte des Käufers.

Doch dieser Grundsatz kennt Ausnahmen. Bei *neu hergestellten* (beweglichen) Sachen bleibt die 2-Jahres-Verjährungsfrist für die Mangelgewährleistung unantastbar. Hinsichtlich *gebrauchter* Sachen ist sie verkürzbar auf ein Jahr (§ 475 II).

Diese durch die Richtlinie vorgegebene Unabdingbarkeit beschränkt der deutsche Gesetzgeber aber auf den Geltungsbereich der Kauf-Richtlinie – die Mangelgewährleistung. Der von der Richtlinie nicht erfasste Bereich des **Schadensersatzes** ist davon ausgenommen (§ 475 III). Hier gilt für die individualvertragliche Beschränkung des Verkäufer-Schadensersatzes § 444, für die formularvertragliche das allgemeine AGB-Recht. Hinsichtlich des Haftungsausschlusses für Mangel-, Mangelfolgeschäden und sonstige schuldhafte Pflichtverletzungen markieren hier § 309 Nr. 7 a und b die Grenzen. Klarheit besteht insoweit, als kein Ausschluss der Haftung für leichte Fahrlässigkeit bei Personenschäden des Verbrauchers in Betracht kommt! Dagegen bleibt abzuwarten, ob die Gerichte bereit sein werden, eine de lege lata nominell zulässige Haftungsbegrenzung auf grobe Fahrlässigkeit des Verkäufers bei Sach- und Vermögensschäden auch für den Bereich des Verbrauchsgüterkaufs hinzunehmen (§§ 475 III, 309 Nr. 7 b).

4.3 Letztverkäufer-Rückgriff

Art. 4 Kauf-Richtlinie will sicherzustellen, dass die Kosten für das hohe Schutzniveau des europäischen Verbraucherschutzes nicht ausschließlich zu Lasten des letzten und vermeintlich schwächsten Gliedes in der Vermarktungskette – des Händlers – gehen. Erwägungsgrund 23 der Kauf-Richtlinie deutet an, wo die Kosten mangelhafter Produkte nach Ansicht der Gemeinschaftsinstitutionen anzulasten sind – bei dem Hersteller. Der deutsche Gesetzgeber hat sich schwer getan mit der Umsetzung des Regelungsauftrags des Art. 4. In der Literatur gemachte Vorschläge in Richtung eines originären Freistellungsanspruchs[80] oder einer gesetzlichen Ausfallgarantie[81] hat er nicht aufgenommen. An der Rückabwicklung innerhalb der vorhandenen Vertragsverhältnisse wird festgehalten. Herausgekommen sind zwei komplexe Paragraphen: §§ 478 und 479.

Erfasst wird nur der Bereich neu hergestellter Sachen. Hat der Letztverkäufer hier die Kaufsache wegen eines Mangels zurücknehmen oder mindern müssen, kann er seine Gewährleistungsansprüche gegen seinen Lieferanten geltend machen. Dafür bedarf es keiner Fristsetzung zur Nacherfüllung. Nachbesserungskosten kann der Letztverkäufer von seinem Lieferanten ersetzt verlangen, wenn der Mangel schon bei Auslieferung an ihn vorhanden war (§ 478 II). Die Sache gilt als bei Auslieferung an den Letztverkäufer mangelhaft, sofern sich der Mangel innerhalb von sechs Monaten bei dem Verbraucher gezeigt hat (§ 478 III). Vereinbarungen zwischen Lieferant und Letztverkäufer, die diese Rechtsposition des Letztverkäufers beeinträchtigen, sind unwirksam (§ 478 IV). Das gilt auch, soweit dies durch »anderweitige Gestaltungen« erfolgt. Diese Grundsätze gelten entsprechend für vorgelagerte Stufen in der Absatzkette.

Problematisch daran ist zweierlei: (1) § 377 HGB mit seiner Untersuchungs- und Rügelast bleibt unberührt (§ 478 VI). Er hat durch die Ausweitung des Sachmangelbegriffs in § 434 sogar noch an Bedeutung gewonnen. Ein neu gefasster § 378 HGB, der gewissermaßen den § 377 HGB für den Letztverkäuferregress außer Kraft setzen wollte, ist nicht Gesetz geworden.[82] Es stellt sich die Frage, ob § 377 HGB, soweit er entgegen dem § 478 I bis III den Letztverkäuferrückgriff bei Verbrauchsgüterkäufen verhindert, nicht europarechtswidrig und damit unanwendbar ist. (2) Der bisherigen Logik der Umsetzung der Richtlinie folgend, hat der deutsche Gesetzgeber erneut die Schadensersatzansprüche, denen sich der Verkäufer wegen Sachmängel des Verbrauchsguts ausgesetzt sehen kann, von der Rückgriffsregelung ausgenommen (§ 478 IV 2)! Dies betrifft u. a. die Rücknahme der Sache im Rahmen des großen Schadensersatzes. Dies ist auch gravierend, sofern der BGH an seiner Weiterfresserschadens-Rechtsprechung festhalten sollte. Mangelbedingte Schadensersatzansprüche des Letztverkäufers gegen seinen Lieferanten können sowohl durch § 377 HGB als auch durch Haftungsbeschränkungen (soweit nach § 307 zulässig) betroffen sein.

Die Aufwendungsersatzansprüche des Letztverkäufers für Nachbesserungen verjähren in zwei Jahren ab Auslieferung der Sache an den Verkäufer, nicht ab Eintritt des Gewährleistungsfalles (479 I). In den Fällen von Rücktritt und Minderung durch den Verbraucher sieht das Gesetz eine Ablaufhemmung der Verjährung der Rückgriffsansprüche des Letztverkäufers vor. Die Geltendmachung dieser Rechte ist frühestens zwei Monate nach dem Zeitpunkt ausgeschlossen, in dem der Letztverkäufer die Ansprüche des Verbrauchers erfüllt hat (§ 479 II).

---

80 *Ernst/Gsell*, ZIP 2000, 1410, 1422.
81 *Brüggemeier*, JZ 2000, 529, 533 f.
82 Vgl. dazu *von Sachsen Gessaphe*, RIW 2001, 721, 731.

5 Haftungsausschluss und Verjährung

5.1 Haftungsausschluss

Die Rechte des Käufers »wegen eines Mangels« sind kraft Gesetzes ausgeschlossen, wenn er den Mangel bei Vertragsschluss kennt (§ 442 S. 1). Dies betrifft die Nacherfüllungsansprüche, das sekundäre Rücktritts- und Minderungsrecht sowie die Mangelschadensersatzansprüche. Bei Unkenntnis infolge grober Fahrlässigkeit kann der Käufer die Rechte nach § 437 geltend machen, wenn der Verkäufer den Mangel arglistig verschwiegen hat.

Bei vertraglichen Haftungsausschlüssen und -begrenzungen ist zwischen Individualverträgen und AGB-Verträgen zu unterscheiden.

Individualvertragliche Haftungsausschlüsse sind ebenfalls unzulässig, wenn der Verkäufer den Mangel arglistig verschwiegen hat (§ 444). Ansonsten kann nur die Haftung wegen vorsätzlicher Vertragsverletzung dem Verkäufer nicht im Voraus erlassen werden (mit der weiter vorhandenen – unzeitgemäßen – Durchbrechung für vorsätzliche Schädigungen durch die Erfüllungsgehilfen – § 278 S. 2!).

Beim AGB-Vertrag ist zu differenzieren:

Für den Verbrauchsgüterkauf ist jede Beschränkung der verschuldensunabhängigen Rechte des Käufers – Nacherfüllung, Minderung, Rücktritt – ausgeschlossen (§ 475 I). Die mangelbezogenen Schutznormen des AGB-Rechts (§ 309 Nr. 8 lit. b) laufen insoweit leer.

Problematisch ist die Situation beim **Schadensersatz**. Da der kaufrechtliche Schadensersatz in der Kauf-Richtlinie nicht geregelt worden ist, hat der deutsche Gesetzgeber von der Möglichkeit Gebrauch gemacht, den Unabdingbarkeitsvorbehalt des Art. nicht darauf erstreckt (vgl. § 475 III). Für die formularvertragliche Haftungsbegrenzung gelten die §§ 309 Nr. 7 und 307. Danach ist bei Personenschäden jede Haftungsbegrenzung ausgeschlossen (§ 309 Nr. 7 lit. a); während bei Sachschäden und reinen Vermögensschäden ein Haftungsausschluss für leichte Fahrlässigkeit zulässig ist (§ 309 Nr. 7 lit. b). Dies gilt sogar für den harten Kern des Verbrauchsgüterkaufs! Es bleibt abzuwarten, ob die höchstrichterliche Rechtsprechung zumindest für den Verbrauchsgüterkauf – wie bei der Wohnraummiete[83] – eine derartige Haftungsbegrenzung nicht für eine unangemessene Benachteiligung des Käufers nach § 307 II halten wird.

5.2 Verjährung

Die Ansprüche und Rechte des Käufers bei Sach- und Rechtsmängeln unterliegen einem besonderen kaufrechtlichen Verjährungsrecht. Im Unterschied zu dem allgemeinen Verjährungsrecht der §§ 194 ff., die auf Entstehung des Anspruchs und Kenntnis des Gläubigers abstellen, hält das Kaufrecht an einem objektiven Ansatz fest. In Ablösung des ex § 477 BGB enthält § 438 I nunmehr drei Fristen:

(1) 30 Jahre in den sog. Eviktionsfällen, d. h. wenn der Käufer wegen eines dinglichen oder eines sonstigen im Grundbuch eingetragenen Rechts die Sache an einen Dritten herausgeben muss.

---

83 BGH NJW 2002, 673.

(2) 5 Jahre bei Bauwerken und bei Baumaterialien, die einen Mangel des Bauwerkes verursachen.

(3) 2 Jahre in allen sonstigen Fällen von Mangelansprüchen.

Der Lauf der Frist beginnt mit der Ablieferung der Sache, bei Grundstücken mit der Übergabe. Außerhalb des Verbrauchsgüterkaufs (!) kann die Regelverjährung von 2 Jahren auf 1 Jahr reduziert werden (arg. § 309 Nr. 8 lit. b ff.) 2. Alt.). Beim Verbrauchsgüterkauf kann lediglich die Verjährung bei gebrauchten Sachen auf 1 Jahr verkürzt werden (§ 475 II).

Eine Sonderregelung musste für den Rücktritt und die Minderung gefunden werden. Als Gestaltungsrechte unterfallen sie nicht der Verjährung, die nur für Ansprüche gilt (194). Dazu ist auf die entsprechende Vorschrift über den Rücktritt im Verjährungsrecht (§ 218) Bezug genommen worden (§ 438 IV 1). Danach ist ein Rücktritt des Käufers wegen mangelhafter Leistung unwirksam, wenn der Nacherfüllungsanspruch (s. o.) verjährt ist und der Verkäufer die Einrede der Verjährung erhebt. Diese Regelung findet auf die Minderung entsprechende Anwendung (§ 438 V).

Unklar ist erneut die Rechtslage bei den **Schadensersatzansprüchen**. Trennt man – wie hier – bei den mangelbedingten Schäden konsequent zwischen dem Integritätsschutz und dem Äquivalenzinteresse und behandelt man entsprechend Mangelfolgeschäden und Mangelschäden unterschiedlich (vgl. oben B IV/ C I 3.3), so hat dies Konsequenzen auch für das Verjährungsrecht. Subsumiert man nur die *Mangelschäden* unter § 437 Nr. 3, unterfallen auch nur sie der 2jährigen Verjährung nach § 438 I Nr. 3. Die *Mangelfolgeschäden*, die unmittelbar über § 280 I abgewickelt werden, verjähren nach den allgemeinen Vorschriften in 3 Jahren ab Entstehung und Kenntnis (§§ 195, 199 I). Dies führt zu einer verjährungsrechtlichen Gleichbehandlung der integritätsschutzbezogenen Ansprüche aus Nebenpflicht- und Schutzpflichtverletzung sowie aus Delikt.

Für die kaufvertragliche **Nebenpflichtverletzung** ist jedoch eine Einschränkung zu machen. Sie fällt zunächst einmal von vornherein nicht unter §§ 437, 438, weil sie es nicht mit Mängeln der Kaufsache zu tun hat. Gleichwohl muss sie – wie oben C I 3.3.4 gezeigt – differenziert behandelt werden.

Führt die Nebenpflichtverletzung zu einer Gebrauchsbeeinträchtigung oder einem *Schaden der Kaufsache selbst* ist das vertragliche Erfüllungs- oder Äquivalenzinteresse betroffen. Der Schadensersatz richtet sich nach den § 281 ff. Er verjährt in 2 Jahren in entsprechender Anwendung von § 438 I Nr. 3. Für diese Lösung spricht auch die Sachmangelnähe vieler Nebenpflichtverletzungen (Beispiel: Die fehlerhafte Montage führt zu einem Schaden an dem gekauften Motor; vgl. jetzt § 434 II 1).[84]

Führt die Nebenpflichtverletzung zu *Schäden an anderen Rechtsgütern*, dann finden die Grundsätze für Mangelfolgeschäden Anwendung: d. h. Verjährung in 3 Jahren nach §§ 195, 199 I. Diese Differenzierung entspricht im übrigen der verjährungsrechtlichen Behandlung der Nebenpflichtverletzungen unter altem Recht (§ 477 a. F. versus § 195 a. F.).[85]

---

84 Völlig anders seinerzeit (1934) noch RGZ 144, 162.
85 Grdl. BGHZ 87, 88 – Lagos einerseits; BGHZ 66, 208 – Batterien, 107, 249 – Superbenzin andererseits.

Für die Verletzungen von Schutzpflichten gelten die allgemeinen Verjährungsregeln.

6 Konkurrenzen

6.1 Garantievertrag

In den Vorarbeiten und ersten Entwürfen zu der Kauf-Richtlinie nahmen die Verbrauchsgütergarantien/«kommerziellen Garantien« und die Möglichkeit, bei Auslandskäufen inländische Kundendienstleistungen in Anspruch zu nehmen, noch einen zentralen Stellenwert ein.[86] Davon ist in der Verbrauchsgüterkauf-Richtlinie 1999/44 EG[87] nicht mehr viel übrig geblieben. Es findet sich nur noch Art. 6: *»Die Garantie muss denjenigen, der sie anbietet, zu den in der Garantieerklärung und der einschlägigen Werbung angegebenen Bedingungen binden.«* Art. 1 I lit. e) Kauf-Richtlinie definiert die (Verbrauchsgüter-)Garantie wie folgt: *»jede von einem Verkäufer oder Hersteller gegenüber dem Verbraucher ohne Aufpreis eingegangene Verpflichtung, den Kaufpreis zu erstatten, das Verbrauchsgut zu ersetzen oder nachzubessern oder in sonstiger Weise Abhilfe zu schaffen, wenn das Verbrauchsgut nicht den in der Garantieerklärung oder in der einschlägigen Werbung genannten Eigenschaften hat«.*

Art. 6 I wird im BGB an zwei Stellen umgesetzt: im allgemeinen Kaufrecht (§ 443) und beim Verbrauchsgüterkauf (§ 477). § 443 regelt die Haltbarkeitsgarantie und die sog. Beschaffenheitsgarantie.

Die **Haltbarkeitsgarantie** erweitert lediglich den gesetzlichen Mangelfreiheitsanspruch über den Zeitpunkt des »Gefahrübergangs« (§ 434 I 1) hinaus. Sie sichert den Käufer gegen alle Sachmängel ab, die innerhalb der jeweiligen Garantiefrist auftreten. Haltbarkeitsgarantien werden deshalb auch als unselbstständige Garantien bezeichnet. Sie sollen zu mehr Wettbewerb am Markt führen.[88] Garantieverträge mit dem Hersteller und mit dem Verkäufer können nebeneinander gegeben sein. Soweit eine Haltbarkeitsgarantie übernommen worden ist, gilt die Vermutung, dass ein während ihrer Laufzeit auftretender Sachmangel einen Garantiefall darstellt (§ 443 II). Der Umfang der Leistungspflicht des Garantiegebers richtet sich nach den in der Garantieerklärung angegebenen Bedingungen. Zumeist geht sie auf kostenlose Mangelbeseitigung oder unentgeltliche Lieferung eines Ersatzteils. Schadensersatzansprüche sind nicht gegeben. Dieser Anspruch aus dem Garantievertrag tritt neben die gesetzlichen Mangelfreiheitsansprüche des Käufers.

Was die Haltbarkeitsgarantie anbelangt, bewegt sich § 443 auf sicherem Boden. Auf Initiative des Bundesrats ist jedoch relativ spät im Gesetzgebungsverfahren die Differenzierung zwischen Haltbarkeits- und Beschaffenheitsgarantie in den Gesetzestext aufgenommen worden.[89] Damit beginnen die Unklarheiten – terminologischer und inhaltlicher Art. Die **Beschaffenheitsgarantie** als selbstständiger Garantietyp fand sich nicht in der Kauf-Richtlinie. Der europäische Richtliniengeber wollte offensichtlich neben den Haltbarkeitsgarantien auch Beschaffenheits-

---

86 Vgl. insbes. das Grünbuch der Kommission über Verbrauchsgütergarantien und Kundendienst vom 15. November 1993, KOM(93) 509 endg.
87 ABl. EG 1999 L 171/12.
88 KaufRiLi, Erwägungsgrund 21.
89 Stellungnahme des Bundesrats (BR-Drs. 338/01-Beschluss) – § 444.

vereinbarungen der Verbraucher mit Dritten, insbesondere den Herstellern, ermöglichen,[90] auf welchem Weg auch immer diese zustande kommen: durch Vertragsschluss, durch einseitiges Rechtsgeschäft oder durch Garantievertrag mit dem, den es angeht.[91] Auch diese Garantien blieben aber beschränkt auf die Rechtsbehelfe der Kauf-Richtlinie: Nacherfüllung, Minderung und Vertragsauflösung. Aus dieser gemeinschaftsrechtlichen Hersteller-Beschaffenheitsgarantie für Verbrauchsgüter, die dem Verbraucher nur Mangelgewährleistungsrechte eröffnen sollte, ist im deutschen Recht wieder die Verkäufer-Zusicherungshaftung alten Zuschnitts (§§ 459 II und 463 BGB a. F.) geworden: Die Beschaffenheitsgarantie beinhaltet eine verschuldensunabhängige Einstandspflicht für Schäden des Käufers infolge des Fehlens der garantierten Beschaffenheit. Als solche ist sie aber nicht mehr genuin kaufrechtlich, sondern sie hat ihre eigentliche Grundlage nunmehr im allgemeinen Schuldrecht – in § 276 I 1! Damit geht die kaufrechtliche Beschaffenheitsgarantie in der *selbstständigen Garantie* als einem Vertragstyp *sui generis* auf.

Die Folgen dieser unzutreffenden Vermengung werden bei § 444 manifest. Danach können die Rechte des Käufers »wegen eines Mangels« bei einer erteilten Garantie nicht beschränkt werden. Das Problem des heutigen § 444 besteht in der fehlerhaften Verbindung von ex § 476 BGB und ex § 11 Nr. 11 AGBG, die schon in dem Regierungsentwurf enthalten war.[92] Dies vermengt Gewährleistungsausschluss und Haftungsbeschränkung. (Dazu mehr unter C I 5.1)

Die Kauf-Richtlinie mit ihren Haltbarkeits- und Beschaffenheitsgarantien der Händler und Hersteller will dem Verbraucher seine Gewährleistungsrechte – Nacherfüllung, Minderung, Vertragsauflösung – sichern. Für den Verbrauchsgüterkauf erledigt dies § 475. § 309 Nr. 8 b) ist daher weitgehend funktionslos geworden (bis auf den Kauf neuer Immobilien durch den Verbraucher). Außerhalb der Verbraucherverträge fällt dies in die Zuständigkeit von § 307 (durch AGB) und § 444 (durch Individualvertrag), soweit der alte § 476 BGB in ihm aufgegangen ist.

Ein völlig anderer Aspekt kommt ins Spiel mit der Integration des alten § 11 Nr. 11 AGBG in den § 444. Dass ex § 11 Nr. 11 AGBG für den Verbrauchsgüterkauf überflüssig geworden ist, ist gerade nicht der Fall. Die Kauf-Richtlinie und die §§ 474–479 regeln den Schadensersatz nicht! Da § 276 I 1 die Zusicherungshaftung als eine Art selbstständige Garantie wieder aufleben lässt, hätte der § 11 Nr. 11 AGBG seine Funktion behalten. Sein Fehlen hätte jedoch über die Generalklausel des § 307 oder über § 305 c I (Haftungsbeschränkung als überraschende Klausel) bzw. § 305 b (Vorrang der Individualabrede) kompensiert werden können. Falsch hingegen war es, den Weg über § 444 zu wählen. Dieser Fehler ist dadurch zu korrigieren, das der Geltungsbereich des § 444 – soweit Haftungsbeschränkungen durch selbstständige Garantien/«Zusicherungen« betroffen sind – teleologisch auf den Anwendungsbereich des alten § 11 Nr. 11 AGBG zu reduzieren ist. Er betrifft m. a. W. nur den *formularmäßigen Warenkauf*! Völlig unberührt von dem neuen § 444 bleiben danach Haftungsbegrenzungen durch selbstständige Garantien im Zusammenhang mit individuell ausgehandelten Unternehmenskaufver-

---

90 Vgl. dazu *Staudenmayer*, in: Grundmann/Medicus/Rolland (Hrsg.), Europäisches Kaufgewährleistungsrecht, 2000, S. 27, 33.
91 Vgl. BGHZ 75, 75 – Isolarglas.
92 Vgl. BR-Drs. 338/01, S. 563 f.

tragen. Über dieses (selbstverständliche) Ergebnis besteht denn auch weitgehend Konsens.[93]

Trotz der Schwierigkeiten, die die *Verjährung* von Garantieansprüchen der Rechtsprechung bereitet hat, schweigt das Gesetz dazu. Es ist davon auszugehen, dass Ansprüche aus der Haltbarkeits- und Beschaffenheitsgarantie nach § 443 – wie bisher[94] – der kaufrechtlichen Verjährung unterfallen. § 438 findet entsprechende Anwendung sowohl auf die Verkäufer- als auch auf die Herstellergarantie. Eine Verkürzung der Verjährung von Ansprüchen aus einer Haltbarkeits- und Beschaffenheitsgarantie scheitert m. E. nicht an § 444, sondern beurteilt sich nach den für die kaufrechtliche Verjährung geltenden Grundsätzen (vgl. oben 5.2).

6.2 Kaufvertrag und culpa in contrahendo

Schließlich ist auf eine weitere (quasi-vertragliche) Anspruchsgrundlage noch einmal zurückzukommen.[95] Seit langem war anerkannt, dass bereits die Aufnahme von Vertragsverhandlungen ein vor-vertragliches gesetzliches Schuldverhältnis aus *culpa in contrahendo* (c. i. c.) begründete. Kraft dessen sind die potentiellen Vertragsparteien bereits vor Vertragsschluss zu gegenseitiger Rücksichtnahme und Sorgfalt verpflichtet sind.[96] Dieses gesetzliche Schuldverhältnis zielt auf zweierlei:

(1) »Unrichtigen« Vertragsabschlüssen vorzubeugen und die damit verbundenen Rückabwicklungskosten unerwünschter Verträge zu vermeiden.

(2) Die Schädigung der Rechtsgüter des möglichen Vertragspartners zu verhindern.

Beide Aspekte dieses quasi-vertraglichen Schuldverhältnisses aus c. i. c. scheinen nun in den §§ 241 II, 311 II ihre gesetzliche Anerkennung gefunden zu haben. Ein besonders prominenter Anwendungsfall hierfür sind die Kaufvertragsverhandlungen.

(1) Hier steht die fahrlässige Verletzung von Informationspflichten im Vordergrund: unzutreffende Angaben über die Verwendungstauglichkeit des Produkt für den vorausgesetzten Zweck. Der in seinem Vertrauen auf die Richtigkeit und Vollständigkeit der Angaben des Verkäufers enttäuschte Käufer ist über den Schadensersatz aus c. i. c. so zu stellen, wie er bei zutreffender Information über die für seinen Kaufentschluss erheblichen Umstände stünde. Nach ständiger höchstrichterlicher Rechtsprechung eröffnet dies ein Wahlrecht für den Käufer: (i) Er kann an dem Vertrag festhalten und lediglich zusätzlichen Schadensersatz geltend machen; z. B. Herabsetzung des Kaufpreises.[97] Dabei spielt keine Rolle, ob sich der Verkäufer auf einen solchen Vertragschluss eingelassen hätte. (ii) Oder aber er kann Rückgängigmachung des Vertrages verlangen und Ersatz der mit der Transaktion verbundenen Kosten.[98] Jenseits der Anfechtung wegen Eigenschaftsirrtums oder arglistiger Täuschung und dem Rücktritt wird hier über den Schadens-

---

93 Vgl. u. a. *Gronstedt/Jörgens*, ZIP 2002, 52; *Dauner-Lieb/Thiessen*, ZIP 2002, 108; *U. Huber*, AcP 202 (2002), 179, 239 jew. m. w. Nachw.
94 BGH, NJW 1981, 2248 (zu § 477 BGB bei der unselbstständigen Garantie).
95 Vgl. zu c. i. c. bereits oben B IV.2.2.
96 BGHZ 6, 330, 333.
97 BGHZ 69, 53 – Kauf von Gesellschaftsanteilen; BGHZ 111, 75 – Motoryacht.
98 Vgl. zuletzt BGH NJW 2001, 2163.

ersatz aus culpa in contrahendo ein dritter Weg auf nachträgliche Auflösung eines geschlossenen Vertrages eröffnet. Dieser Schadensersatz zielt auf den Ersatz des **Vertrauensschadens** oder des sog. negativen Vertragsinteresses. Dies steht als selbstständige dritte Kategorie neben dem Erhaltungs- und Erfüllungsinteresse. Es geht um den **Schutz der Dispositionsfreiheit.** Der nicht ordnungsgemäß informierte Käufer kann verlangen so gestellt zu werden, wie wenn er den Vertrag nicht geschlossen hätte: Rückgabe der Kaufsache Zug um Zug gegen Rückzahlung des Kaufpreises plus Erstattung der im nachhinein vergeblichen Aufwendungen, die in ursächlichem Zusammenhang mit dem gescheiterten Kauf standen.

Dieser Schadensersatz aus c. i. c. wird von Rechtsprechung und Wissenschaft beim Kauf toleriert bis zur Lieferung der Kaufsache. **Nach Lieferung der Sache** ist er nur noch zulässig, soweit sich die Fehlinformation auf Eigenschaften der Kaufsache bezieht, die **keinen Mangel** i. S. des § 434 darstellen.[99] Prominenter Anwendungsfall hierfür war der Unternehmenskauf, weil die Rechtsprechung bisher Angaben über Umsätze, Ertrag etc. nicht als Beschaffensangaben qualifiziert hat, die zu einem Mangel führen konnten.

Geht es dagegen um fahrlässige Angaben oder Nichtangaben des Verkäufers über eine Beschaffenheit der Kaufsache, **deren Fehlen einen Mangel i. S. des § 434 darstellt,** gilt der eherne Grundsatz, dass **nach** Gefahrübergang ausschließlich das **kaufrechtliche Regime der Käuferrechte bei Mängeln nach § 437 als abschließende Sonderregelung** Anwendung findet. Die Lösung von dem Vertrag über die Anfechtung wegen Eigenschaftsirrtums (§ 119 II) ist genauso wie über den Schadensersatz nach c. i. c. ausgeschlossen.

Grundlegend für diese Rechtsprechungslinie ist der sog. *Seegrundstücksfall.* Jemand verkauft ein Grundstück als Seegrundstück, ohne darauf hinzuweisen, dass der Uferstreifen, der zusammen mit dem Grundstück von einer gemeinsamen Hecke eingefasst war, nicht mehr zu dem Kaufgrundstück gehört.[100]

Dieser Grundsatz erfährt allerdings eine Durchbrechung bei arglistigem oder vorsätzlichem Vorspiegeln/Verschweigen eines Mangels.

(2) Die – weitgehend verselbstständigte – zweite Seite dieser c. i. c.-Haftung betrifft den **Integritätsschutz** von Kaufinteressenten. Dieser Aspekt ist nunmehr durch § 241 II i. V. m. § 311 II gesetzlich ausdrücklich anerkannt. Hierbei handelt es sich – mehr oder weniger offen eingestanden – um individualisierte Verkehrssicherungspflichten, die ausschließlich wegen der Anwendbarkeit der seinerzeit günstigeren vertraglichen Regeln (§§ 278, 282, 195 BGB a. F.) über c. i. c. – statt über Deliktsrecht (§§ 823 I, 831, 852 a. F.) abgewickelt worden sind. Die Unterschiede bei Gehilfenhaftung und Verschuldensnachweis bestehen weiter; die verjährungsrechtlichen Diskrepanzen sind mittlerweile beseitigt. Dieser quasi-vertragliche Integritätsschutz des Käufers begann mit der berühmten *Linoleum*-Entscheidung des RG aus dem Jahre 1911.[101] Die bekannteste Fortsetzungsentscheidung des BGH ist der *Bananenschalenfall.*[102] Den vorläufigen Abschluss und gleichzeitig

---

99 Vgl. BGH NJW 1962,1196 – Baumkreissäge; BGHZ 111, 75 – Motorjacht. Zum Unternehmenskauf vgl. U. *Huber*, AcP 202 (2002), 179.
100 BGHZ 60, 319; vgl. auch BGHZ 114, 263, 266 m. w. Nachw.
101 RGZ 78, 239.
102 BGH NJW 1962, 31.

die Parallelisierung mit dem Vertrag mit Schutzwirkung für Dritte brachte die *Gemüseblatt*-Entscheidung aus dem Jahre 1976:[103]

Die Mutter geht mit ihrer 14jährigen Tochter einkaufen. Während sie mit vollbepacktem Wagen an der Kasse steht, rutscht das Kind innerhalb des Ladens auf einem auf dem Boden liegenden Gemüseblatt aus und zieht sich einen Oberschenkelhalsbruch zu. Der BGH hat das Kind hier in den Schutzbereich dieses vorvertraglichen gesetzlichen c. i. c.-Rechtsverhältnisses nach § 311 II zwischen der Mutter und dem Warenhaus einbezogen. Das Kind konnte seinen Schaden nach Vertragsgrundsätzen (§§ 278, 280 I) im eigenen Namen gegen das Warenhausunternehmen (!) einklagen.

Diese Drittschutzdimension bei c. i. c. ist jetzt explizit in § 311 III 1 geregelt!

6.3 Kaufvertrag und deliktische Haftung

Werden durch die mangelhafte Kaufsache oder durch die Neben-/Schutzpflichtverletzung des Verkäufers **andere Rechtsgüter des Käufers** beeinträchtigt, sind zumeist neben vertraglichen Schadensersatzansprüchen nach § 280 I deliktische Ansprüche nach §§ 823 ff. gegeben. Beide Ansprüche stehen grundsätzlich selbstständig nebeneinander. Man spricht insoweit von **Anspruchskonkurrenz**. D. h. die einzelnen Schadensersatzansprüche unterliegen nach Voraussetzungen und Inhalt den jeweiligen Regelungen des (Kauf-)Vertragsrechts bzw. des Deliktsrechts. Dies hat insbesondere Bedeutung für die Beweislast und die Geschäftsherrenhaftung.[104]

In diesem Kontext ist noch auf eine kontroverse Rechtsentwicklung innerhalb des Kaufrechts einzugehen, die als »**Schwimmerschalterdoktrin**« oder »**Weiterfresserschadensproblematik**« bekannt geworden ist.

In dem Fall einer BGH-Entscheidung aus dem Jahre 1976[105] kaufte die Klägerin, die Blechrelaisgehäuse herstellte, eine Reinigungsanlage für ihre Produkte. Zu der Reinigungsanlage gehörten mit einem Stromschalter verbundene Schwimmer, die dafür sorgen sollten, dass die Heizdrähte ausreichend mit Flüssigkeit bedeckt waren. Andernfalls hatten sie die Heizung abzuschalten. Infolge des Mangels eines Schwimmerschalters kam es zu einem Brand, durch den die Reinigungsanlage beschädigt wurde.

Bei diesem Schadensfall handelt es sich um einen »klassischen« Mangelschaden, der nach Kaufrecht abzuwickeln ist.[106] Für komplexe Konsumgüter – wie etwa Autos – ist es durchaus charakteristisch, dass bei der Lieferung nicht ein Mangel der Gesamtsache vorliegt, sondern dass Teile funktionsunfähig sind, die nach Gefahrübergang zu weiteren Beeinträchtigungen an der Kaufsache führen (»sich weiterfressen«).[107] In dem Schwimmerschalterfall konstatierte der BGH zwei Defizite des seinerzeitigen BGB-Kaufrechts: (1) die fehlende Fahrlässigkeitshaftung des Verkäufers für Mangelschäden, und (2) die zu kurze Verjährungsfrist für Mangel-

---

103 BGHZ 66, 51.
104 Grdl. RG JW 1908, 236 – Selterswasser; BGHZ 9, 301 – Trümmergrundstück.
105 BGHZ 67, 359 (VIII Zivilsenat) = JZ 1977, 345 m. Anm. *Lieb* und *Rengier*.
106 Vgl. dazu *Katzenmeier*, Vertragliche und deliktische Haftung in ihrem Zusammenspiel, 1994, S. 110 ff. m. w. Nachw.
107 Anschaulich und rechtlich zutreffend: OLG Köln, MDR 1973, 848 – Lenksystem.

schäden nach ex § 477. Auch in dem konkreten Fall waren vertragliche Ansprüche verjährt. Um der Klägerin gleichwohl zu einem Schadensersatzanspruch gegen die Verkäuferin/Herstellerin zu verhelfen, wählte der BGH folgende Konstruktion: Er unterschied bei der gelieferten Reinigungsanlage zwischen dem bei Lieferung mangelhaften Teil – dem (geringwertigen) Schwimmerschalter – und der (wertvollen) intakten Restsache. Die intakte Restsache wird eigentumsrechtlich zur Umwelt des abgrenzbaren Teilstücks erklärt. Die nachträgliche Beschädigung der intakten Restsache durch das mangelhafte Einzelteil stellt dann eine Verletzung des Eigentums an der Restsache nach § 823 I dar. (Der damit eröffnete deliktische Schadensersatzanspruch verjährt nach § 852 a. F. in drei Jahren ab Entstehung und Kenntnis.)

In der Folgezeit hat der BGH, auch gegenüber massiver Kritik in der Literatur, an dieser Haftung für »Weiterfresserschäden« nach § 823 I nicht nur festgehalten,[108] sondern hat sie sogar noch ausgebaut.[109] Entscheidend soll es auf die fehlende »Stoffgleichheit« des Mangelminderwerts mit dem Wert der intakten Rechtssache ankommen. Ist die Kaufsache infolge des Teilmangels insgesamt wertlos geworden, kommt ausschließlich Kaufrecht zur Anwendung. »Frisst« sich der Mangel dagegen weiter und beeinträchtigt er – auf welche Weise auch immer – die intakte Restsache, liege eine Eigentumsverletzung vor. – Mit dem Schuldrechtsmodernisierungsgesetz sind die beiden Defizite, die Anlass für diese Rechtsprechung waren – fehlende Fahrlässigkeitshaftung des Verkäufers und extreme Diskrepanz bei der Verjährung – , beseitigt worden. Die Vertragshaftung für Mangelschäden ist in diesen Fällen eröffnet! Es bleibt abzuwarten, ob der BGH gleichwohl an der deliktischen Lösung der »Weiterfresserschäden« festhalten wird.

7 Beispielsfälle der Pflichtverletzungen beim Kauf und ihr AGB-rechtlicher »Haftungs«ausschluss

Fallbeispiele:

1. Der Feinkostgroßhändler F bestellt im August bei B 200 000 Adventsstollen mit einem Gewicht von je 750 g zum Preis von € 1,38 pro Stück zum Weiterverkauf an die Einzelhändler. Die Stollen sollten in der 2. Novemberhälfte ausgeliefert werden. Am 15. November übergibt B durch sein Transportpersonal an F die erste Lieferung von 9 000 Stollen, verpackt in Kartons zu je 6 Stück. Eine sofortige Gewichts- und Qualitätskontrolle ergab ein deutliches Untergewicht und einen faden Geschmack. Auf Reklamation des F nahm B die Stollen zurück und lieferte eine Woche später die nächsten 6 000 Stollen, bei denen sich jedoch die gleichen Beanstandungen ergaben. F reklamierte erneut und nahm, da ersichtlich die 200 000 Stollen in der verbleibenden Zeit nicht mehr rechtzeitig lieferbar waren, von dem Vertrag Abstand. Er verlangt von B Schadensersatz wegen entgangenen Gewinns in Höhe von € 20 000 *(BGH WM 1977, 220)*.

2. Der Kölner Angelverein A e. V. bestellte bei dem schleswig-holsteinischen Forellenzüchter F 50 lebende Forellen. Der Angelverein setzte die Tiere zur Aufstockung des Fischbestandes in die Teiche seiner Zucht- und Angelsportanlage. 14 Tage nach Lieferung stellten Angehörige des Angelsportvereins in ihrem Teich kranke Forellen fest. Innerhalb kurzer Zeit breitete sich die Krankheit aus. Der von dem A e. V. eingeschaltete Sachverständige führt den Schadensfall darauf zurück, dass die gelieferten Forellen an einer durch belastetes Tierfutter verursachten Seuche erkrankt waren. Der Angelverein erklärt daraufhin den Rücktritt

---

108 Grdl. BGHZ 86, 256 – Gaszug; *Steffen*, VersR 1988, 977.
109 Vgl. BGHZ 117, 183 = JZ 1992, 801 m. Anm. *Brüggemeier/Herbst* – Kondensatoren; BGHZ 138, 230 = JZ 1999, 97 m. Anm. *Brüggemeier* – Transistoren.

vom Kaufvertrag und verlangt von F Rückzahlung des Kaufpreises und Schadensersatz für die angesteckten und verendeten eigenen Fische. F beruft sich auf Ziffer 7 seiner Auftrags- und Lieferbedingungen, die Vertragsbestandteil geworden sind:
»7. Mängel sind bei Ablieferung der Ware anzuzeigen. Eine Haftung für nach der Ablieferung sich zeigende Mängel wird nicht übernommen.« *(BGH BB 1985, 2071).*

3. Der Automobil-Vertragshändler A befasst sich mit der Leistungsverbesserung von Serienmotoren (Tuning). Für die Tankanlage auf seinem Betriebsgelände bestellte er bei V je eine Ladung Super- und Normalbenzin. Bei der Anlieferung und Befüllung der Tanks verwechselt der angestellte Fahrer des V versehentlich die Tankbehälter. Er füllt das Superbenzin in den Tank für Normalbenzin und umgekehrt. Durch die falsche Betankung der Fahrzeuge ist es zu Schäden an den 16-Ventil-Motoren gekommen. A verlangt von V Ersatz dieser Schäden. *(BGHZ 107, 249)*

4. Der Investmentbanker A der Frankfurter Großbank B kauft bei der Fa. Auto Kunz in München einen gebrauchten Ferrari F 40 für € 75 000. Der Inhaber, Herr Kunz, erklärt A nach bestem Wissen, der Wagen sei technisch in einem Top-Zustand. Er sei in der hauseigenen Werkstatt gründlich überprüft worden. Das stimmt. Dabei hat der Kfz-Geselle aber einen Defekt in der Bremsanlage übersehen. In den AGB auf der Rückseite des Kaufvertrages, auf die Kunz hingewiesen hatte, steht: »Gewährleistungsansprüche werden ausgeschlossen. Schadensersatzansprüche bestehen nur bei grobem Verschulden. Alle Ansprüche aus dem Kaufvertrag verjähren 1 Jahr nach Lieferung.« Auf der Heimfahrt nach Frankfurt kommt A bei einem Bremsvorgang ins Schleudern. Dabei wird der Ferrari beschädigt. A verlangt von Kunz Nachbesserung und ggf. Ersatz der erforderlichen Reparaturkosten von € 15 000.

(1) Adventsstollenfall

Es handelt sich um einen **beiderseitigen Handelskauf** von Gattungssachen. Leistungszeit war Mitte November, Leistungsort der Sitz des Käufers F. Die Mitte November gelieferten Adventsstollen stellten keine vertragsgemäße Leistung dar. Das Untergewicht ist eine Abweichung von der vereinbarten Beschaffenheit und somit ein Mangel i. S. des § 434 I 1. F hatte unverzüglich das Untergewicht »reklamiert« (§ 377 HGB) und die Annahme abgelehnt. Es war weder Konkretisierung (§ 243 II) noch Erfüllung eingetreten. F konnte weiter seinen Erfüllungsanspruch geltend machen. Auch der zweite Erfüllungsversuch führte jedoch nicht zum Erfolg. F hat auch diese zweite vertragswidrige Lieferung nicht angenommen.

B hatte bis Ende November die 200 000 Adventsstollen der vertraglich vereinbarten Beschaffenheit nicht geliefert. Ob er sich damit im Schuldnerverzug befand, kann hier dahinstehen. Dies setzte grundsätzlich eine Mahnung voraus (§ 286 I 1), sofern nicht für die Leistung eine Zeit nach dem Kalender bestimmt war (z. B. 15. November). F macht hier jedoch keine Rechtsfolgen des Verzugs geltend, sondern Schadensersatz *statt der ganzen Leistung* nach §§ 437 Nr. 3, 280, 281 I 3. Eine objektive Pflichtverletzung ist mit der mangelhaften Leistung gegeben. Die Pflichtverletzung muss erheblich sein (§ 281 I 3). Das Verschulden des B wird vermutet (§ 280 I 2). Auch der Mangelschadensersatz ist jedoch ein sekundärer Rechtsbehelf, der erst nach einer erfolglosen Nacherfüllung zur Anwendung kommt. Einer zweiten Fristsetzung zur Nacherfüllung bedarf es hingegen nicht unter den Voraussetzungen des § 440 oder »wenn besondere Umstände vorliegen, die unter Abwägung der beiderseitigen Interessen die sofortige Geltendmachung des Schadensersatzanspruches rechtfertigen« (§ 281 II 2. Alt.). Es war evident, dass das Geschäft mit den Adventsstollen für F nicht mehr durchführbar war, wenn zu Beginn der Adventszeit, d. h. Ende November, die Stollen nicht an die Einzelhändler ausgeliefert werden konnten. Eine »Rettung« des Geschäfts durch

Einräumung einer weiteren Nacherfüllungsmöglichkeit war nicht mehr möglich. F kann daher den Gewinn, den er bei gehöriger Durchführung des Geschäfts durch die Weiterveräußerung der Stollen gemacht hätte, als Schaden geltend machen (§§ 281 I 3, 252). Die vertragswidrigen Stollen hätte er in jedem Fall nach § 281 V an F zurückgeben müssen.

(2) Forellenfall

Dieser Fall erlaubt es, die klassischen Mangel- und Mangelfolgeschadenskonstellationen einschließlich typischer AGB-Probleme darzustellen.

Es handelt sich weder um einen Verbrauchsgüterkauf noch um einen beiderseitigen Handelskauf. Der Verbrauchsgüterkauf scheitert daran, das der Käufer eine juristische Person und damit kein Verbraucher (§ 13) ist; der beiderseitige Handelskauf scheitert daran, dass der Verein kein Gewerbe betreibt. Kaufgegenstand sind Gattungssachen – lebende Zuchtforellen. Nach dem Sachverhalt waren die Forellen bereits bei Lieferung krank und damit mangelhaft i. S. des § 434 I 2 Nr. 2. Der Mangel war für die Mitglieder des A-Vereins bei Anlieferung nicht erkennbar (§ 442). Der Rücktritt ist damit nach § 437 Nr. 2 möglich, (a) wenn die Voraussetzungen des § 323 vorliegen, (b) der Rücktritt nach § 218 nicht unwirksam ist und (c) nicht durch die AGB-Klausel wirksam ausgeschlossen worden ist. Für eine Verjährung des Nacherfüllungsanspruchs gibt der Sachverhalt nichts her. Auf § 218 wird daher nicht weiter eingegangen.

Der Rücktritt ist nach § 323 zulässig, wenn der Verein eine Frist zur Nacherfüllung gesetzt hat und wenn die Pflichtverletzung nicht unerheblich ist. Die Fristsetzung ist entbehrlich unter den Voraussetzungen des § 440 – rechtswidrige Verweigerung, Fehlschlagen oder Unzumutbarkeit der Nacherfüllung – oder den des § 323 II. Hier ist es vertretbar, von der Unzumutbarkeit einer Fristsetzung auszugehen. Eine Fristsetzung für die Nacherfüllung ist hier nicht erforderlich. Der Mangel ist im übrigen auch erheblich (§ 323 V 2).

Danach stünde dem A-Verein ein Rücktrittsrecht zu. Dieses könnte aber durch die AGB des F ausgeschlossen worden sein, die Vertragsbestandteil gewordenen sind.[110] Die erste AGB-Klausel betrifft die **Ausschlussfrist** für Mängelrügen. Da der A-Verein kein Unternehmer i. S. des § 14 BGB ist (§ 310 I), beurteilt sich die Zulässigkeit der Ausschlussfrist primär nach § 309, sekundär nach § 307. Nach § 309 Nr. 8 lit. b) ee) sind Klauseln unzulässig, die für die Anzeige nicht offenkundiger Mängel eine Ausschlussfrist setzen, die kürzer ist, als die gesetzlichen Verjährungsfristen für die Mängelansprüche. Danach wäre S. 1 der AGB-Klausel Nr. 7 unzulässig. Dies setzt jedoch voraus, dass § 309 Nr. 8 lit. b) ee) überhaupt auf den Forellenkauf anwendbar ist. Nr. 8 lit. b) ist beschränkt auf »neu hergestellte Sachen«. Lebende Tiere gelten zwar rechtlich nicht mehr als Sachen i. S. des § 90.[111] Auf sie finden aber die für Sachen geltenden Vorschriften entsprechende Anwendung (§ 90 a). Problematisch könnte jedoch sein, ob es sich bei den Forellen um »neu hergestellte« Sachen handelt. Dies ist m. E. vom BGH zutreffend bejaht worden. Leitbild für die gesetzliche Regelung des § 309 Nr. 8 lit. b) war die Unterscheidung zwischen fabrikneuen (Industrie-)Produkten und gebrauchten Sachen.

---

110 Zu dem AGB-Vertrag allgemein vgl. oben B II.2.
111 Vgl. Gesetz zur Verbesserung der Rechtsstellung des Tieres im bürgerlichen Recht v. 20. 8. 1990 (BGBl. I 1762).

Das spezifische Risikopotential, das gebrauchte Sachen wegen ihres – zumeist unbekannten – Vorgebrauchs oder Fehlgebrauchs darstellen, sollte der Verkäufer auf den Käufer verlagern können. Insoweit sind junge Zuchtforellen in der Tat eher »fabrikneuen« als »gebrauchten« Sachen gleichzustellen. Die Ausschlussfrist ist daher wegen Verstoßes gegen § 309 Nr. 8 lit. b) ee) unwirksam und steht der Zulässigkeit des Rücktritts nicht entgegen.

Satz 2 der Klausel betrifft den **Ausschluss der Haftung** und damit sämtlicher Rechte wegen eines Mangels der Sache. Wie in der Praxis häufig vorkommend, ist die Klausel ungenau formuliert. Soweit die Klausel dahin zu verstehen ist, dass die Haftung für **nach** der Ablieferung **entstehende** Mängel ausgeschlossen werden soll, ist dies unbedenklich, da dies der gesetzlichen Regelung entspricht. Die Vertragswidrigkeit muss im Zeitpunkt des Gefahrübergangs (d. h. in der Regel bei Ablieferung) vorhanden gewesen sein (§ 434 I 1). Von dem Verkäufer intendiert ist offensichtlich ein Haftungsausschluss für nach der Ablieferung sich **zeigende** Mängel. Will man die Maßgeblichkeit dieses Inhalts der Klausel nicht schon an der Unklarheitenregel des § 305 c II scheitern lassen, so ist sie in jedem Fall mit dem für das Kaufrecht grundlegenden § 309 Nr. 8 lit. b) aa) nicht vereinbar. Danach ist – jedenfalls gegenüber Nichtkaufleuten – ein vorbehaltloser Gewährleistungsausschluss bei neu hergestellten Sachen unwirksam. [Für den Verbrauchsgüterkauf ergibt sich dies heute schon aus § 475.]

Der A-Verein kann wirksam den Rücktritt erklären und von F Rückzahlung des Kaufpreises verlangen (§ 346 I). Danach müsste A ebenfalls die »empfangenen Leistungen« zurückgewähren bzw. Wertersatz leisten. Das gilt jedoch nicht, wenn die Kaufsache infolge des Mangels »untergegangen« ist. Dies hat nach § 346 III Nr. 2 der Verkäufer F »zu vertreten«.

Bei den verendeten eigenen Fischen des A-Vereins handelt es sich um einen **Mangelfolgeschaden (»Eigentums«verletzung)**, für den F unmittelbar nach § 280 I einzustehen hätte. Dieser Integritätsschaden konnte immer schon gleichzeitig neben einer Aufhebung des Kaufvertrages durch Wandelung oder nunmehr Rücktritt geltend gemacht werden. Zentrale Voraussetzung ist eine objektive Pflichtverletzung, die mit dem Mangel gegeben ist. Ein Verschulden des F wird vermutet (§ 280 I 2). Ob er sich exkulpieren kann, hängt von den jeweiligen Umständen des Einzelfalles ab. Das ist nicht der Fall, wenn die Erkrankung der Fische für F mit zumutbaren Mitteln erkennbar gewesen wäre. Zu weitergehenden, etwa virologischen Untersuchungen kann man F nur für verpflichtet erachten, wenn besondere Gründe für den Verdacht einer Erkrankung der Fische gegeben waren.

Auf eine Exkulpation des F käme es nicht an, wenn die Haftung für den Mangelfolgeschaden durch S. 2 der AGB-Klausel Nr. 7 wirksam ausgeschlossen wäre. Das beurteilt sich in diesem Fall nach § 309 Nr. 7 lit. b). Danach kann für Sach- und Vermögensschäden die Haftung auf Vorsatz und grobe Fahrlässigkeit begrenzt werden. Satz 2 der Klausel enthält aber nicht diese Differenzierung, sondern schließt die Haftung generell aus. Dies ist nicht möglich. Eine geltungserhaltende Reduktion auf den zulässigen Kern der Klausel wiederum ist unzulässig. Die Haftungsausschlussklausel ist somit wegen Verstoßes gegen § 309 Nr. 7 unwirksam.

A steht der Schadensersatzanspruch gegen F zu. Er verjährt in 3 Jahren ab seinem Entstehen und der Kenntnis der Mitglieder des A-Vereins von den anspruchbegründenden Umständen (§§ 195, 199 I).

(3) «Superbenzin»

Es handelt sich um einen **beiderseitigen Handelskauf.** Sowohl Käufer – Automobil-Vertragshändler – als auch Verkäufer sind Kaufleute. Hätte A nur Superbenzin bestellt und hätte V Normalbenzin geliefert, wäre eine *andere* als die geschuldete Gattungssache geleistet worden *(aliud).* Diese Leistung wäre kaufrechtlich mangelhaft. Nicht dass Normalbenzin »schlechtes Superbenzin« wäre, § 434 III 1. Alt. stellt aber die Lieferung einer anderen Sache der Lieferung einer mangelhaften Sache ausdrücklich gleich. Der Schaden an den Motoren wäre dann ein *Mangelfolgeschaden.* Dafür hätte V unmittelbar nach § 280 I einzustehen (s. o.). Bei einem beiderseitigen Handelskauf ist jedoch immer § 377 HGB zu beachten. Danach hätte A das Benzin unverzüglich nach der Anlieferung – »soweit dies nach ordnungsmäßigem Geschäftsgange tunlich ist« – zu untersuchen und einen Mangel anzuzeigen. Hätte A gegen diese Obliegenheit verstoßen, ginge er seiner Käuferrechte bei Mängeln i. S. des § 437 verlustig. Bisher hat die Rechtsprechung auch den Schadensersatz wegen Mangelfolgeschäden darunter subsumiert! Ob sich an dieser Rechtslage etwas ändern wird, wenn die Rechtsprechung – wie hier vertreten – die Mangelfolgeschäden aus dem Kanon der »Rechte bei Mängeln« nach § 437 herausnehmen würde, bleibt abzuwarten.

In dem Originalsachverhalt ging es hingegen nicht um Falschlieferungen. Es sind die geschuldeten Sachen geliefert worden – Normalbenzin und Superbenzin. Das Benzin ist auch mangelfrei. Gleichwohl hat V nicht ordnungsgemäß erfüllt. Zur Herbeiführung des vertragsgemäßen Erfolges gehörte auch die Abfüllung des Benzins in die dafür vorgesehenen Tankbehälter. Dabei handelt es sich um eine vertragliche *Nebenleistungspflicht* des V. Die Verletzung einer Nebenleistungspflicht fällt nicht unter die Rubrik »Rechte des Käufers bei Mängeln« (§ 437, 438), sondern beurteilt sich nach allgemeinem Leistungsstörungs- und Verjährungsrecht.

Einschlägig wäre erneut § 280 I. Der setzt eine objektive Vertrags- oder Pflichtverletzung des Verkäufers voraus. Die ist stets gegeben, wenn ein Sach- oder Rechtsmangel nach den §§ 434, 435 vorliegt. Dies kann bei Nebenleistungspflichtverletzungen jedoch zu Problemen führen, soweit objektive *Pflichtverletzung* und *Pflichtwidrigkeit* (= Fahrlässigkeit) nicht unterscheidbar sind.[112] Hier ist das falsche Benzin in dem falschen Tank. Es kann von einer objektiven Vertragswidrigkeit ausgegangen werden. Hinsichtlich des Verschuldens gilt dann die Vermutung des § 280 I 2. Dieses vermutete Verschulden seines Fahrers wird V zugerechnet (§ 278).

Da kein Sachmangel vorliegt, ist § 377 HGB in dieser Fallkonstellation nicht anwendbar! – Im Ergebnis – Haftung nach § 280 I und Verjährung nach §§ 195, 199 – wären beide Fallvarianten – Mangelfolgeschaden und Folgeschaden durch Nebenpflichtverletzung – gleich zu behandeln; eine Lösung, die m. E. überzeugt.

(4) Ferrari F 40

Es handelt sich um einen **Verbrauchsgüterkauf.** Der Verkäufer ist Unternehmer i. S. des § 14 und Kaufmann i. S. des § 1 HGB. Investmentbanker A kauft das Auto nicht zu Zwecken einer selbstständigen beruflichen Tätigkeit. Er ist Verbraucher i. S. des § 13.

---

112 Vgl. zu diesem Problem unten C IV: Freier Dienstvertrag.

Die Kaufsache ist bei Gefahrübergang mangelhaft. Dies ist hier nach dem Sachverhalt unzweifelhaft. Beim Verbrauchsgüterkauf würde im übrigen auch die Vermutungswirkung des § 476 greifen. A hatte keine Kenntnis von dem Mangel (§ 442). Danach wäre ein Nacherfüllungsanspruch des A gegeben (§§ 437 Nr. 1, 439). Es fragt sich, ob er durch die AGB des Kunz ausgeschlossen ist. Beim Verbrauchsgüterkauf gelten die AGB als von dem Verkäufer/Unternehmer gestellt (§ 310 III Nr. 1). Die AGB sind nach dem Sachverhalt auch Vertragsbestandteil geworden (§ 305 II). Eine Zulässigkeitskontrolle dieses Ausschlusses eines Nacherfüllungsanspruchs des A nach § 309 Nr. 8 b scheidet aus, da es sich nicht um eine »neuhergestellte«, sondern um eine gebrauchte Sache handelt. Auf die Generalklausel des § 307 braucht jedoch nicht zurückgegriffen werden, denn § 475 schließt für den Verbrauchsgüterkauf jede Abweichung den Regeln des Kaufrecht zum *Nachteil des Verbrauchers* aus: Der Verkäufer kann sich nicht darauf berufen. A kann von Kunz Nachbesserung des defekten Bremssystems verlangen. Der Nacherfüllungsanspruch verjährt in 1 Jahr; diese Reduktion der Regelverjährungsfrist von 2 Jahren ist bei gebrauchten Sachen zulässig (§ 475 II).

Durch den Mangel – Defekt in der Bremsanlage – ist es unfallbedingt zu einem **Folgeschaden an der Kaufsache** gekommen. Dieser durch den Mangel an der Kaufsache selbst entstehende Schaden ist ein **Mangelschaden** und kein Mangelfolgeschaden. Betroffen ist das Interesse des Käufers an der Lieferung einer vertragsgemäßen Sache *(Äquivalenzinteresse)*. Unter der Voraussetzung eines Verschuldens des Kunz, wobei er sich das vermutete Verschulden seiner Arbeitnehmer zurechnen lassen muss (§§ 280 I 2, 278 S. 1), hat A einen Anspruch auf Reparatur des Schadens **(kleiner Schadensersatz)**. Dies ist ein Fall der Naturalrestitution nach § 249 S. 1. A hat Kunz eine angemessene Frist zur Durchführung der Reparatur einzuräumen. Ansonsten kann er die Kosten einer Reparatur durch Dritte nach §§ 281 I 1, 249 S. 2 von Kunz im Wege des ersetzt verlangen.

Dieser an sich gegebene Schadensersatzanspruch kann aber durch die AGB des Kunz ausgeschlossen sein. Das Unabdingbarkeitsgebot des § 475 I erfasst auch beim Verbrauchsgüterkauf **nicht** den Anspruch auf Schadensersatz! Dies stellt § 475 III ausdrücklich klar. Insofern kommt es auf die Inhaltskontrolle der Haftungsbegrenzungsklausel an. § 309 Nr. 7 lit. b erlaubt bei Ersatzansprüchen für *Nicht-Personenschäden* auch bei Verbraucherverträgen eine Freizeichnung von der Haftung für einfache Fahrlässigkeit. Danach wäre die Haftungsbegrenzung auf grobe Fahrlässigkeit und Vorsatz wirksam. Es stellt sich aber die Frage, ob ein derartiger Haftungsausschluss – zumindest im Schutzbereich des Verbrauchsgütervertrags – nicht eine unangemessene Benachteiligung des Käufers ist, die nach § 307 II zur Unwirksamkeit der Klausel führt. [Für den Mietvertrag vgl. etwa BGH NJW 2002, 673].

8 Finanzierter Verbraucherkauf

8.1 Teilzahlungsgeschäft

Normalerweise werden die Hauptleistungspflichten aus dem Kaufvertrag sofort erfüllt (§ 271 I). Den Parteien steht es jedoch grundsätzlich frei, hinsichtlich des Zahlungsortes, der Zahlungszeit und der weiteren Zahlungsmodalitäten individuelle Regelungen zu treffen. Häufig wird eine Stundung des gesamten Kaufpreises vereinbart (vgl. jetzt § 499 I zum Zahlungsaufschub von mehr als drei Monaten), oder es wird dem Käufer gestattet, den Kaufpreis in bestimmten Teilzahlungen zu festen Terminen zu erbringen (Ratenkauf).

Der Ratenkauf hatte schon früh eine Sonderregelung in Form des Gesetzes über *Abzahlungsgeschäfte* von 1894[113] gefunden. Der Slogan »Jetzt kaufen, später bezahlen« erwies sich bereits im ausgehenden 19. Jahrhundert als werbewirksame Verkaufsstrategie. Das Ausnutzen der geschäftlichen Unerfahrenheit eines Teils der Bevölkerung – vor allem in ländlichen Gegenden – durch unseriöse Handelsvertreter führte bereits vor Abschluss der Gesetzgebungsarbeiten am BGB zu dem Erlass des ersten bedeutenden Konsumentenschutzgesetzes. Zum 31. 12. 1990 ist es – knapp 100 Jahre nach seiner Verabschiedung – außer Kraft getreten und durch das *Verbraucherkreditgesetz von 1990* (VerbrKrG)[114] ersetzt worden. Dieses ist mittlerweile in das BGB übernommen worden (§§ 491-507) und bildet dort unter der Überschrift »*Darlehensvertrag, Finanzierungshilfen und Ratenlieferungsverträge zwischen einem Unternehmer und einem Verbraucher*« einen Schwerpunkt des BGB-Verbraucherschutzrechts. Es ist durch Art. 25 des OLG-Vertretungsänderungsgesetzes vom 23. 7. 2002 noch einmal geändert worden.[115] Dieses Rechtsgebiet ist durch seine vielfältigen Verweise mittlerweile extrem unübersichtlich. Es gelten folgende Grundsätze:

Das klassische Abzahlungsgeschäft, bei dem ein privater Käufer die Verpflichtung zur Zahlung eines Kaufpreises von über € 200 in mehreren Raten an einen gewerblichen Verkäufer/Unternehmer (§ 14) eingegangen ist, wird heute als **Teilzahlungsgeschäft** bezeichnet (§§ 499 II, 501). Darauf finden weitgehend die Vorschriften über das Verbraucherdarlehen Anwendung (§§ 501, 492 ff.). Die Wirksamkeit dieses Teilzahlungsgeschäfts setzt die Einhaltung bestimmter Formalien voraus: Der Kaufvertrag muss **schriftlich geschlossen** werden (§ 492 I 1). Die Kaufvertragsurkunde muss zudem zwingend folgende **Informationen** enthalten: Barzahlungspreis, Teilzahlungspreis, Bestimmung der einzelnen Teilzahlungen, effektiven Jahreszins, ggf. Kosten einer Restschuldversicherung, Angaben über zu bestellende Sicherheiten wie Eigentumsvorbehalt (§ 502 I). Ein ohne Beachtung dieser Formalien geschlossenes Teilzahlungsgeschäft ist nichtig (§ 502 III 1). Ist das Teilzahlungsgeschäft gleichwohl durchgeführt und die Kaufsache dem Verbraucher übergeben worden, so gilt der Vertrag als mit dem Barzahlungspreis bzw. dem jeweiligen Marktpreis zustande gekommen. Dieser Preis ist mit dem gesetzlichen Zinssatz von 4 % zu verzinsen (§ 502 III 3 i. V. m. § 246). Daneben steht dem Teilzahlungskäufer das allgemeine **Widerrufsrecht** nach § 355 zu: d. h. er kann den Vertragsschluss *innerhalb von zwei Wochen* widerrufen (§ 495 I). Das Teilzahlungsgeschäft ist bis zur Nicht-Ausübung dieses Widerrufsrechts schwebend wirksam. Der Lauf der Zwei-Wochen-Frist beginnt auch hier nur, wenn eine gesondert erteilte **Belehrung** über das Widerrufsrecht erfolgt ist. Hat der Teilzahlungsverkäufer dies ganz oder in der gebotenen Form unterlassen, so bleibt der Kaufvertrag nach § 355 III 3 *zeitlich unbegrenzt* widerrufbar. Der Unternehmer kann die Belehrung nachholen. Dann beträgt die Widerrufsfrist einen Monat (§ 355 II 2). Auf die Rückabwicklung des widerrufenen Abzahlungsgeschäfts findet das BGB-Rücktrittsrecht der §§ 346 ff. entsprechende Anwendung.

---

113 RGBl. 1894, 450.
114 BGBl. 1990 I, 2840. Dieses Gesetz beinhaltete zugleich die Umsetzung der EG-Verbraucherkreditrichtlinie v. 22. 12. 1986 (ABl. EG 1987 L 42/48) in das deutsche Recht. Zur Reform vgl. den Richtlinienvorschlag aus dem Jahr 2002, ABl. EG 2002 C (noch nicht veröffentlicht).
115 BGBl. 2002 I, 2850. Dadurch ist das *Heininger*-Urteil des EuGH umgesetzt worden: EuGH NJW 2002, 281 = EuZW 2002, 84 m. Anm. *Reich/Rörig*.

Anstelle des Widerrufsrechts kann dem Verbraucher ein **Rückgaberecht** nach § 356 eingeräumt werden (§ 503 I).

8.2 Drittfinanzierter Kauf

Die wirtschaftliche Praxis entwickelte bald neuartige Vertragsformen, die an die Stelle des klassischen Zwei-Personen-Teilzahlungsgeschäfts traten. Prominentes Beispiel hierfür ist der sog. drittfinanzierte Kauf. Während bei dem einfachen Teilzahlungskauf der Verkäufer selbst den Kaufpreis kreditiert, wird bei dem finanzierten Kauf diese Funktion der Kreditierung von einer dritten Person, i. d. R. einem Kreditinstitut, wahrgenommen. Das bis dahin einheitliche Teilzahlungsgeschäft spaltet sich auf in einen **selbstständigen Kaufvertrag** zwischen Unternehmer und Verbraucher und in einen **selbstständigen Darlehensvertrag** zwischen Bank und Verbraucher. Darüber hinaus ist der finanzierte Kauf zumeist durch folgende Modalitäten gekennzeichnet: Verkäufer und Bank stehen in ständiger Geschäftsverbindung zur finanziellen Abwicklung der Kaufverträge. Der Verbraucher K schließt einen normalen Kaufvertrag mit dem Unternehmer V. Zumeist unterzeichnet K gleichzeitig in den Geschäftsräumen des V und mit V als Vertreter der Bank einen Darlehensvertrag mit der Bank (§§ 491, 164 ff.).

Schaubild 13

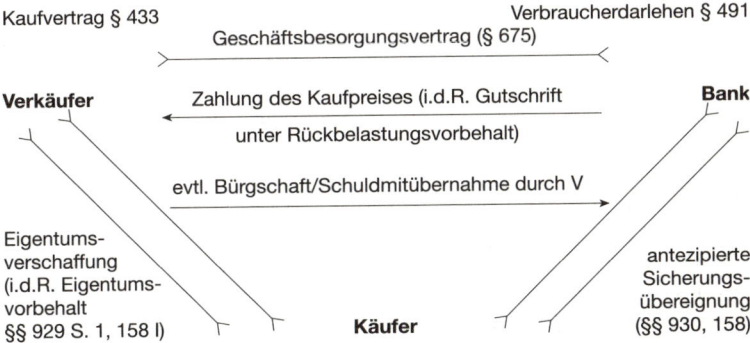

In diesem Verbraucherdarlehensvertrag übereignet K vorweg (»antezipiert«) das Eigentum an der zu erwerbenden Kaufsache »sicherungshalber« an die Bank. Diese sog. antezipierte Sicherungsübereignung nach § 930 ist zumeist eine doppelt bedingte Verfügung: (1) Sie erfolgt unter der **aufschiebenden** Bedingung (§ 158 I) eines später eintretenden Ereignisses (hier: des Eigentumserwerbs durch K). (2) Sie ist **auflösend** bedingt (§ 158 II) durch den Wegfall des Sicherungszwecks. Hat K das Darlehen zurückgezahlt, geht das Eigentum an der Kaufsache, ohne dass es eines weiteren Rechtsaktes bedürfte, wieder von der Bank auf K über. Nach Abschluss des Darlehensvertrages erhält K die Kaufsache von V, was er der Bank gegenüber bestätigt. Die Bank überweist daraufhin den Barzahlungs-/Kaufpreis an V. Spätestens in diesem Zeitpunkt erhält K das Eigentum an der Kaufsache. Das Eigentum geht jedoch in demselben Augenblick (eine »logische Sekunde« später) auf die Bank über. Anstelle der Kaufpreisraten zahlt K nun die Darlehensraten an die Bank.

Die Rechtsprechung hatte den drittfinanzierten Kauf zunächst als Umgehungsgeschäft des einfachen Abzahlungskaufs interpretiert und hierauf die Schutzvorschriften des alten Abzahlungsgesetzes angewandt. Das Verbraucherkreditgesetz hatte den finanzierten Kauf unter der Überschrift »**verbundene Geschäfte**« explizit geregelt und dabei die Ergebnisse der Rechtsprechung weitgehend übernommen. Nunmehr sind die »verbundenen Geschäfte« in den §§ 358, 359 geregelt, auf die § 501 für die Teilzahlungsgeschäfte verweist. Es muss sich um einen *Verbrauchsgüterkauf* i. S. des § 474 und ein *Verbraucherdarlehen* i. S. des § 491 handeln! [Für grundpfandrechtlich gesicherte Realkredite zur Finanzierung der Immobiliarkaufverträgen enthält § 358 III 3 jetzt eine Sonderregelung.] Nach § 358 III 1 und 2 bilden Kauf und Darlehen dann ein verbundenes Geschäft, wenn das Darlehen ganz oder teilweise der Finanzierung des Kaufs dient und beide Verträge eine »**wirtschaftliche Einheit**« bilden. Eine wirtschaftliche Einheit ist »insbesondere« anzunehmen, wenn der Kreditgeber/die Bank sich bei der Vorbereitung oder dem Abschluss des Verbraucherdarlehensvertrages der Mitwirkung des Verkäufers bedient. Wesentliches Indiz für die Einheitlichkeit beider Verträge ist unverändert der Umstand, dass die Auszahlung des Darlehensbetrages unmittelbar an den Verkäufer erfolgt.[116]

Die Regelungen in den §§ 358, 359 beinhalten vor allem drei Konsequenzen für das »verbundene Geschäft« drittfinanzierter Verbrauchsgüterkauf:

– Die formalen Anforderungen hinsichtlich Schriftform, Informationsobliegenheiten und Widerrufsbelehrung gelten grundsätzlich für beide Verträge. Es wird aber als ausreichend angesehen, wenn sich die Informationen über Barzahlungspreis, Teilzahlungspreis, effektiven Jahreszins etc. in der Urkunde über den Darlehensvertrag befinden. Entsprechendes gilt für die Widerrufsbelehrung. In dem Darlehensvertrag muss allerdings die »**qualifizierte**« **Belehrung** enthalten sein, dass durch den Widerruf innerhalb von zwei Wochen *beide* Verträge beendet und in ein Rückabwicklungsverhältnis umgestaltet werden (§ 358 V).[117] Bis zum Fristablauf sind beide Verträge schwebend wirksam. Bei einer unterbliebenen formgerechten »qualifizierten« Widerrufsbelehrung bleiben Kauf- und Darlehensvertrag zeitlich unbegrenzt widerrufbar. Auch hier gilt jetzt, dass die Bank die Belehrung nachholen kann. Dann läuft die Widerrufsfrist einen Monat (§ 355 II 2). Der wirksame Widerruf eines Vertrags, sei es des Kaufs oder des Darlehens, hat immer auch die Unwirksamkeit des anderen Vertrags zur Folge (**Widerrufsdurchgriff**). Die Rückabwicklung des vollzogenen verbundenen Geschäfts gem. §§ 357, 346 ff. erfolgt ausschließlich zwischen Darlehensgeber/Bank und Käufer/Darlehensnehmer (§ 358 IV 3).

– Oft kommt es bei dem Verbrauchsgüterkauf zu Durchführungshindernissen. Z. B.: Der Käufer tritt von dem Kaufvertrag wegen Sachmangels zurück, nachdem die Nacherfüllung nicht zum Erfolg geführt hat. Dann kann er die Einwendung des Wegfalls des Kaufvertrages auch der Bank gegenüber geltend machen (sog. **Einwendungsdurchgriff** – § 359 S. 1). Der Verbraucher kann m. a. W. die weitere Rückzahlung des Kredits verweigern. Der Rücktritt vom Kaufvertrag führt normalerweise zur Rückabwicklung zwischen den Parteien des Kaufvertrages (§§ 346 ff.). Da in der Dreieckskonstellation des drittfinanzierten Kaufs die Ratenzahlung an die Bank an die Stelle der Zahlung der Kaufpreisraten an

---

116 BGHZ 91, 9, 11 ff.
117 BGHZ 91, 338.

den Verkäufer getreten ist, müsste dem Käufer konsequenterweise auch ein Anspruch auf Rückzahlung der geleisteten Darlehensraten, ggf. einschließlich der darauf entfallenden Zinsen, gegen die Bank zustehen (sog. *Rückforderungsdurchgriff*).[118] Die den Kauf finanzierende Bank hätte sich ihrerseits mit dem Verkäufer auseinanderzusetzen. Anders als noch 1979 in dem Entwurf eines § 607a BGB[119] hat sich der Gesetzgeber sowohl in dem VerbrKrG 1990 als auch im Rahmen der Schuldrechtsmodernisierung gegen eine derartige Regelung ausgesprochen. Der Käufer ist mit seiner Rückzahlungsforderung auf den Verkäufer verwiesen.

– Übt die Bank das ihr regelmäßig eingeräumte Sicherungseigentum an der Kaufsache aus und nimmt sie die Sache zur Verwertung an sich, so gilt dies als Rücktritt von dem »verbundenen Geschäft« finanzierter Kauf (sog. **Rücktrittsfiktion;** § 503 II 5). Auf die Rückabwicklung zwischen Bank und Käufer/Verbraucherdarlehensnehmer findet in Ergänzung der allgemeinen Rücktrittsregeln § 503 II S. 2 und 3 Anwendung: Der Verbraucher hat der Bank die infolge des Vertrags gemachten Aufwendungen zu ersetzen. Bei der Nutzungsentschädigung nach § 346 I ist auf die inzwischen eingetretene Wertminderung Rücksicht zu nehmen. Diese Rücktrittswirkung kann die Bank umgehen, wenn sie bei der Verwertung des Sicherungseigentums dem Verbraucher den Zeitwert der Kaufsache vergütet (§ 503 II 4).

9 UN-Kaufrecht

Das sog. UN-Kaufrecht ist das in Deutschland seit dem 1. 1. 1991 geltende Recht für den internationalen Handelskauf. Dabei handelt es sich um ein von der Bundesrepublik Deutschland (und der damaligen DDR) ratifiziertes völkerrechtliches Übereinkommen.[120] Das UN-Kaufrecht – in der englischen Fassung: UN Convention on Contracts for the International Sale of Goods (CISG) – hat das vorherige Einheitliche Haager Kaufrecht von 1964 abgelöst. Im folgenden sollen die Grundregeln zum Anwendungsbereich, zu Vertragsschluss und Vertragsinhalt sowie zum Leistungsstörungsrecht dargestellt werden.[121]

9.1 Anwendungsbereich

Nach Art. 1 CISG ist das UN-Kaufrecht anwendbar auf »Kaufverträge über Waren« zwischen Parteien, die ihre Niederlassung in verschiedenen Staaten haben. Der Begriff des Kaufvertrags wird nicht definiert, sondern vorausgesetzt. Werklieferungsverträge sind Kaufverträgen gleichgestellt. Der gegenständliche Anwendungsbereich wird durch Art. 2 CISG definiert. Das UN-Kaufrecht findet danach keine Anwendung auf Verbraucherverträge. Sein Gegenstandsbereich

---

118 So hatte der BGH vereinzelt einmal zu dem alten AbzG entschieden: BGH NJW 1980, 1155. Zum Einwendungs- und Rückforderungsdurchgriff bei verbundenen Geschäften i. S. des Verbraucherkredits vgl. *Fuchs*, AcP 199 (1999), 305.
119 BT-Drs. 8/3212.
120 Gesetz zu dem Übereinkommen der Vereinten Nationen vom 11. April 1980 über Verträge über den internationalen Warenkauf, BGBl. 1989 II, 586 ff. – Zu Hintergrund und Vorgeschichte vgl. *v. Caemmerer/ Schlechtriem*, Kommentar zum Einheitlichen UN-Kaufrecht, 3. Aufl. 2000, Einleitung.
121 Vgl. dazu *Schwenzer*, NJW 1990, 602 ff.; *Schlechtriem*, Internationales UN-Kaufrecht, 1996; *Piltz*, UN-Kaufrecht, 1996.

sind hergestellte bewegliche Sachen. Explizit ausgeschlossen sind Kaufverträge über Rechte/Forderungen, Wertpapiere, Immobilien sowie über komplexe Industriegüter wie Schiffe und Flugzeuge.

Personell setzt das UN-Kaufrecht voraus, dass die Parteien des Kaufvertrags ihre Niederlassung oder ihren Sitz in verschiedenen Staaten haben. Bei beiden Staaten muss es sich um Signatarstaaten des UN-Übereinkommens handeln. Mittlerweile haben 61 Staaten das Übereinkommen ratifiziert. Aus dem Bereich der EG fehlen lediglich das Vereinigte Königreich, Irland und Portugal. Außerhalb der EG sind als Signatarstaaten hervorzuheben: USA, Kanada, Russland, China; nicht ratifiziert hat bisher Japan.

Die Geltung des UN-Kaufrechts ist dispositiv. Es kann durch Individualvertrag oder AGB ausgeschlossen oder abgeändert werden (Art. 6 CISG). Wegen der Unterschiede in den nationalen Rechten ist der Eigentumsübergang an den Kaufsachen nicht geregelt (Art. 4 S. 2 lit. b CISG). UN-Kaufrecht ist auch nicht anwendbar auf Personenschäden (Tod, Körperverletzungen), die durch die Kaufsache (»Ware«) verursacht worden sind. Diese Haftungsfragen bestimmen sich nach dem jeweiligen, subsidiär anwendbaren nationalen Vertrags- und Produkthaftungsrecht.

Das UN-Kaufrecht hat gleichermaßen die Arbeit an der deutschen Schuldrechtsreform wie auch die EG-Kauf-Richtlinie beeinflusst. Nach der Verabschiedung des Schuldrechtsmodernisierungsgesetzes 2001 erscheinen dem deutschen Juristen daher die Regelungen des UN-Kaufrechts vertrauter.

9.2. Vertragsabschluss und -inhalt

Der Abschluss des internationalen Warenkaufvertrags ist in den Art. 14 ff. CISG geregelt. Diese Regeln entsprechen in etwa dem BGB-Recht (s. o. B I.1). Schweigen oder Untätigkeit auf ein zugegangenes Angebot stellt keine Annahme dar (Art. 18 I CISG; anders für Sonderkonstellationen § 362 HGB). Die Vertragsannahme unter Ergänzungen oder Abweichungen ist eine Ablehnung verbunden mit einem neuen Angebot. Dies gilt nicht für »unwesentliche Änderungen«, sofern sie nicht unverzüglich von der anderen Seite beanstandet werden (Art. 19 II CISG). Das Zustandekommen eines AGB-Vertrags (s. o. B II.2) ist nicht gesondert geregelt. Auch die gerichtliche Inhaltskontrolle bestimmter Klauseln bestimmt sich nicht nach UN-Kaufrecht, sondern nach dem subsidiär anwendbaren nationalen Recht, etwa nach § 9 AGB-Gesetz (Art. 4 S. 2 lit. a CISG).

Der Verkäufer hat grundsätzlich vertragsgemäße Ware zu liefern. Er ist m. a. W. – wie nunmehr auch im deutschen BGB-Kaufrecht – zur **Gutleistung** verpflichtet (Art. 35 CISG)! Zumeist wird es sich beim internationalen Warenkauf um vertretbare Sachen i. S. des § 91 handeln. Die Unterscheidung zwischen Stück- und Gattungskauf ist dem UN-Kaufrecht jedoch fremd. Beide werden einem einheitlichen, am Gattungskauf orientierten Rechtsregime unterworfen. Die Lieferung vertragswidriger Ware stellt eine Vertragsverletzung dar. Der Erfüllungsort ist in Art. 31 CISG in den bekannten drei Varianten Bringschuld, Schickschuld und Holschuld geregelt. Die entsprechenden Regelungen für den Übergang der Preis- oder Vergütungsgefahr finden sich in den Art. 66-70 CISG.

Der Käufer ist zur **Zahlung des Kaufpreises** und zur Abnahme der Ware verpflichtet (Art. 53 ff. CISG). Sofern nicht ein bestimmter Zahlungsort vereinbart ist,

ist Erfüllungsort für die Kaufpreiszahlung der Sitz bzw. die Niederlassung des Verkäufers. Die Geldschuld ist m. a. W. als Bringschuld ausgestaltet (Art. 57 I CISG). Wie nach § 377 HGB hat der Käufer die gelieferte Ware so schnell wie möglich zu untersuchen und »in angemessener Frist« eine Vertragswidrigkeit anzuzeigen (Artt. 38, 39 CISG).

9.3 Leistungsstörungen

Eine Vertragsverletzung liegt vor bei Nichtleistung, Schlechtleistung, d. h. bei Sach- oder Rechtsmängeln, und verspäteter Leistung. Das UN-Kaufrecht sieht vier Sanktionen für diese objektiven Vertragsverletzungen vor: (1) Erfüllungsanspruch, (2) Vertragsaufhebung, (3) Minderung und (4) Schadensersatz.

9.3.1 Erfüllungsanspruch

Im Vordergrund steht das Interesse, den Vertrag ordnungsgemäß abzuwickeln (sog. *favor contractus*). Der Käufer behält primär seinen Erfüllungsanspruch (Art. 46 CISG): Er kann bei wesentlichen Vertragsverletzungen i. S. des Art. 25 CISG Ersatzlieferung verlangen; ansonsten hat er das Recht auf Nachbesserung. Der Käufer muss dem Verkäufer durch Setzen einer Nachfrist Gelegenheit zur Vertragserfüllung geben. Andererseits räumt Art. 48 CISG dem Verkäufer unabhängig davon ein »Recht zur zweiten Andienung« und damit die Möglichkeit ein, eine ordnungsmäßige Erfüllung des Vertrages herbeizuführen.

9.3.2 Vertragsaufhebung

Das Interesse an der Aufrechterhaltung geschlossener Verträge, das das UN-Kaufrecht kennzeichnet, führt dazu, dass an die Vertragsaufhebung hohe Anforderungen gestellt werden. Das Recht des Käufers, die Aufhebung des Vertrages zu erklären, ist auf Fälle **wesentlicher Vertragsverletzungen** (Art. 25 CISG) beschränkt. Dem ist bei Nichtlieferung der Fall gleichgestellt, dass innerhalb der Nachfrist nicht geliefert wird. Die Vertragsaufhebung befreit beide Vertragsparteien von ihren vertraglichen Leistungspflichten (Art. 81 I CISG). Beiderseits erfüllte Verträge sind Zug um Zug rückabzuwickeln. Das Recht des Käufers zur Vertragsaufhebung entfällt, wenn er die Ware nicht »im wesentlichen« in dem Zustand zurückgeben kann, in dem er sie erhalten hat. Art. 82 II CISG enthält einige Durchbrechungen dieses Grundsatzes. Nutzungen und Gebrauchsvorteile sind gleichfalls herauszugeben; der gezahlte Kaufpreis ist zu verzinsen.

Die Vertragsaufhebung lässt Schadensersatzansprüche unberührt (Art. 81 I 1 CISG). Damit sind in erster Linie Folgeschäden der Vertragsverletzung gemeint; z. B. Mehrkosten durch einen erforderlichen Deckungskauf. Auch hier gilt jedoch, dass positives Interesse (z. B. entgangener Gewinn) und negatives Vertragsinteresse nicht komplementär geltend gemacht werden können.

9.3.3 Minderung

Bei Nicht-Vertragsgemäßheit der Ware kann der Käufer den Kaufpreis in dem Verhältnis herabsetzen, in dem der Wert der vertragswidrigen Ware zu dem der vertragsgemäßen Ware steht (Art. 50 CISG).

9.3.4 Schadensersatz

Jede objektive Vertragsverletzung erlaubt die Liquidation des entstandenen Schadens (Art. 74 CISG). Der Schadensersatz ist – wie bei der französischen *obligation de resultat* und der anglo-amerikanischen – *Warranty* Haftung – **verschuldensunabhängig**. Er ist ausschließlich »Ersatz in Geld« und wird umfangsmäßig begrenzt durch die Vorhersehbarkeitsregel *(contemplation rule)* des Art. 74 S. 2 CISG: Nur solche Verluste sind zu ersetzen, die die vertragswidrig handelnde Partei bei Vertragsschluss als mögliche Folge der Vertragsverletzung hätte voraussehen müssen. Hinderungsgründe außerhalb des Einflussbereichs des Verkäufers – »unvorhersehbar, unvermeidbar, unüberwindbar« – lassen die Schadensersatzpflicht entfallen (Art. 79 CISG).

Das UN-Kaufrecht enthält nichts zur **Verjährung** dieser dem Käufer nach Art. 45 CISG zustehenden vier Rechtsbehelfe. Das deutsche Ratifizierungsgesetz vom 5. 7. 1989[122] hatte die §§ 477, 478 für entsprechend anwendbar erklärt, mit der Maßgabe, dass die seinerzeitige 6-Monatsfrist des § 477 erst ab der Anzeige der Vertragswidrigkeit zu laufen beginnt. An die Stelle des 6-Monatsfrist dürfte nunmehr die 2-Jahresfrist des § 438 I Nr. 3 getreten sein. Nach Art. 39 CISG muss der Käufer die Vertragswidrigkeit innerhalb einer »angemessenen Frist« nach deren Erkennbarkeit dem Verkäufer anzeigen. Diese Anzeige muss spätestens innerhalb von zwei Jahren ab Übergabe erfolgen.

II. Werkvertrag

Fallbeispiele:

1. A und B hatten 54 Gäste zu ihrer Hochzeitsfeier einschließlich Hochzeitsessen in die Gaststätte des G eingeladen. In dem als Nachtisch gereichten Pudding, der Puddingcreme und dem Vanilleeis befanden sich Keime von *Salmonella enteritidis*. Nach dem Verzehr erkrankten A und B sowie ein Teil ihrer Gäste an einer Salmonellenvergiftung. A und B mussten vier Tage das Bett hüten und konnten erst mit Verspätung ihre Hochzeitsreise antreten. Sie verlangen von G Rückzahlung des Entgeltes für das Hochzeitsessen in Höhe von € 3 000 und Zahlung eines Schmerzensgeldes von je € 1 500. *(BGHZ 116, 104)*

2. A ließ bei seinem BMW 318i in der Werkstatt des W verschiedene Wartungs- und Instandsetzungsarbeiten durchführen. Dabei wurde durch den Gesellen X versehentlich die Handbremse falsch eingestellt. Als A seinen Pkw abgeholt hatte und sich auf dem Weg zu seiner Wohnung befand, geriet er, in einer Kolonne fahrend, plötzlich auf die Gegenfahrbahn, wo er mit einem Kleinlastwagen zusammenstieß. Ursache hierfür war ein durch die falsch eingestellte Handbremse ausgelöstes Versagen der Fußbremse im Unfallzeitpunkt. A verlangt von W Ersatz des an dem Pkw entstandenen Sachschadens einschließlich Wertminderung. *(BGH NJW 1993, 655)*

3. Im Rahmen des Ausbaus der Bundesautobahn in Hessen beauftragte die Bundesfernstraßenverwaltung das Architekturbüro A & O mit der Planung und das Bauunternehmen B GmbH mit der Ausführung eines Brückenbaus über das Blasbachtal. Unmittelbar nach der Abnahme und der Verkehrseröffnung traten Rissbildungen im Bereich der Koppelfugen der Brücke auf. Die Benutzung der Brücke musste wegen drohender Einsturzgefahr eingestellt werden. Die BRD verlangt von der B GmbH als Generalunternehmerin die Neuherstellung der Brücke. B hat dies abgelehnt. Die BRD nimmt nunmehr das Architekturbüro A & O und die B GmbH als Gesamtschuldner auf Aufwendungsersatz bzw. Schadensersatz

---

122 BGBl. 1989 II, 586.

wegen der Kosten der Neuerrichtung der Brücke in Anspruch. Beide verteidigen sich damit, dass sie bei Planung und Bauausführung den jeweiligen Stand der Technik eingehalten hätten. *(OLG Frankfurt NJW 1983, 456)*

1 Einführung

Der Werkvertrag ist in seinen Erscheinungsformen heterogener als etwa der Kaufvertrag. Er umfasst sowohl Sachleistungen wie Dienstleistungen. Dies schafft Abgrenzungsprobleme, insbesondere zum Dienstvertrag und Kaufvertrag. Der historische BGB-Gesetzgeber sah den Unterschied des (selbstständigen) Werkvertrags zum selbstständigen *Dienstvertrag* (s. u. C III)[123] letztlich darin, dass beim Dienstvertrag lediglich ein **sorgfältiges Tätigwerden** geschuldet wird, – beim Werkvertrag dagegen ein **körperlicher oder nicht-körperlicher Erfolg** *(opus)* als Ergebnis der Dienst- bzw. Arbeitsleistung. Die Abgrenzung zum *Sachkauf*[124] erfolgte früher darüber, dass beim Kaufvertrag lediglich die Lieferung und Eigentumsverschaffung einer vorfindlichen Sache geschuldet war, während beim Werkvertrag als Leistungsgegenstand die Herstellung eines Werkes galt. Unter dem neuen Recht **fällt jede Herstellung und Lieferung einer beweglichen Sache für einen »Besteller« unter das Kaufrecht** (§ 651)! Dies gilt für die Zubereitung eines Essens in einem Restaurant ebenso wie für die Produktherstellung aus Fertigteilen. Für den reinen Montagevertrag gilt dagegen Werkvertragsrecht. Lediglich auf die Herstellung nicht-vertretbarer beweglicher Sachen – Maßanzug, Ölgemälde etc. – findet das Werkvertragsrecht noch ergänzend Anwendung (§ 651 S. 3). Dies betrifft insbes. die Mitwirkungspflichten des Bestellers: Maßnehmen, Anziehungsproben beim Maßanzug; Modellsitzen beim Portraitgemälde etc.

Dem Werkvertragsrecht verbleiben drei Bereiche (vgl. §§ 631 II, 634 a):

- die **Herstellung unbeweglicher Sachen – Bauwerke.** Auf die Besonderheiten des Baurechts einschließlich der 2002 neu gefassten »Vergabe- und Vertragsordnung für Bauleistungen (VOB)«[125] wird hier nicht weiter eingegangen;
- die **Arbeit an** – beweglichen oder unbeweglichen – **Sachen:** Reparatur,[126] Wartung, Renovierung, sonstige Veränderung;
- die **auf einen nicht-körperlichen Erfolg zielende Tätigkeit:** Taxifahrt, Haarschnitt, Klavierkonzert etc.

Schon das römische Recht beschränkte den Anwendungsbereich der Werkmiete *(locatio conductio operis)* auf wirtschaftlich unabhängige Handwerker. Hierfür bürgerte sich im Gemeinen Recht der Begriff des Unternehmers (d. h. des selbstständigen Gewerbetreibenden) ein, der von daher Eingang in das BGB fand. Soziales Leitbild des *Werk*vertragsrechts ist unverändert das *Handwerk*. Das Element der wirtschaftlichen Selbstständigkeit verbindet wiederum den Werkvertrag mit dem sog. freien Dienstvertrag (s. u. C III). Komplexe Probleme der Abgrenzung stellen

---

123 Zu dieser Abgrenzung vgl. *Peters*, JuS 1992, 1022.
124 Vgl. dazu (unter altem Recht) *Medicus*, JuS 1992, 273.
125 2002 neugefasst; vgl. dazu *Kiesel*, NJW 2002, 2064. Teil A regelt die Vergabe öffentlicher Aufträge; Teil B enthält die Vorschriften zur Ausführung von Bauleistungen, die ausnahmslos in private Bauverträge einbezogen werden.
126 Vgl. dazu *Micklitz*, Der Reparaturvertrag, 1984.

sich heute vor allem in dem Bereich der nicht-handwerklichen selbstständigen Dienstleistung. So wird insgesamt die ärztliche, zahn- und tierärztliche Behandlung dem Dienstvertragsrecht zugeordnet. Dies gilt nach vorh. M. auch in den Grenzfällen nicht medizinisch indizierter Behandlungen wie kosmetische Operationen, Sterilisationen, Inseminationen, in-vitro-Fertilisationen etc. Der auf eine zahnprothetische Behandlung gerichtete Vertrag etwa ist Dienstvertrag. Die technische Anfertigung der Prothesen, Brücken, Implantate, orthopädischen Hilfsmittel und vergleichbare Leistungen hingegen unterliegen dem Kaufrecht.

Bei der Erstellung von Gutachten, Taxen und Testaten wird Werkvertragsrecht angewandt. Die *Architektenleistung* soll grundsätzlich, auch wenn lediglich die Bauleitung geschuldet ist, unter das Werkvertragsrecht fallen.[127] Verträge über Sachtransport und Personenbeförderung gelten gleichfalls als Werkverträge. Der *Pauschalreisevertrag* mit dem Reiseveranstalter, der als gemischter Vertrag verschiedene Leistungen wie Transport, Unterbringung, Verpflegung etc. umfasst, ist seit 1979 als »werkvertragsähnlicher« Vertrag im Anschluss und in Anlehnung an das Werkvertragsrecht gesondert im BGB geregelt (§§ 651 a–651 m).

2 Vertragsinhalt

Gegenstand des Werkvertrags kann

- **die Herstellung einer unbeweglichen Sache,**
- **die Veränderung einer beweglichen oder unbeweglichen Sache** oder
- **ein anderer durch Arbeit oder Dienstleistung herbeizuführender Erfolg**

sein (§ 631 II).

Darin besteht die **Hauptleistungspflicht des Werkunternehmers.** Der Werkunternehmer hat das Werk aber nicht nur für den Besteller herzustellen, sondern es ihm auch zu verschaffen bzw. »abzuliefern«. Diese Verschaffung ist eine Nebenleistungspflicht des Werkvertrages. Bei Arbeiten an einem Grundstück und bei der Errichtung eines Bauwerkes wird die Eigentumsverschaffung meist durch Verbindung oder Verarbeitung nach den §§ 946–950 erfolgen.

Daneben können den Werkunternehmer noch eine Reihe weiterer Nebenleistungspflichten treffen, etwa Beratungs- und Informationspflichten. Den Unternehmer treffen auch Schutzpflichten hinsichtlich der Integrität von Person und Eigentum des Bestellers, seiner Familie oder seiner Arbeitnehmer. Diese spielen insbesondere eine Rolle bei Arbeiten auf dem Grundstück oder in dem Betrieb des Bestellers.

Die **Hauptleistungspflicht des Bestellers** besteht in der **Zahlung der Vergütung** (§§ 631 I). Hinsichtlich der Geldzahlung wird auf die Ausführungen zum Kaufrecht verwiesen (vgl. C I 2.3/2.6). Anders als beim Kauf steht oft die genaue Höhe der Vergütung vor Ausführung und Abschluss der Arbeiten nicht fest. Der Konkretisierung der Vergütung dient der Kostenvoranschlag. *Kostenvoranschläge* als Leistungsangebote und -beschreibungen vor Vertragsschluss sind grundsätzlich kostenfrei (§ 632 II). Daneben ist der Besteller zur **Abnahme** des Werkes verpflichtet (§ 640 I), soweit dies nach der Art der geschuldeten Arbeit möglich ist. Die Abnahme ist heute weitgehend auf Arbeiten an Sachen, beweglichen und unbe-

---

127 Vgl. BGHZ 82, 100.

weglichen, beschränkt. Seit 2000 kann zur Vermeidung von Zahlungsverzögerungen durch den Besteller und zum Schutz des Handwerks die Abnahme durch eine *Fertigstellungsbescheinigung*, die ein Gutachter ausstellt, ersetzt werden (§ 641 a). Bei erfolgsbezogenen nicht-körperlichen Tätigkeiten tritt die **Vollendung** an die Stelle der Abnahme (§ 646). Abnahme im Werkvertragsrecht – anders als im Kaufrecht[128] – meint die Billigung und Anerkennung des konkreten Werkes als vertragsgemäße Leistung. Insofern enthält die Abnahme ein konsensuales Moment; sie ist eine geschäftsähnliche Handlung. Mit der Abnahme wird die Werklohnforderung des Werkunternehmers fällig (§ 641 I 1; Modifizierung von § 271) und beginnt der Lauf der Verjährung der Mängelansprüche des Bestellers (vgl. unten).

Bis zur Abnahme trägt der Unternehmer grundsätzlich die *Sachleistungsgefahr*. D. h.: Wird das (körperliche) Werk durch Zufall zerstört oder beschädigt, muss der Unternehmer neu leisten (§ 644 I 1). Diese Vorschrift dürfte durch die Herausnahme der beweglichen Sachen aus dem Werkvertragsrecht (vgl. § 651) weitgehend an Bedeutung verloren haben. – Mit der Abnahme geht die *Vergütungsgefahr*, die bis dahin der Unternehmer trägt (Grundsatz des § 326 I 1), auf den Besteller über. Er muss auch zahlen, wenn das Werk nach Abnahme zufällig zerstört oder beschädigt wird.

Ohne Abnahme geht die Vergütungsgefahr nach den allgemeinen Grundsätzen auf den Besteller über: bei Annahmeverzug des Bestellers/Gläubigers (§§ 644 I 2; 326 II 1); bei Werkversendung an einen anderen als den Erfüllungsort (§§ 644 II; 447). Eine werkvertragliche Sonderregel für den Übergang der Vergütungsgefahr beinhaltet § 645 für die Fälle, dass die Ursache für die Zerstörung/Beschädigung des Werkes aus der Sphäre des Bestellers stammt.

3 Werkvertragliche Pflichtverletzungen

Bis zur Abnahme/Vollendung steht dem Besteller der vertragliche Erfüllungsanspruch zu. Dies wird gelegentlich missverständlich dahingehend formuliert, der Besteller könne die Neuherstellung oder die Beseitigung der sich zeigenden Mängel geltend machen. Vor der Abnahme kann der Besteller jedoch weder Neuherstellung noch Mängelbeseitigung – sondern lediglich Erfüllung des Vertragsprogramms verlangen. Und das beinhaltet grundsätzlich die Herstellung eines mangelfreien Werkes bzw. die Herbeiführung eines vertragsgemäßen Erfolges (s. u.). Auf welchem Wege der Unternehmer sein Ziel verwirklicht, ist jedoch ausschließlich ihm vorbehalten.

Die Tatbestände objektiver Pflichtverletzungen unterscheiden sich nicht von denen des Kaufrechts: *Nichtleistung* (§ 281 I 1 1. Alt.), *Teilleistung* (§§ 266, 281 I 2), *Schlechtleistung* (§ 281 I 1 2. Alt.), *Leistungsverspätung* (§ 281 II, 286). Auch hier soll lediglich auf die werkvertraglichen Besonderheiten, d. h. die mangelhafte Leistung, und auf Nebenpflichtverletzungen und Garantie eingegangen werden. Im übrigen wird auf die Ausführungen zum allgemeinen Leistungsstörungsrecht verwiesen (vgl. oben B IV).

---

[128] Im Kaufrecht meint Abnahme (§ 433 II) die Erlangung der Sache im besitzrechtlichen Sinn.

3.1 Mangel des Werks

Der Werkunternehmer hat dem Besteller das Werk frei von Sach- und Rechtsmängeln zu verschaffen (§ 633 I). Dieser Grundsatz der Gutleistung galt auch bisher schon im Werkvertragsrecht. Andererseits wird bei dieser zentralen Formulierung des Gesetzes erneut die traditionelle Fokussierung auf das körperliche Werk deutlich. Bei einem bloßen durch Arbeit oder Dienstleistung herbeizuführenden Erfolg – etwa der Taxifahrt zum Flughafen, dem Haarschnitt beim Friseur – kann es keine Sach- oder Rechtsmängel geben. Richtiger wäre es, allgemein von einer werkvertraglichen Pflicht zur Erbringung des »vertragsgemäßen Erfolges« zu sprechen.

3.1.1 Sachmangel

Der werkvertragliche Sachmangelbegriff in § 633 II ist dem neuen kaufrechtlichen Mangelbegriff (§ 434) nachgebildet. Darauf wird wegen weiterer Einzelheiten verwiesen (C I 3.1.1). Auch hier wird auf dreierlei abgestellt:

– vereinbarte Beschaffenheit,
– bestimmte (»nach dem Vertrag vorausgesetzte«) Verwendung – oder
– gewöhnliche Verwendung.

Minus (z. B. zu geringe Wohnfläche) und *aliud* (Falschherstellung) gelten ebenfalls als Sachmangel (§ 633 II 3).

Üblicherweise werden die drei Aspekte des Mangelbegriffs in einem konsekutiven Verhältnis gesehen: Auf die bestimmte Verwendung kann nur zurückgegriffen werden, wenn es an einer vereinbarten Beschaffenheit fehlt. Auf die gewöhnliche Verwendung kommt es nur an, wenn es auch keine nach dem Vertrag vorausgesetzte bestimmte Verwendung gibt. Der *Blasbachtalbrücken*-Fall (vgl. unten)[129] ist insofern interessant, als es auch bei plangemäßer Ausführung und Beschaffenheit des Werks ausnahmsweise einmal an der Tauglichkeit zur gewöhnlichen Verwendung fehlen kann, d. h. das Werk m. a. W. einen »objektiven« Mangel haben kann. Das *Entwicklungsrisiko*, d. h. Risiko, dass das Werk auch bei Beachtung des Standes der Technik objektiv mangelhaft sein kann, trägt werkvertraglich der Werkunternehmer!

Im Unterschied zum Kaufvertrag können öffentliche Äußerungen, etwa Werbeaussagen der Hersteller von Baumaterialien, beim Werkvertrag nicht herangezogen werden, um einen Sachmangel des Werks des Bauunternehmers zu begründen. Insofern ist weiter auf Garantieverträge[130] oder selbstständige Beratungsverträge[131] zurückzugreifen.

Für das Vorliegen eines Sachmangels ist die Vertragswidrigkeit ausreichend; auf die *Erheblichkeit* des Mangels kommt es nicht an.

---

129 OLG Frankfurt NJW 1983, 456.
130 Vgl. BGHZ 75, 75 – Isolarglas.
131 Vgl. die Nachweise in Fn. 48.

3.1.2 Rechtsmangel

Das Werk hat einen Rechtsmangel, wenn Dritte Ansprüche gegen den Besteller geltend machen können. Der Rechtsmangel ist jetzt erstmalig im Werkvertragsrecht geregelt. Die praktische Bedeutung im Baurecht ist gering. Bei beweglichen Sachen gilt das Kaufrecht. Im künstlerischen Bereich können fremde Urheberrechte an Werken der Musik, der bildenden Künste, an Lichtbildwerken etc. betroffen sein.

Der Rechtsmangel wird in den Rechtsfolgen genauso behandelt wie der Sachmangel. Auch dies bedeutet eine Anpassung des Werkvertragsrechts an das Kaufrecht.

3.2 Rechte des Bestellers bei Mängeln

3.2.1 Nacherfüllung (§§ 634 Nr. 1, 635)

Immer schon primärer Rechtsbehelf im Werkvertragsrecht war die Mangelbeseitigung, nunmehr Nacherfüllung genannt. Die Nacherfüllung beinhaltet zweierlei: **Neuherstellung** oder **Nachbesserung**. Früher war lange Zeit umstritten, ob die verschuldensunabhängige Mangelbeseitigung auch die Neuherstellung umfasste. Dies ist nunmehr positivrechtlich klargestellt. Anders als im Kaufrecht steht das **Wahlrecht** nicht dem Besteller – sondern dem **Werkunternehmer** zu. Dies wird zumeist damit begründet, dass der Werkunternehmer als Hersteller regelmäßig über die bessere Fachkenntnis verfüge, um zu entscheiden, auf welchem Wege die Mangelfreiheit des Werkes zu erreichen ist. Wählt er die Neuherstellung, kann er die mangelhaft hergestellte Sache von dem Besteller zurückverlangen (§ 635 IV); eine Vorschrift, der kaum größere Bedeutung zukommen dürfte, da die Herstellung beweglicher Sachen unter das Kaufrecht fällt (§ 651) und dort die parallele Vorschrift des § 439 IV gilt. Für den mangelbedingten (Teil-)Abriss bei Bauwerken im Zuge einer Nacherfüllung braucht der Besteller nach § 346 III Nr. 2 keinen Wertersatz zu leisten.

Die Kosten der Nacherfüllung hat der Werkunternehmer zu tragen (§ 635 II).

Der Werkunternehmer kann die Neuherstellung und/oder die Nachbesserung rechtmäßig verweigern, wenn sie **mit unverhältnismäßigen Kosten** verbunden ist (§ 635 III). Wie im Kaufrecht (§ 439 III) tritt diese Schranke der Nacherfüllung neben die allgemeinen Tatbestände der Unzumutbarkeit der Leistung nach dem § 275 II und III (vgl. oben B III.4.1). Hier geht es um das wirtschaftliche Missverhältnis der Höhe der Beseitigungskosten zu dem mangelbedingten Minderwert des Werks.

Kann der Unternehmer die Nacherfüllung zu Recht verweigern, ist der Besteller auf die sekundären Rechtsbehelfe des Rücktritts und der Minderung verwiesen. Auch die Selbstvornahme ist ausgeschlossen. Gegebenenfalls kann der Besteller Schadensersatz verlangen. Bereitet nur eine Form der Nacherfüllung unverhältnismäßigen Aufwand, schuldet der Werkunternehmer weiter die andere. Seine Wahlfreiheit ist auf diese Variante reduziert.

Der Besteller kann auch dann ohne weitere Fristsetzung zu Rücktritt, Minderung und/oder Schadensersatz übergehen, wenn die **Nacherfüllung fehlgeschlagen** ist (§ 636). Anders als im Kaufrecht (§ 440 S. 2) gibt das Gesetz hier keine Richtschnur für das Fehlschlagen vor. Je nach Kontext kann ein Fehlschlagen ein bis drei gescheiterte Nacherfüllungsversuche bedeuten. Insoweit ist auf die Fallgruppen, die die Rechtsprechung zu ex § 11 Nr. 10 lit. b ABGB (= § 309 Nr. 8 lit. b) bb)) entwickelt hat, Bezug zu nehmen.

Dem Fehlschlagen ist die **Unzumutbarkeit** gleichgestellt. Dies entspricht § 440 S. 1 im Kaufrecht. Die §§ 636 3. Alt., 440 S. 1 haben die Funktion eines Auffangtatbestands. Er kommt immer dann zum Zuge, wenn das Vertrauen des Kunden in eine sachgerechte Vertragserfüllung des Werkunternehmers nachhaltig gestört ist.

Das Problem der Nacherfüllung stellte sich in dem *Blasbachtalbrücken*-Fall.[132] Nach der Abnahme zeigten sich die Risse in der Brücke. Es bestand Einsturzgefahr. Anders als in den meisten Weiterfresserschadensfällen war hier mit dem Teilmangel eine Wertlosigkeit der Gesamtsache gegeben. Der Generalunternehmer G schuldet werkvertraglich ein mangelfreies Werk. Die Spannbetonbrücke war nicht gebrauchstauglich. Die Mangelbeseitigung konnte nur durch Abriss und Neuerrichtung durchgeführt werden. Das Wahlrecht des Unternehmers ist hier reduziert auf die Neuherstellung. Bereits unter altem Recht war anerkannt, dass der Werkunternehmer auch nach Abnahme zur Neuherstellung verpflichtet sein kann, wenn ausschließlich auf diese Weise die Mangelbeseitigung realisierbar ist.[133] Auch für den Einwand der »Unverhältnismäßigkeit der Kosten« nach § 635 III ist hier kein Raum. Die Unverhältnismäßigkeit der Nacherfüllungskosten wird bestimmt in Bezug zum einen auf den Minderwert des Werks durch den Mangel und zum anderen auf den verbleibenden objektiven Restwert des Werks insgesamt. Vorausgesetzt wird m. a. W. eine fehlende »Stoffgleichheit« von Minderwert und Restwert der hergestellten Sache. Im Fall der Spannbetonbrücke führte der Mangel jedoch zu einer Entwertung der Gesamtsache (»Einsturzgefahr«).

Schließlich kann den G auch nicht der Einwand, die anerkannten Regeln der Technik bzw. den aktuellen Stand der (Brückenbau-)Technik beachtet zu haben, »entschuldigen«. Für den Nacherfüllungsanspruch nach § 635 kommt es nicht auf das Verschulden an. Auf welchem Wege der Werkunternehmer das vertraglich geschuldete Werk, eine mangelfreie Brücke herzustellen, verwirklicht, bleibt ihm überlassen. Da G die Neuherstellung verweigert hat, braucht die Bauherrin Bundesrepublik keine Nacherfüllungsfrist setzen (§ 636), sondern kann ein anderes Bauunternehmen mit der Herstellung der Brücke beauftragen. Die erforderlichen Kosten kann sie von G ersetzt verlangen (Selbstvornahme; vgl. unten).

Das Architekturbüro trifft eine Einstandspflicht nach den gleichen Grundsätzen. Planungsleistungen von Architekten unterfallen dem werkvertraglichen Mangelrecht. Bauunternehmer und Architekten »haften« der Bauherrin als Gesamtschuldner.

3.2.2 Selbstvornahme (§§ 634 Nr. 2, 637)

Die Selbstvornahme zählt zusammen mit dem Rücktritt und der Minderung zu den sekundären werkvertraglichen Rechtsbehelfen. Sie kommt erst zum Zuge, nachdem dem Werkunternehmer eine Nacherfüllungsmöglichkeit eingeräumt

---

132 OLG Frankfurt NJW 1983, 456.
133 Vgl. BGHZ 96, 111.

worden ist. Die Selbstvornahme ist das Recht des Bestellers, einen Mangel selbst (d. h. zumeist durch einen anderen Werkunternehmer) beseitigen zu lassen und die hierfür erforderlichen Kosten ersetzt zu bekommen. Das Werkvertragsrecht ist der prominenteste Anwendungsfall der Selbstvornahme. Daneben kennt das deutsche Schuldrecht eine Selbstvornahme unter modifizierten Voraussetzungen nur noch im Mietrecht (§ 536 a II).

Erste Voraussetzung für die Selbstvornahme ist das Vorliegen eines Sach- oder Rechtsmangels bei Abnahme oder Vollendung des Werks. Sodann muss dem Werkunternehmer eine **angemessene Frist zur Nacherfüllung** gesetzt und der Mangel von diesem nicht innerhalb dieser Frist beseitigt worden sein. Verzug (und damit schuldhafte Nicht-Beseitigung des Mangels) ist – anders als im Mietrecht – nicht erforderlich. Der bloße erfolglose Fristablauf ist ausreichend.

Wie auch sonst im Nacherfüllungsrecht ist die Fristsetzung entbehrlich

– bei Fehlschlagen der Nacherfüllung,
– bei rechtswidriger Verweigerung der Nacherfüllung (§ 323 II Nr. 1) oder
– bei Unzumutbarkeit für den Besteller (§ 637 II).

Da die Selbstvornahme gewissermaßen eine Nacherfüllung mit anderen Mitteln ist, ist auch sie immer ausgeschlossen, wenn der Werkunternehmer rechtmäßig – wegen Unverhältnismäßigkeit der Kosten – die Nacherfüllung verweigern kann (§ 635 III; vgl. oben 3.2.1).

Steht dem Besteller das Recht auf Selbstvornahme zu, kann er einen Dritten mit der Mangelbeseitigung beauftragen. Die Kosten kann er von seinem Vertragspartner ersetzt verlangen. Die Ersatzpflicht ist auf die erforderlichen Aufwendungen beschränkt. Zur Durchführung der Mangelbeseitigung kann der Besteller von dem Werkunternehmer einen **Vorschuss** verlangen (§ 637 III). Zumeist wird eine Aufrechnungslage bestehen. Eine offene (Rest-)Werklohnforderung des Werkunternehmers steht dem Aufwendungsersatzanspruch des Bestellers nach § 637 I gegenüber.

Die werkvertragliche Selbstvornahme läuft in der Sache auf den Ersatz des sog. kleinen Mangelschadens hinaus. Der entscheidende Unterschied besteht darin, dass bei dem verschuldensabhängigen Schadensersatz – im Prinzip – der Einwand der Unverhältnismäßigkeit der Kosten der Nacherfüllung abgeschnitten ist (vgl. aber § 251 II 1; dazu unten C II 3.3.2).

3.2.3 Rücktritt (§§ 634 Nr. 3, 636, 323)

Der sekundäre Hauptrechtsbehelf des Bestellers ist die Vertragsauflösung. Sie ist nunmehr auch im Werkvertragsrecht als Rücktritt ausgestaltet. Das Werkvertragsrecht verweist insoweit – wie das Kaufrecht – auf das allgemeine Leistungsstörungsrecht (§§ 323 ff.). Danach setzt der Rücktritt grundsätzlich voraus, dass dem Werkunternehmer eine angemessene Frist zur Nacherfüllung gesetzt worden ist (§ 323 I). Erneut ist diese Fristsetzung entbehrlich, wenn sich der Werkunternehmer auf die Unverhältnismäßigkeit der Kosten beruft oder wenn die Nacherfüllung fehlgeschlagen, rechtswidrig verweigert worden ist bzw. bei Unzumutbarkeit für den Besteller (§ 636).

Wegen seiner weitgehenden Wirkung der »Vertragsvernichtung« ist der Rücktritt nur zulässig, wenn ein **erheblicher Mangel** vorliegt (§ 323 V 2). Hinsichtlich der Erklärung des Rücktritts und der Rechtsfolgen des Rücktritts gelten die allgemeinen Grundsätze.

3.2.4 Minderung (§§ 634 Nr. 3 2. Alt., 638)

Auch die Minderung ist nunmehr im Werkvertragsrecht als Gestaltungsrecht konzipiert. Durch seine Ausübung, die »Erklärung« der Minderung durch den Besteller, wird das vorliegende Werkvertragsschuldverhältnis dergestalt modifiziert, dass die Werklohnforderung des Unternehmers in dem entsprechenden Umfang herabgesetzt wird. Die Minderung ist nur alternativ zur Selbstvornahme, zum Rücktritt und zum Mangelschadensersatz geltend zu machen. Im übrigen entspricht die Regelung der Minderung, einschließlich ihrer Berechnung (§ 638 III), bis ins Detail derjenigen im Kaufrecht (vgl. § 441).

3.3 Schadensersatz (§§ 634 Nr. 4, 280 ff.)

Der neuen Konzeption des Schuldrechts zufolge ist der Schadensersatzanspruch des Bestellers nicht mehr im Werkvertragsrecht selbst geregelt. § 634 Nr. 4 verweist vielmehr auf das allgemeine Leistungsstörungsrecht der §§ 280 ff. Als werkvertragsspezifische Formen des Schadensersatzes werden behandelt: Mangelfolgeschäden, Mangelschäden, Nebenleistungs- und Schutzpflichtverletzungen und die Haftung für Beschaffenheitsgarantien. Im übrigen wird auf die Behandlung des allgemeinen Leistungsstörungsrechts oben B IV verwiesen.

3.3.1 Mangelfolgeschaden (§ 280 I)

Sind durch den Mangel des körperlichen Werks oder durch die sonstige Vertragswidrigkeit der Werkleistung Beeinträchtigungen an anderen Rechtsgütern des Bestellers eingetreten, so spricht man bekanntlich von Mangelfolgeschäden: infolge der mangelhaften Dachisolierung kommt es zu Feuchtigkeitsschäden an den Möbeln des Bestellers; die fehlerhaft eingestellte Handbremse führt zu einem Karosserieschaden an dem Kfz; das plötzliche Bremsen des Busfahrers verursacht eine Kopfverletzung des Fahrgastes.

Erneut ist darauf hinzuweisen, dass die Unterscheidung von Mangel- und Mangelfolgeschaden keine beliebige Differenzierung des Schadensersatzrechts ist. Es geht um einen grundlegenden Unterschied in der Sache – den Gegensatz von **Schutz des Integritätsinteresses** versus **Schutz des Äquivalenzinteresses**. Dieser Gegensatz ist durch die Schuldrechtsreform nicht »obsolet« geworden, sondern im Gegenteil durch die Einfügung der §§ 241 II, 311 II nachdrücklich anerkannt worden. Der Mangelschaden unterfällt dem vertraglichen Leistungsprogramm. Für ihn gelten der Vorrang der Nacherfüllung und die spezifischen erfüllungsbezogenen Verjährungsregeln. Für den Mangelfolgeschaden gilt all dieses nicht. Er ist als de facto-Begleitschaden unabhängig von dem Schicksal der Hauptleistungspflicht und deren Nacherfüllung. Auch verjährungsrechtlich sollte er richtiger Ansicht nach wie die Ansprüche wegen sonstiger Pflichtverletzungen und die deliktischen Ansprüche den allgemeinen Verjährungsregeln der §§ 195, 199 unterliegen. Die für das bisherige Werkvertragsrecht typische Differenzierung zwischen *nahem und entferntem Mangelfolgeschaden* ist dagegen entfallen!

Der Ersatz des Mangelfolgeschadens richtet sich unmittelbar, ohne die Durchgangsstation des § 634 Nr. 4, **nach § 280 I.**[134] Mit dem Sach- oder Rechtsmangel des körperlichen Werks ist ohne weiteres eine Pflichtverletzung gegeben. Ein Verschulden des Werkunternehmers oder seiner Erfüllungsgehilfen wird dann widerleglich vermutet.

Bei unkörperlichen Werkleistungen kann die Unterscheidung von objektiver Pflichtverletzung und Verschulden (Pflichtwidrigkeit) hingegen problematisch werden. Bei dem »fehlerhaften« Ölwechsel[135] oder der »fehlerhaft« eingestellten Handbremse, die schließlich zu einem Substanzschaden an dem Kraftfahrzeug führen, dürften Pflichtverletzung und Pflichtwidrigkeit (Fahrlässigkeit) zusammenfallen. Das Gleiche gilt für den Bremsfehler des Busfahrers. Diese Situation ist kennzeichnend für die Dienstleistungen (vgl. unten C III).

Schadensersatz wegen Mangelfolgeschadens und Rücktritt von dem Vertrag sind nebeneinander möglich.

3.3.2 Mangelschaden (§§ 634 Nr. 4 , 281)

Der Mangelschaden beschreibt die vermögensmäßige Differenz, um die sich der Besteller gegenüber der Situation bei gehöriger Erfüllung schlechter steht. Im Unterschied zu dem Mangelfolgeschaden geht es nicht um Einbußen in dem vorhandenen Rechtsgüter- und Vermögensbestand. Entscheidender Bezugspunkt für den Mangelschaden ist die hypothetische Situation bei vertragsmäßiger Leistung. Man spricht auch im Unterschied zu dem *status quo* (Erhaltungs-/Integritätsinteresse) von dem *status ad quem* (Erfüllungsinteresse). Üblicherweise wird auch beim Werkvertrag zwischen dem kleinen und dem großen Schadensersatz unterschieden.

Betont werden muss, dass der Mangelschadensersatz – im Unterschied zum Mangelfolgeschadensersatz – ein **sekundärer Rechtsbehelf** ist. Er kommt genauso wie Rücktritt und Minderung erst zum Zuge, wenn dem Werkunternehmer die Möglichkeit der Nacherfüllung eingeräumt worden ist. Dies stellt § 636 unmissverständlich klar, wenn er – wie § 440 im Kaufrecht – Ausnahmefälle benennt, in denen von einer Fristsetzung für die Nacherfüllung abgesehen werden kann: Verweigerung, Fehlschlagen und Unzumutbarkeit. Hinzu kommt der Fall des nicht nachbesserungsfähigen Mangels. Nur unter diesen Voraussetzungen kann sofort auf Ersatz des Mangelschadens geklagt werden.

Bei dem **kleinen Mangelschaden** behält der Besteller die mangelhafte Sache und liquidiert entweder den mangelbedingten Minderwert. Das entspricht weitestgehend der Minderung. Oder er liquidiert die erforderlichen Kosten, um das mangelhafte Werk in den vertragsmäßigen Zustand bringen zu lassen. Das Gesetz spricht von dem Schadensersatz *statt der Leistung*. Anspruchsgrundlage ist § 634 Nr. 4 i. V. m. §§ 636, 281 I 1, 280 I.

Den Einwand der Unverhältnismäßigkeit der Mangelbeseitigungskosten (§ 635 III) kann der Werkunternehmer hier nicht erheben. Der Schadensersatz ist etwas anderes als die Nacherfüllung. Es geht um die Entschädigung des Bestellers in Geld dafür, dass das Werk aus von dem Werkunternehmer zu vertretenden Grün-

---

134 Wie hier u. a.: *Canaris*, ZRP 2001, 329, 335/336; *Wagner*, JZ 2002, 475; *Chr. Teichmann*, in: Schwab/Witt, Einführung in das neue Schuldrecht, 2002, S. 174.
135 Vgl. BGHZ 98, 45 – Ölwechsel.

den nicht vertragsgemäß ist. Für seine finanzielle Leistungsfähigkeit hat der Werkunternehmer beim Schadensersatz grundsätzlich einzustehen. – Allerdings scheint die Rechtsprechung in extremen Fällen ausnahmsweise den schadensrechtlichen Grundsatz des § 251 II 1 entsprechend auf die vorliegende Fallkonstellation anzuwenden: Stehen die Aufwendungen zur Mangelbeseitigung in keinem vernünftigen Verhältnis zu dem zu erzielenden Erfolg, kann der Werkunternehmen den Minderwert ersetzen.[136]

Schadensersatz statt der (mangelfreien) Leistung und Rücktritt schließen sich aus.

Die andere Variante des Mangelschadens ist der **große Schadensersatz**. Hier nimmt der Besteller Abstand von dem Vertrag und gibt gegebenenfalls die vertragswidrige Sache zurück. Er liquidiert seinen entgangenen Gewinn. Hauptanwendungsgebiet hierfür ist das für bewegliche Sachen »zuständige« Kaufrecht. Im Werkvertragsrecht dürfte diesem *Schadensersatz statt der ganzen Leistung* (§ 281 I 2/3) nur geringe Bedeutung zukommen.

3.3.3 Nebenleistungs- und Schutzpflichtverletzungen

Der geschuldete Erfolg – ein mangelfreies Werk – kann auch durch die Verletzung von Nebenleistungspflichten beeinträchtigt werden. Nebenleistungspflichten können aber auch, wie die Schutzpflichten, zu Integritätsschäden bei dem Besteller und seinen Arbeitnehmers oder seinen Familienangehörigen führen. Insoweit kann auf das Kaufrecht verwiesen werden (C I 3.3.4/3.3.5).

3.3.4 Beschaffenheitsgarantie (§§ 639 2. Alt., 276 I 1)

Anders als im Kaufrecht (§ 443) ist die Beschaffenheitsgarantie im Werkvertragsrecht nicht explizit geregelt. Ihre Anwendbarkeit im Werkvertragsrecht ergibt sich aus ihrer beiläufigen Erwähnung bei dem Haftungsausschluss (§ 639) und ihrer grundsätzlichen Regelung in § 276 I 1. Sie hat auch beim Werkvertrag die Stelle der alten Zusicherung von Eigenschaften übernommen. Darüber hinaus wird man auch für das Werkvertragsrecht von dem Nebeneinander von (unselbstständiger) Haltbarkeitsgarantie und (selbstständiger) Beschaffenheitsgarantie ausgehen müssen. Im Umfang der übernommenen Beschaffenheitsgarantie haftet der Unternehmer verschuldensunabhängig für die Folgen seiner nicht-garantiegemäßen Werkleistung. Im übrigen gelten die gleichen Grundsätze wie im Kaufrecht (vgl. oben C I 6.1).

4 Haftungsausschluss und Verjährung

4.1 Ausschluss der Rechte wegen Mängeln

Hier differieren Werkvertrags- und Kaufrecht wesentlich. Dies hat in erster Linie damit zu tun, dass es keinen »*Verbrauchswerke*«-*Vertrag* entsprechend dem Verbrauchsgüterkauf gibt. Beim Verbrauchsgüterkauf (vgl. oben C I 4) kann von sämtlichen Regelungen des Kaufrechts – ausgenommen denjenigen über den Schadensersatz – nicht zum Nachteil des Verbrauchers abgewichen werden. Der AGB-Rechtsschutz nach § 309 Nr. 8 lit. b) hat hier weitgehend seine Funktion verloren.

---

136 BGH, NJW 1973, 138.

Anders beim Werkvertrag: Für den individualvertraglichen Ausschluss der Rechte des Bestellers zieht § 639 die Grenze bei arglistigem Verschweigen des Mangels durch den Werkunternehmer. Ein Ausschluss der Bestellerrechte kommt auch nicht in Betracht bei der Abgabe von Beschaffenheitsgarantien. – Für den formularmäßigen Ausschluss gelten bei Verbraucher-Werkverträgen die überkommenen Grundsätze des AGB-Rechts, nunmehr in § 309 Nr. 8 lit. b) geregelt. Diese sind allerdings auf körperliche Werkleistungen beschränkt, die Sach(!)- und Rechtsmängel aufweisen können. Für nicht-körperliche Werkleistungen muss auf die Generalklausel des § 307 zurückgegriffen werden.

Bei dem verschuldensabhängigen Schadensersatz nach den §§ 280, 281 ist individualvertraglich nur die Haftung für Vorsatz im Voraus nicht ausschließbar (§ 276 III). Für formularvertragliche Haftungsbeschränkungen markiert bei Verbraucherverträgen § 309 Nr. 7 lit. a) und b) die Grenze: keine Haftungserleichterung bei Personenschäden; zulässiger Ausschluss der Haftung für leichte Fahrlässigkeit bei Sach- und Vermögensschäden. Entsprechendes gilt über § 307 auch im gewerblichen Verkehr.

4.2 Verjährung

§ 634 a regelt die Verjährung der Ansprüche des Bestellers bei vertragswidriger Leistung des Werkunternehmers. Diese Verjährungsvorschrift spiegelt am augenscheinlichsten die Heterogenität des Werkvertragsrechts. Die eingangs erwähnten drei Anwendungsfälle der Werkvertrags tauchen hier wieder auf:

- Bei **Bauwerken,** einschließlich Planungs- und Überwachungsarbeiten von Architekten, Statikern, Bauleitern etc., verjähren die Ansprüche in *fünf Jahren* (§ 634 a I Nr. 1).
- Bei **Arbeiten an Sachen** – Renovierung, Wartung, Veränderung – einschließlich Planungs- und Überwachungsarbeiten dafür verjähren die Ansprüche in *zwei Jahren* (§ 634 a I Nr. 2).
- Bei (nicht-körperlichen) **erfolgsbezogenen Arbeits- und Dienstleistungen** verjähren die Ansprüche in der regelmäßigen Verjährungsfrist der §§ 195, 199: *drei Jahre* ab Entstehung und Kenntnis (§ 634 a Nr. 3).

Verjährungsrechtlich wird so eine deutliche Grenze gezogen zwischen den sachbezogenen und den nicht-sachbezogenen »Werk«leistungen. Für letztere gelten die subjektiven Regeln des allgemeinen Verjährungsrechts: Beginn der Verjährung mit Entstehen des Anspruchs und Kenntnis (§ 199 I). Für die ersteren – sachbezogenen – Werkleistungen gelten die absoluten Fristen von fünf bzw. zwei Jahren, beginnend mit der Abnahme des Werks (§ 634 a II).

Welche Ansprüche fallen nun unter die absolute werkvertragliche Verjährung nach § 634 a I Nr. 1 und 2? Dem ersten Anschein nach alle die in § 634 aufgelisteten »Rechte des Bestellers« bei Sach- und Rechtsmängeln: Nacherfüllung; Selbstvornahme, Rücktritt und Minderung; Mangelschadensersatz und Aufwendungsersatz. Nicht geregelt sind die Ansprüche aus einer Garantie. Sowohl auf die Haltbarkeits- als auch auf die Beschaffenheitsgarantien des Werkunternehmers finden die werkvertraglichen Fristen entsprechende Anwendung.

Ersatzansprüche wegen Integritätsschäden aus Schutzpflichtverletzungen unterfallen nicht dem § 634 a, der auf »Mängelansprüche« beschränkt ist. Sie verjähren nach den allgemeinen Regeln in drei Jahren ab Entstehen und Kenntnis (§§ 195, 199). Umstritten ist, ob der Ersatz für *Mangelfolgeschäden* dem § 634 a I Nr. 1 und 2 unterfällt. Nimmt man die Folgeschäden aus dem Vertragsprogramm des § 634 heraus und wickelt sie unmittelbar über § 280 I ab, hat dies die verjährungsrechtliche Konsequenz, dass die allgemeinen Regeln des Verjährungsrechts Anwendung finden. Dies gilt immer schon, soweit es sich um nicht-körperliche Werkleistungen i. S. des § 634 a I Nr. 3 handelt, z. B. Transport, Tätowierung etc.

Nicht gesetzlich geregelt und wenig behandelt ist das Schicksal der Ansprüche aus Nebenpflichtverletzungen. Hier wird – auf der Linie der bisherigen kaufrechtlichen Rechtsprechung – vorgeschlagen, erneut zu differenzieren, ob die Nebenpflichtverletzung zu einem Schaden an dem Werk selbst führt oder zu »Folgeschäden« an anderen Rechtsgütern des Bestellers. In ersterem Fall findet Werkvertragsrecht, im anderen Fall (»Folgeschaden«) findet allgemeines Verjährungsrecht Anwendung (vgl. dazu schon oben C I 5.2).

Hinsichtlich des **Rücktritts- und Minderungsrechts** verweist auch § 643 a IV und V auf § 218. Rücktritt und Minderung sind nach Verjährung des zugrundeliegenden werkvertraglichen Nacherfüllungsanspruchs unwirksam. Die Verjährung des Nacherfüllungsanspruchs richtet sich nach § 634 a I Nr. 1 oder 2.

5 Werkvertrag und Deliktsrecht

Auch beim Werkvertrag stellen sich Abgrenzungsprobleme zum Deliktsrecht. In der Standardfallgruppe der **Arbeiten an fremden Sachen** kann die »Schlechtleistung« zu einer Eigentumsverletzung nach § 823 I führen: Infolge des fehlerhaft durchgeführten Ölwechsels bzw. der fehlerhaft eingestellten Handbremse kommt es zu einem Substanzschaden an dem Kfz des Bestellers;[137] durch den fehlerhaften Einbau eines Achsaggregats entstehen Risse in dem Rahmen des Lkw;[138] durch das unsachgemäße Lackieren von Lichtrastern werden diese verformt;[139] durch den fehlerhaften Einbau eines Tankanzeigegerätes in ein Flugzeug, kommt es zu einer Notlandung, bei der das Flugzeug beschädigt wird;[140] durch die falsch installierte Alarmanlage wird ein Einbruchsdiebstahl in einen »gesicherten« Raum ermöglicht.[141]

Bei allen diesen Folgeschäden an den Sachen des Bestellers sind grundsätzlich deliktische Ansprüche gegeben.[142] Der vertragliche Anspruch aus § 280 I steht dann neben dem Schadensersatzanspruch aus § 823 I (sog. Anspruchskonkurrenz). Mit dem deliktischen Anspruch ist jedoch lediglich das Integritätsinteresse zu liquidieren, d. h. die Beseitigung des Mangelfolge- oder Substanzschadens. Es ist nicht die ordnungsgemäße Herbeiführung des werkvertraglich geschuldeten

---

137 BGHZ 98, 45; BGH NJW 1993, 655; vgl. dazu *Brüggemeier*, Reparatur und Folgeschaden, BB 1995, 2489.
138 BGHZ 55, 392.
139 BGH NJW 1977, 1819.
140 BGH NJW 1993, 923.
141 BGHZ 115, 32.
142 Vgl. dazu *Grunewald*, Eigentumsverletzungen im Zusammenhang mit fehlerhaften Werkleistungen, JZ 1987, 1098; *Derleder/Meyer*, Deliktshaftung für Werkmängel, AcP 195 (1995), 137.

Erfolges durchsetzbar (Erfüllungsinteresse).[143] Der deliktische Anspruch aus § 823 I verjährt in drei Jahren ab Entstehung und Kenntnis; das Gleiche gilt für den Mangelfolgeschaden, der nach der hier vertretenen Auffassung nicht nach § 634 a I Nr. 1 in 2 Jahren verjährt. Diese Parallelität der Verjährungsfristen erscheint sachgerecht. Gleich gelagerte Sachverhalte – vertraglicher und ausservertraglicher Integritätsschutz – werden gleich behandelt!

6 Fallbeispiel

Der *Handbremsenfall* ist ein Beispielsfall für Arbeiten an fremden Sachen und illustriert die Probleme mit **unkörperlichen Werkleistungen** in dieser Fallgruppe.[144] A hat mit der Werkstatt einen Werkvertrag geschlossen. Gegenstand waren Wartungs- und Instandhaltungsarbeiten an A's BMW 318i. Die Arbeit ist durch den Gesellen X durchgeführt worden. Was ist in diesem Fall das Werk? Das Werk ist die Wartung des Pkw. Es ist der durch die Arbeit herbeizuführende unkörperliche Erfolg. Bei dem Werk handelt sich m. a. W. nicht um eine Sache. Das Werk ist vollendet mit Abschluss der Arbeiten (gleichwohl lässt § 634 a II auch in diesem Fall die Verjährung mit der Abnahme der gewarteten Sache beginnen). Da die Wartung keine Sache ist, kann mithin auch kein Sachmangel des Werks (!) vorliegen. Die Schlechtleistung besteht in der unsorgfältigen Durchführung der Arbeiten durch X. Als dessen Folge hat das Auto (!) jetzt einen Mangel. Für einen Käufer des BMW wäre die falsch eingestellte Handbremse ist ein Sachmangel des Autos.

Die Schlechtleistung des W führt zu einem Substanzschaden an dem Auto. Dies ist ein Folgeschaden an den Rechtsgütern des A. Dieser Schaden kann A unmittelbar über § 280 I 1, ohne den Umweg über § 634 Nr. 4, bei W liquidieren.

Die offene Frage ist: Wer trägt die **Beweislast für das Verschulden** des Erfüllungsgehilfen X? Wenn es richtig ist, dass bei unkörperlichen Werkleistungen kein Sachmangel vorliegt, fehlt es auch an der objektiven Pflichtwidrigkeit, sodass § 280 I 2 nicht anwendbar wäre. Dies entspräche der Situation hinsichtlich der Schlechtleistungen bei Dienstverträgen (vgl. unten C IV 2.3/4.3). Ist § 280 I 2 nicht anwendbar, gelten die allgemeinen Grundsätze für die Verteilung der Beweislast. D. h. A hätte die Fahrlässigkeit des X zu beweisen. Allerdings greifen auch die allgemeinen Beweiserleichterungen. Hier käme dem A der Beweis des ersten Anscheins zu Hilfe. W hätte darzutun, dass es genauso wahrscheinliche andere Ursachen für die Falscheinstellung der Handbremse gibt, die hier in Betracht kommen; ein wenig erfolgversprechendes Unterfangen.

Da es sich um einen Integritätsschaden handelt, verjährt der Schadensersatzanspruch nach § 280 I nicht nach § 634 a I Nr. 1 (2 Jahre), sondern nach den allgemeinen Vorschriften.

Parallel zum Werkvertragsrecht kämen in diesem Fall deliktische Ansprüche des A wegen Eigentumsverletzung gegen W (§§ 823 I: Organisationspflicht; 831) und gegen X (§ 823 I) in Betracht (vgl. dazu unten E II 4). Vertragliche und deliktische Ansprüche würden gleichermaßen nach den allgemeinen Regeln (§§ 195, 199) verjähren (s. o.; vgl. auch den kaufrechtlichen *Superbenzin-Fall* C I 7 (3)).

---

143 Zur Abgrenzung der werkvertraglichen Unternehmer- und der deliktischen Produzentenhaftung vgl. die Beiträge von *Jagenburg* und *C. Soergel*, in Festschrift H. Locher, 1990, S. 93/235.
144 BGH NJW 1993, 655; vgl. auch BGHZ 98, 45 – Ölwechsel; *Brüggemeier*, BB 1995, 2489.

III. Exkurs: Mängelhaftung im Mietvertrag[145]

1 Allgemeine Grundsätze

Miete ist Gebrauchsüberlassung auf Zeit gegen Zahlung von Geld. Unentgeltliche Gebrauchsüberlassung auf Zeit ist *Leihe* (§§ 598–606). Im römischen Recht war die Miete *(locatio conductio)* noch der Obergriff für den Gebrauch von Sachen und Personen, d. h. von deren Werk- und Dienstleistungen.[146] Heute geht es im Mietrecht ausschließlich um den **Gebrauch von Sachen:** beweglichen und unbeweglichen, Einzelsachen und Sachgesamtheiten (z. B. möbliertes Haus), Teilen von Sachen (z. B. Hauswand als Reklamefläche). Die gesellschaftlich größte Bedeutung kommt der Wohnraummiete zu. Sie hat sukzessive innerhalb und außerhalb des BGB immer detailliertere Regelungen erfahren – vom verfassungsrechtlichen Schutz in Art. 13 GG über Sonderregeln zum Kündigungsschutz bis hin zur Mieterhöhung. Das Mietrechtsreformgesetz vom 19. 6. 2001[147] hat einen allgemeinen Teil des Mietrechts geschaffen (§§ 535–548). Es schließen sich Sonderregeln zu einzelnen Mietgegenständen an, wobei die Wohnraummiete am ausführlichsten behandelt worden ist (§§ 549–577 a). Darauf ist in diesem Kontext nicht weiter einzugehen. – Im Unterschied zur Miete ist die **Pacht** entgeltliche **Nutzungsüberlassung** einer Sache (oder eines Rechts) auf Zeit (vgl. §§ 581–597). Nutzungen sind die Früchte und die Vorteile, die der Gebrauch einer Sache oder eines Rechts gewährt (§ 100).

Durch den Mietvertrag wird der Vermieter verpflichtet, dem Mieter den »**vertragsgemäßen**« Gebrauch[148] einer Sache für eine begrenzte Zeit zu gewähren (§ 535 I 1). Das ist nicht identisch mit mangelfreiem Gebrauch. Der Vermieter hat dem Mieter die Sache so zu überlassen, dass dieser von ihr den üblichen oder vertraglich vorausgesetzten Gebrauch machen kann. Nicht vertragsgemäß ist eine nicht unerhebliche Beeinträchtigung der Gebrauchstauglichkeit.

Auf Seiten des *Mieters* werden zwei Verpflichtungen begründet: (1) Er hat als Entgelt für die Gebrauchsüberlassung einen **Mietzins zu zahlen.** Gebrauchsüberlassung und Mietzinszahlung sind die beiden »gegenseitigen« Hauptleistungen im Mietvertrag (rechtliches Synallagma). Da aber anders als bei Kauf und Werkvertrag nicht das Eigentum an der Sache verschafft wird, sondern lediglich der Besitz (§ 854 I) übertragen wird, begründet jeder Mietvertrag notwendig (2) die vertragliche **Nebenpflicht**, nach Ablauf der Mietzeit die **Sache zurückzugeben** (§ 546 I). Wenn der Vermieter zugleich der Eigentümer ist, steht dieser vertragliche Herausgabeanspruch neben dem »dinglichen« Herausgabeanspruch nach § 985. Der Mietvertrag gibt dem Mieter für die vereinbarte Mietzeit ein Recht zum Besitz i. S. des § 986 I 1.

Die Mietsache hat einen **Mangel,** wenn ihre Tauglichkeit zum vertragsgemäßen Gebrauch aufgehoben oder nicht unerheblich gemindert ist (§ 536 I). Für das Miet-

---

145 Vgl. dazu *Klein-Blankers*, Das Mietrecht, in: Dauner-Lieb u. a. (Hrsg.), Das Neue Schuldrecht, 2002, S. 506; *Hau*, in: Ehmann/Sutschet, Modernisiertes Schuldrecht, 2002, S. 267 ff.
146 Vgl. dazu *Mayer-Maly*, Locatio conductio, 1956.
147 BGBl. I 2001, 1149; vgl. dazu *Schildt/Möller*, JURA 2001, 721.
148 Die Nutzungsüberlassung ist Gegenstand eines *Pachtvertrages* (§§ 581 ff.; zu dem Rechtsbegriff der Nutzung, der die Fruchtziehung einschließt, vgl. §§ 99, 100). Für die Pacht gilt im wesentlichen das Gleiche wie für die Miete.

recht ist nicht der neue Sachmangelbegriff des Kauf- und Werkvertragsrechts übernommen worden, sondern an dem alten »Fehler«begriff des BGB[149] festgehalten worden. Als ein Sachmangel gilt auch das Fehlen einer zugesicherten Eigenschaft (§ 536 II). Während im Kauf- und Werkvertragsrecht die **Zusicherung einer Eigenschaft** durch die *Beschaffenheitsgarantie* ersetzt worden ist, ist auch hier im Mietrecht der alte Begriff beibehalten worden. Das Fehlen einer zugesicherten Eigenschaft stellt einen Sachmangel dar. Die Gründe für diese Abweichung vom Kauf- und Werkvertragsrecht sind nicht recht einsehbar. Der Effekt einer Minderung bei unerheblicher Gebrauchsbeeinträchtigung hätte auch über eine Beschaffenheitsgarantie erreicht werden können.[150]

Rechtsmängel stehen dem Sachmangel gleich (§ 536 III). Dies galt bisher schon im Mietrecht (§ 541 a. F.). Insoweit haben in dieser Hinsicht Kauf- und Werkvertragsrecht gewissermaßen mit dem Mietrecht gleichgezogen.

2 Rechte des Mieters bei Sach- und Rechtsmängeln

Das Mietvertragsrecht sieht drei Rechtsbehelfe bei einem Sach- und Rechtsmangel vor:

(1) Minderung,

(2) Selbstvornahmerecht und Aufwendungsersatz,

(3) Schadensersatz,

(4) Fristlose Kündigung.

2.1 Minderung

Anders als bei dem Kauf- und Werkvertrag ist die Minderung beim Mietvertrag kein Gestaltungsrecht. **Die Minderung tritt kraft Gesetzes ein:**[151] Nach § 536 I ist der Mieter für die Zeit, während der die Gebrauchstauglichkeit aufgehoben oder eingeschränkt ist, von der Zahlung des Mietzinses ganz oder teilweise befreit. Hinsichtlich der zuviel gezahlten Miete steht dem Mieter ein Bereicherungsanspruch nach § 812 I 1 1.Alt. (s. u. D) zu. – Ebenfalls im Unterschied zum Kauf- und Werkvertrag kommt eine derartige Minderung nur bei einer **erheblichen Beeinträchtigung** der Gebrauchstauglichkeit in Betracht (§ 536 I 3).[152] Dies zielt ersichtlich in erster Linie auf die Wohnraummiete, ist aber im allgemeinen Mietrecht geregelt. Ausnahmsweise führt auch eine unerhebliche Gebrauchsbeeinträchtigung zur Minderung, wenn eine entsprechende Eigenschaft zugesichert worden ist (§ 536 II).

Ist bei einem mit CD-Player angebotenen Mietwagen der CD-Player defekt, stellt sich die Frage, ob dies eine erhebliche Minderung der Tauglichkeit des Mietwagen i. S. des § 536 I 3 ist. Ist dies zu verneinen, könnte dem Mieter mit einer stillschweigenden Zusicherung (§ 536 II) geholfen werden.

---

149 Vgl. §§ 459 I, 633 I BGB a. F.
150 Hk-BGB/*Eckert*, 2. Aufl. 2002, § 536 Rz. 10: »Redaktionsversehen des Gesetzgebers«; vgl. dazu auch *Hau*, in: Ehmann/Sutschet, Modernisiertes Schuldrecht, 20002, S. 277.
151 Ebenso auch bei dem Pauschalreisevertrag: § 651 d.
152 Dies entspricht der alten Regelung im Kaufrecht (§ 459 I 2 a. F.); ist aber erst 1964 in das Mietrecht des BGB aufgenommen worden.

Umstritten ist, ob die Weiterzahlung des Mietzinses in Kenntnis eines während der Mietzeit auftretenden Mangels in entsprechender Anwendung von § 536 b zu einem Ausschluss der Minderung führt. Zur Wahrung dieser Rechtsfolge ist regelmäßig eine Mängelanzeige nach § 536 c, besser noch ein klarstellender Vorhalt durch den Mieter erforderlich. Unabhängig davon kommt es auf den Zeitraum an, in dem der Mietzins weitergezahlt worden ist. Drei Monate hat der BGH noch für unschädlich erachtet.[153]

Zur Berechnung der Minderung ist im früheren Mietrecht (§ 537 I 1 a. F.) auf die Berechnungsformel im Kaufrecht verwiesen worden. Die nunmehr gewählte Formel von der »angemessen herabgesetzten Miete« (§ 536 I 2) erlaubt den Gerichten eine Schätzung des Minderungsbetrages. Dies entspricht der bisherigen Praxis der Gerichte.

Selbstvornahmerecht des Mieters und Schadensersatzansprüche werden durch die Minderung nicht ausgeschlossen.

2.2 Selbstvornahmerecht und Aufwendungsersatz (§ 536 a II)

Der Vermieter hat den vertragsgemäßen Gebrauch zu gewährleisten. Dies schließt eine Pflicht zur Beseitigung von Mängeln ein. Kommt der Vermieter dem nicht nach, kann der Mieter ihn durch eine Aufforderung zur Mängelbeseitigung (Mahnung) in Verzug setzen. Die bloße Mangelanzeige löst den Verzug nicht aus. Ist der Vermieter im Schuldnerverzug (§§ 286 ff.) kann der Mieter den Mangel durch Handwerker selbst beseitigen lassen und die hierfür erforderlichen Kosten von dem Vermieter ersetzt verlangen. Das gleiche Recht hat der Mieter verzugsunabhängig bei Notmaßnahmen, die keinen Aufschub dulden.

Anders als im Werkvertragsrecht ist eine Vorschusspflicht des Vermieters nicht vorgesehen!

2.3 Schadensersatz (§ 536 a I)

Die Ausgestaltung des Schadensersatzes unterscheidet sich von den vergleichbaren Ansätzen im Kauf- und Werkvertragsrecht. Während im Kauf- und Werkvertragsrecht lediglich auf das allgemeine Leistungsstörungsrecht verwiesen wird, enthält das Mietvertragsrecht mit § 636 a I unverändert eine eigenständige Regelung des Schadensersatzes. Auch inhaltlich weicht der mietvertragliche Schadensersatz von den allgemeinen Vorschriften der §§ 280 ff. ab.

Für Sach- und Rechtsmängel der Mietsache, die bereits *bei Vertragsschluss* vorhanden waren, trifft den Vermieter unverändert eine (verschuldensunabhängige) **Garantiehaftung.** Diese auf römischrechtliche Quellen zurückgehende Regelung ist im 19. Jahrhundert vielfach als Fremdkörper angesehen worden. Heute kann sie eher als modern gelten. Trotz der parallel laufenden Schuldrechtsreformgesetzgebung, die für das Vertragsrecht allgemein eine Haftung aus vermutetem Verschulden eingeführt hat, ist im Mietrecht aus »Interessen des Mieterschutzes« daran festgehalten worden. Diese verschuldensunabhängige Haftung ist jedoch

---

[153] BGH NJW 1997, 2674.

dispositiv und wird üblicherweise (fomular)vertraglich abbedungen.[154] Dies gilt sogar bei der Wohnraummiete als zulässig.[155]

Für Schäden aus Mängeln, die nach Vertragsschluss entstanden sind, haftet der Vermieter nur bei Verschulden (§§ 636 a I 2. Alt., 278). Unklar ist im Augenblick noch, ob hier ist unter dem neuen Recht von einer Verschuldensvermutung des Vermieters i. S. des § 280 I 2 auszugehen ist.

Ist der Vermieter mit der Mangelbeseitigung in Verzug, haftet er ebenfalls für die dem Mieter dadurch entstehenden Schäden.

Obwohl § 536 II die Kategorie *der Zusicherung von Eigenschaften* beibehält, bedarf es der Klarstellung, dass das Mietrecht über die Garantiehaftung für anfängliche Mängel (s. o.) hinaus keine gesonderte verschuldensunabhängige Zusicherungshaftung kennt! § 536 knüpft lediglich die Rechtsfolge der Minderung an das Fehlen einer zugesicherten Eigenschaft.

Auch hinsichtlich des Haftungsumfangs geht das Mietvertragsrecht eigene Wege. Anders als im allgemeinen Leistungsstörungsrecht, wo Mangelfolgeschäden über § 280 I und Mangelschäden über § 281 abgewickelt werden, erstreckte sich der mietvertragliche Schadensersatz nach herrschender Meinung auf den gesamten Schaden: den **Mangelschaden an der Mietsache und den Mangelfolgeschaden an anderen Rechtsgütern des Mieters** (Gesundheit, körperliche Integrität, Eigentum). Ob sich daran zukünftig etwas ändern wird, wenn sich die differenzierte Behandlung von Mangel- und Mangelfolgeschäden im Kauf- und Werkvertragsrecht durchsetzt, bleibt abzuwarten; erscheint aber wenig wahrscheinlich.

Für die Verletzungen von vertraglichen Neben- und Schutzpflichten gelten die allgemeinen Grundsätze der Schadensersatzes (s. o. C I.3.3.2/3).

2.4 Fristlose Kündigung

Nach § 543 I kann jede Vertragspartei das Mietverhältnis aus wichtigem Grund außerordentlich fristlos kündigen. § 543 II Nr. 1 sieht einen **wichtigen Grund** darin, dass dem Mieter der vertragsgemäße Gebrauch der Sache nicht gewährt wird. Dies immer der Fall bei einem Sach- oder Rechtsmangel nach § 536. Zu einer fristlosen Kündigung ist der Mieter aber erst berechtigt, wenn er dem Vermieter eine angemessene Frist zur Mangelbeseitigung gesetzt und diese erfolglos abgelaufen ist (§ 543 III). Ein Verzug des Vermieters ist – anders als bei der Selbstvornahme – nicht erforderlich.

3 Haftungsausschluss und Verjährung

Die obigen Ansprüche oder Rechte wegen eines Sach- oder Rechtsmangels der Mietsache (1) bis (4) sind ausgeschlossen, soweit der Mieter den Mangel bei Abschluss des Vertrages kennt (§ 536 b S.1; vgl. auch §§ 442 I 1, 640 II); es sei denn, er behält sich seine Rechte bei der Annahme vor (§ 536 b S. 3). Bei grob fahrlässiger Unkenntnis stehen ihm diese Rechte nur zu, wenn der Vermieter den Mangel arg-

---

154 BGH NJW-RR 1991, 74.
155 Dies wird im Umkehrschluss aus einer in § 535 a fehlenden Vorschrift nach dem Muster des § 536 IV gefolgert.

listig verschwiegen hat. Entsprechendes gilt, wenn der Mieter nach Vertragsschluss Kenntnis von einem Mangel erlangt und dennoch den ungeminderten Mietzins über eine gewissen Zeit vorbehaltlos weiterzahlt.[156]

Für vertragliche Haftungsausschlüsse gilt folgendes: Die gesetzliche Minderung ist bei der Wohnraummiete nicht zum Nachteil des Mieters abdingbar (§ 536 IV). Die Garantiehaftung des Vermieters ist generell abdingbar. Hinsichtlich der Freizeichnung von der Verschuldenshaftung durch AGB gilt § 309 Nr. 7: keine Reduktion der Haftung bei Personenschäden; grundsätzliche Zulässigkeit des Ausschlusses der Haftung für einfache Fahrlässigkeit. Allerdings wird dies bei der Wohnraummiete eingeschränkt: In dem Ausschluss der Fahrlässigkeitshaftung für Sachschäden des Mieters hat der BGH eine Gefährdung des Vertragszwecks nach § 307 II Nr. 2 gesehen.[157]

Die Sekundäransprüche des Mieters – Aufwendungsersatz, Schadensersatz – **verjähren** nach den allgemeinen Regeln (§§ 195, 199: 3 Jahre ab Entstehung und Kenntnis). Lediglich der Ersatzanspruch des Mieters wegen Aufwendungen auf die Mietsache und der Anspruch auf Wegnahme von Einrichtungen sind gesondert geregelt und verjähren in sechs Monaten ab Beendigung des Mietverhältnisses (§ 548 II i. V. m. § 539). – Ebenso verjähren die Ersatzansprüche des Vermieters/Eigentümers wegen »Verschlechterung« der Mietsache (aus Vertragsverletzung oder Delikt) in sechs Monaten nach Rückerhalt der Mietsache (§ 548 I)! Beispiel: beschädigtes Miet-Kraftfahrzeug.

IV. »Freier« Dienstvertrag – Am Beispiel des medizinischen Behandlungs- und des Anwaltvertrags

1 Einführung

Bei dem unselbstständigen Dienst- oder Arbeitsvertrag handelt es sich um den, neben dem Kaufvertrag, wohl häufigsten und wichtigsten Repräsentanten des »gegenseitigen Vertrages« in einer entwickelten Industriegesellschaft. An die Stelle der ausnahmslos **sach- oder erfolgsbezogenen** Leistungen bei dem Kauf-, Werk- und Mietvertrag tritt hier die **Pflicht zum sorgfältigen Tätigwerden.** Der historische BGB-Gesetzgeber hatte sich der sozialen Bedeutung des Dienst- und Arbeitsverhältnisses in der sich industrialisierenden Gesellschaft des deutschen Kaiserreiches im ausgehenden 19. Jahrhundert völlig verschlossen. Der unselbstständige Dienstvertrag wurde in der Tradition des römischen Rechts als ein Unterfall der **Miete** gesehen. Der Begriff der Miete (*locatio conductio*[158]) umfasste im römischen Recht gleichermaßen Sachen wie Personen, in letzterem Falle sowohl Werk- als auch Dienstleistungen. Die entgeltliche »**Dienstmiete**« zur Ausführung niedriger Tätigkeiten wurde – gleichfalls unter Orientierung an der römisch-rechtlichen Unterscheidung von *operae illiberales* und *artes liberales* – der unentgeltlichen Inanspruchnahme höherer Dienste gegenübergestellt. Den die *artes liberales* (Ärzte, Rechtsanwälte, Baumeister/Architekten etc.) ausüben-

---

156 BGH NJW 1997, 2674 (zur Minderung); BGH NJW 2000, 2663 (zur fristlosen Kündigung).
157 Grdl. BGH NJW 2002, 673.
158 Vgl. dazu *Mayer-Maly*, Locatio conductio. Eine Untersuchung zum klassischen römischen Recht, 1956.

»Freier« Dienstvertrag – Am Beisp. d. med. Behandlungs- u. d. Anwaltsvertrags

den begüterten Schichten kann es auf eine Entlohnung nicht an. Sie erstrebten eine Belohnung anderer Art: Macht und Einfluss im römischen Staat.

Nur vor diesem Hintergrund sind die Entscheidungen des BGB-Gesetzgebers heute noch nachvollziehbar: die Regelungen über den **entgeltlichen abhängigen Dienstvertrag** (§§ 611-630) und über die **unentgeltliche selbstständige Dienstleistung** (Auftragsrecht der §§ 662-676 mit dem Sonderfall der entgeltliche Geschäftsbesorgung in § 675).

Lohnarbeit und Arbeitsmarkt im ausgehenden 19. Jahrhundert fanden keinen Eingang in das »Pandektengesetzbuch«. Der sozialdemokratischen Reichstagsfraktion bot sich nach 20 Jahren Kommissionsarbeit erstmalig während der parlamentarischen Beratungen im Jahre 1896 Gelegenheit, die Interessen der Arbeitnehmer in dem Gesetzgebungsverfahren zur Geltung zu bringen. Ihr Versuch, unter dem Titel »Arbeitsvertrag« eine Vereinheitlichung des Rechts der Arbeitsbedingungen vorzunehmen und in das BGB aufzunehmen, scheiterte.[159] Die Wirklichkeit der industriellen Arbeitswelt führte dann bekanntlich zur Entwicklung des **Arbeitsrechts** als eines selbstständigen Feldes des Schuldrechts außerhalb des BGB. 1927 wurde die Arbeitsgerichtsbarkeit eingeführt. Das Recht des Arbeitsvertrages ist nur noch rudimentär auf die Regelungen der §§ 611 ff. zurückführbar. Es ist eine Domäne richterrechtlicher Rechtsentwicklung geblieben, ergänzt um gesetzliche Detailregelungen wie z. B. Kündigungsschutz, Mutterschutz etc. Ein Arbeitsgesetzbuch ist seit längerem auf der politischen Agenda; seine Verwirklichung steht jedoch in den Sternen. Der Arbeitsvertrag ist hier nicht weiter zu behandeln; insoweit wird auf die Darstellungen des Arbeitsrechts verwiesen.

In der Zwischenzeit haben die entgeltliche Geschäftsbesorgung und einige Bankdienstleistungen (Giro-, Zahlungs-, Überweisungsvertrag) eine gesonderte Behandlung im BGB erfahren (§§ 675 –676 h).

Dagegen ist der Bereich der **selbstständigen Dienstleistungen** von Ärzten, Rechtsanwälten und Steuerberatern, Wirtschaftsprüfern etc. *(artes liberales)*[160] im deutschen Schuldvertragsrecht bis heute ungeregelt. Die historischen Gesetzgebungskommissionen ließen offen, welchem der drei Vertragstypen – Werkvertrag, Dienstvertrag, Auftrag – etwa der Rechtsanwaltvertrag zuzuordnen ist. Die Vorschriften der §§ 611 ff. über den abhängigen Dienstvertrag passen mehr schlecht als recht. Das Element der wirtschaftlichen Selbstständigkeit hat der »freie« Dienstvertrag mit dem Werkvertrag gemeinsam. Werkunternehmer wie auch »freier« Dienstleistender schließen Verträge mit den Kunden ab, während der unselbstständige Dienst-/Arbeitsvertrag heute auf ein Dauerschuldverhältnis mit dem Arbeitgeber beschränkt ist. Nur bei dem selbstständigen Dienstvertrag stellen sich die oben angesprochenen Abgrenzungsprobleme zum Werkvertrag (Beispiele: Bauleitung des Architekten; kosmetische Operation durch den Arzt; vgl. oben C II 1). In die dogmatischen Grundlagen dieses Rechts des »freien« Dienstvertrages[161] soll im folgenden exemplarisch anhand der medizinischen Behandlung, d. h. des Arzt- und Krankenhausvertrages, sowie des Anwaltvertrages eingeführt werden.

---

159 Als eine Dokumentation der seinerzeitigen Stellungnahmen vgl. *Vormbaum*, Sozialdemokratie und Zivilrechtskodifikation, 1977.
160 Vgl. dazu *Anders/Gehle*, Das Recht der freien Dienste, 2001.
161 Vgl. auch *Schiemann*, Der freie Dienstvertrag, JuS 1983, 649. – Zur AGB-Problematik vgl. *Rombach*, Allgemeine Geschäftsbedingungen bei freien Dienstverträgen, 1997.

2 Medizinischer Behandlungsvertrag

Fallbeispiele:

1. Frau A, eine nicht-berufstätige Hausfrau und Mutter von 4 Kindern, beschloss in Übereinstimmung mit ihrem Ehemann E, sich sterilisieren zu lassen. Der Eingriff wurde in der gynäkologischen Praxis des Dr. G vorgenommen. Dr. G durchtrennte jedoch versehentlich statt des rechten Eileiters das Mutterband, so dass Frau A empfängnisfähig blieb. Frau A wurde erneut schwanger und brachte in einer anstrengenden Geburt ein 5. Kind zur Welt. Ihr Ehemann verklagte daraufhin Dr. G auf Schadensersatz wegen der Kosten der Schwangerschaft und der Unterhaltskosten für das ungewollte Kind. Frau A macht ein Schmerzensgeld geltend. *(BGHZ 76, 249 = NJW 1980, 1452; BGHZ 124, 128; BGH NJW 2002, 2636)*

1. Rentner R ist seit längerem halbseitig gelähmt. Er wurde zur Behandlung eines Harnweginfekts in die urologische Abteilung des A-Hospitals eingeliefert. Er kam dort zu Fall, als die Krankenschwester B ihn vom Nachtstuhl heben und auf die Bettkante setzen wollte. Durch den Sturz zog sich R einen Oberschenkelhalsbruch am linken Bein zu. Die Krankenschwester hat den 60 kg schweren R ohne weitere Hilfskraft angehoben und transportieren wollen. R verklagt den Krankenhausträger auf Ersatz der Behandlungskosten und auf Zahlung eines Schmerzensgeldes. Das A-Hospital trägt vor, ein Fehlverhalten der B liege nicht vor. Die fragliche Tätigkeit habe von einer Pflegekraft erledigt werden können. Die Ursache des Sturzes lasse sich nicht mehr klären. *(BGH NJW 1991, 1540)*

2.1 Arztvertrag

2.1.1 Vertragsschluss

Bei dem medizinischen Behandlungsvertrag muss in seiner rechtlichen Ausgestaltung zwischen Verträgen mit sog. Selbstzahlern oder privat Krankenversicherten und Verträgen mit Kassenpatienten unterschieden werden.

Verträge mit nicht-versicherten Selbstzahlern unterscheiden sich nicht von Kauf- und Werkverträgen. Der Privatpatient hat einen Versicherungsvertrag mit einer privaten Krankenversicherung geschlossen. Darauf findet des Versicherungsvertragsgesetz (VVG) Anwendung; dort ist das Recht der Krankenversicherung seit 1994 in den §§ 178 a-178 o geregelt. Durch den Abschluss des medizinischen Behandlungsvertrages (vgl. weiter unten) wird ausschließlich der Patient verpflichtet. Hinsichtlich seiner Vergütungspflicht hat er seinerseits einen Leistungsanspruch gegen seine Versicherung auf Übernahme der Kosten.

Etwa 90 % der Bevölkerung in Deutschland unterfallen jedoch der **gesetzlichen Krankenversicherung.** Insoweit besteht Versicherungszwang. Die Beziehung des Versicherten zu seiner gesetzlichen Krankenversicherung ist öffentlichrechtlicher Natur. Das Recht der gesetzlichen Krankenversicherung ist im Fünften Buch des Sozialgesetzbuchs (SGB V)[162] geregelt. Der niedergelassene Arzt, der den Kassenpatienten »auf Krankenschein« behandelt, ist seinerseits Mitglied der Kassenärztlichen Vereinigung. Zwischen der Krankenkasse und der Kassenärztlichen Vereinigung bestehen ebenfalls öffentlichrechtliche Vertragsbeziehungen. Der Kassenpatient, der »auf Krankenschein« einen Kassenarzt/Vertragsarzt[163] in Anspruch nimmt, schließt mit diesem einen **privatrechtlichen Behandlungsvertrag,** der als

---

162 BGBl. 1988 I, 2477. Vgl. dazu die einschlägigen Darstellungen des Sozialrechts.
163 Der Terminus »Kassenarzt« ist durch »Vertragsarzt« ersetzt worden mit dem Gesundheitsstrukturgesetz 1992 (BGBl. 1992 I, 2266).

ein Dienstvertrag qualifiziert wird, auf den die allgemeinen Grundsätze des bürgerlichen Vertragsrechts Anwendung finden.[164] Die Vergütung der Leistung des Arztes erfolgt dagegen nicht durch den Patienten, sondern durch die Krankenkasse über die Kassenärztliche Vereinigung an den Arzt. Die Überlagerung des privaten Arztvertrages durch das sozialrechtliche Krankenversicherungsrecht lässt sich in dem folgenden Schema darstellen:

Schaubild 14: Die vertragsärztliche Versorgung[165]

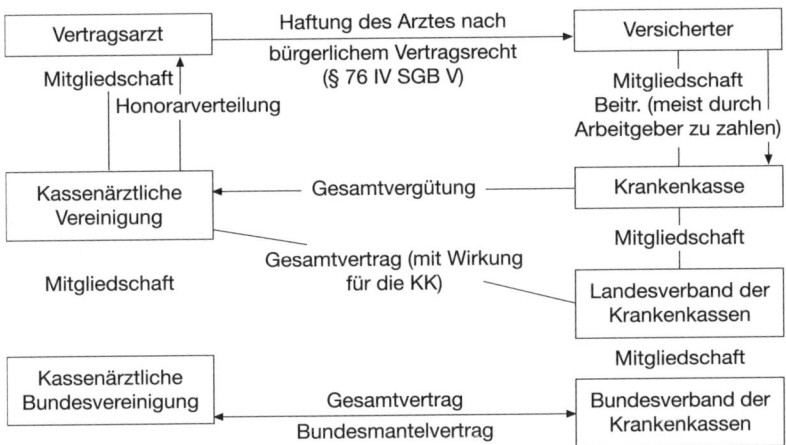

Im übrigen gelten für den Abschluss eines Vertragsarztvertrages und für die Erfüllung der Leistungspflichten durch den Vertragsarzt dieselben Grundsätze wie bei dem Vertrag zwischen Privatpatient und niedergelassenem Arzt. Der Arztvertrag wird i. d. R. dadurch geschlossen, dass der Patient die Dienste eines Arztes in Anspruch nimmt, d. h. sich zum Zwecke der Behandlung in dessen Praxisräume begibt, ihn zu einem Hausbesuch bestellt oder ihn telefonisch konsultiert.

Besonderheiten ergeben sich bei der ärztlichen **Behandlung von Bewusstlosen**, insbes. von Unfallopfern. Hier wird überwiegend das Recht der Geschäftsführung ohne Auftrag (§§ 677–687) zur Anwendung gebracht. Dies hat u. a. zwei Konsequenzen: (1) Der Arzt haftet nur für grobe Fahrlässigkeit (§ 680), und er hat (2) lediglich Anspruch auf Ersatz seiner Aufwendungen (§ 683). Beides »passt« nicht auf die Interessenlage dieser Fallkonstellation. Weder ist es sachgerecht, dass das Unfallopfer, an dem – ambulant oder in dem Unfallkrankenhaus – bei der Operation ein Behandlungsfehler begangen wird, schlechter dastehen soll als der Patient, der einen ordentlichen Arzt- oder Krankenhausvertrag geschlossen hat; noch ist es begründbar, dass der Krankenhaus- oder niedergelassene Arzt, der seine ärztlichen Dienstleistungen an dem bewusstlosen Unfallopfer erbringt, geringer entlohnt wird, als wenn er dies bei einem Patienten mit Vertragsschluss tut. Letztere Konsequenz hat die Rechtsprechung denn auch zu Recht nicht gezogen. Sie lässt den Arzt auch in den Fällen der Behandlung ohne Vertragsschluss seine normale Vergütung liquidieren. Systematisch zutreffender wäre es, in den Fällen der

---

164 Vorh. M.: BGHZ 76, 259; 97, 273.
165 Nach: *Bley*, Sozialrecht, 6. Aufl. 1988, Juristische Lernbücher Bd. 8, S. 241.

Behandlung Bewusstloser ausnahmsweise auch einmal ein **Vertragsschuldverhältnis ohne Vertragsschluss** – kraft der Erbringung der ärztlichen Tätigkeit – anzunehmen. Derartige Alternativen zum Vertragsschluss sind von der Rechtsprechung schon früher in vergleichbaren Konstellationen anerkannt worden – unter dem Stichwort der Begründung von Vertragsschuldverhältnissen durch »verkehrs- oder sozialtypisches Verhalten« (s. o. B I 1.1.2)[166] oder bei sog. faktischen Vertragsverhältnissen[167]. In der Praxis stellen sich hier – jedenfalls bei erfolgreichen Behandlungen – zumeist keine Probleme, weil in der Regel eine nachträgliche Zustimmung des Patienten zu der Behandlung vorliegen wird.

2.1.2 Vertragsinhalt

Durch den Abschluss eines Arztvertrages bzw. durch die ärztliche Behandlung eines Bewusstlosen wird ein zweiseitig verpflichtendes Schuldverhältnis zwischen dem Arzt, d. h. dem durch Approbation zur Ausübung des ärztlichen Berufes Berechtigten, und dem Patienten begründet. **Die Hauptleistungspflicht des Arztes besteht in der ordnungsmäßigen medizinischen Behandlung.** Medizinische Behandlung heißt *Behandlung mit Mitteln und Methoden der medizinischen Wissenschaft zu Heilzwecken.* Geschuldet ist nicht – wie bei dem Werkvertrag – ein bestimmter Erfolg, sondern das ordnungsmäßige ärztliche Bemühen um die Heilung. Diese Grundsätze werden heute überwiegend auch auf nicht medizinisch indizierte Behandlungen wie Schönheitsoperationen, Sterilisationen, in-vitro-Fertilisationen etc. übertragen. Auch hier ist nach der zutreffenden vorh. M. lediglich das fehlerfreie ärztliche Tätigwerden geschuldet. Dasselbe gilt für zahnärztliche und tierärztliche Leistungen.

Die dienstvertragliche Hauptpflicht zu ordnungsmäßiger Behandlung erstreckt sich auf die vier Grundstufen des medizinischen Behandlungsprozesses:

– Pflicht zu **ordnungsmäßiger Diagnose,** d. h. der Arzt hat die Krankheit und ihre Ursache zu ermitteln. Er hat erhobene diagnostische Befunde zu sichern (sog. Befundsicherungspflicht). Dazu hat er die Möglichkeiten moderner Diagnostik auszuschöpfen. Gerät er in komplizierten Fällen an die Grenzen seiner fachlichen Kompetenz oder seiner technisch-apparativen Möglichkeiten, muss er einen Facharzt hinzuziehen oder den Patienten an einen Spezialarzt bzw. eine Klinik überweisen.

– Pflicht zu **ordnungsmäßiger Indikation.** Die Indikation steht zwischen Diagnose und Therapie. Sie beinhaltet die Entscheidung des Arztes, welche medizinische Methode in dem konkreten Fall zur Heilung der diagnostizierten Krankheit »angezeigt« ist. Will der Arzt aus vertretbaren Gründen von einer anerkannten Standardmethode abweichen, muss er den Patienten über die alternative Behandlungsmethode und ihre Risiken aufklären (sog. Indikationsaufklärung). Eine vertragsgerechte Leistung ist die sog. Neulandbehandlung nur bei entsprechender Einwilligung des ausreichend aufgeklärten Patienten.

– Pflicht zu **ordnungsmäßiger Therapie.** Die Therapie ist die medizinische Behandlung i. e. S. Die bei der zutreffend diagnostizierten Krankheit indizierte Behandlungsmethode muss von dem Arzt fehlerfrei angewandt und durch-

---

166 BGHZ 21, 319 – Hamburger Parkplatzfall; BGH NJW 1965, 387 – Omnibusbahnhof.
167 Vgl. dazu *Simitis*, Die faktischen Vertragsverhältnisse, 1957; *Lambrecht*, Die Lehre vom faktischen Vertragsverhältnis, 1994.

geführt werden. Im Mittelpunkt der Behandlungsfehlerproblematik i. e. S. stehen die sog. Operations-, Narkose- und Injektions-«Zwischenfälle».

- Pflicht zu **ordnungsmäßiger Nachsorge,** inkl. Medikation. Hier sind die nach der Durchführung der eigentlichen Behandlung, insbes. einer Operation, erforderlichen medizinischen Betreuungsmaßnahmen angesprochen. Hierunter fällt auch die begleitende Arzneimitteltherapie. Fehler treten hier auf durch Verschreiben falscher Medikamente, unzureichend dosierter Medikamente oder durch unterlassene Information über die Einnahmemodalitäten.

Neben diese ärztliche Hauptleistungspflicht zur Erbringung einer ordnungsmäßigen medizinischen Behandlung treten eine Reihe von **vertraglichen Nebenpflichten.** Hier sind insbesondere vier Pflichten zu betonen – die Aufklärungspflicht, die Dokumentationspflicht, die Schweigepflicht und die Organisationspflicht.

Die **Aufklärungspflicht** ist die bedeutsamste der vertraglichen Nebenpflichten des Arztes. Sie kann sich auf sehr unterschiedliche Gegenstände beziehen. Im Vordergrund steht die Pflicht zur Aufklärung über die »typischen« Risiken der indizierten Behandlungsmethode. Gemeint sind damit Risiken, die gerade auch bei ordnungsmäßiger Durchführung der Behandlung auftreten können. Einen Sonderfall stellt die oben erwähnte »Indikationsaufklärung« dar. Die Aufklärung kann sich aber auch auf Wirtschaftlichkeitsaspekte beziehen. Der Arzt hat den Patienten bei gegebenem Anlass, wenn die Leistungspflicht der – privaten oder gesetzlichen – Krankenversicherung fraglich erscheint, auf die mögliche Nichtübernahme der Kosten durch die jeweilige Krankenkasse hinzuweisen.[168] Liegt die falsche Beratung noch vor dem Vertragsschluss, kommt eine Haftung des Arztes aus *culpa in contrahendo* in Betracht (§ 311 II i. V. m. § 280 I). Erbrachte Behandlungsleistungen muss sich der Patient ggf. auf dem Wege der Vorteilsausgleichung anrechnen lassen (S. u. F IV.4).

Um die Möglichkeiten des Patienten zu verbessern, Schadensersatzansprüche in Haftpflichtprozessen gegen den Arzt geltend zu machen, hat die Rechtsprechung seit Ende der 70er Jahre eine **Pflicht zur Dokumentation** des Behandlungsprozesses anerkannt.[169] Die ärztliche Dokumentation erstreckt sich auf alle Daten über die Krankheitsgeschichte des Patienten, den aktuellen Befund und die einzelnen Behandlungsmaßnahmen. Diese Daten werden auf Karteikarten bei den niedergelassenen Ärzten bzw. in Krankenblättern bei den Krankenhausärzten geführt. Als Nebenpflicht des Behandlungsvertrages hat der Arzt umfassend und für Dritte nachvollziehbar den Behandlungsprozess zu dokumentieren. Der Patient hat auch nach Abschluss der Behandlung ein Einsichtsrecht in die Krankenunterlagen. Dies ist vor allem zur Vorbereitung von Haftpflichtprozessen von Bedeutung. Die Verletzung der Dokumentationspflicht durch den Arzt hat in erster Linie beweisrechtliche Konsequenzen. Fehler bzw. Lücken in der Dokumentation erschweren die Beweisführung für den Patienten. Dies kann dazu führen, dass die Beweislast z. B. für den ärztlichen Behandlungsfehler (und ggf. für die Kausalität des Behandlungsfehlers für die Gesundheitsverletzung) von dem klagenden Patienten auf den beklagten Arzt übergeht.[170]

---

168 BGH NJW 1983, 2630.
169 BGH NJW 1978, 1681; BGHZ 72, 132.
170 Grdl. BGHZ 72, 132, 136 ff.

Der Arzt unterliegt auf Grund des Behandlungsvertrages einer **Schweigepflicht**. Er darf patientenbezogene Daten nicht an dritte Personen, insbesondere Arbeitgeber und Versicherungen, weitergeben. Verletzungen der Schweigepflicht können vertragliche und deliktische Schadensersatzansprüche auslösen.

Den einzelnen niedergelassenen Arzt, der eine Praxis mit zumeist mehreren Angestellten betreibt, oder die Mehrheit von Ärzten, die eine Gemeinschaftspraxis betreiben, trifft eine **Organisationspflicht**, dafür Vorsorge zu treffen, dass niemand auf sonstige Weise in den Praxisräumen zu Schaden kommt. Es ist die Sicherheit der Patienten zu gewährleisten. In ihrem Kern ist diese Pflicht mit der Verkehrssicherungs- oder Schutzpflicht identisch. Besondere Bedeutung bekommt die Organisationspflicht im Krankenhausbereich mit den dort auftretenden vielfältigen Koordinierungsaufgaben.

Die Hauptleistungspflicht des Patienten besteht in der Zahlung der Vergütung (»**Honorar**«) für die ärztliche Leistung. Nach § 612 I gilt eine Vergütung als stillschweigend vereinbart, wenn die Dienstleistung den Umständen nach nur gegen eine Vergütung zu erwarten ist. Letzteres ist bei medizinischen Behandlungsverträgen der Fall. Im Fall des Kassenpatienten trifft diese Zahlungspflicht die jeweilige gesetzliche Krankenkasse des Patienten. Anders als etwa im Kauf-, Werk- oder Mietvertragsrecht wird bei dem Arztvertrag i. d. R. der »Preis« der ärztlichen Leistung nicht von den Parteien festgelegt. Bei den Ärzten bestimmt sich die Vergütung bzw. das Honorar – wie bei anderen freien Berufen auch – nach der jeweils gültigen Gebührenordnung für Ärzte und Zahnärzte.

Als **Nebenpflicht** aus dem Behandlungsvertrag schuldet der Patient Kooperation und Unterstützung des Arztes während des Behandlungsprozesses. Dazu zählt insbesondere die vollständige Information zur Ermöglichung einer zutreffenden Diagnose und die Befolgung der ärztlichen Anweisungen während der Therapie und Nachsorge. Verletzungen dieser Mitwirkungspflicht können den Arzt zur Kündigung des Vertragsverhältnisses berechtigen.

2.1.3 Leistungsstörungen

Was das vertragliche Leistungsstörungsrecht angeht, steht die **schuldhafte Schlechtleistung** bei dem Dienstvertrag eindeutig im Vordergrund. Objektive Vertragsverletzungen wie *Nichtleistung* und *Teilleistung* spielen so gut wie keine Rolle. Der *Leistungsverspätung* (Verzug) kommt für die Erbringung der Hauptleistung, der medizinischen Behandlung, de facto nur eine geringe Bedeutung zu. Bei den Dienstleistungen bereitet bei der Schlechtleistung die Verschuldensvermutung des § 280 I 2 Probleme. Die Grundnorm des § 280 I ist unverändert orientiert an den klassischen Sachleistungen des Kauf-, Werk- und Mietvertrages. § 280 I setzt voraus, dass **objektive Pflichtverletzung** und **Pflichtwidrigkeit** (= Fahrlässigkeit) sich unterscheiden lassen. Dies ist bei dem Kauf-, Werk- und Mietvertrag oder auch der Schenkung mit ihrem Sach- und Rechtsmängeln der Fall. Es stößt aber bei Verträgen über nicht erfolgsbezogene (»reine«) Tätigkeiten auf Schwierigkeiten. Bei dem medizinischen Behandlungsvertrag geht es um die Qualität der ärztlichen Leistung. Die **Vertragsverletzung** ist hier der Behandlungsfehler. Der Behandlungsfehler ist aber die Außerachtlassung der erforderlichen Sorgfalt (= Fahrlässigkeit). **Pflichtverletzung und Pflichtwidrigkeit sind hier identisch.** Die Konsequenz daraus ist, dass die Verschuldensvermutung des § 280 I 2 bei den freien Dienstverträgen zumeist nicht anwendbar ist. Für den Arztvertrag ist dies in der Vergangenheit oft etwas missverständlich mit den Eigenarten des ärztlichen Tätigkeitsfeldes begründet worden: Wegen der grundsätzlich nicht voll vorhersehbaren und beherrschbaren Reaktionen des menschlichen Organismus könne eine Verschlechterung des Gesundheitszustandes nicht per se als Indiz für ein ärztliches Fehlverhalten gedeutet werden.[171]

Wenn danach die Verschuldensvermutung nicht greift, trägt der geschädigte Patient die Beweislast für den »Behandlungsfehler« des Arztes. Ihm muss auf anderen Wegen geholfen werden. Dazu kann man auf die allgemeinen Beweiserleichterungen wie den Anscheinsbeweis zurückgreifen. Die Rechtsprechung ist jedoch darüber hinausgegangen und hat hier in beispielhafter Weise Neuland beschritten. Der Nachweis des Behandlungsfehlers (und z. T. der Kausalität) wird dem Patienten heute entscheidend durch die ärztliche **Dokumentationspflicht** i. V. m. einem Einsichtsrecht des Patienten erleichtert.[172] Traditionell wird zudem bei dem Vorliegen eines »*groben/schweren Behandlungsfehlers*« von einer Beweislastumkehr für den Nachweis der **Verursachung** der geltend gemachten Primärschäden durch das ärztliche Fehlverhalten ausgegangen.[173]

Die Vertragsverletzung/Pflichtwidrigkeit kann sich auf die Hauptleistungspflicht oder auf Nebenpflichten aus dem Arztvertrag beziehen. Bei dem medizinischen Behandlungsvertrag sind schon die Hauptpflicht und z. T. auch die Nebenpflichten auf die Förderung der Gesundheit und den Schutz der körperlichen Integrität des Patienten gerichtet, so dass für den Arztvertrag ausnahmsweise von einer weitgehenden **Identität von vertraglichen Leistungs- und Schutzpflichten** ausgegangen werden muss. Daneben spielt noch die Organisationspflicht eine gewisse Rolle. Das Schadensrechtsreformgesetz 2002 hat denn auch zutreffenderweise für nicht-unerhebliche Personenschäden die Zahlung eines Schmerzensgeldes auf vertraglicher Grundlage zur Verfügung gestellt (§ 253 II)!

Am Beispiel des *Sterilisationsfalles* lässt sich demonstrieren, dass diese beweisrechtlichen Grundsätze der Vertragshaftung für ärztliche Behandlungsfehler durchaus in begründeten Einzelfällen noch der Ergänzung durch weitere Beweiserleichterungen zugänglich sind. Bei der Sterilisation handelt es sich i. d. R. nicht um eine medizinisch indizierte Behandlung. Gleichwohl wird der Vertrag über die Sterilisation nach vorh. Meinung als ein Dienstvertrag qualifiziert. Hier hat der Vertrag aber unbestreitbar einen deutlicheren Erfolgsbezug (Empfängnisunfähigkeit der Frau/Zeugungsunfähigkeit des Mannes) als der normale medizinische Behandlungsvertrag. Wenn in dieser Situation nach durchgeführtem ärztlichen Eingriff gleichwohl das dadurch eigentlich ausgeschlossene Ereignis eintritt – hier: die Schwangerschaft der Frau A –, ist es zwar nicht angezeigt, auf diese Fallkonstellation die allgemeinen Grundsätze des § 280 I zu übertragen. Denn die Analogiebasis ist nicht der Schluss von dem Schaden auf das Fehlverhalten/die Fahrlässigkeit, sondern von einer gerade nachgewiesenen objektiven Vertragsverletzung (Nichtleistung, Leistungsverspätung, Sach-/Rechtsmangel) auf die Fahrlässigkeit. Die Rechtsprechung ging

---

171 Vgl. statt vieler BGH NJW 1991, 1540, 1541 m. w. Nachw.
172 BGHZ 72, 132; 85, 327.
173 RGZ 171, 168.

auch bisher davon aus, dass in den Sterilisationsfällen bei der Vertragshaftung die klagende Patientin den ärztlichen Behandlungsfehler zu beweisen hat.[174]

In der vorliegenden Fallkonstellation könnte Frau A sich jedoch möglicherweise auf die Grundsätze des prima facie-Beweises (Beweis des ersten Anscheins) stützen. Dieser kommt immer dann zur Anwendung, wenn nach allgemeiner Lebenserfahrung bei einem bestimmten Lebensvorgang »typischerweise« von einem Verschulden oder einer Verursachung auszugehen ist. Danach bräuchte Frau A nur vorzutragen und gegebenenfalls zu beweisen, dass sie sich bei Dr. G einer Sterilisation unterzogen hat und das trotz erfolgtem Eingriff bei ihr die Schwangerschaft eingetreten ist. Unter diesen Voraussetzungen wäre es dann Sache des beklagten Dr. G diesen »ersten Anschein« eines Behandlungsfehlers zu erschüttern, indem er z. B. die ernsthafte Möglichkeit aufzeigte, dass sich das Restrisiko einer Schwangerschaft nach ordnungsmäßiger Sterilisation verwirklicht hat.

Der *Sterilisationsfall* weist noch eine, mittlerweile berühmt gewordene, schadensrechtliche Besonderheit auf. Auch wenn der Nachweis eines Behandlungsfehlers geführt ist, ist fraglich, ob Frau A einen Schaden erlitten hat. Schwangerschaft und Geburt eines (gesunden) Kindes stellen für sich keinen **Vermögensschaden** dar. [Für die Schmerzen der Geburt könnte Frau A unter neuem Recht – § 253 II – nur dann ein Scherzensgeld – aus Vertrag und aus Delikt -verlangen, wenn es sich bei der ungewollten Schwangerschaft um eine Körperverletzung durch den Arzt handelte. Der BGH scheint dies annehmen zu wollen.[175] Wir halten dies für sehr zweifelhaft.] Ein Vermögensschaden liegt aber in den durch die unfreiwillige Schwangerschaft verursachten Arzt- und gegebenenfalls Krankenhauskosten und in den Unterhaltskosten für das ungewollte Kind. Dies ist seit 1980 in der Rechtsprechung des BGH anerkannt.[176] In Frage gestellt wurde diese Rechtsposition 1993 durch ein *obiter dictum* des BVerfG in seinem zweiten Abtreibungsurteil, wonach die rechtliche Qualifikation des Daseins eines Kindes als Schadensquelle von Verfassungswegen nicht in Betracht komme.[177] Der BGH hat jedoch, mittlerweile bestätigt durch den anderen Senat des BVerfG, an seiner Position festgehalten: Die Unterhaltskosten für ein ungewolltes Kind werden als Vermögensschaden qualifiziert.[178] Diese Kosten trägt in dem *Beispielsfall* Herr A, der für den finanziellen Unterhalt der Familie aufzukommen hat (§ 1360). Herr A kann die durch die Geburt des fünften Kindes ausgelösten Kosten jedoch nur liquidieren, wenn auch er Partei des Arztvertrages geworden ist. In der vorliegenden Fallkonstellation einer nicht-berufstätigen verheirateten Frau, die sich mit Zustimmung ihres Ehemannes einer Sterilisation unterzieht, kann in unmittelbarer Anwendung von § 1357[179] davon ausgegangen werden, dass beide Ehegatten Vertragsparteien des ärztlichen Behandlungsvertrages geworden sind. Bei dem Vertragsschluss handelt es sich um ein Geschäft zur »Deckung des Lebensbedarfs« der Familie.[180] Alternativ dazu ist es unter diesen Voraussetzungen auch begründbar, Herrn A in den Schutzbereich des Behandlungsvertrages einzubeziehen – sog. Vertrag mit

---

174 BGH VersR 1981, 730, 731.
175 Vgl. BGH NJW 1980, 1452, 1453 (insoweit in BGHZ 76, 259 nicht abgedruckt).
176 Grdl. BGHZ 76, 249 = NJW 1980, 1450; BGHZ 76, 259 = NJW 1980, 1452.
177 BVerfG NJW 1993, 1751, 1764 (2. Senat); anders BVerfG NJW 1998, 523 (1. Senat).
178 BGHZ 124, 128; vgl. dazu auch *Deutsch*, NJW 1998, 510; BGH NJW 2002, 2636.
179 Zur Verfassungsmäßigkeit des § 1357 I BGB vgl. BVerfG NJW 1990, 175. Zum Anwendungsbereich vgl. *Peter*, NJW 1993, 1949.
180 BGHZ 94, 1.

Schutzwirkung für Dritte (hier: mit Schutzwirkung für das Vermögen des A; s. o. B II.1.5.2.2/C I.3.2.4). In beiden Varianten könnte Herr A danach wegen des Behandlungsfehlers den Ersatz **seines** Vermögensschadens von Dr. G wegen schuldhafter Vertragsverletzung verlangen (§ 280 I i. V. m. § 611).

2.2 Krankenhausvertrag

Durch den Krankenhausvertrag wird ein schuldrechtliches Leistungsverhältnis zwischen dem Patienten und dem Träger des Krankenhauses geschlossen. Hierbei handelt es sich um einen *gemischten Vertrag*. Im Mittelpunkt steht die medizinische Behandlung bzw. Versorgung des Patienten. Diese Leistung wird ergänzt um Elemente der Miete (Raum- und Bett-Überlassung) und des Werkvertrages (Verpflegung). Da jedoch die ärztliche und sonstige medizinische Versorgung eindeutig im Vordergrund steht, wird der Krankenhausvertrag insgesamt als Dienstvertrag klassifiziert. Der Regelfall ist der sog. **totale Krankenhaus(aufnahme)vertrag.** Hier schuldet der Krankenhausträger das gesamte Leistungsspektrum von der ärztlichen Behandlung über die pflegerische Versorgung bis hin zur Bettüberlassung, Verpflegung etc. Sonderfälle stellen der gespaltene Arzt-Krankenhausvertrag und der totale Krankenhausaufnahmevertrag mit Arztzusatzvertrag dar. Bei dem **gespaltenen Arzt-Krankenhausvertrag** kommen gesonderte Verträge mit einem Arzt über die ärztliche Versorgung und mit dem Krankenhausträger über die räumliche Unterbringung und Verpflegung zustande (Beispiel: Belegarzt). Bei dem **totalen Krankenhausvertrag mit Arztzusatzvertrag** wird hinsichtlich der ärztlichen Versorgung eine Sondervereinbarung mit einem bestimmten Krankenhausarzt getroffen, i. d. R. mit dem Chefarzt, der Privatliquidationsrecht besitzt. In diesem Fall schulden Krankenhausträger und Chefarzt diese wahlärztlichen Leistungen als Gesamtschuldner.[181]

Auch einem Kassenpatienten stehen, zumindest als begünstigtem Dritten (§ 328), privatrechtliche Leistungsansprüche unmittelbar gegen den Krankenhausträger zu.[182] Im übrigen ist die Beziehung zwischen Krankenkasse und Krankenhaus, insbes. was die Zahlung der Krankenhauskosten anbelangt, sozialrechtlich geregelt.[183] Alleiniger Schuldner der Leistungen aus dem totalen Krankenhausaufnahmevertrag (ohne Zusatzvertrag) ist der Krankenhausträger. Zur Erfüllung seiner Verpflichtung zu einer ordnungsmäßigen medizinischen Behandlung bedient er sich der angestellten oder beamteten Krankenhausärzte ebenso wie des Pflegepersonals als Erfüllungshilfen nach § 278. Für die medizinische Behandlung gelten die allgemeinen für den Arztvertrag entwickelten Grundsätze. Für ärztliche Behandlungsfehler haftet hier **vertragsrechtlich** jedoch ausschließlich der Krankenhausträger für materielle und immaterielle Schäden des Patienten. Schadensersatzansprüche unmittelbar gegen die behandelnden Krankenhausärzte sind lediglich **deliktsrechtlich** zu begründen (s. u. E II.2.4). Bei den vertraglichen Nebenpflichten kommt hier der *Organisationspflicht* des Krankenhausträgers eine gesteigerte Bedeutung zu. Er ist verpflichtet, hinsichtlich der allgemeinen Risiken, die so ein Krankenhausbetrieb mit sich bringt – Hygiene, Apparatesicherheit, Personalausstattung, Koordination des Behandlungsgeschehens etc. – , Vorsorge

---

181 BGHZ 95, 63.
182 BGHZ 89, 250; 96, 360.
183 §§ 115 ff. SGB V. Vgl. schon oben IV.2.1 und ferner die einschlägigen Darstellungen des Sozialrechts.

zu treffen, dass der Patient nicht vermeidbar geschädigt wird (vgl. dazu den nachfolgenden Fall).

In dem 2. *Beispielsfall*,[184] dem Sturz des Patienten R, geht es um einen interessanten Fall der Beweislastverteilung bei einem Krankenhausvertrag. R hat aus dem Krankenhausaufnahmevertrag einen Anspruch gegen den Krankenhausträger auf sachgemäße medizinische und pflegerische Betreuung. Dazu bedient sich der Krankenhausträger der angestellten oder beamteten Ärzte und des Pflegepersonals als seiner Erfüllungsgehilfen. Deren Verschulden wird ihm zugerechnet (§ 278) und ergibt dann die schuldhafte Vertragsverletzung durch den Krankenhausträger. R stünde demnach ein Schadensersatz und Schmerzensgeldanspruch zu, wenn die Krankenschwester fahrlässig gehandelt hätte.

Wer trägt in diesem Fall die Beweislast für ein Fehlverhalten (= Fahrlässigkeit) der Krankenschwester B? Es gibt mehrere Lösungsmöglichkeiten:

(1) *Haftung mit Verschuldensvermutung* nach § 280 I? Das setzt eine objektive Pflichtverletzung auf Seiten des Krankenhauspersonals voraus, die zu der Verletzung des R und dem daraus resultierenden Schaden geführt hat. Der BGH betont in der Entscheidung noch einmal, dass davon im Kernbereich ärztlichen Handelns nicht ausgegangen werden kann, sodass dort regelmäßig kein Raum für eine Verschuldensvermutung oder eine Beweislastumkehr für das Verschulden ist. Dazu bemüht er erneut, die fehlende Beherrschbarkeit der Vorgänge im menschlichen Körper. Das verkürzt das Problem. Es geht darum, ob nicht generell die Feststellung einer Schlechtleistung bei Dienstleistungen zu Schwierigkeiten führt, weil sich Pflichtverletzung und Pflichtwidrigkeit nicht trennen lassen. Der BGH lässt dies offen. Er wechselt vielmehr von der personalen auf die organisatorische Ebene.

(2) Beweislastumkehr für das Organisationsverschulden! Vorausgesetzt wird, dass den Krankenhausträger auch eine vertragliche Nebenpflicht trifft, seinen Krankenhausbetrieb so zu organisieren, dass seine Patienten dort nicht vermeidbar durch die hygienischen Verhältnisse,[185] unsterile Infusionsflüssigkeit,[186] defekte Maschinen[187] u. a. m. geschädigt werden. Soweit Risiken aus diesem Bereich der betrieblichen Organisation, der personellen Ausstattung und der Koordination der Abläufe in Rede stehen, wird in einschlägigen Schadensfällen auch vertraglich eine Beweislastumkehr für ein Organisationsverschulden (durch das zuständige Leitungspersonal) angenommen [zur deliktischen Organisationspflicht vgl. unten E II 4].

(3) M. E. ist es jedoch durchaus fraglich, ob sich in dem Fall des Rentners R ein derartiges Organisationsrisiko verwirklicht hat. Das wäre beispielweise der Fall, wenn nach Grundsätzen der Pflegewissenschaft die von B ausgeführte Tätigkeit nur mit Unterstützung einer weiteren Pflegekraft hätte ausgeführt werden dürfen. Fehlte es in einer derartigen Situation an einer entsprechenden Dienstvorschrift für den Pflegedienst, ist von einem Organisationsverschulden des A-Hospitals auszugehen. Der Krankenschwester B wäre dann möglicherweise kein Fahrlässigkeits«vorwurf« zu machen. Ist es aber so, dass das Umsetzen des R

---

184 BGH NJW 1991, 1540.
185 BGH NJW 1991, 1541.
186 BGH NJW 1982, 699.
187 BGH JZ 1978, 275 m. Anm. *Deutsch*.

durchaus von einer Pflegeperson sachgerecht durchgeführt werden durfte, dann geht es nicht um ein Organisationsproblem – sondern um die Frage des personalen Fehlers (= Fahrlässigkeit) der B. Damit stellt sich die Ausgangsfrage neu: Wer trägt hierfür die Beweislast? Der BGH ist dieser Frage ausgewichen. M. E. ist § 280 I 2 nicht anwendbar. R muss das Fehlverhalten der Krankenschwester B beweisen. Die Grundsätze des Anscheinsbeweises kommen ihm hier m. E. nicht zu Hilfe. Da nicht mehr aufklärbar ist, was sich abgespielt hat, hätte die Klage abgewiesen werden müssen.

2.3 Haftungsausschluss und Verjährung

Es geht hier in erster Linie um Körper- und Gesundheitsverletzungen. Hierfür ist ein AGB-rechtlicher Haftungsausschluss für einfache Fahrlässigkeit unzulässig. Dies stellt der neue § 309 Nr. 7 lit. a jetzt ausdrücklich klar. Das entsprach aber für den Krankenhausbereich, in dem Formularverträge in erster Linie eine Rolle spielen, bereits bisheriger Rechtsprechung.[188] Entsprechendes gilt für Verletzungen der Aufklärungspflicht (vgl. dazu detaillierter unten E II 2.4).

Schadensersatzansprüche gegen den Arzt oder Krankenhausträger wegen schuldhafter Verletzung einer Haupt- oder Nebenpflicht aus dem medizinischen Behandlungsvertrag verjähren nach §§ 195, 199 I in drei Jahren ab Entstehen und Kenntnis. Bei Personenschäden gilt hierfür, unabhängig von Entstehen und Kenntnis, eine Höchstgrenze von 30 Jahren (§ 199 II).

3 Anwaltsvertrag[189]

Fallbeispiel:

Dem Arbeitnehmer A ist von seinem Arbeitgeber gekündigt worden. Er setzte sich mit einem Anwaltsbüro, bestehend aus drei Rechtsanwälten, in seiner Heimatstadt in Verbindung, um rechtliche Schritte gegen seine Kündigung zu unternehmen. Die Rechtsanwalts- und Notargehilfin des vielbeschäftigten Büros gab ihm einen Termin mit dem Rechtsanwalt X an einem Montag in 10 Tagen. Bei dem Besprechungstermin am Montag stellte der Rechtsanwalt fest, dass die Frist zur Erhebung der Kündigungsschutzklage abgelaufen war. Kann A Schadensersatzansprüche gegen den Rechtsanwalt X bzw. das Anwaltsbüro geltend machen?

3.1 Vertragsschluss

Der Abschluss eines Anwaltsvertrages erfolgt zumeist konkludent durch die Inanspruchnahme der anwaltlichen Beratung. Es besteht für den Rechtsanwalt kein Kontrahierungszwang. Dem Anwalt ist es grundsätzlich freigestellt, ob er mit dem jeweiligen Ratsuchenden einen Anwaltsvertrag abschließen will oder nicht. Ausnahmefälle sind in den §§ 48, 49, 49 a Bundesrechtsanwaltsordnung (BRAO) geregelt. Indiz für das Zustandekommen des Vertrages ist in jedem Fall die von dem Mandanten/Auftraggeber unterschriebene Vollmacht. Problematisch kann der Zeitpunkt des Vertragsabschlusses bei telefonischen Kontakten sein. Erörtert der Rechtsanwalt den Sachverhalt mit dem potentiellen Mandanten und vereinbart er daraufhin einen Besprechungstermin, wird man bereits einen Vertragsabschluß zu bejahen haben.

---

188 OLG Stuttgart NJW 1979, 2355.
189 Vgl. als umfassende Darstellung *Hartstang*, Anwaltsrecht, 1991.

Anders ist dagegen die Situation in dem *Beispielsfall* zu beurteilen. Zwar kann grundsätzlich auch der Anwaltsvertrag durch einen Vertreter geschlossen werden. Dass aber die Vereinbarung eines Besprechungstermins durch die Rechtsanwalts- und Notar(Reno)-Gehilfin bereits einen Vertragsabschluss beinhaltet, wird man im allgemeinen nicht annehmen können. Gleichwohl ist dieses Verhalten rechtlich nicht irrelevant. Gem. § 44 BRAO hat der Rechtsanwalt, der in seinem Beruf in Anspruch genommen wird und den Auftrag nicht annehmen will, die Ablehnung unverzüglich zu erklären. In dem Kündigungsfall hätte der Rechtsanwalt telefonisch Kontakt mit dem Arbeitnehmer A aufnehmen, sich nach dem konkreten Problem erkundigen und Klarheit darüber herstellen müssen, ob er das Mandat annehmen kann und will. Insbesondere muss er sich vergewissern, dass durch den relativ späten Besprechungstermin keine wichtige Frist versäumt wird. Unterlässt er dies, macht er sich in analoger Anwendung von § 44 S. 2 BRAO oder unmittelbar nach den Grundsätzen der Haftung für culpa in contrahendo schadenersatzpflichtig.[190]

Handelt es sich um eine »**Anwaltssozietät**«, d. h. eine Gesellschaft bürgerlichen Rechts i. S. der §§ 705 ff. mit mehreren Anwälten als Mitgliedern/Gesellschaftern, so haften sämtliche Anwälte gesamtschuldnerisch.

3.2 Vertragsinhalt

Durch den Abschluss des Vertrages kommt ein entgeltlicher Dienstvertrag zwischen dem Rechtsanwalt und dem Mandaten/Klienten zustande (§§ 675, 611). Danach wird der Anwalt zur **Leistung bestimmter Dienste** bzw. zur Besorgung von Geschäften verpflichtet. Diese Dienste bestehen (1) in der rechtlichen Beratung des Mandanten; (2) in der Durchführung bestimmter rechtlicher Geschäfte für den Mandanten (z. B. Mediation, Prozessführung). Übernimmt der Anwalt die Erstellung eines Rechtsgutachtens, findet ausnahmsweise Werkvertragsrecht Anwendung (s. o. C II.1).

Soweit der Rechtsanwalt im Auftrag des Mandanten (»mit Vollmacht«) nach außen hin tätig wird – Schriftsätze an Versicherungen, Ämter und potentielle Gegner versendet; Kontakte mit der Staatsanwaltschaft aufnimmt etc. –, liegt nach der Systematik des BGB eine Geschäftsführung oder Geschäftsbesorgung i. S. der §§ 662 ff. vor. Über § 675 findet eine Verbindung von Dienstvertragsrecht und Auftragsrecht statt: Danach sind auf einen Dienstvertrag, der eine (entgeltliche) Geschäftsbesorgung zum Gegenstand hat, ergänzend die Regeln des Auftragsrechts anwendbar. Der Rechtsanwalt muss danach das, was er aus der Geschäftsführung erlangt (z. B. Zahlung von Geld) an den Mandanten herausgeben (§ 667); er darf unter bestimmten Umständen von der Weisung des Mandanten abweichen (§ 665); er kann Ersatz für seine Aufwendungen verlangen (§ 670), soweit dies nicht schon durch seine Vergütung nach § 611 I 1 2. Halbs. mit umfasst ist.

Nach § 43 S. 1 BRAO hat der Rechtsanwalt seinen Beruf gewissenhaft auszuüben. Die Generalklausel des § 43 BRAO wurde traditionell durch die Verhaltensregeln des anwaltlichen Standesrechts konkretisiert. Das BVerfG hat allerdings 1987 die von der Bundesrechtsanwaltskammer erlassenen Standesrichtlinien für rechtlich

---

190 § 44 S. 2 BRAO war genauso wie der verwandte § 663 vor der Schuldrechtsreform einer der wenigen gesetzlichen Regelungsfälle des Instituts der culpa in contrahendo. Diese ist nunmehr in § 311 II i. V. m. § 280 I geregelt.

unverbindlich erklärt.[191] Ausnahmen sollen für Verhaltensregeln gelten, die »für die geordnete Weiterführung eines funktionsfähigen Betriebes unverzichtbar« sind. Dazu zählen u. a. das Sachlichkeitsgebot und das Werbeverbot. – Die dienstvertraglichen Hauptleistungspflichten des Rechtsanwaltes aus dem Anwaltsvertrag werden üblicherweise in folgendem gesehen: Rechtsprüfungspflicht, Informations-, Beratungs-, und Belehrungspflicht; die Pflicht, die erforderlichen rechtlichen Geschäfte ordnungsgemäß durchzuführen.

Die Hauptleistungspflicht des Mandanten besteht in der **Zahlung der Vergütung** (§ 611 I 1 2. Halbs.). Diese beurteilt sich bei den anwaltlichen Standardleistungen nach der Bundesrechtsanwaltgebührenordnung (BRAGO – In Vorbereitung ist deren Ersetzung durch ein Rechtsanwaltsvergütungsgesetz (RVG)[192]. Die Vergütung kann in Ausnahmefällen auch frei vereinbart werden, die bei der Strafverteidigung verbreitet. Die Nebenleistungspflicht des Mandanten besteht in der umfassenden und korrekten Information des Rechtsanwalts über die tatsächliche Seite des Streitfalles.

3.3 Leistungsstörungen[193]

Wie auch sonst im Recht der freien Dienstverträge steht bei dem Anwaltsvertrag die Schlechtleistung (der »Kunstfehler«) im Mittelpunkt. Anspruchsgrundlage sind die §§ 280 ff. i. V. m. §§ 675, 611 ff. Eine gewisse Bedeutung kommt auch dem Verzug zu.[194] Der Anwalt, der von einer falschen Rechtsansicht ausgeht; der einen Fehler bei einer Scheidungsvereinbarung macht; der einen Mandanten unzutreffend über die Erfolgsaussichten einer Klage informiert; begeht in jedem Fall eine fahrlässige Verletzung des Anwaltsvertrages, die schadenersatzpflichtig macht. Der betroffene Mandant muss vorgetragen und ggf. beweisen, dass ein Anwaltsvertrag geschlossen worden ist und dass der Rechtsanwalt einen »Kunstfehler«, d. h. eine fahrlässige Vertragsverletzung, begangen hat. Handelt es sich um einen Belehrungsfehler, muss er zusätzlich vortragen, dass – wäre er ordnungsgemäß belehrt worden – er die entsprechende Weisung erteilt hätte.

Die Fristversäumung ist das klassische Beispiel für einen Fall, in dem ein Anscheinsbeweis für das Anwaltsverschulden spricht.

3.4 Verjährung

Der Schadensersatzanspruch des Mandanten wegen schuldhafter Verletzung des Anwaltsvertrages verjährt nicht nach der allgemeinen Grundregel des § 195. Die **Verjährung** ist berufsrechtlich geregelt in § 51 b BRAO: Danach verjährt der Anspruch bereits in drei Jahren von dem Zeitpunkt an, in dem der Anspruch entstanden ist, *spätestens in drei Jahren nach Beendigung des Vertragverhältnisses/Mandats*.[195] Der Verjährungsbeginn tritt unabhängig von der Kenntnis des Mandanten von dem Schaden ein. Zum Ausgleich für diese verjährungsrechtliche Privilegie-

---

191 BVerfG NJW 1988, 191.
192 Vgl. dazu *Sagawe*, ZRP 2002, 281 m. w. Nachw.
193 Vgl. dazu detaillierter *Zugehoer* (Hrsg.), Handbuch der Anwaltshaftung, 1999; *Hartstang*, Anwaltshaftung, 1996; und die Berichterstattung über die höchstrichterliche Rechtsprechung von *Borgmann* in NJW 2000, 2953; NJW 2002, 2145.
194 Vgl. BGH, NJW 1965, 1955 (verspätete Testamentserrichtung durch Notar).
195 Gleiches gilt für Steuerberater und Wirtschaftsprüfer: §§ 68 StBerG, 51 a WPO.

rung der rechtsberatenden Berufe gegenüber anderen selbstständigen Dienstleistern – wie etwa den Ärzten – unter dem alten Recht (30 Jahre nach § 195 a. F.), war die Rechtsprechung dazu übergegangen, die Belehrungspflicht des Anwalts auch auf den Umstand zu erstrecken, dass dem Mandanten ein Schadensersatzanspruch gegen ihn – den Rechtsanwalt – zustand.[196] Eine neue schuldhafte Verletzung dieser Hinweispflicht machte gleichfalls schadensersatzpflichtig. Dieser abgeleitete Schadenersatzanspruch wurde als anwaltsvertraglicher **Sekundäranspruch** bezeichnet.

Als Folge der Schuldrechtsreform ist davon auszugehen, dass dieses berufsrechtliche Sonderrecht aufgehoben und die Verjährungsvorschriften für die rechtsberatenden Berufe dem neuen allgemeinen Verjährungsrecht des BGB angepasst werden.

---

196 Seit RGZ 158, 130; BGH, VersR 1967, 979.

D Bereicherungsrecht

I. Einführung

Eine entwickelte Verkehrswirtschaft lebt von den Vermögenstransaktionen ihrer Marktbürger. Tagtäglich werden Millionen Sachen verkauft und übereignet, unzählige Arbeits- und Dienstleistungen erbracht, Unsummen an Kaufpreisen, Miet- und Kreditzinsen, Vergütungen, Löhnen und Gehältern gezahlt. Wenn nun die vertragliche Grundlage für diese Transaktionen unwirksam ist, dann sind Zahlungen erbracht, Sachen übereignet und Forderungen abgetreten worden ohne rechtliche Legitimation. Es ist m. a. W. etwas geleistet worden zur Begleichung einer Schuld, die nicht bestand. Wegen des im deutschen Zivilrecht geltenden **Abstraktionsprinzips** sind diese *Verfügungen* i. d. R. wirksam (s. o. B I 2/C I 2.1). Dies führt zu einer »ungerechtfertigten Bereicherung« des Leistungsempfängers. Dieses Ergebnis zu korrigieren, ist Aufgabe des Bereicherungsrechts, genauer der **Leistungskondiktion** als dem klassischen Haupttyp des Bereicherungsrechts.[1] Da es sich bei den meisten Alltagsgeschäften um »gegenseitige Verträge« i. S. der §§ 320 ff. handelt – Kauf-, Werk-, Miet- und Kreditverträge, Arbeits-/Dienstverträge etc. –, stellt sich regelmäßig das Problem der zweifachen Rückabwicklung der Transaktion. Das BGB enthält in den §§ 812-822 zu diesem Problem der »**Gegenleistungskondiktion**« keine besonderen Regelungen. Die hierzu entwickelten Haupttheorien in Rechtsprechung und Wissenschaft werden dargestellt.

Es kommt aber auch vor, dass versehentlich oder absichtlich »fremde« Sachen verbraucht oder gebraucht werden, dass in fremde Zuständigkeiten *eingegriffen* wird: Unter Eigentumsvorbehalt geliefertes Baumaterial wird eingebaut (Rechtsfolge § 946); man fährt »schwarz« Straßenbahn; das Bild einer bekannten Person wird ohne deren Zustimmung als Werbeträger für ein Produkt benutzt; u. a. m. Von grundlegender Bedeutung für das Verständnis dieser Fälle ist, dass das Zivilrecht die Nutzung bestimmter körperlicher oder nicht-körperlicher Gegenstände – auf Dauer oder für eine bestimmte Zeit – einer Person ausschließlich zuordnet. Prototyp der dauerhaften, umfassenden und ausschließlichen Zuordnung der Sache zu einer Person ist das Eigentumsrecht i. S. des § 903. Bei den immateriellen Gütern gibt es entsprechende – oft aber zeitlich begrenzte[2] – **Ausschließlichkeitsrechte:** Urheberrecht an einem Buchmanuskript, an einer Komposition, einem Film oder einer Theaterinszenierung; Patentrecht an einer technischen Erfindung; Gebrauchsmuster, Marke,[3] »Recht am eigenen Bild«. Jede von dem Berechtigten nicht gestattete Nutzung der jeweiligen Sache oder des Immaterialguts ist per se eine rechtswidrige Verletzung dieses Ausschließlichkeitsrechts. Der jeweilige

---

1 Der Begriff der Kondiktion kommt aus dem Römischen Recht. Die *condictiones* waren schuldrechtliche Ansprüche auf Herausgabe, im Unterschied zu dem sachenrechtlichen Herausgabeanspruch des Eigentümers – rei vindicatio; § 985. Bereicherungsrecht ist insoweit synonym mit *Kondiktionsrecht*. Vgl. dazu Kupisch, Ungerechtfertigte Bereicherung – Geschichtliche Entwicklungen, 1987; *Wacke*, Das Rechtswort – condictio, JURA 1991, 52.
2 Das Urheberrecht erlischt 70 Jahre nach dem Tode des Urhebers (§ 64 UrhG); das Patent dauert 20 Jahre (16 PatG).
3 Marken i. S. des Markengesetzes von 1994 (BGBl. I, 3082) sind geschützte Kennzeichen von Waren und Dienstleistungen eines Unternehmens.

Nutzer ist um den Vorteil dieser Inanspruchnahme ungerechtfertigt bereichert. Hat diese Nutzung einen Marktwert, ist dieser Wert »herauszugeben«. Dies ist der Anwendungsbereich der **Eingriffskondiktion**.

Gesondert geregelt ist die unberechtigte Verfügung über eine fremde Sache, die bei gutgläubigem Erwerb (§§ 932 ff. BGB, 366 HGB) zum Eigentumsverlust des Berechtigten führt (§ 816 I). Eingegangen wird schließlich auch noch auf weitere Fälle gesetzlichen Eigentumsübergangs wie Verbindung, Einbau oder Verarbeitung (§§ 946 ff., 951 – Verwendungskondiktion). Beides sind Sonderfälle der Eingriffskondiktion. Der schuldrechtliche Bereicherungsanspruch tritt hier an die Stelle des entfallenen sachenrechtlichen Herausgabeanspruchs aus § 985 (Vindikationsanspruch). Man spricht deshalb auch von **sekundären Bereicherungsansprüchen**.

Anders als das vertragliche Schadensersatzrecht oder das Deliktsrecht, das jeweils in erster Linie schuldhaft herbeigeführte **Vermögensverluste** des Geschädigten ausgleichen will, stellt das Bereicherungsrecht auf einen objektiven Gütertransfer ab, der zu einem **Vermögensvorteil** (»etwas erlangt«) des einen »auf Kosten« des anderen geführt hat. Diesen Vorteil – soweit er ungerechtfertigt ist und soweit er noch vorhanden ist – hat der Bereicherte in *natura* oder *wertmäßig* herauszugeben (§§ 812, 818 I/II). Ist die Bereicherung »weggefallen«, entfällt auch der objektive Ausgleichsanspruch nach § 812 I. Lediglich der **unredliche** oder verklagte Bereicherungsschuldner **haftet** stattdessen auf **Schadensersatz** (§§ 818 IV, 819 i. V. m. §§ 292, 989).

Insgesamt hat die häufig kritisierte Unübersichtlichkeit und extreme Kompliziertheit des Bereicherungsrechts damit zu tun, dass das einfache Verteilungskonzept der §§ 812 ff., wonach niemand einen Vorteil zum Nachteil eines anderen erlangen solle, der Komplexität der Transaktionen in einer entwickelten Gesellschaft nicht gerecht werden kann. Insbesondere die Fälle der »Konsumtion« von Dienstleistungen und die bargeldlosen Zahlungen[4] haben zu bereicherungsrechtlichen Einordnungsproblemen geführt. Alles dies hat eine unübersichtliche Mannigfaltigkeit von Einzelfallgruppen hervorgebracht und wiederholt den Ruf nach Vereinfachung und Rückbesinnung auf die Grundprinzipien laut werden lassen.[5] Ein besonders anschauliches Beispiel für konditionsrechtliche Unübersichtlichkeit ist der **Bereicherungsausgleich in Dreiecksverhältnissen**. In der forensischen Praxis spielt das Bereicherungsrecht im Vergleich zum Vertrags- und Haftungsrecht eine eher geringe Rolle. Die Darstellung hier in diesem Grundkurs beschränkt sich auf die Grundzüge.[6]

---

4 Vgl. dazu die Nachweise oben C I in Fn. 31.
5 Vgl. dazu u. a. *Wesel*, NJW 1994, 2594; *Stürner*, JZ 1996, 752.
6 Als Einführungsbücher in das Bereicherungsrecht sei verwiesen auf *Koppensteiner/Kramer*, Ungerechtfertigte Bereicherung, 2. Aufl. 1988; *Loewenheim*, Bereicherungsrecht, 2. Aufl. 1997; *Wieling*, Bereicherungsrecht, 2. Aufl. 1999; *Larenz/Canaris*, Schuldrecht II/2, 13. Aufl. 1994, S. 127–348. Als umfassende europäische Bestandsaufnahme vgl *Schlechtriem*, Restitution und Bereicherungsausgleich in Europa, 2 Bde., 2000/2001.

II. Haupttypen der Kondiktionsansprüche

Dem Wortlaut des § 812 I als Generaltatbestand des Bereicherungsrechts folgend, wird zwischen Leistungskondiktion (»durch Leistung«) und Nicht-Leistungskondiktion (»in sonstiger Weise«) unterschieden. Der Hauptfall der Nicht-Leistungskondiktion ist die Eingriffskondiktion. Aller begrifflichen Systematik zum Trotz gibt es eine Reihe von Fällen, in denen die Einordnung als Leistungs- oder Eingriffskondiktion unklar bleibt und von der Rechtsprechung offen gelassen wird.[7]

1 Leistungskondiktion

Fallbeispiel:

Das Ehepaar E lässt das Haus aus altem Familienbesitz in Frankfurt/Oder durch zwei Schwarzarbeiter renovieren. Als Vergütung war ein Werklohn von € 10 000 vereinbart. Nachdem die beiden Arbeiter einen Abschlag von € 4 000 erhalten hatten, verlangen sie nach Abschluss ihrer Arbeiten die Restsumme von € 6 000. Das Ehepaar verweigert die Zahlung (BGHZ 111, 308).

Die Leistungskondiktion ist in § 812 I 1 1.Alt. geregelt: »*Wer durch Leistung eines anderen ... etwas ohne rechtlichen Grund erlangt, ist ihm zur Herausgabe verpflichtet.*«
Die Leistungskondiktion hat drei zentrale Voraussetzungen:

(1) Jemand muss **etwas erlangt** haben. Dies kann der Besitz einer Sache, das Eigentum an Geldscheinen, die Gutschrift auf dem Konto oder die Befreiung von einer Verbindlichkeit sein. Es kann aber auch der Vorteil einer Arbeits-, Dienst- oder Transportleistung sein, die erbracht worden ist. Körperliche oder nicht-körperliche Gegenstände sind per se »etwas Erlangtes«, unabhängig davon, ob sie einen objektiven Verkehrswert haben oder ausschließlich von Affektionsinteresse für den Eigentümer sind. Sie sind nach § 812 I 1 1. Alt. herauszugeben. Nichtgegenständliche Vorteile wie die Massagebehandlung, der Konzertbesuch oder die Flugreise nach New York können nicht herausgegeben werden. Der Vorteil i. S. der Bereicherungsrechts (»etwas erlangt«) liegt hier in dem »Genuss« der jeweiligen Dienstleistung, in dem Gebrauch oder Verbrauch von Sachen. Sofern dieser Vorteil Vermögenswert hat, ist dieser Wert herauszugeben (§ 818 II). Dienstleistungen haben einen Vermögenswert, wenn sie auf dem Markt gegen Entgelt angeboten werden. Eine vergleichbare Rangfolge zwischen Herausgabe *in natura* und Ersatz des Vermögenswerts kennzeichnet das Schadensrecht des BGB: *Naturalrestitution* nach § 249 S. 1 vs. *Kompensation* nach § 251 (s. u. F II).

(2) Der Bereicherte/Kondiktionsschuldner muss dieses »Etwas« **durch eine Leistung** des Anspruchstellers/Bereicherungsgläubigers erlangt haben. Der Leistungsbegriff ist das konstitutive Element dieses Kondiktionstyps. »Leistung« wird in Rechtsprechung und Literatur üblicherweise als »bewußte und zweckgerichtete Mehrung fremden Vermögens« definiert.[8] Mit der **Zweckgerichtetheit** der Leistung soll die soziale Dimension des Vermögenstransfers erschlossen werden: einmal in Bezug auf den Rechtsgrund – Leistung zur Erfüllung einer bestimmten Schuld; zum anderen in Beziehung auf den Empfänger der Leistung.

---

[7] Ein Beispiel ist die irrtümliche Banküberweisung auf ein falsches Konto. Vgl. dazu unten Fn. 30.
[8] Grdl. BGHZ 40, 272 – Elektroherde.

Insbesondere in den berühmt-berüchtigten Dreiecksverhältnissen soll darüber der Bereicherungsschuldner bestimmt werden (s. u. D V).

(3) Die Leistung muss schließlich **ohne Rechtsgrund** (sine causa) erfolgt sein. Rechtsgrund für das Verfügungsgeschäft – Übereignung, Abtretung, Geldzahlung –, aber auch für Realakte wie Übergabe, medizinische Behandlung, Erbringen der Transportleistung etc. ist das zugrundeliegende Verpflichtungsgeschäft:[9] Kaufvertrag, Arztvertrag, Transportvertrag. Ist das Verpflichtungsgeschäft von Anfang an unwirksam – wegen Gesetzes- oder Sittenwidrigkeit, wegen fehlender oder beschränkter Geschäftsfähigkeit etc. – oder ist das Verpflichtungsgeschäft nachträglich infolge Anfechtung entfallen, sind die jeweiligen Maßnahmen zur Erfüllung der vertraglichen Leistungspflichten ohne Rechtsgrund erfolgt. Für den nachträglichen Wegfall des Grundgeschäfts infolge Rücktritts oder Widerrufs/Rückgabe gelten statt des Bereicherungsrechts die Sonderregeln des Rücktrittsrechts (§§ 346 ff., 355 ff.)!

Dem fehlenden Rechtsgrund gleichgestellt ist es, wenn der mit der Leistung **bezweckte Erfolg** nicht eintritt (§ 812 I 2 2.Hs.). Durch die Aufnahme der Zweckorientierung in den modernen Leistungsbegriff ist der Anwendungsbereich dieser Regelung eher eng geworden. Es muss insbesondere ein anderer Zweck als die Erfüllung einer Verbindlichkeit verfolgt werden. Wenn etwa beim Kauf durch die Lieferung einer mangelhaften Sache keine Erfüllung eintritt, kann der Verkäufer die gelieferte Sache bereits nach § 812 I 1 1. Alt. herausverlangen. Als (Lehrbuch-)-Beispiel einer Kondiktion wegen Zweckverfehlung (condictio ob rem – § 812 I 2 2. Hs.) dient meist die unentgeltliche Arbeitsleistung, die in Erwartung einer bestimmten »Gegenleistung« erbracht wird: Der Schwiegersohn führt über Jahre hinweg Reparaturarbeiten in dem Haus der Schwiegereltern durch. Dies tut er offensichtlich in der Erwartung, dass seine Frau als Erbin des Hauses eingesetzt wird. Verkaufen die Schwiegereltern das Haus oder verfügen sie »letztwillig« anders, sind sie um den Wert dieser Arbeitsleistungen »ungerechtfertigt« bereichert.

Wegen Zweckverfehlung kann auch die an den Notar auf sog. Notaranderkonto zur Abwicklung eines Grundstückkaufvertrages geleistete Kaufpreiszahlung herausverlangt werden, wenn der Kaufvertrag etwa wegen arglistiger Täuschung angefochten worden ist. – Auf gescheiterte Verlöbnisse findet kraft Rechtsfolgenverweisung des § 1301 Bereicherungsrecht Anwendung.

Einen heute weitgehend obsoleten Sonderfall der Leistungskondiktion stellt auch § 817 S. 1 dar. Er behandelt das bereicherungsrechtliche Schicksal von **gesetz- oder sittenwidrigen Leistungen**. Soweit – wie zumeist – der Gesetzes- oder Sittenverstoß nach §§ 134, 138 zur Unwirksamkeit des Grundgeschäfts führt, ist dies erneut ein Anwendungsfall von § 812 I 1 1. Alt.

Größere Bedeutung kommt § 817 S. 2 als **Ausschlusstatbestand** einer Leistungskondiktion zu: Der Leistende verstößt gegen das Gesetz oder die guten Sitten. Diese Problematik stellt sich etwa bei den wegen Wuchers nach § 138 II nichtigen Kredit- oder Mietverträgen (s. u. III.4). Sie sei hier aber anhand des *Schwarzarbeiterfalles* erläutert. Der Werkvertrag über die Renovierung des Hauses ist wegen Ver-

---

9 Zu dieser im deutschen Zivilrecht bedeutsamen Unterscheidung Verpflichtungs- und Verfügungsgeschäft vgl. oben A I 2.3.3; C I 2.1.

stoßes gegen das Schwarzarbeitbekämpfungsgesetz von 1994[10] nichtig (§ 134; s. o. B I.1.3.1). Erfasst sind »Dienst- und Werkleistungen in erheblichem Umfang«. Das Gesetz will aus verschiedenen, insbes. aber arbeitsmarktpolitischen, Gründen die Schwarzarbeit schlechthin verbieten. Die Nichtigkeit ist gegeben, wenn beide Seiten wissentlich gegen das Gesetz verstoßen haben. Davon ist hier auszugehen. Die Hauseigentümer wären danach aus Leistungskondiktion nach §§ 812 I 1 1. Alt., 818 II zur Herausgabe des Werts der erhaltenen Arbeiten verpflichtet. Diese Verpflichtung soll aber nach § 817 S. 2 entfallen, *wenn dem Leistenden gleichfalls ein Gesetzes- oder Sittenverstoß zur Last fällt.* Auch die beiden Arbeiter haben mit der Durchführung von erheblichen Schwarzarbeiten in Deutschland gegen das Schwarzarbeitbekämpfungsgesetz verstoßen. Die rechtliche Konsequenz wäre, dass nach § 817 keiner Seite ein Rückgewähranspruch zusteht, weil beide sich verbots- oder sittenwidrig verhalten haben.

Die generalpräventiven Zwecke des Schwarzarbeitsbekämpfungsgesetzes wären auf diese Weise am effektivsten verwirklicht. Dem BGH erschien dieses Ergebnis jedoch in hohem Grade *unbillig*. Den politischen Zielen des Gesetzes sei durch die Nichtigkeit des Vertrages und die weiteren ordnungsrechtlichen Konsequenzen (u. a. Bußgeld) ausreichend Genüge getan. In der konkreten Fallkonstellation erachtete er es mit dem Grundsatz von Treu und Glauben nicht für vereinbar, wenn die verbotswidrig handelnden Hauseigentümer die rechtswidrig erlangten Arbeitsleistungen unentgeltlich behalten dürften. Aus allgemeinen Gerechtigkeitsüberlegungen kommt der BGH daher zur Nichtanwendbarkeit von § 817 S. 2. – Mithin haben die Eheleute den Wert der Renovierungsarbeiten herauszugeben (§ 818 II). Der Wert hat sich an dem vertraglich vereinbarten Werklohn als Obergrenze zu orientieren; darüber hinaus seien Abschläge wegen der (infolge der Nichtigkeit des Werkvertrages) nicht gegebenen Rechte wegen Sachmängel zu machen.[11]

2 Eingriffskondiktion

Fallbeispiele:

Ein Pressefotograf machte von dem bekannten Schauspieler *Paul Dahlke* Fotoaufnahmen. Darunter waren auch Bilder, die *Dahlke* auf seinem Motorroller sitzend zeigten. Der Fotograf überließ diese Fotos absprachewidrig und mit der unzutreffenden Information, *Dahlke* habe dem zugestimmt, dem Hersteller des Motorrollers. Dieser benutzte die Fotos für eine Werbebroschüre. Der Schauspieler verlangt Unterlassung und Schadensersatz *(BGHZ 20, 345).*

Der minderjährige M benutzte die Gelegenheit eines Inlandfluges von München nach Hamburg, um sich in Hamburg unter die Transitpassagiere zu mischen und sich so an Bord der Maschine nach New York zu »schmuggeln«. Weil er kein Visum für die USA hatte, wurde ihm in New York von den amerikanischen Behörden die Einreise verweigert. Die Fluggesellschaft beförderte ihn nach Deutschland zurück. Sie verlangt von M Zahlung der Kosten für Hin- und Rückflug. *(BGHZ 55, 128)*

Die Eingriffskondiktion hat sich erst relativ spät als selbständiger Kondiktionstyp durchgesetzt.[12] Sie ist am ehesten verständlich zu machen vor dem Hintergrund

---

10 BGBl. 1994 I, 1786. Vgl. dazu *Chr. Weber,* Gesetzliche Maßnahmen zur Bekämpfung der Schwarzarbeit, WiB 1995, 18. Zuletzt geändert durch Gesetz vom 23. 7. 2002, BGBl. 2002 I, 2787.
11 Vgl. BGHZ 111, 308, 312 ff.
12 Grdl. *Wilburg,* Die Lehre von der ungerechtfertigten Bereicherung, 1934; *v. Caemmerer,* Bereicherung und unerlaubte Handlung, in FS E. Rabel, Bd. I, 1954, S. 333.

der sog. absoluten oder **Ausschließlichkeits-Rechte**. Prototyp hierfür ist das Sacheigentum. Das Eigentum ist nach § 903 dadurch gekennzeichnet, dass eine Sache einer Person ausschließlich zugewiesen ist. Sie kann damit »nach Belieben« verfahren (soweit nicht das Gesetz oder Rechte Dritter entgegenstehen). Jede unbefugte Nutzung der Sache durch einen anderen (»Nichtberechtigten«) stellt per se einen rechtswidrigen Eingriff in diesen ausschließlichen Zuweisungsgehalt des absoluten Rechts dar **(Zuweisungstheorie)**. Dies kommt in 812 I 1 sehr ungenau mit den Worten »auf Kosten« zum Ausdruck. Dem Sacheigentum entspricht das, was in anderen Rechtsordnungen »geistiges Eigentum« genannt wird. Das deutsche Recht beschränkt das *zivilrechtliche* Eigentum[13] auf körperliche Gegenstände (Sachen i. S. von § 90). An »immateriellen« Gegenständen werden aber auch im deutschen Recht eigentumsähnliche Ausschließlichkeitsrechte eingeräumt: sog. Immaterialgüterrechte wie z. B. Urheberrechte, Patente, Gebrauchsmuster, Marken etc. Der vom Recht eröffnete Weg der Nutzung dieser einem Berechtigten ausschließlich zugewiesenen Immaterialgüter durch andere Personen besteht in der vertraglichen Gestattung gegen Entgelt. Derartige Verträge, die Dritten ein obligatorisches Nutzungsrecht einräumen, nennt man **Lizenzverträge**.

Wer fremde, materielle oder immaterielle, Gegenstände ohne Zustimmung des Berechtigten gebraucht oder nutzt, greift rechtswidrig in dessen ausschließliche Zuständigkeit ein. Von daher leitet sich der Begriff Eingriffskondiktion ab. Der bereicherungsrechtliche Kondiktionsanspruch ist eine von **drei Sanktionen**, die das Zivilrecht für die Verletzung fremder Ausschließlichkeitsrechte zur Verfügung stellt:

(1) Sie ist *verschuldensunabhängig* und auf den objektiven Wertersatz beschränkt (s. u. III.2). (2) Die *schuldhafte* Verletzung fremder Ausschließlichkeitsrechte führt zum Schadensersatz.[14] (3) Die *vorsätzliche* Verletzung fremder Immaterialgüterrechte wie Urheberrecht, Patent etc. wird vom BGB als sog. unechte Geschäftsführung i. S. des § 687 II qualifiziert. Rechtsfolge ist die Herausgabe des erzielten Gewinns (§ 687 II i. V. m. §§ 681 S. 2, 667). Die scharfe Sanktion der Gewinnherausgabe soll Anreize setzen, dass der an der Nutzung Interessierte den Weg der vertraglichen Nutzungsüberlassung wählt.

Der *Paul Dahlke*-Fall hat rechtsgeschichtliche und rechtssystematische Bedeutung. In ihm sind erstmals auf das allgemeine Persönlichkeitsrecht (s. u. E II 2.3) die Grundsätze der Eingriffskondiktion angewandt worden. Zuvor wurden lediglich Unterlassungsansprüche zugebilligt.[15] Zum anderen enthält er die konzeptionellen Grundlagen für die Herausgabe nicht-gegenständlicher Vorteile.

Personendarstellende Bildnisse dürfen nur mit der Einwilligung der abgebildeten Person öffentlich verbreitet werden. Dieses ausschließliche Recht der abgebildeten Person, darüber zu entscheiden, ob, wann und unter welchen Umständen ihr Bild der Öffentlichkeit zugänglich gemacht wird, ist ein Persönlichkeitsrecht. Als Recht am eigenen Bild war es schon in dem alten Kunst- und Photographie-Ur-

---

13 Davon zu unterscheiden ist der *verfassungsrechtliche* Eigentumsbegriff des Art. 14 GG. Er ist weiter gefasst und schließt auch Vermögensrechte wie Geldforderungen, sozialrechtliche Leistungsansprüche etc. ein.
14 Gewohnheitsrechtlich ist darüber hinausgehend hier eine *dreifache Schadensberechnung* anerkannt: (1) Wertersatz nach der Lizenzanalogie; (2) Ersatz des konkreten Schadens; (3) Gewinnherausgabe. Vgl. zuletzt wieder BGHZ 143, 214, 228 ff. – M. Dietrich.
15 Vgl. RGZ 74, 308 – Graf Zeppelin.

hebergesetz von 1907 (§§ 22 ff. KUG, die heute noch fortgelten) geregelt. § 22 KUG ist ein Schutzgesetz i. S. des § 823 II. Eine schuldhafte Verletzung dieses Gesetzes führt zum Ersatz des Vermögensschadens. Vorliegend fehlt es aber sowohl an einem Vermögensschaden als auch an einem Verschulden der Motorrollerfirma, die in gutem Glauben an ihre Berechtigung gehandelt hat. – Es kommt aber ein Bereicherungsanspruch in Betracht. Eine objektive Verletzung des (Ausschließlichkeits-)Rechts am eigenen Bild liegt vor. *P. Dahlke* hatte der Veröffentlichung in einer Film- und Funkzeitschrift zugestimmt, nicht aber der kommerziellen Verwertung als Werbung für Motorroller. Zu diesem Vorteil der Werbung mit dem Bild *P. Dahlkes* ist die Herstellerfirma daher ungerechtfertigt gekommen. Dieser Vorteil ist das »Etwas«, das sie erlangt hat. Nach den Usancen in den maßgeblichen Verkehrskreisen wird ein derartiges Verwertungsrecht durch Zahlung einer Vergütung erworben. Deren Höhe bestimmt sich nach dem entsprechenden Marktwert des jeweiligen Künstlers. Dieser ist ggf. von dem Gericht zu schätzen. Diesen Wert der Bereicherung hat die Motorrollerfirma nach §§ 812 I 1 2. Alt., 818 II herauszugeben. – Der Einwand, dass sie bei Kenntnis von der fehlenden Zustimmung keine Vergütung gezahlt, sondern von der Veröffentlichung des Werbefotos abgesehen hätte, bleibt unberücksichtigt. Die Motorrollerherstellerin »muss sich vielmehr an der Sachlage, die sie (gutgläubig) selbst geschaffen hat, festhalten lassen«.[16] Deshalb kommt auch ein Wegfall der Bereicherung nach § 818 III, etwa mit dem Argument, man habe ja gar keine Aufwendungen erspart, die man sonst gehabt hätte, nicht in Betracht.

Der *Flugreisefall* war seinerzeit besonders umstritten.[17] Schwierigkeiten bereitete allerdings allein die Begründung der Erstattung der Kosten des Hinfluges Hamburg-New York. Die Kosten des Rückfluges sind aus dem Gesichtspunkt der berechtigten Geschäftsführung ohne Auftrag ersetzbar (§§ 677, 683).

Wer fremde Sachen ohne Zustimmung des Berechtigten verbraucht, gebraucht oder nutzt, greift rechtswidrig in das Ausschließlichkeitsrecht der anderen Person ein. Das gleiche gilt, wenn jemand sich durch arglistige Täuschung unberechtigt den »Genuss« fremder Dienstleistungen verschafft. Das Recht des Verkehrsbetriebs, alle Leute ohne obligatorische Berechtigung (d. h. ohne Fahrschein) von der Nutzung auszuschließen, wird verletzt. Bei den Schwarzfahrer-Fällen handelt es sich bereicherungsrechtlich m. a. W. um Eingriffskondiktionen. (Der BGH ging hingegen seinerzeit im Anschluss an das Berufungsgericht von einer Leistungskondiktion aus!). Der minderjährige M hat sich so unberechtigt eine Flugreise nach New York verschafft. Um diesen nicht-gegenständlichen Vorteil ist er bereichert. Sofern dieser Vorteil einen Vermögenswert hat, ist er nach §§ 812 I 1 2. Alt., 818 II herauszugeben. Der Wert dieses Vorteils besteht in dem Preis, der für eine derartige Flugreise zu zahlen ist!

Nach einer heute überholten Auffassung sollte es bei rechtswidrig gezogenen Gebrauchsvorteilen und unberechtigt in Anspruch genommenen Dienstleistungen für die Bereicherung oder ggf. für den Wegfall der Bereicherung auf die Vermögensmehrung durch ersparte Aufwendungen ankommen. Dies eröffnete in dem vorliegenden Fall etwa den Einwand des M (oder seiner Eltern), dass derarti-

---

16 BGHZ 20, 345, 355 = NJW 1956, 1554; vgl. auch BGHZ 81, 75 – Carrera (unbefugter Namensgebrauch).
17 Vgl. BGHZ 55, 128 = JZ 1971, 556 m. Anm. *Canaris; Metzler*, MDR 1971, 633; *Teichmann*, JuS 1972, 247; allgemein zu minderjährigen »Schwarzfahrern« vgl. *Harder*, JuS 1990, 857.

ge Luxusaufwendungen ansonsten nicht getätigt worden wären. Dann wäre die Bereicherung mit der Entgegennahme der Dienstleistung wieder entfallen. Für einen Anspruch der Fluggesellschaft käme es auf die Gut- oder Bösgläubigkeit des Bereicherungsschuldners gem. § 819 I an. Bei Minderjährigen führte dies zu der Zusatzfrage, ob für diese Kenntnis auf die Person des Minderjährigen oder die des gesetzlichen Vertreters abzustellen ist. – Mit all diesen Fragen hat sich der BGH in dem Originalurteil auseinandergesetzt.

Wird der Bereicherungsanspruch in dem Flugreisefall jedoch zutreffend als eine Eingriffskondiktion qualifiziert und die Bereicherung in dem Erlangen der vermögenswerten *Transportleistung* gesehen, stellt sich lediglich noch die Frage, ob der kurz vor der Vollendung des 18. Lebensjahres stehende M für diese rechtswidrige Eingriffshandlung »verantwortlich« ist. Dies beantwortet sich in entsprechender Anwendung der Vorschriften über die Deliktsfähigkeit (§ 828 II 1). Danach käme es darauf an, ob M »die zur Erkenntnis der Verantwortlichkeit erforderliche Einsicht« hatte. Diese war bei M unstreitig gegeben.

Zu demselben Ergebnis führte auch der Ansatz der sog. Deliktskondiktion nach § 852. M hat eine unerlaubte Handlung begangen (§ 823 II i. V. m. § 265 a StGB: Erschleichen von Leistungen)! Die Schadensersatzsanktion des § 823 II greift nicht, weil die Fluggesellschaft in dem konkreten Fall keinen Schaden erlitten hatte. (Es waren noch Plätze frei, so dass M keinen zahlenden Passagier ausgeschlossen hatte.) Für diesen Fall stellt § 852 S. 1 klar, dass jedenfalls das durch die unerlaubte Handlung Erlangte nach den Vorschriften über die ungerechtfertigte Bereicherung herauszugeben ist.[18]

3 Sekundäre Bereicherungsansprüche

Fallbeispiele:

Ein Dieb stahl dem Landwirt L zwei Jungbullen und verkaufte sie für € 1 700 an den gutgläubigen Besitzer einer Fleischwarenfabrik (F). F ließ die Tiere schlachten und in seinem Betrieb »verarbeiten«. Nach Aufklärung des Sachverhalts verlangt L von F Ersatz für den Verlust seiner beiden Bullen. *(BGHZ 55, 176 = NJW 1971, 612)*

Der Großhändler G liefert dem Bauunternehmer U unter Eigentumsvorbehalt Baumaterial auf die Baustelle. Diese Materialien werden durch die Arbeiter des U weisungswidrig in das Haus des Bauherrn H eingebaut. Da U mittlerweile bankrott ist, verlangt G von H Wertersatz. *(BGHZ 40, 272)*

Als ein gesetzlich geregelter Sonderfall der Eingriffskondiktion gilt § 816 I **(Verfügung eines Nichtberechtigten).** So wie die Leistungskondiktion zu einem gewissen Grade die Folgen des Abstraktionsprinzips »repariert«, so beinhaltet § 816 I die bereicherungsrechtliche Absicherung des gutgläubigen Eigentumserwerbs (s. o. C I 2.1.1) Der Eingriff liegt in der wirksamen unberechtigten Verfügung über eine fremde Sache. Der obligatorische Bereicherungsanspruch tritt an die Stelle des untergegangenen Vindikationsanspruchs des Alt-Eigentümers aus § 985.

Unabhängig von vertraglichen Schadensersatzansprüchen des ehemaligen Eigentümers gegen den Käufer, Mieter, Entleiher, Verwahrer etc., gibt § 816 I dem Sacheigentümer, der sein Eigentum nach den §§ 932 ff. BGB, 366 HGB verloren hat,

---

18 Ob es sich hierbei um eine Rechtsgrundverweisung auf das Recht der Eingriffskondiktion (§ 812 I 1 2. Alt.) oder um einen selbständigen kondiktionsrechtlichen Anspruch handelt, ist umstritten.

einen Anspruch gegen den unberechtigt Verfügenden auf »Herausgabe des durch die Verfügung Erlangten«. Dazu ist zunächst anzumerken, dass der Nichtberechtigte »durch die Verfügung« gar nichts erlangt. Durch die Verfügung wird das Eigentum auf den gutgläubigen Erwerber übertragen. Diese Übereignung erfolgt aber zumeist in Erfüllung eines zugrundeliegenden Kaufvertrages. Der erzielte Kaufpreis ist das durch die Verfügung Erlangte, das herauszugeben ist. Dieser Kaufpreis kann über oder unter dem Verkehrswert der Sache liegen. Ist die Sache unter Wert verkauft worden, so kann die Differenz zwischen Kaufpreis und Verkehrswert nur über den vertraglichen Schadensersatz liquidiert werden. Liegt der erzielte Kaufpreis über dem Verkehrswert, ist gleichwohl der gesamte Kaufpreis herauszugeben. Dies ist einer der wenigen anerkannten Fälle von **Gewinnherausgabe** im Bereicherungsrecht. – Hat der Nichtberechtigte unentgeltlich verfügt, so richtet sich der Kondiktionsanspruch gegen den dritten Empfänger der Zuwendung (§ 816 I 2).

Geringere Bedeutung hat § 816 II. Der »Eingriff« liegt hier in der unberechtigten Annahme einer Leistung, die dem Berechtigten gegenüber wirksam ist. Dabei ist in erster Linie an Fälle der Forderungsabtretung zu denken, in denen gemäß § 407 Schuldbefreiung auch durch die Leistung an den alten Gläubiger eintritt.[19] Der Ausgleich hat zwischen den Gläubigern zu erfolgen. Der neue Forderungsinhaber (»Zessionar«) kann das Geleistete nach § 816 von dem alten Gläubiger (»Zedent«) herausverlangen. Um diese Konsequenz zu vermeiden, ist der Schuldner von der Abtretung in Kenntnis zu setzen (§ 407 I a. E.).

In dem *Jungbullenfall* konnte F nicht gutgläubig Eigentum an den Tieren erwerben, da sie »abhanden gekommen« waren (§ 935 I). Er war rechtswidriger Besitzer. Das Eigentum des L an den Tieren ist aber durch deren »Verarbeitung« in der Fleischfabrik untergegangen. F ist gemäß § 950 Eigentümer der neu hergestellten Sachen. Dies ist der Unterschied zu der Eingriffskondiktion. Dort wird die rechtswidrige Bereicherung durch den Eingriff selbst herbeigeführt. »Eingreifender« ist hier der D. Er hat durch den Diebstahl rechtswidrigen Besitz an den Tieren erlangt. Durch die Veräußerung der Tiere hat er € 1 700 erzielt. Die Verfügung war jedoch L gegenüber unwirksam. Deshalb liegt kein Fall von § 816 I vor. L könnte jedoch theoretisch die Verfügung des D genehmigen. Damit würde sie nachträglich wirksam (§ 185 II 1 1. Alt.) und L könnte von D die € 1 700 aus § 816 I kondizieren.

Da D im Zweifel weder auffindbar noch zur Zahlung des Geldes imstande sein dürfte, wendet sich L an den solventen F. Ob auch F »eingegriffen« hat, kann dahingestellt bleiben. Das Gesetz stellt auf den Realakt der Verarbeitung ab. Ähnliches gilt für andere Verwendungen wie die Verbindung mehrerer Sachen (§§ 946, 947) oder die Vermischung (§ 948). Gesetzliche Rechtsfolge dieser Verwendung ist – wie bereits betont – der originäre Eigentumserwerb an der oder den neuen Sachen. § 951 stellt klar, dass diese sachenrechtliche Konsequenz keine endgültige Vermögenszuweisung bedeutet. Wer durch die Verarbeitung nach § 950 Rechte verliert, kann von dem neuen Eigentümer eine »Vergütung in Geld« nach den Vorschriften über die Herausgabe einer ungerechtfertigten Bereicherung verlangen. Dies wird als eine Rechtsgrundverweisung verstanden. Die Voraussetzungen

---

19 Vgl. auch § 354 a S. 2 HGB: Unter Kaufleuten ist eine Abtretung trotz vertraglichen Abtretungsverbots wirksam. Allerdings kann der Schuldner mit befreiender Wirkung an den bisherigen Gläubiger leisten.

eines Kondiktionsanspruchs beurteilen sich in entsprechender Anwendung des Rechts der Eingriffskondiktion.

F hat »auf Kosten« des L Eigentum an den Ergebnissen der Verarbeitung der Jungbullen in seiner Fabrik erlangt. Diese Verarbeitung ist im Verhältnis zu L kein Rechtsgrund für das Behalten-Dürfen dieses Vorteils (§ 951). Da die Wiederherstellung des früheren Zustands nicht verlangt werden kann (und auch faktisch gar nicht möglich ist), hat F gemäß § 818 II Wertersatz zu leisten.

F kann diesem Anspruch auch nicht entgegenhalten, dass er € 1 700 an D gezahlt hat. Die Rechtsbeziehungen zwischen L, D und F sind durch die gesetzliche Grundentscheidung der §§ 932, 935 geprägt. F ist gegen den Kondiktionsanspruch nur insoweit geschützt, wie der Schutz des redlichen Verkehrs nach den §§ 932 ff. reicht. Unter den Voraussetzungen eines Diebstahls (§ 935 I) muss er ebenso Wertersatz leisten, wie er die Jungbullen – wären sie noch vorhanden – nach § 985 an L herausgeben müsste. Der obligatorische Bereicherungsanspruch ist lediglich an die Stelle des sachenrechtlichen Vindikationsanspruchs aus § 985 getreten.[20] – Die gezahlten € 1 700 muss F sich aus Leistungskondiktion (§ 812 I 1 1. Alt. – nach Anfechtung des Kaufvertrages) oder als vertraglichen Schadensersatz nach §§ 311 a II, 275 I (anfängliche subjektive Unmöglichkeit; s. o. B IV.1.1.1) von D zurückholen.

In dem *Baustellenfall* ist H durch den Einbau der Baumaterialien in sein Haus gem. § 946 Eigentümer geworden. § 951 I 1 verweist auch für diese Fallvariante auf das Bereicherungsrecht. Ist H nach §§ 816 I, 818 II zum Wertersatz an den Großhändler G verpflichtet? Auch insoweit ist die gesetzliche Wertung der §§ 932 ff. maßgeblich. Lieferant G hat dem Bauunternehmer U aufgrund eines wirksamen Kaufvertrages den Besitz verschafft. U hätte dem gutgläubigen H in Durchführung des Werkvertrages durch Übereignung rechtswirksam Eigentum verschaffen können (§§ 932 ff. BGB; 366 HGB). Ob dieser Eigentumsübergang im Rahmen des Werkvertrages durch rechtsgeschäftliche Verfügung (»Leistung«) oder kraft Gesetzes nach § 946 erfolgt ist, kann keine unterschiedliche Behandlung rechtfertigen. Da dem G auch kein Vindikationsanspruch gegen H zustehen würde, ist ihm auch kein sekundärer (Eingriffs-)Kondiktionsanspruch zuzubilligen.[21] Er muss sein Geld da suchen, »wo er seinen Glauben gelassen hat«, – bei seinem Vertragspartner U. Die Kaufpreisforderung ist als Masseforderung in dem Insolvenzverfahren geltend zu machen.

III. Inhalt des Bereicherungsanspruchs

Fallbeispiel:

Die verschuldete A lässt sich durch einen Kreditvermittler zuhause einen weiteren Ratenkredit »aufschwätzen«. So kommt es zu dem Vertragsschluss mit der K-GmbH über einen Nettokredit in Höhe von € 50 000 nebst diversen Nebenkosten, rückzahlbar in 120 Raten. Der effektive Jahreszins beträgt 19,65 %. Den Großteil des Kredits verwendet sie zur Ablösung alter Schulden. Den Restbetrag verwendet sie zur Finanzierung einer Kreuzfahrt in die Karibik. Da sie bald mit der Ratenzahlung in Verzug kommt, kündigt die K-GmbH den Kredit und verlangt Rückzahlung des Gesamtdarlehens. *(BGH NJW 1989, 3217)*

---

20 Vgl. dazu *G. Hager*, Grundfälle zur Systematik des Eigentümer-Besitzverhältnisses und der bereicherungsrechtlichen Kondiktionen, JuS 1987, 877.
21 Vgl. BGHZ 40, 272, 279.

Inhalt des Bereicherungsanspruchs

Soweit die Voraussetzungen einer Leistungs- oder Eingriffskondiktion vorliegen, geht die Rechtsfolge nach § 812 I auf die **Herausgabe des Erlangten**. Inhalt und Umfang dieses Bereicherungsanspruchs richten sich nach den §§ 818–820. Insbesondere dem § 818 lassen sich drei Grundentscheidungen entnehmen:

1 Redlicher und unredlicher Bereicherungsschuldner

Das Bereicherungsrecht ist von dem Billigkeitsprinzip bestimmt, dass der gutgläubige »Bereicherte« das Erlangte nur herauszugeben hat, soweit und solange er noch bereichert ist. Nach dem Wegfall des erlangten Vorteils ist er bereicherungsrechtlich von jeglicher »Herausgabe«pflicht befreit (§ 818 III). Bereicherungsrecht will vorhandene »ungerechtfertigte« Vorteile abschöpfen und zugunsten des Berechtigten umverteilen, nicht aber in das Stammvermögen des Bereicherungsschuldners eingreifen. Dies gilt nach der gesetzlichen Konzeption im Prinzip auch für den bösgläubigen Bereicherungsschuldner. Der Bösgläubige oder Verklagte ist aber nicht schutzwürdig. Bei ihm tritt an die Stelle des Bereicherungsanspruchs ein (sekundärer) **Schadensersatzanspruch**. Der unredliche oder verklagte Empfänger von Vorteilen muss auch nach Wegfall der Bereicherung in die eigene Tasche greifen, um den Nachteil des anderen auszugleichen. Er haftet nach §§ 819, 818 IV i. V. m. §§ 292, 989.[22]

Bei Minderjährigen ist zwischen Leistungs- und Eingriffskondiktion zu unterscheiden. Bei der Leistungskondiktion kommt es auf die Kenntnis des gesetzlichen Vertreters oder ggf. des Betreuers bei Geschäftsunfähigen an. Bei der Eingriffskondiktion werden die §§ 827, 828 entsprechend angewandt (vgl. dazu den *Flugreisefall*).

2 Gegenständliche und nicht-gegenständliche Bereicherung

Die schuldrechtlichen Herausgabeansprüche des BGB sind durchgängig gegenständlich orientiert (§§ 292, 347, 818 I). Das Konditionsrecht weist deutliche Bezüge zum sachenrechtlichen Eigentumsschutz der §§ 987 ff. auf. Wer einen **körperlichen oder nicht-körperlichen Gegenstand** »erlangt« hat, hat diesen Gegenstand *in natura* »herauszugeben« (§§ 812, 818 I): d. h. die Sache ist zu übergeben oder rückzuübereignen; eine Forderung ist rückabzutreten. Diese Herausgabepflicht besteht unabhängig davon, ob der Gegenstand einen Vermögenswert hat oder nur das Affektionsinteresse des Inhabers befriedigt, bzw. ob die Forderung »realisierbar« ist. Der Anspruch erstreckt sich auch auf die **tatsächlich gezogenen Nutzungen**. Nutzungen sind Früchte[23] und Gebrauchsvorteile des Konditionsgegenstands (§ 100). Tatsächlich erzielte Erträge aus der Vermietung oder Verpachtung der Sache, Zinsen aus der Anlage von Geld sowie die Vorteile durch den Gebrauch der Sache sind herauszugeben. Dies führt zu der umstrittenen Problematik, ob auch *Gewinne*, die der Bereicherungsschuldner mit dem Konditionsgegenstand erwirtschaftet hat, kondizierbar sind. Dies wird überwiegend verneint. Deshalb gilt der Erlös durch den Verkauf des Konditionsgegenstands auch nicht als **Surrogat** i. S. des § 818 I 2. Alt. Hier ist nur

---

22 Vgl. dazu BGHZ 133, 246 – Haus auf Sylt; *Medicus*, Verschärfte Haftung des Bereicherungsschuldners, JuS 1993, 705.
23 Die »Früchte« einer Sache oder eines Rechts sind definiert in § 99.

Wertersatz nach § 818 II geschuldet.[24] Surrogate sind die Versicherungsleistung oder die Schadensersatzforderung, die an die Stelle der zerstörten Sache getreten ist, oder der Gegenwert für die eingezogene Forderung.

Soweit weder die Herausgabe *in natura* noch die Leistung eines Surrogats möglich ist, ist **Wertersatz** zu leisten (§ 818 II). Dieser Wertersatz erstreckt sich auch auf nicht-gegenständliche Nutzungen (s. o.). Der Wert ist objektiv zu bestimmen, als Markt- oder Verkehrswert des Erlangten.

Ist der jeweilige Kondiktionsgegenstand ersatzlos entfallen, ist i. d. R. von einem Wegfall der Bereicherung auszugehen (§ 818 III; Rechtsgedanke des § 275 I). Lediglich bei Bösgläubigkeit oder Rechtshängigkeit tritt an die Stelle des Kondiktionsanspruchs ein Schadensersatzanspruch (§§ 818 IV, 292, 989). Ist der Kondiktionsgegenstand bei dem Bereicherungsschuldner durch Schenkung an einen Dritten »weggefallen«, dann ist der beschenkte Dritte zur Herausgabe verpflichtet (§ 822).

Von dieser gegenständlichen Bereicherung zu unterscheiden sind die **nicht-gegenständlichen Vorteile**[25] als primärer Gegenstand der Bereicherung: der Ge- oder Verbrauch einer Sache, die Inanspruchnahme einer Dienstleistung. »Erlangt« ist in diesen Fällen dieser nicht-gegenständliche Vorteil: Konsum der Flasche Rotwein, Beratung durch den Rechtsanwalt bzw. Behandlung durch den Arzt, Flugreise nach New York. »Wegen der Beschaffenheit des Erlangten« ist hier eine Herausgabe von vornherein nicht möglich. Es kann nur ihr Wert ersetzt werden (§ 818 II). Nicht-gegenständliche Vorteile sind m. a. W. nur kondizierbar, wenn sie **Vermögenswert** haben. Hier zeigt sich eine doppelte Parallele zum Schadensrecht der §§ 249 ff.: Auch dort ist die Kompensation nach § 251 nur zulässig, soweit die Naturalrestitution nach § 249 nicht möglich oder nicht ausreichend ist. Die Kompensation nach § 251 setzt wie der Wertersatz nach § 818 II einen Vermögenswert voraus, während dies bei der Herausgabe und Restitution *in natura* nicht der Fall ist (s. u. F II). Ob ein nicht-gegenständlicher Vorteil einen Vermögenswert hat, beurteilt sich danach, ob ein entsprechender Markt vorhanden ist, auf dem »üblicherweise« für die Inanspruchnahme dieser Leistung ein »Preis« gezahlt wird (vgl. dazu oben den *P. Dahlke-Fall*).

Eine weitere Besonderheit ist, dass die *Regel über den Wegfall der Bereicherung nicht anwendbar ist.* Nicht-gegenständliche Vorteile können ihrer Natur nach gar nicht »wegfallen« (»Dieses Erlebnis kann mir niemand nehmen.« Oder: »Diesen Anblick werde ich nie vergessen.«). Die Gegenansicht geht davon aus, dass mit Abschluss der Inanspruchnahme diese ungegenständlichen Vorteile »wegen ihrer Flüchtigkeit notwendigerweise wieder wegfallen«. Dies hätte zur Konsequenz, dass hinsichtlich dieser Vorteile trotz ihres Vermögenswertes gar kein Bereicherungsausgleich möglich wäre,[26] sondern nur ein sekundärer Schadensersatz bei Bösgläubigkeit oder Rechtshängigkeit eröffnet ist. Da diese Folgerung aber auch nicht gezogen wird, stellt man mit der überholten Ansicht nicht auf den vermögenswerten Vorteil selbst ab, sondern wieder auf die ersparten Aufwendungen

---

24 Sehr streitig. Anders die Regelung in § 816 I.
25 Man könnte auch von immateriellen Vorteilen sprechen. Der Begriff »immateriell« ist jedoch im Zivilrecht stark durch das schadensrechtliche Verständnis von *Nicht-Vermögenswert* (§ 253) geprägt, während der nicht-gegenständliche Vorteil gerade sehr wohl Vermögenswert haben kann. Letzterer Begriff ist daher vorzuziehen.
26 Vgl. etwa *Larenz/Canaris*, Schuldrecht II/2, § 73 I 2 b/3 a, S. 298/301.

oder auf sonstige vermögenswirksame Auswirkungen. Erstere Variante erscheint daher sachgerechter.[27]

Da heute zurecht der nicht-gegenständliche Vorteil selbst und dessen Vermögenswert im Vordergrund steht, braucht zur Begründung einer Bereicherung nicht mehr auf die ersparten Aufwendungen zurückgegriffen werden. Damit entfällt auch der einen Kondiktionsanspruch ausschließende Einwand des Bereicherten, er hätte ansonsten derartige (Luxus-)Aufwendungen wie Flug- oder Seereise nicht getätigt. – Wer – gutgläubig oder bösgläubig – eine Dienstleistung unbefugt in Anspruch nimmt, muss sich an dieser Entscheidung festhalten lassen. Er schuldet objektiven Wertersatz.[28]

Dies gilt unterschiedslos für die Eingriffs- und die Leistungskondiktion. Wird ein Monat lang ein Mietwagen aufgrund unwirksamen Mietvertrages genutzt, schuldet der »Mieter« den entsprechenden Mietzins aus § 812 I 1 1. Alt. Der Flugpassagier, dessen Vertrag unwirksam ist, schuldet den Flugpreis aus Leistungskondiktion. Dass für Minderjährige *bei der Leistungskondiktion* etwas anderes gilt, hat nichts mit Entreicherung, sondern mit dem Vorrang des Minderjährigenschutzes zu tun, der nicht auf dem Umweg über die Leistungskondiktion unterlaufen werden soll. Dies ist unabhängig davon, ob eine gegenständliche oder nicht-gegenständliche Bereicherung vorliegt.

3 Wegfall der Bereicherung (§ 818 III)

Aus dem zuvor Gesagten folgt die Konsequenz, die in Rechtsprechung und Literatur in dieser Deutlichkeit bisher allerdings noch nicht anerkannt ist, dass die Regelung des Wegfalls der Bereicherung grundsätzlich auf gegenständliche (vermögenswerte und nicht-vermögenswerte) Vorteile beschränkt ist. Nur eine gegenständliche Bereicherung kann wegfallen: Eine Forderung ist erlassen, Geld ist im Kasino verspielt, eine konkrete Sache ist zerstört oder gestohlen oder verschenkt (dann aber § 822) worden.

4 Exkurs: Empfangene Geldzahlungen

Diese zuvor behandelten Aspekte des Inhalts des Bereicherungsanspruchs sollen noch einmal für den Standardfall der irrtümlichen Geldzahlung und an dem Beispiel des *Ratenkreditfalles* erläutert werden.

Infolge des (Software-)Fehlers der Bank wird bei einer bargeldlosen Zahlung der angewiesene Geldbetrag von € 1 000 auf ein falsches Konto überwiesen. Unabhängig von der Frage, wer hier geleistet hat (s. u. V) und inwieweit bei automatisierten Zahlungsvorgängen noch von einer Leistung gesprochen werden kann,[29] soll hier ausschließlich das Schicksal des Bereicherungsanspruchs untersucht werden.

---

27 Umstritten! Wie hier: *Mestmäcker*, JZ 1958, 521, 524; *Kleinheyer*, JZ 1961, 473 (beide für den Fall der Eingriffskondiktion).
28 St. Rspr.: RGZ 97, 310; BGHZ 20, 345, 355; BGH NJW 1992, 2084.
29 Vgl. dazu u. a. *Canaris*, Der Bereicherungsausgleich im bargeldlosen Zahlungsverkehr, WM 1980, 354; *Krumm*, Ansprüche des Kreditinstituts bei fehlerhafter Ausführung von (An)Weisungen des Kunden im Zahlungsverkehr, WM 1990, 1609.

Der irrtümliche Empfänger des Geldes schuldet der Bank nach § 812 I 1 1. Alt. die Rückzahlung des Geldes.[30] Hatte er ein Guthaben und bezog er Guthabenzinsen, hat er auch die auf die € 1 000 tatsächlich entfallenen Zinsen nach § 818 I »herauszugeben«. – Hatte er einen Überziehungskredit in Anspruch genommen, ist sein Debetsaldo um € 1 000 reduziert worden. Er hat die € 1 000 zurückzuzahlen und hat die de facto ersparten anteiligen Debetzinsen »herauszugeben«. – Hat der gutgläubige Empfänger das Geld für etwas ausgegeben, dann hat er statt des Geldes einen Gegenwert erhalten. Dies kann ein körperlicher Gegenstand (Fernseher, Kunstwerk etc.) oder ein nicht-gegenständlicher Vorteil wie z. B. eine Urlaubsreise sein. Bereicherungsrechtlich tritt an die Stelle des ursprünglichen Rückzahlungsanspruchs nach § 812 I 1 1. Alt. ein Wertersatzanspruch nach § 818 II. Dieser ist aber, da es sich bei beiden um Ansprüche auf Zahlung von Geld handelt, umfangsmäßig identisch (€ 1 000). Zinsansprüche sind nicht gegeben, da es sich in dieser Fallvariante nicht um die Anlage von Geld handelt und keine Zinsen angefallen sind. Andererseits kommt auch bei dem gutgläubigen Empfänger kein Wegfall der Bereicherung in Betracht, da der Empfänger des Geldes für das ausgegebene Geld eine (gleichwertige) gegenständliche oder nicht-gegenständliche Gegenleistung erhalten hat. – Wegfall der Bereicherung nach § 818 III wäre nur gegeben, soweit die Gegenleistung geringerwertig gewesen wäre (Differenz zu € 1 000); wenn das Geld verschenkt worden[31] oder wenn die kontoführende Bank in Konkurs gefallen wäre. – Ist der Kondiktionsanspruch auf Geldzahlung nach § 812 I 1 1. Alt. oder § 818 II erst einmal entstanden, ist wie bei jeder anderen Geldschuld der Einwand, man habe kein Geld (mehr), unzulässig.[32]

Der bereicherungsrechtliche Umgang mit Geldschulden sei auch noch einmal anhand des *Ratenkreditfalles* dargestellt. Unabhängig vom Vorliegen eines Haustürgeschäfts (Widerrufsrecht nach § 312) und von der möglichen Nichtigkeit wegen Wuchers (§ 138 II) ist der Darlehensvertrag hier wegen Verstoßes gegen das Verbot der entgeltlichen Vermittlung von Darlehensgeschäften im sog. Reisegewerbe (§ 56 I Nr. 6 GewO) unwirksam (§ 134). Der Dartlehensvertrag ist nach § 812 I 1 1. Alt. rückabzuwickeln. Was hat die Kreditnehmerin A erlangt? Dies setzt die Einsicht in die Rechtsstrukturen eines Gelddarlehens (§ 488) voraus. Durch den Abschluss des Darlehensvertrages hat sich die K-GmbH verpflichtet, der A den Geldbetrag von € 50 000 auf bestimmte Zeit zur Verfügung zu stellen. A ihrerseits ist als Darlehensnehmerin eine doppelte Verpflichtung eingegangen: Hauptpflicht auf Zahlung eines Entgeltes (»Zins« und sonstige Nebenkosten) für die Kapitalüberlassung *und* Nebenpflicht auf Rückzahlung des Nettodarlehensbetrags in Raten.[33]

Die K-GmbH hat der A das Darlehen zur Verfügung gestellt, sei es durch Eigentumsverschaffung an Banknoten, sei es durch Überweisung auf ihr Gehaltskonto, sei es durch Aushändigung eines Bar- oder Verrechnungsschecks. Für die bereicherungsrechtliche Rückabwicklung ist von Folgendem auszugehen:[34]

---

30 BGHZ 66, 372, 376. Der BGH lässt hier offen, ob es sich um eine Leistungs- oder Eingriffskondiktion handelt!
31 Dann aber wäre der beschenkte Dritte zur Herausgabe verpflichtet (§ 822).
32 Vgl. dazu *Medicus*, »Geld muß man haben«, AcP 188 (1988), 489.
33 Insoweit entsprechen die Strukturen des entgeltlichen Darlehensvertrags denen des Mietvertrages (»Geldmiete«). Vgl. dazu oben C III.
34 Zu Einzelheiten vgl. *Reifner*, Handbuch des Kreditrechts, 1991, § 23; *Lass*, Die bereicherungsrechtliche Rückabwicklung des nichtigen Darlehensvertrages, WM 1997, 145 m. w. Nachw.

»Erlangt« hat A den Darlehensbetrag von € 50 000 durch eine Leistung der K-GmbH. An die Stelle der darlehensvertraglichen Rückzahlungsverpflichtung tritt die inhaltsgleiche Verpflichtung zur »Herausgabe« der € 50 000 aus Leistungskondiktion nach § 812 I 1 1. Alt.

Ist A um diesen Betrag noch bereichert oder ist mit der Ausgabe des Geldes die Bereicherung weggefallen? Soweit sie das Geld zur Ablösung alter Schulden verwendet hat, liegt keine Entreicherung vor. Der Vorteil liegt in der entsprechenden Reduktion ihres Debetsaldos. – Soweit sie das Geld für die Luxus-Kreuzfahrt ausgegeben hat, ist das Ergebnis streitig. Nach der älteren Meinung ist Wegfall der Bereicherung gegeben, da sie das Geld für etwas ausgegeben hat, was sie unter normalen Bedingungen nicht getan hätte. Es lägen keine ersparten Aufwendungen vor. – Nach der hier vertretenen Auffassung ist keine Entreicherung i. S. des § 818 III gegeben, da sie eine entsprechende, gleichwertige (nicht-gegenständlichen) Gegenleistung erhalten hat (s. o. III.2).

Aber auch die Meinung, die bei derartigen Luxusausgaben normalerweise eine Entreicherung annimmt, kommt zumindest für den Darlehensvertrag zu demselben Ergebnis. Sie stellt nämlich die Frage, ob insoweit ein (inhaltsgleicher) Schadensersatzanspruch nach §§ 818 IV, 819 analog begründet ist. § 819 stellt auf die Kenntnis vom »Mangel des rechtlichen Grundes« ab. Diese Kenntnis hatte A nicht; aber sie wusste bei der Verwendung des Geldes, dass es nicht ihr eigenes, sondern »geliehenes« Geld war. – Welchen konstruktiven Weg der Begründung man auch immer gehen mag – Verneinen der Entreicherung; entsprechende Anwendung von § 819 I –, Konsens besteht über das Ergebnis, dass A bereicherungs- oder schadensersatzrechtlich auch für die Luxusausgaben »gerade zu stehen« hat.

»Erlangt« hat A aber auch die Möglichkeit der Nutzung des Geldes auf Zeit. Diese Nutzungsmöglichkeit ist ein vermögenswerter, nicht-gegenständlicher Vorteil i. S. des § 812 I 1 1. Alt. Der Vermögenswert kommt in dem dafür zu zahlenden Darlehenszins als Preis der »Geldmiete« zum Ausdruck. Dieser ungegenständliche Vorteil »Nutzungsmöglichkeit« entfällt auch nicht für die Vergangenheit mit der Rückzahlung des Darlehens. Eine Entreicherung (§ 818 III) kommt unstreitig nicht in Betracht. Es ist Wertersatz nach § 818 II zu leisten. Maßgeblich ist der marktübliche Zinssatz für vergleichbare Kredite mit gleicher Laufzeit. Dabei fungiert die – unwirksame – vertragliche Vereinbarung als Obergrenze. Der Kreditgeber muss sich insoweit an für ihn ungünstigen Konditionen ebenso festhalten lassen wie im Falle eines zinslosen Darlehens an der »Schenkung« der Nutzungsmöglichkeit.

Im Falle der **Nichtigkeit wegen Wuchers** (§ 138 II) gilt dagegen etwas Anderes. Auch hier ist der Nettokapitalbetrag ohne Rechtsgrund geleistet worden und ist zurückzuerstatten.[35] Die finanziellen Konditionen, zu denen das Darlehen gewährt worden ist, begründen die Sittenwidrigkeit. Hier wirkt § 817 S. 2 als Kondiktionssperre. Als Sanktion für die »Bewucherung« entfällt jegliche Zinszahlung für die Überlassung des Kapitals. Lediglich ab Fälligkeit der einzelnen Rate ist der jeweils fällige rückzahlbare Teilbetrag des Nettokredits mit 4 % zu verzinsen (§§ 819 I, 291 analog).[36]

---

35 Seit RGZ (GS) 161, 52; BGHZ 99, 333; st. Rspr.
36 St. Rspr.; vgl. BGH NJW 1989, 3217.

In praxi die größten Probleme bereitet beim nichtigen Darlehensvertrag die Frage des Zeitpunktes der Rückzahlung(en). Beim wucherischen Darlehen wird wegen des mangelnden Schutzbedürfnisses des Kreditgebers an dem vereinbarten Zeit- und Tilgungsplan festgehalten. Entsprechendes gilt bei dem wegen Verstoßes gegen ein gesetzliches Verbot unwirksamen Darlehensvertrag.

5 Sonderfall »aufgedrängte Bereicherung«

Ein Lieblingsthema des Bereicherungsrechts ist die sog. aufgedrängte Bereicherung. Als (in praxi seltene) Beispielsfälle dienen das Bauen auf fremden Grund, das mit den Plänen des Berechtigten nicht übereinstimmt; das Umpflügen eines fremden Ackers, der für nicht-landwirtschaftliche Zwecke genutzt werden sollte; etc. Im Ergebnis besteht weitgehend Konsens, dass bei Bösgläubigkeit des »Aufdrängenden« kein Bereicherungsanspruch besteht (sog. Kondiktionssperre). Über die Begründung dieses Ergebnisses besteht Uneinigkeit: Z. T. wird für diese Fälle ausnahmsweise auf eine subjektive Bewertung der Bereicherung aus der Sicht des Berechtigten abgestellt (§ 818 II); z. T. wird von einem Wegfall der Bereicherung bei Aufdrängung ausgegangen; z. T. wird auf den Rechtsgedanken des § 996 Bezug genommen.

Probleme bereitet dagegen unverändert die bereicherungsrechtliche Behandlung des gutgläubigen »Aufdrängers«. Hier wird überwiegend ein Wertersatzanspruch nach § 818 II bejaht, wobei z. T. erneut eine subjektive Bestimmung des Wertes erfolgen soll.[37]

IV. Rückabwicklung gegenseitiger Verträge

Während die Regelung des Verhältnisses von Leistung und Gegenleistung in dem vertraglichen Leistungsstörungsrecht der §§ 320 ff. (s. o. B III.4.4.2/C I 2.5) und in dem Rücktrittsrecht der §§ 346 ff. einen weiten Raum eingenommen hat, ist dieser Zusammenhang in dem Bereicherungsrecht der §§ 812 ff. gar nicht behandelt worden. Dies ist umso überraschender als die Leistungskondiktion im Vordergrund steht und fast sämtliche Fälle von Leistungskondiktion gegenseitige Verträge betreffen. Bis heute haben sich insbesondere drei Lösungsansätze für dieses Problem der »Gegenleistungskondiktion«[38] herausgebildet: Zweikondiktionentheorie, Saldotheorie und Lehre vom faktischen Synallagma.

(1) Zweikondiktionentheorie

Die sog. Zweikondiktionentheorie entspricht noch am ehesten dem gesetzlichen Programm. Wenn etwa ein unwirksamer Kaufvertrag von beiden Seiten erfüllt worden ist, haben beide Vertragsparteien einen selbständigen Leistungskondiktionsanspruch aus § 812 I 1 1. Alt. Jede Partei braucht nur zu leisten Zug um Zug gegen die Bewirkung der Gegenleistung: Rückzahlung des Kaufpreises gegen Rückübereignung der Sache bzw. Rückabtretung der Forderung. Insoweit hat jede Partei ein Zurückbehaltungsrecht nach § 273.

---

37 Vgl. dazu *Larenz/Canaris*, Schuldrecht II/2, § 72 IV, S. 286 ff.; *Esser/Weyers*, Schuldrecht II, § 51 I 4 a.
38 *Canaris*, Die Gegenleistungskondiktion, in FS W. Lorenz, 1991, S. 19.

(2) Saldotheorie

Handelt es sich von Anfang an oder infolge zwischenzeitlicher Veränderungen (z. B. Zerstörung der versicherten Sache, Einlösung der Forderung etc.) um gleichartige Leistungsansprüche – d. h. im Klartext: um Geldforderungen – wird automatisch saldiert, ohne dass es einer Aufrechnung nach den §§ 397 ff. bedarf. Es gibt nur einen Bereicherungsanspruch, der auf den Differenzbetrag (»Überschuss«) geht.[39] Bei dem nichtigen Gelddarlehensvertrag etwa ist der Anspruch des Darlehensgebers auf Wertersatz für die Gebrauchsvorteile des Kapitals (»Nutzungsmöglichkeit«) mit der Forderung des Darlehensnehmers auf Rückzahlung geleisteter Zinsen und sonstiger gezahlter Kreditkosten zu verrechnen.

Beide »Theorien« führen jedoch zu Problemen, wenn es zu Störungen in der reziproken Rückführung der erbrachten Vermögenswerte gekommen ist, insbesondere wenn auf einer Seite zwischenzeitlich die Bereicherung weggefallen ist. Bei dem voll erfüllten Kaufvertrag etwa ist die Kaufsache – schuldhaft oder nicht schuldhaft – untergegangen und kein Surrogat (Ersatzanspruch, Versicherungsleistung) an deren Stelle getreten. Hierfür sind Ansätze entwickelt worden, die unter dem Begriff der Lehre vom faktischen Synallagma in verschiedenen Varianten auftreten.

(3) Faktisches Synallagma

Kern dieses Ansatzes ist es, die den §§ 320 ff. (und auch dem Rücktrittsrecht der §§ 346 ff.) für den gegenseitigen Vertrag zugrundeliegende Wertung – »keine Leistung ohne Gegenleistung« – in das Bereicherungsrecht zu übertragen. M. a. W.: Das rechtliche Synallagma des gegenseitigen Vertrages wirkt als *faktisches Synallagma* bei der Abwicklung des unwirksamen Vertrages nach. Daraus ergeben sich folgende, am Beispiel des Kaufvertrages aufgezeigte, Konsequenzen:

(1) Ist die Kaufsache bei dem Käufer durch Zufall untergegangen (§ 275 I), so kann er nicht aus § 812 I 1 1. Alt. Rückzahlung des Kaufpreises verlangen. Er muss sich daran festhalten lassen, dass er seine Gegenleistung – die Herausgabe der Kaufsache – nicht erbringen kann. Er ist gem. §§ 818 III, 275 I von seiner Leistungspflicht »frei« geworden, aber er verliert dann auch den Anspruch auf die Gegenleistung (arg. § 326 I 1).

Dieser allgemeine Grundsatz findet dann keine Anwendung, wenn besondere Schutzinteressen ins Spiel kommen. So kann sich der Verkäufer etwa nicht auf das faktische Synallagma berufen, wenn er den Kaufvertrag durch arglistige Täuschung herbeigeführt hat oder er den Untergang der Kaufsache zu vertreten hat, was auch den Untergang infolge eines Sachmangels einschließt (arg. § 346 III). Hier wird ihm das Risiko des zufälligen Untergangs der Kaufsache bei dem Käufer auferlegt.

(2) Hat der Käufer den Untergang schuldhaft herbeigeführt, dann bleibt es bei der Grundregel, dass er das Risiko trägt. Er kann den Kaufpreis nur zurückfordern, wenn er den Wert der Kaufsache ersetzt. Dies gilt auch bei arglistiger Täuschung durch den Verkäufer. Das faktische Synallagma führt hier zu einer Saldierung der Bereicherungsansprüche.

---

39 Seit RGZ 54, 137, 141 ff.

(3) Beide Formen des faktischen Synallagmas werden jedoch anerkanntermaßen durchbrochen, wenn es um den Schutz von Minderjährigen geht. Ist der Käufer minderjährig oder aus anderen Gründen geschäftsunfähig oder in der Geschäftsfähigkeit beschränkt, kann er in jedem Fall mit der Leistungskondiktion (!) Rückzahlung des Kaufpreises verlangen, ohne an die Fortwirkung des Synallagmas gebunden zu sein. Jedes andere Ergebnis würde dazu führen, dass die vom Gesetz gerade nicht gewollte vertragliche Selbstbindung des Minderjährigen sich de facto über das Bereicherungsrecht durchsetzt.

V. Kondiktionen im Drei-Personen-Verhältnis

Das Bereicherungsrecht der §§ 812 ff. ist auf den (isolierten) Bereicherungsausgleich im Zwei-Personen-Verhältnis zugeschnitten. Bei den unterschiedlichen Drei-Personen-Verhältnissen eröffnet sich eine bunte Vielfalt von Lösungen. Dogmatische Stringenz tritt zurück hinter dem Ziel eines sachgerechten Interessenausgleichs in sozialtypischen Fallkonstellationen. Weder aus dem Leistungsbegriff noch aus Prinzipien wie dem der Subsidiarität der Eingriffskondiktion[40] lassen sich hier Ergebnisse »ableiten« Im Folgenden wird lediglich in die Grundproblematik anhand zweier Fallkonstellationen eingeführt. Für weitergehenden Informationsbedarf wird auf die Lehr- und Handbücher des Bereicherungsrechts verwiesen.[41]

Anhand des Beispiels der Lieferkette mit Durchlieferung lässt sich ein Grundprinzip des Bereicherungsausgleichs über Leistungskondiktion in Drei-Personen-Verhältnissen illustrieren: A verkauft an B und B verkauft an C, wobei die Lieferung unmittelbar von A an C erfolgt. Die Grundregel in derartigen Konstellationen lautet: Auch bei der Rückabwicklung soll jeder an die Person gebunden bleiben, die er sich als vermeintlichen Vertragspartner ausgesucht hat. Auf diese Weise bleiben die Einwendungen aus dem jeweiligen Schuldverhältnis erhalten.

Schaubild 15

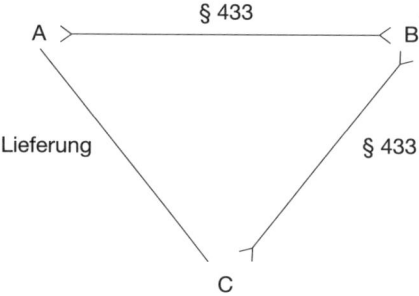

---

40 Diese Prinzip macht nur für Drei- und Mehr-Personen-Beziehungen Sinn, wo Eingriffs- und Leistungskondiktion nebeneinander auftreten können. In der Zwei-Personen-Beziehung ist dies eigentlich begrifflich ausgeschlossen. Es sollte entweder Leistungs- *oder* Nicht-Leistungskondiktion (Eingriffskondiktion) vorliegen (vgl. *Flugreisefall*).
41 Vgl. dazu die Nachweise in Fn. 6.

Konditionen im Drei-Personen-Verhältnis

Bei Unwirksamkeit des Kaufvertrages zwischen A und B kann der Verkäufer A nicht von C die Rückübereignung der Kaufsache verlangen. C hat wirksam Eigentum erlangt. Inwieweit A von B Wertersatz für die Kaufsache verlangen kann, beantwortet sich nach den Grundsätzen der »Gegenseitigkeitskondiktion«. Es stehen sich zwei Geldforderungen gegenüber: Rückzahlung des Kaufpreises versus Wertersatz der Kaufsache. Kondizierbar ist die »überschießende« Differenz von demjenigen, der um diesen rechnerischen »Mehrwert« bereichert ist.

Ist der Kaufvertrag B-C unwirksam, erfolgt die Rückabwicklung zwischen B und C nach der Zweikondiktionentheorie (solange die Kaufsache bei C noch vorhanden ist); nach der Saldotheorie (soweit die Sache von C nicht mehr in natura herausgegeben werden kann) und ggf. nach der Lehre vom faktischen Synallagma (soweit sich C auf Wegfall der Bereicherung berufen kann).

Sind beide Kaufverträge unwirksam, erfolgt die Rückabwicklung zwischen B und C sowie zwischen A und B. Gegebenenfalls kann A von B dessen Kondiktionsanspruch gegen C kondizieren.

Abschließend seien auch die sog. **Anweisungsfälle** angesprochen. Dabei handelt es sich nicht um Anweisungen i. e. S. nach §§ 783 BGB, 363 ff. HGB, d. h. Urkunden, durch die jemand einen anderen »anweist«, Geld, Wertpapiere oder vertretbare Sachen an einen Dritten zu leisten, – sondern es geht um (An)Weisungen im untechnischen Sinn: Die Bank führt eine Überweisung aus (vgl. dazu jetzt § 676 a); die Versicherung zahlt unmittelbar an den Haftpflichtgläubiger des Versicherungsnehmers. § 676 a ändert nichts an der bereicherungsrechtlichen Rückabwicklung. Er betrifft nur das Vertragsverhältnis zwischen der Bank und ihrem Kunden.

Schaubild 16

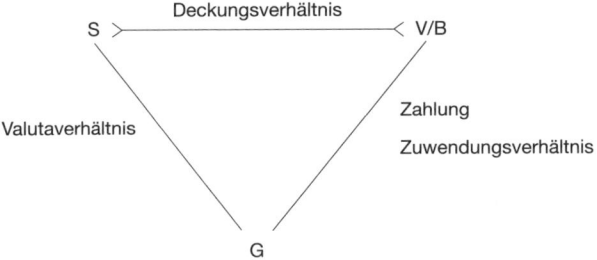

Der Angewiesene, z. B. die Bank, erfüllt eine Verpflichtung aus dem Giroverhältnis mit dem anweisenden Schuldner/Bankkunden S, wenn sie an dessen Gläubiger G zahlt. Die Zahlung der Bank ist zur gleichen Zeit (1) deren Leistung an S und (2) eine Leistung von S an G. Zahlt die Bank aufgrund einer wirksamen Anweisung an G, obwohl kein Schuldverhältnis (Valutaverhältnis) zwischen S und G besteht, so ist G durch Leistung des S bereichert. S kann aus Leistungskondiktion Rückzahlung des Geldbetrages von G verlangen. Liegt dagegen von Anfang an gar keine wirksame Anweisung im Dreiecksverhältnis vor – etwa bei irrtümlicher Zahlung der an G ohne jede Veranlassung durch S –, so kann die Bank die den überwiesenen Betrag unmittelbar von G zurückverlangen.[42] Bei dieser Direktkon-

---

42 BGHZ 66, 372; BGH NJW 1987, 185.

diktion der Bank gegen den Zahlungsempfänger handelt e sich um eine Nichtleistungskondiktion, da die Bank im Verhältnis zu G keinen Leistungszweck verfolgt.[43]

Problematisch sind jedoch diejenigen Fälle, in denen zwar gleichfalls keine wirksame Anweisung vorliegt, aber aus Sicht des G der objektive Rechtsschein einer Anweisung besteht. Die Rechtsprechung hat in derartigen Fällen den G zumeist als schutzwürdig angesehen und der Bank die Direktkondiktion gegen ihn versagt.[44] Dieser Schutzgedanke greift allerdings dann nicht, wenn der aus Sicht des G bestehende Rechtsschein dem S nicht zurechenbar ist, etwa weil S nicht geschäftsfähig oder nicht wirksam vertreten ist.[45] In diesen Fällen bleibt es bei der Direktkondiktion der Bank gegen G. – Weitere Details zu diesem hoch umstrittenen Problemkomplex müssen vertiefenden Behandlungen überlassen bleiben.[46]

---

[43] BGHZ 147, 145, 149; *Laranz/Canaris*, Schuldrecht II/2, § 69 III 3.
[44] BGHZ 87, 246 – widerrufener Überweisungsauftrag; BGHZ 89, 376 – widerrufener Dauerauftrag.
[45] BGHZ 111, 382; 147, 145.
[46] Vgl. *Larenz/Canaris*, Schuldrecht II/2, § 70; *Reuter/Martinek*, Ungerechtfertigte Bereicherung, 1983, §§ 10–13; *Loewenheim*, Bereicherungsrecht, S. 30 ff. jew. m. w. Nachw.

E Haftungsrecht

I. Haftungsrecht und Alternativen

Fallbeispiele:

Auf dem morgendlichen Weg zu seiner Arbeitsstätte gerät der Bankangestellte A mit seinem Pkw auf eine für ihn nicht erkennbare Ölspur. Der Pkw des A kommt ins Schleudern und prallt gegen einen Laternenmast. A erleidet eine leichte Gehirnerschütterung und einen schweren Schock. Der Pkw wird erheblich, der Laternenmast leicht beschädigt. A musste sich in ambulante ärztliche Behandlung begeben und war 4 Wochen krankgeschrieben.

Das 9jährige Schulkind A war auf dem Weg von der Schule nach Hause. Als es bei Grün auf seinem Fahrrad eine Verkehrsstraße überqueren wollte, wurde es von einem Auto angefahren. Der Autofahrer war mit überhöhter Geschwindigkeit und bei schon auf Rot geschalteter Ampel über die Kreuzung gefahren. Bei seinem Ausweichversuch wurde auch noch das 4jährige Mädchen B, das mit seinem Hund die Straße überqueren wollte, leicht verletzt. Der Autofahrer konnte nicht ermittelt werden. Das Schulkind A verbrachte 2 Monate im Krankenhaus und bleibt auf Lebenszeit gehbehindert. Das Fahrrad wurde zerstört.

Ein 8 Jahre alter Junge rennt, seinem Fußball nachlaufend, auf die Straße. Der Autofahrer A gerät bei dem Versuch, dem Kind auszuweichen, von der Straße und stürzt in einen 1 m tiefen Bach. Infolge seiner Verletzungen kann er sich nicht mehr retten und ertrinkt. Die unterhaltsberechtigten Hinterbliebenen des A machen Schadensersatzansprüche gegen das Kind und dessen Eltern geltend.

An dem jährlichen Festzug der Stadt X nehmen auch traditionsgemäß in ihren historischen Kostümen die Reiter und Reiterinnen des Reitvereins »Hubertus e. V.« teil. Als unmittelbar vor einem der Pferde ein China-Kracher explodierte, scheute das Pferd, warf seine Reiterin ab und brach aus. Dabei wurde der Flötist B des Musikkorps, das sich vor der Reiterabteilung in dem Festzug befand, zu Boden getrampelt und schwer verletzt. B verbrachte einen Monat im Krankenhaus und war 2 Monate arbeitsunfähig.

1 Haftungs- und Vertragsrecht

Neben dem Vertragsrecht kommt dem Haftungsrecht im heutigen Schuldrecht die größte Bedeutung zu. Der Begriff Haftungsrecht wird selten präzise definiert. Er ist enger als der Begriff Schadensersatzrecht und weiter als der Begriff Haftpflichtrecht. Oft werden alle drei Begriffe synonym verwandt. Unter **Schadensersatzrecht** versteht man jeden zivilrechtlichen Tatbestand der Begründung einer Schadensersatzpflicht, gleich ob ihm eine Vertragsverletzung oder eine sog. unerlaubte Handlung (Delikt) zugrunde liegt. Insbesondere den Begriffen Haftungsrecht und Schadensersatzrecht kommt nach vorherrschendem Verständnis dieselbe Bedeutung zu. Das **Haftpflichtrecht** ist beschränkt auf das (Verkehrs-)Unfallrecht und erfasst die Tatbestände des Ausgleichs von Personen- und Sachschäden zwischen den Unfallbeteiligten. Dieser haftpflichtrechtliche Ausgleich ist heute – wie zu zeigen sein wird – vielfach überlagert durch versicherungsrechtliche Lösungen. Das **Haftungsrecht** i. e. S. umfasst das (Unfall-) Haftpflichtrecht, beinhaltet aber darüber hinaus weitere Formen rechtswidriger Interessenverletzungen, wie z. B. die wirtschaftliche Beeinträchtigung von Personen und Unternehmen, die Verletzung des Persönlichkeitsrechts u. a. m. Es ist deshalb auch nicht auf die Kompensation von Personen- und Sachschäden beschränkt. *Haftungsrecht lässt sich daher definieren als außervertragliches Schadensersatzrecht.* Seine beiden Hauptanwendungsbereiche sind das BGB-Deliktsrecht und die Sondertatbestände der Gefährdungshaftung.

Demgegenüber bezieht sich der Begriff des **Schadensrechts** auf die Frage, wann bei gegebenem Grund für einen Schadensersatzanspruch – sei es eine Vertragsverletzung oder ein Delikt – eine kompensationsfähige »Beeinträchtigung« vorliegt, und auf welche Weise und in welchem Umfang die Kompensation zu erfolgen hat (s. u. F). § 253 begrenzt den zivilrechtlichen Schadensersatz in Geld im Prinzip auf **Vermögensschäden**. Für Nicht-Vermögensschäden gibt es eine »billige Entschädigung in Geld« (sog. Schmerzensgeld) nur in gesetzlich bestimmten Ausnahmefällen (§ 253 II).

Die Unterschiede zwischen Vertrags- und Haftungsrecht werden traditionell in zweierlei gesehen:

(1) Das Vertragsrecht hat es – wie oben unter B dargestellt – in erster Linie mit Schuldverhältnissen zu tun, die von den Parteien freiwillig eingegangen werden, weil jede Partei ihr eigenes Ziel mit dem Vertrag zu erreichen sucht: Erhalt von Geld, Erwerb von Konsumgütern, Durchführung einer Reparatur, Vornahme einer medizinischen Behandlung oder Vergleichbares. Bei den sozial relevantesten und statistisch häufigsten Vertragsschuldverhältnissen handelt es sich um Austauschverträge: Die Erbringung der Sach-, Dienst- oder Werkleistung erfolgt gegen Zahlung von Geld. – Dagegen hat es das Haftungsrecht mit **gesetzlichen Schuldverhältnissen** zu tun. D. h. zunächst, dass das Schuldverhältnis unabhängig von dem Willen der Parteien (und meist gegen den Willen mindestens einer – der haftenden – Partei) zustande kommt, – nämlich durch eine unerlaubte Verletzungshandlung im Deliktsrecht bzw. durch die Verursachung einer Rechtsgutverletzung im Gefährdungshaftungsrecht. Ein klassisches Beispiel für beide Bereiche ist unverändert der Verkehrsunfall. Der übermüdete Kraftfahrer A fährt auf das vor ihm abbremsende Kfz des B auf, das dadurch erheblich beschädigt wird. Deliktsrechtlich liegt hier eine fahrlässige Eigentumsverletzung nach § 823 I BGB vor. Gefährdungshaftungsrechtlich wird »bei dem Betrieb« des Kraftfahrzeugs des A eine andere Sache beschädigt i. S. des § 7 StVG. Damit ist gleichsam automatisch – kraft der gesetzlichen Vorschriften der §§ 823 I BGB, 7 StVG – ein Schuldverhältnis zwischen diesen beiden Personen zustande gekommen. Dabei spielt es keine Rolle, dass sich die Parteien dieses Schuldverhältnisses vorher noch nie gesehen haben, sich unsympathisch finden, unterschiedlicher Nationalität und Sprache sind, etc. Die Voraussetzungen für das Entstehen derartiger gesetzlicher Schuldverhältnisse werden abstrakt und generell durch die Tatbestände des Haftungsrechts umschrieben. Regeltatbestand des Deliktsrechts ist die fahrlässige oder vorsätzliche Verletzung fremder »Rechtsgüter«, »Rechte« oder »Interessen« (§§ 823 ff. BGB). Ausnahmsweise kann aber auch schon die bloße Verursachung einer fremden Rechtsgutverletzung unter bestimmten Voraussetzungen einen Schadensersatzanspruch begründen. Hier spricht man dann von Gefährdungs- oder Kausalhaftung (s. u. E III).

(2) Bezog sich das erste Unterscheidungsmerkmal von Vertrags- und Haftungsrecht auf die Modalitäten der Begründung des Schuldverhältnisses, so stellt das zweite Merkmal auf dessen Inhalt ab. Vertragsrecht geht es – wie oben gezeigt – primär um die Erfüllung des zwischen den Parteien vereinbarten Leistungsprogramms. Der Gläubiger ist geschützt in seiner Erwartung der vertragsgemäßen Leistung. Erst sekundär, wenn es zu Leistungsstörungen kommt, stellt sich die Frage von Schadensersatz. Genauso wie das Fehlverhalten einer Partei im Vertragsrecht sehr unterschiedliche Formen annehmen kann, genauso unter-

schiedlich sind die vertragsrechtlichen Konsequenzen: bloße Lösung von dem Vertrag (Rücktritt, Widerruf/Rückgabe), Ersatz des Vertrauensschadens (sog. negatives Vertragsinteresse), Ersatz des Verzugschadens, Schadensersatz statt der (ganzen) Leistung (sog. Erfüllungs- oder positives Vertragsinteresse); Ersatz von Mangelfolgeschäden (Integritätsinteresse). – Das Haftungsrecht kennt dagegen grundsätzlich nur *eine* Rechtsfolge: die herbeigeführte Rechtsgutsverletzung wieder »rückgängig zu machen«, sei es durch Reparatur oder medizinische Behandlung, sei es durch Ausgleich in Geld für irreparable Schäden. Welche Form die konkrete Ausgleichsmaßnahme auch immer annehmen mag, der Inhalt des Schuldverhältnisses ist stets derselbe – (weitestgehende) **Herstellung des Status quo,** wie er ohne das Verletzungsereignis heute bestehen würde (*»restitutio in integrum«)*. Die Perspektive des vertraglichen Schadensersatzes wegen Nichterfüllung ist **leistungsorientiert:** Der Kläger ist so zu stellen, wie er stehen würde, wenn der Vertrag ordnungsgemäß durchgeführt worden wäre. Die Perspektive des Haftungsrechts ist demgegenüber **verletzungsnegierend:** Der klagende Geschädigte ist so zu stellen, wie er ohne die Rechtsgutverletzung gestanden hätte (einschließlich eines infolge der Verletzung nicht realisierten Vermögensvorteils). Dem (positiven oder negativen) **Vertragsinteresse** steht haftungsrechtlich das **Integritätsinteresse** als selbstständige Kategorie gegenüber. Das Haftungsrecht will mit seinen Sanktionen den einzelnen dagegen schützen, durch Dritte vermeidbar in seiner körperlichen Integrität, in seinen Persönlichkeitsrechten und in seinem vorfindlichen Bestand an Eigentum und Vermögen verletzt zu werden.

2 Funktionen des Haftungsrechts: Schadensausgleich und Schadensprävention

Aus dieser übergeordneten Zielbestimmung des Integritätsschutzes ergeben sich zwei abgeleitete Funktionen des Haftungsrechts:

(1) Der zurechenbar verursachte Schaden soll ersetzt werden (Schadensausgleich).

(2) Der Eintritt entsprechender Schäden soll nach Möglichkeit verhindert werden (Schadensprävention). Bei der Schadensprävention können – wie auch aus dem Strafrecht geläufig – noch einmal zwei Aspekte unterschieden werden: Einmal soll der konkrete Schädiger durch die Sanktion des Schadensersatzes zu normgerechtem Verhalten in Zukunft angehalten werden *(Spezialprävention).* Zum anderen soll die Androhung und Durchsetzung von Schadensersatz im Einzelfall auch die anderen Mitglieder der Gesellschaft zu normgerechtem Verhalten motivieren. (Generalprävention).

Diese zweifache Zweckbestimmung des Haftungsrechts ist schon vor 100 Jahren von dem österreichischen Ökonomen V. *Mataja* überaus prägnant formuliert worden: *»Keine Gesetzgebung der Welt kann einen eingetretenen Schaden beseitigen, das Recht steht demselben machtlos als einer vollendeten Tatsache gegenüber. Die Gesetzgebung kann daher in Beziehung auf die Schadensgefahr nur zwei Zwecke verfolgen: sie kann danach trachten, 1. möglichst vorbeugend zu wirken und 2. den gleichwohl eingetretenen Schaden jenen Personen zuzuwenden, welche nach den Forderungen der Gerechtigkeit und der volkswirtschaftlichen Interessen als die geeignetsten Träger der Last erscheinen.«*[1]

---

1 V. *Mataja,* Das Recht des Schadensersatzes vom Standpunkt der Nationalökonomie, 1888, S. 19.

Traditionell stand für die juristische Betrachtungsweise die Schadensausgleichsfunktion im Vordergrund. In der jüngeren Zeit haben jedoch soziologische und ökonomische Analysen des Zivilrechts, die auf die Steuerung menschlichen Verhaltens durch die Rechtsnormen abstellen, verstärkt die Bedeutung des Präventionsaspektes herausgestellt. Für die ökonomische Analyse ist es sogar gleichgültig, wer in einer Schädiger-Geschädigten-Relation den entstandenen Schaden letztlich trägt. Eine Verbesserung des gesellschaftlichen Zustands besteht ihr zufolge ausschließlich in der Verringerung der Kosten, die die eingetretenen Schadensfälle volkswirtschaftlich darstellen. Auch die Normen des Haftungsrechts sind nicht Selbstzweck, sondern sollen ihren Beitrag leisten, normgerechtes und schadenvermeidendes Verhalten in der Gesellschaft durchzusetzen.[2] Dies gilt auch dann für die haftungsrechtlichen Normen, wenn sie – anders als das Vertragsrecht – nicht ausdrücklich positive Verhaltensanforderungen formulieren. Insbesondere hinter den negativen (Sanktions-)Normen des Deliktsrechts steht ein Leitbild rechtmäßigen Verhaltens – niemand vermeidbar zu schädigen oder zu gefährden. Dies ist der alte *Grundsatz des »neminem laedere«*. Haftungsrecht sucht dies mit den ihm eigenen Mitteln zu erreichen – über die Begründung einer individuellen Einstandspflicht des Schädigers für die von ihm zu verantwortenden Schäden. Insofern lassen sich beide Aspekte des Haftungsrechts heute in einen Zweckzusammenhang bringen: **Funktion des Haftungsrechts ist die Schadensprävention durch individuellen Schadensausgleich.**

3 Defizite des Haftungsrechts

Die Effizienz der sozialen Schadensprävention durch Haftungsrecht hängt von einer Reihe von Faktoren ab. Für eine grobe Erstorientierung lassen sich drei »Effizienzfilter« benennen:

(1) die Voraussetzungen der Schadensverlagerung auf den Verantwortlichen (sog. Haftungsgrund);

(2) das Ausmaß der Schadensverlagerung (Haftungsausfüllung) und

(3) die verfahrens- und vollstreckungsrechtlichen Voraussetzungen der Schadensverlagerung (Haftungsdurchsetzung).

3.1 Voraussetzungen der Schadensverlagerung

Die konsequenteste Durchführung des Schadensausgleichsprinzips stellte die »reine« Kausalhaftung oder »absolute« Haftung dar. Jeder/jede hätte danach für die unmittelbaren und mittelbaren Folgen seines/ihres Verhaltens (Handlung/Unterlassen) einzustehen. Es liegt auf der Hand, dass eine derartig weitgehende Haftung für soziales Verhalten eine starke Hemmung gesellschaftlicher Aktivitäten nach sich ziehen würde. Auf der anderen Seite des Spektrums steht die strenge Verschuldenshaftung, d. h. die Einstandspflicht für vorsätzliche oder fahrlässige Rechtsgutsverletzungen. Der Verschuldensbegriff würde dabei – vergleichbar dem Strafrecht – i. S. einer subjektiv-individuellen Vorwerfbarkeit des schädigenden Verhaltens verstanden.

---

2 Vgl. dazu *Schäfer/Ott*, Lehrbuch der ökonomischen Analyse des Zivilrechts, 3. Aufl. 2000, S. 98 ff.; aus verfassungsrechtlicher Sicht: *Bullinger*, in FS E. v. Caemmerer, 1978, S. 297.

In den entwickelten Industriegesellschaften stehen heute Zwischenlösungen jenseits dieser beiden Extrempositionen im Vordergrund: Zum einen die modifizierte Kausalhaftung für Schäden, die aus zugelassenen, aber grundsätzlich nicht vollständig kontrollierbaren »besonderen Gefahren« entstehen (**Gefährdungshaftung**). Hierzu zählen sowohl technische Risiken, die der Betrieb von Kraftfahrzeugen, Flugzeugen und Atomkraftwerken mit sich bringt – als auch die Gefahren, die von Tieren ausgehen (§ 833 S. 1 BGB). Als »Preis« für die gesellschaftliche Zulassung derartiger gefährlicher Aktivitäten sollen die daraus resultierenden Schädigungen dem Setzer der Gefahr – innerhalb bestimmter Grenzen (!) – ohne sein Verschulden zugerechnet werden. – Zum andern die **deliktische Fahrlässigkeitshaftung** für die Verletzung fremder Rechtskreise,[3] wobei der Sorgfaltsbegriff des § 276 II BGB objektiviert worden ist. Wer, um bei dem Kfz.-Beispiel zu bleiben, am Straßenverkehr teilnimmt und einen Unfall verursacht, kann sich nicht damit »entschuldigen«, als Anfänger sei der Unfall für ihn mangels Fahrpraxis nicht vermeidbar gewesen, oder als 70jähriger habe er nicht mehr so gut sehen und erforderlich schnell reagieren können – oder als Manager oder Richterin nach einem äußerst anstrengenden Sitzungstag sei er/sie abgespannt gewesen. Von allen vier Beispielspersonen wird, wie von jeder anderen Person im Besitz einer Fahrerlaubnis, zivilrechtlich erwartet, dass er/sie die durchschnittlichen Verhaltensanforderungen, die § 1 StVO postuliert, erfüllt, wenn er/sie sich an das Steuer eines Kraftfahrzeugs setzt. Erfüllt diese Person, aus welchen Gründen auch immer, diese Verhaltensanforderungen nicht, schafft sie damit ein Risiko für die soziale Umwelt, das deliktsrechtlich diese jeweilige Person, nicht aber die gefährdete Umwelt, d. h. die möglicherweise betroffenen anderen Kraftfahrer, Fahrradfahrer und Fußgänger, tragen muss. Die betreffende Person hätte fahrlässig i. S. des § 276 II BGB gehandelt. (Lediglich in Parenthese sei schon an dieser Stelle angemerkt, dass es sich bei der deliktischen Fahrlässigkeitshaftung im deutschen Zivilrecht um ein dogmatisch außerordentlich verwickeltes Gebiet handelt, da hier die traditionellen Grenzen zwischen Rechtswidrigkeit/Pflichtwidrigkeit und Verschulden bis zur Unkenntlichkeit verschränkt sind. – S. u. E II.1.1.3)

3.2 Ausmaß der Schadensverlagerung

Die soziale Bedeutung des Schadensersatzes als haftungsrechtlichen Sanktionsinstruments für soziales Fehlverhalten ist auch abhängig von dem Umfang des zu ersetzenden Schadens. Je weitergehend gehaftet wird, desto spürbarer ist die potentielle Sanktion für den einzelnen und desto effektiver die Generalprävention. Die Frage nach dem Schadensumfang hat wiederum zwei Hauptaspekte: (1) Welche Schäden werden dem Verletzer zugerechnet, nur die unmittelbaren (**Verletzungs-)Schäden** oder auch die mittelbaren (**Fern-)Verletzungen;** welche **Folge-** und **Spätschäden?** (2) Gibt es Abstufungen im Haftungsumfang, z. B. nach der Schwere des Fehlverhaltens?

Hinsichtlich des ersten Aspektes kann folgender Grundsatz aufgestellt werden: Der Schädiger hat alle dem Verletzten entstehenden Nachteile zu ersetzen (**Grundsatz der Totalreparation**). Die Zurechnung der mittelbaren Verletzungen und der Folgeschäden erfolgt in erster Linie nach drei Kriterien: Kausalität, Adäquanz und Normzweck, wobei heute dem letzten Faktor die größte Bedeu-

---

3 Die Vorsatzhaftung spielt in der haftungsrechtlichen Praxis nur eine untergeordnete Rolle.

tung zukommt.[4] Greifen wir erneut unser Kfz.-Beispiel auf: Durch den Auffahrunfall des A auf den Pkw des B wird B's Pkw beschädigt und B erleidet eine Halswirbelverletzung. Wegen der Reparatur stand der Pkw B bzw. seiner Familie eine Woche lang nicht zur Verfügung. B selbst musste sich in ambulante ärztliche Behandlung begeben und wurde 14 Tage krankgeschrieben. Welche Kosten hat A zu ersetzen? Sicherlich die Kosten der Reparatur des Pkw's und die Kosten der medizinischen Behandlung des B. Hierbei handelt es sich um den unmittelbare Verletzungsschaden aus dem Unfall. Bei dem Nutzungsausfall des Pkw's kann man schon darüber streiten, ob dieser einen Folgeschaden der Sachbeschädigung oder einen unmittelbaren Schaden aus der Eigentumsverletzung (Sachgebrauchsbeeinträchtigung) darstellt. Wenn wir ihn als Folgeschaden der Sachbeschädigung betrachten, ist er zurechenbar, da er durch die Substanzbeeinträchtigung des Eigentums adäquat verursacht worden ist (Kausalität). Schließlich wird man wohl auch bejahen können, dass die Verhaltensnormen des Deliktsrechts (§ 823 I) und der StVO (§ 1 StVO i. V. m. § 823 II) die Integrität und Gebrauchsfähigkeit fremder Pkw's gewährleisten sollen (Normzweck).

Der Ersatz des Nutzungsausfalls ist daher unproblematisch, wenn B einen Ersatz-Pkw angemietet hat. Ist der Nutzungsentgang aber auch dann liquidierbar, wenn B – wie hier – infolge Krankheit den Pkw in der fraglichen Woche gar nicht nutzen konnte? (s. u. F II 2.4)

Infolge der unfallbedingten Gesundheitsverletzung konnte der B 14 Tage nicht arbeiten. Als abhängig beschäftigter Arbeitnehmer entsteht ihm hierdurch kein Vermögensnachteil, da er nach § 3 I Entgeltfortzahlungsgesetz (EFZG) sein Gehalt bis zu 6 Wochen weiterbezieht. Wäre B aber beispielsweise als selbstständiger Handelsvertreter tätig, könnte er seinen nachweisbaren Verdienstausfall als (Folge-)Vermögensschaden der Gesundheitsverletzung liquidieren. Auch dies ist nach den Kriterien von Kausalität, Adäquanz und Normzweck zurechenbar.

Was ist, wenn die Ehefrau des B, als sie von dem Unfall ihres Ehemannes erfährt, einen Schock mit bleibenden Gesundheitsschäden erleidet? Handelt es sich hier auch um einen »Folgeschaden« des Unfalls, den B oder seine Ehefrau im eigenen Namen gegen A geltend machen kann? (s. u. II.2.1)

Kann die Zurechnung von Fernverletzungen und Folgeschäden sehr oft verwickelte Fragen aufwerfen, so darf der andere Problemkomplex als zumindest dogmatisch geklärt gelten. Es geht um die Frage, ob die Person, der nur eine geringe Fahrlässigkeit zur Last fällt, genauso weitgehend haften soll, wie der vorsätzliche Delinquent? Insbes. für die Fahrlässigkeitshaftung gilt, dass dasselbe Fehlverhalten – gerade wie es der Zufall will – gar keine, geringfügige oder nachhaltige und möglicherweise für den Schädiger ruinöse Auswirkungen haben kann. Während im Strafrecht der Verschuldensgrad ein maßgebliches Kriterium für den Umfang der Sanktion (Strafzumessung) ist (§ 46 I 1 StGB), hat das BGB – anders als beispielsweise das österr. ABGB von 1811 in § 1324 oder das schweiz. Obligationenrecht in Art. 43 I – eine Abstufung der Haftung nach dem Verschulden abgelehnt. Der Ersatzpflichtige haftet danach delikts- und vertragsrechtlich in dem vollen zurechenbaren Schadensumfang, unabhängig davon, ob er leicht oder grob fahrlässig oder gar vorsätzlich seinen Vertragspartner geschädigt oder einen

---

4 Bei den mittelbaren Verletzungen erfolgt die Abgrenzung des gegenständlichen, personellen und modalen Schutzbereichs durch die sog. *Verkehrspflichten*. Vgl. dazu unten II 1.3.

anderen in seinen Rechtsgütern verletzt hat (sog. **Alles-oder-Nichts-Prinzip).** Die Frage der Haftungsabstufung nach dem Verschuldensgrad war vor der Verabschiedung des BGB eine viel behandelte Streitfrage und ist es nachher geblieben. Im Anschluss an die Beschlüsse des 43. DJT 1960 hatte der *Referentenentwurf eines Gesetzes zur Änderung schadensersatzrechtlicher Vorschriften* vom Januar 1967 eine entsprechende Reduktionsklausel in das BGB (§ 255 a) einfügen wollen. Der Entwurf wurde jedoch nicht Gesetz. Es gibt weiterhin keine Haftungsabstufung nach dem Verschulden im deutschen bürgerlichen Recht. Lediglich ergänzend sei in diesem Zusammenhang angemerkt, dass bei der Festsetzung des Schmerzensgeldes, der »billigen Entschädigung in Geld« für Nicht-Vermögensschäden bei Körper/Gesundheits- und Persönlichkeitsrechtsverletzungen nach §§ 253 II, der Verschuldensgrad eine gewisse Berücksichtigung erfährt. Vor allem bei Persönlichkeitsrechtsverletzungen wird eine billige Entschädigung in Geld nach ständiger Rechtsprechung gewährt, wenn die Schwere der Verletzung oder des Verschuldens eine solche Sanktion erfordert.

Einen wichtigen Ansatz zur Korrektur des Haftungsumfangs enthält das BGB aber bei **mitwirkender Fahrlässigkeit des Opfers.** Hat bei gegebenem Haftungsgrund der Verletzte schuldhaft die Rechtsgutverletzung mitverursacht (§ 254 I) oder Folgeschäden mit herbeigeführt (§ 254 II) erfolgt eine flexible Festsetzung des Umfangs des zu ersetzenden Schadens durch den Richter. (s. u. F IV 5)

3.3 Haftungsdurchsetzung

Das vielleicht größte Hindernis für einen wirksamen Schadensausgleich und eine effiziente Schadensprävention mit den Mitteln des Haftungsrechts sind die rechtlichen und tatsächlichen Schwierigkeiten bei der Durchsetzung des Anspruchs. *Recht haben* und *Recht bekommen* ist eben doch zweierlei. Erfolgt nach einem Schadenfall keine freiwillige Leistung, muss der Schadensersatzanspruch in einem streitigen Gerichtsverfahren durchgesetzt werden. Doch dies ist überaus voraussetzungsvoll. Zunächst bestehen in weiten Teilen der Bevölkerung nach wie vor beträchtliche psychologische Schwellen, den Schritt vor ein Gericht zu tun. Zudem: Wo kein Beklagter ist, ist kein Kläger. Jeder Rechtsstreit setzt voraus, dass der Kläger den Schädiger identifizieren kann. In einer Reihe von alltäglichen Unfällen, wie unser Ölspurbeispiel zeigt, ist dies eine nicht leicht lösbare Aufgabe. Ende der 90er Jahre gab es in Deutschland über 30 000 Verurteilungen wegen Verkehrsunfallflucht.[4a] Die Zahl der nicht aufgeklärten Fälle dürfte um ein zigfaches höher liegen. Hier laufen die haftungsrechtlichen Sanktionen schon aus rein tatsächlichen Gründen leer. – Ist der Beklagte jedoch identifizierbar, führt die Entscheidung für einen Prozess zumeist zu der Inanspruchnahme eines Anwalts. Das ist für den nicht rechtsschutzversicherten Bürger mit Kosten verbunden. Die Erhebung der Klage durch den Anwalt verursacht weitere (Gerichts-)Kosten, die der Geschädigte vorleisten muss, es sei denn, er kann Prozesskostenhilfe in Anspruch nehmen. Im Zivilprozess ist der Geschädigte – wie oben schon ausgeführt – verfahrensrechtlich in soweit gravierend benachteiligt, als er im Grundsatz sämtliche anspruchsbegründenden Tatsachen, insbes. das Verschulden des beklagten Schädigers, beweisen muss. Die Beweisaufnahme muss zu einer entsprechend festen Überzeugung der Richter führen, dass sich der Sachverhalt so abgespielt hat, wie er von dem Kläger vorgetragen worden ist. Es wird deshalb schon hier – zu Beginn

---

4a Statistisches Jahrbuch 2001, S. 370.

des Studiums – nachdrücklich genug betont, dass die Beweislast die größte Hürde für den Kläger ist und dass fast jeder Zivilprozess insoweit mit mehr oder weniger großen Risiken verbunden ist. Die **Tatsachenfragen** – nicht die Rechtsfragen entscheiden in der Praxis der Instanzgerichte den Zivilrechtsstreit. Die Kosten der Beweisaufnahme hat gleichfalls zunächst der Kläger zu tragen.[5]

Selbst wenn der Kläger den Rechtsstreit endlich mit einem obsiegenden Urteil abgeschlossen hat und einen (vorläufig) vollstreckbaren Titel erwirkt hat, bedeutet dies jedoch nicht, dass er sein Ziel erreicht hat, d. h. dass er beispielsweise den eingeklagten Geldbetrag in Händen bzw. auf dem Konto hat. Die Vollstreckung des Urteils kann sich nämlich als unmöglich erweisen, weil das beklagte Unternehmen insolvent geworden ist, der Schuldner vermögenslos ist oder aber das Einkommen des gutverdienenden Schuldners bereits bis zur Pfändungsfreigrenze (vgl. §§ 850 ff. ZPO) für andere Gläubiger gesichert ist. Dieser Aspekt spielt nicht nur in Krisenzeiten eine Rolle. Dies unterstreicht der Umstand, dass nach Schätzungen um die Jahrhundertwende, als das BGB in Kraft getreten ist, ca. 80 % aller Haftpflichtforderungen (wegen Unfallschäden) mangels Vollstreckungsmasse bei dem Schuldner wertlos waren.

In einem derartigen Fall hat der Kläger nicht nur zusätzlich zu seinem Schaden noch möglicherweise erheblichen Ärger gehabt, sondern auch noch beträchtliche Kosten: Anwaltskosten; die bereits gezahlten Gerichtskosten, einschl. der Kosten für die Beweisaufnahme (§ 49 S. 1 GKG) und Kosten für vergebliche Vollstreckungsmaßnahmen (§ 3 GvKostG).

Fassen wir zusammen: Hohe Anforderungen an das Verschulden sind für eine effektive Schadensprävention durch Haftungsrecht kontraproduktiv. Im ausgehenden 19. Jahrhundert ergänzten sich zwei mächtige Strömungen: die von der idealistischen Ethik ausgehende Vorstellung von der Schuld als Missbrauch individueller Willensfreiheit und das gesamtwirtschaftliche Interesse der sich industrialisierenden Gesellschaft, die Kostenbelastung der Unternehmen durch Haftungsprozesse gering zu halten. Beides führte dazu, dass für die damalige Zeit die Haftungsbegrenzung im Vordergrund stand. Heute, ein Jahrhundert später, ist die Tendenz umgekehrt. Für den Sozialstaat der spätindustriellen Gesellschaft ist kennzeichnend, die verursachten Schäden nach Möglichkeit dem verantwortlichen Schädiger anzulasten. Man spricht insoweit vom Grundsatz der **Schadensinternalisierung.** Haftungsrechtlich dienen diesem Ziel die Objektivierung der Fahrlässigkeitshaftung, die Ausdehnung der Gefährdungshaftung, die Beweiserleichterungen für den Kläger im Prozess und – außerhalb des Haftungsrechts – der Ausbau der Systeme privater und öffentlicher Vorsorge. Das Alles-oder-Nichts-Prinzip des Schadensrechts mag aus Gerechtigkeitsgesichtspunkten unbefriedigend sein. Präventionspolitisch ist es zu begrüßen. – Die größten Probleme für eine effiziente Schadensprävention durch Haftungsrecht stellen die Risiken der Haftungsdurchsetzung dar: die Kosten und Unwägbarkeiten des Zivilrechtsstreits und die Probleme der Vollstreckung.

---

[5] Zur Wiederholung sei an dieser Stelle auf das obige Kapitel über den Zivilprozess A III. verwiesen.

4 Modifizierungen und Alternativen zum Haftungsrecht

Ausgangspunkt für die im 19. Jahrhundert einsetzenden, das Haftungsrecht teilweise ergänzenden, es teilweise ersetzenden Rechtsentwicklungen außerhalb des BGB-Schuldrechts war eine doppelte Einsicht:

(1) Es ist in hohem Grade unbillig, den von einem Dritten (schuldhaft oder unverschuldet) verursachten Schaden durch den zufällig Getroffenen alleine tragen zu lassen mit möglicherweise katastrophalen Folgen für ihn und seine Familie.

(2) Genauso kann es auch volkswirtschaftlich unvertretbar sein, den Schädiger mit den für ihn möglicherweise ruinösen Folgen einer Rechtsgutsverletzung zu belasten. Damit wird zwar der Schaden ausgeglichen, aber gleichzeitig Kapital aus einer produktiven in eine unproduktive Verwendung überführt.

Beides führte zu der Überlegung, an die Stelle der haftungsrechtlichen Zuordnung des Schadens nach dem Alles-oder-Nichts-Prinzip (entweder Verlagerung auf den Schädiger oder Belassen bei dem Geschädigten) ein ganz anderes Schadenstragungsprinzip treten zu lassen – die **Schadensstreuung** auf eine Menge von einzelnen (Schadensrepartierung).

»Jeder Schade(n) wird in seiner Gesamtwirkung weniger empfindlich sein, wenn er verteilt wird, und er muss am härtesten wirken, wenn er an einer einzigen Person haften bleibt.«[6] Technisches Mittel dieser Schadensverteilung durch Streuung ist der **Versicherungsschutz**. Auch eine Einführung in die Grundlagen des Haftungsrechts kommt angesichts des erreichten Ausmaßes der Überlagerung oder der Ersetzung von Haftungsrecht durch Versicherungsschutz nicht umhin, wenigstens in groben Grundrissen die Struktur der Schadensabnahme durch Versicherungsschutz darzustellen.[7]

Versicherung im allgemeinen ist der Zusammenschluss einer großen Zahl von Personen zum Zwecke der Sicherstellung von Mitteln für die Deckung von Schäden, die sie in gleicher Weise treffen können. Das Aufbringen der Mittel erfolgt durch die Leistung von Beiträgen, deren Höhe sich nach bestimmten Kriterien bemisst, insbes. nach der Art und dem Ausmaß des zu versichernden Risikos. Die Beiträge werden an einen »Treuhänder«, die Versicherung, gezahlt, der/die im Schadensfall dem Betroffenen die Deckungsmittel zur Verfügung stellt. Hier trägt also nicht mehr der jeweilige einzelne den konkreten Schaden, sondern dieser wird – vermittelt durch die Versicherung – auf die in der Versicherungsgemeinschaft zusammengeschlossenen Träger gleichartiger Gefahren verteilt. Ein derartiges Versicherungsverhältnis kann auf dreierlei Weise begründet werden: kraft gesetzlichen Zwangs in der **Sozialversicherung,** kraft gesetzlichen Abschlusszwangs in der **privaten Pflichtversicherung** oder durch freiwilligen Vertragsabschluß in der **Privatversicherung**. Beispiele für das erstere sind die gesetzliche Unfall- und Krankenversicherung. Beispiele für letztere sind die Kfz.-Haftpflichtversicherung und die allgemeinen Haftpflichtversicherungen.

4.1 Privatversicherung

Die Privatversicherung tritt in sehr unterschiedlichen Formen auf. Die Schadensversicherung in Gestalt der (See-)Transport- und Feuerversicherung kann auf eine

---

6 *V. Mataja*, Das Recht des Schadensersatzes, 1888, S. 27.
7 Vgl. dazu auch *Kötz/Wagner*, Deliktsrecht, 9. Aufl. 2002, S. 222 ff.

lange Tradition zurückblicken. In Deutschland wurde sie bis Mitte des 19. Jahrhunderts überwiegend von öffentlich-rechtlichen Anstalten betrieben. Erst danach traten zunehmend die privaten Versicherungsaktiengesellschaften in den Vordergrund. Durch den vertraglichen Abschluss einer privaten Schadensversicherung suchten die potentiellen Gefährdeten finanziellen Schutz gegen bestimmte Schadensrisiken wie Feuer, Schiffsuntergang etc. Hatte die Schadensversicherung noch wenig Bezug zum Haftungsrecht, so änderte sich dies bei der Haftpflichtversicherung. In Deutschland ist die Haftpflichtversicherung eine »Erfindung« des späten 19. Jahrhunderts. Äußerer Anlass war die reichseinheitliche Einführung der Gefährdungshaftung für Eisenbahnunternehmen und der Repräsentantenhaftung für bestimmte Industrieunternehmen durch das Reichshaftpflichtgesetz (heute Haftpflichtgesetz – HPflG) im Jahre 1871. Das in diesem Versicherungszweig zu versichernde Risiko war eine »Rechts-Gefahr«. Es bestand darin, einmal Schuldner eines Schadensersatzanspruchs wegen einer Rechtsgutverletzung zu werden. Zwar war die Versicherung gegen Ersatzansprüche aus vorsätzlicher Schädigung von Anfang an unzulässig. Aber es blieb der weite Bereich der Fahrlässigkeitshaftung für Integritätsschäden Dritter. Eben dadurch war eine Konfliktlinie mit dem BGB von 1896 eröffnet. Der historische Gesetzgeber legte dem BGB-Haftungsrecht noch ein unverfälschtes Modell individueller Verantwortlichkeit zugrunde. Schadensausgleich (und sekundär Schadensprävention) hatten ihre Legitimation gerade darin, dass der Handelnde, dem der Vorwurf individuellen Fehlverhaltens gemacht wurde, persönlich mit seinem Vermögen für den ganzen angerichteten Schaden einzustehen hatte. Durch den »Kauf« von Versicherungsschutz, d. h. den Abschluss einer privaten Haftpflichtversicherung, konnte sich der potentielle Schädiger dieser scharfen Sanktion für potentielles Fehlverhalten entziehen. Der Zusammenhang zwischen Haftung einerseits und individueller Ausgleichspflicht und Prävention andererseits musste zerbrechen. Es überrascht daher auch nicht, dass die Gerichte in Deutschland wie auch in anderen Industrieländern dem neu auftretenden Phänomen der Haftpflichtversicherung zunächst kritisch gegenüberstanden und gelegentlich private Haftpflichtversicherungsverträge für sittenwidrig und damit unwirksam erklärten. Dies blieb jedoch ein – wenn auch bezeichnendes – vorübergehendes Intermezzo. Die private Haftpflichtversicherung setzte sich nicht zuletzt wegen ihres doppelten wirtschaftlichen Vorteils auch rechtlich durch:

(1) Sie verringerte die Durchsetzungsrisiken von Haftungsansprüchen. Mit dem Haftpflichtversicherer im Hintergrund stand dem Geschädigten i. d. R. ein zahlungsfähiger Schuldner zur Verfügung. Der geschädigte Dritte kann den haftpflichtversicherungsvertraglichen Befreiungsanspruch des Schädigers/Versicherungsnehmers gegen seine Versicherung (§ 149 1. Halbs. VVG; sog. Deckungsverhältnis) pfänden und sich zur Einziehung überweisen lassen. Der Befreiungsanspruch des Versicherungsnehmers wandelte sich um in einen Zahlungsanspruch des geschädigten Dritten gegen die Haftpflichtversicherung.

(2) Sie fing die wirtschaftlich ruinösen Folgen von Schadensersatzansprüchen auf Seiten des Schädigers auf.

Ausdruck ihrer rechtlichen Anerkennung war bereits 1901 das Versicherungsaufsichtsgesetz (VAG), durch das die privaten Versicherungsunternehmen unter staatliche Kontrolle gestellt wurden. Es folgte 1908 das Versicherungsvertragsgesetz (VVG), das einen prominenten Anwendungsbereich von Vertragsrecht außerhalb des BGB-Schuldrechts darstellt. Das VVG enthält auch eine Regelung des Haftpflichtversicherungsvertrages (§§ 149 ff.). Heute gilt es nachgerade als ein Gebot sozialen Anstands, dass derjenige – vom Tierhalter bis zum mittleren Industrieunternehmen –, der mögliche Haftungsrisiken individuell nicht tragen kann, eine entsprechende Privat-/Betriebshaftpflichtversicherung abschließt. Der Inhalt des Haftpflichtversicherungsvertrages wird weitgehend durch die *Allgemeinen Versicherungsbedingungen für Haftpflichtversicherungen* (AHB) bestimmt. Nach § 1 Ziff. 1 AHB gewährt das Versicherungsunternehmen Haftpflichtversicherungsschutz

»für den Fall, dass (der Versicherungsnehmer) wegen eines während der Wirksamkeit der Versicherung eingetretenen Ereignisses, das den Tod, die Verletzung oder Gesundheitsbeschädigung von Menschen (Personenschaden) oder die Beschädigung oder Vernichtung von Sachen (Sachschaden) zur Folge hatte, für diese Folgen auf Grund gesetzlicher Haftpflichtbestimmungen privatrechtlichen Inhalts von einem Dritten auf Schadensersatz in Anspruch genommen wird.«

Unter den angesprochenen »gesetzlichen Haftpflichtbestimmungen« sind sämtliche zivilrechtlichen Tatbestände zu verstehen, die eine Ersatzpflicht für Personen- und Sachschäden begründen. Innerhalb des BGB kommen hier vertragsrechtliche (insbes. Mangelfolgeschäden) und deliktsrechtliche Anspruchsgrundlagen in Betracht; außerhalb des BGB die Gefährdungshaftungstatbestände. **Nicht** Gegenstand der Haftpflichtversicherung sind Ansprüche auf »die Erfüllung von Verträgen und (auf) die an die Stelle der Erfüllungsleistung tretende Ersatzleistung« (§ 4 I Ziff. 6 Abs. 3 AHB). Der grundlegende Unterschied zwischen dem (positiven) Vertragsinteresse und dem haftungsrechtlichen Integritätsinteresse taucht hier an zentraler Stelle im Haftpflichtversicherungsrecht erneut auf.

Traditionell wird das Verhältnis von Haftungsrecht/Haftpflichtrecht und Haftpflichtversicherungsrecht durch das sog. **Trennungsaxiom** bestimmt. Die Haftpflichtversicherung setzt das materielle Haftungsrecht voraus. Die Leistungspflicht des Haftpflichtversicherers kann grundsätzlich nicht weiter gehen als der Umfang der Schadenersatzpflicht des Versicherungsnehmers. Die Versicherung leistet lediglich anstelle des Haftpflichtschuldners. Ein unmittelbarer Anreiz zur Schadensprävention geht unter diesen Bedingungen von dem Haftungsrecht nicht mehr aus. Davon kann nur noch insoweit gesprochen werde, als die inhaltliche Ausgestaltung des Versicherungsverhältnisses über Bonus-Malus-Systeme, Selbstbeteiligungs- und Regressverfahren auf die individuelle Schadensträchtigkeit reagiert, wie z. B. in der Kfz.-Haftpflichtversicherung, – und soweit auf den Versicherungsmärkten ein funktionsfähiger Wettbewerb herrscht. Die Leistungspflicht der Haftpflichtversicherung deckt grundsätzlich auch **Schmerzensgeldansprüche** des Geschädigten ab. Gerade bei Schmerzensgeldansprüchen ist es mittlerweile anerkannt, dass in der Praxis der Gerichte die Festsetzung der Höhe des Schmerzengeldes sich auch daran orientiert, ob der Schädiger haftpflichtversichert ist oder nicht.[8]

Den Vorteilen der Haftpflichtversicherung (Vorhandensein eines solventen »Ersatz-Schuldners« für den Geschädigten; Schutz gegen ruinöse Schadensersatzforderungen für den Schädiger) stehen jedoch auch Nachteile gegenüber. Die Abschwächung der Präventionswirkung durch den versicherungsvertraglichen Freikauf von der Haftung wurde schon erwähnt. Die Präventionswirkung kann sich sogar in ihr Gegenteil verkehren. Je mehr die konkrete Tarifgestaltung das individuelle Risikopotential des Versicherungsnehmers unberücksichtigt lässt –

---

8 Seit RGZ 136, 60; grdl. BGHZ (GS) 18, 149, 165.

und der Versicherungsnehmer verfügt diesbezüglich zumeist über die besseren Informationen –, desto eher kann dies zu Anreizen führen, die erforderlichen, kostenintensiven Sicherheitsvorkehrungen zu unterlassen. Die Schadensfolgen treffen ja nicht mehr den Schädiger sondern die Versichertengemeinschaft, die insoweit die gefahrenträchtige Aktivität dieses einzelnen subventioniert. Man bezeichnet dies als **moralisches Risiko** *(moral hazard)*.

Das Hauptmanko besteht aber darin, dass die Haftpflichtversicherung nicht weitergehen kann als das Haftpflichtrecht. Die normale Haftpflichtversicherung ist daher ein untaugliches Mittel, um die Lücken des Haftungsrechts zu füllen. Diese Lücken bestehen in Schadensfällen, die durch herrenlose Tiere ausgelöst worden sind, in denen die Verursacher nicht haftungsrechtlich verantwortlich sind (insbes. Kinder bis 7 oder 10 Jahre) oder in denen der Schädiger nicht zu ermitteln ist (Stichwort u. a.: Fahrerfluchtfälle). In all diesen möglicherweise gravierenden Schadensfällen hilft dem Betroffenen nur eine private Schadensversicherung. Diese kostet Geld. In den als Massenphänomene auftretenden Schadensfällen kann dieser Ansatz leicht zu einer sozial unvertretbaren Ungleichbehandlung der besser und schlechter Verdienenden führen. Zur sozialen Regulierung dieses vom Haftungsrecht nicht abgedeckten Bereichs ist der Gesetzgeber in Deutschland in zweifacher Weise tätig geworden: durch die Einführung einer gesetzlichen Zwangsversicherung (Sozialversicherung) und eines Privatversicherungszwanges (obligatorische Haftpflichtversicherung).

4.2 Sozialversicherung

Das Modell der Sozialversicherung, also des Versicherungsschutzes durch staatliche Fürsorgemaßnahmen, entstand im letzten Drittel des 19. Jahrhunderts in Deutschland, um einem spezifischen, mit der Industrialisierung geschaffenen, sozialen Schutzbedürfnis abzuhelfen: der wirtschaftlichen Unversorgtheit des Arbeiters bzw. seiner Familie bei **Arbeitsunfällen**, Invalidität und in Krankheitsfällen. Dieses Modell ist nur verständlich im Zusammenhang der wirtschaftlichen und politischen Verhältnisse im Deutschen Kaiserreich, damals nach England und den USA bereits das drittgrößte Industrieland der Welt. Wie die anderen Industrieländer befand sich auch Deutschland in den 80er Jahren des 19. Jahrhunderts in einer längeren Phase des konjunkturellen Einbruchs (sog. Große Depression). Die zweite industrielle Revolution mit Chemie und Elektrotechnik stand erst noch in den Anfängen. Die Sozialdemokratie gewann immer mehr Anhänger in der wachsenden Industriearbeiterschaft. Die Ansätze zu einer Wettbewerbswirtschaft wurden in der Depression zurückgedrängt durch Kartellierungs- und Konzentrationsvorgänge. Die wirtschaftlichen Interessen organisierten sich. Industrieverbände entstanden und suchten Einfluss zu nehmen auf die staatliche Wirtschafts- und Sozialpolitik. In dieser Situation unternahm es das Reich – fast schon in der Weise eines modernen Interventionsstaates –, wirtschaftspolitisch durch Schutzzölle und Subventionen die Schwerindustrie und die Landwirtschaft in ihrer internationalen Wettbewerbsfähigkeit zu stärken.

Innenpolitisch sollten die »Systemfeinde«, die Arbeiterbewegung und ihre Organisationen, durch Repression (»Sozialistengesetz«) und Fürsorgemaßnahmen integriert werden. Diese Fürsorgemaßnahmen dienten der Lösung der »sozialen Frage«. Der erwachsene Arbeiter war damals weder arbeitsvertraglich noch haftungsrechtlich noch sonst in irgendeiner Weise rechtlich gegen Schicksalsschläge wie Arbeitsunfälle und Krankheit geschützt. Der Abschluss privater Unfall-,

Kranken- und Lebensversicherungen war unter der Arbeiterschaft schon aus finanziellen Gründen nicht üblich. Zur Lösung dieses sozialen Problems wurden drei Modelle diskutiert:

(1) die Einführung einer Gefährdungshaftung des Arbeitgebers/Unternehmers für Tod und Körperverletzungen von Arbeitern nach dem Vorbild des berühmten § 25 Preußisches Eisenbahngesetz von 1838; reichseinheitlich fortgeführt als § 1 Reichshaftpflichtgesetz von 1871),

(2) die privatwirtschaftliche Lösung über eine von den Unternehmen zu finanzierende Unfallversicherung, gegebenenfalls mit staatlicher Aufsicht über die privaten Versicherungsunternehmen;

(3) eine gesetzliche Sozialversicherung mit Zwangsmitgliedschaft der Versicherten.

Gewählt wurde der neue Weg einer Sozialversicherung. Die drei Arbeiterversicherungsgesetze aus den 80er Jahren – das Krankenversicherungsgesetz von 1883, das Unfallversicherungsgesetz von 1884 und das Invaliditäts- und Altersversorgungsgesetz von 1889 – wurden 1911 in der Reichsversicherungsverordnung (RVO) zusammengefasst. Durch das Versicherungsgesetz für Angestellte aus demselben Jahr erfuhr die Arbeiterversicherung ihren Ausbau zur Sozialversicherung der Arbeitnehmer. Das deutsche Modell der Sozialversicherung hatte Leitbildfunktion gehabt für eine Reihe anderer Industrieländer.

Kranken-, Unfall- und Rentenversicherung sind auch heute die Kernbereiche des deutschen Sozialversicherungssystems. Seit 1994 ist die Pflegeversicherung hinzugekommen. Unverändert etwa 90 % der Bevölkerung sind durch die gesetzliche **Krankenversicherung** gegen die finanziellen Risiken von Krankheit und Mutterschaft abgesichert. Die Krankenversicherungen haben zu gewährleisten, dass der Versicherte die für die Wiederherstellung der Gesundheit wichtigen Dienst- und Sachleistungen wie Krankenhausunterbringung, ärztliche Behandlung, Arzneien etc. erhält. Der krankenversicherte Patient nimmt den jeweiligen Vertragsarzt »auf Krankenschein« in Anspruch. Die Bezahlung des Krankenhausträgers, Vertragsarztes und der Apotheke erfolgt durch die Krankenkasse. Die vertrags- und sozialrechtlichen Beziehungen sind oben dargestellt worden (s. o. C IV 2.2.1). Finanziert wird die Krankenversicherung je zur Hälfte durch die Beiträge der Versicherten, der Arbeitnehmer also, und ihrer Arbeitgeber.

Die gesetzliche **Unfallversicherung** umfasst heute ebenfalls etwa 90 % der Bevölkerung. Sie wird im gewerblichen Bereich getragen von den Berufsgenossenschaften. Ihre Leistungen werden finanziert von den Arbeitgebern/den Unternehmen. Der vergleichsweise enge Bereich des innerbetrieblichen Arbeitsunfalls ist schon in der Weimarer Republik (1925) erstreckt worden auf Wegeunfälle. Relativ spät (1963) sind auch die von den Arbeitskollegen verursachten Unfälle von dem Versicherungsschutz erfasst worden. 1971 sind in die Unfallversicherung auch die Personen in der Ausbildung einbezogen worden – von den Kindern in öffentlichen Kindergärten über die Schüler bis zu den Studenten an den Hochschulen und Universitäten. Im öffentlichen Ausbildungsbereich treten an die Stelle der Berufsgenossenschaften die Unfallversicherungsträger der Öffentlichen Hand. Nicht erfasst von der gesetzlichen Unfallversicherung ist die vergleichsweise hohe Zahl von Unfällen im Haus-/Heim- und Freizeitbereich. Die Unfallversicherung ist zudem beschränkt auf Leistungen zur Kompensation von Personenschäden. **Schmerzensgeld** und Ersatz von **Sachschäden** werden nicht gewährt.

Unfall- oder krankheitsbedingte **Verdienstausfälle** werden bei abhängig Beschäftigten (Arbeitnehmern) nach 3 I EFZG bis zu 6 Wochen lang vom Arbeitgeber getragen. Im Bereich dieses mittlerweile weit gefassten Arbeitsunfallversicherungsschutzes sind deliktische Haftungsansprüche der Versicherten ausgeschlossen, es sei denn es liegt eine vorsätzliche Schädigung oder ein Unfall bei der »Teilnahme am allgemeinen Verkehr« vor.

Für länger andauernde krankheitsbedingte Arbeitsverhinderung zahlen die gesetzlichen Krankenversicherungen ein Krankengeld. Führt der Unfall bei Arbeitnehmern zu einer dauernden Minderung oder einer Aufhebung der Arbeitsfähigkeit ist die Leistungspflicht der **Rentenversicherung** begründet. Bei unfallbedingter Invalidität von nicht in der Ausbildung Stehenden bzw. von Nicht-Arbeitnehmern – Hauptbeispiel ist die/der nicht-sozialversicherte Hausfrau/Hausmann – gibt es keine Leistungen. Insgesamt steht die deutsche Sozialversicherung unverändert in der Tradition des 19. Jahrhunderts. Risikoabgrenzung und Leistungskatalog von Kranken-, Unfall- und Rentenversicherung sind in erster Linie auf die Bedarfsdeckung des Berufstätigen und seiner Familie ausgerichtet, weniger auf eine allgemeine Absicherung von Unfallschäden.

Abschließend sei angemerkt, dass die komplizierte – hier nur angedeutete – Gemengelage von Haftungsrecht, Schadensersatzprozess und privat- sowie sozialversicherungsrechtlichen Kompensationsleistungen und Rückgriffsregeln für das Unfallrecht immer wieder zu rechtspolitischen Reformforderungen geführt hat. Im Zentrum dieser Reformvorstellungen steht die Überlegung, zumindest im Unfallrecht das Haftpflichtrecht als Schadensverteilungsmechanismus durch den modernen Ansatz des Sozialversicherungsschutzes zu ersetzen (Stichwort: umfassende *Volksunfallversicherung*). Dafür bestehen in Deutschland bis auf weiteres keinerlei Durchsetzungschancen.

4.3 Private Pflichtversicherung

Als Alternative zur Sozialversicherung entwickelte sich schließlich noch eine privatwirtschaftliche Variante – der Versicherungszwang. Die oben erwähnten Schutzlücken sowohl des Haftungsrechts als auch der Arbeitnehmersozialversicherung führten dazu, dass für die als Massenphänomene auftretenden Schadensfälle durch Kraftfahrzeuge 1939 ein weiterer selbstständiger Lösungsweg gewählt wurde: die obligatorische Haftpflichtversicherung der Kfz.-Halter. (Materiellrechtlich war bereits durch die Einführung einer Gefährdungshaftung des Kfz.-Halters mit dem Kraftfahrzeugverkehrsgesetz von 1909 die Haftung ausgedehnt worden.) Das Recht der Pflichtversicherung ist in den §§ 158 b ff. VVG geregelt.

Neben dem Kfz.-Bereich besteht ein Versicherungszwang heute für bestimmte Berufsgruppen wie u. a. Notare, Wirtschaftsprüfer, Steuerberater. Bei der Pflichtversicherung ist der Versicherer – anders als bei der normalen Privathaftpflichtversicherung – grundsätzlich auch zur Leistung an den Geschädigten verpflichtet, wenn er im Innen-/Deckungsverhältnis zu seinem Versicherungsnehmer leistungsfrei ist (§ 158 c VVG).

Eine Sonderstellung innerhalb der Pflichtversicherungen nimmt heute die **Kfz.-Versicherung** ein.[8a] Sie ist – aus europarechtlichen Gründen – gesondert in dem

---

8a Zu den Wandlungen der Kfz-Pflichtversicherung vgl. *Dubischar*, in FS Zivilrechtslehrer 1934/1935, 1999, S. 59.

Pflichtversicherungsgesetz von 1965 (PflVG) geregelt. Die Schadensdeckung durch dieses Modell geht in zweierlei Hinsicht über die normale Haftpflichtversicherung hinaus:

(1) Durch § 3 Ziff. 1 PflVG wurde dem Kfz.-Unfallopfer ein unmittelbar einklagbarer Leistungsanspruch gegen den Kfz.-Haftpflichtversicherer des Schädigers eingeräumt (sog. **action directe**).

(2) Eine weitere empfindliche Lücke im materiellen Kfz.-Haftpflichtrecht und im Haftpflichtversicherungsrecht wurde im Interesse des Schutzes des Geschädigten ansatzweise ausgefüllt: in den Fällen, in denen das Schädigerfahrzeug nicht ermittelt werden kann (Fahrerflucht) oder nicht versichert war, hat der Geschädigte wegen seines Personen- und Sachschadens einen Ersatzanspruch gegen einen »**Entschädigungsfonds** für Schäden aus Kraftfahrzeugunfällen«. Dieser Fonds, organisiert in der Form eines privatrechtlichen Vereins »Verkehrsopferhilfe« mit Sitz in Hamburg, wird von den Kfz.-Haftpflichtversicherern in der BRD gemeinsam getragen. (§§ 12 PflVG, 158 c VVG). Sachschäden werden aber erst ab € 500 ersetzt (§ 12 III PflVG). Die Personenschäden einschließlich eines Schmerzensgeldes, soweit dieses wegen der besonderen Schwere der Verletzung zur Vermeidung einer groben Unbilligkeit erforderlich ist (§ 12 II, 1 PflVG), werden lediglich innerhalb bestimmter amtlich festgesetzter Mindestversicherungssummen erstattet (§ 158 c III VVG). Die Leistungspflicht des Entschädigungsfonds ist subsidiär. Sie kommt nur zum tragen, wenn der Geschädigte nicht von anderer Seite, etwa einem Sozialversicherungsträger, Leistungen erhält.[9]

Angewandt auf unsere Beispielsfälle 1 bis 4 ergibt sich aus dem oben Ausgeführten:

Der *Angestellte A* hat einen Arbeitsunfall (Wegeunfall) erlitten. Die Kosten der ärztlichen Behandlung und der Arzneien werden von A's Unfallversicherungsträger, der Berufsgenossenschaft der Banken, übernommen. Verdienstausfall hat A nicht. Er bezieht sein Gehalt für die 4 Wochen unfallbedingter Arbeitsunfähigkeit weiter (§ 3 I EFZG). Schmerzensgeld erhält A nicht. Seinen Sachschaden (Pkw-Beschädigung) muss er selbst tragen. Beides könnte A nur haftungsrechtlich gegen den unbekannt gebliebenen Verursacher der Ölspur geltend machen.

Auch das *Schulkind A* hat einen Wegeunfall erlitten. Die Krankenhaus-, Arzt-, und Arzneimittelkosten werden von dem Unfallversicherungsträger der Öffentlichen Hand übernommen. Hinsichtlich ihrer lebenslangen Behinderung erhält das Kind eine Rentenzahlung. Schmerzensgeld wird von der Unfallversicherung nicht gezahlt. Der Sachschaden (zerstörtes Fahrrad, beschädigte Kleidung) bleibt ebenfalls unersetzt. Ausnahmsweise ist in dem vorliegenden Fall auch bei nicht identifizierbarem Haftpflichtschuldner ein Ersatzanspruch gegen den Entschädigungsfonds der Kfz.-Haftpflichtversicherer gegeben. Sachschäden werden danach aber erst ab € 500 ersetzt (§ 12 III PflVG). Lediglich ein Schmerzensgeldanspruch kann in diesem schweren Fall begründet sein. – Das nicht-sozialversicherte Kind B könnte ausschließlich Ansprüche wegen seines Personenschadens und wegen eines Schmerzensgeldes an den Entschädigungsfonds stellen.

In dem *dritten Fall* hat der achtjährige Junge fahrlässig den Tod des Kraftfahrers verursacht. Bis vor kurzem hing seine Haftung davon ab, ob er »die zur Erkennt-

---

9 Vgl. zu der Durchsetzung von Entschädigungsansprüchen gegen den Verein »Verkehrsopferhilfe« R. Weber, DAR 1987, 333.

nis der Verantwortlichkeit erforderliche Einsicht« hatte. Nach neuem Recht haftet er bei einem Unfall mit einem Kfz bis zur Vollendung des 10 Lebensjahres *nicht*; es sei denn er hat vorsätzlich gehandelt (§ 828 II). Die Eltern würden selbstständig haften, wenn sie einen Aufsichtsfehler begangen hätten (§ 832 I). Die Haftung der Eltern unterstellt, ist dies ein Fall, wo das Fehlen einer privaten Haftpflichtversicherung katastrophale Folgen für die Eltern des Jungen haben kann. Unterstellt, der getötete Kraftfahrer hatte mehrere unterhaltsberechtigte Kinder, bedeutete dies, dass die Eltern zu langwährenden Rentenzahlungen verpflichtet wären (§ 844 II).

In dem *Festumzugsfall* liegt kein Unfall im sozialversicherungsrechtlichen Sinn vor. Die medizinischen Behandlungskosten werden von F's Krankenkasse getragen. War F Arbeitnehmer in einem privaten Arbeitsverhältnis oder im öffentlichen Dienst, erhält er seinen Lohn/sein Gehalt weiterbezahlt (§§ 616 BGB, 3 I EFZG). Sachschadensersatz und Schmerzensgeld kann er nur haftungsrechtlich geltend machen; ebenso seinen Verdienstausfall, wenn er selbstständig tätig ist. Haftungsadressat wäre der (möglicherweise nicht ermittelbare) Werfer des Chinakrachers und der Reitverein. Ob der Reitverein als Tierhalter nach §§ 833 S. 1 (ohne Verschulden) oder S. 2 BGB (mit Exkulpationsmöglichkeit) haftet, ist eine schwierige Frage, die vor allem davon abhängt, ob das fragliche Pferd als Nutz- oder Luxustier einzustufen ist (s. u. III.2.3). Für den Fall der Haftung des Reitvereins dürfte dessen Haftpflichtversicherung den Schaden liquidieren. In diesem Fall würden auch die Krankenkasse und der Arbeitgeber des F versuchen, wegen ihrer an F erbrachten Leistungen bei dem Haftpflichtversicherer des Reitvereins Rückgriff zu nehmen. Der Ersatzanspruch des F ist kraft Gesetzes in dem Umfang auf sie übergegangen, soweit sie Leistungen erbracht haben (§§ 116 SGB X, 6 EFZG).

5 Negatorischer Rechtsschutz

Wenn sich jemand unbefugt fremde Zuständigkeiten »anmaßt«, dann kann darin eine unerlaubte Handlung i. S. der §§ 823 ff. BGB liegen; es kann aber auch ein verschuldensunabhängiger rechtswidriger Eingriff in fremde Rechtszuständigkeiten i. S. des Rechts der ungerechtfertigten Bereicherung (§§ 812 ff. BGB) gegeben sein. Auf diese deliktsnahe *Eingriffskondiktion* ist oben eingegangen worden (s. D II.2).

Der negatorische Rechtsschutz nach § 1004 BGB hat seine Wurzeln im Grundstücksrecht. Wenn der Nachbar die Löcher in seinem Zaun nicht flickt, und seine Hunde immer wieder auf das benachbarte Grundstück laufen, so kann dessen Eigentümer die **Unterlassung** dieser rechtswidrigen Beeinträchtigung seiner Grundstücksnutzung verlangen (§ 1004 I 2). Er kann zudem die **Beseitigung** der Ursachen hierfür – Flicken der Löcher im Zaun – durchsetzen (§ 1004 I 1). Was nachbarrechtlich durchsetzbar ist, bestimmt sich nach der Ortsüblichkeit i. S. des § 906 II 1. In den relevanten Fällen der Immissionen durch genehmigte Industrieanlagen ist allerdings der negatorische Rechtsschutz ersetzt worden durch eine Entschädigungszahlung (§ 14 BImSchG).

Von Bedeutung für das Haftungsrecht ist eine dreifache Entwicklung, die der negatorische Rechtsschutz nach § 1004 BGB durch die Rechtsprechung und Gesetzgebung erfahren hat:

(1) Zunächst ist sein Anwendungsbereich vom (Grund-)Eigentum auf die anderen in § 823 I BGB genannten Rechtsgüter (Leben, Körper, Gesundheit, Freiheit) erstreckt und dann schließlich auf jede nach den §§ 823 ff. deliktsrechtlich

geschützte Position ausgedehnt worden. Man spricht insoweit von **quasi-negatorischen Rechtsschutz.** Dies ist besonders wichtig für die Unterlassungsansprüche. Der Geschädigte kann bei Wiederholungsgefahr seine Schadensersatzklage mit einer Unterlassungsklage verbinden und eine Strafandrohung für den Fall des Verstoßes festsetzen lassen.

(2) Die Strafandrohung erhält ihre Relevanz vor allem in dem Bereich der zweiten Entwicklungslinie des negatorischen Rechtsschutzes. Unterlassungsansprüche wurden von der Rechtsprechung auch zugelassen, wenn noch gar keine Rechtsgutverletzung erfolgt ist – aber nachweislich die Gefahr eines unmittelbar bevorstehenden rechtswidrigen Eingriffes droht. Die Beweislast trägt der Antragsteller. Insoweit spricht man von dem **vorbeugenden negatorischen/ quasi-negatorischen Rechtsschutz.** Lediglich in Parenthese sei angemerkt, dass die vorbeugenden Unterlassungsansprüche in erster Linie im einstweiligen Verfügungsverfahren (§§ 916 ff. ZPO) geltend gemacht werden. Ihr wichtigster sachlicher Anwendungsbereich ist der Persönlichkeitsschutz, das Wettbewerbsrecht (Gesetz gegen unlauteren Wettbewerb – UWG) und der gewerbliche Rechtsschutz.

(3) Die Geltendmachung von Unterlassungs- und Widerrufsansprüchen **durch Verbände** ist nunmehr durch das *Unterlassungsklagengesetz* geregelt, allerdings beschränkt auf die verbraucherschützenden Verbandsklagen aus dem AGB-Recht insbes. gegen die Verwender unwirksamer Allgemeiner Geschäftsbedingungen.[10]

II. Deliktsrecht[11]

1 Allgemeine Lehren

1.1 Haftungstatbestand: Haftungsgrund und Haftungsausfüllung

Das französische Zivilgesetzbuch, der *Code Civil* von 1804,[12] formuliert in der Generalklausel des Art. 1382 einen Deliktstatbestand von bestechender Einfachheit: »Wer einen anderen durch sein Verschulden schädigt, ist zum Ersatz dieses Schadens verpflichtet.« Dieser Tatbestand enthält lediglich vier Elemente: *Verhalten, Verschulden* (Faute), *Schaden* und *Kausalität* zwischen Fehlverhalten und Schaden. Während der französische Gesetzgeber zu Beginn des 19. Jahrhunderts das Deliktsrecht noch in fünf Artikeln regelte, verwandte der deutsche Gesetzgeber am Ende des 19. Jahrhunderts hierauf immerhin schon 31 Paragraphen. Entsprechend kompliziert geriet auch der Aufbau der Deliktstatbestände. Das Deliktsrecht des BGB kennt **keine Generalklausel,** sondern eine Reihe von Einzeltatbeständen, von denen die wichtigsten nachfolgend dargestellt werden. **Drei Haupttatbestände** stehen im Vordergrund: §§ 823 I, 823 II und 826. Alle drei weisen eine unterschiedliche Fassung des Haftungstatbestandes auf.

---

10 Vgl. dazu u. a. *Eike Schmidt,* NJW 2002, 25.
11 Zur Vertiefung vgl. *Deutsch,* Allgemeines Haftungsrecht, 2. Aufl. 1996; *Deutsch/Ahrens,* Deliktrecht, 4. Aufl. 2001; *Brüggemeier,* Deliktsrecht, 1986; *Kötz/Wagner,* Deliktsrecht, 9. Aufl. 2001; *Fuchs,* Deliktsrecht, 3. Aufl. 2001. Als umfassende europäische Bestandsaufnahme vgl. *von Bar,* Gemeineuropäisches Deliktsrecht, 2 Bde., 1996/1999.
12 Zwischenzeitlich – 1807–1814, 1852–1870 – als *Code Napoléon* bezeichnet.

§ 823 Abs. 1 lautet: »Wer vorsätzlich oder fahrlässig das Leben, den Körper, die Gesundheit, die Freiheit, das Eigentum oder ein sonstiges Recht eines anderen widerrechtlich verletzt, ist dem anderen zum Ersatz des daraus entstehenden Schadens verpflichtet.« Hier kann recht anschaulich zwischen dem Haftungsgrund und der Haftungsausfüllung unterschieden werden. Der **Haftungsgrund** umschreibt die Voraussetzungen, unter denen in einem Schadensfall die Schadenszuständigkeit von dem Betroffenen/Geschädigten auf einen anderen übergeht; wann m. a. W. derjenige, den es »getroffen« hat, nicht auf seinem Schaden »sitzen bleibt«, sondern er einen anderen zum Schadensausgleich heranziehen kann. Die Haftungsvoraussetzungen bestehen nach § 823 I in dreierlei: (1) Herbeiführung einer Rechts(guts)verletzung, (2) Rechtswidrigkeit und (3) Verschulden. Diese Voraussetzungen machen zugleich die sog. drei Stufen des Haftungstatbestands des § 823 I aus. Vorsatz und Fahrlässigkeit wurden dabei im Rahmen eines Einheitskonzepts des Verschuldens undifferenziert und vorbehaltlos der dritten Stufe in diesem Tatbestandsaufbau des § 823 I zugeordnet. Dies ist eine Position, die die moderne Lehre der Fahrlässigkeitshaftung heute nicht mehr teilt (s. u. E II 1.3). **Rechte** sind das Eigentum und ihm gleichgestellte sonstige »absolute Rechte«, wie z. B. die Immaterialgüterrechte Urheberrecht, Patent etc. **Rechtsgüter** sind Leben, Körper, Gesundheit und Freiheit. Wird ein derartiges Rechtsgut rechtswidrig und schuldhaft von einem anderen verletzt, ist die haftungsrechtliche Verantwortung des Verletzers gegeben. Beantwortet der Haftungsgrund also die Frage, ob eine bestimmte Person haftet, so thematisiert die **Haftungsausfüllung** (oder das Schadensrecht; s. u. F) jetzt lediglich noch den Gegenstand dieser Ersatzverbindlichkeit: **Was, wie** und **in welchem Umfang** von dem Haftungsschuldner zu ersetzen ist.

In § 823 Abs. 2 ist der Haftungsgrund komplexer ausgestaltet. Nach seinem Wortlaut hat er nur zwei Elemente: (1) Das Vorliegen einer Norm außerhalb des BGB-Deliktsrechts, die den Schutz eines bestimmten Individualinteresses (Eigentum, persönliche Rechtsgüter, Vermögen etc.) »bezweckt«; (2) die schuldhafte Verletzung dieses Schutzgesetzes.

§ 823 II ist eine Verweisnorm. Er bezieht sich auf außerdeliktsrechtliche Rechtsnormen und transformiert deren Gebote unter bestimmten Bedingungen in deliktsrechtliche Verhaltenspflichten. Der Haftungsgrund ist daher bei § 823 II gewissermaßen zweistufig: Auf der ersten Stufe ist die Frage zu entscheiden, ob die jeweilige Rechtsnorm ein Schutzgesetz i. S. des § 823 II ist. Nach welchen Kriterien das erfolgt, darauf wird weiter unten im Text näher eingegangen (s. u. II. 3). Falls die Schutzgesetzeigenschaft bejaht worden ist, sind auf der zweiten Stufe die Haftungsvoraussetzungen der Bezugsnorm zu prüfen. Die konkrete Ausgestaltung des Haftungsgrundes des § 823 II hängt daher weitgehend von der Bezugsnorm ab.

§ 303 StGB beispielsweise ist ebenso wie viele andere Strafnormen ein Schutzgesetz i. S. des § 823 II. Hier ähnelt der Haftungstatbestand stark dem klassischen Schema von § 823 I: Tatbestandsmäßige Verletzung eines geschützten Interesses (hier: Sachbeschädigung/Zerstörung), Rechtswidrigkeit und Vorsatz. Diese Strukturähnlichkeit ist insoweit wenig überraschend, als entstehungsgeschichtlich die gesetzliche Formulierung des § 823 I stark von dem dreistufigen Tatbestandsaufbau der Strafrechtsnormen beeinflusst war. – Anders sieht es etwa im Fall des § 64 I GmbHG aus. Danach ist der Geschäftsführer verpflichtet, bei Überschuldung oder Zahlungsunfähigkeit der GmbH die Eröffnung des Insolvenzverfahrens zu beantragen. § 64 I GmbHG ist nicht nur ein Schutzgesetz zugunsten der Gesellschafter der

GmbH, sondern bezweckt nach der Rechtsprechung auch den Schutz der Gläubiger der GmbH. Der Haftungsgrund besteht in dem Nicht-Stellen des Insolvenzantrages bei gegebener Überschuldung oder Zahlungsunfähigkeit und in der dadurch verursachten Vermögensbeeinträchtigung der GmbH-Gläubiger. Ein fahrlässiger Schutzgesetzverstoß läge vor, wenn ein »ordentlicher Geschäftsführer« unter den gegebenen Bedingungen einen Insolvenzantrag gestellt hätte.

Ein Problem der Haftungsausfüllung ist es dann, zu bestimmen, welchen Schaden die GmbH-Gläubiger, die im Insolvenzverfahren mit ihren Forderungen »ausgefallen« sind, liquidieren können. Antwort: Nur den Schaden, der im Schutzbereich der Norm liegt bzw. dessen Eintritt die Norm des § 64 I GmbHG zu verhindern bezweckt. Das wäre bei den *Altgläubigern* der sog. Quoten- oder Bruchteilsschaden, d. h. die Differenz zwischen dem völligen Ausfall bzw. zwischen der faktisch erhaltenen Quote und derjenigen (hypothetischen) Insolvenzquote, die die Gläubiger bei rechtzeitiger Eröffnung des Insolvenzverfahrens erhalten hätten. Bei den Neugläubigern, d. h. die Vertragsgläubiger, die bei rechtzeitigem Insolvenzantrag gar nicht mehr mit der GmbH kontrahiert hätten, wäre es der gesamte konkrete Schaden.[13]

Eine wiederum andere Struktur weist § 826 auf: »Wer in einer gegen die guten Sitten verstoßenden Weise einem anderen vorsätzlich Schaden zufügt, ist dem anderen zum Ersatz des Schadens verpflichtet.« Dieser Haftungstatbestand hat vier Tatbestandsvoraussetzungen: Schädigung/Interessenverletzung, sittenwidriges Verhalten, Kausalität, Vorsatz. Der Unterschied zu § 823 I besteht vor allem darin, dass der Schadenseintritt hier schon Element des Haftungsgrundes ist. Der Vermögensschaden ist nicht notwendig wie bei § 823 I über eine vorgängige Rechts(guts)verletzung vermittelt. Der Haftungsausfüllung verbleibt die Aufgabe, den Umfang des zu ersetzenden Schadens zu bestimmen.

Haftungsgrund und Haftungsausfüllung machen zusammen den Haftungstatbestand aus. Aus dieser Einheit des Haftungstatbestands folgt der eherne Grundsatz, dass Integritätsverletzung und Schaden immer in einer Person zusammentreffen müssen (sog. **Tatbestandsprinzip**). Hiervon hat der Gesetzgeber nur in Sonderfällen eine Ausnahme zugelassen, insbesondere bei der **Tötung** von Personen (z. B. §§ 844-846, § 10 StVG u. a. m.). Nur unter diesen Voraussetzungen kann der aus der Tötung von Personen resultierende Schaden in gewissen (viel zu engen) Grenzen von Dritten geltend gemacht werden. Die schuldhafte Tötung nicht-unterhaltspflichtiger Personen bleibt im deutschen Zivilrecht ungeahndet.[14] Es gibt rechtspolitische Bestrebungen, eine Gesetzesänderung herbeizuführen, nach der auch nahen Angehörigen in Tötungsfällen eigene Schmerzensgeldansprüche gegen den Verantwortlichen zustehen sollen.[15]

1.2 »Klassischer« Haftungsgrund: Tatbestandsmäßigkeit, Rechtswidrigkeit, Verschulden

Das traditionelle und bis auf den heutigen Tag vorherrschende Verständnis des BGB-Deliktsrechts ist bestimmt durch § 823 I. Dieser deliktische Haupttatbestand seinerseits ist orientiert an einem bestimmten Leitbild des haftungsbegründenden

---

13 Grdl. BGHZ 126, 181.
14 Abgesehen von den Beerdigungskosten (§§ 844 I, 1968). Zur Situation in anderen Rechtsordnungen vgl. *von Bar*, Gemeineuropäisches Deliktsrecht, Bd. 2, 1999, S. 61 ff.
15 Vgl. dazu *Odersky*, Schmerzensgeld bei Tötung naher Angehöriger, 1989.

Verhaltens: der **unmittelbaren Rechts(guts)verletzung.** Relevantester Anwendungsfall hierfür ist der Verkehrsunfall: Kraftfahrer A fährt infolge Unachtsamkeit auf den vor ihm abbremsenden Pkw des B auf (s. o. E I.1). Deliktsrechtsdogmatisch lässt sich dieser Vorgang nach § 823 I wie folgt rekonstruieren: Erste Frage ist, ob eine objektivtatbestandliche Verletzung des B durch A vorliegt?

Diese **objektive Tatbestandsmäßigkeit** hat ihrerseits drei Elemente: (1) Rechts(guts)verletzung, (2) Verhalten, (3) Kausalität zwischen Verhalten und Rechts(guts)verletzung.

Das zentrale Element des objektiven Tatbestandes des § 823 I ist die **Rechts(guts)verletzung,** der sog. tatbestandsmäße »Erfolg«. Jemand muss in seinen Rechtsgütern Leben, Körper, Gesundheit, Freiheit, in seinem »Recht« Eigentum oder in einem »sonstigen Recht« verletzt worden sein. In unserem Beispiel ist B durch die Beschädigung des Pkw in seinem Eigentum beeinträchtigt worden.

Es muss weiter ein **menschliches Verhalten** vorliegen. Der rechtliche Verhaltensbegriff hat zwei Dimensionen: (aktives) *Tun* und (passives) Nicht-Tun, sog. *Unterlassung.* »Wer« i. S. des § 823 I ist ausschließlich ein Mensch. Nur Menschen sind Adressaten rechtlicher und sozialer Normen. Wenn ein Hund einen Menschen beißt, liegt kein Verhalten im Rechtssinne vor. Tiere sind zivilrechtlich zwar keine Sachen mehr, sondern »Mitgeschöpfe«.[16] Haftungsrechtlich bleibt der Hundebiss aber ein Problem der Tier**halterhaftung** oder Tierhüterhaftung (§§ 833, 834; s. u. III 2.3).

Eine andere Frage ist, wann bei einem Menschen von einer Handlung gesprochen werden kann, und ab wann Mann/Frau für seine/ihre schädigende Handlung i. S. des Haftungsrechts »verantwortlich« ist. Das Problem, wann eine »**Handlung**« im Rechtssinn vorliegt, hat in früheren Zeiten eine Unzahl wissenschaftlicher Behandlungen erfahren. Es war eng verknüpft mit der philosophischen Frage nach der menschlichen Willensfreiheit überhaupt. Wir können uns an dieser Stelle mit einer negativen Ausgrenzung begnügen. Der rechtliche Handlungsbegriff umfasst grundsätzlich nur ein Verhalten, das der Bewusstseinskontrolle und Willenslenkung unterliegt. Nicht darunter fallen »Handlungen« unter unmittelbarem Zwang, bloße Reflexe (z. B. Krampf im Bein) und »Verhalten« bei Bewusstlosigkeit (z. B. Schlaganfall/Herzinfarkt am Steuer eines Pkw). Das Gesetz hingegen fingiert in diesen Fällen eine Handlung und lässt bei Drittschädigungen »im Zustand der Bewusstlosigkeit oder in einem die freie Willensbestimmung ausschließenden Zustand« lediglich die Verantwortlichkeit entfallen (§§ 827, 829).[17] Liegt eine Handlung im Rechtssinn vor, so bestimmt § 828 I BGB, dass **Kinder** bis zur Vollendung des 7. Lebensjahres für ihre Handlungen nicht verantwortlich sind. Dies ist für den Bereich des Straßen- und Bahnverkehrs bei nicht-vorsätzlichen Handlungen auf 10 Jahre ausgedehnt worden (§ 828 II). Ab 7 bzw. 10 Jahren kommt es bis zur Vollendung des 18. Lebensjahres darauf an, ob das Kind/der Jugendliche »bei der Begehung der schädigenden Handlung die zur Erkenntnis der Verantwortlichkeit erforderliche Einsicht hat« (§ 828 III). Haftungsvoraussetzungen bei Minderjährigen sind also Einsichtsfähigkeit und Verschulden.

Das dritte Element der Tatbestandsmäßigkeit, die **Kausalität,** verbindet das Verhalten mit der Rechts(guts)verletzung. Der tatbestandsmäße »Erfolg« muss

---

16 Vgl. Gesetz zur Verbesserung der Rechtsstellung des Tieres im bürgerlichen Recht v. 20. 8. 1990 (BGBl. 1990 I, 1762).
17 Vgl. dazu BGH NJW 1987, 121.

durch die konkrete Handlung verursacht worden sein. Als kausal gilt dabei jedes Verhalten, das nicht hinweggedacht werden kann, ohne dass die Integritätsverletzung entfiele. Die Juristen sprechen insoweit von der Bedingungs- oder Äquivalenz-«Theorie« (Lehre von der *conditio sine qua non)*. Jede Bedingung, ohne die die Integritätsverletzung nicht eingetreten wäre, ist der anderen gleichwertig, »äquivalent«. In unserem Beispielsfall steht außer Frage, dass A durch sein Verhalten die Beschädigung von B's Pkw verursacht hat.

Sonderprobleme stellen sich bei den **Unterlassungsdelikten;** zunächst was die Kausalität anbelangt. So scheint ein Nicht-Handeln auf den ersten Blick nicht die Ursache von etwas sein zu können. Für die normative Betrachtungsweise des Rechts ist hier jedoch ausreichend, dass ein *Anders-Verhalten* den Schadenseintritt verhindert hätte. Übereinstimmend gilt daher, dass eine Unterlassung dann für die Interessenverletzung »kausal« ist, wenn ein bestimmtes aktives Verhalten (Tun) die Integritätsverletzung verhindert hätte.

Nun ist aber nicht jeder, der in der jeweiligen Situation hätte handeln können, ein potentieller Deliktstäter durch Unterlassen. In diesem Zusammenhang wird üblicherweise zwischen echten und unechten Unterlassungsdelikten unterschieden. Formuliert das Gesetz selbst ein Handlungs**gebot** – etwa § 12 StVO: Beleuchtungspflicht –, so begründet ein Verstoß ohne weiteres das Delikt (echtes Unterlassungsdelikt). § 823 I BGB hingegen enthält lediglich ein Schädigungs- oder Gefährdungs**verbot** bestimmter Rechtsgüter. Um eine Rechts(guts)verletzung nach § 823 I BGB durch Unterlassen zu begehen, bedarf es einer zusätzlichen Voraussetzung. Der Nachbar z. B., der eine mögliche Gefahrenquelle auf den Nebengrundstück nicht beseitigt, haftet nicht wegen Unterlassens für die sich dort ereignenden Schadensfälle. Relevant für den Haftungtatbestand des § 823 I BGB wird das Nicht-Handeln des Nachbarn erst, wenn diesen eine **Pflicht zum Handeln** getroffen hätte. Diese Pflicht transformiert den Verbotstatbestand in einen Gebotstatbestand, macht aus dem Unbeteiligten einen Unterlassungs«täter« (unechtes Unterlassungsdelikt). Eine Pflicht zum Handeln wiederum ist gegeben, wenn jemand eine *Garantenstellung* hinsichtlich der betroffenen Rechtsgüter innehat. Eine solche Garantenstellung kann sich aus einer konkreten rechtlichen oder sozialen Sonderbeziehung (Vertrag, Familie, Gemeinschaft) ergeben, aus einer beruflichen Sonderstellung (z. B. Arzt, Bademeister, Polizist) oder aus einer Aktivität, aus der sich Gefahren für andere eröffnen können (Beispiel: Verkehrssicherungspflicht des Grundstückseigentümers, Warenhausinhabers etc.).

Ist der objektive Tatbestand einer Rechts(guts)verletzung gegeben, stellte sich in dem klassischen Aufbauschema des § 823 I als zweites die Frage nach der **Rechtswidrigkeit.** Die Rechtswidrigkeit galt lange Zeit als das unproblematischste Glied in dem dreistufigen Haftungsaufbau des § 823 I. Mit der tatbestandsmäßigen Rechts(guts)verletzung wurde die Rechtswidrigkeit des Verletzungsverhaltens widerleglich vermutet. M. a. W.: Die Verursachung des Verletzungs«erfolges« indizierte die Rechtswidrigkeit des Verletzungsverhaltens. Dies wird als **Lehre vom »Erfolgs«unrecht** bezeichnet. Es blieb lediglich noch zu prüfen, ob ausnahmsweise ein sog. Unrechtsausschließungs- oder Rechtfertigungsgrund vorlag.[18] Dadurch

---

18 Eine Ausnahme wurde lediglich gemacht für die nachträglich in § 823 I eingefügten »Generalklauseln«: das Recht am Gewerbebetrieb (s. u. 2.2) und das allgemeine Persönlichkeitsrecht (s. u. 2.3). Hier sei die Rechtswidrigkeit positiv durch eine Interessenabwägung festzustellen.

konnte die Vermutung der Rechtswidrigkeit widerlegt werden. Einer der wichtigsten – wenn auch heute nicht mehr unumstrittenen – Anwendungsfälle: Die *Einwilligung des Patienten* in die Operation lässt die Rechtswidrigkeit der Körperverletzung, die bei jeder medizinischen Operation nach vorh. Meinung gegeben ist, entfallen (s. u. II 2.4). Der Lehrbuchfall der Notwehr (§ 227 BGB) soll nicht unerwähnt bleiben. Er ist aber wohl auf Fälle der Rechts(guts)gefährdung durch vorsätzliche unmittelbare Verletzungshandlungen beschränkt. Bei den haftungsrechtlich eindeutig im Vordergrund stehenden Fahrlässigkeitsdelikten spielt die Notwehr faktisch keine Rolle.

Bei den **Unterlassungsdelikten** ist mit der Feststellung einer Garantenstellung, dem Unterlassen der gebotenen Handlung und dem Eintritt des tatbestandsmäßigen Erfolges die Rechtswidrigkeit immer schon gegeben.

Die mit Abstand größte Bedeutung kam der dritten Stufe zu – **dem Verschulden**. Für den BGB-Gesetzgeber war das Verschulden die zentrale Voraussetzung für die Begründung einer Schadensersatzpflicht. In den Protokollen der zweiten Lesung des BGB aus dem Jahre 1881 ist implizit auf die berühmte Formel R. v. Jhering's Bezug genommen worden: »*Nicht der Schaden verpflichtet zum Schadensersatz, sondern die Schuld. Ein einfacher Satz, ebenso einfach wie der des Chemikers, daß nicht das Licht brennt, sondern der Sauerstoff der Luft*«.[19] Das zivilrechtliche Verschulden umfasst – wie die Schuld im Strafrecht – Vorsatz und Fahrlässigkeit (§ 276 I 1). Beide Schuldformen waren nach der klassischen Doktrin als Willensschuld konzipiert. Sie bezog sich bei § 823 I einheitlich auf die konkrete Rechts(guts)verletzung und auf die Rechtswidrigkeit.

Der **Vorsatz** wurde von daher als wissentliche und willentliche Herbeiführung des tatbestandsmäßigen (und rechtswidrigen) »Erfolges« verstanden. Jede vorsätzliche Rechts(guts)verletzung ist per se rechtswidrig, ohne dass dies einer besonderen Begründung bedarf. Die Rechtswidrigkeit kann entfallen, wenn Unrechtsausschließungsgründe vorliegen. Nicht vom Vorsatz erfasst ist der aus der Verletzung resultierende (Folge-)Schaden. Der Schaden wird nach den für die Haftungsausfüllung geltenden Grundsätzen zugerechnet. Der Vorsatz setzt auch das Bewusstsein der Rechtswidrigkeit voraus. Ein Irrtum über das Verbotensein lässt im Zivilrecht den Vorsatz entfallen (sog. Vorsatztheorie).[20] Bei Vermeidbarkeit des Irrtums kommt eine Haftung wegen Fahrlässigkeit in Betracht!

Die **Fahrlässigkeit** bestand demzufolge in der Erkennbarkeit und Vermeidbarkeit der rechtswidrigen Interessenverletzung bei pflichtgemäßem Willensgebrauch. Anders als im Strafrecht wurde die Fahrlässigkeit im Zivilrecht jedoch von Anfang an **objektiviert**. Es kam nicht auf die Vorwerfbarkeit des individuellen Fehlverhaltens des konkreten Delinquenten an, sondern entscheidend war und ist die Verletzung der »im Verkehr erforderlichen Sorgfalt« (§ 276 II). Der Autofahrer A in unserem Beispielsfall kann sich daher nicht mit fehlender Fahrpraxis, mit hohem Alter oder mit Überanstrengung etc. entschuldigen, worauf das Fehlverhalten im Einzelfall auch immer beruht und wodurch es auch immer »erklärbar« wird. Die Unachtsamkeit des A stellt eine Fahrlässigkeit i. S. des § 276 II BGB dar.

---

19 Prot. II, 585.
20 Demgegenüber gilt im Strafrecht die sog. *Schuldtheorie*, die das Unrechtsbewusstsein vom Vorsatz trennt und einem weiten Schuldbegriff zuordnet. Vgl. dazu die Lehrbücher des Strafrechts.

Schaubild 17

Haftungsbestand des § 823 I
(traditionelles Verständnis: Erfolgsunrecht)

I. Haftungsgrund
1. Objektiver Tatbestand

– Rechts(gut)verletzung – Verhalten (**Tun**) – (haftungsbegründende) Kausalität des Tuns für die Verletzung	– Rechts(guts)verletzung – Verhalten (**Unterlassen**) – Garantenstellen (Pflicht zum Handeln) – »Kausalität« (Nicht-Eintritt der Verletzung bei Andersverhalten)

2. Rechtswidrigkeit

Rechtswidrigkeit indiziert durch das Faktum der Rechts(guts)verletzung (Ausn.: PersönlichkeitR, Rechts am Gewerbebetrieb)	Rechtswidrigkeit des Unterlassens gegeben mit Pflicht- und Integritätsverletzung

3. Verschulden

Vorsatz und Fahrlässigkeit (§ 276 I 1)
(jeweils bezogen auf die Rechts(guts)verletzung und die Rehtswidrigkeit)

II. Haftungsausfüllung

- Schaden
- (haftungsausfüllende) Kausalität zwischen Rechts(guts)verletzung und Schaden
- Bestimmung des Schadensumfangs

1.3 Kontroversen um die Fahrlässigkeitshaftung nach § 823 I

Die heutigen Probleme bei der Anwendung des § 823 I in der beschriebenen Weise resultieren daraus, dass die Regelungstechnik, mit der die historischen Gesetzgebungskommissionen vor 100 Jahren den deliktischen Integritätsschutz des einzelnen zu gewährleisten suchten, dem Regelungsbedarf einer entwickelten und komplexen (post)industriellen Gesellschaft nicht mehr entspricht. Das 19. Jahrhundert glaubte noch, den Bestandsschutz bestimmter benannter Rechtsgüter und Rechte – insbes. Leben, Körper, Freiheit und Eigentum – durch absolute Verletzungsverbote gewährleisten zu können. Die Unerlaubtheit der Handlung wurde durch das bloße äußere Faktum der Rechts(guts)verletzung signalisiert. Der Eingriff in diese hermetisch abgegrenzten Rechtsbereiche, der tatbestandsmäßige »Erfolg« der Rechts(guts)verletzung, war die sprachliche Kurzformel für die

Umschreibung des rechtswidrigen Verhaltens. Heute lässt sich auf diese holzschnittartige Weise der individuelle Bestandsschutz nicht mehr gegen die allgemeine Handlungsfreiheit abgrenzen. Das Problem hat sich verlagert von der Stigmatisierung des »Eingriffs« in räumlich abgrenzbare private Rechtskreise hin zu der Formulierung von Anforderungen an das gesellschaftlich nicht mehr hinnehmbare (»Fehl«-)Verhalten. In dem Mittelpunkt steht nicht länger der »*Erfolg*« der Rechts(guts)verletzung, sondern die Verletzung durch ein *verkehrswidriges Verhalten*. Das sog. **Verhaltensunrecht** verdrängt zunehmend das traditionelle Erfolgsunrecht.

Dies sei an einer der berühmtesten haftungsrechtlichen Kontroversen aus den 50er Jahren im Nachkriegs(west)deutschland erläutert:[21]

Nachdem der Schaffner eines Straßenbahnwagens abgeläutet hatte, fährt der Fahrer an. Während des Anfahrens löst sich sehr spät ein Passant aus einer Gruppe von Leuten und versucht noch auf die offene Plattform des Straßenbahnwagens zu springen. Er rutscht ab, gerät unter den Wagen und wird schwer verletzt.

Im Rahmen der Haftung des Straßenbahnunternehmens nach § 831 I für Delikte seiner Arbeitnehmer (sog. *Geschäftsherrnhaftung*; s. u. II. 4. 2) kommt es darauf an, ob Straßenbahnfahrer und -schaffner als Verrichtungsgehilfen einen anderen »widerrechtlich« verletzt haben. Eine Verletzung des Passanten durch das Straßenbahnpersonal liegt vor. Hätte der Schaffner nicht abgeklingelt, hätte sich der Straßenbahnwagen nicht in Bewegung gesetzt. Wäre der Fahrer nicht angefahren oder hätte er wieder abgestoppt, als der Passant Anstalten machte, aufzuspringen, wäre der Unfall nicht passiert (Bedingungs- oder Äquivalenzlehre). Die Rechtswidrigkeit des Verletzungsverhaltens ist mithin nach dem klassischen Verständnis des § 823 I indiziert. Ein anerkannter Unrechtsausschließungsgrund lag nicht vor. Also war von einer rechtswidrigen Körperverletzung des Passanten durch Straßenbahnschaffner und -fahrer auszugehen. Sollte dies jedoch auch gelten, wenn sich beide völlig ordnungsgemäß verhalten hatten, also die internen Dienstvorschriften ebenso wie die Regeln der StVO beachtet hatten, etwa weil das verspätete Aufspringen des leicht alkoholisierten Passanten für sie nicht vorhersehbar war? Der sog. Große Zivilsenat, dem diese Rechtsfrage von dem deliktsrechtlichen VI Zivilsenat des BGH vorgelegt worden war,[22] versuchte eine salomonische Kompromissformel: Zwar handele derjenige, der sich verkehrsrichtig verhalte, nicht rechtswidrig. Andererseits sei nach dem traditionellen Verständnis des § 823 I die Rechtswidrigkeit gegeben. Der Große Zivilsenat suchte einen Ausweg aus diesem Dilemma, indem er das »**verkehrsrichtige Verhalten**« als neuen Rechtfertigungsgrund einführte und damit die (indizierte) Rechtswidrigkeit wieder ausschloss. – Der dogmatisch überzeugendere Weg wäre u. E. gewesen, den Indikationsmechanismus aufzugeben und anzuerkennen, dass bei Fahrlässigkeitsdelikten die Rechtswidrigkeit über die positive Feststellung einer Verkehrswidrigkeit ermittelt wird. Die Feststellung einer Verkehrswidrigkeit aber beinhaltet die Aussage, dass ein objektives Fehlverhalten vorliegt, d. h. dass das konkrete Verletzungsverhalten nicht den in der jeweiligen Situation geltenden durchschnittlichen (»im Verkehr erforderlichen«) Verhaltensanforderungen genügte. Dies wiederum ist identisch mit der Fahrlässigkeit i. S. des § 276 II!

---

21 Vgl. BGHZ (GS) 24, 21. Vgl. dazu u. a. *Nipperdey*, NJW 1957, 1777; *R. Schmidt*, NJW 1958, 488; *Stoll*, JZ 1958, 137; *Wieacker*, JZ 1957, 595; *Wussow*, NJW 1958, 891; *Wiethölter*, Der Rechtfertigungsgrund des verkehrsrichtigen Verhaltens, 1960.
22 Im Verfahren nach § 132 GVG.

Diese Konsequenz hat die deutsche Haftungsrechtsdogmatik jedoch bis heute nicht gezogen! Sie befindet sich gewissermaßen unverändert in der Dilemmasituation des Großen Zivilsenats aus dem Jahre 1957 – der Unentschiedenheit zwischen Erfolgsunrecht (Indikationslehre) und Verhaltensunrecht (Verkehrswidrigkeit = objektive Fahrlässigkeit). Der ominöse »Rechtfertigungsgrund des verkehrsichtigen Verhaltens« ist mittlerweile im Orkus der jüngsten Rechtsgeschichte verschwunden. An seine Stelle sind eine Reihe von Distinktionen getreten: (1) unmittelbare – mittelbare Verletzung, (2) innere – äußere Sorgfalt, (3) Verkehrspflicht – Nicht-Verkehrspflicht. Diese Unterscheidungen machen die Unübersichtlichkeit und Kompliziertheit des heutigen BGB-Deliktsrechts aus. Dies entspricht jedoch der herrschenden haftungsrechtlichen Dogmatik. Hieran hat sich ein Grundkurs für junge Studierende zu orientieren.[23]

(1) Ausgangspunkt ist die *Trennung zwischen sog. unmittelbaren und mittelbaren Rechts(guts)verletzungen*[24] bei den Fahrlässigkeitsdelikten nach § 823 I.

Bei der unmittelbaren Rechts(guts)verletzung führt das Verhalten direkt, unvermittelt über Zwischenursachen, zu dem tatbestandsmäßigen Erfolg (z. B. Verkehrsunfall, ärztlicher Behandlungsfehler). Unter einer mittelbaren Rechts(guts)verletzung versteht man ein Verhalten, das erst vermittelt durch weitere Umstände zu der Rechts(guts)verletzung führt. Dazu einige Beispiele: (1) Der Baggerführer beschädigt das Hauptstromkabel. Dadurch fällt der Strom bei der angeschlossenen Hühnerfarm aus. Die Beschädigung des Kabels wäre eine unmittelbare Eigentumsverletzung. Die Vernichtung der in den elektrischen Brutbatterien liegenden Eiern infolge des Stromausfalls wäre eine mittelbare Eigentumsverletzung. – (2) Die Stiftung Warentest veröffentlicht unzutreffende Testurteile. Die Konsumenten kaufen daraufhin nicht mehr das (zu Unrecht) schlecht bewertete Produkt. Hier läge eine mittelbare Interessenverletzung des Produktherstellers durch die Stiftung Warentest vor. – (3) Jemand verursacht einen tödlichen Verkehrsunfall. Auf die Nachricht von dem Unfalltod ihres Ehemannes erleidet die Frau einen schweren Schock mit daraus resultierendem Gesundheitsschaden.

Für die **unmittelbare** Rechts(guts)verletzung soll weiterhin die klassische Lehre der Indikation der Rechtswidrigkeit durch den Verletzungs«erfolg« gelten. Die Beachtung/Nicht-Beachtung der erforderlichen Sorgfalt ist als eine Frage des Verschuldens auf der dritten Stufe zu behandeln. In dem Straßenbahnfall wäre nach vorh. Auffassung – entgegen dem Großen Zivilsenat[25] – die Rechtswidrigkeit des Verhaltens von Straßenbahnschaffner und -fahrer anzunehmen! Ihre eigene Haftung nach § 823 I würde dann aber an der fehlenden Fahrlässigkeit scheitern.

Bei der sog. **mittelbaren** Rechts(guts)verletzung soll es dagegen auch bei gegebenem objektiven Tatbestand zur Begründung der Rechtswidrigkeit auf die

---

23 Vgl. *Deutsch*, Allgemeines Haftungsrecht, 1996, S. 153 ff., 244 ff.; *Larenz/Canaris*, Schuldrecht II/2, § 75 II. – Die Verfasser vertreten demgegenüber die konsequente Verhaltensunrechtslehre – vgl. *Brüggemeier*, Prinzipien des Haftungsrechts, 1999, S. 62 ff.; *ders.*, Deliktsrecht, 1986, S. 85 ff.; *Esser/Schmidt*, Schuldrecht I/2, §§ 25 IV, 26 II; *Eike Schmidt*, Grundlagen des Haftungs- und Schadensrechts, in: Die Grundlagen des Vertrags- und Schuldrechts, Athenäum-Zivilrecht I, 1972, S. 469 ff; ebenso *Kötz/Wagner*, Deliktsrecht, 2001, Rz. 103.
24 Grdl. *Larenz*, Rechtswidrigkeit und Handlungsbegriff im Zivilrecht, in: FS Dölle I 1963, S. 169; vgl. auch *Larenz/Canaris*, Schuldrecht II/2, § 75 II 3.
25 BGHZ 24, 21.

positive Feststellung des unsachgemäßen, verkehrswidrigen Verhaltens ankommen. M. a. W.: Die Beachtung/Nicht-Beachtung der erforderlichen Sorgfalt ist hier eine Frage der Rechtswidrigkeit. Wenn aber das objektive Fehlverhalten bei den mittelbaren Rechts(guts)verletzungen bereits die Rechtswidrigkeit begründet, worin besteht in diesen Fallkonstellationen dann das Verschulden?

(2) Dies führt zu einer weiteren Unterscheidung: Bei den **mittelbaren** Rechts(guts)verletzungen wird die Fahrlässigkeit aufgeteilt in Rechtswidrigkeit und Verschulden. Dies wird möglich durch die vorausgesetzte »Halbierung« des Sorgfaltsbegriffs i. S. des § 276 II in die sog. **äußere und innere Sorgfalt**.[26] Die Verletzung der äußeren Sorgfalt ist das objektive Fehlverhalten, d. h. die Nicht-Beachtung der im Verkehr erforderlichen Sorgfalt. Die Verletzung der äußeren Sorgfalt fungiert bei den mittelbaren Rechts(guts)verletzungen als Rechtswidrigkeitselement! Die innere Sorgfalt bleibt als Verschuldenselement übrig. Unter *»innerer Sorgfalt«* verstehe man einen *»intellektuell-emotionalen Vorgang, der aus zwei Teilen zusammengesetzt ist. Die eine Hälfte richtet sich auf die Erkenntnis der Tatbestandsmerkmale und der Norm. . . . . Die andere Hälfte der inneren Sorgfalt ist auf die äußere Sorgfalt gerichtet. Man hat sich geistig-seelisch so einzurichten, dass man norm- bzw. sachgemäß handelt«*.[27] Diese aus dem Strafrecht stammende Unterscheidung wäre plausibel, wenn die äußere Sorgfalt objektiv und die innere Sorgfalt subjektiv zu interpretieren wäre, wie dies in der Tat bei dem strafrechtlichen Fahrlässigkeitsbegriff (oder etwa auch in der österreichischen deliktischen Fahrlässigkeitslehre) der Fall ist. Da aber in Deutschland die einhellige Meinung seit jeher von einem objektiven Verständnis der zivilrechtlichen Sorgfalt ausgeht,[28] bleibt der semantische Gehalt des Begriffs der »inneren« Sorgfalt problematisch. Andererseits sind die in diesem Kontext viel zitierten Beispiele des »Krampfes im Bein des Autofahrers« oder des »Schlaganfalls am Steuer« gerade kein Problem der Fahrlässigkeit – sondern des Handlungsbegriffs (s. o. II 1.2). Fahrlässig handelt nur, wer grundsätzlich normgemäß handeln **kann**. Überhaupt scheinen die Aspekte, die unter »innerer Sorgfalt« thematisiert werden, eher in den Kontext des Handlungsbegriffs und des Begriffs der Deliktsfähigkeit/Verantwortlichkeit (§ 827) zu gehören. Dass das Konzept des sorgfältigen Verhaltens andererseits kognitive, voluntative und emotionale Ebene enthält, ist gleichermaßen unbestreitbar wie trivial. Als Teilnehmer am Straßenverkehr hat man selbstverständlich die »Augen offen zu halten«, die Verkehrszeichen und das Verhalten der anderen Verkehrsteilnehmer zu beobachten. Nur zwingt dies nicht zu einer derartigen Verselbstständigung von Teilaspekten des Verhaltens, wie es die Theoretiker der Trennung von äußerer und innerer Sorgfalt für das deutsche Zivilrecht gewissermaßen als vorgegeben hinstellen.

Ein Blick in die Rechtsvergleichung zeigt, dass eine ähnliche Differenzierung **innerhalb** eines grundsätzlich **objektiv** verstandenen Sorgfaltsbegriffs anderen Rechtsordnungen fremd ist. Jedenfalls ist sie den romanischen Haftungsrechten genauso unbekannt wie dem anglo-amerikanischen Deliktsrecht. Auch das BGB-Deliktsrecht stellt – ganz im Sinne der Kantischen Unterscheidung zwischen Legalität und Moralität – auf die »bloß äußeren Handlungen« ab. Fahrlässig han-

---

26 Grdl. *Deutsch*, Allgemeines Haftungsrecht, 1996, Rz. 385 ff.; kritisch u. a. *Fabarius*, Äußere und innere Sorgfalt, 1991 m. w. Nachw.
27 *Deutsch*, a. a. O., Rz. 388; *ders.*, Der Begriff der Fahrlässigkeit im Zivilrecht, JURA 1987, 505.
28 RGZ 68, 423.

delt, wer die »im Verkehr erforderliche Sorgfalt« außer acht lässt. Fahrlässigkeit *i. S. des § 276 II ist das Urteil über ein äußeres menschliches Verhalten, dass es in der konkreten Situation nicht den für den jeweiligen Akteur geltenden objektiven – vom Richter zu konkretisierenden – Anforderungen genügt.* Zwar hat sich die höchstrichterliche Rechtsprechung den halbierten Sorgfaltsbegriff zu eigen gemacht. Sie hat dies jedoch gleichzeitig dadurch wieder entscheidend relativiert, dass sie eine Beweiserleichterung für den Nachweis der Verletzung der sog. inneren Sorgfalt eingeführt hat:[29] Ist die äußere Sorgfalt verletzt, spricht eine Vermutung für die Verletzung der inneren Sorgfalt. An die Stelle der Rechtswidrigkeitsindikation bei den unmittelbaren Rechts(guts)verletzungen tritt eine Verschuldensindikation bei den mittelbaren Rechts(guts)verletzungen. Formal vertritt die Rechtsprechung so die Trennung von äußerer und innerer Sorgfalt, – inhaltlich hat sie sich damit der [hier vertretenen] Auffassung eines einheitlichen Fahrlässigkeitsbegriffs (objektives Fehlverhalten/äußerer Sorgfaltsverstoß) stark angenähert. In der Praxis der Instanzgerichte spielt dieser halbierte Sorgfaltbegriff so gut wie keine Rolle.

(3) Ein weiterer wichtiger Unterschied kommt hinzu: Bei *unmittelbaren* Rechts(guts)verletzungen bedarf es keiner gesonderten deliktischen Verhaltenspflicht (»Verkehrspflicht«), um die Herbeiführung des jeweiligen Verletzungs«erfolges« dem Verhalten des Delinquenten zuzurechnen. Die Kausalität ist ausreichend. Dagegen ist bei mittelbaren Rechts(guts)verletzungen eine entsprechende **deliktische Verhaltenspflicht (Verkehrs- oder Schutzpflicht)** dem entfernten Geschädigten gegenüber das zentrale Element des Haftungsgrundes. Zur Kausalität kommt hier ein zusätzliches normatives Element hinzu – die *Zurechnung* des entfernten »Erfolges« bei gegebener Kausalität! Nur wenn ich voraussetze, dass der Betrieb am Ende des Hauptstromkabels gegen Eigentumsverletzungen durch Kabelunterbrechungen geschützt ist, liegt ein Haftungstatbestand nach § 823 I vor. Die sog. **Verkehrspflicht** beinhaltet eine Erweiterung oder Beschränkung der Haftung, je nach Ausgangspunkt. Steht man auf dem Standpunkt, dass jede verursachte Integritätsverletzung haftungsbegründend ist (Bedingungs-/Äquivalenztheorie), schränkt die Verkehrspflicht die Haftung normativ ein *(Zurechnungszusammenhang)*. Steht man auf dem Standpunkt, dass nur die unmittelbaren Verletzungen dem haftungsrechtlichen Leitbild des § 823 I entsprechen, dann erweitert die Verkehrspflicht die Verantwortlichkeit für bestimmte entferntere Rechts(guts)verletzungen. Wie dem auch immer sein mag, durch die Verkehrspflicht wird die potentielle Haftungsbeziehung hergestellt: *Wer wem gegenüber in welchen Interessen gegen welche Form von Verletzungen geschützt ist*. Der objektive Tatbestand besteht hier aus der Verletzung eines durch die Verkehrs- oder Schutzpflicht geschützten entfernteren Rechtsguts. Die Fahrlässigkeit ist dann, wie bei den unmittelbaren Verletzungen auch, lediglich ein Urteil über das Verletzungsverhalten als verkehrswidrig.

Dieses gemischte Aufbauschema für unmittelbare und mittelbare Rechtsgutsverletzungen nach § 823 I wird noch einmal in dem nachfolgenden Schema dargestellt.

---

29 BGHZ 80, 186, 199 – Apfelschorf I; BGH NJW 1986, 2757.

Schaubild 18

Haftungstatbestand des § 823 I
(Erfolgs- **und** Verhaltensunrecht)

I. Haftungsgrund

Vorsatzhaftung	Fahrlässigkeitshaftung	
	(**unmittelbare** Verletzung)	(**mittelbare** Verletzung)
1. Tatbestandsmäßigkeit	1. Tatbestandsmäßigkeit	1. Tatbestandsmäßigkeit
– Rechts(guts)verletzung – Verhalten – Kausalität	– Rechts(guts)verletzung – Verhalten – Kausalität	a) Vorliegen einer Verkehrs-/Schutzpflicht
		b) Obj. Schutzpflichttatbestand – Verletzung geschützten entf. Interesses – Verhalten – Kausalität
2. Rechtswidrigkeit	2. Rechtswidrigkeit	2. Verkehrswidrigkeit = Verletzung der äußeren Sorgfalt
(indiziert)	(indiziert)	
3. Vorsatz	3. Fahrlässigkeit (§ 276 II)	3. Fahrlässigkeit = Verletzung der inneren Sorgfalt
(bezogen auf die Interessenverletzung) Unrechtsbewusstsein	(äußere u. innere Sorgfalt)	(indiziert bei Verletzung der äußeren Sorgfalt: BGH NJW 1986, 2757)

II. Haftungsausfüllung

– Schaden
– (haftungsausfüllende) Kausalität zwischen Rechts(guts)verletzung und Schaden
– Bestimmung des Schadensumfangs

Die mehrstufige deliktische Vorsatz- und Fahrlässigkeitshaftung wird ergänzt um die einstufige Gefährdungshaftung (s. u. E III). Damit sind diese notwendigerweise noch einmal etwas abstrakteren Ausführungen abgeschlossen. Das Delikts- und Gefährdungshaftungsrecht wird im folgenden stärker anhand konkreter Beispielsfälle erläutert.

2 Deliktischer Haupttatbestand: § 823 Abs. 1 BGB

2.1 Verletzung von Leben, Körper, Gesundheit und Freiheit

Fallbeispiele:

1. a) Der Kraftfahrer A stieß mit einem Sattelschlepper zusammen, der mit überhöhter Geschwindigkeit aus einer Kurve kommend zu weit auf die Gegenfahrbahn geraten war. A verstarb nach 14 Tagen auf der Intensivstation des nächsten Unfallkrankenhauses. Die Hinterbliebenen des A, seine Ehefrau und seine zwei minderjährigen Kinder, machen gegen den Fahrer des Sattelschleppers F Schadensersatzansprüche geltend: medizinische Behandlungskosten, Schmerzensgeld, Beerdigungskosten, entgangenen Unterhalt.

1. b) Wie oben. Die Ehefrau des A war im 5. Monat schwanger. Bei der Nachricht von dem Unfalltod ihres Mannes erlitt sie einen Schock, der zu erheblichen Kreislaufbeschwerden, zu Störungen der Sauerstoffzufuhr des Fötus und zu der Gefahr einer Frühgeburt führte. Infolge dieser Komplikationen kam das Kind im 9. Monat mit einem unheilbaren Hirnschaden zur Welt. Das Kind macht Schadensersatzansprüche gegen den Fahrer des Sattelschleppers F geltend *(BGHZ 93, 351 = NJW 1985, 1390)*.

2. a) Bei einer fröhlichen Grill-Party mit einer Clique auf einem Camping-Platz, bei der es freundschaftlich-leger zugeht, frotzelte B die A an mit der Bemerkung: »Na, Dicke«. A versetzte daraufhin dem B einen kräftigen Knuff mit dem Knie gegen den Oberschenkel. B stand – was A nicht wusste – in ärztlicher Behandlung und nahm regelmäßig Medikamente ein, die die Gerinnungsfähigkeit des Blutes herabsetzten und B zu einem »künstlichen Bluter« machten. Infolgedessen löste der normalerweise harmlose »Knuff« der A bei B innere Blutungen aus, die einen mehrwöchigen Krankenhausaufenthalt erforderlich machten.

2. b) Wie 2 a). Der angetrunkene C stößt den B, der vor ihm an der Getränkeausgabestelle stand, zu Boden.

3. An einem Sonnabendnachmittag trat die zweite Herrenmannschaft des TuS R gegen die dritte Herrenmannschaft des FC O zu einem Fußballspiel an. Als gegen Ende der ersten Halbzeit der Mittelfeldspieler A des TuS R mit dem Ball am Fuß in Richtung gegnerisches Tor stürmte, wurde er von einem Abwehrspieler des FC O angegriffen. Als der Abwehrspieler den Ball wegschlagen wollte, verpasste er den Ball und traf nur noch das Bein des A, der den Ball schon weitergespielt hatte. A erlitt einen Beinbruch. Seine Krankenkasse verlangt Ersatz der für A verauslagten medizinischen Behandlungskosten und A begehrt Zahlung eines Schmerzensgeldes von dem Abwehrspieler des FC O *(BGHZ 63, 140)*.

4. W hatte es sich zur Aufgabe gemacht, Justizskandale aufzudecken. Da er in seinen Anschuldigungen gegenüber der Justiz nicht gerade zurückhaltend war, kam es zu einer Reihe von Strafverfahren wegen Beleidigung, Verleumdung, übler Nachrede und ähnlicher Delikte. Im Rahmen eines dieser Verfahren erstellte der gerichtliche Sachverständige Dr. X ein Gutachten über die strafrechtliche Verantwortlichkeit des W. In dem Gutachten wurde W »psychopathisch progressive Querulanz mit eindeutigem Krankheitswert« attestiert. W wurde daraufhin vorläufig in eine psychiatrische Anstalt eingewiesen. In einem späteren Verfahren stellte sich die Unrichtigkeit des 1. Gutachtens heraus. W verlangt von dem Sachverständigen Dr. X Schadensersatz und Schmerzensgeld *(BGHZ 62, 54; BVerfGE 49, 304)*.

§ 823 I sanktioniert die fahrlässige oder vorsätzliche rechtswidrige Tötung und Körperverletzung mit Schadensersatz- und Schmerzensgeldansprüchen (§§ 249-253). Der Tötungstatbestand ist durch seinen Gegenstand definiert, das menschliche Leben. Die Bestimmung von Beginn und Ende des Lebens im haftungsrechtlichen Sinn ist durchaus nicht unumstritten. Auf diese Abgrenzungsfragen braucht hier nicht eingegangen zu werden. Geschütztes **Leben** i. S. des § 823 I ist nicht identisch mit der Rechtsfähigkeit und setzt daher nicht wie § 1 die Vollendung der Geburt voraus.[30] Leben im haftungsrechtlichen Sinn beginnt spätestens mit der Nidation des Eies im Uterus, etwa 14 Tage nach der Empfängnis. Das Ende des menschlichen Lebens wurde früher mit dem klinischen **Tod**, d. h. insbesondere dem irreversiblen Stillstand von Kreislauf und Atmung, bestimmt. Heute steht der sog. Hirntod im Vordergrund.[31] In den meisten Fällen wird die Feststellung des Todes und der Todesursache wenig Schwierigkeiten bereiten. Die Probleme ergeben sich zumeist bei den normativen Aspekten. Hier stehen zwei Fragen im Mittelpunkt: (a) Bestand eine deliktische Schutzpflicht dem konkret geschädigten Kläger gegenüber? (b) Hat der Schädiger fahrlässig/verkehrswidrig gehandelt? Diese Struktur des modernen Fahrlässigkeitstatbestandes soll im folgenden an Beispielsfällen verdeutlicht werden.

In dem *Beispielsfall 1 a* hat der Fahrer F des Sattelschleppers den A getötet. Die Voraussetzungen des objektiven Tötungstatbestandes – Verhalten (Fahren des Sattelschleppers), unmittelbare Rechtsgutsverletzung (Tod des A); Kausalität – wie auch Rechtswidrigkeit liegen vor. Probleme in einem Rechtsstreit könnte es aufwerfen, ob die Hinterbliebenen des A ein Fehlverhalten des Sattelschlepperfahrers nachweisen können. Wenn ihnen der Nachweis gelingt, insbes. anhand der polizeilichen Unfallaufnahme, evtl. Zeugenaussagen und Kfz-Sachverständigengutachten, dass der Sattelschlepperfahrer infolge überhöhter Geschwindigkeit auf die Gegenfahrbahn geraten und dort mit dem Kfz. des A kollidiert ist, steht die Verkehrswidrigkeit des Verhaltens bzw. die Fahrlässigkeit des Fahrers fest. Er hat die Verhaltenspflichten eines Teilnehmers am Straßenverkehr, nämlich das Rechtsfahrgebot des § 2 StVO, das Geschwindigkeitsbegrenzungsgebot des § 2 StVO und das allgemeine Rücksichtsnahmegebot des § 1 StVO verletzt.

Da A tot ist, kann er trivialerweise keinen Schadensersatzanspruch mehr geltend machen. In seiner Person sind aber noch zwei Schadensersatzansprüche gegen F entstanden: der auf Ersatz der medizinischen Behandlungs- und Krankenhauskosten und ein Schmerzensgeldanspruch. Der Schmerzensgeldanspruch entsteht unabhängig davon, ob A noch bei Bewusstsein war oder die ganze Zeit im Koma lag.[32] Voraussetzung ist, dass der Schaden unter Berücksichtigung seiner Art und Dauer nicht unerheblich war (§ 253 II Nr. 2). Mit seinem Tod sind beide Ansprüche auf die Erben übergegangen und können von den Hinterbliebenen geltend gemacht werden.

Unabhängig von diesen übergegangenen Schadensersatzansprüchen des A können die hinterbliebenen Dritten nach § 844 unter bestimmten Voraussetzungen *ihren eigenen Schaden* liquidieren. Dies ist, wie bereits betont, einer der wenigen Fälle, wo es im deutschen Deliktsrecht irrelevant ist, dass Haftungsgrund – die fahrlässige Tötung des A nach § 823 I – und Haftungsausfüllung – Schaden der Dritten – auseinanderfallen. Nach § 844 I können die Erben die Beerdigungskosten ersetzt verlangen, die sie nach § 1968 tragen. Nach § 844 II können diejenigen, für deren Unterhalt der Getötete nach dem Gesetz zu sorgen hatte, ihren entgangenen Unterhalt geltend machen. Dies sind in erster Linie die Witwe und die gemeinsamen Kinder (§§ 2360, 1601). Anspruchsinhalt ist der »angemessene«

---

30 Zur Vorverlagerung der Rechtsfähigkeit auf den noch nicht Geborenen, den sog. *Nasciturus*, im Haftungsrecht vgl. § 844 II, im Erbrecht vgl. § 1923 II.
31 Vgl. dazu *Schmidt-Jortzig*, Wann ist der Mensch tot?, 1999.
32 Grdl. BGHZ 120, 1 = NJW 1993, 781 m. Anm. *Deutsch* = JZ 1993, 516 m. Anm. *Giesen*.

Unterhalt der Familie. Dieser umfasst nach § 1360 a I »alles, was nach den Verhältnissen der Ehegatten erforderlich ist, um die Kosten des Haushalts zu bestreiten und die persönlichen Bedürfnisse der Ehegatten und den Lebensbedarf der gemeinsamen unterhaltsberechtigten Kinder zu befriedigen.« Der Unterhalt ist i. d. R. durch Zahlung einer monatlichen Geldrente zu leisten. Möglich ist aber auch eine einmalige Kapitalabfindung. Diese ihre Schadensersatzansprüche können die Hinterbliebenen sowohl gegen den Fahrer F des Sattelschleppers nach § 823 I, den Arbeitgeber nach § 831 I als auch – in praxi weitaus wichtiger – gegen den Haftpflichtversicherer des Lkw's geltend machen (sog. action directe nach § 3 Ziff. 1 PflVG; s. o. E I 4.3). Auf die gefährdungshaftungsrechtlichen Ansprüche gegen den Halter des Sattelschleppers nach dem Straßenverkehrsgesetz (§§ 7, 10 StVG) wird unten III. 2.1 eingegangen.

Größere Schwierigkeiten bereitet die Haftungsbegründung in der *Fallvariante 1 b)*. Hier macht das Kind einen **eigenen** Schadensersatzanspruch wegen einer Gesundheitsverletzung geltend, die pränatal bei ihm verursacht worden ist. Grundsätzlich ist – wie betont – auch das bereits gezeugte, aber noch nicht geborene Kind, der Embryo (bis zum 3. Monat) oder Fötus (ab dem 3. Monat), in den Schutzbereich des Haftungsrechts einbezogen. Die Tötung des A durch den Fahrer des Sattelschleppers und die Nachricht hiervon lösten bei der schwangeren Ehefrau des A einen Schock aus. Dieser führte zu den Durchblutungsstörungen der Placenta und zu den Unregelmäßigkeiten bei der Sauerstoffzufuhr für den Fötus. Diesen Kausalitätsnachweis einmal unterstellt, ist der objektive Tatbestand einer Gesundheitsverletzung des Fötus »durch F« gegeben. Die entscheidende Frage ist nun, ob man diese mittelbare Schädigung dem Fahrer des Sattelschleppers noch »zurechnen« kann. M. a. W.: Umfasst der Schutzbereich der deliktischen Verhaltenspflicht, bei der Teilnahme am Straßenverkehr andere Verkehrsteilnehmer nicht vermeidbar in ihrer körperlichen Integrität und in ihrem Eigentum zu gefährden, auch die Gesundheit der Ehefrau und/oder die des Fötus im Bauch der Ehefrau eines gefährdeten Verkehrsteilnehmers? Besteht insoweit auch ihnen gegenüber eine deliktische Schutzpflicht? Oder handelt es sich – zumindest bei der Kindesschädigung – um ein derart ungewöhnliches und fernliegendes Ereignis, das dem »allgemeinen Lebensrisiko« des Fötus zugerechnet werden muss, der teilhat an dem Lebensschicksal der Mutter? Die Beantwortung dieser Fragen nach dem Schutzbereich der Verkehrspflicht ergibt sich nicht aus dem Gesetz. Sie muss durch eine Abwägung der beteiligten Interessen von den Gerichten und der Rechtswissenschaft beantwortet werden. Dagegen stellt es eine Fehldogmatisierung dar, diese Frage als ein Problem der Fahrlässigkeit zu behandeln. Zu postulieren, der Fahrer des Sattelschleppers habe auch diesen möglichen Erfolg der Gesundheitsverletzung eines Fötus einer Ehefrau eines Verkehrsteilnehmers »im allgemeinen erkennen müssen«, läuft auf pure Fiktion hinaus. Im Ergebnis hat der BGH eine deliktische Schutzpflicht des Fahrers des Sattelschleppers auch dem Embryo/Fötus gegenüber bejaht.[33] Damit beinhaltet die fahrlässige Tötung des A zugleich auch eine fahrlässige Gesundheitsverletzung der Ehefrau des A und des Fötus nach § 823 I. Seinen daraus resultierenden Schaden kann das lebendgeborene Kind daher selbst einklagen.

Als überaus lehrreich erweist sich der – allerdings etwas konstruierte – *Grill-Party-Fall*.[34] Auch hier ist der objektive Tatbestand einer Gesundheitsverletzung un-

---

33 BGHZ 93, 351, 357.
34 Aus: *Schäfer/Ott*, Lehrbuch der ökonomischen Analyse des Zivilrechts, 1986, S. 170.

problematisch. Durch ihr Verhalten, kräftiger Schubs mit dem Knie, hat A zwar keine unmittelbare Körperverletzung begangen – wohl aber eine mittelbare Gesundheitsverletzung des B verursacht. Der Schubs bzw. die Körperberührung war ursächlich für die konstitutions- bzw. arzneimitteltherapiebedingten inneren Blutungen des B. Dass der A eine entsprechende Schutz-/Verkehrspflicht oblag, den B nicht zu schädigen, ist unzweifelhaft. Problematisch ist in dieser Fallkonstellation aber, ob A sich fahrlässig/verkehrswidrig verhalten hat. Es handelte sich um eine Grill-Party, bei der es »freundschaftlich-leger« zuging. Dies beinhaltet aber wohl auch Formen non-verbaler Kommunikation wie Schulterklopfen oder Knuffe. Wenn der B die A anfrozelt mit den Worten »na, Dicke«, und die A antwortet mit einem harmlosen Knuff, dann verhält sie sich der Situation und den konkreten Umständen entsprechend »verkehrsgerecht« oder »sozialadäquat«. Es fehlt an der Fahrlässigkeit i. S. von § 276 II. Dieses Ergebnis lässt sich gerade auch mit Gründen aus dem Argumentationshaushalt der ökonomischen Analyse des Rechts belegen. B trägt hier ein ganz außergewöhnliches, nur ihm bekanntes und für die anderen nicht erkennbares Risiko an seine soziale Umwelt heran. Es ist daher primär an ihm, Vorkehrungen zu treffen, dass sich dieses Risiko nicht verwirklicht. Er ist in dieser Situation derjenige, der am ehesten (und billigsten) Vorsorge gegen diese spezifischen Schäden treffen **kann** und deshalb auch **muss**. Durch die Teilnahme an der Grill-Party ist er das Risiko eines Knuffs bewusst eingegangen. Insoweit hat er im unmittelbaren Sinn des Wortes »auf eigene Gefahr« gehandelt. (Problematischer wäre die Fallkonstellation, wo die Aktivität (Knuff) von A ausgeht und für B unvorbereitet kommt. Aber auch hier müsste m. E. ein »Fehlverhalten« von A verneint werden.) A haftet dem B bzw. dessen Krankenkasse nicht auf Ersatz der medizinischen Behandlungskosten. – Ganz anders stellt sich die haftungsrechtliche Situation dar, wenn eine fahrlässige Körperverletzung vorliegt und somit ein **Haftungsgrund** gegeben ist, wie in der *Fallvariante 2 b*: Der angetrunkene C stößt den B um. Nunmehr verlagert sich die Perspektive. Hat jemand durch sein Fehlverhalten einen Haftungsgrund gesetzt, trägt er hinsichtlich der **Haftungsausfüllung** grundsätzlich das Risiko ungewöhnlich großer Schäden. Übereinstimmend gilt in den meisten Zivilrechtsordnungen der Satz: Der Verletzer hat kein Recht darauf, so gestellt zu werden, als ob er einen völlig gesunden Menschen verletzt hätte. Oder: *Der Täter muss das Opfer so nehmen, wie er es vorfindet.*[35]

In der Gruppe der Sportunfälle, mit denen der BGH erstaunlich häufig im Kontext von § 823 I befasst ist,[36] liegen zumeist unmittelbare Rechtsgutsverletzungen vor. Die objektive Tatbestandsmäßigkeit (und Rechtswidrigkeit) ist i. d. R. unproblematisch. Zur Konkretisierung eines Fehlverhaltens bzw. der Fahrlässigkeit wird hier – wie in den Straßenverkehrsfällen auf die Verkehrsregeln – auf das (nationale oder internationale) Regelwerk des jeweiligen Sportverbandes Bezug genommen; für den Skilauf etwa auf die sog. FIS-Regeln. An dem *Fußballfall* lässt sich auf interessante Weise demonstrieren, wie sehr die Definition der deliktischen Verhaltensanforderungen von der Interessenkonstellation in dem jeweiligen Sozialbereich abhängt. Der Fußballsport gilt anders als die Parallel- oder Individualsportarten wie z. B. Leichtatlethik, Rudern, Skilauf als (Mannschafts-) **Kampfsport**art. Zwar wird man auch hier zuerst die einschlägigen Spielregeln heranziehen, etwa die Regel XII »Verbotenes Spiel und Unsportliches Betragen« des DFB. Darüber hi-

---

35 RGZ 155, 41; BGHZ 20, 137; BGH NJW 1996, 2425.
36 Ohne Reitunfälle, die über § 833 abgewickelt werden; vgl. dazu III. 2.3.

naus sind Eigenart und Eigengesetzlichkeit des Kampfsports zu berücksichtigen, wo hohe Anforderungen an Kraft, Geschicklichkeit und Entscheidungsfähigkeit gestellt werden. Dies lässt es gerechtfertigt erscheinen, nicht schon jeden einfachen Regelverstoß (»Foul«) als deliktische Sorgfaltspflichtverletzung zu definieren. Statt dessen ist es sachgerecht, als **deliktsrechtliches Fehlverhalten** lediglich das »grobe Foul« bzw. das »gefährliche Spiel« zu qualifizieren. Dieses Ergebnis wird überwiegend – wenn auch mit unterschiedlicher Begründung – von den Instanzgerichten und in der Literatur vertreten. Der BGH hat diese Frage bisher unentschieden gelassen.[37]

In dem *psychiatrischen Gutachtenfall* (4) handelt es sich dagegen wieder um eine mittelbare Rechtsgutsverletzung. Betroffenes Rechtsgut ist diesmal die Freiheit. Freiheit i. S. des § 823 I meint ausschließlich körperliche Bewegungsfreiheit. Durch Entführung oder Geiselnahme, durch vorläufige polizeiliche Festnahme u. a. m. kann dieses Rechtsgut verletzt werden. Auch die vorläufige Unterbringung in einer psychiatrischen Anstalt erfüllt die Voraussetzungen einer tatbestandsmäßigen Freiheitsverletzung. Das Gutachten des Sachverständigen Dr. X, in dem die Unzurechnungsfähigkeit des W festgestellt worden war, war die Ursache für diese Freiheitsentziehung durch die staatlichen Organe. Da das Gutachten auch fehlerhaft war (Fahrlässigkeit), könnte danach der Tatbestand der Freiheitsverletzung nach § 823 I durch Dr. X gegeben sein. Dies setzt aber voraus, dass eine deliktische Schutzpflicht des gerichtlichen Sachverständigen Dr. X auch dem W gegenüber bestand, durch die Gutachtenstellung nicht vermeidbar dessen Rechtsgüter zu verletzen.

Hier – wie auch sonst – hängt die Beantwortung dieser Frage von einer umfassenden Wertung der involvierten Interessen ab. Die Rechtsprechung stellte lange Zeit eher auf die quasi-amtliche Stellung des gerichtlichen Sachverständigen als eines wichtigen »Gehilfen des Richters« ab. Vorrang käme dem öffentlichen Interesse an der Funktionsfähigkeit der Rechtspflege zu. Die Richtigkeit gerichtlicher Entscheidungen setze eine gewisse Unabhängigkeit des Sachverständigen voraus. Durch eine allgemeine Fahrlässigkeitshaftung des gerichtlichen Sachverständigen und eine drohende Flut von Regressprozessen würde diese beeinträchtigt. Im Ergebnis hatten die Gerichte zwar grundsätzlich eine Schutzpflicht der gerichtlichen Sachverständigen gegenüber den von ihren Gutachten/Stellungnahmen betroffenen dritten Personen bejaht. Ein haftungsrechtlich relevantes Fehlverhalten sollte jedoch lediglich die vorsätzliche Schädigung darstellen.[38] Auf die Verfassungsbeschwerde des W hin stellte das BVerfG klar, dass eine derart weitgehende Haftungsprivilegierung des gerichtlichen Sachverständigen mit der Verfassung unvereinbar sei. Danach ist eine Haftung gerichtlicher Sachverständiger zumindest bei grober Fahrlässigkeit (grob fehlerhaftem Gutachten) begründet. Dieses Ergebnis der Rechtsprechung ist jetzt in den neuen § 839 a über die Haftung gerichtlicher Sachverständiger übernommen worden.

---

37 BGHZ 63, 140 = NJW 1975, 109; BGH NJW 1976, 957; vgl. auch OLG Saarbrücken VersR 1992, 248; OLG München NJW-RR 1989, 727.
38 BGHZ 62, 54.

2.2 Eigentum und sog. Recht am eingerichteten und ausgeübten Gewerbebetrieb

Fallbeispiele:

1. In einem kommunalen Industriegebiet wird eine nach § 4 BImSchG genehmigte Anlage zum Einschmelzen von Roheisen und Rohstahl mit einer Nassentstaubung (Kupolofen-Schmelzanlage) betrieben. Eine routinemäßige Überprüfung der Anlage ergab, dass der Staubauswurf die maßgeblichen Grenzwerte der TA-Luft nicht überschritt. In der Nachbarschaft der Anlage befindet sich der Betriebsparkplatz eines anderen Unternehmens. Dessen Arbeitnehmer stellen ihre Kfz während der Arbeitszeit dort ab. Die Arbeitnehmer behaupten, ihre Fahrzeuge seien durch den Eisenoxydstaub beschädigt worden. Sie verlangen Schadenersatz von dem Betreiber der Anlage *(BGHZ 92, 143)*.

2. a) Die Klägerin betreibt eine Druckerei. Einige Grundstücke entfernt von der Druckerei werden Tiefbauarbeiten ausgeführt. Dabei zerstört der Baggerführer das unterirdisch verlegte Hauptstromkabel der städtischen Elektrizitätswerke. Der Druckereibetrieb wurde durch das Stromkabel mit Strom versorgt. Infolge der Stromunterbrechung liegt der Betrieb der Klägerin zwei Tage lang still. Die Klägerin macht ihren Produktionsausfall als Schadensersatz gegen das Tiefbauunternehmen geltend *(BGHZ 29, 65)*.

2. b) Wie oben. Statt einer Druckerei betreibt die Klägerin in dieser Fallvariante eine Geflügelzucht. Infolge des Stromausfalls haben die elektrischen Brutbatterien nicht gearbeitet. Aus den 3600 Eiern sind nur wenige verkrüppelte Küken geschlüpft *(BGHZ 41, 123)*.

3. Die Stiftung Warentest lässt durch 300 freie Mitarbeiter von Kiel bis Freiburg in ca. 700 Supermärkten und Lebensmittelgeschäften nach einem fest vorgeschriebenen Einkaufzettel einkaufen. Das Ergebnis des Tests war, dass man bei dem Warenkorb, den die Stiftung zusammengestellt hatte, bis zu € 75 sparen konnte, wenn man sich nur das »richtige« Geschäft aussuchte. Die Klägerin betreibt eine Supermarktkette mit dem Namen »Globus«. Ihre Preise sind in dem Test zu hoch wiedergegeben worden. Sie verklagt die Stiftung Warentest auf Ersatz ihres Umsatzrückganges. Es stellt sich heraus, dass es in der BRD drei, rechtlich und wirtschaftlich voneinander unabhängige, Supermarktketten mit der Bezeichnung »Globus« gibt. Die Stiftung hatte diese drei Unternehmen unzutreffend zu einem einzigen zusammengefasst *(BGH NJW 1986, 981)*.

4. Die ARD strahlt in ihrem Abendprogramm einen Beitrag über die Schließung einiger Kindergärten aus, deren Raumluft eine zu hohe Formaldehyd-Konzentration aufwies. Diese war verursacht durch an den Decken befestigte formaldehydhaltige Spanplatten. In der Sendung wurde Formaldehyd als krebserzeugend bezeichnet und darauf hingewiesen, dass das gefährliche Gas auch in Desinfektionsmitteln, Farben und Lacken verwendet würde. Dabei wurde als Anschauungsbeispiel das Desinfektionsmittel eines Herstellers mit Etikett und Unternehmenskennzeichen eingeblendet. Dieser Hersteller verlangt von der Fernsehanstalt Schadensersatz wegen seines Umsatzrückgangs *(BGH JZ 1987, 415)*.

Wie in diesem Grundkurs schon mehrfach dargestellt, besteht Eigentum im deutschen Zivilrecht nur an körperlichen Gegenständen, d. h. an Sachen (§§ 903, 90). Auf lebende Gegenstände wie Tiere (»Mitgeschöpfe«) sind die Vorschriften über Sachen entsprechend anwendbar (§ 90 a). Bei der Verletzung des Eigentums nach § 823 I steht traditionell die **Substanzbeeinträchtigung** im Vordergrund, d. h. die Zerstörung oder Beschädigung einer Sache. Gleichwohl bedarf es hier der Klarstellung, dass das Schutzobjekt des § 823 I nicht nur die Integrität der Sache selbst ist, wie etwa in den meisten Gefährdungshaftungstatbeständen (§§ 833 S. 1, 7 I StVG, 1 I 1 ProdHaftG: »Sache beschädigt«), sondern das **Eigentumsrecht**. Das Eigentumsrecht beinhaltet die ausschließlich dem Eigentümer zustehende Befugnis, »seine« Sache zu gebrauchen und über sie zu disponieren, sie beispielsweise zu verkaufen oder zu vermieten. Dem Eigentumsrecht sind beschränkt dingliche

Rechte wie Nießbrauch, Pfandrecht und auch das Anwartschaftsrecht gleichgestellt. Dieses Eigentums- und sonstige Recht kann grundsätzlich auch auf andere Art und Weise als durch die Sachzerstörung-/beschädigung beeinträchtigt werden, z. B. durch die Entziehung der Sache (Diebstahl, Unterschlagung) oder auch durch die Entziehung des Eigentumsrechts, z. B. durch unberechtigte, aber dem Eigentümer gegenüber wirksame Veräußerung der Sache durch den Mieter oder andere zum Besitz berechtigte Personen (Fälle sog. gutgläubigen Eigentumserwerbs nach §§ 932 ff.). Im folgenden soll jedoch lediglich die Beeinträchtigung der Sachsubstanz und des Sachgebrauchs erörtert werden, und zwar an Beispielen privat und gewerblich genutzter Sachen.

Jede **Substanzbeeinträchtigung** des Eigentums setzt eine tatsächliche Einwirkung auf die Sache voraus. Erforderlich ist eine Veränderung des körperlichen Zustandes der Sache. Dazu zählen sowohl Beschmierungen (z. B. Farbspray-«Verzierungen») und Beschmutzungen als auch Verseuchungen durch Chemikalien, radioaktive Strahlen u. a. m. In dem Kupolofen-Fall ist insofern der tatbestandsmäßige Erfolg der Rechtsverletzung unproblematisch. Wenn den klagenden Arbeitnehmern mit Hilfe eines Sachverständigengutachtens der Nachweis gelingt, dass die Schäden an ihren Kraftfahrzeugen auf dem Staubauswurf des Kupolofens beruhen (haftungsbegründende Kausalität), ist der objektive Tatbestand einer Eigentumsverletzung gegeben.

Das Problem ist einmal mehr die Pflichtwidrigkeit oder Fahrlässigkeit. Dass dem Betreiber der Schmelzanlage Schutzpflichten obliegen, nicht durch ihren Betrieb fremde Rechte und Rechtsgüter zu verletzen, steht außer Frage. Doch welchen Umfang hat diese Schutzpflicht? Wann hat der Betreiber seine Verkehrspflicht den klagenden Arbeitnehmern gegenüber verletzt, mithin verkehrswidrig oder fahrlässig gehandelt? Die Kriterien zur Beantwortung dieser Frage hat der BGH dem Immobiliarsachenrecht entnommen. § 906 I 2 enthält eine Inhaltsbestimmung der Nutzung von Grundeigentum, indem er ausspricht, dass **wesentliche Beeinträchtigungen** des Nachbargrundstücks durch die Anlage zu unterlassen sind. Dies wird in § 906 II 1 allerdings noch einmal eingeschränkt, als dort klargestellt wird, dass auch wesentliche Beeinträchtigungen hingenommen werden müssen, sofern sie *ortsüblich* sind und mit *wirtschaftlich zumutbaren Maßnahmen* nicht verhindert werden können. Dem beeinträchtigten anderen Grundstückseigentümer steht dann lediglich ein Anspruch auf angemessene Entschädigung zu. (§ 906 II 2). § 14 BImSchG enthält eine vergleichbare Regelung für die nach §§ 4 ff. BImSchG genehmigten Anlagen.

In dem *Kupolofenfall* ging es jedoch nicht um die Beeinträchtigung eines Grundstücks, sondern um die Verletzung des Eigentums an beweglichen Sachen nach § 823 I. Gleichwohl hält es der BGH für sachgerecht, die Kriterien des § 906 II 1 auf die deliktische Verhaltenspflicht nach § 823 I zu übertragen. Die Schutzpflicht des Betreibers der Schmelzanlage lässt sich daher wie folgt formulieren: Wesentliche Beeinträchtigungen fremder Rechtsgüter durch Industrieimmissionen sind pflichtwidrig, wenn sie durch wirtschaftlich zumutbare Vorkehrungen verhindert werden können und die Immissionen über die ortsübliche Nutzung hinausgehen. Einen ersten Anhaltspunkt für die Ortsüblichkeit der Immissionen liefern dabei die jeweils aktuellen Grenzwerte der sog. Technischen Anleitung zur Reinhaltung der Luft (TA-Luft).

Nach den allgemeinen Grundsätzen des Beweisrechts ist es Sache der Kläger, die Pflichtwidrigkeit/Fahrlässigkeit des Betreibers der Schmelzanlage zu beweisen.

In dieser Fallkonstellation hat der BGH jedoch – nach dem Vorbild der Produzentenhaftung (s. u. II 4.1) – eine Beweislastumkehr vorgenommen. Haben die betroffenen Pkw-Eigentümer den Nachweis einer wesentlichen Rechtsverletzung durch die Immissionen erbracht, hat danach der Betreiber der Anlage zu beweisen, dass die »erforderlichen« Sicherungsvorkehrungen getroffen worden sind, um Drittschädigungen zu verhindern.

So unbestritten es im Grundsatz ist, dass der Schutz des Eigentumsrechts nach § 823 I neben der Sachintegrität auch den Sachgebrauch als selbstständiges Element umfasst, so umstritten ist jedoch die Anerkennung dieses Sachgebrauchsschutzes in der Praxis. In den Fällen gewerblich genutzter Sachen, wie Maschinen etc., stellt sich zudem das Problem der Abgrenzung des Eigentumsschutzes von dem Schutz des sog. **Rechtes am eingerichteten und ausgeübten Gewerbebetrieb.** Diese interessante Problematik lässt sich lehrreich an den sog. *Kabelbruchfällen*[39] erläutern.

Die Zerstörung des Hauptstromkabels durch den Baggerführer ist zunächst eine (unmittelbare und rechtswidrige) Verletzung des Eigentums des Elektrizitätswerks. Fahrlässigkeit einmal als gegeben unterstellt, kann das E-Werk die Kosten der Reparatur als Schadensersatz geltend machen. Dieser Schaden wird i. d. R. von der (Betriebs-)Haftpflichtversicherung des Bauunternehmers getragen. Aber wie verhält es sich deliktsrechtlich mit dem Schadensersatzanspruch der Druckerei? In der Druckerei standen die Maschinen still. Der Inhaber musste aber seinen Arbeitnehmern ihren Lohn zahlen und hatte zudem einen Produktionsausfall mit einem entsprechenden Gewinnverlust.

Die Frage, die sich hier stellt, ist vergleichbar mit der Problematik in dem Schockschadensfall (s. o. 2.1): Liegt in der Zerstörung des Hauptstromkabels der Stadtwerke zugleich auch ein weiteres selbstständiges Delikt gegenüber der Druckerei? Dies hängt davon ab, ob dem Tiefbauunternehmer bzw. seinen Arbeitnehmern deliktische Schutzpflichten gegenüber den durch das Hauptstromkabel mit Strom versorgten Haushalten und Unternehmen obliegen. Diese Frage wird von der Rechtsprechung und Lehre grundsätzlich bejaht. Seit dem sog. *Kükenurteil* des BGH[40] ist anerkannt, dass Eigentumssubstanzschäden von privaten Haushalten und Unternehmen, verursacht durch Kabelzerstörung, liquidiert werden können. Der Hühnerfarm im *Fallbeispiel 2 b*, deren Eier in den Legebatterien verdorben sind, steht daher ein Schadensersatzanspruch aus Eigentumsverletzung nach § 823 I gegen den Tiefbauunternehmer bzw. den Baggerführer zu.

Umstritten ist nach wie vor die Lösung des *Druckereifalles*, wo es um einen **reinen Vermögensschaden** geht! Hier bieten sich drei Lösungswege an:

(1) Man bejaht eine Eigentumsverletzung wie in dem Kükenfall, nur mit dem Unterschied, dass hier nicht die Sachsubstanz – sondern der **Sachgebrauch** beeinträchtigt worden ist. Diesen Weg hat der BGH gelegentlich gewählt mit der Begründung: Eine Eigentumsverletzung sei gegeben, wenn der Eigentümer die Sache »nicht bestimmungsgemäß benutzen konnte«.[41] Dass die Inhaberin der Druckerei die Setzmaschinen gegen ihren Willen nicht bestimmungsgemäß verwenden konnte, steht außer Frage.

---

39 Vgl. dazu *Schulze*, Die Beschädigung von Erdkabeln, VersR 1998, 12 m. w. Nachw.
40 BGHZ 41, 123.
41 BGHZ 55, 153 – Fleet.

(2) Man sagt, es liegt ein unzulässiger Eingriff in den Gewerbetrieb der Druckerei vor. Das sog. **Recht am eingerichteten und ausgeübten Gewerbebetrieb** ist als ein »sonstiges Recht« i. S. des § 823 I anerkannt. Es ist schon bald nach Inkrafttreten des BGB von der Rechtsprechung entwickelt worden.[42] Dadurch wird der Eigentumsschutz einer konkreten Sache unter bestimmten Bedingungen auch auf den Funktionsschutz von wirtschaftlichen Sachgesamtheiten erstreckt. Dieser Schutz ist nach ständiger Rechtsprechung beschränkt auf unmittelbare Störungen, die den Bestand oder die Tätigkeit des Unternehmens bedrohen. Bemerkenswert an der Einführung des Rechts am eingerichteten und ausgeübten Gewerbebetrieb ist, dass damit über den Kreis der in § 823 I aufgeführten Rechte und Rechtsgüter hinaus das Vermögen als geschütztes Interesse in § 823 I Eingang gefunden hat! Am problematischsten bei dem Recht am Gewerbebetrieb ist der Versuch, einen objektiven Tatbestand mit Hilfe der Formel vom »unmittelbaren, betriebsbezogenen Eingriff« zu formulieren. Der betriebsbezogene Eingriff taugt nur bedingt zur Umschreibung des Tatbestandes und damit zur Haftungsbegründung und -begrenzung. In den Kabelbruchfällen ist denn auch heillos umstritten, ob hier ein unmittelbarer/betriebsbezogener Eingriff vorliegt oder nicht. Einerseits wird vertreten, dass »wohl kaum ein Eingriff betriebsbezogener sein (kann), als derjenige, der den ganzen Betrieb lahm legt«.[43] Andererseits haben die Gerichte – jedenfalls bisher – unverändert an dem Standpunkt festgehalten, dass die Unterbrechung der Stromzufuhr durch Beschädigung eines Stromkabels »im allgemeinen keinen betriebsbezogenen Eingriff in das Recht am eingerichteten und ausgeübten Gewerbebetrieb darstellt«.[44]

(3) Die dritte Lösungsmöglichkeit besteht darin, in den Fällen der bloßen Betriebsstörung einen reinen Vermögensschaden zu sehen, der zumindest über § 823 I, der das Vermögen nicht als geschütztes Rechtsgut enthält, deliktsrechtlich nicht liquidierbar ist. Dies ist die absolut vorherrschende Meinung in Rechtsprechung und Literatur. Ist sie überzeugend?

M. E. sind Zweifel angebracht. Das dogmatische Argument, § 823 I erlaube keinen Ersatz reiner Vermögensschäden, ist – wenn auch immer wiederholt – fragwürdig. Zunächst sind grundsätzlich einmal deliktische Schutzpflichten des (Tief-) Bauunternehmers gegenüber den »entfernteren« Versorgungsempfängern anerkannt.[45] Darüber hinaus ist seit der Einführung des Rechts am eingerichteten und ausgeübten Gewerbetrieb als »sonstiges Recht« in § 823 I und seit der Anerkennung des selbstständigen Schutzes des Sachgebrauchs[46] de facto auch primärer Vermögensschutz im Rahmen von § 823 I möglich. Worum es jetzt ausschließlich geht, ist die Beantwortung der inhaltlichen Frage, ob ein Vermögensschutz der mittelbar Betroffenen in diesen Fällen der Unterbrechung von Versorgungsleitungen zu bejahen ist oder nicht. Dogmatisch gewendet heißt dies, ob die deliktische Schutzpflicht des Bauunternehmers eben auch das Produktionsausfallrisiko angeschlossener Betriebe mit einschließt. Die Kriterien zur Beantwortung dieser Frage sind nicht mehr ohne weiteres dem Gesetzeswortlaut des § 823 I zu entnehmen, sondern nur über eine Abwägung der in dieser konkreten Fallkonstellation involvier-

---

42 Grdl. RGZ 58, 24. Vgl. dazu K. *Schmidt*, Integritätsschutz von Unternehmen nach § 823 BGB, JuS 1993, 985.
43 *Finzel*, NJW 1973, 761.
44 BGHZ 29, 65 – Kabelbruch I.
45 Vgl. insbes. BGHZ 41, 123 – Kükenfall.
46 Vgl. insbes. BGHZ 55, 153 – Fleet.

ten Interessen nach Gerechtigkeits- und ökonomischen Effizienzgesichtspunkten zu gewinnen. Argumente könnten sein: Die Differenzierung zwischen den Nahrungsmitteln, die in der Tiefkühltruhe verderben (Eigentumsverletzung), und dem Produktionsausfall ist sachlich nicht gerechtfertigt. Gerade die Produktionsausfallkosten sind der wirtschaftlich relevante Faktor. Sie gilt es daher in erster Linie zu verhindern. Haftungsrecht in seiner präventiven Funktion könnte dazu beitragen, indem es den (Tief-)Bauunternehmer mit diesen Schadensfolgen belastet. Er ist »näher dran«, den Schadenseintritt durch entsprechende Sorgfalt zu vermeiden. Insoweit ist das betroffene Unternehmen hilflos. Von dem Versorgungsempfänger könnte aber beispielsweise erwartet werden, dass er zur Schadensbegrenzung Notaggregate etc. bereit hält. Fehlende Notaggregate könnten dem Unternehmen über § 254 II als Verletzung der Schadensminderungsobliegenheit angerechnet werden. Dogmatisch ließe sich dieses Ergebnis sowohl über die Eigentumsverletzung i. S. einer Sachgebrauchsbeeinträchtigung als auch über einen Eingriff in den Gewerbebetrieb begründen. Alles in allem erscheint der zweite Weg sachgerechter: Es geht um Betriebsstörungen – nicht um Beeinträchtigung des Sachgebrauchs einer konkreten Einzelsache.

In Parenthese sei angemerkt, dass offensichtlich auch der BGH dieses Ergebnis für »sozial angemessen« hält oder zumindest gehalten hat. Er versuchte es Ende der 60er Jahre darüber zu erreichen, dass er den Weg über § 823 II wählte und – etwas konstruiert – Normen der Landesbauordnungen als Schutzgesetze i. S. des § 823 II zugunsten der Versorgungsempfänger interpretierte. Diese vom Ergebnis her überzeugende, aber dogmatisch unbefriedigende Rechtsprechung hat er jedoch wieder aufgegeben.[47]

Anerkannte Fälle des Eingriffs in fremde Gewerbebetriebe sind insbes. die Sachverhalte öffentlicher Kritik und öffentlichen Verrufs **(Boykott)** von gewerblichen Unternehmen. In einem für die westdeutsche Rechtsprechungsentwicklung zentralen Fall hatte der Pressesprecher des Hamburger Senats öffentlich zu einem Boykott von Filmen des ehemaligen NS-Filmregisseurs *V. Harlan* aufgerufen. Der Filmverleih und die Filmtheater sahen darin einen unzulässigen Eingriff in ihren Gewerbetrieb und verlangten Schadensersatz (§ 823 I) und Unterlassung des Boykotts (§ 1004 I 2). Die Zivilgerichte bejahten eine Verletzung des Gewerbebetriebs der Kläger. Problematisch an diesen Fällen ist zweierlei:

(1) Zum einen wird erneut deutlich, welche fragwürdige Funktion das Tatbestandsmerkmal »unmittelbar« hat. Versteht man den Begriff »unmittelbar« in seinem ursprünglichen Wortsinn, so liegt hier genauso wenig wie in den Kabelbruchfällen ein unmittelbarer Eingriff vor, d. h. eine durch keine Zwischenursachen vermittelte Einwirkung. In den Kabelbruchfällen ist die Betriebsstörung durch die Zerstörung/Beschädigung der Energieleitung vermittelt. In den Boykottfällen ist – anders als etwa bei einem behördlichen Verbot der Filmaufführung – die Einwirkung auf den Umsatz des betroffenen Gewerbebetriebs über die Kaufentscheidungen der Konsumenten, an die sich der Boykottaufruf richtet, vermittelt. In der Sache geht es, wie oben gezeigt, um die zu begründende Entscheidung, ob Unternehmen gegen diese jeweilige Form der Beeinträchtigung deliktsrechtlich geschützt werden sollen oder nicht. Dies führt zu dem zweiten spezifischen Problem dieser Fallgruppe.

---

[47] Vgl. BGH NJW 1968, 1279; BGH VersR 1969, 542; BGHZ 66, 388.

(2) Bei (bedingt) vorsätzlichen Eingriffen in den Gewerbebetrieb, wie in den Fällen des Boykotts, ist die Rechtswidrigkeit indiziert. Es fragt sich danach lediglich noch, ob einer der anerkannten Rechtfertigungsgründe oder sog. Unrechtsausschließungsgründe vorliegt. In Betracht kam hier die sog. Wahrnehmung berechtigter Interessen (analog § 193 StGB). Dieser Rechtfertigungsgrund ist eine Konkretisierung des allgemeinen Verhältnismäßigkeitsprinzips. Eine Wahrnehmung berechtigter Interessen sah man als gegeben an, wenn die verletzende Äußerung »objektiv, nach Inhalt, Form und Begleitumständen das gebotene und notwendige Mittel zur Erreichung des rechtlich gebilligten Zweckes« bildete.[48] Schraubt man die Anforderungen an die Angemessenheit der Kritik sehr hoch, führt dies zu einer haftungsrechtlichen Einschränkung der Meinungsfreiheit nach Art. 5 I GG. Das Grundrecht tritt dann zurück hinter dem Bestands- und Funktionsschutz gewerblicher Unternehmen. Dies ist formal mit Art. 5 II GG vereinbar, wonach die Mediengrundrechte – Meinungsäußerungs-, Rundfunk-, Presse-, Filmfreiheit etc. – unter dem Vorbehalt der allgemeinen Gesetze stehen. D. h. sie sind verfassungsrechtlich nur so lange gewährleistet, als ihre Wahrnehmung nicht das positive Recht verletzt, also insbes. nicht gegen strafrechtliche Verbote und deliktsrechtliche Verhaltensregeln verstößt.

Dass eine derartige Rechtspraxis jedoch nicht mit der Idee des freiheitlich demokratischen Rechtsstaates nach dem Grundgesetz vereinbar ist, hat das BVerfG auf Verfassungsbeschwerden gegen einschlägige zivilrechtliche Urteile mehrfach festgestellt. Nach dem grundlegenden *Lüth-Urteil* des BVerfG gilt insoweit eine **Wechselwirkungstheorie:** Zwar schränken die »allgemeinen Gesetze« das Grundrecht der Meinungsäußerungsfreiheit ein. Die allgemeinen Gesetze müssen jedoch ihrerseits von der Bedeutung des Grundrechts her interpretiert werden. Für den Konflikt zwischen der Meinungsäußerungsfreiheit des Art. 5 I GG und dem Bestandsschutz der Unternehmen nach § 823 I BGB ist daher wegen der überragenden Bedeutung der Grundrechte des Art. 5 I GG von dem Vorrang der Medienfreiheit auszugehen: Die Freiheitsrechte des Art. 5 I GG seien »schlechthin konstitutiv für ein demokratisches Gemeinwesen«.[49] Die grundlegende Entscheidung, mit der dieser Vorrang seine endgültige deliktsrechtliche Anerkennung fand, ist das *Höllenfeuer*-Urteil des BGH aus dem Jahre 1966.[50] Mit ihm ist die Kategorie der **Schmähkritik** als Grenze der Meinungsäußerungsfreiheit eingeführt worden.[50a]

Für die Dogmatik des Rechts am eingerichteten und ausgeübten Gewerbebetrieb heißt dies, dass unter Beachtung des Grundsatzes »Meinungsäußerungsfreiheit geht vor Unternehmensschutz« die Verhaltenspflichten für die einzelnen Anwendungsbereiche jeweils konkret formuliert werden müssen. Für die Fallgruppe der Anfertigung und Veröffentlichung von Warentests und Preisvergleichen[51] durch die vom Bund getragene Stiftung Warentest *(Fallbeispiel 3)* hat der BGH eine entsprechende Verhaltenspflicht aufgestellt: Die Stiftung Warentest hat ihre Untersuchung »neutral, objektiv und sachkundig« durchzuführen.[52] Eine Verletzung dieser Pflicht liegt nun aber nicht schon automatisch vor, wenn sich Objektivitätsmängel herausstellen. Entscheidend für die Fahrlässigkeitshaftung ist, dass die

---

48   BGHZ 3, 270, 280 – *Constanze*.
49   BVerfGE 7, 198 – *Lüth*.
50   BGHZ 45, 296.
50a Vgl. dazu jüngst wieder BGHZ 143, 199 – Glosse; BVerfG JZ 2002, 663 m. Anm. *Kübler*.
51   Von einer weitergehenden rechtlichen Differenzierung zwischen Testurteilen (Werturteilen: § 823 I) und Preisvergleichen (Tatsachenbehauptungen: § 824) wird hier abgesehen.
52   BGHZ 65, 325.

jeweiligen Mängel vermeidbar waren, dass m. a. W. ein Fehlverhalten der Stiftung Warentest vorliegt. Dies hat der BGH etwas verklausuliert so ausgedrückt, dass ausreichend das »Bemühen um Objektivität« sei. Dies gibt Veranlassung, erneut an die bereits oben (s. II. 1. 3) dargelegte dogmatische Struktur der Fahrlässigkeitshaftung nach § 823 I zu erinnern: (1) Vorliegen einer Verhaltenspflicht zum Schutz bestimmter Rechtsgüter oder Interessen bestimmten Adressaten gegenüber; (2) Verletzung dieser geschützten Rechtsgüter durch ein (3) Verhalten, das nicht den durchschnittlichen Sorgfaltsanforderungen entspricht (Verkehrswidrigkeit = Fahrlässigkeit). In dem Fall des Preisvergleichs der Lebensmittelgeschäfte liegt ein nicht ausreichendes Bemühen um Richtigkeit und Objektivität vor. Zu den Sorgfaltspflichten der Stiftung Warentest bei der Vorbereitung des Preisvergleichs hätte in jedem Fall gehört, sich über die wirtschaftliche Identität der drei »Globus-Supermarktketten« genau zu informieren, bevor man sie in dem Test als ein Unternehmen behandelte.

Wie schwierig die Bestimmung des Inhalts der jeweiligen Verhaltenspflichten sein kann, beleuchtet der *Formaldehyd-Fall*.[53] Eine erhebliche »wirtschaftliche Betroffenheit« des klagenden Herstellers von Desinfektionsmitteln durch die Einblendung seines Produkts in der Sendung ist unbestreitbar. Die entscheidende Frage ist, ob der Informationsauftrag der Medien auch die »anprangernde« Herausstellung eines Produktes in ihrer Berichterstattung gestattet. In diesem Fall geht es m. a. W. weniger um die Zulässigkeitsgrenzen für gewerbeschädigende **Meinungsäußerungen** als um die Schranken für die Verbreitung zutreffender gewerbekritischer **Tatsachenaussagen**.[53a]

Die Lösung hierfür ist wie folgt zu entwickeln: Ausgangspunkt ist der Vorrang der öffentlichen Berichterstattung (Art. 5 I 2 GG). Die Vermittlung von Zeitgeschehen ist Aufgabe der Medien. Schwerwiegende Gesundheitsgefährdungen (hier: Krebserkrankungen) von Kindern und Erwachsenen in ihrem alltäglichen Lebensbereich (hier: Kindergärten) sind ein Thema der Zeitgeschichte (»eine die Öffentlichkeit wesentlich berührende Frage«). Im Rahmen ihres Berichterstattungsauftrages können die Medien ihren Beitrag auch durch konkrete Beispiele bereichern. Das Zeigen des Produktes des Klägers mit Etikett und Firmenbestandteil hat zwei Aspekte. Es beinhaltet zum einen eine zutreffende Tatsachenaussage über das gezeigte Produkt. Dieses enthält Formaldehyd. Wäre es anders, könnte der Hersteller gegen die Berichterstattung schon nach § 824 vorgehen. Zum zweiten kann die Art und Weise des »willkürlichen« Herausgreifens des Produkts des Klägers statt eines anderen oder neben anderen unzulässig sein. Dieser Aspekt zielt auf den Tatbestand des unmotivierten »Anprangerns«. Aber auch hierfür gelten entsprechend die Grundsätze des *Höllenfeuer-Urteils*. Danach ist der Schutz des Gewerbebetriebs gegen »anprangernde« Berichterstattung in einer die Öffentlichkeit wesentlich interessierenden Frage nach der Verfassungs- und Zivilrechtsordnung der BRD, wie sie von BVerfG und BGH interpretiert worden ist, relativ gering ausgestaltet. Das Argument des Klägers, dass gerade er statt aller oder mehrerer (wenn ja – welcher?) Hersteller formaldehydhaltiger Produkte als Demonstrationsobjekt ausgewählt worden ist, trägt nicht, um die öffentliche Berichterstattung durch konkretisierende Beispiele über dieses gemeinschaftswichtige Thema zu unterbinden. Unter der Geltung von Art. 5 I 2 GG, §§ 823 I, 826

---

53   BGH JZ 1987, 415.
53a Vgl. zu dieser Unterscheidung *Rühl*, AfP 2000, 17 m. w. Nachw.

BGB hält es zu dem »allgemeinen Lebensrisiko« eines Unternehmers, der krebsverursachende Bestandteile enthaltende Produkte herstellt, dass auch sein Erzeugnis zulässigerweise als Beispiel in einem Bericht über die Krebsgefahren auftauchen kann.

In einem vergleichbaren Konflikt hat das BVerfG kürzlich zum Informationshandeln der Bundesregierung Stellung genommen. Der zuständige Bundesminister hatte seinerzeit eine Liste veröffentlicht, in der Weinkellereien namentlich aufgeführt waren, die glykolverseuchten Wein vertrieben haben. Art. 12 schütze Marktteilnehmer nicht vor der Verbreitung zutreffender und sachlich gehaltener Informationen am Markt, insbesondere wenn diese auf den Schutz der Verbraucher vor Gesundheitsschäden zielen.[54]

2.3 Persönlichkeit

Fallbeispiele:

1. A betätigt sich in seiner Freizeit als passionierter Turnierreiter. Die Firma B ist Herstellerin eines pharmazeutischen Präparates, das in Verbraucherkreisen als Mittel zur Steigerung der sexuellen Potenz gilt. B warb in Zeitungsanzeigen für ihr Präparat unter Verwendung eines Fotos, das den A zeigt, wie er mit seinem Pferd ein Hindernis nimmt. Trotz erfolgter Retuschierungen war A auf dem Foto erkennbar. Die Werbeagentur der B hatte das Foto von einem Presseverlag gekauft. A hatte in diese Verwendung nicht eingewilligt und verlangt von B Schadensersatz *(BGHZ 26, 349)*.

2. Anlässlich der Beisetzung des 1974 von Terroristen ermordeten Berliner Kammergerichtspräsidenten sendete die ARD in ihren Spätnachrichten einen Kommentar des SFB. Darin wird der Schriftsteller B in den Bereich der Sympathisanten des Terrorismus gerückt. Zum Beleg hatte sich der Kommentator K auf vermeintliche Äußerungen von B bezogen: Dieser habe den Rechtsstaat als »Misthaufen« bezeichnet und gesagt, er sehe nur »Reste verfaulender Macht, die mit rattenhafter Wut verteidigt« würden. B habe den Staat beschuldigt, die Terroristen »in gnadenloser Jagd« zu verfolgen. B behauptet die Unrichtigkeit der Zitate und macht Schmerzensgeldansprüche gegen K geltend *(BGH NJW 1978, 1797; BVerfGE 54, 208; BGH NJW 1982, 635)*.

»Ein allgemeines subjektives Persönlichkeitsrecht ist dem geltenden bürgerlichen Recht fremd«, stellte das RG im Jahre 1908 fest.[55] In der Tat, der BGB-Gesetzgeber vermeinte mit dem Schutz der körperlichen Integrität und des Eigentums nach § 823 I sowie der persönlichen Ehre nach § 823 II i. V. m. §§ 185 ff. StGB den deliktischen Persönlichkeitsschutz des einzelnen ausreichend geregelt zu haben. Zudem bereitete es konstruktive Schwierigkeiten, nicht gegenständlich verkörperte »Rechte« wie das Recht »am Namen«, »am Wort« etc. oder gar *die Persönlichkeit* als immateriellen Wert an sich dem Deliktsrechtsschutz des § 823 I zu unterwerfen. Während für die wirtschaftliche Betätigungsfreiheit, soweit sie in dem eingerichteten und ausgeübten Gewerbebetrieb eine »gegenständliche Verkörperung« gefunden hatte, seit 1904 in gewissen Grenzen deliktsrechtlicher Schutz eröffnet worden ist[56] (s. o. II 2.2), blieb das Recht auf Privatheit und personelle Selbstbestimmung im übrigen ungeschützt.

Dies änderte sich erst in der zweiten Hälfte des 20. Jahrhunderts. Auslöser waren zum einen die Erfahrungen der Vereinnahmung des einzelnen durch den totali-

---

54 BVerfG NJW 2002, 2621
55 RGZ 69, 401, 403 – *Nietzsche*-Brief.
56 RGZ 58, 24 – Krimmerläufer.

tären Zugriff des NS-Staates und zum anderen auf der normativen Ebene die Betonung der personalen Autonomie des Individuums durch die Art. 1 und 2 I GG. Seit einer grundlegenden Entscheidung des BGH aus dem Jahre 1954[57] ist der deliktsrechtliche Schutz der Persönlichkeit nach § 823 I anerkannt. Die Rechtsprechung entwickelte diesen Schutz, indem sie ein **allgemeines Persönlichkeitsrecht** als »sonstiges Recht« in § 823 I einführte. Bei diesem allgemeinen Persönlichkeitsrecht handelt es sich jedoch genau so wenig wie bei dem Recht am eingerichteten und ausgeübten Gewerbebetrieb um ein klassisches Ausschließlichkeitsrecht i. S. des Eigentums-, Urheber- oder Patentrechts. Es ist lediglich ein Bündel von Verhaltenspflichten zum Schutz einzelner Aspekte der Persönlichkeit. Diese Aspekte sind u. a.: Schutz der Privatheit gegen Beeinträchtigung und Ausspähung (»Recht darauf, allein gelassen zu werden«), Schutz gegen ungenehmigte Verwendung des Namens, des gesprochenen oder geschriebenen Wortes und des (Personen-) Bildes, Schutz gegen verfälschende Darstellung in der Öffentlichkeit, Selbstbestimmung über den eigenen Körper und die eigene Sexualität, Selbstbestimmung über die Verwendung personenbezogener Daten (sog. informationelle Selbstbestimmung) u. a. m.[58] Zwei Aspekte des Persönlichkeitsrechtsschutzes sollen im folgenden exemplarisch dargestellt werden: Die unberechtigte Verwendung von Personenbildern zu Werbezwecken und die Personenberichterstattung in den Medien.

Herausragende Bedeutung für die Entwicklung des Deliktsrechtsschutzes der Persönlichkeit kommt dem sog. *Herrenreiterfall*[59] zu (Fallbeispiel 1). Das allgemeine Persönlichkeitsrecht umfasst auch das sog. **Recht am eigenen Bild.** Schutz wird gewährt gegen

(1) die **Herstellung** von zeichnerischen, fotografischen, filmischen oder sonstigen Abbildungen einer Person, die den/die Abgebildete/n **erkennbar** wiedergeben, und

(2) die **Verbreitung** oder **Veröffentlichung** derartiger Personenbilder.

Die **Herstellung** von personendarstellenden Bildern ist grundsätzlich nur mit Zustimmung der abgebildeten Person zulässig. Eine Ausnahme gilt für Bilder von sog. Personen der Zeitgeschichte – Politiker, Künstler, Sportler –, die in ihrem jeweiligen öffentlichen Tätigkeitsbereich gezeigt werden. Problematisch sind Grenzbereiche zwischen Privatsphäre und Öffentlichkeitssphäre wie z. B. die Berufswelt und der Amateursport. In dem *Herrenreiterfall* wird man das Photographieren von A als Teilnehmer an dem Springturnier wohl noch als zulässig erachten dürfen.

Problematischer als die Herstellung ist in den meisten Fällen die **Verbreitung oder Veröffentlichung** des Personenbildes. Dieser Aspekt des Persönlichkeitsrechts am eigenen Bild ist in Deutschland sehr früh in dem Kunst- und Photographie-Urhebergesetz (KUG) von 1907[60] geregelt worden. Die §§ 22–24 gelten bis heute

---

57 BGHZ 13, 334 – *Schacht*-Leserbrief.
58 Vgl. dazu *Baston-Vogt*, Der sachliche Schutzbereich des zivilrechtlichen allgemeinen Persönlichkeitsrechts, 1997; Karlsruher Forum 1996: Schutz der Persönlichkeit, 1997.
59 BGHZ 26, 349 = NJW 1958, 827 m. abl. Anm. *Larenz*; vgl. dazu u. a. *Schwerdtner*, JURA 1985, 521.
60 Gesetz betr. das Urheberrecht an Werken der bildenden Künste und Photographie vom 9. 1. 1907 (RGBl. 1907, 7); abgelöst durch das Urheberrechtsgesetz von 1965.

fort. In § 22 ist positivrechtlich der Grundsatz ausgesprochen, dass personendarstellende Bilder nur mit Einwilligung des Abgebildeten »verbreitet oder öffentlich zur Schau gestellt werden« dürfen. § 23 I kennt hiervon vier Ausnahmen: Personen der Zeitgeschichte, Bilder, auf denen die Personen nur als Beiwerk zu einer Örtlichkeit oder einem Gebäude erscheinen; Bilder von Versammlungen, Aufzügen etc., an denen die Person teilnimmt; Bilder, die einem höheren Interesse der Kunst dienen (heute: Kunstvorbehalt des Art. 5 III 1 GG). Zu diesen vier Ausnahmen gibt es dann ihrerseits zwei Ausnahmen: ein überwiegendes berechtigtes Schutzinteresse der abgebildeten Person (§ 23 II) und das öffentliche Interesse (»Zweck der Rechtspflege«, insbes. Verwertung als Beweismittel, und »öffentliche Sicherheit«; § 24).

Insgesamt entspricht diese Detailregelung dem Verfahren der Interessensabwägung, das im Rahmen von § 823 I zur Bestimmung des Umfangs der jeweiligen deliktischen Verhaltenspflicht bereits mehrfach dargestellt worden ist. Angewandt auf den Herrenreiterfall heißt dies: Persönlichkeitsrechtlich wäre eine Veröffentlichung des Originalbildes im Rahmen eines lokalen Presseberichts über das Reit- und Springturnier nicht zu beanstanden. Die Verwendung des Fotos des A, auf dem er trotz vorgenommener Retuschen weiter erkennbar ist, für Werbezwecke ist grundsätzlich ein unzulässiger Eingriff in das Persönlichkeitsrecht des A.

Schwierigkeiten bereitete die Begründung eines Schadensersatzanspruches.[61] Der Kölner Brauereibesitzer A hatte durch die Werbeaktion der B keinen konkreten Vermögensschaden erlitten. Deshalb konnte der Schadensersatzanspruch – entgegen den Instanzgerichten – auch nicht auf § 823 II i. V. m. § 22 KUG als Schutzgesetz gestützt werden. A verlangt vielmehr einen Ausgleich für die ihm zugefügte Persönlichkeitsverletzung. Eine derartige »**billige Entschädigung in Geld**« eines Schadens, »der nicht Vermögensschaden ist«, anerkannte das BGB in § 847 a. F. für die Verletzung der Rechtsgüter Körper, Gesundheit und (Bewegungs-)Freiheit. Mit dem *Herrenreiter-Urteil* vollzieht der BGH nun den Schritt, das allgemeine Persönlichkeitsrecht, das seit 1954 von der Rechtsprechung als »sonstiges Recht« entwickelt worden ist, in den Tatbestand des § 847 a. F. aufzunehmen. Der körperlichen Freiheitsberaubung wird die »*Freiheitsberaubung im Geistigen*« gleichgestellt. Auch schwere Persönlichkeitsrechtsverletzungen können danach die Verpflichtung zum Ersatz immaterieller Schäden (Schmerzensgeld) begründen. Dieses Richterrecht »contra legem« ist von dem BVerfG in dem *Soraya-Urteil*[62] ausdrücklich gebilligt worden. Seit der grundlegenden *Caroline v. Monaco*-Entscheidung des BGH[63] ist dieser Anspruch aus dem Kontext des Schmerzensgeldes gelöst worden und wird als ein eigenständiger Anspruch auf billige Entschädigung in Geld behandelt, der unmittelbar auf die Verfassung (Art. 1 und 2 I GG) zurückgeführt wird. Das zweite Schadensrechtsänderungsgesetz aus dem Jahre 2002 hat denn auch diesen Kompensationsanspruch wegen Persönlichkeitsrechtsverletzungen nicht in die Neuregelung des Schmerzensgeldes in § 253 II aufgenommen (vgl. dazu auch unten F I.2). Er ist mithin als immaterieller Schadensersatz sui generis zu behandeln.

---

61 Anders als in dem *P. Dahlke*-Fall (BGHZ 20, 345; s. o. D II 2) kam auch ein Kondiktionsanspruch – Wertersatz/Lizenzanalogie – nicht in Betracht. Der setzt zwar keinen Vermögensnachteil des Klägers voraus; wohl aber die (hypothetische) Einwilligung in die Persönlichkeitsverletzung, an der es hier fehlt.
62 BVerfGE 34, 269.
63 BGHZ 128, 1 = JZ 1995, 360 m. Anm. *Schlechtriem*; *Gounalakis*, AfP 1998, 10.

Ein anderer zentraler Anwendungsbereich des allgemeinen Persönlichkeitsrechts ist der Konflikt zwischen den Medien und ihrem öffentlichen Informationsauftrag einerseits und dem Schutzbedürfnis der – möglicherweise unzutreffend – dargestellten Person andererseits. Vergleichbar der Fallgruppe der öffentlichen Kritik gewerblicher Leistungen bei dem Recht am Gewerbebetrieb (s. o. II 2.2), stehen auch hier zwei verfassungsrechtlich gewährleistete Positionen gegenüber: **Meinungsäußerungs-, Film-, Pressefreiheit (Art. 5 I GG)** *versus* **Schutz der Persönlichkeit (Art. 1, 2 I GG)**. Auch hier können die maßgeblichen deliktischen Verhaltenspflichten jeweils nur über eine diffizile Interessenabwägung im jeweiligen Einzelfall unter Berücksichtigung des Gewichtes der Grundrechte ermittelt werden. Ein wesentlicher Unterschied bleibt jedoch festzuhalten: In dem Konflikt Persönlichkeit *versus* Medienfreiheit ist von einer grundsätzlichen **Gleichrangigkeit** beider Positionen auszugehen. Demgegenüber genießen wirtschaftliche Funktionszusammenhänge einen geringeren Schutz gegenüber öffentlicher Berichterstattung und Kritik. In dem Konflikt zwischen Unternehmensbestandsschutz und Medienfreiheit ist daher von einem grundsätzlichen Vorrang der Meinungsäußerungs- und Berichterstattungsfreiheit auszugehen. Dies hat – wie betont – seinen Ausdruck gefunden in der sog. *Höllenfeuer-Doktrin*[64].

Ist in dem Spannungsfeld Persönlichkeitsschutz *versus* Medienfreiheit der Konflikt nur durch Einschränkungen eines der beiden Grundrechte zu lösen, so darf dabei das Prinzip der Gleichrangigkeit beider Positionen nicht verloren gehen (Grundsatz der praktischen Konkordanz): Der Meinungsäußerungsfreiheit kann nicht auf eine Weise Geltung verschafft werden, die die Persönlichkeit und ihren sozialen Geltungsanspruch weitgehend schutzlos stellt. Andererseits kann der Persönlichkeitsschutz des Angegriffenen nicht von öffentlichen Diskussionen und ihren Auswirkungen freistellen. Diesen Grundsatz und daraus abgeleitete »Kollisionsregeln« für das Verhältnis der öffentlichen Berichterstattung durch die Medien zu dem Schutz der Persönlichkeit hat das BVerfG detailliert in seinem Urteil zu dem Lebacher Soldatenmord entwickelt.[65] Welche Grenzen sind danach der Meinungsäußerungsfreiheit in dem *SFB-Kommentar-Fall* deliktsrechtlich zu ziehen? Es handelt sich um eine Meinungsäußerung, in der jemand in der Hochphase des RAF-Terrorismus der Miturheberschaft des Terrorismus bezichtigt wird. Dies erfolgt im Anschluss an die Bilder von der Beerdigung eines Terroristen-Opfers in einer abendlichen Nachrichtensendung mit der besonderen Breitenwirkung der Fernsehberichterstattung. Der Kommentator äußert auch nicht nur seine Meinung, – sondern er belegt sie mit Zitaten. Hier wird der Angegriffene »als Zeuge gegen sich selbst ins Feld geführt«. Entscheidend kommt hinzu, dass stellvertretend für die Gruppe der als moralisch »mitschuldig« hingestellten Intellektuellen (Schriftsteller, Verleger, Hochschullehrer, Klerus etc.) ausschließlich der eine Name des B herausgestellt wird. Damit wurde er der öffentlichen Ablehnung auf das Nachhaltigste preisgegeben. Eine öffentliche Diskussion über moralische Bezüge zu einem Mordanschlag in solch emotional belasteter Atmosphäre mit diesen Mitteln in Gang zu setzen, legt dem verantwortlichen Fernsehkommentator eine ganz besondere Verantwortung für den Persönlichkeitsschutz derjenigen Person auf, die er solchen Spannungskräften auszusetzen beabsichtigt. Möglicherweise erfordert der Persönlichkeitsschutz hier – anders als in dem *Formaldehyd-Fall* – einen Verzicht auf die Namensnennung des B.

---

64 BGHZ 45, 296.
65 BVerfGE 35, 202.

Der BGH, der all dies erwogen hat und zutreffend von dem Grundsatz der Gleichrangigkeit ausgegangen ist, kommt hingegen zu einem anderen Ergebnis. Er entschied für die Meinungsäußerungsfreiheit.[66] Demgegenüber sah das BVerfG das Persönlichkeitsrecht des B als verletzt an. Es stellte dabei ausschließlich auf den Aspekt des Zitats ab. Der BGH hatte es ausreichen lassen, dass die Zitate vertretbare (»nicht falsche«) Interpretationen der Texte von B beinhalteten. Das BVerfG vertrat dagegen den Standpunkt, wer die besonders scharfe Waffe des Zitats in politischen und öffentlichen Auseinandersetzungen benutzt, muss richtig zitieren. Unrichtige oder auch nur »vertretbare« Zitate seien durch Art. 5 I 1 GG nicht gedeckt.»Weder die öffentliche Meinungsbildung noch die demokratische Kontrolle können unter dem Erfordernis leiden, richtig zitieren zu müssen.«[67]

Zur Abrundung sei erwähnt, dass der **negatorische Rechtsschutz** nach § 1004 (s. o. E I 5) bei Persönlichkeitsrechtsverletzungen durch die Medien eine besondere Rolle spielt. Im Vordergrund steht die Beseitigung der Persönlichkeitsrechtsverletzung durch den Widerruf nachweislich unrichtiger Tatsachenaussagen. Bei Meinungsäußerungen gibt es grundsätzlich keinen Widerruf, sondern lediglich einen Anspruch auf Unterlassung zukünftiger Persönlichkeitsrechtsverletzungen. Liegt eine erhebliche Ehrverletzung bzw. substantielle Beeinträchtigung des sozialen Geltungsanspruchs vor, ist – wie gezeigt – ein Schmerzensgeldanspruch sui generis gegeben. Eine Sonderregelung hat der negatorische Beseitigungsanspruch in den Landespressegesetzen erfahren durch das sog. **Recht auf Gegendarstellung.**

2.4 Sonderfall Arzthaftung: Zwischen Körperverletzung und Persönlichkeitsschutz

Fallbeispiele:

1. a) Frau A litt an Lymphknotenschwellungen. Ihr Hausarzt überwies sie in eine Hals-Nasen-Ohren-Klinik. Bei der Operation durch den Oberarzt Dr. O wurde ein Nerv beschädigt, mit der Folge, dass A ihren Arm nicht mehr über die horizontale Höhe heben konnte und sich die Schultermuskulatur zurückbildete. Frau A musste ihren Beruf als Krankengymnastin aufgeben. Sie begehrt Schadensersatz von Dr. O.

1. b) Wie ist der Fall zu behandeln, wenn der unerfahrene Assistenzarzt Dr. X ohne fachärztliche Aufsicht die Operation fehlerhaft durchgeführt hat? *(BGHZ 88, 248)*

2. Die 39jährige, geschiedene und allein lebende Frau B ist zum ersten Mal in ihrem Leben schwanger. Im Hinblick auf ihr Alter fragt sie den sie behandelnden Arzt Dr. G in der gynäkologischen Abteilung des Städt. Krankenhauses, ob eine Fruchtwasseruntersuchung »angezeigt« ist. Frau B wollte sicher gehen, dass sie kein mongoloides Kind bekommt. Dr. G meinte, eine derartige Untersuchung sei nicht erforderlich. Frau B bringt nach normal verlaufener Schwangerschaft ein mongoloides Kind zur Welt. Sie verlangt von Dr. G Zahlung eines Schmerzensgeldes und Ersatz der Unterhaltskosten für das mongoloide Kind. Frau B. trägt vor, sie hätte von ihrem Recht auf Schwangerschaftsunterbrechung Gebrauch gemacht, wenn die Fruchtwasseruntersuchung Anhaltspunkte für eine Schädigung des Kindes ergeben hätte *(BGHZ 89, 95)*.

Bei der deliktischen Arzthaftung nach § 823 I stehen zwei Fallkonstellationen im Vordergrund: die Haftung für ärztliche Behandlungsfehler und für ärztliche Auf-

---

66 BGH NJW 1978, 1797 – *Böll/Walden*.
67 BVerfGE 54, 208, 220.

klärungsfehler.[68] Bisher war auch bei bestehenden Vertragsbeziehungen die deliktische Haftung unverzichtbar, weil der verletzte Patient unter altem Recht nur über das Deliktsrecht (§ 847 a. F.) ein Schmerzensgeld geltend machen konnte. Dies hat sich mit der Neufassung des § 253 II durch das Zweite Schadensrechtsänderungsgesetz[69] grundlegend geändert. **Ein Großteil der Arzthaftungsfälle wird sich jetzt in das Vertragsrecht verlagern.** Das Deliktsrecht bleibt von Bedeutung u. a. für die Eigenhaftung angestellter Krankenhausärzte, von denen auch die beiden Beispielsfälle handeln.

Die **Behandlungsfehlerproblematik** verdeutlicht noch einmal die dogmatische Struktur der Fahrlässigkeitshaftung im deutschen Deliktsrecht. Behandlungsfehler sind Prototypen sog. unmittelbarer Rechtsgutsverletzungen. Die vorh. M. legt den ärztlichen Behandlungsfehlerfällen immer noch das traditionelle Erfolgsunrechtskonzept zugrunde. In der Tradition von RGSt 25, 375 (1894) stellt danach jede Operation eines Patienten per se eine **tatbestandliche Körperverletzung** nach § 823 I dar, bei der die Rechtswidrigkeit des ärztlichen Handelns indiziert ist! Diese Rechtswidrigkeit entfällt bei einer **wirksamen Einwilligung** des Patienten in die konkrete Behandlung. Da diese Einwilligung den Ausnahmetatbestand eines Rechtfertigungs- oder Unrechtsausschließungsgrundes darstellt, ist hierfür der Arzt beweisbelastet. Die Einwilligung des Patienten ist aber nur wirksam, wenn er zuvor durch den Arzt über die Risiken der Behandlung **aufgeklärt** worden ist (*»informed consent«*). Der Nachweis des Rechtfertigungsgrundes der Einwilligung impliziert so immer auch schon den Beweis einer ordnungsgemäßen Aufklärung des Patienten. Behandlungsfehlerhaftung und Aufklärungsfehler sind auf diese Weise im deutschen Deliktsrecht untrennbar miteinander verschränkt. Eine **fehlerhafte Behandlung** wiederum gilt als grundsätzlich nicht durch die Einwilligung gedeckt. Den Behandlungsfehler, d. h. die Fahrlässigkeit des Arztes, hat nun aber nach den allgemeinen beweisrechtlichen Grundsätzen wieder der Patient zu beweisen.

Von diesem Ausgangspunkt her gibt es so zwei mögliche Lösungswege für die deliktische Behandlungsfehlerhaftung:

(1) Hat der behandelnde Arzt eine wirksame Einwilligung des Patienten dargetan, haftet er bei nachgewiesenem Behandlungsfehler bzw. Fahrlässigkeit i. S. des § 276 II nach § 823 I.

(2) Kann er keine wirksame Einwilligung des Patienten dartun, läge an und für sich eine vorsätzliche rechtswidrige Körperverletzung nach § 823 I vor. Denn die Operation hat der Arzt wissentlich und willentlich durchgeführt. Der Vorsatz dürfte aber bei medizinisch indizierten Behandlungen zumeist wegen des fehlenden Unrechtsbewusstseins des Arztes entfallen. Auch dies führte dann zu einer Fahrlässigkeitshaftung des Arztes (zur sog. Vorsatztheorie vgl. oben II 1.2).[70]

Demgegenüber würde der ärztliche Behandlungsfehler auf der Grundlage der *reinen Verhaltensunrechtslehre* als ein einfacher Fall der Fahrlässigkeitshaftung behan-

---

68 Vgl. dazu weiterführend *Laufs/Uhlenbruck* (Hrsg.), Handbuch des Arztrechts, 3. Aufl. 2002; *Deutsch*, Medizinrecht, 4. Aufl. 1999; *Steffen/Dressler*, Arzthaftungsrecht: Neue Entwicklungslinien der BGH-Rechtsprechung, 9. Aufl. 2002; *Hart*, JURA 2000, 14/64.
69 BGBl. 2002 I, 2674; vgl. dazu *Däubler*, JuS 2002, 625; *Wagner*, NJW 2002, 2049; *Ch. Huber*, Das neue Schadensersatzrecht, in: Dauner-Lieb u. a. (Hrsg.), Das Neue Schuldrecht, 2002, S. 462.
70 Vgl. dazu schon den »Klassiker« RGZ 68, 431.

delt werden. Die moderne Lehre der Fahrlässigkeitshaftung geht in den Behandlungsfehlerfällen von einem zweistufigen Haftungsgrund aus: (1) Verursachung der Körper-/Gesundheitsverletzung durch den behandelnden Arzt; (2) Fahrlässigkeit des Arztes (Behandlungsfehler).

Angewandt auf den *Beispielsfall 1 a)* heißt dies: Der objektive Tatbestand einer Körperverletzung der Frau A durch Dr. O ist nach dem Sachverhalt gegeben. Eine Einwilligung in die ordnungsgemäße Behandlung liegt vor. Rechtswidrig und schuldhaft hätte Dr. O jedoch nur gehandelt, wenn er die Operation fehlerhaft durchgeführt hat. Das ist der Fall, wenn Dr. O nicht *lege artis* vorgegangen ist, sei es, dass er eine falsche Behandlungsmethode gewählt hat oder dass er die richtige Behandlungsmethode nicht ordnungsgemäß angewandt hat. Mit der Feststellung eines derartigen Behandlungsfehlers ist zugleich auch die Fahrlässigkeit gegeben.

Die **Beweislast** für alle vier Elemente des Haftungsgrundes nach § 823 I – die Rechtsgutsverletzung, das Verhalten (medizinische Behandlung), die (haftungsbegründende) Kausalität und den Behandlungsfehler/die Fahrlässigkeit – trifft die klagende Patientin. [Die Rechtswidrigkeit ergibt sich aus dem Behandlungsfehlernachweis.] Hinzu kommt die Haftungsausfüllung: Schaden sowie Kausalität zwischen Verletzung und Schaden.[71] Die Haupterleichterung für den Nachweis eines Behandlungsfehlers bedeutet die Einführung einer **Dokumentationspflicht** des Arztes.[72] Hat der Arzt es schuldhaft unterlassen, medizinisch zweifelsfrei gebotene Befunde zu erheben und zu sichern, kann dies zu einer Beweislastumkehr hinsichtlich des Behandlungsfehlers und gegebenenfalls auch hinsichtlich der haftungsbegründenden Kausalität führen.[73] Bei dem Nachweis eines *groben Behandlungsfehlers* wird traditionell eine Beweislastumkehr hinsichtlich der haftungsbegründenden Kausalität zwischen dem Behandlungsfehler und der Körper-/Gesundheitsverletzung zugelassen.[74]

Ein interessantes Problem präsentiert die *Assistenzarztvariante (1 b)*. Hat der Assistenzarzt Dr. X bei der Operation den gleichen Behandlungsfehler gemacht, kann damit ausnahmsweise noch nicht ohne weiteres seine Fahrlässigkeit bejaht werden. An einen approbierten Arzt, der sich noch in der Weiterbildung zum Facharzt befindet, können nicht ohne weiteres die gleichen Verhaltensanforderungen gestellt werden wie an einen Facharzt. Das bedeutet wiederum nicht, dass diese Umstände zu Lasten des betroffenen Patienten gehen. Die haftungsrechtliche Verantwortung liegt in erster Linie bei der Krankenhausleitung, die ein derartiges patientengefährdendes Vorgehen ermöglicht hat. Der *Krankenhausträger* haftet der Patientin vertrags- und deliktsrechtlich wegen schuldhafter Verletzung seiner *Organisationspflicht* (s. u. II. 4. 2). Daneben ließe sich eine Haftung des behandelnden Assistenzarztes Dr. X auf zwei Wegen begründen: Einmal über das sog. Übernahmeverschulden. Zumindest dann, wenn er in die Rolle des Facharztes schlüpft und – wie hier – selbstständig die Operation durchführt, muss er sich auch *wie* ein

---

71 Insoweit unterscheidet sich die beweisrechtliche Situation bei der deliktsrechtlichen Haftung nach § 823 I von der nach Dienstvertragsrecht (s. o. C IV 2.2.3). Dort stellt lediglich die schuldhafte Vertragsverletzung (Pflichtwidrigkeit = Behandlungsfehler) den Haftungsgrund dar! Integritätsverletzung und/oder Schaden sowie Kausalität fallen in die Haftungsausfüllung.
72 Vgl. schon oben C IV.2.1.
73 BGHZ 72, 132.
74 Seit RGZ 171, 168; vgl. dazu *Deutsch*, VersR 1988, 1.

Facharzt behandeln lassen. Zum anderen kann man eine Aufklärungspflicht des Assistenzarztes postulieren: Er hat die Patientin über das erhöhte, in seiner Person liegende Risiko aufzuklären, so dass sie von der Operation Abstand nehmen kann. Allerdings wird bei ärztlichen »Aufklärungsfehlern«, worauf gleich einzugehen ist, zumeist nur ein Anspruch auf Schmerzensgeld wegen Persönlichkeitsrechtsverletzung, aber kein materieller Schadensersatz gewährt.

Die **Aufklärungsfehlerproblematik** wird – wie oben betont – von der Rechtsprechung bisher ausschließlich in dem **Kontext der Rechtfertigung einer rechtswidrigen Körper-/Gesundheitsverletzung** diskutiert, die jede ärztliche Behandlung, die mit einer Verletzung der körperlichen Integrität verbunden ist, nach vorh. M. *per se* darstellt. Die Einwilligung des Patienten ohne ausreichende Aufklärung über die typischen Behandlungsrisiken ist unwirksam. Die indizierte Rechtswidrigkeit auch der medizinisch gebotenen und fehlerfrei durchgeführten Behandlung bleibt dann bestehen! Dies führt konsequenterweise zu einer vorsätzlichen rechtswidrigen Körper-/Gesundheitsverletzung – eine wirklichkeitsfremde Konstruktion.[75] Die Haftung wird aber beschränkt auf die aufklärungspflichtigen Risiken, die als Folge der – rechtswidrigen, aber fehlerfreien – Behandlung bei dem Patienten eingetreten sind.[76]

Die in der Literatur vorh. M. betrachtet demgegenüber zutreffend die unzureichende Aufklärung des Patienten als ein **selbstständiges ärztliches Delikt,** das von dem Tatbestand der Körper-/Gesundheitsverletzung durch Behandlungsfehler deutlich zu trennen ist. Schutzobjekt in den Aufklärungsfehlerfällen ist nicht die körperliche Integrität – sondern das **Selbstbestimmungsrecht des Patienten über seinen Körper.** Er hat, informiert durch den Arzt, darüber zu entscheiden, welchen körperlichen/gesundheitlichen Risiken er sich durch welche Behandlungsmethode aussetzen will.[77] Wegen der Verletzung dieses, als Teil des allgemeinen Persönlichkeitsrechts zu qualifizierenden, Selbstbestimmungsrechts über die körperliche Integrität ist auch materieller Schadensersatz zu leisten, soweit sich aufklärungspflichtige Risiken realisiert haben. Umstritten ist, wann bei einer ohne »Folgeschäden« gebliebenen Behandlung eines Patienten unter Verletzung seines Selbstbestimmungsrechts ein (persönlichkeitsrechtlicher) Schmerzensgeldanspruch begründet sein kann.[78]

Diese Selbstständigkeit der Aufklärungsfehlerproblematik wird deutlich in Konstellationen wie dem *zweiten Beispielsfall,* wo nicht gleichzeitig eine (rechtswidrige) Körperverletzung vorliegt. Den Krankenhausarzt Dr. G traf auf Grund der medizinischen Betreuung der schwangeren Frau B eine deliktische Verhaltenspflicht, deren Persönlichkeitsrecht nicht zu verletzen. Frau B wollte erkennbar kein mongoloides Kind austragen. Durch die unzureichende Aufklärung über die Risiken der pränatalen Schädigung und die Möglichkeiten ihrer Feststellung durch eine Fruchtwasseruntersuchung hat Dr. G die Frau B in ihrem essentiellen

---

75 Der Vorsatz des Arztes entfällt i. d. R. mangels Unrechtsbewusstseins! Vgl. oben im Text.
76 BGHZ 106, 391; *Schramm,* Der Schutzbereich der Norm im Arzthaftungsrecht, 1992, S. 194 ff.
77 Vgl. dazu Hart, Autonomiesicherung im Arzthaftungsrecht, in FS Heinrichs 1998, S. 291 m. w. Nachw.
78 Vgl. dazu OLG Jena VersR 1998, 586; *Kullmann,* VersR 1999, 1190. – Das RG hatte ein Schmerzensgeld bei eigenmächtiger Heilbehandlung auf der Grundlage der Körperverletzungs-Doktrin zugesprochen (RGZ 68, 431).

Recht verletzt, ausschließlich allein und letztverbindlich darüber entscheiden zu können, ob sie das Risiko einer Behinderung ihres Kindes in Kauf nehmen oder ob sie bei nicht auszuschließendem Risiko eine legale Schwangerschaftsunterbrechung vornehmen lassen will. Wegen dieser gravierenden Verletzung ihres Persönlichkeitsrechts nach § 823 I steht ihr ein »Schmerzensgeldanspruch« gegen Dr. G zu. Dieser Anspruch ergibt sich nicht aus § 253 II, sondern wird als immaterieller Schadensersatz *sui generis* unmittelbar aus der Verfassung abgeleitet.[79]

Die Unterhaltskosten kann sie von dem Krankenhausträger wegen einer schuldhaften Verletzung einer (Neben-)Leistungspflicht aus dem Krankenhausvertrag – durch Dr. G als Erfüllungsgehilfen (§ 278) – einklagen.[80] Auch hier gelten wiederum Besonderheiten hinsichtlich der Beweislast. Bei jedem Anspruch wegen einer deliktischen oder vertraglichen **Aufklärungspflichtverletzung** muss der Anspruchsteller grundsätzlich zusätzlich vortragen und ggf. beweisen, dass er sich bei erfolgter Aufklärung auch »aufklärungsrichtig« verhalten hätte. In den Fällen der nachgewiesenen Verletzung einer medizinischen Aufklärungspflicht über Behandlungsrisiken oder -alternativen hat die Rechtsprechung wegen des hier betroffenen hochrangigen Rechtsguts der Selbstbestimmung über die körperliche Integrität eine Beweiserleichterung zugelassen: Der Patient muss nicht beweisen, dass er bei ordnungsmäßiger Aufklärung den Eingriff nicht hätte vornehmen lassen. Es ist vielmehr ausreichend, dass der Patient plausible Gründe dafür darlegt, dass er sich bei erfolgter Aufklärung in einem echten Entscheidungskonflikt darüber befunden hätte, ob er den Eingriff vornehmen lassen sollte.[81] Diese Voraussetzungen liegen vor. Den Arzt träfe dann die Beweislast für den (nur schwer zu führenden) Nachweis, dass – in diesem Fall – Frau B bei einem positiven Befund der Fruchtwasseruntersuchung keine Schwangerschaftsunterbrechung hätte vornehmen lassen.[82]

3 Schutzgesetzverstoß (§ 823 Abs. 2) und sittenwidrige Schädigung (§ 826)

Fallbeispiele:

1. Dem 40jährigen A ist wegen wiederholter Teilnahme am Straßenverkehr nach Alkoholgenuss die Fahrerlaubnis entzogen worden. Eines Abends unternimmt er zusammen mit seiner Freundin in deren Pkw eine Spritztour in die benachbarte Großstadt. Auf dem Rückweg durchfährt A mit etwas überhöhter Geschwindigkeit (ca. 65 km/h) ein Dorf. Unerkennbar für ihn taucht plötzlich der betrunkene B am Straßenrand auf, der auf die Fahrbahn torkelt. A, der ausnahmsweise »stocknüchtern« war, konnte weder rechtzeitig bremsen noch ausweichen. B wird schwer verletzt. Er verklagt A auf Schadensersatz und Schmerzensgeld.

2. Durch das unvorschriftsmäßige Überholmanöver eines Lkw kam es zu einem Frontalzusammenstoß mit einem entgegenkommenden Pkw. Die Landstraße war dadurch eine Stunde lang für den Durchgangsverkehr gesperrt. Ungeduldige Kfz-Fahrer umfuhren die Unfallstelle, indem sie über die angrenzende Grünfläche des Landwirtes L fuhren. L, der die Kfz-Fahrer und -halter nicht ermitteln konnte, verlangt nunmehr von dem Fahrer des Lkw Schadensersatz wegen seiner Flurschäden *(BGHZ 58, 162)*.

---

79 BGHZ 128, 1 – *Caroline v. Monaco*.
80 Vgl. zum medizinischen Behandlungs- und Krankenhausvertrag oben C IV 2/3.
81 Grdl. BGHZ 90, 103, 111 f.; BGH NJW 1991, 1543.
82 BGHZ 89, 95, 103.

Mit den Rechtsgütern Leben, Körper, Gesundheit und Freiheit, dem »absoluten Recht« Eigentum und den »sonstigen Rechten« allgemeines Persönlichkeitsrecht und Recht am »eingerichteten und ausgeübten Gewerbebetrieb« ist der heute wichtigste Anwendungsbereich des § 823 I umschrieben. Einen über den ursprünglich engen Enumerativkatalog des § 823 I hinausgehenden Deliktsrechtsschutz privater Interessen hat der BGB-Gesetzgeber über § 823 II und § 826 eröffnet. Nach § 823 II ist dann Schadensersatz zu leisten, wenn jemand »gegen ein den Schutz eines anderen bezweckendes Gesetz verstößt«. Anerkannte Schutzgesetze i. S. des § 823 II sind vor allem die Tatbestände des StGB, soweit sie Übergriffe in private Rechtssphären unter Strafe stellen (z. B. §§ 211 ff.: Leben; §§ 223 ff.: Körper/Gesundheit; §§ 234 ff.: Freiheit; §§ 174 ff.: sexuelle Selbstbestimmung; §§ 185 ff.: Ehre; §§ 242 ff.: Eigentum; §§ 263 ff.: Vermögen). Praktische Bedeutung als Schutzgesetzen i. S. des § 823 II kommt den Straftatbeständen allerdings nur insoweit zu, als sie insbes. mit der Ehre und dem Vermögen private Interessen unter Schutz stellten, die nicht schon von § 823 I erfasst waren.

Eine Auffangfunktion für den Ersatz reiner Vermögensschäden hatte auch § 826. Ersatzpflichtig ist danach jeder, der einen anderen vorsätzlich schädigt, wenn die Schädigung »gegen die guten Sitten« verstößt. Anders als bei § 823 I handelt es sich bei § 823 II und § 826 um sog. Verweistatbestände. In dem einen Fall wird auf außerdeliktische Rechtssätze Bezug genommen, die als »Schutzgesetze« in das Deliktsrecht transformiert werden. In dem anderen Fall wird auf Normen der gesellschaftlichen Moral Bezug genommen, deren Verletzung die Sittenwidrigkeit des Verhaltens begründet.

Bei einem Schutzgesetzverstoß nach § 823 II entspricht der Haftungsgrund dem bei einer Verkehrspflichtverletzung nach § 823 I.[83] Zunächst ist zu prüfen, ob der fragliche Rechtssatz bzw. die jeweilige Bezugsnorm ein Schutzgesetz i. S. des § 823 II darstellt. Sodann ist die Verursachung des schutzgesetzwidrigen »Erfolges« festzustellen. Es schließt sich die Prüfung des schuldhaften Schutzgesetzverstoßes an: Hat der Delinquent vorsätzlich oder fahrlässig den schutzgesetzwidrigen Erfolg herbeigeführt.

Nach § 823 II hat ein **Schutzgesetz** zwei Voraussetzungen: (1) Die außerdeliktsrechtliche Norm muss ein »Gesetz« sein und sie muss (2) den »Schutz eines anderen bezwecken«. Unter Gesetz versteht das BGB jede Rechtsnorm (Art. 2 EGBGB). Rechtsnorm ist gleichbedeutend mit dem Gesetz im materiellen Sinn, also einer abstrakt-generellen Regelung. Es muss sich zudem um staatlich gesetzte Rechtsnormen handeln.

Größere Bedeutung kommt in praxi der zweiten Frage zu, ob die jeweilige Bezugsnorm »den Schutz eines anderen bezweckt«. Entscheidend ist der Individualschutzzweck der Norm. Es gibt eine Reihe gesetzlicher Vorschriften, die ausschließlich die Interessen der Allgemeinheit verfolgen, ohne den Schutz individueller Positionen einzubeziehen. Dies gilt beispielsweise für weite Bereiche des Bau- und Kartellrechts.

Zur Beantwortung der Frage, ob eine Norm den Schutz privater Interessen verfolgt, ist der **Schutzzweck** der Bezugsnorm zu ermitteln. Diese Ermittlung erfolgt in dreierlei Richtung:

---

83 Vgl. dazu noch einmal das Schaubild 17 rechte Spalte (oben S. 298).

(1) Die Norm muss bestimmte individuelle Rechtsgüter bzw. private Interessen schützen *(gegenständlicher Schutzbereich)*.

(2) Die Norm muss den Schutz eines abgrenzbaren, spezifischen Personenkreises beinhalten *(personaler Schutzbereich)*.

(3) Die Norm muss auf die Verhütung bestimmter Formen von Verletzungshandlungen zielen *(modaler Schutzbereich)*.

Das bekannteste Beispiel für die Beschränkung des modalen Schutzbereichs ist der Hannoveraner *Kegeljungenfall*[84]. Das seinerzeitige gesetzliche Verbot der Kinderarbeit in gewerblichen Betrieben nach 20 Uhr bezweckte den Gesundheitsschutz der Jugendlichen gegen übermäßige körperliche Beanspruchung. Es zielte nicht auf den Schutz des Kegeljungen gegen Verletzungen durch den vorzeitigen Wurf der Kegelkugel. Gefragt wird m. a. W., ob gerade **diese Person** in **diesen Interessen** gegen eine Verletzung in **dieser Art und Weise** geschützt werden sollte.

Selbst wenn der Individualschutzzweck einer Norm bejaht worden ist, hängt das Vorliegen eines Schutzgesetzes i. S. des § 823 II zusätzlich noch davon ab, ob ein soziales Bedürfnis nach einem Deliktsrechtsschutz neben straf- und verwaltungsrechtlichen Sanktionen und sozialversicherungsrechtlichen Leistungen begründbar ist.

In dem *1. Beispielsfall* kommen zwei Normen des Straßenverkehrsrechts, die A verletzt haben könnte, in Betracht: § 21 StVG, der das Fahren ohne Fahrerlaubnis unter Strafe stellt, – und § 3 I/III StVO, der die Einhaltung der zulässigen Höchstgeschwindigkeit vorschreibt. Beide Normen sind als Schutzgesetze i. S. des § 823 II anerkannt, die auch auf den Integritätsschutz der anderen Verkehrsteilnehmer zielen.[85] A hat vorsätzlich gegen § 21 StVG verstoßen und vorsätzlich, zumindest aber fahrlässig, § 3 StVO verletzt. D. h. nun aber keinesfalls, dass damit schon der Haftungsgrund nach § 823 II gegeben ist und die Verletzung des B als bloße Haftungsausfüllung hinzukommt. Dies wird in der Literatur zwar auch gelegentlich vertreten, verkennt aber die Grundstruktur des Haftungstatbestands des § 823 II. Das Deliktsrecht kennt – anders als das Strafrecht – keine *abstrakten Gefährdungstatbestände*. Über § 823 II werden immer sonstige Verhaltensnormen in **deliktische Schutznormen zugunsten irgendeines privaten Interesses** transformiert. Die Verletzung des jeweiligen privaten Interesses gehört damit zum Haftungsgrund des § 823 II. Dies hat denn auch der BGH – unter Bestätigung der einschlägigen Rechtsprechung des RG – zutreffend klargestellt: »Auch in den Fällen der Verletzung von Schutzgesetzen, die einen abstrakten Gefährdungstatbestand normieren, muss für die deliktische Haftung dieser innere Zusammenhang zwischen dem normwidrigen Verhalten des Inanspruchgenommenen und der Schädigung bestehen, für die Ersatz begehrt wird«.[86]

Die Ersatzpflicht nach § 823 II tritt nur im Fall eines **Verschuldens** ein. Zwei Fallkonstellationen sind zu unterscheiden:

(1) Das Schutzgesetz selbst enthält eine qualifizierte Verschuldensanforderung. Häufigster Fall sind die Vorsatzdelikte im Strafrecht. Dann tritt auch die Haftung

---

84 LG Hannover Recht 1910, 35.
85 MünchKomm-*Mertens*, BGB, Bd. 5, 3. Aufl. 1997, § 823 Rz. 195.
86 BGH NJW 1988, 1383, 1384 (zu § 227 StGB a. F.: Beteiligung an Schlägerei).

nach § 823 II nur bei vorsätzlicher Begehung ein. Bei Straftatbeständen als Schutzgesetzen ist des weiteren umstritten, ob die zivilrechtlichen oder die strafrechtlichen Verschuldensgrundsätze insoweit Anwendung finden; also z. B. objektiver statt subjektiver Fahrlässigkeitsbegriff, Vorsatz- oder Schuldtheorie. Konsequenterweise sollten für das zivile Schadensersatzrecht die privatrechtlichen Grundsätze Anwendung finden. Die höchstrichterliche Rechtsprechung ist gespalten: Sie wendet einerseits den objektiven Fahrlässigkeitsstandard an,[87] andererseits geht sie bei Straftatbeständen als Schutzgesetzen von der strafrechtlichen Schuldtheorie aus.[88]

(2) Bei vielen Verbotsnormen, insbesondere des technischen Sicherheitsrechts, fehlt ein Verschuldenserfordernis. Z. B. § 4 I ProdSiG: »Der Hersteller darf ein Produkt nur in den Verkehr bringen, wenn es sicher ist.« Oder § 8 Nr. 1 LMBG: »Es ist verboten, Lebensmittel für andere derart herzustellen oder zu bearbeiten, dass ihr Verzehr geeignet ist, die Gesundheit zu schädigen.« Hier tritt die Haftung nur ein, wenn zusätzlich die Verschuldensvoraussetzung erfüllt ist. Insoweit findet § 276 I 1 Anwendung.

Das Verschulden soll sich nach der h. M. nur auf die Verletzung des Schutzgesetzes beziehen.[89] Diese Auffassung ist abzulehnen; sie führt insbes. bei abstrakten Gefährdungsdelikten zu unvertretbaren Ergebnissen. Der Vorsatz bezieht sich daher – wie bei § 823 I – *auf die schutzgesetzwidrige Herbeiführung des jeweiligen Verletzungserfolges*. Die Fahrlässigkeit besteht in dessen Vermeidbarkeit, d. h. in dem Fehlverhalten, das die schutzgesetzwidrige Interessenverletzung verursacht (Verletzung der »äußeren/inneren Sorgfalt«). Die Folgen des Fehlverhaltens werden über Schutzzweckkriterien zugerechnet.

Für den **Verschuldensnachweis** gelten die allgemeinen Grundsätze. Eine Sonderregel findet jedoch Anwendung. Immer dann, wenn das jeweilige Schutzgesetz das geforderte Verhalten konkret umschreibt, ist mit der Feststellung des Schutzgesetzverstoßes auch das Verschulden indiziert. Beschränkt sich das Schutzgesetz jedoch darauf, bloß wie in § 8 Nr. 1 einen bestimmten Verletzungserfolg zu verbieten, löst der Schutzgesetzverstoß keine Verschuldensvermutung aus.[90]

Die Konsequenzen für den *Beispielsfall* bestehen in folgendem: Derjenige, der vorsätzlich ohne Fahrerlaubnis ein Auto fährt, verletzt damit noch nicht vorsätzlich einen anderen Verkehrsteilnehmer, wenn er ihn – vermeidbar oder nicht – anfährt. Zudem ist der Schutzbereich des § 21 StVG beschränkt auf die Verwirklichung des spezifischen Risikos, dem durch das Fehlen bzw. den Entzug der Fahrerlaubnis vorgebeugt werden sollte (modaler Schutzbereich): D. h. bei Minderjährigen ohne Führerschein gegen die Verursachung von Unfällen durch Autofahrer ohne praktische und theoretische Fahrausbildung. § 21 StVG schützt also lediglich gegen Fehlverhalten, das auf Unkenntnis der Straßenverkehrsregeln und/oder fehlender Fahrpraxis beruht; aber nicht gegen Fehler, die gerade auch für routinierte Fahrer typisch sind. Hier wäre dann nur die allgemeine Fahrlässigkeitshaftung nach § 823 I begründet. In dem 1. Beispielsfall ist der Schutzbereich des § 21 StVG

---

87 BGH VersR 1968, 378.
88 BGH NJW 1985, 134.
89 Vgl. BGH VersR 1968, 593, 594; ablehnend wie hier: MünchKomm-*Mertens*, BGB, Bd. 5, 3. Aufl. 1997, § 823 Rz. 187; *Fikentscher*, Schuldrecht, 9. Aufl. 1997, Rz. 1273; *Stoll*, Kausalzusammenhang und Normzweck im Deliktsrecht, 1968, S. 21 ff.
90 BGHZ 116, 104, 114 f. – Hochzeitsessen.

beschränkt auf die Verursachung von Unfällen infolge Alkoholkonsums. A war diesmal jedoch »stocknüchtern«. – Selbst wenn sich A nach Alkoholkonsum an das Steuer des Pkw seiner Freundin gesetzt hätte und man darin einen bedingten Vorsatz hinsichtlich der Verursachung von Unfällen sehen würde, beruhte die Verletzung des B nicht auf alkoholkonsumbedingten Verhaltensweisen des A, wie Enthemmung, Verlangsamung der Reaktionen etc. Die spezifische Art der Rechtsgutgefährdung, die § 21 StVG bei Fahrerlaubnisentzug infolge Alkoholkonsums bekämpfen will, hätte sich in diesem konkreten Fall nicht verwirklicht (fehlender modaler Schutzbereich). – Die Verletzung des B durch den ohne Fahrerlaubnis autofahrenden A erfüllt daher nicht die Voraussetzungen des Haftungstatbestandes des § 21 StVG i. V. m. § 823 II BGB.

Diese Grundsätze treffen auch auf die Haftung nach § 3 StVO i. V. m. § 823 II zu. Auch hier ist der Schutzzweck der Norm beschränkt auf die Verhinderung einer Gefährdung der Verkehrsteilnehmer durch das Fahren mit überhöhter Geschwindigkeit. Nach dem Sachverhalt ist davon auszugehen, dass der Unfall in derselben Form auch passiert wäre, wenn A mit der gesetzlich zulässigen Höchstgeschwindigkeit von 50 km/h gefahren wäre. Insofern fehlt es an der erforderlichen spezifischen Art und Weise der Interessenverletzung nach § 3 StVO und somit an den Voraussetzungen eines Schutzgesetzverstoßes. – Von dieser **haftungsrechtlichen** Fragestellung deutlich zu trennen ist die strafrechtliche Perspektive, da A gegen die Verbote der §§ 21 StVG und 3 StVO verstoßen und damit eine Ordnungswidrigkeit begangen hat.

In dem 2. *Beispielsfall*, dem *Grünstreifenfall*, ist die unfallbedingte Sperrung der Straße der Anlass für das daraus resultierende Fehlverhalten der anderen Kraftfahrer gewesen. Der Fahrer des Lkw hat mithin die Schädigung der Grünfläche des L durch die ungeduldigen Kraftfahrer »verursacht« (Bedingungs- oder Äquivalenzlehre). Fraglich ist, ob ihm nach § 823 I deliktische Schutzpflichten auch dem Landwirt L gegenüber obliegen bzw. ob – worauf wir uns in diesem Kontext beschränken wollen – die Vorschriften der Straßenverkehrsordnung (hier etwa § 1 StVO) Schutzgesetze zugunsten des L sind. Zwar sind – wie gezeigt – einzelne Normen der Straßenverkehrsordnung anerkannt als Schutzgesetze i. S. des § 823 II. Ihr Schutzbereich ist aber beschränkt auf den **Integritätsschutz** der übrigen Verkehrsteilnehmer gegen das straßenverkehrsordnungswidrige Verhalten anderer Teilnehmer am Straßenverkehr. So ist § 1 StVO jedenfalls kein Schutzgesetz zugunsten der Straßenanlieger und ihres Grundeigentums. Da L mit seinem Schaden insoweit nicht in den gegenständlichen und personalen Schutzbereich der Norm fällt, steht ihm kein Schadensersatzanspruch gegen den Fahrer des Lkw aus § 1 StVO i. V. m. § 823 II zu.

Dem Tatbestand der vorsätzlichen **sittenwidrigen Schädigung** nach § 826 kommt heute lediglich noch eine Subsidiärfunktion zu für die Sanktionierung besonders eklatanten sozialen Fehlverhaltens. Seine historische Hauptfunktion, deliktischen Vermögensschutz zu gewährleisten, konnte § 826 wegen der Voraussetzung der vorsätzlichen Schädigung nur bedingt erfüllen. Die Reaktionen bestanden zum einen darin, die Fahrlässigkeitshaftung für Vermögensschäden in das Vertragsrecht zu verlagern (insbes. Vertragsschlussfiktionen; Stichwort: Auskunftshaftung)[91] bzw. über § 823 I abzuwickeln (insbes. Unternehmensvermögensschutz). Zum anderen wurde das Vorsatzerfordernis abgeschwächt. Nach ständiger Recht-

---

91 *Jost*, Vertragslose Auskunfts- und Beratungshaftung, 1991 m. w. Nachw.

sprechung soll Vorsatz i. S. des § 826 auch schon bei (bloß) leichtfertigem Verletzungsverhalten vorliegen.[92]

Der Vorsatz bezieht sich auf den Erfolg der Interessenverletzung. Das Verletzungsverhalten muss zusätzlich die Voraussetzung der Sittenwidrigkeit erfüllen. § 826 verweist insoweit auf vorfindliche außerrechtliche Standards gesellschaftlicher Moral. Die Gerichte benutzen in ständiger Rechtsprechung die schon im Gesetzgebungsverfahren gebrauchte Formel vom »Anstandsgefühl aller billig und gerecht Denkenden«. Die rechtspolitisch und -methodologisch nicht unproblematische Aufgabe der Konkretisierung der Guten-Sitten-Klausel durch den Zivilrichter wird dadurch etwas entschärft, als es sich zumeist um von anerkannten sozialen Werten deutlich abweichendes Verhalten handelt. Bei der Zahlung von Schmiergeldern oder dem Erschleichen von Urteilen beispielsweise dürfte in praxi die Tatsachenermittlung schwieriger sein als die Qualifizierung des (nachgewiesenen) Verhaltens als sittenwidrig. – Ob der Tatbestand des § 826 ein Bewusstsein der Sittenwidrigkeit voraussetzt, ist umstritten. Nach den Grundsätzen der zivilrechtlichen Vorsatzhaftung entfällt der Vorsatz bei einem Verbotsirrtums (s. o. E I 1.2); ein Fall, der im Zusammenhang mit § 826 nur schwer vorstellbar ist. M. a. W.: Ein »Sittenwidrigkeitsirrtum« ist grundsätzlich nicht anzuerkennen.

4 Geschäftsherrenhaftung und Produzentenhaftung

Fallbeispiele:
1. A kaufte bei einem Händler einen fabrikneuen Pkw des Autoherstellers B. Bei einer Fahrt auf der Autobahn geriet der Wagen unvermittelt ins Schleudern und überschlug sich. Die rechts neben A sitzende Ehefrau wurde schwer verletzt. Der Unfall war – lt. Sachverständigengutachten – auf einen Bruch der hinteren Schubstrebe zurückzuführen. Dafür wiederum war ein Bearbeitungsfehler in dem Betrieb des Zulieferers Z ursächlich. Der Fehler hätte aber auch bei der Wareneingangskontrolle des B festgestellt werden müssen. Die Ehefrau des A verklagt die Unternehmen B und Z auf Schadensersatz und Schmerzensgeld *(BGH NJW 1968, 247)*.
2. Das Hüttenwerk A kauft bei dem Hersteller H eine Ladung des Rostschutzmittels »Capuzol Nr. 22«. Auf der Verpackung fehlt jeglicher Hinweis auf die leichte Brennbarkeit des Rostschutzmittels. Bei der bestimmungsgemäßen Verwendung des Rostschutzmittels durch die Arbeitnehmer X, Y und Z des Hüttenwerks kommt es zu einer Entflammung mit anschließendem Brand. Die Arbeitnehmer X, Y und Z erleiden schwere Verbrennungen *(BGH NJW 1959, 1676)*.
3. S ist seit mehreren Jahren als Kinderkrankenschwester in einem Landeskrankenhaus auf der Entbindungsstation beschäftigt. Eines Tages brachte sie ein 12 Tage altes Kind in einem fahrbaren Kinderbett zu dessen Mutter. Als sie das Kind aus dem Kinderbett nahm, rutschte es ihr aus den Händen und fiel aus einer Höhe von einem Meter auf den Boden. Das Kind erlitt einen Scheitelbeinbruch und musste lange Zeit in der Kinderklinik behandelt werden. Das Kind verklagt das Land als Krankenhausträger auf Schadensersatz und Zahlung von Schmerzensgeld *(BAG NZA 1986, 91)*.

---

92 BGH NJW 1986, 180.

4.1 Grundsätze der Produzentenhaftung nach § 823 Abs. 1[93]

Das erste Fallbeispiel gibt Anlass, die Geschäftsherrenhaftung an einer der repräsentativsten Fallgestaltungen zu entwickeln – der deliktischen Produzentenhaftung. Die Produzentenhaftungsfälle sind durch drei Schwierigkeiten gekennzeichnet:

(1) Die Begründung einer deliktischen Haftung zwischen Hersteller und entferntem Geschädigten;

(2) die besondere Beweissituation des Geschädigten, Vorgänge in einer für ihn unzugänglichen Betriebsorganisation aufklären zu müssen; und

(3) die eigentliche § 831-Problematik der Begründung der Haftung des Unternehmers für das Fehlverhalten seiner Arbeitnehmer.

Die Ehefrau des A hatte keinerlei rechtliche oder tatsächliche Beziehung zu den Unternehmen B und Z. Ihr Ehemann hatte lediglich bei einem selbstständigen Vertragshändler einen fabrikneuen Pkw gekauft. In beiden Unternehmen ist jedoch jeweils eine entfernte Ursache »gesetzt« worden für die spätere schwere Körperverletzung von Frau A. Die deliktsrechtliche Dogmatik, in gewissem Sinne fixiert auf den Typ der »unmittelbaren Rechts(guts)verletzung« nach dem Beispiel des Verkehrsunfalls, tat sich zunächst schwer, hier eine Haftung zu begründen. Vertragsrechtliche Lösungsansätze wurden verworfen. Dazu zählte insbes. der Versuch, bei neu hergestellten Sachen (Gattungssachen) den Produzenten als Erfüllungsgehilfen des Händlers gem. § 278 bei der Erfüllung von dessen kaufvertraglichen Pflichten zu betrachten.[94] Zudem bedürfte es in Fällen wie dem vorliegenden, wo nicht der Produktkäufer selbst – sondern eine dritte Person verletzt worden ist, der zusätzlichen »Krücke« eines Vertrages mit Schutzwirkungen für Dritte, um die verletzte Person in den Geltungsbereich der vertraglichen Haftung »hineinzugeheimnissen«.

So entschloss sich das RG im Jahre 1915 in dem berühmten *Brunnensalzfall*, den Weg einer deliktischen Fundierung der Herstellerhaftung zu gehen.[95] Das RG bejahte eine mittelbare Gesundheitsverletzung der Frau durch den Arbeiter der Herstellerin, der für die Glassplitter in dem Salz verantwortlich war. Allerdings wählte das RG den vom Gesetz vorgesehenen Weg der Unternehmenshaftung: Die beklagte Herstellerin haftete für ihren Arbeiter nach § 831 I, weil sie sich nicht hinsichtlich eines eigenen »Aufsichtsfehlers« exkulpieren konnte. Parallel dazu liefen Versuche des RG, die Herstellerhaftung auf der Linie der Haftung für die Verletzung von Verkehrssicherungspflichten nach § 823 I zu begründen.[96]

Durchgesetzt hat sich spätestens seit der grundlegenden Hühnerpestentscheidung aus dem Jahr 1968[97] der Weg über § 823 I: Ausgangspunkt ist eine **allgemeine Verkehrspflicht des Herstellers aus § 823 I, nicht vermeidbare gefährliche**

---

93 Vgl. dazu statt vieler *Graf von Westphalen* (Hrsg.), Produkthaftungshandbuch, Bd. I, 2. Aufl. 1999, m. w. Nachw.
94 Vgl. dazu oben B IV.3.2.
95 RGZ 87, 1: In einem medizinischen Salz, das eine Frau in einer Apotheke gekauft hatte, befanden sich Glassplitter. Der BGH ist vereinzelt darauf zurückgekommen (vgl. BGH NJW 1968, 247).
96 Vgl. dazu RGZ 163, 21; RG DR 1940, 1293 – Kraftdroschke.
97 BGHZ 51, 91 = NJW 1969, 269 m. Anm. *Diederichsen* = JZ 1969, 387 m. Anm. *Deutsch*.

Produkte, d. h. Produkte, die bei bestimmungsgemäßem oder vorhersehbarem Gebrauch zu Personen- oder Sachschäden führen können, **in den Verkehr zu bringen.** In den Schutzbereich dieser Verkehrspflicht sind alle Käufer, Benutzer, Arbeitnehmer und sonstigen gefährdeten Dritten einbezogen. Diese allgemeine Verkehrspflicht des industriellen Warenherstellers wird heute ausdifferenziert in folgende – den Abschnitten des Fertigungsprozesses entsprechende – Detailpflichten:

– Das Produkt ordnungsgemäß zu planen und zu konstruieren **(Konstruktionspflicht);**
– das Produkt ordnungsgemäß herzustellen **(Fabrikationspflicht);**
– das Produkt, falls erforderlich, mit Gebrauchs- und Warnhinweisen zu versehen (ursprüngliche **Instruktionspflicht);**
– auch nach Inverkehrbringen des Produkts durch Produktbeobachtung dafür Vorsorge zu treffen, dass eine eventuelle Schadensträchtigkeit dem Hersteller bekannt wird. In diesem Fall werden dann Reaktionspflichten begründet, die von einer nachträglichen Instruktion bis hin zum Produktrückruf reichen können **(Produktbeobachtungs- und Reaktionspflicht).**

Für die deliktische Haftung des Produzenten ist aber stets der Nachweis erforderlich, dass ein **Fehlverhalten** im Produktionsbereich des Herstellers für die Gefahrenträchtigkeit ursächlich war. Sog. **»Ausreißer«,** d. h. eine bestimmte Marge von Fabrikationsfehlern, die auch bei optimaler Aufmerksamkeit und umfangreichsten Produktkontrollen nicht ausgeschlossen werden kann, begründen keine Haftung. Gleiches gilt für sog. **Entwicklungsfehler/-risiken,** d. h. Schadensursachen, die nach dem Stand der wissenschaftlichen Forschung bei Planung und Inverkehrbringen des Produkts noch nicht erkennbar waren.

Nach den allgemeinen Grundsätzen des Beweisrechts muss der Geschädigte ein konkretes menschliches Fehlverhalten/Verschulden im Herstellungsprozess nachweisen. Dies bedeutet in den Fällen der Produzentenhaftung eine besonders schwerwiegende Benachteiligung des Klägers. Nachdem die Rechtsprechung zunächst mit Beweiserleichterungen wie vor allem dem Anscheinsbeweis *(prima facie*-Beweis) gearbeitet hatte, um »Waffengleichheit« im Produzentenhaftungsprozess herzustellen, ist der BGH seit dem *Hühnerpesturteil*[98] definitiv zu einer Beweislastumkehr für das Verschulden übergegangen. Was unter dieser **Beweislastumkehr für das Verschulden** zu verstehen ist, hat der BGH dann in dem *Apfelschorf-I-Urteil* aus dem Jahre 1981[99] präzisiert: Die Beweislastumkehr erstrecke sich nicht nur auf die Fahrlässigkeit i. e. S. (»innere Sorgfalt«), sondern auch schon auf Pflichtwidrigkeit, d. h. die Verletzung der sog. äußeren Sorgfalt.[100] Die **Apfelschorf-Doktrin** stellt heute die eigentliche Magna Charta des Produzentenhaftungs- und Verbraucherschutzrechts dar. Ihr Inhalt lässt sich wie folgt zusammenfassen: Der Geschädigte hat den Nachweis zu führen, dass er durch ein Produkt, so wie es den Herstellerbereich verlassen hat, bei dessen bestimmungsgemäßem oder vorhersehbarem Gebrauch in seinen deliktsrechtlich geschützten Interessen verletzt worden ist. Der Rest ist Sache der »Exkulpation« des Herstellers. Diese Entlastung hinsichtlich der Verletzung der äußeren (und inneren) Sorgfalt gilt jedenfalls für den Bereich der Fabrikations-, Konstruktions- und (ursprünglichen) Instruktionsfehler. Lediglich bei der behaupteten Verletzung der *Produktbeobach-*

---

98 Vgl. Fn. 83
99 BGHZ 80, 186, 198.
100 Zu dieser Unterscheidung und ihrer Berechtigung vgl. oben E I 1.3.

tungs- und *Reaktionspflicht* bleibt der Geschädigte – da es sich regelmäßig um betriebsexterne Umstände handelt – beweisbelastet für den Nachweis der Erkennbarkeit der Schadensursache.[101] Ist die Erkennbarkeit von dem Kläger bewiesen, wäre es sachgerecht, den Nachweis für die Rechtzeitigkeit seiner Reaktion wieder den Hersteller führen zu lassen. Diese Differenzierung ist aber – soweit ersichtlich – noch nicht höchstrichterlich anerkannt.

Angewandt auf unseren *Beispielsfall* hat die Klägerin (1) nachgewiesen, dass sie durch das Produkt der Firma B, so wie es dessen Produktionsbereich verlassen hat, körperlich verletzt worden ist. (2) Entsprechendes gilt für den Zuliefererbetrieb Z. Im Fall des Endherstellers B behauptet sie einen Fehler bei der Produkteingangskontrolle; im Fall des Zulieferers Z behauptet sie einen Fabrikationsfehler. – Es ist nunmehr Sache des beklagten Herstellers und Zulieferers zu beweisen, dass jeder in Betracht kommende Arbeitnehmer fehlerfrei gearbeitet hat, dass ausreichende Wareneingangs- und Warenausgangskontrollen vorgesehen waren, dass die betriebliche Organisation nicht zu beanstanden war. Dies läuft m. a. W. darauf hinaus, nachzuweisen, dass ein Ausreißer vorliegt. An dieser Stelle wird die praktische Bedeutung der Beweislastumkehr deutlich. Dadurch wird dem beklagten Hersteller ein Beweis aufgebürdet, den er in den meisten aller Fälle nicht führen kann. Klageabweisende Urteile in Produzentenhaftungsfällen sind denn auch mittlerweile eine Seltenheit geworden.

4.2 Entwicklung der Geschäftsherrenhaftung (§ 831)

Der Nachweis der optimalen Organisation seines Betriebes, der dem Produzenten heute abverlangt wird, verweist schon auf den dritten Aspekt der Produzentenhaftungsfälle – die § 831er-Problematik. Wer haftet nach außen dem Geschädigten – der Unternehmer/das Unternehmen oder der einzelne Arbeitnehmer, der sich in der Fabrikation, Konstruktion, bei der Produktkontrolle etc. fehlsam verhalten hat, – oder beide gesamtschuldnerisch?

Grundsatz der deliktischen Verschuldenshaftung im deutschen Zivilrecht ist die Haftung ausschließlich für eigenes Fehlverhalten. Dies bestimmt die dogmatische Struktur des § 831 I. Sein Tatbestand enthält drei Elemente:

(1) Grundvoraussetzung ist ein Arbeits- oder Dienstverhältnis. Das BGB spricht von einem Verrichtungsgehilfen. **Verrichtungsgehilfe** meint – anders als der vertragsrechtliche Begriff des Erfüllungsgehilfen – ausschließlich den weisungsabhängigen Arbeitnehmer. Das selbstständige Vertragsunternehmen (sog. *independent contractor*), wie in unserem Beispielsfall der Zulieferer Z, ist kein Verrichtungsgehilfe.

Die beiden weiteren Elemente des Tatbestandes der Haftung des Geschäftsherrn für seinen Verrichtungsgehilfen sind:

(1) eine rechtswidrige Rechts(guts)verletzung durch den Gehilfen in Ausführung seiner Verrichtung und

(2) ein Verschulden/Fehlverhalten des Geschäftsherrn bei der Auswahl/Aufsicht oder bei der Zurverfügungstellung von Geräten.

---

101 BGHZ 80, 186.

§ 831 I ist m. a. W. ein *zusammengesetzter Tatbestand:* Es handelt sich ein um das Verschulden kupiertes Delikt des Verrichtungsgehilfen plus das eigene Verschulden des Geschäftsherrn. Beides ergibt den Haftungsgrund.

Beweisrechtlich weist § 831 I die Besonderheit auf, dass das Verschulden des Arbeitgebers widerleglich vermutet wird, wenn die Rechts(guts)verletzung durch einen Arbeitnehmer nachgewiesen ist. § 831 I 2 beinhaltet für den Arbeitgeber/Geschäftsherrn die Last, sein fehlendes Verschulden darzutun. Diese Exkulpationslast des Geschäftsherrn ist einer der wenigen gesetzlichen Fälle von Haftung mit Verschuldensvermutung im Deliktsrecht (vgl. auch §§ 832 I 2, 833 S. 2, 834 S. 2, 836 I 2).

Soweit der Text des Gesetzes. Die weitere einschlägige Rechtsentwicklung wurde einmal mehr *praeter legem* von der Rechtsprechung getragen. Sie beinhaltet zwei Schritte. Zunächst hat die höchstrichterliche Rechtsprechung anerkannt, dass der Arbeitgeber seine Verhaltenspflicht aus § 831 I (Auswahl, Aufsicht etc.) haftungsbefreiend delegieren kann. In Großbetrieben kann der Unternehmer oder der Geschäftsführer nicht mehr länger jeden einzelnen Arbeitnehmer einstellen und beaufsichtigen. Es ist für seine Exkulpation nach § 831 I 2 ausreichend, wenn er den nächsten, in der Hierarchie nachgeordneten Angestellten, z. B. den Leiter der Personalabteilung, mit der erforderlichen Sorgfalt ausgewählt hat. Dies nennt man den **dezentralisierten Entlastungsbeweis.** Dieses Entgegenkommen hatte jedoch seinen Preis: Die Rechtsprechung führte innerhalb des § 831 I eine »Pflicht zur allgemeinen Oberaufsicht« ein, die den Unternehmer unmittelbar selbst traf und die er nicht haftungsbefreiend delegieren konnte.[102] Aus dieser Pflicht, die »allgemeinen Aufsichtsanweisungen selbst zu treffen«, entwickelte sich die sog. **Organisationspflicht.** Diese Organisationspflicht ist heute aus dem Entstehungszusammenhang mit § 831 I gelöst und als allgemeine Geschäftsherrnpflicht – rechtsformunabhängig – in § 823 I angesiedelt. Sie ist die Haupt-Verkehrspflicht des Unternehmensträgers.[103]

Damit schließt sich der Kreis. Die Frage, wen eigentlich die ausdifferenzierten Herstellerverkehrspflichten treffen, ob den einzelnen Arbeitnehmer »vor Ort« in der Konstruktions-, Fabrikations- und Instruktionsabteilung – oder ausschließlich den Unternehmer, kann die h. M. dahingestellt sein lassen. Faktisch bedeutet das Auftreten eines Produktfehlers ein Indiz für einen Organisationsfehler, für den sich der Unternehmer exkulpieren muss. M. a. W.: § 831 I ist in Produzentenhaftungsfällen »praktisch tot«.[104] Seine Bedeutung behält er in Fällen, in denen individualisierbare Mitarbeiter einen Dritten unmittelbar schädigen: der Busfahrer, der den Passanten anfährt; der angestellte Krankenhausarzt, der einen Behandlungsfehler begeht!

Angewandt auf unseren *Beispielsfall* müssten nach dem Sachverhalt beide Unternehmen – B und Z – der Ehefrau aus §§ 823 I, 253 II auf Schadensersatz und Schmerzensgeld haften; es sei denn, Z könnte die Vermutung eines Organisationsverschuldens für den Fabrikationsfehler und B für die fehlerhafte Eingangsprüfung durch die magnetische Flutung entkräften.

---

102 Seit RGZ 78, 107.
103 *Brüggemeier*, Prinzipien des Haftungsrechts, 1999, S. 112 ff.; *Matusche-Beckmann*, Organisationsverschulden, 2001.
104 *Diederichsen*, Wohin treibt die Produzentenhaftung?, NJW 1978, 1281.

4.3 Ursprüngliche Instruktions- und Produktbeobachtungspflicht

Nach der *Apfelschorf-Doktrin*[105] bezieht sich die Beweislastumkehr in Schadensfällen durch industriell hergestellte Produkte grundsätzlich schon auf die äußere Sorgfaltsverletzung. Dies war seit längerem anerkannt für die Fälle der Fabrikations- und Konstruktionsfehler. Es ist seit 1991 auch höchstrichterlich entschieden für die ursprünglichen Instruktionsfehler, d. h. für die dem Produkt beigegebenen Gebrauchs- und Warnhinweise.[106] – Eine abweichende Beweislastverteilung gilt hingegen für die Fälle der **Produktbeobachtung.**[107] Grundsätzlich ist der Hersteller auch verpflichtet, nach Inverkehrbringen seines Produkts darüber zu wachen, ob sich nachträglich schadensträchtige Eigenschaften des Produkts zeigen. Dann ist er zur Vornahme geeigneter Gefahrbeseitigungsmaßnahmen verpflichtet: Reaktion durch nachträgliche Instruktions-/Warnhinweise bis hin zum Produktrückruf. Die Produktbeobachtungspflicht dient dem Ziel, mit den Mitteln der deliktischen Verschuldenshaftung eine Einstandspflicht des Herstellers für sog. **Entwicklungsrisiken** zu begründen. Entwicklungsrisiken sind gefahrenträchtige Eigenschaften eines Produkts, i. d. R. Konstruktionsfehler, die nach dem seinerzeitigen Stand von Wissenschaft und Technik bei dem Inverkehrbringen des Produkts (noch) nicht erkennbar und deshalb auch nicht vermeidbar waren. Weil sich die Produktbeobachtung nun aber auf Vorgänge »außerhalb der Werkstore« bezieht, soll nach dem BGH bei der Produktbeobachtung die Verletzung der äußeren Sorgfalt von dem klagenden Geschädigten bewiesen werden. Ob beispielsweise bei Inverkehrbringen eines neuen Pflanzenschutzmittels international bereits wissenschaftliche Erkenntnisse vorlagen, wonach unter bestimmten Voaussetzungen sich Resistenzen bilden, die nur bei zusätzlicher Verwendung eines anderen Mittels vermieden werden können, sei von dem Geschädigten durch Sachverständigenbeweis nachweisbar. Hat der Geschädigte bei einer behaupteten Verletzung der Produktbeobachtungspflicht die Erkennbarkeit vor Schadenseintritt nachgewiesen, dann ist der Hersteller wieder »näher dran«, den Nachweis für seine rechtzeitige und angemessene Reaktion auf die nachträglich aufgetretenen Produktgefahren zu führen.

Bei dem *Capuzol*-Fall handelt es sich um ein Beispiel für die (ursprüngliche) Instruktionspflicht. Zugleich erlaubt dieser Fall, die Verbindung der deliktischen Produzentenhaftung zu dem sozialversicherungsrechtlichen Arbeitsunfallrecht (s. o. I.4.2) und zum (Kauf-)Vertragsrecht aufzuzeigen.

Die Arbeitnehmer X, Y und Z des Hüttenwerks kommen bei dem bestimmungsgemäßen Gebrauch des Rostschutzmittels zu Schaden. Sie behaupten einen Instruktionsfehler. Der Hersteller habe auf die leichte Entflammbarkeit durch Warnhinweise aufmerksam machen müssen. Ein derartiger Warnhinweis fehlte. Die Beweislast dafür, dass der Hersteller seine ursprüngliche Instruktionspflicht nicht verletzt hat, trifft – in analoger Anwendung der Grundsätze des *Hühnerpest*- und *Apfelschorf-Urteils* – den beklagten Hersteller. Die deliktische Instruktionsfehlerhaftung setzt jedoch zusätzlich voraus, dass die klagenden Geschädigten vortragen: Hätte sich ein Warnhinweis auf dem Rostschutzmittel befunden, hätten sie ihn befolgt, und der Schaden wäre nicht eingetreten. Für diesen hypothetischen Verlauf erachtete die Rechtsprechung bei der deliktischen Haftung lange Zeit die

---

105 BGHZ 80, 186.
106 BGHZ 116, 60, 72 ff. – Kindertee I.
107 Grdl. BGHZ 80, 186 – Apfelschorf I.

Geschädigten für beweisbelastet.[108] Erst seit 1991 hat der BGH diese Rechtsprechung modifiziert und – ähnlich wie im Vertragsrecht – eine widerlegliche Vermutung für das aufklärungsgemäße Verhalten eingeführt.[109]

Für die Arbeitnehmer X, Y und Z handelt es sich hier zugleich um einen Arbeitsunfall i. S. der gesetzlichen Unfallversicherung (SGB VII). Hinsichtlich ihres Personenschadens haben sie einen direkten Anspruch gegen den Unfallversicherungsträger, die Berufsgenossenschaft. Soweit der Unfallversicherungsträger Leistungen erbringt, gehen die Schadensersatzansprüche der Arbeitnehmer aus § 823 I gegen den Hersteller kraft Gesetzes auf den Unfallversicherungsträger über (Rechtsgedanke der §§ 116 SGB-X, 1542 RVO). Das Insolvenzrisiko des beklagten Herstellers ist den Arbeitnehmern, soweit ihr Personenschaden betroffen ist, daher abgenommen. Weitergehende Ansprüche hinsichtlich eventueller Sachschäden und eines Schmerzensgeldes können die Arbeitnehmer aus der deliktischen Produzentenhaftung ungehindert durch das gesetzliche Unfallversicherungsrecht gegen den Hersteller des Rostschutzmittels geltend machen (§§ 823 I, 253 II).

Der (deliktsrechtliche VI. Senat des) BGH hatte diesen Fall 1959 – angesichts des seinerzeit noch unterentwickelten Standes der deliktischen Produzentenhaftung – vertragsrechtlich gelöst![110] Er hatte zwischen dem Hüttenwerk und dem Hersteller des Capuzol Nr. 22 einen Kaufvertrag mit Schutzwirkung für Dritte (s. o. C I 3.3.6) angenommen. Die Arbeitnehmer X, Y und Z erachtete er als in den Schutzbereich des Kaufvertrages miteinbezogen. Das Arbeitsverhältnis gilt als ein anerkannter Anwendungsfall eines personenrechtlichen Verhältnisses, kraft dessen der Gläubiger/Käufer »für Wohl und Wehe« der Dritten verantwortlich ist (§ 618).

Die vertragsrechtliche Abwicklung unterschied sich – anders als heute – in der zweiten Hälfte des 20. Jahrhunderts noch in viererlei Hinsicht von der deliktsrechtlichen: (1) Beweislastverteilung für den Nachweis der äußeren Sorgfaltsverletzung (Vertragsrecht: Beweislastumkehr nach § 282 a. F.). Hier hat die deliktische Produzentenhaftung seit 1968 nachgezogen: *Hühnerpest-* und *Apfelschorf-*Doktrin.[111] (2) Unterschiedliche Beweislast für das hypothetische »aufklärungsgemäße Verhalten«. Kaufvertraglich traf den beklagten Verkäufer die Beweislast, dass der Käufer respektive dessen Arbeitnehmer die Warnhinweise nicht beachtet hätten;[112] dies galt im Deliktsrecht nicht. Auch insoweit ist jedoch seit 1991 eine Anpassung erfolgt.[113] Auch die Unterschiede (3) in den Verjährungsfristen sind mittlerweile entfallen. Schadensersatzansprüche wegen der schuldhaften Verletzung einer vertraglichen Nebenpflicht (Instruktionspflicht), die zu Schäden an anderen Rechtsgütern des Käufers geführt haben, verjähren nach denselben Regeln wie die Ansprüche aus deliktischer Instruktionsfehlerhaftung (§§ 195, 199). – Schließlich blieb noch (4) ein wichtiger materiellrechtlicher Unterschied: Schmerzensgeld konnten die verletzten Arbeitnehmer nur aus Deliktsrecht einklagen. Auch dies hat sich seit dem 1. 8. 2002 geändert.

---

108 BGHZ 99, 167, 181 – Honda; BGHZ 106, 273, 284 – Asthma-Spray.
109 BGHZ 116, 60, 73 – Kindertee I.
110 BGH NJW 1959, 1676.
111 BGHZ 51, 91; BGHZ 80, 186.
112 Grdl. BGHZ 64, 46 – Haartonikum.
113 BGHZ 116, 60 – Kindertee I.

In dem *Capuzolfall* hat es sich um die Arbeitnehmer des Käufers gehandelt. Für die **kaufvertragliche Absatzkette Hersteller-Händler-Endabnehmer** hat der BGH in ständiger Rechtsprechung verneint, dass der Letztkäufer, sei er Verbraucher oder Unternehmer, in den Schutzbereich des Kaufvertrages zwischen Hersteller und (Groß-)Händler einbezogen ist.[114]

4.4 Arbeitnehmeraußenhaftung

Während bei der deliktischen Produzentenhaftung das Vorliegen eines Fabrikations-, Konstruktions- oder Instruktionsfehlers immer schon ein Indiz für einen Organisationsfehler des Unternehmens nach § 823 I ist, der dessen unmittelbare Außenhaftung begründet, ist die Situation in dem *Kinderkrankenschwester*-Fall völlig anders.

In den Produzentenhaftungsfällen mag es zweifelhaft sein, ob die Konkretisierung der allgemeinen Verkehrspflicht des Herstellers, keine schadenstiftenden Produkte in den Verkehr zu bringen, z. B. auch den einzelnen Arbeitnehmer X an der magnetischen Flutung des Automobilwerkes B trifft.[115] – Hier ist der Fall haftungsrechtlich eindeutig: Der Kinderkrankenschwester S ist eine fahrlässige Körperverletzung des Neugeborenen nach § 823 I anzulasten. Die Haftung des Krankenhausträgers als des Arbeitgebers beurteilt sich nach § 831 I und nach § 823 I. Die Exkulpation nach § 831 I 2 wird in aller Regel gelingen. Problematisch dürfte allein sein, ob ein Organisationsverschulden des Krankenhausträgers nach § 823 I vorliegt. Dieser Nachweis hängt zum großen Teil davon ab, wer insoweit beweisbelastet ist. Hier ist eine weitere Differenz zu den Produzentenhaftungsfällen zu betonen: Die grundsätzliche Beweislastumkehr für den Nachweis des Organisationsverschuldens ist – bisher – im Deliktsrecht auf den Bereich der industriellen Produktionsprozesse beschränkt geblieben. Für den Krankenhausbetrieb ist sie nur sehr selektiv zugelassen worden[116] (zur vertraglichen Organisationshaftung des Krankenhausträgers vgl. oben C IV 2.2). Das neugeborene Kind bzw. seine Eltern als gesetzliche Vertreter hätten daher den Nachweis eines Organisationsfehlers des Krankenhausträgers zu führen.

In Parenthese sei angemerkt, dass die unterschiedliche Behandlung der Arbeitnehmeraußenhaftung in den beiden Fallgruppen, hier mittelbare Rechtsgutsverletzung – dort unmittelbare, hier Industriebetrieb – dort Krankenhausbetrieb, wenig überzeugt hat. Das *Hochzeitsessenurteil* des BGH[117] hat hier zu einer Gleichbehandlung geführt. Die soziale Härte der Außenhaftung der Arbeitnehmer wird in gewisser Weise darüber korrigiert, dass die Arbeitnehmer, wenn sie bei betrieblich veranlasster Tätigkeit einen anderen fahrlässig schädigen, aus dem Arbeitsverhältnis einen **Freistellungsanspruch** gegen den Arbeitgeber haben.[118] Da dieser Freistellungsanspruch nach vorh. M. abtretbar und pfändbar ist, könnte der Geschädigte auch auf diesem Weg einen – ggf. anteiligen – Schadensersatzanspruch gegen den Geschäftsherrn/Arbeitgeber (als Quasi-Haftpflichtversicherer)

---

114 BGHZ 51, 91, 96; BGH BB 1990, 1368.
115 Dafür jetzt: BGHZ 116, 104 = ZIP 1992, 410 m. Anm. *Brüggemeier* – Hochzeitsessen.
116 Vgl. dazu *Steffen/Dressler*, Arzthaftungsrecht, 9. Aufl. 2002, S. 255 ff.; *Matusche-Beckmann*, Organisationsverschulden, 2001, S. 143 ff.
117 Vgl. Fn. 101.
118 Dieser Freistellungsanspruch war früher beschränkt auf Fälle sog. *gefahrgeneigter Arbeit*. Diese Voraussetzung ist seit 1994 entfallen. Vgl. dazu BAG (GS) ZIP 1994, 712.

erhalten. Von der Insolvenz des Arbeitgebers abgesehen, wäre der Arbeitnehmer insoweit von der Außenhaftung entlastet. Einen ähnlichen Schutz vor der Außenhaftung genießt der Arbeitnehmer bei Vorliegen einer Betriebshaftpflichtversicherung.

4.5 Herstellerhaftung nach dem ProdHaftG 1989

Fallbeispiele:

1. Ein bekannter japanischer Hersteller produziert Hochgeschwindigkeitsmotorräder für den europäischen Markt. Es ist üblich, dass derartige Motorräder mit Lenkradverkleidungen versehen werden. Auch das japanische Motorrad sieht serienmäßig entsprechende Schraubverschlüsse vor. Die deutsche Vertriebsgesellschaft importiert die Motorräder nach Deutschland und liefert sie hier an den Motorradfachhandel aus. X kauft ein derartiges gebrauchtes Motorrad, das von dem Vorbesitzer mit einer Lenkradverkleidung versehen war. Durch die Verkleidung wurde das Motorrad im Hochgeschwindigkeitsbereich instabil. X erlitt dadurch einen tödlichen Unfall. Die Hinterbliebenen verklagen den japanischen Hersteller und die deutsche Vertriebsgesellschaft auf Schadensersatz *(BGHZ 99, 167)*.

2. Das Ehepaar K hat einen Kasten Limonade im Getränkemarkt gekauft. Abends schickt Herr K seinen 6jährigen Sohn in den Keller, um eine Flasche Limonade zu holen. Als das Kind die Limonade aus dem Kasten nimmt, explodiert die Flasche in seiner Hand. Das Kind erleidet schwere Gesichtsverletzungen. Ursache der Explosion war entweder ein Überdruck wegen zu geringer Abfüllmenge oder ein Haarriss im Flaschenkörper. Letzterer kann vor der Auslieferung vorgelegen haben, er kann aber auch erst nachträglich auf dem Transportweg entstanden sein. Das Kind verklagt den Getränkehersteller auf Schadensersatz *(BGHZ 104, 323)*.

In Umsetzung der EG-Produkthaftungsrichtlinie vom 25. 7. 1985[119] ist am 1. 1. 1990 das Gesetz über die Haftung für fehlerhafte Produkte in Kraft getreten.[120] Es findet ausschließlich Anwendung auf Produkte, die nach dem 1. 1. 1990 in den Verkehr gebracht worden sind. Die diesem nationalen Transformationsgesetz zugrundeliegende EG-Richtlinie zielt auf die Verwirklichung einer einheitlichen Produktgefährdungshaftung in den EG-Mitgliedstaaten. Wegen des engen sachlichen Kontextes mit der deliktischen Produzentenhaftung wird auf das ProdHaftG bereits an dieser Stelle und nicht erst später in dem Kapitel über die Gefährdungshaftung (s. u. E III) eingegangen. Anders als die deliktische Produzentenhaftung nach § 823 I will das ProdHaftG eine verschuldensunabhängige Haftung der Hersteller verwirklichen. Nach § 1 I 1 ProdHaftG haftet der Hersteller, wenn durch den Fehler seines Produkts jemand getötet, der Körper oder die Gesundheit eines Menschen verletzt oder eine Sache beschädigt oder zerstört wird. Der Haftungsgrund besteht mithin aus vier Elementen: Rechtsgutsverletzung, Produkt, Produktfehler und Kausalität.

Hinsichtlich der **Rechtsgutsverletzung** gelten die folgenden Besonderheiten: Es werden nur Sachsubstanzschäden ersetzt. Anders als bei § 823 I ist nicht das Eigentumsrecht umfassend geschützt. Der Substanzschaden muss an *einer anderen Sache als dem fehlerhaften Produkt* eintreten. Die sog. Weiterfresserschäden[121] sind vom ProdHaftG nicht erfasst! Weiter fallen nur *privat genutzte Sachen* in den Anwendungsbereich des ProdhaftG. Dies ist dem Umstand geschuldet, dass

---

119 ABl. EG 1985 L 210/29.
120 BGBl. 1989 I, 2198.
121 Vgl. oben C I 6.3.

die EG-Richtlinie im Rahmen der Rechtssetzungskompetenz auf dem Gebiet des Verbraucherschutzes erlassen worden ist. Auch gilt hier ein Selbstbehalt von 500 €.

Die Voraussetzungen eines »Produkts« sind in § 2 ProdHaftG geregelt. **Produkt** i. S. dieses Gesetzes ist jede für die kommerzielle Verwertung hergestellte **bewegliche Sache**. Erfasst ist jede gewerbliche Produktion, sei sie industriell, handwerklich oder landwirtschaftlich.

Die zentrale Kategorie der Herstellerhaftung nach dem ProdHaftG ist der **Produktfehler** (§ 3 ProdHaftG): Das Produkt hat einen Fehler, *»wenn es nicht die Sicherheit bietet, die unter Berücksichtigung aller Umstände, insbes. seiner Darbietung (a), des Gebrauchs, mit dem billigerweise gerechnet werden kann (b), und des Zeitpunktes, in dem es in den Verkehr gebracht wurde (c), berechtigterweise erwartet werden kann.«* Diese Definition versucht die aus der deliktischen Produzentenhaftung bekannten Fallgruppen des Fabrikations-, Konstruktions- und (ursprünglichen) Instruktionsfehlers in einem objektiven Fehlerbegriff zusammenzufassen. In dem Motorradbeispielsfall bestand die Besonderheit darin, dass sich der Fehler erst infolge der Verbindung mit dem Zubehörteil Lenkradverkleidung aktualisierte. Während der BGH einige Mühe hatte, ein deliktisches Fehlverhalten des Motorradherstellers zu begründen,[122] ist die Rechtslage nach dem ProdHaftG eindeutig: Sowohl nach seiner Darbietung – serienmäßiges Vorsehen einer Lenkradverkleidung – als auch unter dem Aspekt des Gebrauchs, mit dem vorhersehbar gerechnet werden musste – Üblichkeit einer Lenkradverkleidung für diesen Motorradtyp –, bot das Motorrad (mit Lenkradverkleidung!) nicht die Sicherheit, die berechtigterweise erwartet werden konnte. Durch den Produktfehler muss der Tod, die Gesundheits- oder Körperverletzung eines Menschen bzw. eine Sachbeschädigung verursacht worden sein.

Eine rechtspolitisch umstrittene Einschränkung der Produkthaftung findet sich in § 1 II Nr. 7 ProdHaftG: *Für Entwicklungsrisiken wird nicht gehaftet!* Insoweit bleibt es bei den Grundsätzen der deliktischen Herstellerhaftung für die Verletzung einer Produktbeobachtungspflicht nach § 823 I BGB (s. o. E II 4.3).

Sehr weit zieht das ProdHaftG den Kreis der Haftungsadressaten. Es haftet nicht nur der Hersteller i. e. S., d. h. der Hersteller des Endprodukts und der Zulieferer für sein Teilprodukt. Dem Hersteller ist sowohl der **Quasi-Hersteller,** der sich durch die Benutzung seines unterscheidungskräftigen Kennzeichens als Hersteller ausgibt (§ 4 I 2 ProdHaftG), als auch **der EG-Importeur,** der Produkte aus Drittländern in die EG einführt (§ 4 II ProdHaftG),[123] gleichgestellt. Die deutsche Vertriebsgesellschaft haftet daher in dem Motorradfall neben dem japanischen Hersteller als Gesamtschuldner.

Die Beweislast für die vier Voraussetzungen des Haftungsgrundes (Rechtsgutsverletzung, Produkt, Produktfehler und Kausalität) und für den Schaden (Haftungsausfüllung) trägt der klagende Geschädigte (§ 1 IV ProdHaftG). Hinsichtlich des Beweismaßes gelten die jeweils nationalen Vorschriften.

---

122 Vgl. BGHZ 99, 167, 172 ff.
123 Dies ist 1994 erweitert worden auf den sog. Europäischen Wirtschaftsraum: Abkommen über den Europäischen Wirtschaftsraum (EWR-Abkommen von 1992). Dadurch sind die ehemaligen EFTA-Staaten in den Binnenmarkt integriert worden. Der EWR umfasst heute die EG plus Liechtenstein, Norwegen und Island.

Der *Limonadenflaschenfall* gibt Gelegenheit insoweit auf eine beweisrechtliche Besonderheit des ProdHaftG einzugehen. Eine Mehrwegflasche, die ohne Hinzutreten weiterer Umstände bei ordnungsgemäßer Behandlung in der Hand des Verbrauchers explodiert, ist fehlerhaft i. S. des § 2 I ProdHaftG. Nach den Grundsätzen der deliktischen Produzentenhaftung muss der Kläger in jedem Fall beweisen, dass der »Zustand der Verkehrswidrigkeit« aus der Sphäre des Herstellers stammt. Dieser (Fehlerbereichs-)Nachweis war dem Kind hier nicht möglich. Für diese Fallkonstellation enthält das ProdHaftG eine Beweiserleichterung. Ist ein Fehler nachgewiesen, trifft die Beweislast für den Fehlerbereichsnachweis den Hersteller. Er muss beweisen, »dass das Produkt den Fehler, der den Schaden verursacht hat, noch nicht hatte, als er es in den Verkehr brachte« (§ 1 II Nr. 2 ProdHaftG).

Für **Serienschäden** sieht das ProdHaftG eine Haftungshöchstgrenze von 85 Mill. € vor (§ 10). Die Ansprüche nach dem ProdHaftG verjähren in 3 Jahren ab der möglichen Kenntnis von dem Produktfehler, dem Schaden und der Person des Ersatzpflichtigen (§ 12). 10 Jahre nach dem Inverkehrbringen des Produkts ist ihre Geltendmachung ausgeschlossen. Seit dem 1. 8. 2002 sieht das ProdHaftG auch ein Schmerzensgeld vor (§ 8 S. 2).

5 Haftung mehrerer Personen: Mittäter, Nebentäter, »Beteiligte«

Fallbeispiele:

1. An der Baustelle eines Kernkraftwerkes fand eine Großdemonstration statt, an der etwa 15 000 Demonstranten teilnahmen. Die Polizei hatte die Baustelle großräumig abgesperrt. Im Verlauf der Demonstration wurden Straßensperren beseitigt. Es kam zu gewalttätigen Ausschreitungen zwischen Polizisten und Demonstranten am Bauzaun. Insgesamt entstand ein Sachschaden von etwa 200 000 € an Polizeifahrzeugen und sonstigem Material. Das Land N verklagt 18 Demonstranten und verlangt von jedem einzelnen als Gesamtschuldner die Zahlung der Schadenssumme von 200 000 DM *(BGHZ 89, 383).*

2. A geriet während des Besuchs einer Diskothek in handgreifliche Auseinandersetzungen mit anderen Gästen. Zunächst wurde er von Z mit der Faust in das Gesicht geschlagen, so dass er von dem Barhocker auf den Boden fiel. Einige Zeit später, als er wieder an der Bar saß, wurde er von X an den Kopf und in das Gesicht geschlagen. Die Misshandlungen und/oder der Sturz führten zu einem Verschluss der rechten Halsschlagader, der operativ entfernt werden musste. Der zeitweise Ausfall der Blutversorgung der rechten Hirnhälfte hatte eine nicht-behebbare linksseitige Lähmung zur Folge. A verklagte X und Z als Gesamtschuldner auf Schadensersatz und Schmerzensgeld *(BGH NJW 1982, 2307).*

Gelegentlich ist unklar, wer von mehreren potentiellen Ersatzpflichtigen das Delikt denn nun begangen hat. Stehen dagegen mehrere Haftpflichtschuldner fest, so ist zu entscheiden, an wen sich der Geschädigte wenden kann und wer von den Ersatzpflichtigen den Schaden letztlich tragen muss. Es können drei Fallkonstellationen unterschieden werden: Nebentäterschaft, Mittäterschaft, Beteiligung i. S. des § 830 I 2.[124]

Mehrere haben zeitlich und örtlich unabhängig voneinander oder gegen ihren Willen gemeinsam an der Verletzung eines anderen mitgewirkt **(Nebentäter-**

---

124 Auf den Fall der *komplementären* oder *kumulativen* Kausalität, bei der zwei oder mehrere Gefährdungsbeiträge erst in ihrem Zusammenwirken die Rechtsgutsverletzung auslösen, wird hier nicht eingegangen. Vgl. dazu *Brüggemeier*, Prinzipien des Haftungsrechts, 1999, S. 155 ff.

schaft, §§ 823 ff.): Bei dem Zusammenstoß zweier Pkw wird ein drittes Kfz beschädigt. Oder: Ein Passant wird nacheinander von zwei Kfz angefahren. Hier begeht jeder Kfz-Fahrer ein selbstständiges Delikt. In letzterem Fall haftet jeder der beiden dem verletzten Dritten für dessen Gesamtschaden, wenn die erste Verletzung notwendige Bedingung des zweiten Unfalls war. Denn dann wird dem ersten Schädiger der Folgeschaden, dem zweiten Delinquenten die Vorverletzung zugerechnet. Beispiel: Der von einem Pkw angefahrene Passant wird auf dem Weg in das Krankenhaus durch einen weiteren Unfall erneut verletzt.[125] Für den Fall der zurechenbaren Verursachung **einer** Rechtsgutsverletzung durch **mehrere** selbstständig Handelnde ordnet § 840 I deren Haftung als »Gesamtschuldner« an. Damit wird auf die §§ 421 ff. Bezug genommen. § 421 bestimmt für diesen Fall, dass der Gläubiger (etwa der Eigentümer des beschädigten dritten Kfz) die Leistung (Schadensersatz) nach seiner Wahl **ganz** von dem einen oder dem anderen oder **anteilig** von beiden verlangen kann. In dem ersten Fall braucht er nur einen, in dem zweiten Fall muss er beide Schädiger verklagen.

Das gleiche gilt, wenn mehrere Personen einverständlich (»gemeinschaftlich«) zusammengewirkt und dabei einen anderen geschädigt haben **(Mittäterschaft, § 830 I 1 BGB)**. Es liegt dann **eine** gemeinschaftliche unerlaubte Handlung vor. Solche Mittäterschaft setzt den Willen zu gemeinsamer Tatbegehung bzw. Tatförderung voraus. Mittäter – zwei verprügeln zusammen einen Dritten – haften ebenfalls solidarisch. Dieselben Grundsätze finden, wie sich aus § 830 II ergibt, Anwendung für *Anstifter* und *Gehilfen* (vgl. §§ 26, 27 StGB). In diesen Fällen genügt es, wenn die Betreffenden nur irgendwie an dem Verletzungsvorgang beteiligt waren. Die eigentliche Verletzungshandlung brauchen sie nicht begangen zu haben. Diese Berücksichtigung auch nur mittelbarer Tatbeiträge darf nun freilich nicht dazu führen, dem Beteiligten jeden, von ihm möglicherweise gar nicht mehr kontrollierbaren, Erfolg zuzurechnen. Relevant für das Zivilrecht wird dies namentlich bei den Demonstrationsschäden. Kann der Teilnehmer einer Demonstration für jeden Schaden verantwortlich gemacht werden, der sich in deren Verlauf ergibt?

Dies sei an dem *Grohnde-Fall* (1) exemplifiziert. Die Rechtsprechung vertrat z. T. den Standpunkt, der Teilnehmer einer Demonstration hafte auch für Schäden, die entstanden sind, nachdem er fortgegangen ist oder festgenommen worden ist. Entscheidend sei, ob sein Tatbeitrag noch fortwirke, was das auch immer heißen mag. Als aktiver Tatbeitrag wurde dabei auch die »psychische Beihilfe« angesehen.[126]

Demgegenüber hat der BGH 1994 klargestellt, dass es für die Feststellung des erforderlichen gemeinsamen Täterbewusstseins auf die übereinstimmende Rollenverteilung ankomme. Diese aktualisiere sich erst durch die praktische Solidarisierung mit gewalttätigen Demonstranten vor Ort. Dafür reicht es nicht, dass der an der Ausschreitung nicht aktiv beteiligte Demonstrant an dem Demonstrationsort verharrt, auch wenn er mit Gewalttätigkeiten einzelner oder ganzer Gruppen rechnet. Auch dem aktiven Teilnehmer an den Ausschreitungen, dem Mittäter i. S. des § 830 I 1, können grundsätzlich nur seine eigenen Tatbeiträge zugerechnet werden. Es kann nicht ohne weiteres davon ausgegangen werden, dass auch der Mittäter jedes von einem anderen eingesetzte Mittel und jede erfolgte Gewalt-

---

125 BGHZ 33, 286.
126 BGHZ 63, 124 = NJW 1975, 49.

tätigkeit billigt.[127] Damit hat die zivilrechtliche Teilnehmerhaftung an Demonstrationen nach den §§ 830, 840 eine der Bedeutung der Grundrechte der Meinungsäußerungsfreiheit (Art. 5 I GG) und Demonstrationsfreiheit (Art. 8 GG) gerecht werdende Interpretation erfahren.

Weder um Mittäterschaft noch um Nebentäterschaft – sondern um eine Sonderform der Beteiligung geht es in § 830 I 2. Die gemeinschaftliche Verantwortlichkeit ordnet das Gesetz hier für Fälle an, in denen »sich nicht ermitteln lässt, wer von mehreren Beteiligten den Schaden durch seine Handlung verursacht hat« (§ 830 I 2). Gedacht ist an Situationen **alternativer Kausalität**. Es werden zwei Fallkonstellationen unterschieden:

(1) Es ist ein Delikt begangen worden. Mehrere kommen als der (eine) Täter in Betracht. Der Geschädigte kann nicht beweisen, aus dem Verhalten welcher bestimmten Personen die Rechts(guts)verletzung resultiert (sog. **Urheberzweifel**). Beteiligter i. S. des § 830 I 2 ist jeder, der als potenzieller Verursacher des gesamten konkreten Schadens in Betracht kommt und bei dessen einschlägiger Handlung/Unterlassung sämtliche Voraussetzungen des jeweiligen Haftungsgrundes erfüllt sind. Bei der deliktischen Haftung muss bei jedem in Betracht kommenden Täter Fahrlässigkeit oder Vorsatz gegeben sein. Beispiele: Zwei Jäger schießen fahrlässig in Richtung eines Treibers. Der Treiber wird von einer Kugel getroffen.[128] Bei einer Silvesterknallerei hantieren mehrere unvorsichtig mit Kanonenschlägen. Ein Unbeteiligter wird von einem der Kanonenschläge am Auge getroffen.[129] Der Geschädigte hat in diesen Fällen nach den allgemeinen Grundsätzen den Haftungsgrund (ausgenommen die haftungsbegründende Kausalität eines bestimmten Verhaltens!) und die Haftungsausfüllung zu beweisen. Die potentiellen Schädiger haben die fehlende Kausalität ihres Handlungsbeitrags nachzuweisen.

(2) Diese Grundsätze der solidarischen Haftung nach § 830 I 2 finden auch Anwendung, wenn im Rahmen der Haftungsausfüllung unklar bleibt, welcher von mehreren Deliktstätern einen bestimmten Folgeschaden verursacht hat. Dies wird etwas missverständlich als **Anteilszweifel** bezeichnet. Repräsentativ für diese seltene Fallkonstellation ist der *Diskothekenfall*. Z und X haben unabhängig voneinander ein Delikt der vorsätzlichen Körperverletzung an A begangen. Die erste Tätlichkeit ist hier aber keine Bedingung für die zweite Körperverletzung, so dass der Gesamtschaden nicht beiden – wie bei der Nebentäterschaft – zugerechnet werden kann. Es bleibt unaufklärbar, welcher der beiden Verletzungshandlungen kausal für den Folgeschaden »Verschluss der Halsschlagader« war. Bei dem Anteilszweifel handelt es sich gewissermaßen um einen Urheberzweifel im Rahmen der **haftungsausfüllenden** Kausalität, auf den § 830 I 2 analog anwendbar ist.

Von diesem Anteilszweifel müssen die häufigeren Fälle der Nebentäterschaft abgegrenzt werden, in denen es nicht des Rückgriffs auf § 830 I 2 bedarf. Beide Fallgruppen werden jedoch in Rechtsprechung und Literatur häufig verwechselt. Beispiel: B hat den A mit seinem Pkw angefahren und an der Wirbelsäule verletzt. Bereits 1 1/2 Jahre zuvor hatte A bei einem von C verschuldeten Unfall Verletzungen an derselben Stelle erlitten. Die weitere Verletzung führt zu einem unheil-

---

127 BGHZ 89, 383 = JZ 1984, 521 m. Anm. *Stürner*.
128 RGZ 98, 58; BGH VersR 1962, 450.
129 Grdl. RGZ 58, 357 – Knallerbsen; OLG Celle NJW 1950, 951.

baren Dauerschaden.[130] Hier haftet der Ersttäter C allemal auch für den zurechenbaren Folgeschaden.[131] Das gleiche gilt für den Zweittäter B. Denn der kann sich grundsätzlich nicht mit der Vorschädigung durch C und der dadurch gesetzten Bedingung für den Dauerschaden »exkulpieren«: Der Täter muss das Opfer so nehmen, wie er es vorfindet (s. o. E II.2.1). Unter diesen Voraussetzungen hat sich aber das von § 830 I 2 ins Auge gefasste Risiko, dass der Betroffene unter mehreren potentiellen Schädigern keinen identifizieren kann, der die konkrete Rechts(guts)verletzung oder den konkreten Folgeschaden verursacht hat, und deshalb auf seinem Schaden »sitzen bleibt«, nicht verwirklicht. Es liegt weder ein Fall von Urheber- noch von Anteilszweifel vor.

Kann sich der Verletzte bei mehreren Verantwortlichen einen von ihnen nach seiner Wahl aussuchen, so ist damit noch nicht gesagt, dass der konkret zum Schadensausgleich Herangezogene nun endgültig die jeweiligen Nachteile tragen muss. Es geht nicht an, darüber letztverbindlich den Ersatzgläubiger befinden zu lassen. Deshalb ist in § 426 ein **Gesamtschuldnerausgleich** vorgesehen, der sich im Zweifelsfall nach Kopfteilen bemisst. Hat beispielsweise einer von drei Verantwortlichen zunächst den vollen Schadensersatz geleistet, so kann er sich von den beiden übrigen zwei Drittel seiner Aufwendungen zurückholen. Statistisch ist dieses Prinzip freilich die Ausnahme. In Schadensersatzfällen wird die Ausgleichspflicht in analoger Anwendung von § 254 nach dem Maß des jeweiligen Tatbeitrages bestimmt. Vor allem kommt es auf die Schwere des Verschuldens an. Wer vorsätzlich in den fremden Rechtskreis eingegriffen hat, wird stärker herangezogen als der nur fahrlässig Handelnde. Der Täter wird mehr belastet als der Anstifter oder der Gehilfe. Die Verteilung liegt letztlich im tatrichterlichen Ermessen, das allerdings an konsensfähige Kriterien gebunden ist.

Überdies gibt das Gesetz für bestimmte Fälle eindeutige Anweisungen. So haftet etwa im »Innenverhältnis« zwischen Geschäftsherrn und Verrichtungsgehilfen letzterer allein (§ 840 II). Diese Verteilung ist ausschließlich gerechtfertigt durch die größere Nähe des Tatbeitrags des Verrichtungsgehilfen zu der Rechts(guts)verletzung. Dadurch wird i. d. R. der wirtschaftlich Stärkere bevorzugt, der zudem die gefahrträchtige Tätigkeit veranlasst hat, – zu Lasten des wirtschaftlich Schwächeren. Das Arbeitsrecht hat denn auch diesen internen Schadensausgleich nach § 840 II weitgehend unterlaufen. Der Arbeitnehmer/Verrichtungsgehilfe hat bei nicht vorsätzlicher Rechts(guts)verletzung einen arbeitsvertraglichen Freistellungsanspruch gegen seinen Arbeitgeber (s. o. II.4.4).

6 Haftungsausschluss und Verjährung

In anderen Rechtsordnungen, wie z. B. dem französischen Recht, ist ein vertraglicher Ausschluss der deliktischen Haftung unzulässig. Im deutschen Recht ist ein derartiger **Haftungsausschluss** umgekehrt **grundsätzlich zulässig!** Obwohl nur auf Vertragsschuldverhältnisse zielend (Leistungs«schuldner«), wird § 276 III analog auf deliktische Ansprüche angewandt.[132] Danach wäre ein Haftungsausschluss für Fahrlässigkeit durch Individualvereinbarung zulässig!

---

130 OLG Stuttgart NJW 1959, 2308.
131 BGHZ 72, 355.
132 BGHZ 9, 301, 306; st. Rspr.

Im AGB-Bereich hat § 309 Nr. 7 lit. a) nunmehr die überfällige Klarstellung gebracht, dass bei Personenschäden keinerlei Haftungsbegrenzung mehr möglich ist. Es bleibt der Ausschluss für leichte Fahrlässigkeit bei Sachschäden und reinen Vermögensschäden eröffnet. Der BGH hat jedoch insoweit hohe formale Anforderungen ein einen entsprechenden Haftungsausschluss durch AGB geknüpft: Die AGB-Klausel muss die gebotene sprachliche Eindeutigkeit aufweisen und sich innerhalb der AGB an der systematisch richtigen Stelle befinden.[133] Darüber hinaus können gerade im Bereich der Unternehmenshaftung die *Organisationspflichten* als sog. Kardinalpflichten i. S. des § 307 II Nr. 2 qualifiziert werden, für deren Verletzung die Haftung auszuschließen, eine unangemessene Benachteiligung des Geschädigten sein kann.[134]

Das BGB-Deliktsrecht enthielt ursprünglich mit § 852 eine selbstständige Verjährungsnorm. Diese ist mit der Schuldrechtsreform entfallen. Es gelten nunmehr die allgemeinen Vorschriften. **Deliktische Schadensersatzansprüche verjähren** wie bisher **in drei Jahren** (§ 195). Die Verjährung beginnt mit der Entstehung des Anspruchs und der Kenntnis von den den Anspruch begründenden Umständen und der Person des Schädigers (§ 199 I). Der Kenntnis steht die Unkenntnis infolge grober Fahrlässigkeit gleich. Ersatzansprüche wegen Personenschäden sind 30 Jahre nach der Begehung des Delikts ausgeschlossen (§ 199 II). Für sonstige Ersatzansprüche gilt eine Höchstgrenze von 10 Jahren.

Hinsichtlich der Kenntnis des Schadens geht die Rechtsprechung von dem **Grundsatz der Schadenseinheit** aus. Danach heißt Schadenskenntnis nicht die Kenntnis von dem gesamten Schadensumfang, einschließlich entfernter und sich möglicherweise erst später zeigender Folgeschäden. Entscheidend ist der primäre Schadenseintritt. Er löst den Verjährungsbeginn aus. Auch nachträglich auftretende, aber vorhersehbare Folgeschäden fallen unter diesen einheitlichen Schadensbegriff. Üblicherweise wird hinsichtlich der nach dem normalen Verlauf erwartbaren Folgeschäden eine Feststellungsklage erhoben, um eine Verjährung zu verhindern.

Eine Ausnahme gilt lediglich für sog. **Spätschäden**.[135] Hierbei handelt es sich um unvorhersehbare, außergewöhnliche Folgeschäden. Für diese Spätschäden beginnt mit der Kenntniserlangung von ihnen eine selbstständige Verjährungsfrist.

III. Gefährdungshaftung

1 Allgemeine Lehren

Im Mittelpunkt des BGB-Deliktsrechts von 1896 steht die Verschuldenshaftung. »Nicht der Schaden verpflichtet zum Schadensersatz, sondern die Schuld« (*R. v. Jhering*). Daran hat sich bis heute im Grunde nichts geändert, wie entindividualisiert und an Durchschnittsverhaltensanforderungen orientiert uns heute die moderne Fahrlässigkeitshaftung auch immer begegnet.

Zurechnungsgrund der Haftung ist geblieben, dass die fremde Rechts(guts)verletzung bei Beachtung der je erforderlichen Sorgfalt hätte vermieden werden kön-

---

133 BGHZ 67, 359, 366 – Schwimmerschalter; BGH NJW 1979, 2148 – Kartonmaschine.
134 Insoweit wird auf die einschlägigen Kommentierungen zu § 307 verwiesen.
135 Vgl. dazu *G. Müller*, Spätschäden im Haftpflichtrecht, VersR 1998, 129, 135 ff.

nen. Eben hiervon abstrahiert der zweite Typ des Haftungsrechts – die moderne Gefährdungshaftung. Sie ist ein Kind der Industrialisierung und Technisierung der modernen Gesellschaft. Das »industrielle Haftpflichtrecht« trat als verschuldensunabhängige Haftung auf und entwickelte sich bis auf den heutigen Tag außerhalb des BGB. Den Anfang bildete § 25 des Preußischen Eisenbahngesetzes von 1838. Diese Gefährdungshaftung des Eisenbahnbetriebsunternehmers für Personen- und Sachschäden der Fahrgäste und Arbeitnehmer wurde durch § 1 Reichshaftpflichtgesetz (RHPflG) von 1871 auf das gesamte Reichsgebiet ausgedehnt. Eine Erstreckung auf Bergwerke und Fabriken scheiterte an dem entschiedenen Widerstand der betroffenen Unternehmer. [Das Arbeitsunfallrecht wurde dann 1884 durch die gesetzliche Unfallversicherung geregelt.] Entsprechend den technischen Entwicklungsschüben wurden der Gefährdungshaftung sukzessive u. a. folgende Anwendungsgebiete erschlossen: Kraftfahrzeughalterhaftung im Kraftverkehrsgesetz von 1909, die Halterhaftung von Luftfahrzeugen im Luftverkehrsgesetz von 1922, die Haftung der Inhaber von Energieleitungen (1943/1978), die Haftung für Wasserverunreinigung im Wasserhaushaltsgesetz von 1957; Haftung des Betreibers von Atomkraftwerken im Atomgesetz von 1960, die Haftung des Arzneimittelunternehmens nach dem Arzneimittelgesetz von 1976. Den vorläufigen Abschluss bildet die Herstellerhaftung für fehlerhafte Produkte nach dem Produkthaftungsgesetz von 1989 und die Haftung der Betreiber bestimmter Anlagen nach dem Umwelthaftungsgesetz von 1990.[136]

Die Ablösung des bisherigen Ansatzes von jeweils unterschiedlich ausgestalteten, einzelnen Sondertatbeständen hin zu einer, in das BGB einzufügenden, Generalklausel der Gefährdungshaftung ist seit langem in der rechtspolitischen Diskussion. Eine Realisierung erscheint im Augenblick jedoch unwahrscheinlich.

Von diesen einzelnen Tatbeständen her erschließt sich das zugrundeliegende Rechtsprinzip der Gefährdungshaftung: Wer im eigenen und gesellschaftlichen Interesse erlaubterweise eine besondere Gefahr schafft und unterhält, soll als Ausgleich hierfür das Haftungsrisiko tragen, wenn diese jeweilige Gefahr zu einem Schadensfall führt. Gefährdungshaftung ist m. a. W. **modifizierte Kausalhaftung**. Danach ist grundsätzlich zunächst für den Haftungsgrund ausreichend, dass die Anlage, das Kfz, das (Luxus-)Tier, das Arzneimittel etc. einen Schaden verursacht hat. Aber auch die Gefährdungshaftung ist nicht als reine Kausalhaftung ausgestaltet, bei der die bloße Verursachung eines Schadens haftungsbegründend ist. Die Verursachung ist notwendige, aber nicht hinreichende Bedingung. Die unumgängliche weitere Haftungsbegrenzung erfolgt in erster Linie über das normative Kriterium des Schutzzwecks der Norm. D. h. nur **diejenigen** kausal zurechenbaren Schäden machen haftbar, auf die der jeweilige Gefährdungshaftungstatbestand mit seiner weitgehenden Haftung gerade zielt. Es muss sich m. a. W. gerade das **besondere** oder **spezifische Risiko** verwirklicht haben, das Anlass für die Gefährdungshaftung war. Als kein Fall von Risikoverwirklichung wird beispielsweise vom Gesetzgeber definiert, wenn der Schaden durch »höhere Gewalt« verursacht wird. Um darüber hinaus das Risiko in Grenzen – und versicherbar – zu halten, sind im deutschen Recht die meisten Fälle von Gefährdungshaftung mit Haftungshöchstgrenzen verbunden. Bis vor kurzem sahen die Gefährdungshaftungstatbestände außerhalb des BGB auch

---

136 Hinzuweisen ist auch noch auf das Gentechnikgesetz von 1990 (BGBl. I, 1080), das in den §§ 32 ff. eine Gefährdungshaftung für gentechnisch manipulierte Produkte beinhaltet.

kein Schmerzensgeld vor. Dies ist 2002 durch das zweite Schadensrechtsänderungsgesetz geändert worden!

In diese Dogmatik des Gefährdungshaftungsrechts soll im folgenden, ausgehend von Fallbeispielen, an vier ausgewählten Tatbeständen eingeführt werden. Das Produkthaftungsgesetz ist bereits oben (II.4.5) behandelt worden.

2 Ausgewählte Haftpflichttatbestände

2.1 Haftung des Kfz-Halters nach § 7 StVG[137]

Fallbeispiele:

1. a) Der Kreditsachbearbeiter A stieß auf der Fahrt zu einem Bankkunden mit einem Sattelschlepper zusammen. Der Unfall wurde dadurch verursacht, dass der Sattelschlepper mit überhöhter Geschwindigkeit aus einer Kurve gekommen und auf die Gegenfahrbahn geraten war. A wurde schwer verletzt. Er macht Schadensersatz wegen seines Körper- und Sachschadens geltend und verlangt die Zahlung eines Schmerzensgeldes. An wen kann er sich halten?

1. b) Wie oben. Der Sattelschlepperfahrer fuhr mit der gesetzlich zulässigen Höchstgeschwindigkeit. Er geriet deshalb auf die Gegenfahrbahn, weil er einem kleinen Kind ausweichen musste, das – erschreckt durch einen Hund – unvermittelt und für ihn vorher nicht erkennbar auf die Fahrbahn sprang.

Die mit Abstand größte praktische Bedeutung kommt dem Gefährdungshaftungstatbestand des § 7 StVG zu. Haftungsgrund ist, dass »bei dem Betrieb eines Kfz ein Mensch getötet, der Körper oder die Gesundheit eines Menschen verletzt oder eine Sache beschädigt wird«. § 7 I StVG erinnert an den objektiven Tatbestand des § 823 I mit seinen drei Elementen Rechts(guts)verletzung, Kausalität, Verhalten. Nur ist hier das Tatbestandsmerkmal Verhalten ersetzt durch den »Betrieb des Kfz«. Ein Kfz i. S. des § 1 II StVG – also insbes. Lkw, Pkw, Motorrad, Moped etc. –, gleich ob unter menschlicher Kontrolle oder nicht, muss die Rechtsgutverletzung ausgelöst haben. »Betrieb des Kfz« meint aber nicht nur die Ursache der Rechtsgutsverletzung i. S. des objektiven Tatbestands, sondern normiert überdies den Schutzzweck dieses Gefährdungshaftungstatbestandes: Die Kfz-vermittelten Schäden werden beschränkt auf »**Betriebsunfälle**«. Unter einem **Unfall** versteht man ein plötzliches, zeitlich-räumliches unmittelbar mit dem Betrieb zusammenhängendes Ereignis. Ein Betriebsunfall ist nur dann zu bejahen, wenn er auf die mit dem »Betreiben eines Kfz« eigentümlichen Gefahren zurückzuführen ist. Dieses **Betriebsrisiko** ist in erster Linie gegeben bei Kraftfahrzeugen, »die durch die Maschinenkraft bewegt« werden und in Fahrt sind. Früher hatte man das Betriebsrisiko weitgehend mit dem Bewegungszustand des Kfz, der mit dem Anlassen des Motors beginnt, identifiziert (sog. maschinentechnischer Begriff des Betriebsrisikos). Heute werden jedoch auch gefahrenträchtige Vor- und Nachwirkungen des Fahrbetriebs dem Betriebsrisiko zugerechnet, z. B. das Liegenbleiben eines Kfz, kurze Fahrtunterbrechungen u. a. m. Nach diesem sog. »*verkehrstechnischen Betriebsbegriff*« ist das Kfz so lange in Betrieb, wie es am öffentlichen – fließenden oder ruhenden – Verkehr teilnimmt.[138] Der Betriebsvorgang ist abgeschlossen, wenn das Kfz ordnungsgemäß in der Betriebsstätte, der Garage oder auf einer Parkfläche abgestellt ist. Es liegt auf der Hand, dass das normative

---

137 Vgl. dazu *Greger*, Haftungsrecht des Straßenverkehrs, 3. Aufl. 1997.
138 BGHZ 29, 163.

Kriterium der Kfz-»Betriebsgefahr« Abgrenzungsprobleme im Einzelfall eröffnen kann. Befindet sich beispielsweise das abgeschleppte Kfz während des Abschleppvorgangs »in Betrieb«?

Andererseits ist die Struktur des Haftungstatbestandes des § 7 I StVG deutlich geworden. Die erste Ebene bildet der objektive Tatbestand der (Mit-)Verursachung einer Rechtsgutsverletzung »durch ein Kfz«. Auf der zweiten Ebene erfolgt die maßgebliche Selektion der haftungsauslösenden und nicht-haftungsauslösenden Kfz-Fälle durch das Kriterium der »Betriebsgefahr«. Der Auto- oder Fahrradfahrer, der auf einen ordnungsmäßig geparkten Pkw auffährt, hat genauso wenig Schadensersatzansprüche nach § 7 StVG gegen dessen Halter wie der Fußgänger, der stolpert und sich beim Sturz gegen einen geparkten Pkw eine Kopfverletzung zuzieht.

Adressat der Gefährdungshaftung nach § 7 StVG ist der **Halter** des Kfz. Dies wird i. d. R., muss aber nicht, der Eigentümer sein. Die Voraussetzungen der Haltereigenschaft liegen im Tatsächlichen und Wirtschaftlichen. Halter ist, wer die tatsächliche Verfügungsgewalt über das Kfz besitzt und es für eigene Rechnung im Gebrauch hat.[139] Beim Kfz-Leasing beispielsweise ist der Leasingnehmer der Halter. Hier wird erneut das Grundprinzip der Gefährdungshaftung deutlich: Haften soll derjenige, der die Gefahr setzt, steuert (soweit dies möglich ist) und ihr ein Ende setzen kann. Dies ist in der Sprache des Gesetzes der Halter. Der angestellte **Fahrer** haftet demgegenüber lediglich aus vermutetem Verschulden (§ 18 I 2 StVG).

Geschützt in seinen Rechtsgütern ist jeder Dritte. Dies betrifft auch die **Insassen** des Kraftfahrzeugs. Dies war lange Zeit umstritten. Das Kraftverkehrsgesetz von 1909 sah noch gar keine Haftung für Insassen vor. Dieses Verbot ist dann sukzessive ausgehöhlt worden. Heute fallen auch die unentgeltlich und nicht-geschäftsmäßig beförderten Personen in den Schutzbereich der Haftung nach dem Straßenverkehrsgesetz.

Unter Wiederanknüpfung an die in dem Einleitungskapitel (E I 4) dargestellten sozial- und haftpflichtversicherungsrechtlichen Aspekte kann die Frage des ersten *Beispielsfalls* 1 a nunmehr wie folgt beantwortet werden. A hat Ansprüche

1. gegen den Halter und Fahrer des Lkw auf der Grundlage des StVG;

2. gegen den Fahrer und Halter aus allgemeinem BGB-Deliktsrecht;

3. gegen die Haftpflichtversicherung des Lkw-Halters aus § 3 PflVG, soweit Ansprüche nach 1. und 2. bestehen; und schließlich

4. gegen seine gesetzliche Unfallversicherung und seinen Arbeitgeber.

---

139 BGH VersR 1954, 365.

342 Haftungsrecht

Schaubild 19

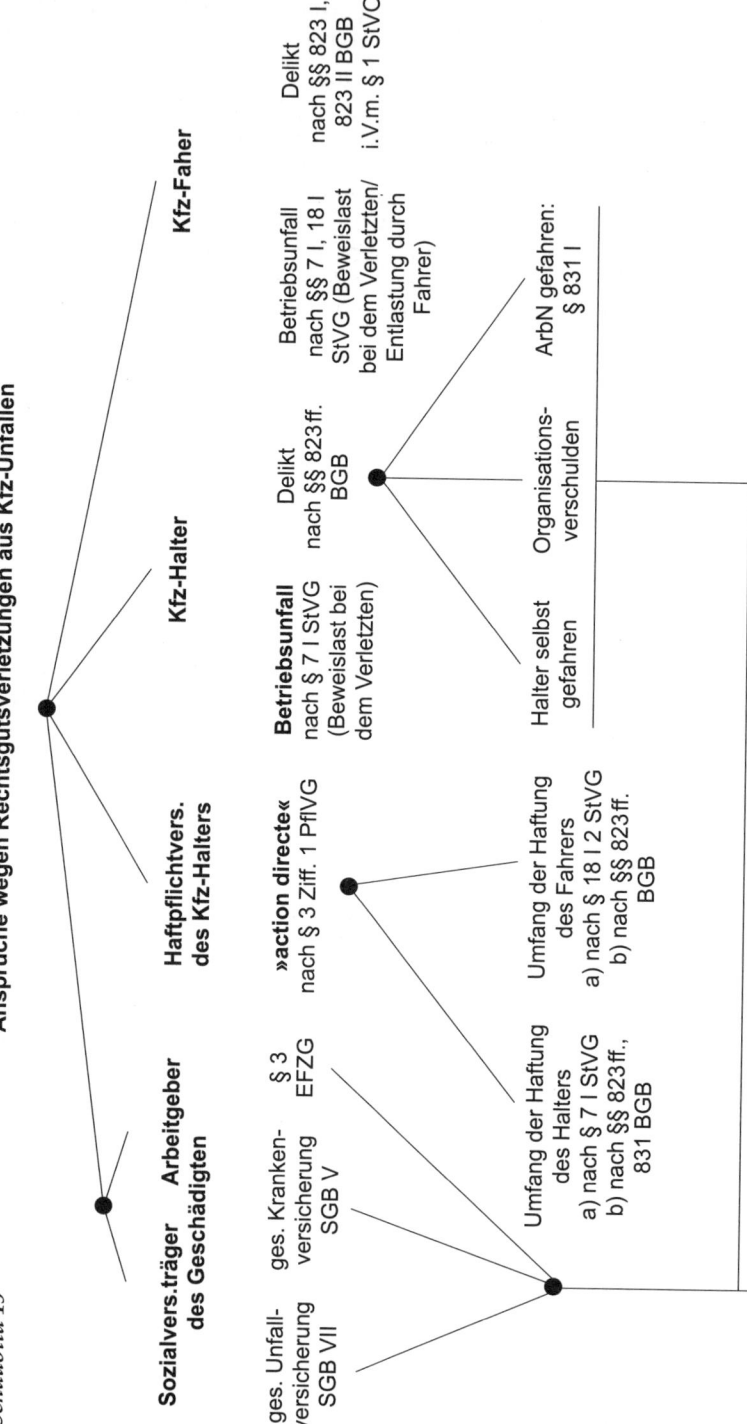

»Regress« des SVT u. ArbG: Legalzession gem. §§ 116 SGB X, 6 EFZG der Ersatzansprüche des Verletzten auf SVT und ArbG für erbrachte Leistungen

ad 1) A kann gegen den **Halter** des Sattelschleppers gem. § 7 I StVG seinen Körper- und Sachschaden innerhalb der Haftungshöchstgrenzen des § 12 StVG geltend machen. Ihm steht auch ein Schmerzensgeld zu (§§ 11 S. 2, 253 II). Zu berücksichtigen ist zudem, dass bei Kfz-Unfällen gefährdungshaftungsrechtlich immer auch die sog. Betriebsgefahr des Kraftfahrzeuges, dessen Fahrer in keiner Weise den Unfall »(mit-)verschuldet« hat, in Ansatz gebracht wird.

Von dem **Fahrer** des Sattelschleppers kann in demselben Umfang wie von dem Halter Schadensersatz verlangt werden (§ 18 StVG). Der Fahrer haftet aber nur bei Verschulden. Ihn trifft jedoch die Beweislast dafür, dass er nicht schuldhaft gehandelt hat (§ 18 I 2 StVG). Eine Exkulpation des Sattelschlepperfahrers scheidet nach dem Sachverhalt aus. – Halter und Fahrer haften dem A mithin gesamtschuldnerisch.

ad 2) Von dem **Fahrer** des Sattelschleppers kann er seinen gesamten Schaden und ein Schmerzensgeld aus Deliktsrecht verlangen (§§ 823 I, 823 II i. V. m. § 1 StVO, 253 II). Auch hier findet allerdings ein anteiliger Abzug für die eigene Betriebsgefahr nach § 254 BGB analog statt. Die Anrechnung der mitwirkenden Betriebsgefahr auch bei der Verschuldenshaftung ist seit 1952 anerkannt.[140] Der Lkw-Halter haftet deliktsrechtlich als Geschäftsherr des Fahrers lediglich, wenn er sich nicht nach § 831 I 2 exkulpieren kann oder wenn A ihm einen Fehler in seiner betrieblichen Organisation nachweisen kann (§ 823 I).

ad 3) Unmittelbar an den **Haftpflichtversicherer** des Lkw kann A die Ansprüche stellen, die ihm gefährdungshaftungsrechtlich **und** deliktsrechtlich gegen den Halter und/oder gegen den Fahrer zustehen (sog. *action directe* nach § 3 PflVG). Die Haftpflichtversicherung gewerblich genutzter Kraftfahrzeuge umfasst auch die Ansprüche gegen den angestellten Fahrer des versicherten Kraftfahrzeugs.

ad 4) Die Kosten des Krankenhausaufenthalts, der medizinischen Heilbehandlung und der Arzneien erhält A von seinem gesetzlichen **Unfallversicherungsträger,** seiner Berufsgenossenschaft. Das Gehalt erhält er auch bei unfallbedingter Arbeitsverhinderung von seinem **Arbeitgeber** weiter gezahlt (§ 3 EFZG). Berufsgenossenschaft und Arbeitgeber können wegen ihrer an A erbrachten Leistungen Rückgriff (»Regress«) bei dem Halter und Fahrer des Sattelschleppers bzw. bei dessen Haftpflichtversicherung nehmen (§§ 116 I SGB X, 6 EFZG).

Die Halterhaftung war bis vor kurzem ausgeschlossen bei sog. unabwendbaren Ereignissen (§ 7 II 1 StVG a. F.). Die Unabwendbarkeit ist ersetzt worden durch den klassischen Haftungsausschlusstatbestand der **höheren Gewalt,** der *vis major* des römischen Rechts. Knapp 100 Jahre nach der Verabschiedung des Kraftverkehrsgesetz 1909 kommt der deutsche Gesetzgeber zu der Einsicht, dass der Unabwendbarkeitsnachweis unsachgemäß und ein Fremdkörper im deutschen Gefährdungshaftungsrecht ist.[141] Mit dem Übergang von der Unabwendbarkeit zur höheren Gewalt ist eine Haftungsverschärfung verbunden. Zwei anerkannte Fallgruppen unabwendbarer Ereignisse entlasten nun nicht mehr von der Haftung:

---

140 BGHZ 6, 319.
141 BT-Drs. 14/7752 vom 7. 12. 2001, S. 30.

(1) Schleudern des Pkw infolge einer nicht erkennbaren Ölspur.

(2) Kinderunfälle, insbesondere für den Fahrer unerkennbares Laufen des Kindes auf die Fahrbahn.

In der *Fallvariante 1 b)* lag bisher ein unabwendbares Ereignis vor. Nunmehr ist eine Haftung des Halters gegeben. Eine Haftung das Fahrers entfällt mangels Verschuldens.

2.2 Umwelthaftung

2.2.1 Die Haftung für Gewässerverunreinigung nach § 22 II WHG

Fallbeispiele:

1. Das Großunternehmen G-AG der Petro-Chemie beauftragt die Firma X-GmbH mit der Beseitigung ihrer ölhaltigen und schwer brennbaren Abfallprodukte. Die Firma X-GmbH verbrachte die Abfälle zur Verbrennung auf das Gelände einer ehemaligen Kiesgrube. Sie hatte dort eine entsprechende Anlage errichtet. Infolge von Nachlässigkeiten des Personals der Firma X versickerten erhebliche Mengen von Ölrückständen in das Erdreich. Es kam zu einer Verunreinigung des Grundwassers. Das betroffene kommunale Wasserwerk verklagt die G-AG und X-GmbH auf Ersatz der Kosten, die ihr zur Beseitigung der Verunreinigung entstanden sind (BGH VersR 1976, 62).

2. F ist Pächter von 6 künstlich angelegten Fischteichen, die mit Forellen, Karpfen, Schleien und Zandern besetzt sind. Die Teiche werden durch einen Wasserlauf mit Wasser versorgt. Infolge einer starken Verunreinigung des Wasserlaufs durch biologisch abbaubare organische Schmutzstoffe gingen die Fische des F fast völlig ein. Zumindest mitursächlich für das Fischsterben war das Verschütten bzw. Auslaufen von Hühnergülle (mit Wasser vermischter Hühnerkot) aus dem Tank des Landwirts A. F verklagt A auf Schadensersatz (BGHZ 57, 257).

Grundgedanke der Gefährdungshaftung nach § 22 WHG ist es, eine Schadenszuständigkeit desjenigen zu begründen, der die Beschaffenheit des Wassers zum Nachteil anderer verändert. Nach § 22 II haftet der »Inhaber« einer »Anlage«, die bestimmt ist, »Stoffe herzustellen, zu verarbeiten, zu lagern, abzulagern, zu befördern oder wegzuleiten«, wenn diese Stoffe aus der Anlage in ein Gewässer gelangen. Der Begriff des Gewässers umfasst das Grundwasser, Flüsse, Seen und Meere. Was unter »Stoff« zu verstehen ist, ist von dem Zweck der Gefährdungshaftungsnorm her zu bestimmen. Stoff i. S. des § 22 WHG ist danach alles, was durch die Verbindung mit Wasser dessen physikalische, chemische oder biologische Beschaffenheit nachteilig verändert. Der Haftungstatbestand des § 22 II WHG enthält also die bekannten drei Elemente: (1) Ein Betrieb/eine Anlage, der/die Stoffe herstellt, verarbeitet, lagert etc., muss den (2) tatbestandsmäßigen »Erfolg« der Gewässerverunreinigung (3) verursacht haben.

Für unseren Chemiefall fragt sich daher zunächst, ob die Voraussetzungen des § 22 WHG für die G-AG erfüllt sind. Bei der Betriebsstätte eines Unternehmens der Petro-Chemie, in der ölhaltige Abfälle anfallen, handelt es sich zweifellos um eine Anlage i. S. des § 22 II WHG. Aus dieser Anlage sind die Ölabfälle in das Grundwasser gelangt. Die Verursachung des Erfolges der Gewässerverunreinigung ist gegeben. Ob es sich um eine unmittelbare oder mittelbare Verunreinigung handelt, macht keinen Unterschied.

Zweifelhaft könnte allein sein, ob die G-AG sich »entlasten« kann mit dem Hinweis, dass für die Verunreinigung die X-GmbH »verantwortlich« ist und es sich hierbei um ein anerkanntes und sorgfältig ausgewähltes Spezialunternehmen handelt. Dieser Einwand gehört jedoch in den Kontext der deliktischen Verschuldenshaftung. Wie oben gezeigt, haftet man nach § 823 I BGB grundsätzlich nicht für Fehlverhalten selbstständiger Vertragsunternehmen, sofern sie sorgfältig ausgewählt worden sind. Im Rahmen der Gefährdungshaftung geht es jedoch nicht um die Haftung für die Einhaltung eigener oder fremder Sorgfaltspflichten, sondern um die Haftung für die **Verwirklichung einer spezifischen Betriebsgefahr**. Der Produzent wassergefährdender Stoffe hat dieses Risiko geschaffen. Verwirklicht sich dieses Risiko – gleich ob mit oder ohne eigenes oder fremdes Verschulden (eigener Arbeitnehmer oder dritter Vertragsunternehmen) – haftet er, es sei denn, es liegt ein Fall höherer Gewalt vor (§ 22 II 2 WHG).[142] Dies ist der Sinn der Gefährdungshaftung. Entsprechendes gilt für die Haftung der X-GmbH. Beide haften dem Wasserwerk gesamtschuldnerisch für den eingetretenen Vermögensschaden. Dieser besteht in den Kosten der Beseitigung der Verunreinigung. § 22 WHG gestattet als einziger Gefährdungshaftungstatbestand auch den Ersatz reiner Vermögensschäden. Im Innenverhältnis zwischen G-AG und X-GmbH bliebe die GmbH wegen schuldhafter Verletzung des Entsorgungsvertrages auf dem Schaden »sitzen«.

Noch interessanter ist der *Beispielsfall 2)*. Dort stand nach der Beweisaufnahme fest, dass das Wasser der Fischteiche durch die ausgelaufene Hühnergülle des Landwirts A verunreinigt worden ist. Offen geblieben war jedoch, (1) in welchem Umfang die Verunreinigung durch die Anlagen anderer landwirtschaftlicher Betriebe (mit-) verursacht worden ist und (2) ob der Verschmutzungsbeitrag durch die Hühnergülle des A alleine ausgereicht hätte, um den konkreten Schaden zu verursachen. Nach allgemeinen haftpflichtrechtlichen Grundsätzen hätte die Klage abgewiesen werden müssen. § 22 I 2/II 1, 2. Halbs. WHG enthält hier jedoch eine Sonderregelung: Haben mehrere durch ihren Beitrag das Gewässer verunreinigt, haften sie danach als Gesamtschuldner für den aus der Verunreinigung resultierenden Schaden. Eine Differenzierung der Haftung nach Quantität und Qualität der Verunreinigung sieht das Gesetz nicht vor. Insoweit nimmt der BGH eine gewisse teleologische Reduktion des Gesetzestextes vor: Die gesamtschuldnerische Außenhaftung des A für den aus mehrfacher Verunreinigung resultierenden Gesamtschaden des F ist nur dann begründet, wenn in Fällen der gefährlichen Einwirkung auf ein Gewässer durch mehrere Emittenten die **Möglichkeit** eines ursächlichen Zusammenhangs zwischen dem einzelnen Gefährdungsbeitrag, der dadurch bedingten Veränderung der Wasserbeschaffenheit und dem entstandenen Schaden gegeben ist. D. h., das Setzen einer **wesentlichen Bedingung, die allein oder im Zusammenwirken mit anderen Immissionen geeignet ist, den Schaden auszulösen,** ist ausreichend für die Schadensersatzpflicht.

---

142 Der BGH hat in dem zugrundeliegenden Fall diese Konsequenz allerdings nicht gezogen. Er hat das Petrochemie-Unternehmen *deliktisch* wegen Auswahl- und Kontrollfehler haften lassen: BGH VersR 1976, 62.

2.2.2 Haftung nach dem UmweltHG 1990

Fallbeispiel:

In einem Industriegebiet wird eine nach § 4 BImSchG genehmigte Anlage zum Einschmelzen von Roheisen und Rohstahl mit einer Naßentstaubung (Kupolofen-Schmelzanlage) betrieben. Eine routinemäßige Überprüfung der Anlage ergab, dass der Staubauswurf die maßgeblichen Grenzwerte der TA-Luft nicht überschritt. In der Nachbarschaft der Anlage befindet sich der Betriebsparkplatz eines anderen Unternehmens. Dessen Arbeitnehmer stellen ihre Pkws während der Arbeitszeit dort ab. Die Arbeitnehmer behaupten, ihre Fahrzeuge seien durch den Eisenoxydstaub beschädigt worden. Sie verlangen Schadensersatz von dem Betreiber der Anlage *(BGHZ 92, 143).*

Der Ansatz der Anlagenhaftung nach § 22 II WHG ist durch das Gesetz über die Umwelthaftung vom 10. 12. 1990[143] vom Gewässerschutz auf die Bereiche Luft und Boden übertragen worden. Nach § 1 UmweltHG haften die Betreiber bestimmter, in der Anlage zu dem Gesetz aufgeführter »umweltgefährlicher« industrieller und landwirtschaftlicher Betriebe/Anlagen, wenn durch ihre Umwelteinwirkungen jemand getötet, der Körper oder die Gesundheit eines Menschen verletzt oder eine Sache beschädigt wird. Schadensersatzpflichtig machen nur umwelteinwirkungsbedingte **individuelle Rechtsgutsverletzungen.** § 1 UmweltHG steht insofern in der Tradition deutscher Gefährdungshaftungstatbestände. Reine Vermögensschäden (anders lediglich § 22 WHG) sind genauso wenig wie reine ökologische Schäden (insbes. Beeinträchtigung der Biodiversität) ersetzbar. Ein Schmerzensgeld ist ebenfalls erst seit neuestem vorgesehen (§ 13 S. 2). Die Ersatzpflicht entfällt bei höherer Gewalt (§ 4 UmweltHG). Die Anlagenhaftung nach dem UmweltHG ist nicht beschränkt auf Unfälle und Betriebsstörungen à la »Schweizerhalle«/Sandoz. Auch Schädigungen durch den Normalbetrieb können die Schadensersatzpflicht auslösen.

Dieser Aspekt lässt sich noch einmal an dem *Kupolofenfall* (s. o. E II 2.2) erörtern. Die deliktische Haftung war dort letztlich entfallen, weil sich der Betreiber durch den Nachweis der Einhaltung der Grenzwerte »exkulpieren« konnte.[144] Fahrlässigkeit spielt bei der verschuldensunabhängigen Haftung nach § 1 UmweltHG keine Rolle mehr. Dem Umstand des »**bestimmungsgemäßen Betriebs**« kommt lediglich noch im Beweisrecht und bei den Sachbeschädigungen Bedeutung zu. Gem. § 6 I UmweltHG wird die Kausalität für die Rechtsgutsverletzung vermutet, wenn die betreffende Anlage »geeignet« war, den entstandenen Schaden zu verursachen. Die Kausalitätsvermutung entfällt jedoch bei dem »bestimmungsgemäßen Normalbetrieb«, d. h. insbesondere bei Einhaltung der jeweiligen Grenzwerte, der staatlichen Betriebsauflagen etc. (§ 6 II UmweltHG). In dem Kupolofenfall müssen die Kläger daher auch unter der Geltung des UmweltHG die Beschädigung ihrer Pkw durch den Staubauswurf der Anlage beweisen.

Weitere Besonderheiten gelten bei **Sachbeschädigungen.** Bei bestimmungsgemäßem Betrieb sind die verursachten Sachschäden nicht ersetzbar, wenn sie nur unwesentlich sind (Bagatellschäden) oder eine nach den örtlichen Verhältnissen zumutbare Beeinträchtigung darstellen (§ 5 UmweltHG). Hier sind die Wertungen aus dem Immobiliarnachbarrecht des § 906 in das UmweltHG übernommen

---

143 BGBl. 1990 I, 2634.
144 OLG Zweibrücken BB 1986, 2297.

worden. Die Lackschäden an dem Pkw der Kläger stellen möglicherweise bloße Bagatellschäden dar, die damit auch nach den §§ 1 ff. UmweltHG nicht ersetzbar wären.

Beinhaltet die Sachbeschädigung zugleich eine Beeinträchtigung der Natur oder Landschaft, ist nach allgemeinem Schadensrecht (vgl. unten F II.1) die Wiederherstellung geschuldet (sog. Naturalrestitution). Diese kann entgegen § 251 II nicht verweigert werden mit dem Hinweis, die Aufwendungen hierfür seien im Hinblick auf den Wert des Biotops »unverhältnismäßig hoch« (§ 16 UmweltHG). Von einer Regelung des komplexen Problems der Haftung bei mehrfacher, aber im einzelnen ungeklärter Schadensverursachung hat der Gesetzgeber abgesehen. Zur Erleichterung der Anspruchsverfolgung stehen dem Geschädigten Auskunftsansprüche gegen den Anlagenbetreiber und gegen die staatliche Genehmigungs- und Aufsichtsbehörde zu (§§ 8-10 UmweltHG). Die Schadensersatzansprüche, die auf einen Höchstbetrag von 85 Mill. € begrenzt sind, verjähren in 3 Jahren ab Entstehen und Kenntnis von Schaden und Schädiger (§§ 195, 199 BGB).

2.3 Tierhalterhaftung nach § 833 S. 1 BGB

Fallbeispiele:

1. Die Hundebesitzerin A führt abends ihre »läufige« reinrassige Chow-Chow-Hündin spazieren. A kann trotz ihrer Bemühungen nicht verhindern, dass die Hündin von einem Mischlingsrüden gedeckt wird. Sie verlangt von dem Halter des Rüden Schadensersatz *(BGHZ 67, 129)*.

2. Die Angestellte S mietete von R, bei dem sie Reitunterricht hatte, ein Pferd aus dessen Reitstall zu einem selbstständigen Ausritt. Unterwegs ging das Pferd plötzlich zum Galopp über und bog nach links ab. S verlor das Gleichgewicht, stürzte vom Pferd und zog sich eine Unterschenkelfraktur zu. Ihre Krankenkasse trug die Kosten für die medizinische Behandlung. Die Krankenkasse verlangt Ersatz ihrer Kosten von dem Reitstallbesitzer R *(KG VersR 1986, 820)*.

§ 833 S. 1 ist der einzige heute noch im BGB befindliche klassische Kausalhaftungstatbestand, bezeichnenderweise für ein nicht-industriell-technisches Risiko. Bei dem zweiten handelte es sich um die Haftung des Jagdausübungsberechtigten für Jagdschäden (§ 835; heute: § 29 BJagdG). Auf die überaus kontroverse Gesetzgebungsgeschichte zu § 833 braucht an dieser Stelle nicht eingegangen zu werden. Auch § 833 S. 1 ist ein typischer Gefährdungshaftungstatbestand mit der uns schon bekannten Struktur: Rechtsgutsverletzung, verursacht »durch ein Tier«. Haftungsgrund ist das Halten von Tieren und die dadurch gesetzte Gefahr »unberechenbaren« tierischen Verhaltens für die soziale Umwelt. Haftungsadressat ist derjenige, der die Gefahr geschaffen hat – der Tierhalter. Durch die historische Entscheidung des Gesetzgebers von 1908 ist die **Gefährdungshaftung** des Tierhalters auf **Nicht-Nutztiere** (Luxustiere) beschränkt worden. Für Tiere, die dem Erwerbsleben zu dienen bestimmt sind (Nutztiere), haftet der Tierhalter nur aus vermutetem Verschulden (§ 833 S. 2). Der Tierhalter kann sich – wie der Geschäftsherr in § 831 I 2 – exkulpieren. Diese Abgrenzung ist heute rechtspolitisch sehr umstritten. Die Rechtsprechung hält jedoch daran fest.[145]

---

145 BGH NJW 1986, 2501; vgl. dazu *Lorz*, NuR 1989, 337.

Bei der Haftung für Luxustiere nach § 833 S. 1 ist das zentrale haftungsbegründende Element wiederum der Schutzzweck der Norm – die **typische Tiergefahr**. Dieser Begriff wurde von der Rechtsprechung zunächst sehr restriktiv interpretiert. Die Verwirklichung der Tiergefahr wurde nur in willkürlichem, selbstständigem und aktiv-aggressivem Verhalten des Tieres gesehen. Dieser enge Tiergefahrbegriff ist erst in der neueren Rechtsprechung aufgegeben worden. Die Chow-Chow-Entscheidung des BGH hat erstmals zutreffend klargestellt, dass auch »natürliches« Tierverhalten – wie in diesem Beispiel der Deckakt des Rüden – eine Verwirklichung der spezifischen gefährdungshaftungsrechtlichen Gefahr der Tierhaltung ist und somit die Voraussetzungen des § 833 S. 1 erfüllt. Problematisch ist an diesem Fallbeispiel jedoch, ob eine Rechtsgutsverletzung eingetreten ist. In Betracht kommt vor allem eine Sachbeschädigung. Zwar gelten Tiere jetzt nicht mehr als Sachen i. S. des § 90. Auf sie finden jedoch die Vorschriften über Sachen entsprechende Anwendung (§ 90 a). Der Deckakt allein führt aber zu keinerlei »Beschädigung«, genauso wenig wie die Schwangerschaft einer Frau nicht ohne weiteres als eine Körper-/Gesundheitsverletzung qualifiziert werden kann. Eine Sachbeschädigung könnte vorliegen, wenn das Tier durch diesen ungewollten Deckakt zukünftig nicht mehr für Zuchtzwecke verwendbar wäre. Ansonsten aber hätte er der Halterin der Chow-Chow-Hündin lediglich den »wirtschaftlichen Nachteil« gebracht, dass sie nicht – wie geplant – ihre Hündin von einem Chow-Chow-Rüden decken lassen konnte und ihr der Gewinn aus dem Verkauf der Zuchtwelpen entgangen ist. Damit läge aber ausschließlich ein nach § 833 S. 1 nicht liquidierbarer reiner Vermögensschaden vor.

Noch in einer zweiten Hinsicht ist der *Chow-Chow-Fall* lehrreich. Er demonstriert, wie – den Haftungsgrund des § 833 S. 1 einmal unterstellt – die eigene Tiergefahr (Läufigkeit der Hündin) i. V. m. eigenem Fehlverhalten/Mitverschulden i. S. von § 254 I (z. B. Nicht-Mitführen eines Stockes zur Abwehr von Rüden) dazu führen kann, dass die an sich gegebene Gefährdungshaftung des Halters des Rüden nach § 833 S. 1 insgesamt ausgeschlossen werden kann.

Ein interessanter Aspekt der Gefährdungshaftung lässt sich anhand der, die Rechtsprechung in jüngster Zeit gehäuft beschäftigenden, Unfälle von *Reitern auf fremden Pferden* explizieren. Der/die Reiter/in kommt infolge Ausbrechens, Scheuens, Buckelns etc. des fremden Pferdes zu Fall und verletzt sich. Ist hier eine Gefährdungshaftung des Pferdehalters nach § 833 S. 1 dem Reiter/der Reiterin gegenüber begründet? Obwohl die höchstrichterliche Rechtsprechung dies seit 1977 stets bejaht,[146] ist diese Haftung m. E. abzulehnen. Das Rechtsprinzip der Gefährdungshaftung besteht – wie oben ausgeführt – darin, dass jemand erlaubterweise ein besonderes Risiko für seine Umwelt setzt, die sich dieser Gefahr nur bedingt entziehen kann. Realisiert sich diese spezifische Gefahr in einer Schädigung, kann das Opfer den »Setzer« der Gefahr für den Schaden ersatzpflichtig machen. Grundsätzlich anders ist m. E. die Interessenlage, wenn jemand bewusst und im eigenen Interesse – sei es aus Vergnügen oder sportlicher Neigung[147] – durch das Reiten des Pferdes das jeweilige Gefahrenpotential selbst aktualisiert. Er übernimmt die Tiergefahr und handelt insoweit auch »auf eigene Gefahr«. Bisher ist auch noch niemand auf die Idee gekommen, dem Mieter eines Pkw, der sich

---

146 BGH NJW 1977, 2185.
147 Oder um seine Grundrechte auszuüben! Vgl. BVerfGE 80, 137, 152 (»Reiten im Wald«).

infolge fehlender Fahrpraxis bei einem Autounfall verletzt, einen Haftungsanspruch nach § 7 I StVG gegen den Halter/Vermieter des Kfz zu geben. Bei Unfällen im Rahmen von Kampfsportarten führt dies dazu, den Gegenspieler nur für grob fahrlässiges Fehlverhalten haftbar zu machen (s. o. II.2.1).

F Schadensersatz

Zwar haben wir in den bisherigen Passagen mit Ausnahme des Abschnitts D die Verpflichtung zum Schadensersatz als besonders häufig anzutreffende Rechtsfolge kennen gelernt und wissen bereits, dass namentlich die Vertragshaftung (s. o. B IV.) sowie die Delikts- und Gefährdungshaftung (s. o. E II., III.) primär auf diese Form der Konfliktbereinigung zusteuern – über das, was »Schaden« nun genau meint, und darüber, wie er im einzelnen auszugleichen ist, fehlen uns jedoch noch die erforderlichen Informationen. Sie sind nunmehr nachzuholen. Dabei befassen wir uns zunächst mit den **Schadensarten,** d. h. mit der überkommenen Differenzierung in Vermögensschäden und sog. immaterielle Nachteile (unten I.). Sodann wird das **Konzept des Schadensausgleichs** vorgestellt, wie es in §§ 249 – 253 seinen Niederschlag gefunden hat (s. u. II.). Hernach müssen wir uns mit der **Schadensberechnung** auseinandersetzen, die herkömmlicherweise in eine konkrete und eine abstrakte unterteilt wird (unten III.). Zuguterletzt interessiert uns die **Begrenzung der Ersatzpflicht,** die dem Gedanken geschuldet ist, dass nicht jedweder mit einem haftbar machenden Ereignis – z. B. einer Vertragsverletzung, einem deliktischen Übergriff – in Zusammenhang zu bringende Verlust in Rechnung gestellt werden soll, sondern allein derjenige, der bei wertender Betrachtung auch wirklich aus dem Verletzungsvorfall resultiert (s. u. IV.).

Vorab gilt es indes, noch einige terminologische Klärungen vorzunehmen, die das Verständnis der nachfolgenden Passagen erleichtern sollen. Dazu gehört zuallererst die **Unterscheidung zwischen Verletzung und Schaden.** Am besten lässt sich diese anhand des § 823 I begreifen, der sie schon in seinem Text deutlich erkennen lässt. In seinem Wer-Satz umreißt er zunächst einmal den Verletzungstatbestand i. S. einer **Haftungsbegründung;** und erst in seinem Schlussteil wird die Verpflichtung »zum Ersatze des daraus« – will heißen: aus der Verletzung – »entstehenden Schadens« angeordnet. Eine ähnliche Strukturierung hat nunmehr auch die Obligationshaftung in § 280 I erfahren. Hier markiert der einleitende Nebensatz, der auf eine Pflichtverletzung abstellt (s. o. B IV vor 1), die Basis für den Anspruch des Gläubigers bzw. Schutzberechtigten auf »Ersatz des hierdurch entstehenden Schadens«. Im Hinblick auf die jeweils als Rechtsfolge eingekleidete Ausgleichsbefugnis bzw. -verpflichtung wird auch von einer **Haftungsausfüllung** gesprochen, womit nochmals dokumentiert werden soll, dass die eine Haftung auslösende Verletzung (z. B. vertraglicher oder sonstiger Rechtspflichten) und der jene inhaltlich konturierende Schaden nicht identisch sind. Anders gewendet: Weder braucht aus einer Verletzung zwingend ein Schaden zu fließen (der falsche Rechtsrat – Vertragsverletzung – ist folgenlos geblieben; die zeitweilige Betriebsblockade – Eigentumsverletzung bzw. Eingriff in den Gewerbebetrieb – ist ohne Produktions- oder Auslieferungsverluste abgegangen), noch erschöpft sich letzterer allein in der direkten Integritätseinbuße (die Körperverletzung hat nicht nur eine zu vergütende Heilbehandlung erforderlich gemacht, sondern die Betroffene vorübergehend auch daran gehindert, ihrer Berufstätigkeit nachzugehen).

Im Kontext dieser Distinktion ist auch die **Unterscheidung zwischen einer haftungsbegründenden und einer haftungsausfüllenden Kausalität** geläufig. Mit jener soll der Ursachenzusammenhang beschrieben werden, der den primären Haftungsfaktor (wie etwa pflichtwidriges Verhalten, Produktfehler, gefährlicher Betrieb) mit der Verletzung verknüpft; diese wiederum erfasst die sich eben aus derselben ergebenden Schadensfolgen. Diese Differenzierung ist deshalb von erheblicher praktischer Bedeutung, als sich das in der ggf. vermuteten (§§ 280 I 2, 286 IV, 831 I 2, 832 I 2), ansonsten zu belegenden Fahrlässigkeit als gängigem Haftungselement enthaltene Moment der (Nicht-)Vorhersehbarkeit lediglich auf den Konnex zwischen Verhalten und Eintritt des Verletzungsereignisses beziehen muss, nicht hingegen auf den daraus folgenden Schadensverlauf (s. noch unten IV. 1).

Auch prozessual kann die Abgrenzung der Haftungsbegründung von der Haftungsausfüllung relevant werden. Sind nämlich in einem Rechtsstreit sowohl die Zurechnungsfrage überhaupt (haftet der Beklagte?) als auch das Ausmaß der durch die Verletzung hervorgerufenen Beeinträchtigungen (wie hoch ist der dem Beklagten anzulastende Schaden?) umstritten, so kann das Gericht, sofern es die Haftung prinzipiell bejaht, vorab ein sog. Zwischenurteil »über den Grund« fällen, das dann selbstständig mit den einschlägigen Rechtsmitteln (s. o. A III 2.1) anfechtbar ist (§ 304 ZPO). Wird dieses »Grundurteil« definitiv bestätigt – andernfalls kommt es sogleich zur Klagabweisung – oder mangels Anfechtung rechtskräftig, wird hernach über den »Betrag« (eben die Höhe des Ersatzanspruchs) weitergestritten. Desweiteren wird diese Zweiteilung des Gesamtverlaufs von der Gefahrenquelle (in den Fällen des § 823: vom Verhalten) bis hin zum Schadenseintritt auch beweisrechtlich berücksichtigt (s. bereits früher A III 2.2.2). So unterliegt die »Verletzungsetappe« dem Regelbeweismaß der an Sicherheit grenzenden Wahrscheinlichkeit (§ 286 ZPO), dieweil man sich hinsichtlich des Schadensverlaufs mit geringeren Beweisanforderungen begnügt (§ 287 ZPO).

Nicht auf diese Zweiteilung kann die gelegentlich vorgeschlagene **Aufspaltung in unmittelbare und mittelbare Schäden** gestützt werden. In ihr liegt ein jedenfalls dem BGB fremdes Denken nach der »Verletzungsnähe« zugrunde, so als gäbe es typische Direkteinbußen und darüber hinaus noch gleichsam fernerliegende sonstige Nachteile. Rechtlich ist sie schon deshalb ohne Belang, weil sich das BGB für den **Grundsatz der Totalreparation** entschieden hat (s. noch unten II. 1) und so die Ausgleichspflicht gerade nicht davon abhängig macht, ob nun der Schaden »unmittelbar« mit der Verletzung eingetreten ist (auch als »Substanzschaden« bezeichnet) oder sich erst hernach ergeben hat (und dann gern als »Vermögensfolgeschaden« deklariert wie etwa der sog. Gewinnentgang gemäß § 252). Dieses Begriffspaar taugt allenfalls zur näheren Spezifizierung der typischen Ausgleichsformen (dort Restitution, hier Kompensation – Näheres sub II.) und sollte deshalb auch nur in diesem Kontext verwendet werden.

Eine ganz andere Frage ist es, ob auch dann voller »Verlustausgleich« geschuldet ist, wenn die haftungsbegründende Norm ihrerseits die Rechtsfolge bereits eingrenzt. So erfasst der Verzugsschaden eben lediglich die durch die Verspätung entstehenden Einbußen (§ 280 II i. V. m. § 286), und was etwa »Schadensersatz statt der Leistung« bedeutet, ist aus dem jeweiligen Normzuschnitt herzuleiten (vgl. nur oben B IV 1.3 zur Differenzierung zwischen Mangel- und Mangelfolgeschaden im Hinblick auf den Unterschied von Qualitäts- zu Sicherheitsmängeln), wiederum aber kein Ausfluss von Kausalitätsbetrachtungen nach der Devise »direkt oder indirekt«.

Von rechtsdogmatischem und praktischem Belang ist hingegen die **Unterscheidung zwischen unmittelbar Verletzten und mittelbar Betroffenen**. Sie ist die Konsequenz aus dem sog. Tatbestandsprinzip, das im Vertragsrecht grundsätzlich nur den Leistungsberechtigten zum potenziellen Haftungsgläubiger bei Leistungsstörungen stempelt und ansonsten nur denjenigen zur Liquidation verhilft, die in ihren eigenen – namentlich deliktsrechtlich qualifizierten (vgl. § 823 I) – Schutzpositionen beeinträchtigt worden sind (s. bereits E II 1.1 a. E.). Dritte werden auf diese Weise aus dem Haftungskomplex herausgenommen, wiewohl sie durchaus negativ von dem fremden Verletzungsereignis betroffen worden sein können (Schulbeispiel der Konzertagentur, die wegen Körperverletzung der Sopranistin die Aufführung ausfallen lassen muss und dadurch Einnahmeverluste erleidet). Sie sind in Wahrheit nicht einmal mittelbar verletzt, sondern lediglich »Reflexgeschädigte« und haben nur dann Anspruch auf Schadensausgleich, wenn dies eigens angeordnet worden ist (wie z. B. in §§ 844 f.) oder sie ausnahmsweise als Schutzbefohlene i. S. des § 241 II mit dann freilich auch eigener »Verletzungsposition« anerkannt werden (dazu bereits oben B II.1.5.2.2 u. IV.2.1 a. E.).

Schaubild 20

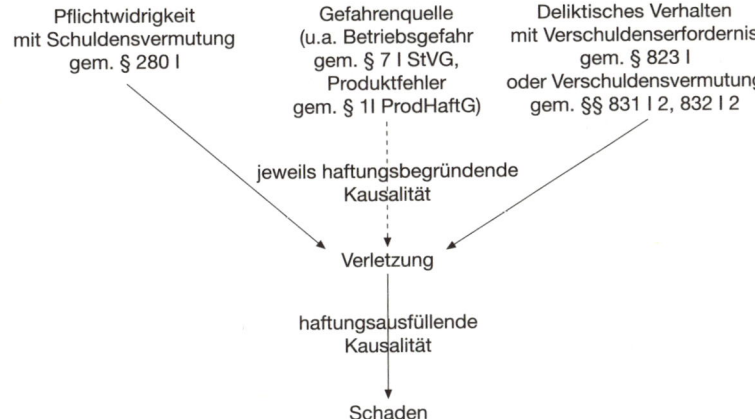

I. Schadensarten

Es kommt kaum überraschend, dass der Schaden in einer entwickelten Geldwirtschaft zuallererst aus ökonomischer Perspektive akzentuiert wird. Der Schutz von Gütern (und deren Inhabern) bzw. die Sicherung der Möglichkeit, solche zu produzieren oder produktiv mit ihnen umzugehen, stehen in einer Eigentümer/Marktgesellschaft im Vordergrund, wenn es darum geht, Nachteile aus Interessenverletzungen als Schaden zu qualifizieren. Weniger »marktfähige« Beeinträchtigungen wie Schmerzen, Unwohlsein, seelische Enttäuschung, Kränkungen oder allgemeiner Ärger und Verdruss treten deutlich dahinter zurück. Gewiss hat sich diesbezüglich in den vergangenen Jahrzehnten eine vorsichtige Gewichtsverlagerung ergeben, die juristisch ihr Echo in einer tendenziellen Öffnung auch des Privatrechts gegenüber den personalen Wertvorstellungen der Art. 1, 2 GG gefunden hat. Die hierfür zuallererst zu nennende Judikatur zum Allgemeinen Persönlichkeitsrecht (s. o. E II. 2.3) hat es jedoch bislang noch nicht vermocht, die immateriellen Folgen von Rechtsverletzungen nachhaltig aus ihrer Vernachlässigung herauszuführen.

Das wird sich künftig ändern, hat doch der Gesetzgeber den vordem für diese unbefriedigende Rechtslage mit verantwortlichen, weil als enge Ausnahmevorschrift gefassten § 253 jüngst (mit Wirkung zum 1. 8. 2002) um einen zweiten Absatz erweitert, der dem Betroffenen im Falle einer Verletzung seines Körpers, seiner Gesundheit, seiner Freiheit oder seiner sexuellen Selbstbestimmung generell einen Ausgleich für den daraus resultierenden Nichtvermögensschaden (Näheres sogleich unter 2) zubilligt.[1] Ein derartiges »Schmerzensgeld« sah das BGB – mit Ausnahme des atypischen § 651f II – bislang nur bei deliktischen Rechtsgüterverletzungen nach Maßgabe des nunmehr ersatzlos gestrichenen § 847 vor, und auch im sonstigen außervertraglichen Haftungsrecht (Arzneimittel-, Gefährdungs-, Produkthaftung u. a. m.) hatte dieser – eben als »irregulär« betrachtete – Schadensposten unter Absehen von wenigen singulären Sonderbestimmungen (wie etwa § 53 III LVG) keine Berücksichtigung gefunden. Diese Restriktionen sind nunmehr entfallen. Ab sofort hängt die Kompensation immaterieller Beeinträchtigungen in den angeführten Verletzungsfällen weder von der Haftungsart (vordem nur auf Deliktshaftung beschränkt) noch von der Distinktion Vertrag/Unrecht ab. Letzteres dürfte die wichtigste praktische Konsequenz der Neuregelung auslösen. Da die genannten Schutzpositionen i. d. R. auch »obligationsfähig« i. S. des § 241 II sind, wird bei einschlägigen Schutzpflichtverletzungen (s. o. B IV 2.1) die Vertragshaftung wegen der für den Schutzberechtigten günstigeren §§ 280 I 2, 278[2] den Weg über die §§ 823 ff. zu weiten Teilen überflüssig machen.

1 Der Vermögensschaden

Fallbeispiele:

a) B hat in mühsamer Bastelarbeit das örtliche Schloss im Kleinformat nachgebaut und es in seinem Vorgarten ausgestellt. Ein unachtsamer Gast tritt versehentlich darauf und zerstört es völlig. B verlangt nun Schadensersatz und konsultiert vorsorglich eine Rechtsanwältin, wie viel er von G fordern könne (dazu BGHZ 92, 85 ff.).

b) Die A verleiht ihren Pkw an ihren Freund F. Dieser fährt den im Bestzustand befindlichen Wagen fahrlässig zu Schrott. A möchte von F jetzt den Listenpreis erstattet haben, den sie vor zwei Jahren für den Erwerb des »praktisch neuwertigen« Fahrzeugs aufgewandt hat. Variante: Es handelt sich um einen Neuwagen, den A sich von einem Händler »über Preis« hatte andrehen lassen.

c) E ist Eigentümerin eines kleinen Hauses auf dem Lande, das seit längerem leer steht, weil in dieser Gegend keine Wohnungsnot herrscht. Infolge eines von B gelegten Brandes wird das Haus zeitweilig unbenutzbar. E verlangt von B nunmehr über die Instandsetzung hinaus entgangene Mieteinnahmen, deren Höhe sie nach einer bundesweiten Statistik für die Vermietung vergleichbarer Häuser veranschlagt.

In allgemeinster Weise kann als Vermögensschaden jeder rechnerische Verlust – gleich, wo er auftaucht, und gleich, woher er rührt – bezeichnet werden. Damit ist zweierlei angesprochen: Die **Irrelevanz des Objektbereichs,** in dem sich das finanziell messbare Manko ereignet hat, verabschiedet die – leider nicht nur – laienhafte Vorstellung, als könne gleichsam natürlich zwischen materiellen und immateriellen Schlechterstellungen getrennt werden, so als hätten z. B. Sachen an

---

1 Dazu vorläufig *Däubler*, JuS 2002, 625 ff. (sub II) u. *Wagner*, NJW 2002, 2049 (2053 – 2056).
2 Hingewiesen sei zusätzlich auf § 309 Nr. 7 a mit seinem Verbot von Haftungsbeschränkungen für Körper- und Gesundheitsverletzungen per AGB.

sich Vermögenswert, andere Interessen (Vorlieben, Genüsse usw.) hingegen erst einmal keinen. Dadurch wird die mittlerweile hoffentlich geläufige Einsicht (andernfalls nochmals A I. durcharbeiten) negiert, dass hierzulande die Wertbildung vorzugsweise über den Markt stattfindet, in dessen Kommunikationsprozess darüber befunden wird, ob etwas überhaupt für geldlich wertvoll erachtet wird und wie hoch dieser Wert zu veranschlagen ist. Das bedeutet, dass auch Sachen wertlos sein können, wenn sich niemand außer deren Eigentümer für sie interessiert, andererseits »Genüsse« (z. B. an einer Theatervorstellung, am Disco-Krach) durchaus ihren Wert auch dann haben können, wenn zwar »kein vernünftiger Mensch« sie nachfragen würde, es gleichwohl eine Klientel mit der Bereitschaft gibt, Geld für sie auszugeben. Es ist nachgerade das (offene) Geheimnis des bürgerlichen Tauschverfahrens, dass es allein auf dessen Resultat ankommt und nicht auf die in ihn gespeisten Vorlieben und Attitüden (z. B. Haus »im Grünen« oder umgekehrt »Innenstadtlage«; Urlaubsdomizil »mit Seeblick« oder »Strandnähe«). Deshalb ist auch Skepsis gegenüber der Neigung der Rechtsprechung geboten, mangels auffindbarer Marktbewertungen auf eine angebliche Verkehrsanschauung zurückzugreifen.[3] Zum einen können damit ökonomische Vorgaben nur notdürftig überspielt werden, und dies dann um den Preis, dass die Gerichte ihrerseits die Präferenzen setzen, die auf dem Markt so keinen Widerhall gefunden haben (s. noch unten III. 2.4 zum Stichwort »Nutzungsausfall«).

Die **Irrelevanz der Schadensquelle** verdeutlicht, dass die Qualifikation als Vermögensschaden unabhängig davon ist, ob ein Dritter für ihn verantwortlich ist oder der Betroffene ihn selbst zu tragen hat. Das ist zwar im Grunde banal, bedarf aber trotzdem der Hervorhebung. Gelegentlich ist nämlich die Judikatur darum bemüht, effektiven finanziellen Einbußen im Hinblick auf eine »ideelle Zweckbindung« die Ersatzfähigkeit abzusprechen.[4] Damit wird wiederum eine vorrechtliche Unterscheidbarkeit zwischen ideell und materiell suggeriert, statt bei der vorgreiflichen Frage anzusetzen, ob überhaupt Ersatz zu leisten ist oder nicht. Letztlich werden so für missliebig erachtete Konsequenzen aus einer vorab bejahten Haftungsbegründung ausgeschieden, was angesichts der eingangs bereits mitgeteilten Entscheidung des Gesetzgebers für die Totalreparation nicht Aufgabe der Gerichte ist. Auch dieser Punkt wird uns beim Stichwort »Frustrierungsgedanke« noch beschäftigen (s. u. II. 2.2).

Wir halten nach allem am Vorrang der Marktbewertung für das, was einen Vermögensschaden ausmacht, fest.[5] Gern wird dies auch unter der Rubrik »**Kommerzialisierung**« abgehandelt, was nichts anderes bedeutet, als dass nur denjenigen Gegenständen körperlicher oder auch unkörperlicher Art Vermögenswert zukommt, die »intra commercium« stehen, will heißen: gehandelt werden. Salopp formuliert, entscheidet die »Mode«, die das Kleid heute zum Renner macht, morgen zum Ladenhüter und übermorgen vielleicht wieder zum gesuchten Oldie. Ein Zusatz ist freilich noch anzubringen: Innerhalb eines Vertragsverhältnisses ist zwischen den konkreten Geschäftspartnern die individuelle Bewertung maßgeblich, wie sie in der Preisfestlegung ihren Ausdruck gefunden hat. Bei einer Vertragsverletzung kann sich folglich der hierfür Verantwortliche nicht darauf

---

3 Nicht unproblematisch deshalb die den Hintergrund für das Fallbeispiel a) bildende Entscheidung BGHZ 92, 85 ff. Vgl. dazu *E. Schmidt*, JuS 1986, 517 ff.
4 So etwa BGHZ 99, 182 ff.
5 Immer noch lehrreich die kleine Schrift von *Stoll*, Begriff und Grenzen des Vermögensschadens, 1973.

zurückziehen, der Schuldgegenstand sei in Wahrheit wertlos oder jedenfalls nicht so teuer gewesen wie ausgemacht. Diese Bindung an das gegebene Wort wird explizit in §§ 441 III, 638 III zur Minderung berücksichtigt, wo zwar auf den »wirklichen Wert« als Verkehrswert Bezug genommen wird, jedoch nur zur Ermittlung der dann auf die Preisabrede zu übertragenden Minderungsquote.

Zu den Fallbeispielen:

a) Gelingt B nicht der Nachweis, dass sein Werk durchaus auch zahlende Abnehmer gefunden hätte, geht er leer aus. Alternative Berechnungsweisen etwa anhand der investierten Arbeitsstunden oder wenigstens nach Maßgabe der Materialkosten kommen nicht in Betracht.

b) Maßgeblich ist der Verkehrswert zur Zeit der Zerstörung bzw. zur Zeit der Abrechnung. Der Rückgriff auf den vormaligen Listenpreis geht ebenso fehl wie der Versuch, den schlechten Kauf praktisch ungeschehen zu machen.

c) E kann den Brand nicht zum Anlass nehmen, ihr Haus gewissermaßen in eine lukrativere Region zu verlegen. Mangels entsprechender konkreter oder wenigstens wahrscheinlicher Nachfrage (§ 252) ist ihr nichts entgangen, was sie ohne den Brand hätte vereinnahmen können.

2 Nichtvermögensschaden

Gleichsam im Umkehrschluss aus dem zuvor Gesagten lässt sich klären, was unter einem Nichtvermögensschaden zu verstehen ist. Ging es dort um Einbußen, die wenigstens prinzipiell auf Heller und Pfennig genau berechenbar sein müssen – in der Praxis behilft man sich freilich in Abstützung auf § 287 ZPO oft mit bloßen Schätzungen –, so stehen hier Beeinträchtigungen in Rede, die sich einer vermögensmäßigen Berechnung eben und gerade deshalb entziehen, weil sie in der subjektiven Sphäre verblieben sind. Vor allem **Schmerzen** zählen hierzu, weshalb auch von einem sie abgeltenden »Schmerzensgeld« gesprochen wird, ferner gewisse **Enttäuschungen** z. B. wegen verdorbener Urlaubsfreude und nicht zuletzt im Zuge der Rechtsprechung zum Allgemeinen Persönlichkeitsrecht wegen durch bloße Ehrenerklärung, Entschuldigung, Widerruf u. a. m. nicht komplett wieder gut zu machender **Herabsetzungen** von Würde, Ansehen und Reputation.

Es ist typisch für diese Beeinträchtigungen, dass sie – anders als bei materiellen Einbußen, bezüglich deren selbst im Falle eines Totalverlusts des entsprechenden Gutes wenigstens die Vermögensbilanz des Betroffenen wieder »glatt gestellt« werden kann – praktisch nicht mehr ungeschehen gemacht werden können. Deshalb passt auf sie recht eigentlich auch nicht die den Schadensersatz sonst prägende Vorstellung einer tatsächlichen oder wenigstens geldlichen Restitution (hierzu sogleich unter II.). Der Gesetzgeber hat hier denn auch den Weg eines exakten Ausgleichs verlassen und gewährt dem Verletzten einen Anspruch auf **angemessene bzw. billige Entschädigung in Geld** (§§ 651 f. II, 253 II).

Geld übernimmt mithin in diesen Fällen andere Aufgaben. Nicht mehr finanzielle Kompensation ist die Devise, sondern etwa das Ermöglichen anderer Annehmlichkeiten, die Einräumung alternativer Daseinsführung (z. B. nach Zufügen irreparabler Schwerstbehinderungen) usw. Folglich hat der entsprechende Entschädigungsanspruch weniger die traditionelle Ausgleichsfunktion. Vielmehr stand bei ihm bislang der **Überwindungs- und Genugtuungsgedanke** im Vordergrund.[6] Ggf. kam auch der primär auf die Person des Schädigers abzielende **Sanktionsaspekt** in Betracht, wenn nämlich der – z. B. durch einen Unfall oder eine medizinische Fehlbehandlung – Verletzte so schwer beeinträchtigt worden ist, dass er die mit der Entschädigung sonst verfolgte Substitution gar nicht wahrnehmen kann.[7] Schließlich ist auch der **Präventionsansatz** zum Zuge gekommen, mit dessen Hilfe versucht worden ist, einer »rücksichtslosen Zwangskommerzialisierung« fremder Persönlichkeitssphären durch sich davon Auflagesteigerungen versprechende Presseunternehmen entgegenzuwirken.[8] In derartigen Fällen erscheint es legitim, »die Erzielung von Gewinnen aus der Rechtsverletzung als Bemessungsfaktor in die Entscheidung über die Höhe der Geldentschädigung mit einzubeziehen«.[9] Die Neuregelung in § 253 II BGB gibt freilich Anlass dazu, das Zusammenspiel dieser Aspekte und deren Gewichtung bei der Bemessung der Kompensationshöhe neu zu überdenken.[10] Da ein Schmerzensgeld nunmehr ausnahmslos auch im Rahmen der Gefährdungs- und Produkthaftung gewährt wird, fällt bei Unfällen das Verschulden als traditioneller Einstiegsfaktor fort. Mithin kommen auch dessen Grade (leichte und grobe Fahrlässigkeit sowie Vorsatz) insoweit nicht mehr ohne Weiteres als geeignete Messlatte in Betracht. Das könnte zu einer stärkeren Orientierung des Ersatzumfangs am Ausmaß der Verletzungen führen, der ggf. bei besonders schweren Verhaltensverstößen noch auszuweiten wäre. Auf dem Vertragssektor mit seiner generellen Verschuldensvermutung ist dies ohnehin angebracht. Dort wird es eher darum gehen, eine Garantiehaftung i. d. R. allein auf das Leistungsinteresse zu beschränken, d. h. namentlich die Verantwortlichkeit für Sicherheitsmängel auf eine ausschließlich aus § 241 II herzuleitende und demgemäß nach § 280 I zu handhabende Integritätspflichtverletzung zu stützen (s. bereits oben B IV.1.3.2).

Wie beim Vermögensschaden ist allerdings auch bei immateriellen Nachteilen einem Missverständnis vorzubeugen: Der materielle oder nicht vermögenswerte Charakter der je betroffenen Schutzposition ist nicht entscheidend für die in Betracht kommende Schadensart. Die Verletzung eines (immateriellen) Rechtsguts wie etwa Körper, Gesundheit kann ebenso einen Vermögensschaden nach sich ziehen (z. B. Verdienstausfall wegen zeitweiliger Berufsunfähigkeit) wie der Eingriff in ein Vermögensinteresse (kommerzialisierter Urlaubsgenuss; vgl. nochmals § 651 f. II) einen Nichtvermögensschaden. Es bleibt folglich insgesamt dabei, dass sich der Vermögensschaden durch präzise Ausgleichbarkeit in Geld auszeichnet, dem Nichtvermögensschaden hingegen eine gewisse Unschärferelation eigentümlich ist. Letzteres hindert die Praxis natürlich nicht, sich bei der geldlichen Erfassung immaterieller Nachteile an den Vorgaben bereits entschiedener Fälle zu orientieren. Namentlich zur Festlegung von Schmerzensgeld hat sie sich hierbei gern auf sog. Schmerzensgeldtabellen gestützt, in denen derartige Präjudizien gesammelt und geordnet werden. Nach dem zuvor Gesagten werden dieselben angesichts der neuen Bemessungserfordernisse ihren vormaligen Informationswert zumindest teilweise verlieren. Im Übrigen werden sie auch künftig lediglich Hilfsmittel bleiben und die Gerichte nicht davon entlasten, auf die Umstände des Einzelfalls (namentlich eben Ausmaß der Verletzung, Schwere und

---

6 Vgl. BGHZ 18, 149 ff.; s. noch BGHZ 128, 117 ff.
7 So etwa BGHZ 120, 1 ff.
8 Vgl. den Fall BGHZ 128, 1 ff.
9 BGH NJW 1996, 984 f.
10 Ansätze hierzu bei *Wagner* a. a. O. S. 2054 f.

Dauer der daraus folgenden Beeinträchtigungen) unter differenzierender Gewichtung der wiederum situationsabhängigen Reaktionsgesichtspunkte (Überwindung, Sanktion, Prävention und ggf. auch Genugtuung) einzugehen. Aus alledem ergibt sich eine dermaßen komplexe Zumessungsbasis, dass die jeweilige Entscheidung mangels marktbezüglicher Monetarisierbarkeit einer auch nur annähernden Generalisierung zuwider läuft.

II. Der Schadensausgleich

Da die Vorschriften, die sich mit den Voraussetzungen einer Verpflichtung zum Schadensersatz befassen, also die Haftungsbegründung statuieren, nicht zugleich Auskunft über deren Inhalt – die Haftungsausfüllung – geben, bedurfte es einer besonderen Regelung über den Schadensausgleich im einzelnen. Diese findet sich in den §§ 249–255. Dort werden Art und Umfang des zu gewährenden Schadensersatzes des Näheren bestimmt.[11] Die betr. Vorschriften gelten generell für sämtliche Fälle, in denen das BGB Schadensersatz zuspricht, wobei freilich stets die jeweilige Schutzrichtung des begehrten Interessenausgleichs (z. B. Vertrauens-, Verzugs-, Nichterfüllungsschaden) mit zu berücksichtigen ist. Darüber hinaus werden sie durch Spezialnormen in den Haftpflichtgesetzen wie etwa die §§ 9 ff. StVG bzw. 6 ff. ProdHG ergänzt.

1 Der Grundsatz der Naturalrestitution

Fallbeispiele:

a) Nach einer Beschädigung ihres Hauses durch S veräußert E dasselbe an D. Gleichwohl verlangt sie von S weiterhin die Kosten für die (noch) nicht ausgeführte Instandsetzung. Dieser meint, er sei nunmehr allenfalls dem D ersatzpflichtig. Wenn überhaupt, schulde er der E lediglich den Minderwert, den sie beim Verkauf eingebüßt habe (vgl. dazu BGHZ 81, 385 ff.).

b) V hat durch einen von S verschuldeten Unfall u. a. Gesichtsverletzungen erlitten. Diese sind zwar im wesentlichen verheilt, doch haben sie Narben hinterlassen, die V durch eine sog. Schönheitsoperation beseitigen lassen möchte. S will die Kosten hierfür nicht tragen, weil er sie für »unverhältnismäßig« hält (vgl. BGHZ 63, 295 ff.).

Die Grundregel, die gedanklich auch noch die unter 2) darzustellende Kompensation ergreift, enthält § 249 I. In ihr gelangt das **Prinzip der Naturalrestitution** zum Ausdruck.[12] Ihm zufolge ist derjenige »Zustand herzustellen, der bestehen würde, wenn der zum Ersatz verpflichtende Umstand nicht eingetreten wäre«. Dies darf nicht in dem Sinne missverstanden werden, als sei die **Wieder**herstellung der vormaligen Situation (des status quo ante) geschuldet. Gemeint ist eine Restitution, die sämtliche Einflüsse berücksichtigt, die bis zum Zeitpunkt der »Abrechnung« (s. noch III. 1) und auch gerade nach dem Verletzungsereignis, das dem Schadensverlauf ja erst die Tür öffnet, positiv wie negativ auf das betroffene Gut eingewirkt haben.

Zugleich statuiert § 249 I den **Grundsatz der Totalreparation.** Die entstandenen Einbußen sind komplett auszugleichen. Weder findet eine Differenzierung nach Art und »Schwere« des haftbar machenden Eingriffs statt (z. B. Gleichstellung von

---

11 Zum Folgenden auch *Honsell/Harrer*, JuS 1991, 441 ff.
12 Ausführlicher *Wolter*, Das Prinzip der Naturalrestitution in § 249 BGB, 1985.

Vorsatz und Fahrlässigkeit in §§ 276 I 1, 823 I), noch wird nach Art oder »Nähe« der Schadensfolge unterschieden. Auch kommt es – jedenfalls im Prinzip – zu keiner Pauschalierung unter Abstellen etwa auf für solche Fälle typische Schadensverläufe. Schließlich kennt § 249 I noch nicht die erst anhand des § 253 eingeführte Sonderbehandlung immaterieller Nachteile. Sofern sie möglich ist, muss folglich Herstellung in natura auch dann geleistet werden, wenn es sich um einen nichtvermögenswerten Gegenstand handelt (klassisch die per Heilbehandlung restituierbare Gesundheit, aber auch das »wertlose«, jedoch reproduzierbare Familienphoto).

Schaubild 21

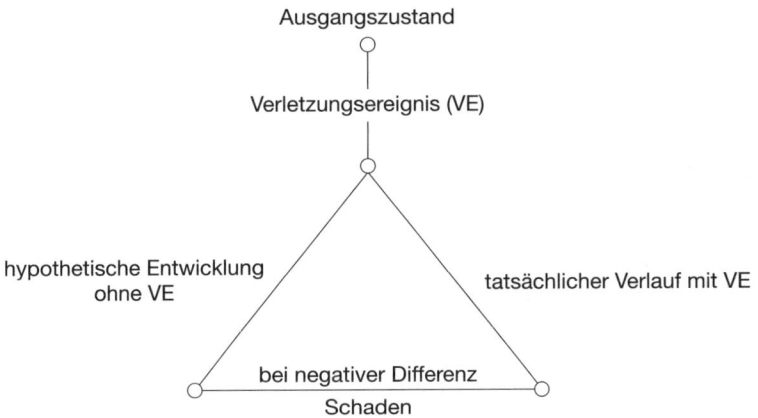

Wie die **Herstellung im einzelnen** zu bewerkstelligen ist, richtet sich in erster Linie nach dem Gegenstand des Eingriffs und der konkreten Verletzungsfolge. Beschädigte Sachen sind zu reparieren, zeitweiliger Objektentzug kann durch Ersatzmiete überbrückt werden, Körper- und Gesundheitsschäden sind durch medizinische Versorgung inklusive einer ggf. erforderlichen Nachkur zu restituieren usw. Besonderheiten ergeben sich bei Ehrverletzungen: Auf unrichtigen Tatsachenbehauptungen beruhende Beleidigungen sind durch uneingeschränkten Widerruf aus der Welt zu schaffen, und zwar in genau der Form, in der jene in die Welt gesetzt wurden, u. U. also auch per Widerruf in der betr. Zeitung.[13] Bleibt der Vorgang unaufgeklärt, so verliert der Betroffene nicht etwa seinen Schutz. In Übernahme der in § 186 StGB enthaltenen Wertung ist der »Täter« beweisbelastet und zumindest zu einem sog. eingeschränkten Widerruf verpflichtet; d. h. er muss bekennen, dass er die aufgestellte Behauptung nicht aufrechterhalten könne.[14] Kein Widerruf ist hingegen die sog. Gegendarstellung nach § 11 PressG. Diese Vorschrift gewährt einer Person, über die in einer periodischen Druckschrift (vor allem Zeitungen sind damit gemeint) bestimmte Behauptungen aufgestellt werden, einen »Berichtigungsanspruch«, der unabhängig von der Wahrheit oder Unwahrheit der mitgeteilten Tatsachen ist. Es

---

13 S. aber BGHZ 66, 182 ff.
14 Vgl. jedoch BGHZ 37, 187 ff.; ferner BGHZ 68, 331 ff.

geht hier praktisch um die Gewährung einer Art von presserechtlichem Gehör an den Betroffenen.[15]

Da der Schädiger zumeist mangels einschlägiger Fähigkeiten und Möglichkeiten nicht imstande ist, den Schaden mit eigener Hand zu reparieren, und der Geschädigte ein legitimes Interesse daran hat, die Reparatur von Leuten seines Vertrauens ausführen zu lassen, gibt § 249 II 1 diesem das Recht, »statt der Herstellung den dazu erforderlichen Geldbetrag zu verlangen«. Der Ersatzgläubiger kann sich also im Falle der Beschädigung seines Autos an seine eigene Werkstatt wenden und seinem Gegner hernach die Rechnung präsentieren. Ebenso kann er sich von seinem Hausarzt behandeln oder von der ihm bekannten Chirurgin operieren lassen und die Liquidation an den Schädiger weiterreichen. Die entsprechenden Beträge kann er sich auch, um nicht seinerseits einen Kredit aufnehmen zu müssen, von diesem vorschießen lassen.[16] Es genügt die Vorlage eines **Kostenvoranschlags** seiner Werkstatt oder einer ähnlichen Berechnung eines Sachverständigen. Aus dieser Vorschusspflicht wird gern der Satz hergeleitet, dass es den Schädiger nichts angehe, was der Geschädigte mit dem empfangenen Geld mache; dieser sei nicht gehalten, es auch tatsächlich für die Herstellung zu verwenden.[17] In solcher Absolutheit ist dieses Dogma verfehlt. Es führt dazu, dass häufig Schadensersatz gewährt wird, obwohl kein oder jedenfalls kein solcher Schaden entstanden ist,[18] oder dass eine Herstellbarkeit fingiert wird, die gar nicht mehr zur Debatte steht (jemand ist z. B. auch ohne die Einnahme von Medikamenten gesund geworden und verlangt gleichwohl Ersatz für die nicht erworbenen Arzneien[19]). Damit wird das Prinzip, dass nur ein konkret zu berechnender Schaden ersatzfähig sei, jedenfalls bei Vermögenspositionen[20] negiert zugunsten einer abstrahierenden Betrachtungsweise, die auf durchaus nicht ohne weiteres plausibel zu machenden, auch wirtschaftlich und sozial kaum belegbaren Gründen beruht und deren Konsequenzen noch zu erörtern sind (s. u. 2.4).[21] Sie folgt aus der angesichts des jüngst eingefügten § 249 II 2 (Umsatzsteuer nur, wenn sie tatsächlich angefallen ist) zumindest zu relativierenden Vorstellung, dass mit der Verletzung ein Herstellungsbedarf entstanden sei, der nachträglich nicht mehr entfallen könne. Damit werden jedoch Bedarf und ersatzfähiger Schaden in unzulässiger Weise gleichgesetzt. Spätestens ein Blick in § 251 I gibt Auskunft darüber, dass der Gesetzgeber entscheidendes Gewicht auf die Herstellbarkeit legt und für den Fall ihrer Verneinung einen anderen, aber unmissverständlich auf den Ersatz nachweislich entstandener Vermögensschäden beschränkten (lies § 253 I) Weg des Schadensausgleichs eröffnet.

Außerdem wird so einseitig zugunsten des Betroffenen von dem bereits eingangs skizzierten Gedanken abgewichen, dass das Herstellungsvolumen aus der im Zeitpunkt der Abrechnung maßgeblichen Sicht zu beurteilen ist, die sowohl die

---

15 Zum Gesamten BVerfG NJW 1998, 1381 ff.
16 Vgl. BGHZ 61, 346 ff.
17 So jedenfalls wegen eines deliktischen Schadensersatzanspruchs explizit BGH NJW 1997, 520 f.
18 S. etwa BGHZ 66, 239 ff. (Instandsetzungskosten trotz Inzahlunggabe des beschädigten Wagens).
19 Dazu BGH NJW 1958, 627.
20 Anders soll es bei der Verletzung immaterieller Güter liegen; vgl. BGHZ 97, 14 ff. mit lehrreicher Auflistung der einschlägigen Judikatur.
21 Zu ihrer Rechtfertigung auf dem Kfz-Sektor *Steffen*, NJW 1995, 2057 (2059 ff.).

dem Geschädigten günstigen als auch die ihm lästigen Faktoren (z. B. Preissenkungen) berücksichtigen muss. Allenfalls ist aus Praktikabilitätsgründen zuzugestehen, dass er keinen Verwendungsnachweis dahin führen muss, ob er die vereinnahmten Vorschüsse auch wirklich in die »Reparatur« gesteckt hat, nicht aber, sich am tatsächlichen Schadensverlauf vorbeizumogeln.[22] In Kfz-Reparaturfällen sollte deshalb Folgendes gelten: Bei Nichtausführung der Schadensbehebung mag das eingeholte Sachverständigengutachten unter Abzug der Umsatzsteuer Grundlage für die Abrechnung sein, sofern es dem Ersatzschuldner nicht gelingt, ernsthafte Zweifel an dessen Korrektheit zu säen. Ist hingegen repariert worden, so ist der Geschädigte nicht gehindert, einen »Nachschlag« zu verlangen, falls die Kosten den Voranschlag überschritten haben. Dann aber ist es nicht nur folgerichtig, sondern auch korrekt i. S. des § 249 II 1, einen nachträglichen »Abzug« zuzubilligen, wenn sich das Gegenteil (geringerer Kostenaufwand) herausstellt. Im Gerichtsstreit wäre dies einfach zu handhaben. Auf die stets zu stellende Frage, ob ausgebessert worden ist oder nicht, müsste der Ersatzberechtigte wahrheitsgemäß antworten (§ 138 I ZPO). Wird sie von ihm verneint, wäre er zur Vorlage der Werkstattrechnung aufzufordern.[23]

Der in § 249 II 1 gemeinte Geldbetrag wird durch das Kriterium der »**Erforderlichkeit**« begrenzt. Seine Höhe bemisst sich deshalb nach den normalen Kosten der Maßnahmen, die nötig sind, um den in § 249 I anvisierten Zustand herzustellen. Demnach stellen sich dem Gericht zwei Fragen: War die getroffene Maßnahme überhaupt die zur Restitution geeignetste, und wurde sie unter adäquatem Kostenaufwand durchgeführt? Bei **Eigenreparatur** durch den Geschädigten kommt es darauf an, ob dieser ganz allgemein erfolgversprechende, sich zudem im gängigen Kostenrahmen haltende Maßnahmen ergriffen hat, mögen diese sich im Einzelfall nachträglich auch wider Erwarten als untauglich herausstellen (z. B. letztlich doch unnötiger Abschlepp- oder vergeblicher Bergungsversuch). Bei **Fremdreparaturen** stellt sich die Zusatzfrage, wer das Risiko einer technisch überflüssigen oder wirtschaftlich zu aufwendigen Maßnahme tragen soll. Sie ist zu Lasten des Schädigers zu beantworten, den dieses sog. **Werkstattrisiko** in aller Regel ja auch dann treffen würde, wenn der Betroffene ihm gemäß § 249 S. 1 die Vorkehrungen für die Instandsetzung überlassen hätte. Jener müsste es sich freilich vorhalten lassen, wenn er eine bekanntermaßen schlampig arbeitende Werkstatt beauftragt hätte. Ansonsten gilt die Vergabe eines Reparaturauftrags als »erforderlich« i. S. von § 249 II 1.[24] Bei überhöhten Rechnungen wäre hingegen wohl anders zu entscheiden. Sie braucht auch der Geschädigte als Vertragspartner der Werkstatt nicht zu begleichen. Zum Herstellungsaufwand zählen ferner je erforderliche Überführungskosten, u. U. auch Versicherungszuschläge bei Mietwagenkosten.[25] Nicht voll ausgleichungspflichtig ist der Schädiger wiederum in Bezug auf solche Instandsetzungsmaßnahmen, die zugleich eine **Wertsteigerung** des reparierten Objekts bewirkt haben (z. B. Einbau einer neuen Auspuffanlage anstelle der abgerissenen, die bereits leicht angerostet war). Dabei kommt es lediglich auf die objektive Verbesserung an, nicht aber darauf, ob diese »unumgänglich« war (s. noch unten IV. 4). Überhaupt nicht aufzukommen braucht der Haft-

---

22 Zum Vorstehenden noch *Köhler* in FS Larenz (1983), S. 349 ff.
23 Hierzu sowie zu weiteren Informationsmöglichkeiten des Gerichts *Greger*, NJW 2002, 1477 f.
24 Vgl. BGHZ 63, 182 ff.
25 BGHZ 61, 325 ff.

pflichtige für die Kosten der Beseitigung schon längst vorhandener Mängel, die anlässlich des Unfallschadens »gleich mitbehoben« worden sind. Gegen derlei Eilfertigkeiten seiner Werkstatt kann sich der Verletzte selbst zur Wehr setzen. Allerdings wird dieser daran oft kein Interesse haben, sieht er doch die Chance, auf diese Weise Kosten auf seinen Schuldner bzw. dessen Versicherer abzuwälzen, die er sonst ggf. selbst tragen müsste.

Weniger am Maßstab der Wirtschaftlichkeit orientiert ist die **»Erforderlichkeit bei Körper und Gesundheitsschäden«**. Jeder Verletzte hat gemäß § 249 I Anspruch auf angemessene Heilbehandlung, und zwar unabhängig davon, ob er privat versichert oder »nur« Kassenpatient ist.[26] Nicht akzeptabel ist es deshalb, den Umfang der Ersatzforderung nach den Vermögensverhältnissen des Betroffenen zu bemessen und danach zu fragen, wie dieser sich normalerweise (will heißen: wenn er keinen Ersatzschuldner hätte) behandeln lassen würde. Das liefe im Extremfall darauf hinaus, dass derjenige, der sich infolge seiner Vermögenslosigkeit überhaupt keine Behandlung leisten könnte, leer ausginge. Das ist nicht im Sinne von § 249 II 1, der sich am objektiven Maßstab der Erforderlichkeit ausrichtet. Entscheidend ist demnach allein, welche Behandlung aus medizinischer Sicht den Heilungsprozess am ehesten und nachhaltigsten fördert.[27] Zu Restitution in diesen Fällen gehören auch die je gebotenen Begleitmaßnahmen (z. B. Hubschraubertransport zur Klinik) einschließlich von Krankenbesuchen, deren Kosten demgemäß zu erstatten sind.[28]

Zu den Fallbeispielen:

a) Zwar ist die Hausreparatur generell noch möglich, doch würde dies nicht dem von E durch den Verkauf selbst in Gang gesetzten veränderten Schadensverlauf entsprechen. Sie ist ja Ersatzgläubigerin und muss sich gefallen lassen, an ihren eigenen Dispositionen festgehalten zu werden. Freilich hat auch S Unrecht, indem er sich fälschlich als Schuldner des D wähnt. Tatsächlich ist er weiterhin der E verpflichtet, nur indes nicht mehr auf Restitution, sondern auf Ausgleich des Mindererlöses (s. sogleich 2).

b) Auch Schönheitsoperationen sind anzuerkennende Restitutionsmaßnahmen. Sie können zudem nie »unverhältnismäßig« sein, weil es die entsprechenden (Wert-)Relationen gar nicht gibt. In Extremfällen mag dem S das allgemeine Schikaneverbot (§ 226) weiterhelfen. Ansonsten muss es dem V unbenommen bleiben, sich seiner Narben auf Kosten des S zu entledigen.

2 Die Kompensation

Das bislang Gesagte gilt für den Fall, dass die Herstellung noch möglich ist. Der Gesetzgeber musste jedoch auch die Situation bedenken, die eintritt, wenn das beschädigte Objekt irreparabel ist und nicht durch ein gleichwertiges ersetzt werden kann oder wenn sich über den Objektschaden hinaus weitere Nachteile in der Person des Betroffenen ergeben. Das Ergebnis solcher Überlegungen findet sich in den §§ 251 – 253. Man spricht hier von **Kompensation**.[29]

---

26 So jedenfalls im prinzipiellen Ansatz auch OLG Hamm NJW 1995, 786 f.
27 S. aber KG MDR 1973, 495 f.
28 Dazu des Näheren BGH NJW 1991, 2340 ff. mit krit. Bespr. durch *Grunsky*, JuS 1991, 907 ff.
29 Zum »Wechselspiel« zwischen Restitution und Kompensation auch *Medicus*, JuS 1969, 449 ff.; vgl. ferner *E. Schmidt* a. a. O. (Fn. 3).

Fallbeispiele:

a) Der Brandstifter B streitet sich mit W, deren Wohnhaus er in Schutt und Asche versenkt hat, darüber, ob er den »Wiederaufbau« schuldet oder lediglich finanziellen Ausgleich für den mit der Gebäudezerstörung herbeigeführten Wertverlust an dem Baugrundstück. W räumt zwar ein, dass ihr Haus nicht mehr detailgetreu rekonstruiert werden könne, meint aber, darauf komme es für das Merkmal der Herstellung gem. §§ 249, 251 nicht an (vgl. BGHZ 102, 322 ff.).

b) b) J ist passionierter Jäger und hat, um seinem Hobby nachgehen zu können, ein Revier gepachtet. Infolge eines von S zu verantwortenden Verkehrsunfalls wird J schwer verletzt, so dass er mehrere Monate lang die Jagd nicht ausüben kann. Eine Kündigung des Pachtvertrages war ebenso wenig möglich wie eine Unterverpachtung. J verlangt deshalb von S den »nutzlos entrichteten« Pachtzins (hierzu BGHZ 55, 146 ff.).

c) K und B sind voneinander geschieden. Im Zuge ihrer Vermögensauseinandersetzung haben sie vereinbart, dass K ein der B gehöriges Ferienchalet für einen Monat im Jahr benutzen dürfe. B weigert sich in der Folgezeit permanent, ihrer Verpflichtung nachzukommen. Daraufhin verlangt K von ihr die Kosten, die er für eine Unterbringung in einem gleichwertigen Domizil ausgeben müßte (s. BGHZ 101, 325 ff.).

2.1 Vermögenseinbußen

§ 251 I verzeichnet zwei Alternativen: Entweder ist die **Herstellung nicht möglich** (weil etwa der in einen Unfall verwickelte Oldtimer völlig zerstört wurde, ein Gemälde durch Brandstiftung vernichtet worden ist), oder aber es lassen sich mit ihr **nicht alle Vermögenseinbußen ausgleichen,** die der Geschädigte erlitten hat (das beschädigte Fahrzeug kann zwar wieder fahrtüchtig gemacht werden, es verbleibt aber ein sog. technischer bzw. merkantiler Minderwert – zu diesen Begriffen s. u. 2.4). Für diese Fälle statuiert das Gesetz eine Entschädigung in Geld. Der Verletzte soll, wenn er schon auf das zerstörte Objekt zukünftig verzichten oder sich mit einem geringerwertigen begnügen muss, wenigstens in den Stand versetzt werden, umzudisponieren und sich andere Güter zu verschaffen. Die Herstellung in Natur wird durch die Herstellung der Vermögensbilanz abgelöst. Die **Kompensation tritt an die Stelle der Restitution.** Der Blick richtet sich anstatt auf das beschädigte Einzelobjekt nunmehr auf den von diesem vormals repräsentierten Vermögenswert, dessen Schmälerung der Ersatzgläubiger nicht hinzunehmen braucht.

Aus der bei 2.3) noch zu erläuternden Restriktion der »Geldherstellung« durch § 253 ist das vehemente Interesse zu erklären, die jeweils eingetretenen Nachteile als Vermögensschäden zu deklarieren, und eben deshalb ist nochmals an das zuvor in I.1 Gesagte zu erinnern. Mit Ausnahme der individuellen, für die jeweiligen Geschäftspartner verbindlichen Vertragsbewertungen entscheidet der Markt darüber, ob überhaupt und in welcher Höhe ein – dann im Ansatz stets auch präzise berechenbarer – finanzieller Verlust eingetreten ist. Fehlt dieser Orientierungsfaktor, so kommt es unweigerlich zu willkürlichen Annahmen (z. B. angebliche Verkehrsauffassung, Billigkeitsgründe), und zwar unter Missachtung der gerade für diesen Komplex belangvollen ökonomischen Vorgaben. Anlass zur Skepsis ist jedenfalls immer dann gegeben, wenn der vermeintliche Vermögensnachteil rechnerisch »nicht auf den Punkt« gebracht werden kann und statt dessen zu »freier Schätzung« gegriffen wird, die § 287 ZPO zwar prinzipiell erlaubt, jedoch aus ganz anderen Motiven: Diese Vorschrift enthält keine Ermächtigung zur Überwindung von Zweifeln an der Vermögensqualität einer Einbuße – dann wäre sie materiellrechtlicher Natur und gehörte in das BGB; vielmehr dient sie der praktischen Erleichterung im Prozess für den Fall, dass eine genaue Aufklärung des Schadensumfangs auf Schwierigkeiten stößt, deren Ausräumung in keinem vernünftigen Verhältnis zum Streitobjekt stehen würde.

Unter diesen Vorzeichen ist denn auch das **Ausmaß der Entschädigung** zu bestimmen, zu dem § 251 I keine eigene Aussage trifft. Hier greift wiederum die Formel des § 249 I ein, nur dass sich der darin angeordnete Vergleich zwischen dem (hypothetischen) Verlauf ohne das Verletzungsereignis und demjenigen, der sich effektiv infolge desselben ergeben hat, nicht auf das betr. Objekt, sondern allgemeiner auf den Vermögensstand des Verletzten bezieht. Namentlich irreparable Sachen sind deshalb nach ihren **Verkehrswerten** abzurechnen. Dies gilt auch und insbesondere dann, wenn das fragliche Objekt »einmalig« war wie z. B. das eingangs erwähnte Gemälde, es aber deshalb »seinen Preis« besaß, weil es eben seinen »Markt« – mag dieser noch so begrenzt gewesen sein – gehabt hat. Ggf. muss zur Ermittlung solcher Vorgaben ein (Kunst-) Sachverständiger herangezogen werden. Nicht erforderlich ist es, dass der Betroffene auch tatsächlich verkauft hätte.

Problematisch wird es, wenn ein Gegenstand durchaus noch verwendungstauglich war, der Markt ihn aber längst »abgeschrieben« hatte (z. B. alte, jedoch leider nicht mehr geschätzte Möbel). In solchen Fällen ist zwar noch ein Gebrauchswert ersichtlich, nicht hingegen ein **Tauschwert,** auf den es allein ankommt, weil nur dieser auch bezifferbar ist. Wer anders entscheiden möchte, kommt erneut nicht umhin, an den »Marktgesetzen« vorbei auf – möglicherweise durchaus sympathische, aber nicht nachvollziehbare – Schätzungen zurückzugreifen.[30]

Ausnahmsweise ermöglicht das Gesetz einen **vorzeitigen Übergang von der Restitution zur Kompensation,** wenn die Herstellung nur mit unverhältnismäßigen Aufwendungen möglich ist (§ 251 II 1). Gemeint sind Sachverhalte, bei denen die Reparaturkosten den Wert des beschädigten Objekts erheblich übersteigen. Der Anwendungsbereich des § 251 II ist freilich gering.[31] Zumal erfasst er nicht die Fälle, in denen die Instandsetzung eines Fahrzeugs mehr kostet als der Erwerb eines Ersatzwagens. Hier handelt es sich um alternative Restitutionsarten, von denen eigentlich nur die günstigere auch erforderlich i. S. des § 249 ist. Gleichwohl hat die Judikatur sich zu einem »Reparaturbonus« verstanden, der bis zu 30 % über den Ersatzbeschaffungskosten liegen und dem Interesse des Geschädigten geschuldet sein soll, lieber den ihm vertrauten Gegenstand zu behalten, als sich auf ein fremdes Objekt einstellen zu müssen.[32]

Wo überhaupt keine vergleichbaren Wertmaßstäbe vorhanden sind wie etwa bei Heilbehandlungen, deren Kosten sich nicht ins Verhältnis zu dem herzustellenden Rechtsgut (Körper, Gesundheit) setzen lassen, scheidet die Anwendbarkeit des § 251 II 1 ohnehin aus, zumal es dabei überwiegend ja auch nicht um die Kompensation von Vermögensschäden geht. Im Hinblick auf Tierverletzungen schlägt § 251 II 2 einen Mittelweg ein.[33] Hier wird gewissermaßen ein ökologischer Akzent gesetzt und folgerichtig dem Restitutionsaspekt Vorrang vor in diesem Bereich schlecht greifenden Vermögenserwägungen eingeräumt.

---

30 S. jedoch OLG Düsseldorf MDR 1989, 353.
31 Beispiel BGH NJW 76, 235 f.; s. ferner BGH NJW 1993, 3321 ff. m. Anm. *Benicke*, JuS 1994, 1004 ff.
32 Vgl. die beiden Urteile BGHZ 115, 364 ff. u. 375 ff.
33 S. auch § 16 I UmwHG.

2.2 Gewinnentgang

Vermögensminderungen können freilich nicht nur in dem Verlust bereits vorhandener Werte bestehen; sie sind auch als **Ausbleiben andernfalls erworbener Werte** denkbar. Deshalb bestimmt § 252 S. 1, dass auch der »entgangene Gewinn« zu kompensieren ist. Im Vordergrund steht der Verdienstausfall als Folge des Verletzungsereignisses.[34] Wer wegen eines Unfalls für längere Zeit ins Krankenhaus muss, kann, wenn er im Erwerbsleben steht, seine Arbeitskraft nicht einsetzen und ist deshalb darauf angewiesen, anstelle des Arbeitsentgelts Ausgleich vom Schädiger zu verlangen. Das gilt allerdings nicht, wenn er ein ständiges Beschäftigungsverhältnis hat und soweit ihm nach §§ 3, 4 EntgFortzG Anspruch auf Weiterentrichtung seines bisherigen Lohnes zusteht. Hier kann nicht er, wohl aber seine Arbeitgeberin gegen den Ersatzschuldner vorgehen (§ 6 I EntgFortzG). Unmittelbar betrifft § 252 deshalb vor allem freiberuflich Tätige wie Anwälte, frei praktizierende Ärzte, Handwerker etc. Sie können dasjenige verlangen, was sie voraussichtlich in der Zeit ihres »Zwangsurlaubs« verdient hätten. Um ihnen den Beweis für den Umfang ihrer Verluste zu erleichtern, bestimmt § 252 S. 2, dass als entgangen der Gewinn gilt, der »nach dem gewöhnlichen Verlauf der Dinge oder nach den besonderen Umständen ... mit Wahrscheinlichkeit« eingetreten wäre. Es genügt also, wenn sie dem Richter Unterlagen über ihre bislang erzielten Durchschnittsverdienste vorlegen. Ist streitig, ob diese weiterhin erzielt worden wären, so ist es Sache des Schädigers, die entsprechenden Beweise zu erbringen.[35]

Besondere Berechnungsschwierigkeiten treten auf, wenn jemand in jungen Jahren – gar als Kind – durch das Verletzungsereignis so schwer beeinträchtigt worden ist, dass die Aufnahme einer Erwerbstätigkeit überhaupt ausscheidet, eine gerade erst begonnene Berufslaufbahn definitiv abgebrochen werden oder jedenfalls die bis dato verfolgte Profession durch eine weniger »lukrative« abgelöst werden muss.[36] Hier obliegt es den Gerichten, ggf. unter ergänzender Heranziehung des § 842, u. U. ganze Lebensläufe hypothetisch zu rekonstruieren bzw. zu prognostizieren. Welche Schulausbildung wäre absolviert, welches Studium durchgeführt, welcher Beruf bis zu welcher Position ergriffen worden? Dabei kommt es auf die sozialen Lebensverhältnisse an, in denen der Verletzte gestanden hat, auf seine bis dahin erkennbar gewordenen Fähigkeiten und Neigungen, nicht zuletzt auch auf Arbeitsmarktanalysen u. dgl. mehr. Je jünger der Betroffene im Verletzungszeitpunkt gewesen ist, desto geringer müssen die Beweisanforderungen ausfallen, soll dieser Umstand nicht vorschnell zugunsten des Ersatzpflichtigen ausschlagen.[37]

Nicht von § 252 erfasst, aber in seinem Kontext am ehesten verständlich zu machen sind die Fälle, in denen jemand vor dem Schadensereignis Aufwendungen gemacht hat, die sich infolge der Verletzung indessen als vergeblich erweisen, weil das zu erwartende Äquivalent ausgeblieben ist. So gehen etwa die Investitionen für eine Feier ins Leere, wenn dieselbe wegen Vorenthaltung der dafür gemieteten Räume ausfallen muss,[38] oder die Kosten für einen Umzugs-Lkw erweisen sich als vertan, weil die engagierten Möbelpacker ausbleiben und Er-

---

34 Zu solchem »Erwerbsschaden« lehrreich *Stürner*, JZ 1984, 412 ff. u. 461 ff.
35 Wegen der Berechnungsfragen BGHZ 54, 45 ff.
36 S. etwa den Fall BGH NJW 1997, 937 f.
37 Interessant hierzu BGHZ 74, 221 ff.(veränderte Lebensgestaltung).
38 Dazu *E. Schmidt* in FS Gernhuber (1993), S. 423 ff.

satzkräfte auf die Schnelle nicht zu haben sind. Nach dem hierfür einschlägigen **Frustrierungsgedanken** sind derartige Einbußen jedenfalls im Rahmen von Vertragsverhältnissen angesichts das jüngst eingefügten § 284 vom Schädiger auszugleichen (s. o. B IV. 1.1 a. E.). Zwar sind hier die jeweiligen Aufwendungen bereits vor dem Verletzungsfall gemacht worden, so dass sich äußerlich in der Vermögensbilanz des Betroffenen nichts geändert hat, aber der erstrebte Nutzungswert oder Genuss ist vereitelt und auch nicht mehr herstellbar bzw. nachholbar.[39]

Die h. M.[40] hat die Frustrationsthese bislang vor allem aus zwei Gründen zurückgewiesen: Zum einen sei der Geschädigte nicht befugt, durch seine individuellen Investitionen über das Schadensausmaß zu bestimmen. Dabei ist jedoch verkannt worden, dass die Verfechter der Gegenmeinung keiner Beliebigkeit das Wort geredet haben, sondern stets nur dasjenige in die Ausgleichsrechnung einstellen wollten, was nach den Umständen oder gar nach den konkreten Absprachen an Vorbereitungsaufwand zu erwarten war. Zum anderen sollten jedenfalls in den Fällen des Ausbleibens der Leistung nur die »rentierlichen« Investitionen ersetzt werden, wobei dem gern noch der Zusatz hinzugefügt wurde, dass dasjenige, was auch bei korrekter Erfüllung ausgegeben worden wäre, außer Betracht zu bleiben habe.[41] Bei konsequenter Durchführung hätte dies gar für die Gegenleistung gelten müssen, stellt diese bei Austauschgeschäften doch die Hauptinvestition zum Erhalt des Versprochenen dar. Der entscheidende Mangel dieser Betrachtungsweise liegt im **verfehlten Abstellen auf die »Sowieso«-Kosten,** die übrigens ansonsten – z. B. bei werkvertraglicher Nachbesserung – schon stets nur dann aus der Ausgleichsrechnung herausgenommen worden sind, wenn sie zu einem bleibenden »Mehrwert« geführt haben.[42]

Ist besagten Restriktionen bei der Vertragshaftung mittlerweile durch § 284 der Boden entzogen worden, so dürften sie bei der außervertraglichen Schadenszuständigkeit (Delikts-, Gefährdungs-, Produkthaftung) in der Praxis nach wie vor eine Rolle spielen. Dabei kann es auch diesbezüglich im exemplarischen Fall einer Verletzung der Person des »Investors«, der infolge deren einen längeren Krankenhausaufenthalt hat, während dessen er z. B. die gemietete Wohnung oder den »geleasten« Pkw nicht benutzen kann, nicht zweifelhaft sein, dass diesem dadurch messbare finanzielle Verluste (in Gestalt vergeblicher Miet-, Versicherungs- und Steuerkosten) erwachsen.[43] Auch hier steht mithin **nicht der Vermögensschaden als solcher, sondern allenfalls dessen Ersatzfähigkeit** in Frage. Insofern ist es zumindest diskutabel, den mit dem deliktsrechtlichen Tatbestandsprinzip einhergehenden Ausschluss des allgemeinen Vermögensschutzes (s. o. E II.1.1 a. E.) auf den in derlei Fällen zur Debatte stehenden privaten Gebrauchsschutz zu erweitern.

2.3 Kompensationsverbot bei Nichtvermögensschaden

Die bereits zuvor (I. 2) dargestellte Eigenart immaterieller Nachteile hat den Gesetzgeber dazu veranlasst, ihre Kompensation im Wesentlichen auf Rechtsgüterverletzungen zu beschränken. Demgemäß stellt § 253 I ein **prinzipielles Kom-**

---

39 Vgl. noch *Laubinger,* JZ 1995, 538 ff.
40 Exemplarisch BGHZ 99, 182 ff.
41 Vgl. etwa BGHZ 71, 234 ff. m. Bespr. *E. Schmidt,* JuS 1980, 636 ff.
42 S. BGHZ 91, 206 ff.
43 Das gilt sogar noch bei möglichem Rücktritt von einer gebuchten Pauschalreise wegen der dem Reiseveranstalter gem. § 651i II 2 geschuldeten Entschädigung.

pensationsverbot auf, das auch nicht ohne weiteres als überholt oder gar – im Hinblick auf Art. 1, 2 GG – als verfassungswidrig bezeichnet werden kann. Ein solcher Rekurs wäre weder rechtsmethodisch noch -politisch zwingend. Gewiss ist der Staat gehalten, namentlich die Menschenwürde zu respektieren sowie der personalen Freiheit Raum zu geben. Auch ist die gerichtliche Normeninterpretation entsprechend zu orientieren (Art. 1 III GG). Daraus ergibt sich jedoch noch nicht, wie der einschlägige Schutz im einzelnen auszugestalten ist, vor allem nicht, dass dies zwingend (auch) mit zivilrechtlichen Mitteln zu geschehen hätte. Ein finanzieller Ausgleich für jedwede Beeinträchtigung ideeller Art ist jedenfalls kein fragloses Verfassungsgebot.

Mithin bleibt es bei den namentlich in § 253 II bezeichneten Ausnahmen sowie der Sonderbestimmung des § 651f II mit seinem singulären Schutz immaterieller Interessen bei Leistungsmängeln.[44] Dies gilt allerdings nicht für die Geldentschädigung bei Verletzung des von den Gerichten seit geraumer Zeit in den Rechtsgüterkatalog des § 823 I aufgenommenen **Allgemeinen Persönlichkeitsrechts** (dazu oben bereits E II. 2.3). Sie ist von jeher als aliud zum Schmerzensgeld aufgefasst und in dogmatisch unbefriedigender Weise entgegen dem zuvor Gesagten doch unmittelbar »auf den Schutzauftrag aus Art. 1 und 2 Abs. 1 GG« zurückgeführt worden.[45] Dem wollte offenbar auch der Gesetzgeber beipflichten, der deshalb das APR in § 253 II nicht eigens erwähnt hat. Das Schweigen ändert folglich nichts an der diesbezüglichen Ausgleichspraxis.[46]

2.4 Kfz-Schadensposten

Da die überwiegende Mehrzahl von Haftpflichtfällen aus Verkehrsunfällen resultiert, bei denen neben Menschen auch Kraftfahrzeuge in Mitleidenschaft gezogen werden, und denselben überdies in unserer »Auto-Gesellschaft« zentrale Bedeutung zukommt, sollen **ausgewählte Kfz-Schadensposten,** die sich aus der Beschädigung von Pkw usw. ergeben, besonders vorgestellt werden. Die einschlägige Judikatur ist nicht nur wegweisend für die Beurteilung sonstiger Schadensfälle. Vielmehr hat sie ökonomische Auswirkungen über den konkreten Einzelfall hinaus, weil angesichts der Einschaltung von Versicherungen in diesem Bereich die Lasten letztlich nicht von den zur Zahlung verurteilten Schädigern, sondern von der Gesamtheit der Versicherten getragen werden. Eine »ersatzfreudige« Praxis führt unausweichlich zur Prämienerhöhung. Deshalb muss sorgfältig geprüft werden, ob es sich bei den jeweiligen Schadensposten um Nachteile handelt, deren Ausgleichung unbedingt geboten ist. Das ist z. B. sicherlich nicht der Fall, wenn jemand allein aus ästhetischen Gründen eine Ganzlackierung seines Wagens verlangt, weil andernfalls leichte Farbunterschiede zwischen der neu lackierten Fläche und den übrigen Blechteilen sichtbar wären. Ein derartiges Affektionsinteresse verdient keinen rechtlichen Schutz. Ähnliches gilt, wenn Stoßstangen leicht eingebeult, aber noch voll funktionsfähig sind. Hier sollte der Betroffene keinen Anspruch auf eine neue Stoßstange haben, die eben keinen Zierrat darstellt.

Der wichtigste Schadensposten, der unter diesem Gesichtspunkt der Ausgleichungsnotwendigkeit kontrolliert werden soll, ist der sog. **Nutzungsausfall.**

---

44 Dazu BGHZ 85, 168 ff.
45 BGHZ 128, 1 (15).
46 Zu deren Strukturierung *Ehmann,* JuS 1997, 193 ff.

Muss der Halter eines Kfz zeitweilig auf dasselbe verzichten, weil es infolge eines Unfalls repariert wird oder weil bei Totalschaden ein gleichwertiges Ersatzstück nicht sogleich beschafft werden kann, so stellt sich die Frage, ob er etwa dann Kompensation verlangen darf, wenn er sich in der Zwischenzeit keinen Mietwagen nimmt. Der BGH bejaht dies[47] und stützt sich dabei vornehmlich auf zwei Argumente: zum einen sei mit dem Unfall ein Ersatzanspruch entstanden und es gehe den Schädiger nichts an, dass der Geschädigte auf einen Mietwagen verzichte und damit in die eigene Tasche spare; zum anderen sei die ständige Benutzbarkeit eines Kfz ein kommerzialisierter, d. h. üblicherweise mit Geldaufwendungen verbundener Vorteil, der Vermögensqualität habe. Die erste These folgt aus dem bereits abgelehnten Dogma, dass die in § 249 II 1 enthaltene Vorschusspflicht dem Verletzten neue, von seinem Gegner nicht zu kontrollierende Dispositionsfreiheiten verschaffe (s. o. II. 1). Sie ist in dieser Allgemeinheit nicht haltbar, weil sie ohne Anlass den gesetzlich vorgeschriebenen Weg einer konkreten Schadensberechnung verlässt. Die zweite These ist zwar im Ansatz richtig, sie zwingt aber nicht zu den vom BGH gezogenen Konsequenzen. Die Tatsache, dass ein bestimmter Genuss oder Gebrauchsvorteil in aller Regel nur gegen Geld erhältlich ist, bedeutet keineswegs, dass sein zeitweiliger Wegfall einen Vermögensschaden darstellt. Letztlich handelt es sich ja um eine bloße Unbequemlichkeit, wenn der Betroffene auf ein anderes Verkehrsmittel (Eisenbahn, Omnibus, Straßenbahn) ausweicht, zu Fuß geht oder auf gewisse Fahrten verzichtet, also um einen Nachteil, dessen Kompensation § 253 I ausschließt. Korrekt ist hier allein die Verwendung des Frustrierungsgedankens (s. o. 2.2). Der Geschädigte kann anteilig Ersatz derjenigen Kosten verlangen, die wegen der Nichtnutzbarkeit seines Autos vergeblich sind (z. B. Steuern, Versicherung, Garagenmiete etc.). Der BGH hält seine Prämissen nicht einmal konsequent durch, wenn er etwa postuliert, der Betrag für die Nutzungsentschädigung solle die gebrauchsunabhängigen Gemeinkosten – die eben nach dem Frustrierungsgedanken auszugleichen sind – »maßvoll« übersteigen.[48] Wäre die Bedarfsthese zutreffend, müsste der Schädiger das zahlen, was für die Anmietung eines Ersatzwagens erforderlich wäre.

Die von der Rechtsprechung aufgemachte Vermögensrechnung hat aber noch einen weiteren Mangel, der sich am Beispiel eines zeitweilig entzogenen, hernach unbenutzt und unbeschädigt zurückgegebenen Pkw besonders gut veranschaulichen lässt. Hier ist dem Betroffenen der volle Nutzungsvorrat verblieben, die **Nutzung ist lediglich zeitlich verschoben.** Würde ihm gleichwohl ein Ausgleich für entgangene Nutzungen zugesprochen, so hätte er am Ende mehr als ohne das Verletzungsereignis. Nicht anders verhält es sich nach einer durchgeführten Reparatur, mit welcher der Nutzungsvorrat komplett (wieder–) hergestellt wird. Selbst wenn zwischenzeitlich ein Ersatzwagen gemietet worden ist, müsste dieser Umstand entsprechend in Rechnung gestellt werden mit der Folge, dass lediglich die aus gewerbsmäßiger Vermietung resultierenden Mehrkosten zu erstatten wären. Damit entfällt das »Sparargument«, hinter dem eine vermeintliche Ungleichbehandlung zwischen Ersatzmietern und solchen steht, die auf ein Interimsfahrzeug verzichten.[49]

Praktisch wird damit an die Stelle des faktischen (»natürlichen«) Schadens ein »normativer« gesetzt und in **Abkehr von der in § 249 I angelegten Differenz-**

---

[47] Ausgangsentscheidungen: BGHZ 40, 345 ff. u. 45, 212 ff.
[48] BGHZ 56, 214 ff.
[49] S. im übrigen den vorbildlichen Vorlagebeschluss BGH JZ 1986, 387 ff.

hypothese Schadensersatz auch dort gewährt, wo messbare Einbußen nicht ermittelt werden können. Eine solche Rechtsentwicklung könnte dann hingenommen werden, wenn soziale Gründe für sie sprächen. Das ist aber nicht der Fall. Der Nutzungsausfall wird allgemein als nicht so gravierend empfunden, dass er unbedingt in klingender Münze kompensiert werden müsste. Kaum jemand käme auf die Idee, sich gegen ein derartiges Risiko zu versichern, zumal ja § 249 II 1 die Möglichkeit einräumt, sich auf Kosten des Schädigers tatsächlich ein Ersatzfahrzeug zu beschaffen. Der Große Senat des BGH für Zivilsachen, dem dank des in Fn. 49 zitierten Vorlagebeschlusses die Aufgabe zukam, diesen Problemkreis nochmals grundsätzlich zu durchmessen, hat gleichwohl an der Vermögensauffassung festgehalten und vornehmlich darauf abgestellt, ob der zeitweilige Entzug eine Sache betrifft, »auf deren ständige Verfügbarkeit die eigenwirtschaftliche Lebenshaltung typischerweise angewiesen ist«.[50] Auf diese Weise soll der erwerbswirtschaftlich orientierte Schutz aus § 252 auf solche Güter erstreckt werden, die zwar nicht produktiv eingesetzt werden, aber für den **Eigenbedarf** gewissermaßen lebenswichtig sind. Das überzeugt nicht. Abgesehen davon, dass damit eine im BGB nicht angelegte Differenzierung zwischen wichtigen und unwichtigen Eigentumsobjekten eingeführt wird, befinden so die Gerichte über die Angemessenheit des Lebensstils qua Privilegierung bzw. Vernachlässigung individueller Güterpräferenzen. Dabei ist es doch gerade das Prinzip der staatlichen Nichteinmischung in die einzelne Lebensführung, das die bürgerliche Rechtsordnung auszeichnet und es dem Individuum aus guten Gründen überlässt, ob es sein Geld lieber für Musikinstrumente, Möbel, Kunstgegenstände, Kleidung etc. ausgibt, statt in Kraftfahrzeuge, Eigenheime u. a. m. zu investieren.[51]

Einen weiteren Schadensposten stellt der sog. **technische bzw. merkantile Minderwert** dar. Bei jenem handelt es sich um den Wertverlust, der daraus resultiert, dass das beschädigte Auto zwar wieder verkehrstüchtig gemacht werden kann, jedoch gewisse Mängel bleiben (z. B. Minderleistung des Motors, Nichtfunktionieren des Schiebedachs). Er ist ohne weiteres nach § 251 I (teilweise Unmöglichkeit der Herstellung) auszugleichen. Nicht so eindeutig ist dies beim »merkantilen« Minderwert, der auf der geringeren Wertschätzung eines Unfallwagens im Verhältnis zu einem unfallfreien Kfz beruht. Gleichwohl ist auch er gemäß § 251 zu ersetzen, weil ja die – möglicherweise irrationalen Gründen entspringende – Minderbewertung sich effektiv auf die Vermögenslage des Betroffenen auswirkt.[52]

Zu nennen ist schließlich der sog. **Risikozuschlag.** Er soll dann gewährt werden, wenn der Geschädigte als Ersatz einen Gebrauchtwagen erhält, von dem er nicht weiß, ob dieser nicht vielleicht verborgene Mängel hat. Einer uneingeschränkten Zubilligung dieses Anspruchs steht das Faktum im Wege, dass der Aspekt eventueller technischer Fehler bereits bei der Bemessung des Kaufpreises für gebrauchte Fahrzeuge berücksichtigt wird. Der BGH konzediert deshalb nur einen Aufschlag für eine Generalinspektion durch eine Werkstatt.[53] Entschieden widersprochen

---

50 BGHZ 98, 212 ff.
51 Zu alledem noch *Schulze*, NJW 1997, 3337 ff. mit dem Vorschlag, den Nutzungsentgang offen als Nichtvermögensschaden auszuweisen, ihn dann jedoch »unter teleologischer Reduktion von § 253 BGB« für erstattungsfähig zu erklären.
52 BGHZ 35, 396 ff.
53 BGH NJW 1966, 1454 f.; einschränkend BGH NJW 1982, 1864 (1865).

werden muss der Tendenz, diesen Inspektionszuschlag auch dann zuzusprechen, wenn der Geschädigte sich gleich einen Neuwagen kauft.[54] Hier wird die Fragwürdigkeit des Satzes, dass es den Schädiger nichts angehe, wie sein Gläubiger letztlich disponiere, besonders deutlich. Solche Urteile basieren auf einer reinen Schadensfiktion und führen zu einer bedenklichen Belastung der Versichertengemeinschaft. § 249 II 2 schafft diesbezüglich kaum Abhilfe. Zwar versagt er den Ausgleich bei in Wahrheit gar nicht angefallener Umsatzsteuer, doch dürfte diese Einschränkung eher dahin verstanden werden, dass im Übrigen »alles beim Alten« bleiben darf.

Zu den Fallbeispielen:

a) In diesem Fall ist eine das gesamte Hausgrundstück erfassende Betrachtung vonnöten, um zu ermitteln, ob ein Neuaufbau noch als Herstellung zu werten ist oder ob ein »aliud« dabei herauskommt. Bei Gebäuden ohne spezifische Individualität wird der Gang über § 249 eher möglich als etwa bei einem Haus mit besonderer Stilrichtung oder von beträchtlichem Alter. Lautet die Entscheidung auf Herstellbarkeit, muss § 251 II beachtet werden. Hierbei sind nicht die gesamten Baukosten in Rechnung zu stellen, sondern nur diejenigen, für die der Schädiger nach Abzug »neu für alt« gerade stehen müsste.

b) Die Verletzung hat den verkehrsfähigen »Jagdgenuss« definitiv vereitelt. Deshalb hat J entgegen der h. M. einen Vermögensschaden in Höhe des üblichen Pachtentgelts für ein derartiges Revier erlitten. Ob er dafür Ersatz erhält, hängt von der »Reichweite« des Deliktsschutzes, d. h. davon ab, ob das bloße Gebrauchsinteresse dem Verdikt eines allgemeinen Vermögensschutzes unterfällt oder – wie etwa das Erwerbsinteresse – als Folgeposten in den Integritätsschutz (Körper, Gesundheit) einbezogen wird.

c) Hier liegt eine endgültige Gebrauchsvereitelung vor, und zwar als zurechenbare Folge der Nichterfüllung der entsprechenden Nutzungsabrede. Mangels Entgeltlichkeit kommt allerdings ein schlichter Wegfall der Gegenleistungspflicht nicht in Betracht. Folglich ist der Nutzungswert zu ermitteln, auf dessen Kompensation K gemäß § 251 I beharren kann.

Schaubild 22

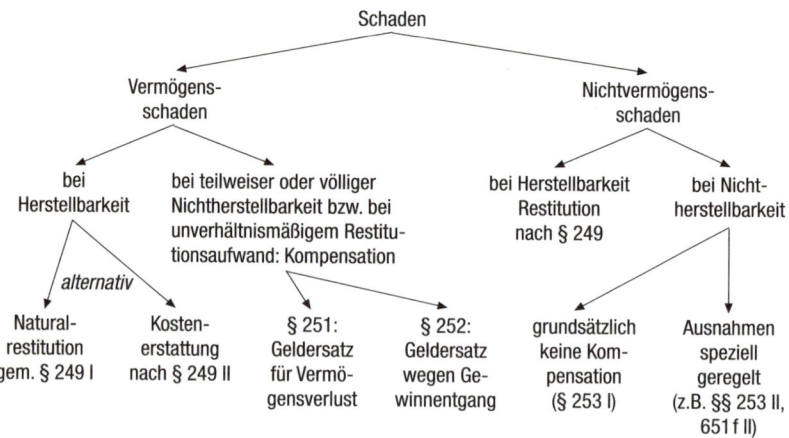

---

54 So tatsächlich LG Wiesbaden NJW 1974, 150 wegen der Kosten für eine nicht vorgenommene Sachverständigenbegutachtung!

III. Die Schadensberechnung

Die Informationen im vorigen Abschnitt dürften schon deutlich gemacht haben, dass sich die Schadensermittlung nicht statisch vollzieht, sondern sich in Verfolg des aus § 249 I ersichtlichen **Differenzgedankens** danach richtet, welche – u. U. noch sehr spät eintretenden – Nachteile tatsächlich auf das Verletzungsereignis zurückzuführen sind und wie sich im Vergleich dazu die Lage des Betroffenen entwickelt hätte, wäre jenes nicht eingetreten. Weder ist folglich – auch nicht i. S. eines dann unverrückbar feststehenden Mindest- oder Bedarfsschadens – auf den Verletzungszeitpunkt abzustellen noch auf einen anderen willkürlich herausgegriffenen Abrechnungstermin (s. u. 1). Ferner steht der mehrfach betonte Grundsatz der Totalreparation einer Pauschalierung etwa nach dem Motto entgegen, dass nur ein »typischer Durchschnittsschaden« zu vergüten sei. Vielmehr findet i. d. R. eine konkrete Schadensberechnung statt, die das Augenmerk auf **diesen** Verletzten lenkt und danach fragt, welche Löcher der haftbar machende Eingriff gerade in **seine** Vermögensbilanz gerissen hat (s. u. 2). Nur ausnahmsweise ist eine abstrakte Schadensberechnung zulässig, wenn diese nämlich eigens von Gesetzes wegen angeordnet worden ist (s. u. 3).[55]

1 Der Berechnungszeitpunkt

Eine allgemeine Aussage darüber, wann in einem Schadensfall definitiv abgerechnet werden kann, lässt sich nach dem soeben Gesagten nicht treffen. Es kommt vor allem darauf an, ob Schadensverlauf und -ausmaß – wie zumeist bei Objekt- und Vertragsverletzungsschäden – nach gewisser Zeit überschaubar sind oder ob – wie nicht selten bei Körper- und Gesundheitsbeeinträchtigungen – mit Weiterungen zu rechnen ist bzw. diese wenigstens nicht ausgeschlossen werden können (s. dazu oben 2.2 zur Erwerbsschadensproblematik bei Verletzung Jugendlicher). In den erstgenannten Fällen fungiert der **Abrechnungszeitpunkt** i. d. R. als exklusiver Stichtag; d. h. nachträgliche Veränderungen positiver oder negativer Art (z. B. steigende oder fallende Reparaturkosten) bleiben unberücksichtigt, wenn sie bei der »Schlussrechnung« schon ins Kalkül hätten gezogen werden können. Bei gerichtlicher Bereinigung ist dies der Tag der letzten mündlichen Tatsachenverhandlung, nach dem entsprechend vorhersehbare »Einwendungen« (vgl. § 767 II ZPO) nicht mehr geltend gemacht werden können. Hernach wird – jedoch allein aus Praktibilitätsgründen – auch nicht mehr über die Mittelverwendung gerechtet. In der anderen Fallgruppe ist zunächst maßgeblich, was die Beteiligten beabsichtigt haben. Wollten sie ungeachtet der Ungewissheit über die zukünftige Entwicklung die Angelegenheit endgültig aus der Welt schaffen, so handelt es sich um einen sog. **Abfindungsvergleich** (lies § 779!), der spätere »Reklamationen« nicht mehr zulässt.[56] Derlei Vereinbarungen sind allerdings interpretationsbedürftig und scheiden nicht ohne weiteres solche Spätfolgen bzw. Ausweitungen aus, an die im Zeitpunkt der Übereinkunft niemand gedacht hat. Entsprechendes gilt für die prozessweise Abwicklung. Die betr. Positionen können ja noch gar nicht definitiv ausgeurteilt werden. Hier kommt es dann zu einer zweigleisigen Rechtsverfolgung: Was bereits abschließend erledigt werden kann, wird zum Gegenstand einer entsprechenden Leistungsklage gemacht. Im übrigen muss – in

---

55 Zum Folgenden auch *Steindorff*, AcP 158 (1959/60), 431 ff.
56 Vgl. etwa BGH NJW 1984, 115 f.; s. jedoch auch BGH NJW 2002, 292 (294).

erster Linie zum Zwecke der Verjährungshemmung (§ 204 I Nr. 1) – Feststellung begehrt werden, dass der (beklagte) Schädiger verpflichtet ist, dem (klagenden) Geschädigten sämtlichen Schaden zu ersetzen, der sich noch aus dem Verletzungsereignis ergeben wird.[57] Bei nachträglichem Streit hierüber geht es dann nur noch um die Haftungsausfüllung – die Schadenshöhe – und nicht mehr um die mit Erlass des Feststellungsurteils bereits beantwortete Frage der Haftungsbegründung.

2 Konkrete Schadensberechnung

Sie ist das generelle Motto des zivilistischen Schadensausgleichs, der gewährleisten soll, dass der Verletzte in den Grenzen der §§ 249–253 **vollen Ersatz für sämtliche Einbußen** erhält, die er in concreto (tatsächlich) infolge des einem anderen zurechenbaren Haftungsvorfalls erlitten hat. Dessen Konsequenzen können ja höchst unterschiedlich sein je nachdem, ob es sich etwa bei dem beschädigten Auto um eine »Luxuskarosse«[58] oder um ein »Schrottvehikel« gehandelt hat, ob ein produktiv oder lediglich privat genutzter Gegenstand in Mitleidenschaft gezogen worden ist (wichtig vor allem im Hinblick auf § 252) oder ob etwa der Unfall eine Rentnerin betroffen hat oder aber eine Unternehmerin (dann wiederum § 252 bedeutsam). Maßgeblich ist jeweils die **Individualität der Beeinträchtigung;** und um sie einzufangen, hat der Gesetzgeber bewusst darauf verzichtet, die Haftungsfolgen mit den nämlichen Begrenzungen zu versehen, die bei der Haftungsbegründung (z. B. Gefährdungs- und Fahrlässigkeitszusammenhang) zwischen Fremdzurechnung und selbst zu tragendem »Zufall« unterscheiden (s. eingangs F vor I). Der Schädiger kann sich mithin nicht darauf berufen, das konkrete Schadensausmaß sei »untypisch« oder jedenfalls für ihn nicht vorhersehbar gewesen (zu gewissen Begrenzungsversuchen indes noch unten IV.).

Das hat freilich auch seine Kehrseite. Den Geschädigten ist es nicht gestattet, den Haftpflichtigen auch für solche Verluste verantwortlich zu machen, die zwar in einem gewissen Zusammenhang mit dem haftbar machenden Eingriff – gleichsam »bei dessen Gelegenheit« – bemerkbar werden, aber in Wahrheit nicht von ihm ausgelöst worden sind. Deshalb ist z. B. Skepsis gegenüber den Bemühungen der Inhaber von Warenhäusern, Selbstbedienungsläden u. a. m. am Platz, sich die dem Personal versprochenen »Fangprämien« im Weg des Schadensersatzes von Ladendieben zurückzuholen. Es handelt sich hier um Kosten, die einer **vorsorglichen Disposition** der Inhaber entspringen und deshalb nicht den Dieben zuzurechnen sind.[59]

Jenseits dieser Sonderfrage bedeutet konkrete Schadensberechnung, dass der Geschädigte im Einzelfall genau nachzuweisen hat, welche Vermögensminderung bei ihm eingetreten ist. Entsprechend dem Postulat des § 249 I muss er gleichsam **zweimal Bilanz ziehen:** zunächst über seine potentielle Vermögenslage ohne das Verletzungsereignis, sodann über seinen aktuellen Vermögensstand. Nur wenn letzterer gegenüber jener ein Minus aufweist, ist Schadensersatz fällig

---

57 Feststellungsklage i. S. des § 256 ZPO.
58 S. aber BGH NJW 1982, 1518 ff. m. Anm. *Koller*, NJW 1983, 16 ff.
59 Grundlegend hierzu BGHZ 75, 230 ff. mit zwar prinzipieller Anerkennung der Fangprämie als ersatzfähiger Schadensposten, jedoch unter gleichzeitiger Reduktion auf das Angemessene.

(s. nochmals Schaubild 21). Wegen des Einbezugs nur möglicher, infolge des Eingriffs aber nicht mehr relevant gewordener Faktoren spricht man hier auch von einer »**Differenzhypothese**«, die allerdings nur solche Vermögenspositionen einbezieht, die mit dem Verletzungsereignis »auch etwas zu tun haben«. Zuwächse oder Abgänge aus anderem Anlass (z. B. durch Zuwendungen oder Schädigung seitens Dritter) bleiben deshalb ebenso unberücksichtigt wie Vermögensveränderungen in einem nicht von der Verletzung erfassten Objektbereich. Der Richter muss sich bei alledem mit einem Wahrscheinlichkeitsurteil begnügen, wozu ihm § 287 ZPO die nötige Ermessensfreiheit einräumt. Zugleich bedingt dieser Umstand, dass an den konkreten Schadensnachweis keine übertriebenen Anforderungen gestellt werden dürfen. Darauf nimmt namentlich § 252 Rücksicht, indem er sich an dem »gewöhnlichen Lauf der Dinge« orientiert.[60] Konkret bleibt die Berechnung gleichwohl, weil es dem Schädiger unbenommen ist, seinerseits Beweis dafür anzutreten, dass die Vermögensentwicklung in Wahrheit einen anderen als den normalen Verlauf genommen hätte.

3 Abstrakte Schadensberechnung

Eben diese Befugnis des Schädigers unterscheidet die konkrete von der abstrakten Schadensberechnung. Bei ihr ist dieser Gegenbeweis nämlich ausgeschlossen. So kann z. B. der auf Verzugs- oder Prozesszinsen (§§ 288, 291) verklagte Schuldner sich nicht mit dem Argument wehren, sein Gläubiger würde das Geld ohnehin nicht zinsbringend angelegt haben. Ähnlich ist dem Kaufmann, der eine Ware zu einem bestimmten Zeitpunkt liefern sollte, die Berufung darauf verwehrt, sein Partner würde bei rechtzeitiger Lieferung den über dem Kaufpreis liegenden Börsen- oder Marktpreis gar nicht realisiert haben. Dieser kann **ohne weitere Nachweise** die entsprechende Differenz als Schadensersatz liquidieren (§ 376 II HGB). Die abstrakte Berechnungsmethode stellt eine Ausnahme dar. Sie kann ohne gesetzliche Ermächtigung nicht verallgemeinert werden (s. in diesem Zusammenhang auch § 309 Nr. 5 mit seinem Pauschalierungsverbot gegenüber dem AGB-Verwender).

Weder im dargestellten Sinne konkret noch abstrakt ist die **pauschalierende Schadensberechnung,** die der BGH vornehmlich Bankinstituten zugesteht, sofern Kreditkunden mit ihren Zahlungsverpflichtungen in Verzug geraten.[61] Aus Praktikabilitätsgründen geschieht dabei eine Orientierung an den marktüblichen Bruttosollzinsen unter Berücksichtigung des gesamten Aktivkreditgeschäfts der jeweiligen Bank.[62] Zwar steht dem Darlehensnehmer in diesen Fällen theoretisch der Beweis offen, dass derlei Zinsen aus individuellen Gründen doch nicht hätten erzielt werden können; effektiv wird derselbe indes mangels genügenden Einblicks in die Interna der Gegenseite kaum einmal werden.

---

60 S. dazu etwa BGHZ 126, 305 ff. (Absatzvermutung zugunsten eines Gebrauchtwagenhändlers).
61 Bei Verbraucherkrediten ist hier vorab § 497 I zu beachten!
62 BGHZ 104, 337 ff.

IV. Die Begrenzung der Ersatzpflicht

Fallbeispiele:

a) F entzieht sich der polizeilichen Festnahme durch Flucht. Der Polizist P stürzt bei der Verfolgung und zieht sich schwere Verletzungen zu. P verlangt nunmehr von F die Zahlung eines angemessenen Schmerzensgeldes (vgl. BGHZ 132, 164 ff.).

b) Rechtsanwalt R spiegelt seiner Mandantin M falsche Erfolgsaussichten für eine Klage vor, die dann auch prompt abgewiesen wird. M will nunmehr von R die Prozesskosten ersetzt haben. Dieser wiederum entgegnet, dass M sich auch bei einer skeptischeren Erfolgsprognose zur Klage entschieden hätte (vgl. BGHZ 61, 118 ff. mit freilich anderer Fallkonstellation).

c) Aufgrund einer Brandstiftung des B wird das Haus der E vollständig zerstört. B leugnet zwar seine Kompensationspflichtigkeit nicht, möchte jedoch berücksichtigt wissen, dass der vormalige Denkmalschutz nunmehr entfallen und damit der Grundstückswert erheblich gestiegen ist. E erwidert, dies gehe B nichts an (vgl. BGH NJW 1988, 1837 f.).

d) Infolge Nichtanlegens des Sicherheitsgurts erleidet G bei einem von S allein verschuldeten Verkehrsunfall neben anderen Schäden erhebliche Gesichtsverletzungen. Für die entsprechenden Operationskosten will S nicht aufkommen. G hingegen meint, dass S grob verkehrswidrig gefahren sei und ihre eigene Nachlässigkeit folglich nicht zu Buche schlagen dürfe (vgl. BGH NJW 1998, 1137 f.).

Das bislang zur Vertragshaftung (s. o. B IV) sowie zur außervertraglichen Ersatzzuständigkeit Erläuterte (E II u. III) reicht auch unter Einschluss der zu den Grundsätzen des Schadensausgleichs erteilten Informationen (zuvor I – III) leider immer noch nicht aus, um in jedem Schadensfall zu korrekten Resultaten zu gelangen. Das liegt zuallererst daran, dass die zu E II.1.2 vorgestellte Kausalität (Ursächlichkeit) zwar unerlässliche Zurechnungsvoraussetzung für jedwede Haftung ist, für sich allein genommen aber noch keinen hinreichenden Grund für die »Weiterleitung« des Schadens vom Betroffenen an einen Anderen hergibt. Dem wird denn auch auf der Ebene der Haftungsbegründung dadurch Rechnung getragen, dass ihr flankierende Zusatzfaktoren wie z. B. (ggf. vermutetes) Verschulden oder spezifische Betriebsgefahr beigesellt werden (Schaubild 20). Doch auch bei solcher »Verfeinerung« des Haftungszuschnitts werden noch nicht diejenigen Geschehensverläufe angemessen erfasst, in denen Anlass zu der Prüfung besteht, ob die Verletzung nicht ohnedies eingetreten wäre bzw. ob der ausfindig gemachte Haftpflichtige wirklich alleiniger Schadensurheber gewesen ist. Derlei Fragen drängen sich umso mehr bei der haftungsausfüllenden Kausalität auf, die – wie u. a. aus §§ 280 I, 823 I erhellt – bekanntlich ohne derartige Zusatzfaktoren den vermeintlich hinreichenden Weg von dem prinzipiell haftbar machenden Verstoß (Pflichtverletzung, Gesundheits- oder Eigentumsbeschädigung etc.) zum demgemäß auszugleichenden Schaden beschreibt. Darüber hinaus hat sich auch die in § 249 I angeordnete Differenzrechnung (Schaubild 21) nicht als so präzise erwiesen, dass mit ihr jedweder Posten in der Vermögensentwicklung nach dem Verletzungsereignis anstandslos erfasst werden könnte.

Die mit alledem verknüpften Unsicherheiten haben dazu geführt, dass in Wissenschaft und Praxis seit jeher Versuche dahin unternommen worden sind, die bei wortgetreuer Gesetzesanwendung an sich unumgängliche **Haftung einzuschränken und den diesbezüglichen Schadensausgleich zu begrenzen**. Die wesentlichen Ansätze hierzu, die z. T. allerdings auch Niederschlag im Gesetz gefunden haben, werden im Folgenden dargestellt.

1 Die Adäquanztheorie

Angesichts von Konstellationen, in denen der Kausalverlauf als »ungewöhnlich« oder gar als »zufällig« erscheint (dem auf der Leiter stehenden Dekorateur entgleitet die Zange, die auf einen am Fußboden liegenden Nagel fällt, woraufhin der dadurch entzündete Funken die Gardine in Flammen setzt, was schließlich zum Abbrennen des Hauses führt), hat sich die Judikatur frühzeitig auf die Suche nach der Grenze begeben, »bis zu der dem Setzer einer Bedingung eine Haftung für ihre Folgen billigerweise zugemutet werden kann«.[63] Sie hat sie in dem Satz der Adäquanzlehre gefunden, wonach der Täter nur für solche Nachteile aufkommen müsse, deren Eintritt **nicht außer jeder Wahrscheinlichkeit** liege. Damit sollen die Auswirkungen einer »unglücklichen« Kausalverknüpfung ausgeschaltet werden. Diese Theorie, die fälschlicherweise oft schon im Bereich der Haftungsbegründung angewandt wird, wo ja Sorgfaltsverstoß, Betriebsunfall und spezifische Betriebsgefahr – wie gerade erwähnt – viel engere Ausschlusskriterien sind, derentwegen die weite Wahrscheinlichkeitsformel überflüssig ist, muss abgelehnt werden. Allenfalls taugt sie jenseits der (meisten) Fälle, in denen der Kausalzusammenhang konkret ermittelbar ist, für eine allgemeine Ursächlichkeitsbeschreibung.[64] Etwa bei bis dato unbekannten Sachverhaltsentwicklungen mit entsprechender Ungewissheit über Ursache und Wirkung bauen wir ja in der Tat auf Wahrscheinlichkeitsurteile, desgleichen bei sog. Indizienketten. Im übrigen ist Schadensrecht strenges und nur ausnahmsweise, wie etwa § 253 II zeigt, Billigkeitsrecht. Interessant ist zudem, dass die Adäquanzthese kaum einmal effektiv geworden ist und dementsprechend selten zur Ablehnung von Ersatzansprüchen geführt hat.

2 Normzweck und Schutzbereich

Legitim ist es hingegen, danach zu fragen, ob die jeweilige Haftungsnorm den tatsächlichen Schadensverlauf überhaupt einbezieht, ob also Schäden solcher Art überhaupt vom sog. **Normzweck** erfasst werden. Das hat indessen mit einer Wahrscheinlichkeitsprognose nichts zu tun. So argumentiert auch im Ergebnis die Judikatur, die etwa Geschäftseinbußen anlässlich einer Verkehrsblockade, die dazu führt, dass die Kunden zeitweilig ausbleiben, unberücksichtigt lässt, weil es an der »Betriebsbezogenheit« des Eingriffs fehle, also an einer Handlung, die tendenziell zur Einschränkung des Gewerbebetriebes führe. Andererseits bietet § 823 keine Handhabe dafür, z. B. bei sog. Schockschäden (s. o. E II. 2.1) geringfügigere gesundheitliche Nachteile von der Ersatzpflicht anzunehmen.[65] Fraglich ist auch, inwieweit derjenige, der sich einer berechtigten polizeilichen Verfolgung durch Flucht entzieht, für einen dabei entstandenen Verletzungsschaden seines Verfolgers einzustehen hat. Die Judikatur macht die Ersatzpflicht vor allem davon abhängig, ob es sich dabei um ein »gesteigertes Verfolgungsrisiko« gehandelt habe, dessen Eingehen zudem nicht außer Verhältnis zum Verfolgungszweck liegen dürfe.[66] Diese Distinktionen sind nicht gerade präzise.[67] Sie lassen ferner außer Acht, dass bereits auf der Ebene des zurechenbaren Kausalzusammenhangs

---

63 BGHZ 3, 261 ff.
64 Vgl. dazu *Schünemann*, JuS 1979, 19 ff.
65 So aber BGHZ 56, 163 ff.; vgl. ferner BGHZ 93, 351 ff.
66 Vgl. BGHZ 132, 164 ff.
67 Zu Begründung der h.M. des Näheren *Weber* in FS Steffen (1995), S. 507 ff.

Zweifel denkbar sind, verletzt der Verfolgte in diesen Fällen doch eher per Unterlassen denn durch aktives Tun.[68] Dann aber müsste, da jedermann das Recht zur Flucht zusteht, erst einmal eine entsprechende Garantenstellung wie -pflicht begründet werden.[69]

Diese Überlegungen gelten gleichermaßen auch für den Vertragssektor. Hier muss ebenfalls genau ermittelt werden, welche Interessen in die jeweiligen Abmachungen einbezogen sind und welche Verletzungsfolgen überhaupt von der fraglichen Leistungs- wie Schutzverpflichtung hintangehalten werden sollen. Das ist andeutungsweise schon bei der Qualifikation etwa als Verzugs- oder Nichtleistungsschaden sichtbar geworden, desgleichen bei der Konturierung von Schutzerfordernissen bei der Verletzung von Rücksichtspflichten aus § 241 II (s. o. B IV. 2). So bemisst sich etwa der Umfang von Beratungs- und Informationspflichten danach, ob jemand (z. B. als Anwältin) in einzelnen Angelegenheiten herangezogen oder ihm (wie dem Vermögensverwalter) die generelle Aufgabe übertragen wird, sich um die Belange der Mandantin zu kümmern. Entsprechend enger oder weiter ist der **Schutzbereich,** innerhalb dessen im Verletzungsfall eine Schadenshaftung in Betracht kommt. Dies gilt zuguterletzt auch in personeller Hinsicht, wenn es nämlich darum geht, den Kreis derjenigen festzulegen, die in den Genuss von Schutz- und Bewahrungspflichten gelangen, welche »eigentlich« aus fremden Obligationen herrühren (s. bereits oben B II 1.5.2.2). Zu denken ist vornehmlich an Familien- und Betriebsangehörige, die z. B. in den Fällen einer »Schlechterfüllung« des zwischen Eltern bzw. Inhaberin und einem Dritten geschlossenen Vertrags unweigerlich den nämlichen Risiken ausgesetzt sind wie die Leistungsgläubiger und Schutzberechtigten. Aus der so ersichtlichen typischen Mitbetroffenheit erwächst ihnen deshalb ein eigener, nach Vertragsgrundsätzen (namentlich Anwendbarkeit des § 278) regulierter Schutz.[70]

3 Hypothetische Kausalität

Keine zusätzliche, sondern eine aus dem Gesetz ableitbare Begrenzung des ersatzfähigen Schadens ergibt sich bei der **Berücksichtigung des hypothetischen Kausalverlaufs.**[71] Sie ist durch § 249 I geboten. Diese Vorschrift verlangt nicht nur die Ermittlung der potentiellen Vermögensentwicklung zugunsten des Betroffenen; vielmehr gestattet sie dem Schädiger die Berufung auf sog. **Reserveursachen,** die den Schaden auch ohne das Verletzungsereignis ganz oder teilweise bewirkt hätten (z. B. wäre das beschädigte Auto unweigerlich bei einem tags darauf folgenden Garagenbrand zerstört worden, oder der fahrlässig verursachte Wasserschaden wäre auch infolge eines kurz danach aufgetretenen Hochwassers entstanden). In diesen Fällen hätte der Geschädigte die fraglichen Nachteile ohnedies selbst tragen müssen (s. auch §§ 284 a. E., 346 III 1 Nr. 2 – 2. Alt.). Nur wenn die real nicht mehr effektive Zweitursache zurechenbar von einem Dritten gesetzt worden wäre (jemand wird mehrfach überfahren, und es lässt sich aufklären, dass bereits der erste Fahrer den vollen Schaden gestiftet hat) oder wenn wegen der Reserveursache Versicherungsschutz bestand (der Betroffene war gegen Hochwasser versichert), muss der Ersttäter voll haften. Hier können ja Zweittäter bzw. Versiche-

---

68 Zutr. *Deutsch,* JZ 1975, 375 (376 f.).
69 S. in diesem Zusammenhang auch den sog. Nierenfall BGHZ 101, 215 ff.
70 Näheres bei *Bayer,* JuS 1996, 473 ff.
71 Zum Folgenden auch *Frank/Löffler,* JuS 1985, 689 ff. mit zahlreichen Fallbeispielen.

rung sich darauf berufen, dass gar kein zusätzlicher Schaden mehr angerichtet wurde.

Die h. M. will Reserveursachen prinzipiell nur bei Kompensation nach § 251 berücksichtigen, wohingegen sie argumentiert, dass ein einmal entstandener Restitutionsanspruch durch nachfolgende Ereignisse nicht mehr entfallen könne.[72] Dieser Standpunkt findet im Gesetz keinen Anhalt. Er negiert, dass der Herstellungsanspruch auch sonst Schwankungen unterworfen ist und namentlich in seinem Umfang nicht ein für allemal feststeht. Niemand würde wohl auf die Idee kommen, die Kostenerstattung für ein nach der Beschädigung teurer oder billiger gewordenes Objekt deshalb zu reduzieren oder anzuheben, weil die Preissituation im Zeitpunkt der Verletzung eine andere gewesen sei. Vielmehr ist dasjenige zu erstatten, was zum Abrechnungszeitpunkt (s. o. III. 1) am erforderlichen Restitutions- bzw. Kompensationsaufwand feststeht. Die h. M. führt unversehens den hier abzulehnenden Sanktionsgedanken wieder ein, wenn sie Schadensersatz zubilligt, obwohl sich die Einbußen auch unabhängig von dem Verletzungsereignis ergeben hätten.

Nicht zum Komplex der hypothetischen Kausalität gehören die Fälle, in denen bereits zur Zeit des ersatzpflichtig machenden Umstands externe oder interne Faktoren vorhanden waren, die über kurz oder lang den Schaden auch herbeigeführt hätten.[73] Hier war bereits eine »**Schadensveranlagung**« gegeben, die den Wert des betroffenen Gegenstands gemindert oder ganz auf Null herabgesetzt hatte. So treten auch keine zurechenbaren Nachteile mehr ein, wenn das zum Abbruch (externer Faktor) vorgesehene Haus infolge Brandstiftung vernichtet oder wenn das bei einer Kollision total zerstörte Auto ohnedies spätestens bei der nächsten technischen Überprüfung wegen nicht mehr behebbarer Mängel (interner Faktor) aus dem Verkehr gezogen worden wäre.

Gesondert ist auch die Berufung auf ein **rechtmäßiges Alternativverhalten,** also der Einwand dahin zu behandeln, die Verletzung (der Schaden) wäre auch bei einem einwandfreien Verhalten des Haftpflichtigen eingetreten.[74] Hier geht es nicht darum, dass ggf. auch eine Reserveursache den nämlichen Verlust herbeigeführt hätte; vielmehr zweifelt der in Anspruch Genommene die Relevanz seiner Pflichtwidrigkeit und damit das Bestehen eines **Rechtswidrigkeitszusammenhangs** an. Einen derartigen Entlastungsgrund sehen expressis verbis (ausdrücklich) u. a. §§ 831 ff. vor, die jeweils die »Verteidigung« dahin gestatten, der reklamierte Schaden wäre auch bei gehöriger Sorgfaltsbeobachtung entstanden. Kann der dem Grunde nach Verantwortliche dies nachweisen, so ist er mit seinem Einwand zu hören (s. noch § 287 S. 2).

4 Vorteilsausgleichung

Gleichfalls anhand des § 249 I lassen sich prinzipiell die mit dem Stichwort »Vorteilsausgleichung« verbundenen Probleme lösen. Es geht um die Frage, inwieweit sich der Geschädigte gewisse **Vorteile anrechnen lassen** muss, die sich als Folge des Verletzungsereignisses darstellen. Versteht man die Differenzhypothese kor-

---

72 Vgl. etwa BGHZ 29, 207 (215).
73 Z. B. versehentlicher Abbruch eines ohnedies einsturzgefährdeten Hauses; s. BGH MDR 1952, 214 ff.
74 Beispiele: BGHSt 11, 1 ff. sowie BGHZ 124, 151 ff.

rekt als Vergleich zweier Vermögenslagen, so ist die Antwort eindeutig: Grundsätzlich ist jeder mit dem fraglichen Vorfall zusammenhängende Vorteil schadensmindernd zu berücksichtigen. Das gilt namentlich für den ohne weiteres menschliche Zutun bewirkten Vermögenszuwachs. Fällt jemandem z. B. infolge des von einem Dritten pflichtwidrig verursachten Todes seines Unterhaltspflichtigen eine Erbschaft an, dann werden deren Erträgnisse bei der Festsetzung des aus § 844 II ableitbaren Ersatzanspruchs einbezogen.[75] Handelt es sich hingegen bei den Vorteilen um freiwillige Leistungen anderer Personen, so kommt es darauf an, welche Zwecke dieselben verfolgt haben. Leistungen, die den Schädiger entlasten sollten, kommen diesem in aller Regel schon nach §§ 267, 362 zugute. Überwiegend jedoch werden derartige Leistungen zugunsten des Betroffenen erbracht. Er darf deshalb Geschenke, sonstige Zuwendungen etc. behalten.[76]

Überhaupt **keine Vorteilsausgleichung** steht zur Debatte, wenn Dritte aufgrund gesetzlicher oder vertraglicher Verpflichtung Zahlungen und dgl. leisten, die zugleich dem Schädiger obliegen. So hat ein bei einem Unfall verletzter Arbeiter gemäß §§ 3, 4 EntgFortzG Anspruch auf Weiterentrichtung seines Lohnes und kann nicht etwa über § 252 noch zusätzlich entgangenen Gewinn bei seinem Gegner liquidieren. Andererseits soll dieser aus der Fortzahlungspflicht des Arbeitgebers keinen Nutzen ziehen. Deshalb ordnet § 6 I EntgFortzG den Übergang des Ersatzanspruchs auf den Arbeitgeber an. Wo eine derartige »Zwangsabtretung« nicht vorgesehen ist, greift § 285 I ein mit der Folge, dass der Verletzte seinen Anspruch auf Verdienstausfall an den zahlenden Dritten weiterleiten muss. Hier sehen die Verfechter eines normativen Schadensbegriffs (s. o. II. 2.4) übrigens einen weiteren Anwendungsbereich für ihre Thesen. Sie argumentieren, dass dem Betroffenen in solchen Fällen effektiv überhaupt kein Nachteil entstanden sei. Deshalb versage die Differenzhypothese, und man könne nur dann zu einem abtretbaren Ersatzanspruch gelangen, wenn die konkrete Betrachtungsweise zugunsten einer abstrakten verlassen werde. Das ist jedoch nicht schlüssig. Der Dritte leistet ja gleichsam nur vorschussweise, und es ist eine reine Frage nach dem korrekten Regress (also nach dem Rückgriff des Vorleistenden gegen den »an sich« Zahlungspflichtigen), ob man nun den gesetzlichen Übergang anordnet oder eine Verpflichtung zur Abtretung statuiert oder aber den Dritten auf sonstige Wege gegen den Ersatzschuldner verweist. In keinem Fall soll dieser von der Drittleistung profitieren können. Wir haben es deshalb letztlich nicht mit einem Abgehen von der Differenzhypothese zu tun, sondern mit **Ausnahmen vom Tatbestandsprinzip**, dass ansonsten dafür sorgen soll, dass nur der Verletzte auch Ersatzgläubiger werden kann (s. o. E II. 1.1 a. E., F vor I a. E.).

Ebenso nicht zum Thema »Vorteilsausgleichung« gehören solche Begünstigungen, die dem Geschädigten erst im Gefolge der Ersatzleistung zufließen. Konnte etwa das beschädigte Auto nur mit neuen Ersatzteilen repariert werden, so mindert sich der Erstattungsanspruch nach § 249 II 1 ohne Weiteres um die erfolgte Wertsteigerung. Muss der Verantwortliche anstelle des zerstörten gebrauchten ein neues Stück liefern, weil entweder ein Gebrauchtwarenmarkt nicht vorhanden oder aber (z. B. bei Kleidung) die Entgegennahme eines bereits gebrauchten Stückes nicht zumutbar ist, so hat der Berechtigte den »Mehrwert« in Geld auszu-

---

75 S. den interessanten Fall BGHZ 62, 126 ff.
76 Zur Erstreckung dieses Gedankens auf profitable Geschäfte des Verletzten *Müller-Laube*, JZ 1991, 162 ff.

gleichen: *Abzug neu für alt*.⁷⁷ Dieser Gedanke liegt auch der Vorschrift des § 255 zugrunde. Auf Verlangen des Schädigers muss deshalb der Betroffene ggf. das Schrottfahrzeug herausgeben, wenn er als Ersatz einen anderen Wagen erhält.

5 Die Mitverursachung

Die bisherige Darstellung ging davon aus, dass die schadensstiftenden Faktoren ausschließlich aus dem Bereich eines oder mehrerer Schädiger stammen. Nicht berücksichtigt wurde bislang, dass der Verletzte in vielen Fällen selbst mit zu seinem Schaden beigetragen hat. Eine solche Konstellation der **Mitverursachung**⁷⁸ wird vornehmlich bei Verkehrsunfällen relevant, bei denen beide Beteiligten unsorgfältig gehandelt haben oder sich zumindest nicht auf ein unabwendbares Ereignis i. S. des § 17 III StVG berufen können. Dabei lässt sich durchweg nicht präzise ermitteln, wer nun welchen Schaden verursacht hat, so dass sich die Notwendigkeit ergibt, über eine angemessene Lastenverteilung zu befinden. Ältere Rechtsordnungen, so etwa noch das Gemeine Recht, waren hier rigoros und ließen den Geschädigten leer ausgehen, wenn ihm eine Nachlässigkeit vorgehalten werden konnte (ansatzweise noch in §§ 122 II, 179 III 1 erkennbar). Dieses pauschale Entweder-Oder ist inzwischen der Forderung gewichen, dass zwischen den jeweiligen Schadensbeiträgen eine Abwägung stattfinden müsse. Dafür hat sich auch das BGB in § 254 entschieden. Ähnliche Bestimmungen enthalten die Haftpflichtgesetze (z. B. §§ 9, 17 II StVG, 6 I ProdHG).

Diese Entscheidung des modernen Gesetzgebers, beim Zusammenwirken von Verletzungs- und Schadensfaktoren sowohl aus dem Bereich des Haftpflichtigen als auch aus der Sphäre des Betroffenen eine gemeinsame Schadenstragung vorzusehen, wird gelegentlich dahin erklärt, dass es eine treuwidrige Rechtsausübung (§ 242) darstellen würde, wollte der Verletzte unter Hintanstellen seines eigenen Schadensbeitrags vollen Ersatz verlangen. Das geht deshalb fehl, weil dem die Vorstellung zugrunde liegt, dass tatsächlich »an sich« komplett liquidiert werden könne und lediglich das Verbot widersprüchlichen Verhaltens (venire contra factum proprium) eine Anspruchskürzung erfordere. In Wahrheit schuldet jedoch der (Mit-)Schädiger deswegen von vornherein nicht in voller Höhe, weil er eben den Schaden nicht allein angerichtet hat. Der Betroffene wird praktisch nicht anders behandelt als ein »Mittäter«, der gleichfalls im Endeffekt und im Gegensatz zum in § 426 I 1 vorgesehenen Kopfteilprinzip nach Maßgabe seiner Verletzungs- und Schadensbeteiligung herangezogen wird (s. schon E II. 5).

5.1 Vor der Verletzung

§ 254 unterscheidet zwischen der **Mitverursachung vor dem Verletzungsereignis** und danach. Das ist insofern interessengerecht, als dem Betroffenen nach dem Eintritt der Verletzung gezieltere Maßnahmen zur Schadensabwendung abverlangt werden können als vorher. Da nicht jede äußere Mitbeteiligung (z. B. das bloße Gehen oder Stehen auf der Straße) den Verletzten belasten kann, fordert § 254 I ein »Verschulden«. Das ist entgegen der h. M.⁷⁹ nicht im Sinne der Pflichtwidrig-

---

77 Lehrreich BGHZ 30, 29 ff.
78 S. dazu auch *Henke*, JuS 1988, 753 ff. mit freilich im Folgenden nicht stets geteilter Argumentation.
79 Vgl. etwa BGHZ 33, 136 (142 f.).

keit eines Zurechnungsfähigen zu verstehen. Der Geschädigte hat ja prinzipiell keine Verpflichtung, sich selbst zu schonen, gegen die er verstoßen könnte. Zudem wollen die Vorschriften über die Zurechnungsfähigkeit bestimmte Personen nur davor schützen, dass sie anderen für Schäden haftbar werden, nicht aber davor, dass sie sich selbst schädigen. Gemeint ist in Wahrheit ein **objektives Fehlverhalten**, das sich freilich am Maßstab des § 276 II orientiert. Es geht mithin um eine qualifizierte Mitverursachung, die erst dann anzunehmen ist, wenn der Verletzte seinerseits unsorgfältig gehandelt hat. Eine derartige Unvorsichtigkeit kann auch im Verzicht auf zumutbare Schutzvorkehrungen bestehen wie z. B. im Fehlen einer ordentlichen Verpackung, einer Brandmauer, eines Feuerlöschers u. a. m. Auch bei körperlicher Behinderung sind die üblichen Hilfsmittel (Blindenstock, Brille etc.) einzusetzen, soll kein entsprechender Abzug im Schadensfall riskiert werden. Die Anforderungen dürfen jedoch nicht prohibitiv wirken.[80]

Aber auch **andere Faktoren** aus dem Bereich des Betroffenen sind zu berücksichtigen wie z. B. ein der Gefährdungshaftung unterliegendes Schadenspotential. Das verlangt bei der Kollision zweier Fahrzeuge schon § 17 II. v. III. StVG, gilt darüber hinaus aber auch dort, wo der Haftpflichtige selbst kein Betriebsrisiko zu verantworten hat (z. B. ein Fußgänger, der unaufmerksam die Straße passiert, so dass ein gleichfalls nicht mit äußerster Sorgfalt reagierender Kraftfahrer seinen Wagen gegen einen Baum lenkt). Schließlich sind, wie sich andeutungsweise bereits aus § 254 II 1 (1. Alt.) ergibt, auch andere gefahrfördernde Faktoren (etwa Nichtkennzeichnung hochexplosiver Stoffe etc.), die der Ersatzberechtigte in Verkehr bringt, anspruchsmindernd anzurechnen.

5.2 Nach der Verletzung

Ist die Verletzung bereits eingetreten, so treffen den Ersatzgläubiger zusätzliche Anforderungen in Form einer Schadensminderungslast (§ 254 I 1, 2. Alt.). Ihm obliegt es, **nach der Verletzung** zumutbare Schritte zu unternehmen, um das Ausmaß der möglichen Einbußen weitgehend zu beschränken. Er darf also den Dingen nicht einfach ihren Lauf lassen. Was zumutbar ist, kann nur anhand der einzelnen Umstände konkretisiert werden. Generelle Regeln lassen sich hier nicht aufstellen. Umgekehrt kann der Schädiger nicht erwarten, dass sein Gläubiger jede nur erdenkliche Maßnahme zur Schadenseingrenzung ergreifen werde. »Überpflichtmäßige« Anstrengungen braucht dieser also nicht zu unternehmen. Tut er es dennoch (z. B. holt ein Fahrlehrer, dessen Übungswagen längere Zeit in Reparatur war, die ausgefallenen Stunden zur Abend- oder gar Nachtzeit nach[81]), so kann er sich u. U. die über das Zumutbare hinausgehende Arbeit in dem Sinne entgelten lassen, dass die dadurch erfolgte Schadensbehebung außer Betracht bleibt. Der Betroffene ist nicht gehalten, kostenlos für seinen Gegner tätig zu werden. Im übrigen muss er sich aber auch hier alle Faktoren aus seinem Bereich anrechnen lassen, die zur Schadensausweitung mit beigetragen haben. Vor allem gilt das für mögliche Fehlleistungen seines Personals (§ 254 II 2).[82]

---

80 Problematisch BGH NJW 1982, 168 f.
81 Vgl. BGHZ 55, 329 ff.
82 Zum umstrittenen Verständnis dieser »Drittverantwortung« *Henke*, JuS 1990, 30 ff.

5.3 Abwägungskriterien

Nach der Ermittlung der für relevant zu erachtenden Verursachungsbeiträge, von denen der Geschädigte ggf. die haftpflichtig machenden, der Schädiger hingegen die anspruchsmindernden zu beweisen hat,[83] sieht sich der Richter vor die schwierige **Aufgabe der Abwägung** gestellt. Dabei lässt das Gesetz ihn weitgehend im Stich. Die in § 254 I gebrauchte Formel, die Ersatzverpflichtung hänge »von den Umständen, insbesondere davon ab, inwieweit der Schaden vorwiegend von dem einen oder dem anderen Teile verursacht worden« sei, ist ziemlich nichtssagend. Auch die Wissenschaft bietet hier kaum Hilfe.[84] So lässt sich etwa empirisch nicht nachweisen, dass die Schadensbeteiligung mit dem Maß des Sorgfaltsverstoßes wächst. Gleichwohl belasten die Gerichte den grob fahrlässig oder gar vorsätzlich Handelnden stärker als denjenigen, dem nur eine leichte Nachlässigkeit vorzuhalten ist.[85] Ebenso ist es nicht erwiesen, dass ein Verhalten schadensträchtiger sei als ein sonstiges Gefahrenpotential. Dennoch wird fast stets ein der Gefährdungshaftung unterliegendes Risiko geringer veranschlagt als ein sorgfaltswidriges Handeln. Schließlich fehlen gültige Kriterien für den Fall des Aufeinandertreffens gleichartiger oder gar verschiedener Betriebsgefahren. Ob beim Zusammenprall eines Lkw mit einem Pkw der Halter des Lastwagens stärker heranzunehmen ist, lässt sich nicht ohne weiteres beantworten. Die größere Masse des einen könnte ja durch das höhere Tempo des anderen ausgeglichen sein. Vollends ohne Anhaltspunkt steht der Richter da, wenn er etwa gem. § 17 IV StVG zwischen Tiergefahr und Kfz-Gefahr oder zwischen dieser und der Eisenbahn-Gefahr (bei einer Kollision auf einem Bahnübergang) abwägen soll. Seine »freie Schadenszurechnung« (§ 287 ZPO) bewegt sich hier weithin im Bereich vorrationaler Erwägungen, und es wäre angesichts der praktischen Bedeutsamkeit des § 254 BGB dringend geboten, dass ihm die Naturwissenschaften empirisches Material als Entscheidungshilfe unterbreiten. Einstweilen bleibt freilich im Interesse gleichartiger Resultate kaum etwas anderes übrig, als sich an die in der Praxis entwickelten Maßstäbe und ihre »Erfahrungswerte« zu halten.

Das **Ergebnis der Abwägung** findet prinzipiell in einer quotalen Beteiligung Ausdruck. Das ist, sofern zunächst nur über den Anspruchsgrund, also über die Mitverursachung vor dem Verletzungsereignis gestritten wird, auch kaum anders möglich. So lautet ein Grundurteil (§ 304 ZPO), aus dessen Begründung sich ergibt, dass das Gericht von einer Mitverantwortung des Betroffenen von einem Drittel ausgegangen ist, dahin, dass der beklagte Schädiger zwei Drittel des Schadens des Klägers zu ersetzen habe. Bei einem Betragsurteil, das zugleich über die Höhe des geltend gemachten Anspruchs ergeht, tritt die Quotierung hingegen in der Urteilsformel nicht mehr in Erscheinung. Dem Kläger wird nur noch der bereits um seinen Eigenanteil reduzierte Betrag (bei einem Gesamtschaden von 1000 Euro also 666,67 Euro) zugesprochen.

Unter besonderen Umständen ließe sich freilich auch daran denken, von einer Gesamtquotierung abzuweichen und jedenfalls diejenigen Verletzungen bzw. Verletzungsfolgen zu Lasten des Betroffenen auszuscheiden, die bei Ergreifen zumutbarer Schutzvorkehrungen mit Gewissheit vollständig vermieden worden

---

83 St. Rspr.; vgl. etwa BGHZ 91, 243 (260) mit zusätzlichen Erwägungen.
84 S. indes den Versuch von *Rother*, VersR 1983, 739 ff.
85 Dazu etwa BGH NJW 1992, 310 f., wonach u. U. gar grobe Fahrlässigkeit des Betroffenen bei Vorsatz des Schädigers außer Betracht bleiben soll.

wären. Zwar wäre auch in solchen Konstellationen die Mitursächlichkeit der Fremdeinwirkung nicht anzuzweifeln, doch erhebt sich hier die Frage, ob nicht der Zweck des entsprechenden Selbstschutzgebots den Zurechnungszusammenhang abschneidet. Die Judikatur[86] geht diesen Weg nur ein Stück weit, indem sie zur Einzelquotierung – bezogen eben auf diese hintanzuhaltende Schädigung – greift.

Schaubild 23

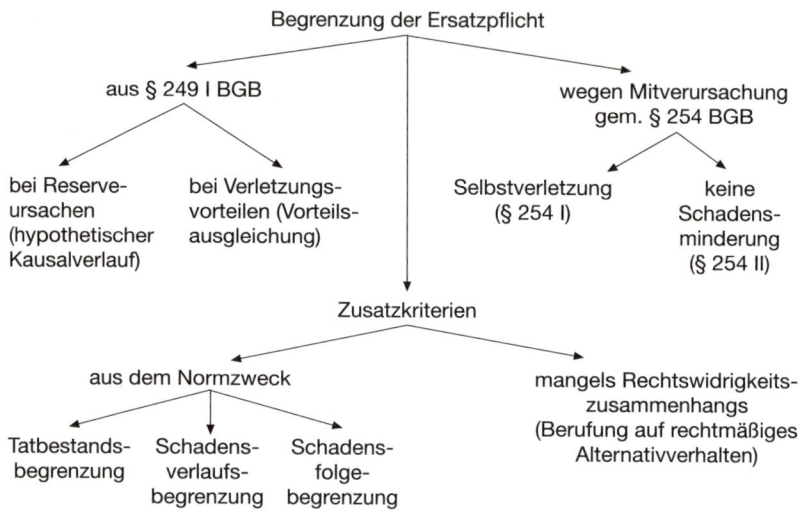

a) Der Verfolgungsfall verlangt eine sorgfältige Prüfung dahin, ob F den P überhaupt verletzt hat. Das ist nämlich angesichts des Umstands, dass F sich ja eher von dem fraglichen Rechtsgut entfernt hat, durchaus nicht selbstverständlich. Genau besehen, unterlässt es F, stehen zu bleiben, und dies könnte ihm eigentlich nur zugerechnet werden, wenn ihn eine entsprechende – indes kaum begründbare – Pflicht träfe. Die Judikatur überspielt dies, indem sie zwar »die Flucht als solche« nicht zum Haftungsgrund erhebt, wohl aber diejenige, die ein »besonderes Gefahrenpotential« bei der Verfolgung hervorruft.

b) Mit seinem Einwand leugnet R die Relevanz seiner Pflichtwidrigkeit. Er ist damit auch prinzipiell zu hören, soll jemand doch nur dann zum Schadensersatz herangezogen werden, wenn er den fraglichen Nachteil auch zurechenbar herbeigeführt hat. Dies wäre nicht der Fall, wenn derselbe ohnedies entstanden wäre. R trägt allerdings die Beweislast für seine Behauptung, muss also zahlen, wenn dieser Punkt nicht zu seinen Gunsten aufgeklärt werden kann (vgl. noch BGHZ 64, 46 ff.).

c) Die Vorstellung der E, sie könne die Schadensbetrachtung auf das Haus begrenzen und im übrigen den Wertzuwachs ihres Grundstücks »unbehelligt« einstreichen, widerspricht der in § 249 I angelegten Differenzmethode. Sie muss sich deshalb den ohne weiteres aus der Brandstiftung resultierenden »Vorteil« anrechnen lassen. Das kann u. U. zur völligen Befreiung des B von seiner dem Grunde nach gegebenen Ersatzverpflichtung führen. Einen gleichwohl verbleibenden »Gewinn« braucht E freilich nicht an B herauszugeben, ist sie doch nicht auf dessen Kosten bereichert (§ 812).

---

86 Wie z. B. BGH NJW 1980, 2125 f.

d) In diesem Fall beschränkt sich die Mitverursachung i. S. des § 254 ausschließlich auf die bei Anlegen des Sicherheitsgurts so oder gar nicht entstandenen Gesichtsverletzungen (grundlegend BGHZ 74, 25 ff.). Eine Gesamtquotierung – bezogen auf sämtliche Unfallfolgen – scheidet deshalb aus. Steht fest, dass bei Anschnallen überhaupt keine Gesichtsverletzung geschehen wäre, kommt es darauf an, wie der Schutzzweck des § 21a StVO verstanden wird. Soll die Anlegepflicht auch und gerade vor Fremdeinwirkungen schützen – dann insoweit gar kein Ersatz – oder nur allgemein das Verletzungsrisiko mindern? Letzterenfalls kommt es zur Einzelquotierung mit der Folge, dass bei überragendem Fremdverschulden (z. B. Fahren in erheblich alkoholisiertem Zustand) das Nichtanschnallen als Abrechnungsfaktor sogar gänzlich unberücksichtigt bleiben kann.

Stichwortverzeichnis

(nur die wichtigsten Fundstellen)

Abnahme 220, 221, 231
Abschlussfreiheit, vertragliche 26 ff.
Absolutes Recht 19 ff., 251, 256, 288, 312, 320
Abstraktionsprinzip 92, 172, 173, 251, 258
Abtretung 34, 98 f., 176, 254
Abwägung bei Mitverursachung 381 f.
»action directe« 285, 301
Adäquanztheorie 275, 375
Änderungskündigung 147
Äquivalenzinteresse 189, 191, 211, 226
Äquivalenzstörungen 142 ff., 189
Äußerungen, öffentliche 184, 222
Aktiengesellschaft 13 f.
Aliud 185, 210, 222
Alles oder Nichts-Prinzip 277 ff.
Allgemeine Geschäftsbedingungen 27, 49 ff., 116 ff., 188, 191, 197, 199, 202, 208, 211, 247, 338
– Einbezug in Vertrag 117 ff.
– Inhaltskontrolle 119 ff.
– Klauselverbote 121 f.
– Prüfungsschema 125
– Rechtsbegriff 53 f.
Allgemeines Persönlichkeitsrecht 256, 277 ff., 311 ff., 318, 320, 367
Anfechtung 80 ff.
Angebot s. Antrag
Anlage 344, 346
Annahme eines Angebots 103 ff.
Annahmeverzug s. Gläubigerverzug
Anscheinsbeweis 66, 231, 247, 249, 326
Anscheinsvollmacht 109
Anspruch 73, 97 f.
Anspruchskonkurrenz 205, 230
Antrag 103 ff.
Anwaltsvertrag 247 ff.
Anweisung 269
Arbeitgeber 328, 331, 337, 341, 343
Arbeitnehmer 237, 276, 294, 328, 331, 337, 339
Arbeitsrecht 42 f., 237, 337
Arbeitsunfallrecht 282, 283, 329, 339
Arglist 186, 199, 204, 236, 254, 267

Arztaufklärungspflicht 241, 316 ff.
Arzthaftung 315 ff.
Arztvertrag 238 ff.
Auflassung 92, 107, 170, 176
Aufrechnung 132 f., 267
Aufwendungsersatz 189, 192, 198
Ausgleichsfunktion 356
»Ausreißer« 326, 327
Ausschließlichkeitsrecht s. absolutes Recht
Austauschvertrag 33, 272

Barzahlung 177
Bedingung 106 ff.
–, auflösende 107, 213
–, aufschiebende 107, 79, 213
Beendigungskündigung 147
Beglaubigung 78
Behandlungsfehler 295, 315 f., 318
Behandlungsvertrag 238
Belehrung 212, 214
Beratungsvertrag 186, 222
Bereicherung 23, 85, 93, 251 ff.
–, aufgedrängte 266
–, Wegfall der 257, 263
Bereicherungsanspruch 176, 253 ff., 260 ff.
Berufung 61
Beschaffenheit 183, 222
Beschaffenheitsgarantie 201, 228 f.
Beschaffungsrisiko 139 f.
Beschaffungsschuld 139
Beseitigungsanspruch 23, 286, 315
Besitz 22, 174, 253
Besitzdiener 174
Betriebsgefahr 340 ff., 381
Betriebsunfall 340
Beurkundung 79, 170
Bewahrungsgehilfe 163
Beweisführungslast 65
Beweislast, objektive 65 ff., 205, 231, 277, 317, 333
Beweislastverteilung 66 ff., 152 f., 155, 160, 246, 306, 330
Beweismaß 65, 333, 365
Bote 112

Boykott 308
Bringschuld 130, 180 ff., 197, 216, 217
Bürgerliches Gesetzbuch 36 ff.
Bürgerliches Recht s. Zivilrecht

»Consent, informed« 316
Culpa in contrahendo 116, 186, 203, 248

Darlehen 212 ff., 264 f., 267
Dauerschuldverhältnis 171, 237
Deckungsverhältnis 114, 269, 280
Deliktsfähigkeit s. Zurechnungsfähigkeit
Deliktsrecht 252, 272, 287 ff.
Demonstration 335, 336
Dereliktion 34
Dienstleistung 186, 219, 253, 262
– freie 167, 219, 237
– unselbständige 237
Dienstvertrag 220, 231, 236 ff., 248
Differenzhypothese 368 f., 371, 373
Dispositionsmaxime 63
Dispositives Recht 32, 52, 71 f.
Dissens 105 f.
Dokumentationspflicht 241, 243, 317
Drittschadensliquidation 181
Drittwirkung der Grundrechte 46 f.
Drohung 83 f.
Duldungsvollmacht 109

Eheschließung 35
Eigenschaftsirrtum 81 f., 185, 203, 204
Eigentum 15 ff., 251, 256, 304 ff., 320
Eigentümer/Markt-Gesellschaft 3 ff.
Eigentumsautonomie s. Privatautonomie
Eigentumsverletzung 206, 209
Eigentumsvorbehalt 175, 179, 212, 251
Eingriffskondiktion 251, 253, 255 ff., 286
Einigung 92, 173, 175 f., 179
Einigungsmängel s. Dissens
Einrede 66, 101
Eintragung 92, 175 f.
Einwendung 66, 100
Einwilligung 87, 256, 292, 313, 316
Elektronische Form 78
Entgeltfortzahlung 286, 343, 365, 378
Entlastungsbeweis 138, 157, 328
Entschädigungsfonds 285

Entschuldigungsgrund 152
Entwicklungsrisiko 222, 326, 329, 333
Erbrecht 22
Erbvertrag 34
Erfolgsunrecht 291, 295, 316
Erfüllung 126 ff., 177 f.
Erfüllungsgehilfe 163, 190, 199, 245, 325, 327
Erfüllungsinteresse 85, 152 ff., 157, 191, 227
Erfüllungsort 130, 180, 216 f., 221
Erfüllungssurrogate 131 ff.
Erkenntnisverfahren 59
Erklärungsbewusstsein 75 f.
Erklärungsirrtum 80
Erlass 145
Ermächtigung 175
Ersatzvornahme 187
Essentialia negotii 72

Fabrikationsfehler 326, 328 f., 333
Factoring 176
Fahrlässigkeit 138, 152, 275 ff., 288, 292, 294, 297, 301, 337
–, grobe 197, 199, 235, 239, 276, 303, 317, 338, 349
Fahrlässigkeitshaftung 138 f., 152, 275, 280, 288, 293, 298, 310, 316, 322 f., 338
Fälligkeit 129, 154, 221
Falsa demonstratio 76
Falschlieferung 184, 185
Falsus procurator 111
Feststellungsklage 338, 372
Finanzierungshilfe 212
Forderung 20, 97 f., 169, 176, 178, 216, 251, 261, 263
Formerfordernisse 78 f., 170
Formfreiheit 78
Formularvertrag 51, 216, 229, 247
Freiheit 8, 290, 303, 320
Frustrierungsgedanke 153, 365 f.

Garantenstellung 291, 292
Garantiehaftung 234, 236
Garantievertrag 183, 201 ff., 221 f.
Gattungskauf 169, 216
Gattungsschuld 139 f., 177
Gebrauchsüberlassung 232
Gefährdungshaftung 23, 43, 271 f., 275, 280 ff., 298, 301, 332, 338 ff.
Gefälligkeitsverhältnis 94

Gegendarstellung 315, 359
Gegenleistungsgefahr s. Preisgefahr
Gegenleistungskondiktion 251, 266, 269
Gegenrechte 100 f.
Gehilfenhaftung s. Geschäftsherrnhaftung
Geld 5, 177, 220, 261, 263 ff.
Geldschuld 177, 182, 264
Geltungserhaltende Reduktion 122, 209
Gemeines Recht 38
Genehmigung 87
Generalklausel 31, 47, 287, 339
– zur AGB-Kontrolle 120 f.
Generalvollmacht 108
Genossenschaft 13
Genugtuungsgedanke 356
Gerichtsbarkeit s. Rechtsweg
Gesamtschuldnerausgleich 337
Geschäftsfähigkeit 11, 85 ff.
Geschäftsführung ohne Auftrag 239
Geschäftsgrundlage 143 f.
Geschäftsherrnhaftung 204 f., 294, 325 ff., 337, 343
Gesellschaft des BGB 14
Gesellschaft mit beschränkter Haftung 13, 288
Gesetzliches Verbot 30, 89, 255
Gestaltungsfreiheit, vertragliche 28 ff.
Gestaltungsrecht 188
Gewährleistung 150 f.
Gewerbebetrieb, eingerichteter und ausgeübter 306 ff., 314, 320
Gewinnentgang 306, 365 f.
Gewinnherausgabe 256, 259
Gläubigerverzug 134 f., 182, 221
Gleichheit 9, 24
Grundbuch 175, 176
Grundeigentum 17
Grundgeschäft s. Schuldvertrag
Grundstückskauf 170, 176
Grundurteil 352, 381
Gütervertrag, ehelicher 34
Gutgläubiger Erwerb 174, 176 f., 252, 258, 305
Gutschrift 178, 253

Haftpflichtrecht 43, 271
Haftpflichtversicherung 280 f., 285, 301, 306, 342 f.
Haftungsausfüllung 274, 287 ff., 300, 302, 317, 336, 351 f.
– ausschluss 199, 228, 235, 247, 337
– begrenzung 152, 278, 307
– durchsetzung 274, 277
– grund 274, 287 ff., 300 ff., 320, 328, 332, 336, 339 f., 347, 359
– recht 37
– tatbestand 272, 287 f., 341, 344
Haltbarkeitsgarantie 201, 228 f.
Halter 301, 340
Handelsgesellschaft, offene 14
Handelskauf
– beiderseitiger 170, 207 ff.
– internationaler 170, 215 ff.
Handlung s. Verhalten
Hauptleistung 95, 172, 190, 192, 194, 220, 226, 240
Hauptpflichten 260
Haupttermin 60
Hemmung der Verjährung 100
Herausgabeanspruch 22, 252, 256, 260 f.
Hinterlegung 131 f.
Historische Schule 38
Höhere Gewalt 339, 343, 346
Holschuld 129, 182, 216
Homo oeconomicus 5

Immaterialgüter 37, 251, 288
Immaterieller Schaden s. Nichtvermögensschaden
Immissionen 344
Importeur 184, 196, 333
Individualvertrag 27, 50 f., 102 ff., 197, 199, 216, 229, 337
Inhaberpapiere 177
Inhaltsirrtum 81
Inhaltskontrolle 30 f., 119 ff.
Inspektionszuschlag 370
Instruktionsfehler 326, 329, 333
Integritätsinteresse 159 ff., 226 f., 273, 281
Integritätsschaden 189, 229
Integritätsschutz 160 f., 189, 204
Interesse
– negatives s. Vertrauensschaden
– positives s. Erfüllungsinteresse
Ius cogens s. Zwingendes Recht
Ius dispositivum s. Dispositives Recht

Stichwortverzeichnis

Kalkulationsirrtum 82
Kampfsport 302 f., 349
Kapitalismus 6
Kaufvertrag 167, 169 ff.
Kausalität 243, 276, 290, 297 f., 346, 359, 374 ff.
–, alternative 336
–, haftungsausfüllende 293, 298, 336, 359 f.
–, haftungsbegründende 293, 305, 317, 359 f.
–, hypothetische 376 f.
Kfz-Halterhaftung 340 ff.
Kfz-Schäden 367 ff.
Klageerhebung 59
Kommanditgesellschaft 14
Kommerzialisierung 355
Kompensation 253, 262, 272, 362 ff.
Kondiktion s. Bereicherung
Konkludentes Verhalten 76
Konkretisierung 135, 138
Konsensprinzip 92
Konstruktionsfehler 326, 329, 333
Konsumeigentum 19
Kontrahierungszwang 247
Konzentration s. Konkretisierung
Kooperationsmaxime 64
Kosten, unverhältnismäßige 187, 192, 223 ff., 347
Krankenhausvertrag 245 ff.
Krankenversicherung 238, 283
Kündigung 146 f., 235

Leasing 171, 341
Legalschuldverhältnis 93
Leistung 91, 95, 127 ff., 253
– an Erfüllungs Statt 133 f., 178
– erfüllungshalber 133
– im Drei-Personen-Verhältnis 114, 268 ff.
Leistungsebene 95, 189
– erschwerung 137
– kondiktion 251, 253 ff.
– ort 129 f., 178, 182
– störungen 151 ff., 167, 215, 217, 242, 266
– verhältnis 95
– zeit 129, 178
Liberalismus 5 f.
Lohnfortzahlung s. Entgeltfortzahlung

Mahnung 155, 207
Mangel einer Sache 183 ff., 194, 204, 232
Mangelfolgeschaden 159, 189, 197, 209 f., 226, 230, 235
Mangelschaden 157, 190, 197 ff., 205 ff., 211, 225, 227, 235
Mankolieferung 185
Markt 5
Massenvertrag 27 f., 50 f.
Materialisierung des Privatrechts 32
Mediengrundrechte 309, 314
Meinungsäußerung 309 f., 314, 336
Menschenwürde 47
Mentalreservation 76
Miete 167, 232 ff.
Mietkauf 171, 172
Minderung 158, 183, 188, 190, 198 ff., 217, 223, 226, 230, 233
Minderwert, merkantiler u. technischer 369
Mittäterschaft 334
Mittelbare Stellvertretung 111, 175
Mitverschulden 348
Mitverursachung 379 ff.
Modalitäten der Leistung 95, 128 ff.
Montageklausel 185
Motivirrtum 83

Nachbesserung 187, 223
Nacherfüllung 157, 183, 187 f., 199, 202, 207, 211, 223
Nachleistung 151
Nasciturus 10
Naturalobligation 35
Naturalrestitution 253, 262, 347, 358 ff.
Nebenleistung 95, 180, 210, 220, 249
Nebenleistungspflichtverletzung 182 ff., 192, 194, 200, 221, 228, 230
Nebentäterschaft 334
Neu für alt 378 f.
Neubeginn der Verjährung 100
Neuherstellung 221, 223, 224
Neulieferung 187
Nichterfüllungsschaden s. Erfüllungsinteresse
Nichtigkeit 67, 84, 86 f., 89, 91, 254, 265
Nichtleistung 151 ff.
Nichtvermögensschaden 244, 277, 313, 356 f., 366 f.

Stichwortverzeichnis

Normentheorie 66 f.
Normzweck 275 f., 289, 301, 320 f., 340, 348, 375 f.
Nutzungsausfall 276, 367 ff.
– überlassung 232, 265

Obligation s. Schuldverhältnis
Obligationswidrigkeit 149
Öffentliches Recht 2 f.
Offerte s. Antrag
Organ 13
Organisationspflicht 317, 327 f., 338
– deliktische 327, 328
– vertragliche 242, 245
Organisationsverschulden 246

Parteifähigkeit 9, 14 f., 59
Person, juristische 12 ff.
–, natürliche 9 ff.
Personalrisiko 163
Pfandrecht 175, 186, 305
Pflichtträgerschaft 9
Pflichtverletzung 149 ff., 183, 197, 207, 210, 221, 227, 242
Pflichtversicherung 279, 284 f.
Positive Vertragsverletzung 160
Postulationsfähigkeit 59
Potestativbedingung 108
Preisgefahr 178, 179, 221
Prima-facie-Beweis s. Anscheinsbeweis
Privatautonomie 7 f., 19 ff., 24 f., 48 f., 75 f., 102
Privateigentum 15 ff.
Privatrecht s. Zivilrecht
Privatversicherung 279
Produktbeobachtung 326 ff., 333
Produktfehler 332, 333
Produkthaftung 216, 332 ff.
Produktionseigentum 17 f.
Produzentenhaftung 194, 306, 325 ff.
Prokura 108
Prozessfähigkeit 11, 59
Prozesszinsen 156
Prozesszwecke 55 ff.

Qualifikation 72
Qualitätsmängel 157 f.

Quasi-Hersteller 184, 196, 333
Quittung 130

Rechtfertigungsgrund 67, 291, 294 f., 309, 316
Rechtmäßiges Alternativverhalten 377
Rechtsfähigkeit 8 f., 300
– fortbildung 58, 300
– geschäft 74 ff., 172 f.
Rechtsgrund 254, 265
– güter 36
– kauf 169, 176
– mangel 172, 183, 186, 188, 222 f., 233
– schutz, negatorischer 256, 286, 315
– subjekt 8 ff.
– trägerschaft 8
– weg 55
– widrigkeit 289 ff., 295 f.
– widrigkeitszusammenhang 377
Rektapapier 177
Relatives Recht 20
Reparaturbonus 364
Reserveursache 376
Revision 61
Risiko, moralisches 282
Risikozuschlag 369
Römisches Recht 37 f.
Rückgriff 197, 284, 286, 342
Rücktritt 145 f., 183, 187, 190, 192, 198 f., 200, 203, 208, 214 f., 223, 225, 227, 230, 254, 266

Sache 16, 91 f., 169, 173, 304
–, bewegliche 19, 169 f., 173 ff., 195, 216, 221, 232, 305, 333
–, gebrauchte 197, 200, 209, 211
–, neue 197, 208
–, unbewegliche 19, 169, 175, 195, 219, 232
Sacheigentum 16
Sachgefahr 178, 179
Sachkauf 169
Sachmangel 172, 183 ff., 198, 201, 222, 233, 267
Sachmangelhaftung 156 ff., 183 ff.
Sachverhaltsrekonstruktion 57
Sachverständigenhaftung 303
Saldotheorie 266, 267

Stichwortverzeichnis

Sanktionsaspekt 357
Satzung 13
Schaden 351 ff.
–, mittelbarer 352
–, normativer 368 f.
–, unmittelbarer 352
Schadensarten 353 ff.
– begrenzung 374 ff.
Schadensberechnung 371 ff.
–, abstrakte 373
–, konkrete 372 f.
Schadenseinheit 338
Schadensersatz 189 ff., 197, 200 f.,
  203, 217 f., 223, 226, 234, 252, 256,
  261, 271 f., 308, 351 ff.
– statt der Leistung 151, 154, 159,
  191, 227, 273
– statt der ganzen Leistung 157, 192,
  207, 228, 273
Schadensinternalisierung 278
– prävention 273 f., 277, 280 f., 357
– streuung 279
– veranlagung 377
– verlagerung 274, 275
Schickschuld 129 f., 180, 182, 216
Schlechtleistung 156 ff., 183, 185, 192,
  217, 221, 231, 242, 249
Schmerzensgeld 272, 277, 281, 283,
  285, 289, 300, 313, 319, 330, 334,
  340, 343, 356, 367
Schockschaden 295, 306
Schriftform 78, 212
Schriftformklausel 119
Schuldnerverzug 154 ff., 182
Schuldrechtskommission 45
Schuldverhältnis 71 ff., 91 ff.
Schuldvertrag s. Vertrag
Schutzbereich s. Normzweck
Schutzebene 96 f.
Schutzgesetz 257, 288, 308, 313,
  319 ff.
Schutzpflichten 159 ff., 183, 193, 201,
  220, 297, 303, 305, 307, 323
–, integritätsbezogene 160 f.
–, vermögenssorgende 161 f.
Schutzpflichtverletzung 159 ff., 183,
  193, 228, 229
Schutzverhältnis 96
Schwarzbeanspruchung 77, 257
Schweigen 77 f., 216
Schweigepflicht 242

Sekundäranspruch 252, 258 ff.
Selbstbestimmungsrecht 311, 312,
  318
Selbsthilfeverkauf 131 f.
Selbstvornahmerecht 192, 224, 234
Sicherheitsmängel 158 f.
Sittenwidrige Schädigung 289, 319,
  323 f.
Sittenwidrigkeit 30 ff., 89 ff., 254 f.,
  320
Sorgfalt 138 f., 292
–, äußere 295 f., 329
–, innere 295 f.
–, objektive 138 f., 296
–, subjektive 296
Sozialbindung 9
– pflichtigkeit 21
– staat 31
– typisches Verhalten 76 f., 240
– versicherung 279, 282 ff.
Spezialvollmacht 108
Spezieskauf s. Stückkauf
Sportunfälle 302, 303, 348
Stellvertretendes commodum 141
Stellvertretung 108 ff.
Stiftung 13
Straßenverkehrsregeln 294, 302
Stückkauf 169, 184
– schuld 138 f.
Stundung 66, 101, 129
Substanzbeeinträchtigung 189, 304 ff.,
  332
Sukzessivlieferungsvertrag 171
Synallagma, faktisches 266, 267

Täuschung, arglistige 83
Taschengeldparagraph 87
Tatbestandsprinzip 289, 352 f.
Tatsachenaussage 310
Tatsachenfrage 278
Teilzahlungsgeschäft 168, 211 f.
Textform 79
Tiergefahr 348
Tierhalterhaftung 290, 347 ff.
Tod 10, 300
Totalreparation 275, 352, 358 f.
Tötung 289 ff.
Traditionsprinzip 92, 172
Transparenz bei AGB 117, 120
Trennungsaxiom 92, 281
Tun, aktives/positives 290

Stichwortverzeichnis

Übereignung 34, 92, 172 ff., 177, 179, 254
Übergabe 174
Überraschungsklausel 118
Überweisung 177 f., 264, 269
Überweisungsvertrag 178
Überwindungsgedanke 356
Umgehungsverbot 30
Umwelthaftung 344 ff.
Unbestimmter Rechtsbegriff 46
Unfall 275, 278, 290, 295, 325, 340, 346
Unfallrecht 271
Unfallversicherung 279, 282 f., 330, 343
UN-Kaufrecht 170, 183, 215 ff.
Unmöglichkeit 136 f.
–, anfängliche 137
–, befreiende 136 ff.
–, echte 136
–, objektive 136
–, subjektive 136
Unrechtsbewußtsein 316
Unterlassen 91, 290
Unterlassungsanspruch 256, 286 f., 308
– delikt 291, 292
Unternehmenskauf 169, 176, 204
Unternehmer 12, 168, 170, 195 f.
Unternehmerkauf 171
Unzumutbarkeit 137, 188, 191, 208, 224

Valutaverhältnis 114, 269
Verbandsklage 58, 287
Verbraucher 12, 44, 168, 170, 195
– kauf 170, 187 f.
– schutz 44 f., 168, 195
– vertrag 54, 167, 195, 215
Verbrauchsgüterkauf 167, 170, 180, 187 f., 191, 195 ff., 202, 208, 210, 214, 228
Verbundenes Geschäft 33, 214
Verein 13
–, nichtrechtsfähiger 15
Verfahren s. Zivilprozess
Verfügung 34, 172 ff., 251 f., 258
– Nichtberechtigter 258 f.
Verfügungsberechtigung 174 f.
Verfügungsgeschäft 34, 92, 98
Vergebliche Aufwendungen 153 f.
Verhalten 274, 290, 296

Verhaltensunrecht 294 f., 316
Verhandlungsmaxime 63
Verjährung 99 f., 190, 197 ff., 203, 206, 218, 221, 229, 231, 236, 247, 249, 330, 334, 337
Verkehrspflichten 295, 297
Verkehrssicherungspflichten 291, 325
Verkehrstypisches Verhalten
  s. Sozialtypisches Verhalten
Verkehrswidrigkeit s. Fahrlässigkeit
Verlöbnis 35
Vermögen 288, 307, 320
Vermögenseinbuße 252
– folgeschäden 276, 352
– schaden 244, 257, 272, 289, 313, 354 ff.
– – reiner 189, 195, 306 f., 320, 338, 345 ff.
Vermögenssorge 161 f.
Verpackung 185
Verpflichtungsgeschäft 92, 172 f.
Verrichtungsgehilfe 327, 337
Verschulden s. Fahrlässigkeit/Vorsatz
Verschuldensbezug 322
Versendungskauf 180, 183, 193, 197
Versicherungsrecht 37, 279 ff.
Versicherungsschutz 279
Verspätung der Leistung s. Schuldnerverzug
Vertrag 23 ff., 101 ff.
–, dinglicher s. Verfügung
–, einseitig verpflichtender 33
–, gegenseitiger 33, 140 f., 172, 236
– mit Schutzwirkung für Dritte 115, 161 f., 181, 190, 194, 205, 245, 325, 330, 376
– zugunsten Dritter 112 ff.
Vertragsauslegung, ergänzende 123 f.
– autonomie s. Privatautonomie
– beendigung 144 ff.
– haftung 148 ff.
– inhalt 94 ff.
– schluss 27, 101 ff., 116 ff., 170, 215 ff., 238, 240, 247, 323
– verknüpfung 33
– widrigkeit 149
Vertrauensschaden 85, 189, 204
Vertreter s. Stellvertretung
Vertreter, gesetzlicher 164

Verweisnorm 288, 320
Verwendungskondiktion 252
Verzicht 34
Verzug s. Schuldner-/Gläubigerverzug
Verzugsschaden 155 f.
– zinsen 156
Vollendung 221
Vollmacht 108 ff., 247
Vollmachtsurkunde 109
Vollstreckungsverfahren 59
Vorrang der Naturalerfüllung 151 f., 157
Vorsatz 256, 280, 284 f., 288, 292, 309, 316, 321 ff., 337
Vorsatzhaftung 298
Vorteilsausgleich 377 f.

Wahrheitsfindung 56
Wahrheitspflicht 63
»Weiterfresserschäden« 191, 198, 205, 224, 332
Werklieferungsvertrag 171, 195
Werkstattrisiko 361
Werkvertrag 167, 171, 218 ff.
Wertersatz 209, 253, 256, 262 f.
Wertpapier 169, 176, 216

Wettbewerbsrecht 44
Wichtiger Grund 147, 171
Widerruf 104, 147 f., 171, 212, 254, 287, 315, 359
Willenserklärung 75 ff.
Willensmängel 80 ff.
Zahlung 269
– bargeldlose 177, 242, 252, 263
Zahlungserfolg 182
– handlung 182
– ort 178, 182, 216
Zivilprozess 54 ff., 277
Zivilrecht 1 ff.
Zugang 104
Zurechnung, objektive 275, 276, 292, 297, 301
Zurechnungsfähigkeit 12, 258, 290, 296
Zurückbehaltungsrecht 266
Zusicherung einer Eigenschaft 202, 233, 235
Zuständigkeit, gerichtliche 60
Zustimmung 87, 112
Zuwendungsverhältnis 114, 269
Zweckerreichung 142
Zweikonditionentheorie 266
Zwingendes Recht 30